叢書・ウニベルシタス　112

知覚の現象学

M. メルロ＝ポンティ
中島盛夫 訳

法政大学出版局

知覚の現象学／目次

第一部　身　体

第二部　知覚された世界

III　物と自然的世界……489

598

第三部　対自存在と世界における（への）存在

凡例

一、本書は Maurice Merleau-Ponty, *Phénoménologie de la Perception*, Gallimard, 1945 の全訳である。訳出にあたっては Colin Smith の英訳 (*Phenomenology of Perception*, Routledge & Kegan, 1962) と Rudolf Boehm の独訳 (*Phänomenologie der Wahrnehmung*. Walter de Gruyter, 1966) とを参照した。

一、原著の目次に付記されている詳細な内容表示を、独訳にほぼ従って本文の章節に割りあて、〔 〕を付して小見出しとした。そのため、原著にない段落を設けたところが例外的にあるが、その箇所は訳註で註記した。

一、原著本文中のイタリック（序文ではローマン）体語句の訳文には、原則として傍点を付した。

一、引用符のうちには、原著のそれに対応する以外に、訳者の判断でこれを付した場合もある。

一、訳文は字義通りの正確さよりも、意を汲んで読み易さをめざしたつもりである。

一、原註の参照書目はあえて和訳しなかった。

一、索引は人名・事項ともに原則として本文中のものに限ったが、原註において特に重要と思われるものは取り上げた。事項索引は本書のようにその内容のすべてが有機的に結合しあっている著作においては、正確完全を期することは到底不可能である。事項索引のなかには、各項目出現のコンテキストを括弧入りで簡単に示した場合もあるが、これも完全なものではありえない。本文熟読の上で利用していただきたい。

序　文

現象学とは何か。フッサールの最初の諸著作が世に出てからもう半世紀もたつのに、今なおこんな問いをたてねばならないとは、一見、奇妙なことと思われるかも知れない。しかしこの問いはまだまだ解決されてはいない。現象学とは本質の研究である。現象学によれば、あらゆる問題は、もろもろの本質、例えば知覚の本質、意識の本質などを定義することによって解決されるはずである。しかし現象学とは、また、本質を実存のなかに戻し、人間と世界とを理解するには、それらの「事実性」から出発するほかはないと考える哲学でもある。それは、自然的態度から生ずるさまざまな主張を理解するために、かえってこれらの主張を保留する超越論的な哲学ではあるが、しかしまた、世界がつねに反省に先だって、廃棄されえない現存として、「すでにそこに」あることを認める哲学でもある。そして世界との、この素朴な触れあいを再発見し、結局はそれに哲学的な資格を与えることに、あらゆる努力を傾注するのである。現象学は、「厳密学」たろうとする哲学の野心であるが、またそれと同時に、「生きられた」空間、時間、世界についての報告でもある。それは、われわれの経験の心理学的な発生や、科学者、歴史家、もしくは社会学者が提供しうるような、その因果的な説明を顧慮せずに、経験をあるがままに、直接、記述しようという試みである。だがフッサールは、晩年の諸著作のなかで「発生的現象学[1]」、いや「構成的現象学[2]」にまで言及している。こうした矛盾は、フッサールの現象学とハイデガーのそれとを区別することによって、解決されるだろうか。しかし『存在と時間』はすみずみまで、フッサールの指示に由来するものであって、要するにこれは、フッサールが、その生涯の終りに臨んで、現象学の最も主要なテーマとして提起した「自然的世界概念」(natürliche Weltbegriff) あるいは「生活世界」(Lebenswelt) の、一つの解明にすぎないのだ。だから結局、上述の矛盾は、フッサール自身の哲学のなかに舞い戻ってくることになる。せっかちな読者は、このようにいっさいがっさいを主張してきた学説の境界を見きわめることを断念し、自己自身を定義できないような哲学について、がやがや騒ぐ値打ちがあるかどうか、こんなものは、むしろ一つの神話であり一つの流行にすぎないのではないかと、怪しみたくなるであろう。

たとえこの通りだとしても、この神話のふしぎな魅力と、この流行の起源とは、まだ明らかにされてはいない。われわれは哲学的なまじめさをもって、このような事態を解釈して、次のようにいうことができよう。つまり、現象学は、完全な哲学的自覚に到達する以前から、手法あるいは様式として、すでに実行され、認められ、動きとして現存していたのだ、と。現象学はずっと以前から、その道を歩みつつあったのである。その信奉者たちは、いたるところに、ヘーゲルやキルケゴールはもちろん、マルクス、ニーチェ、フロイトにもまた、現象学を見出すのである。だが原典を文献学的に註釈してみたところで、大した成果は得られないであろう。われわれは原典のなかに、われわれがみずからそこに投入したものしか見出さないからである。そしておよそ歴史というものがわれわれの解釈を呼び招いたことありとするならば、まさに哲学の歴史こそ然りであろう。われわれが現象学の統一性とそのほんとうの意味とを見出すのは、ほかならぬわれわれ自身のうちにおいてである。大切なことは、典拠を数多くならべることではなくて、われわれにとっての現象学を定着し、客観化することである。われわれと同時代の読者の多くは、フッサールやハイデガーを読んだ際に、新しい哲学に出会ったという感じよりは、自分たちが待ち望んでいたものをそこに認めたという感じを抱いたのであるが、こういう感じを抱かせたものこそ、あの、われわれにとっての現象学なのである。現象学は現象学的方法によってしか近づくことができない。それゆえ、よく知られている現象学の諸テーマを、それらが生のなかでおのずと互いに結びついていたように、意識的に改めて結びつけてみよう。そうすると恐らく、なぜ、現象学がながい間、初歩的な状態にとどまり、問題性と願望の域を出なかったかが、理解されるであろう。

***

記述することが肝心なのであって、説明したり、分析したりすることではない。フッサールが初期の現象学に与えたこの命令、つまり「記述心理学」であれ、もしくは「事象そのものに」帰れという命令は、さしあたり科学の否認である。私は、私の身体あるいは私の「精神現象《プシスム》」を規定する多様な因果性の結果でも交錯でもない。私は自分を、世界の一部として、生物学、心理学、ならびに社会学の単なる対象として、考えることはできないし、一般に科学の考える世界のなかに私を閉じこめることはできない。世界についての私の知識は、たとえ科学による知識であろうと、どれもこれも、世界に関する私自身の観察、もしくは経験からして得られるのであって、このような経験がなければ、科学の記号には何の意味もないであろう。科学の宇宙の全体は、生きられた世界の上に打ち建てられており、もしわれわれが科学そのものを厳格に考え、正確にその意義と有効範囲とを測ろうと欲するならば、まず第一に世界についてのあの経験を呼びさまさなくてはならないのである。科学はこの経験の二次的な表現なのだ。科学は知覚された世界と比肩しうる存在意義を決してもってはいないし、また将来ももつことはないであろう。その理由は簡単である。すなわち、科学は知覚世界の一つの規定、もしくは一つの説明だからである。動物学、社会解剖学、それに帰納的心理学は、「生物」とか「人間」とか、「意識」といったような、自然もしくは歴史の産物に、さまざまな特徴を認めるが、私はこうした特徴のすべてをそなえた「生物」ではないし、このような意味では、「人間」や「意識」ですらない。——私は絶対的な根源である。私の実存は、私の経歴、私の自然的・社会的環境から由来するのではない。私の実存はこれらに向ってゆき、これらを支える。なぜなら、ある特定の伝統や地平線を私にとってある（それゆえ、また「ある」という言葉が私に対してもちうる唯一の意味において、ある）ようにさせるのは、ほかならぬこの私だからであり、この伝統に立ち戻ることを選択するのも私だからである。また私がそこにいて、私とあの地平線との間の距離を眼でたどらないとしたならば、もともとそれは固有な性質として地平線に属しているわけではないのだから、地平線の私に対する距離は、もろくも崩れさるだろう。私を世界の一つの契機と見なす科学的な見方は、いずれも幼稚で欺瞞的である。というのは、これらの見方は、もう一つの見方、すなわち、意識によって初めて一つの世界が私のまわりに配置され、私に対して存在しはじめるという、意識の見方をいつもひそかに前提しながら、はっきりとはいわないからである。事象そのものに帰るということは、認識に先だつ世界に帰ることである。認識はつねにこの世界について語るのであり、これに対してはいかなる科学的規定も、抽象的、記号的、依存的である。これは、森林や草原や河川がどのようなものであるかをわれわれに最初に教えた風景に対して、地理学が抽象的、記号的、依存的であるのと同様である。

この運動は観念論の立場からする意識への復帰とは、絶対に区別されねばならない。純粋記述の要求は、科学的説明の手続きのみならず、反省的分析の手続きをも同様に退ける。私は事物を捉える作用において、まず私自身の存在を体験するのでなければ、いかなるものも捉えることができないであろう、という事情を明らかにすることによって、デカルト、とりわけカントは、主観もしくは意識を解き放ったのである。彼らは、意識すなわち私にとっての私の絶対的確実性を、ありとしあらゆるものの存在の条件として、また結合の作用を結合されたものの基底として、提示した。もっとも結合の作用も、それが結びつける世界の光景がなければ、意味がない。カントにおける意識の統一は、世界の統一と全く同時に遂行されるのだし、デカルトにおいても世界の全体が、少くともわれわれの経験という資格でコギトに返却され、コギトとともに確実なものであり、ただ「……についての思惟」という指標をつけられるだけなのだから、方法的懐疑によって、われわれは何も失いはしないことになる。しかし主観と世界の関係は、厳密には双務的とはいえない。もしそうだったとしたら、デカルトの場合、世界の確実性はコギトの確実性と同時にいっぺんに与えられるだろうし、またカントは「コペルニクス的転回」について語ることもなかったであろう。反省的分析は、世界に関するわれわれの経験から出発して、経験から区別された、その可能性の制約としての主観にさかのぼり、普遍的総合を、世界が存在するための不可欠の条件として示すのである。反省的分析が、われわれの経験から離れ、報告に再編成を置き換えているのは、まさにこの点においてである。フッサールがカントに向って「心的諸能力の心理主義」(3)を非難し、世界を主観の総合的活動性の上に基礎づけるノエシス的分析に対して、客観のうちにとどまり、そのもともとの統一性を、産出するのではなく単に明るみに出す、彼独自のノエマ的反省を対立せしめた事情が、これによって理解されるであろう。

世界は、私がそれについてなしうるいかなる分析にも先だって、そこに存在する。まず感覚を結びつけ、つぎに遠近法的に見られた対象の諸相を結びつける一連の総合から、世界を導出するのは、これらの感覚や諸相がまさにいずれも分析の産物であり、したがって分析以前に現実に存在すると見なされてはならないのだから、不自然な試みというべきであろう。反省的分析は、先行する構成の道をさかのぼり、聖アウグスティヌスのいわゆる「内的人間」(訳註1)に立ち帰り、そこでもともとこの「内的人間」そのものであった構成の能力と再び合体するつもりになっている。こうして反省はみずからおのれを忘れ、存在と時間に至る手前の不死身の主観性に立ち戻る。だが、これは無邪気な独りよがりだ。あるいはお望みなら、自己自身の出発点を自覚しない不完全な反省、といってもいい。私はあるとき反省しはじめたのであり、私の反省は、反省されていないものへの反省である。反省は、おのれが出来事であることを、知らないわけにはいかない。それだから反省は、真の創造として、意識の構造における変化として、自己自身に現われる。主観が自己自身に与えられているのだから、主観に与えられている世界を、反省は反省自身の働きの手前にあるものと、認めなくてはならない。現実は記述さるべきであって、組み立てられたり、構成されたりさるべきではない。これは、私が知覚を判断とか、行為とか、述定とかいった類の総合と同一視してはならないことを意味している。私の知覚領域はたえず光の反映やがさがさいう物音や触覚的印象によって充たされている。これらは束の間に消え去るので、私は正確に知覚の文脈に結びつけることはできないが、それでも直ちに世界のなかに置き、決して夢想などと混同することはない。また私はたえず事物のまわりに夢想をただよわせ、仮に現存しているとしても必ずしも知覚の文脈と不釣合ではないような、対象や人物を想像する。ところがそれらは世界とまじりあわない。世界の手前に、空想の舞台の上にある。もし私の知覚の現実性が、もろもろの「表象」の内的なまとまりにしか基づいていないとしたら、この現実性はいつも不確かなものであり、私は蓋然的な推測に頼って、たえず錯覚的な総合をうちこわし、はじめは異常なものとして現実から排除した現象を、改めて現実に加えなくてはならないであろう。実際はそうではない。現実は丈夫な織物であって、どんな意外な現象を自己に付加するためにも、また、どんなまことしやかな想像を退けるためにも、われわれの判断の助けを待ってはいない。知覚は世界に関する一つの科学ではない。それは一つの行為ですらない。つまり熟慮を経た上での態度の決定ではない。知覚は、その上にあらゆる行為が浮びあがる背景であり、行為はこれを前提としている。世界は、その構成法則を私が手中にもっているような、一つの対象ではない。世界は、私のあらゆる思惟と明瞭な知覚との自然的な場であり領野である。真理は単に「内的人間」(4)だけに「住まう」のではない。いやむしろ、内的人間などは存在しないのだ。人間は世界においてあり、(訳註2)ほかならぬ世界のうちで自己を知るのである。私が常識の独断論、もしくは科学の独断論から出て、私自身に帰ってくるとき私が見出すのは、内在的真理の根源ではなくて、世界に委ねられた一つの主体(訳註3)なのである。

***

以上のことからして、かの有名な現象学的還元の真の意味が、明らかとなる。たしかにこの問題についてほど、フッサールが自分自身を理解するのにながい時間を要した問題はない、――また、この問題ほど彼が繰り返し繰り返し問い直した問題もない。というのも、「還元の問題性」はフッサールの未刊の文献のなかでも重要な場所を占めているのだから。(訳註4)ながい間、それも最も新しいテキストにおいてもなお、還元は超越論的意識への還帰として提示されている。世界はこの超越論的意識の前では完全に透明なものとして展開され、一連の統覚によってすみずみまで生気づけられている。そして哲学者は、これらの統覚の成果からさかのぼって統覚を再構成する、という仕事を課せられることになろう。こういう次第で赤という私の感覚は、感覚されたある赤を表わすものとして把握され、これはこれである赤い表面を表わすものとして、またこれは赤いボール紙を表わすものとして、そしてこれはついにある赤い物、この本を表わすもの、もしくはその側面《プロフィル》として、把握される。それだから意識を定義するものは、ある質料 (hylè) をいっそう高い段階の現象を意味するものとして捉える働き、すなわち意味付与 (Sinn-gebung)、意味づけの能動的な作用だということになろう。そして世界は「世界という意義」(signification monde) と何ら別のものではなくなるであろう。現象学的還元は、次のような超越論的観念論の意味において、観念論的なものとなるだろう。すなわち、この観念論は世界を、ポールとピエールとにとって共通の妥当性の統一と見なすのである。ピエールとポールのパースペクティヴは、この統一においてあい交わり、そしてこの統一こそ、「ピエールの意識」と「ポールの意識」とを交信せしめるのである。なぜなら「ピエールによる」世界の知覚は実はピエールの所業ではなく、また「ポールによる」世界の知覚もポールの所業ではなくて、彼らめいめいにおいて先人称的 (prépersonnel) な意識の所業だからである。この先人称的な意識と意識との間の連絡は、意識と意味もしくは真理の定義そのものによって要求されているのだから、もはや問題とはなりえない。私が意識である限り、つまりあるものが私にとって意味をもつ限り、私はここにいるのでも、かしこにいるのでもなく、ピエールでもポールでもなく、私はいかなる点においても「他」の意識から区別されえない。というのは、われわれはみな、世界に直接臨んでいるのであり、そしてこの世界は、真理の体系であって、定義によって、唯一無二だからである。首尾一貫した超越論的観念論は、世界からその不透明性と超越性とを奪いとる。世界は、まさにわれわれが表象するもの以外のものではない。但しわれわれがこれを表象するのは、人間もしくは経験的な主体としてではなく、われわれがみな、ただ一つの光であって、ともども同じ一者にあずかる限りにおいてである。反省的分析は、世界の問題と同様、他人の問題にもかかわらない。なぜなら、反省的分析は私のうちに、意識の微光が現われはじめるやいなや、権利上は普遍的な真理に向って進んでゆく能力も私のうちに現われるとするからであり、また他者も他者で個別性の原理（eccéité）や場所や身体をもたず、他者（Alter）と自我（Ego）とは、あらゆる精神を結びつける絆たる真実の世界のなかで、一体となっているからである。「私」したがってまた「他者」も諸現象からなる織物のうちで捉えられているのではなく、両者は実存するというよりむしろ妥当するのだから、「私」が「他人」を思惟することがどうして可能なのか、理解するのに困難はない。これらの顔貌、これらの身振りの背後にかくれたものは何もない。私にとって近づき難い光景はない。ただちょっとばかり影があるが、この影も、光によって初めて存在するのである。これに反して周知のように、フッサールにとっては他人の問題が存在するのであり、他の自我とは一つのパラドックスなのである。もしも他人がほんとうに、私にとっての彼の存在の向う側で、対自的に存在し、われわれが、われわれ相互にとって存在するのであって、それぞれ独りで神に対してあるというのでないのなら、われわれは、われわれ相互に対して現われるのではなくてはならない。彼も私も外部をもたねばならない。「対自」というパースペクティヴ――つまり私の私に対する展望、他人の彼自身に対する展望――のほかに、「対他」というパースペクティヴ――つまり私の他人に対する展望、他人の私に対する展望――がなくてはならない。もちろん、この二つのパースペクティヴは、われわれめいめいのうちで、単純に並置されることはできない。なぜならそうすると、他人が見るのは私ではなく、私が見るのも他人でないことになろうから。私は私の外部であり、他人の身体は彼自身でなければならぬ。このパラドックス、自我と他者とのこの弁証法は、自我と他我とがその状況によって限定されていて、いっさいの帰属を免れているわけではないからこそ、可能なのである。つまり――哲学は私への還帰でもって終るわけではない、そして私は反省によって、単に私が私自身に臨んでいるという事態を発見するだけではなく、そのうえ「見知らぬ目撃者」によって見られている可能性をも見出すのである、すなわち、私が私の実存を体験し、反省の尖端に立ったときですら、私を時間から脱出せしめるような絶対的密度はまだ私に欠けており、そして私が絶対的な意味での個人であることを妨げ、多数の人間のなかの人間として、あるいは少くとも多数の意識のなかの意識として、私を他人の視線にさらすところの、一種の内的な弱みを、私は私自身のうちに発見する——と、こういう場合に初めて、かのパラドックス、自我と他者とのあの弁証法は可能なのである。コギトは今までのところ、他人の知覚の意義を軽んじ、自我はそれ自身にとってしか近づきえないものと、私に教えてきた。というのも、コギトは、私を、私が私自身についてもつ思惟によって定義していたのだし、また少くともかかる究極的な意味においてこのような思惟をもちうるのは、明らかに私だけなのだから。他人という言葉が空虚な言葉とならないためには、私の実存が、実存することについて私が抱く意識に尽きるようなことが、決してあってはならない。ひとびとが私の実存について抱きうる意識をも、それは含まなくてはならないし、したがって自然のなかでの私の受肉と、歴史的状況のせめて可能性だけは、包括しなくてはならない。コギトは私を状況にあるものとして、あばき出さなくてはならない。そしてこういう条件においてのみ、フッサールのいうように(5)、超越論的主観性は相互主観性たることが可能なのである。省察する自我としては、なるほど私は私から世界と物とを区別することができる。たしかに私は物のあり方で実存しているのではないからだ。私は、諸物のうちの一つの物として、物理-化学的諸過程の集まりとして、理解された私の身体を、私から隔てることとさえ、あえてなすべきである。しかし、こうして見出された思惟(cogitatio)も、客観的な時間と空間のうちにあるものではないにせよ、現象学的世界のなかに占むべき場所をもたないわけではない。因果の関係によって結びつけられた物もしくは諸過程の集まりとして私が私自身から区別した世界を、私のいっさいの思惟の恒常的な地平として、また私がそれに対してたえず自分を状況づける(se situer) 一つの次元として、私は「私のうちに」再び発見するのである。真のコギトは、主体の実存を、実存することについて主体がもつ思惟によって定義したり、世界の確実性を世界に関する思想の確実性に転化したり、結局、世界そのものを世界という意義によって置き換えたりはしない。真のコギトは、かえって私の思惟そのものを、廃棄されえない一つの事実と認め、私を「世界における（への）存在」(être au monde)として露呈することによって、あらゆる種類の観念論を廃するのである。

われわれがどこまでも世界に対する関係であればこそ、この関係に気づく唯一の仕方は、この運動を保留し、それとの関わり合いを拒絶し、（フッサールがしばしばいうように、それに参与することなく ohne mitzumachen それを注視し）あるいはまた、その活動を停止する、ということなのである。常識と自然的態度の確実性を放棄せよ、というのではない。――この確実性は、むしろ逆に、つねに哲学の主題である――そうではなくて、それはまさにすべての思惟の前提なので、「当りまえ」であり、気づかれないままに過ぎてしまう。それを呼びさまし、明瞭に現出させるために、われわれは、いっときの間それを差し控えなくてはならない、ということなのだ。還元の最も適切ないいまわしは、恐らく、フッサールの助手のオイゲン・フィンクが、世界を前にしての「驚き」について語ったとき、与えた定式であろう(6)。反省は世界から退いて、世界の根拠としての意識の統一に向うのではない。もろもろの超越がほとばしり出るのを見るために、後退するのであり、われわれを世界に結びつけている志向性の糸を現出させるために、それを緩めるのである。反省は世界を、異常な逆説的なものとして、顕わにするのだから、反省こそが世界についての意識なのである。フッサールの「超越論的なもの」はカントのそれとは違う。そしてフッサールはカント哲学を、それがわれわれの世界に対する関係を超越論的演繹の原動力として利用しておきながら、世界について驚くこともせず、主観を世界に向っての超越として理解するかわりに世界を主観に内在せしめている、という理由で、「世俗的な」(訳註5)(mondaine)哲学だと、非難している。フッサールとその解釈家との間、また実存主義的「異端者」たちとの間、いやしまいにはフッサール自身との間にすら生じた誤解のすべては、次のような事情に由来するのである。つまり、世界を見届けそれを逆説として把握するためにこそ、かえって世界とわれわれとの馴れ合いを断絶することが是非とも必要なのであり、またこの断絶は、世界のいわれなき出現以外の何ごとをも、われわれに知らせることはできぬ、ということである。還元の最も偉大な教えは、完全な還元というものは不可能である、ということである。だからこそフッサールはいつも繰り返して還元の可能性について自問するのである。仮にわれわれが絶対的な精神だとすれば、還元について問題はなかろう。しかし、これに反してわれわれは「世界においてある」のだから、そしてまた、われわれの反省ですらそれが捉えようとする時の流れのなかでおこなわれるのだから(フッサールのいうように反省はおのれに流れこむ sich einströmen のだから)、われわれの思惟の全体を包括する思惟などありはしない。フッサールの未刊の手稿のなかで、哲学者は永遠の初心者であるともいわれている。すなわち、哲学者は世人や科学者たちが知っていると信ずるものを、何によらず、既知のこととは見なさない。哲学がかつて真理をいいえたにせよ、かかる真理においても、哲学は自己の知識を既得のものと考えるべきではない。哲学とは哲学自身の出発点に立ち帰って、繰り返しこれを体験し直すことである。哲学のすべてはこの端緒を記述することに存する。そして結局、根本的な反省とは、非反省的な生に対する、反省自身の依存性を自覚することなのだ。非反省的な生こそ、反省の出発状況であり、恒常的な状況でもあり、終局の状況でもある。先のフッサールの言葉は、以上のようなことを意味していたのだ。一般に考えられたように、現象学的還元は、観念論的哲学の定式であるどころか、実存哲学の定式なのである。——ハイデガーの「世界－内－存在」(In-der-Welt-Sein) は、現象学的還元を基礎として、初めて出現しえたのである。

＊＊＊

同じ種類の誤解が、フッサールにおける「本質」の概念を混乱させている。フッサールによれば、いかなる還元も超越論的であると同時に必然的に形相的である。すなわち、世界に関するわれわれの知覚を、哲学の視線のもとにおくためには、かえってこの世界措定との一体性を、つまりわれわれを規定している世界に対するこの関心との一体性を、断ち切ることが是非とも必要である。われわれのアンガージュマンそのものを眼前に浮びあがらせるために、アンガージュマンの手前に後退しなくてはならない。つまり、われわれの実存の事実からその本性へ、現存在（Dasein）から本質（Wesen）へ移りゆかねばならない。しかしこの際、本質は目標ではなくて手段であること、われわれが世界のうちに事実的に拘束されている事情こそ、まさに理解さるべき、概念的に把握さるべきことがらであり、また、これこそ、われわれのすべての概念的定着作用の向うべき極であることは、明らかである。本質を通過せねばならないという必然性は、哲学が本質を対象とするということを意味するのではない。むしろ逆に、われわれの実存はあまりに緊密に世界のうちに捉えられているので、世界におのれを投ずる際には、自己をかかるものとして知ることができない、実存の事実性を認識し把握するためには、かえって理念性の領域に退くことが必要である、ということを意味する。ウィーン学派は、周知のごとく、われわれが関わりを持ちうる相手は意義でしかないことを、決定的に認めている。例えば「意識」とは、ウィーン学派にとっては、われわれがそれであるところの当のものではない。「意識」はおくればせにできあがった複雑な一つの意義であって、この語の意味論的な発達の過程のうちで、それを規定するのにあずかった数多くの意義を明らかにした後に、初めて、慎重に、これを使うことが許される。以上のような論理実証主義的見解は、フッサールの思想の正反対である。意識という語と概念とを、言語活動の終局の成果としてわれわれにもたらした意味の変遷が、たとえどのようなものであろうとも、われわれはこの語の指示するものに直接近づく手段を、持ち合わせている。われわれは、われわれ自身の経験を、つまり、われわれがそれであるところの、この意識の経験を、もっている。そして言語のあらゆる意味は、ほかならぬこの経験をもとにして測られるのだし、また言語がわれわれに対して何ごとかを意味すること自体、この経験のおかげで初めて可能となるのである。「まだものいわぬ……経験を導いて、その固有の意味の純粋な表明に至らしめることが、問題なのだ」(7)。綱が海底からいのちの脈うつ魚や海藻を引き上げるように、フッサールのいう本質は、経験の生き生きした諸関係をことごとく持ち返らねばならない。だからジャン・ヴァールのように「フッサールは本質を実存から分離する」といってはならない。分離された本質は、言語に属する本質である。もろもろの本質を実存から分離した姿で存在させることこそ、言語の働きなのであるが、実をいえば、言語においてもなお、本質は意識の先述定的（antéprédicatif）な生命に依拠しているのだから、このような分離は外見上のことにすぎない。まだ言葉に表現されない原初的意識の沈黙のうちに、言葉がいわんとするものだけでなく、事物がいわんとするものも、つまり、呼称と表現の働きがそのまわりに組織されるところの、原始的な意義の核心が立ち現われるのが見られる。

それゆえ意識の本質の探求は、意識という言葉の意義（Wortbedeutung）を展開したり、実存を逃れて言葉に表わされたことがらの世界にたてこもることではなかろう。それは、私の私自身に対する事実的な臨在を、すなわち私の意識という事実を、再発見することであろう。そしてこの事実こそ、意識という言葉と概念とが、結局、意味しているものなのである。世界の本質を探求することは、いったんそれを論議の主題にしてしまった後で、それが観念としてどのようにあるかを尋ねることではない。およそ主題化されるに先だって、それが事実としてわれわれに対してどのようにあるかを問うことである。感覚論は、ひっきょうわれわれは、われわれ自身の諸状態しか経験することはできないと主張することによって、世界を「還元する」。超越論的観念論もまた世界を「還元する」。なぜなら、それは世界を保証するにしても、世界の思惟もしくは意識という資格においてであり、かつまたわれわれの認識の単なる相関者としてであって、結局、世界は意識に内在するものとなり、事物の自存性（aséité）はなくなってしまうからである。これに反して、形相的還元とは、世界を、およそわれわれが自分自身を振り返るに先だって、それが存するがままの姿で、現われさせようと決意することであり、また反省を、意識の反省されざる生に、等しからしめようと、ひたすら望むことである。私は世界をめざし、世界を知覚する。もし私が感覚論にくみして、そこには「意識の諸状態」しかないと主張し、知覚を夢想から若干の「基準」によって区別しようとするならば、私は世界現象を取り逃す結果となろう。なぜならば、私が「夢」と「現実」とについて語ることができ、想像上のものごとと現実的な事物との区別を問い、「現実的なもの」を疑うことが可能なのは、このような区別が分析に先だって私によってすでになされており、想像上のことがらと同様、現実的なものについての経験を私がもっているからなのである。またそうだとすると肝心なことは、批判的思惟はどのようにしてこの区別に見合う代用品を提供しうるか、という手続きを探求することではなくて、「現実」に関するわれわれの根源的な知を解き明かし、世界の知覚を、われわれの真理観念の永遠の基礎として、記述することとなるからである。したがって、われわれがほんとうに世界を知覚しているのかどうかと怪しんではならない。かえって、世界とはわれわれが知覚する当のものであるといわなくてはならない。もっと一般的にいうと次のようになる。つまり、われわれにとって明証的ということが果して真理性であるかどうか、あるいは、精神の欠陥のため、われわれにとっては明証的なものも、何らかの真理それ自体に対しては空しい錯覚なのではないか、と問うてはならないのである。というのも錯覚について語る以上、われわれはすでに錯覚を錯覚として認知しているのであり、そのうえかかる認知は何らかの知覚の名においてしかおこなわれえないからである。これと同時に知覚はその真理性をみずから証拠だてたことになろう。したがって懐疑とか、誤謬に対する心配などは、かえって誤謬をあばきたてるわれわれの能力の証拠となり、われわれを真理から引き離すことはできないであろう。われわれは真理のうちにあり、明証性とは「真理の体験」[9]である。知覚の本質を探求すること、これは、知覚は真なるものと見なされているものではなくて、われわれにとっては真理への入口と定義されているのだと、こう宣言することにほかならない。ところで、私が観念論に従って、この事実としての明証性、この抗しがたい信念を、何か絶対的な明証性に、すなわち、私の思惟の私自身にとっての絶対的な明証性に基礎づけようとするなら、そして世界の骨組を構成し、そのすみずみまで照らしだす、生産的思惟を私のなかに再発見しようと欲するならば、私は私の世界経験にまたしても忠実ではないことになり、この経験の何たるかを求めるかわりに、それを可能ならしめるものを探求していることになるだろう。知覚の明証性は、十全な思惟、もしくは必当然的《アポディクティク》な明証性ではない[10]。世界は私が思惟するものではなくて、生きるものである。私は世界に向って開かれている。私はたしかに世界と交渉しているが、それを所有してはいない。世界は汲み尽くすことができないものである。「一つの世界がある」(Il y a un monde) いやむしろ「世界がある」(Il y a le monde)、私の生はたえずこう主張するが、私はこの主張の根拠を決して完全には説明することができない。世界のこの事実性は、世界の世界性(Weltlichkeit der Welt)を構成するものである。つまりこの世界をして世界たらしめるものである。あたかもコギトの事実性がコギトにおける不完全性を意味するのではなくて、逆に私の存在を私に保証するものであるのと同様である。形相的方法は、可能的なものを現実的なものに基礎づける現象学的実証主義の方法である。

＊＊

われわれは今や志向性の概念に触れることができる。現象学の主要な発見として、この概念はあまりにも頻繁に引き合いに出されているが、実は還元によって初めて理解されうるのである。「いかなる意識もあるものについての意識である」、この命題は決して新しいものではない。カントは「観念論の論駁」(訳註6)において、内的知覚は外的知覚なしには不可能である、諸現象の連結としての世界は、私の統一の意識のなかで予想されており、私が私自身を意識として実現するための手段である、ということを明らかにした。志向性が、カントにおける可能的対象への関係と違う点は、世界の統一が、認識によってはっきりした同一化の作用において措定されるに先だって、既成の、もしくは既存のものとして、体験される、ということである。カント自身『判断力批判』において、想像力と悟性との統一、ならびに対象構成に先だつ諸主観の統一が存在することを、明らかにしている。そして、例えば美的体験において、感性的なものと概念との、私と他人との、それ自体は概念を伴わない一致の体験がなされることが、指摘されている。ここではもはや主観は、互いに厳格に結びついた諸対象のシステムの普遍的な思惟者ではない。主観が世界を形成することができるはずだとしても、もはやそれは多様を悟性の法則に服せしめる措定的な能力ではない。——それは、自己がおのずから悟性の法則に適合する一つの自然であることを見出して、これを味わうのである。しかし主観にも自然というものがあるとするなら、想像力の秘技が範疇的活動を条件づけるのでなければならない。もはや単に美的判断力だけではなく、認識もまたこれに依拠し、意識の統一ならびに諸意識の間の統一も、これに基づくことになる。フッサールが意識の目的論について語るとき、彼は『判断力批判』の立場を受けついでいるのである。肝心なことは、外から人間的意識の諸目的を定める絶対的思惟でもって、人間的意識を裏打ちすることではない。意識そのものが世界の企投なのであり、包括することも所有することもかなわぬ世界に委ねられ、たえずこれに向ってゆくこと、——そして世界は先対象的(préobjectif)な個体であって、その是非もない統一性が認識にその目標を定めているということ、以上のようなものとして意識と世界とを認めることが肝要なのだ。それゆえにこそフッサールは、われわれが判断したり自発的に立場を定めたりする場合の志向性、『純粋理性批判』が取り扱かった唯一の志向性たる作用の志向性（intentionnalité d'acte）と、働きつつある志向性(訳註7)（intentionnalité opérante, fungierende Intentionalität）、つまり世界とわれわれの生との自然的な先述定的な統一を形成する志向性とを、区別するのである。後者は、客観的認識におけるよりも、われわれの願望、評価、われわれの眺める景観にいっそうはっきり現われ、われわれの認識が正確な言葉に翻訳しようとする、いわば原本を提供しているのである。われわれのうちで倦むことなく自己を主張しつづけているところの、世界へのこの関係は、分析によっていっそう明らかになる性質のものでは決してない。哲学は、それを改めてわれわれの視線のもとにおき、われわれに確認させることしかできないのである。

志向性のこの拡大された概念によって、現象学的「了解」は、事物の「真の不変の本性」に局限された古典的な「知解」(intellection) から区別されることとなり、現象学は発生の現象学となることができる。知覚された一つの物にせよ、ある歴史的事件や学説にせよ、これらを「了解する」ということは、その全体的な志向を捉えること、——ただ単に、それらが表象にとってどのようなものであるか、つまり知覚された物の「諸特性」とか、数限りない「歴史的事実」だとか、この学説によって導入された「諸観念」だとか、ばかりではなくて、——例えば石やガラスや一片の蜜蠟の諸特性のうちに、革命を形づくるすべての事実のうちに、一人の哲学者のすべての思想のうちに、表現されている特異な実存の仕方を、捉えるということなのである。それぞれの文明のなかに、ヘーゲル的な意味での理念を発見することが肝要である。つまり、客観的思惟にとってなじみやすい物理学的‐数学的な型の法則ではなくて、他人や自然、時間や死に対する独特な振る舞い方、世界を形づくるある特定の仕方を見出すことである。歴史家は、まさにこうしたものを捉え、わがものとなしうるのでなくてはならない。これが歴史の諸次元である。歴史の諸次元に関して、意味をもたないような言葉や動作はない。たとえ習慣的な、うわの空の言葉や動作にしても意味をもっている。私はあまりに疲れていたために何もいわなかったのだと、自分では思っていた。さる大臣は、つい間にあわせの言葉をしゃべったままでだと、みずから信じている。だが、突如として私の沈黙や大臣の言葉は、意味をもつようになる。というのは、私の疲労だとか、大臣がきまり文句に頼ったとかいうことは、偶然ではなくて、ある無関心を表わしており、したがってまた状況に対してある特定の態度をとることを意味しているからである。事件が体験されているさなかで間近からこれを見れば、すべては偶然に生ずるように見える。さる人の野心、好都合な邂逅や局部的な事情などが決定的であったように思われる。しかしこれらの偶然は相殺しあい、突如としてこうした多数の事実が結集して、人間的状況に対して態度を決定するある特定の仕方を表わし、はっきりした輪郭をもちそれと述べることができるような一つの出来事を形づくる。歴史はイデオロギーから理解さるべきであろうか、それとも、政治から、宗教から、あるいはまた経済から理解さるべきであろうか。一つの学説を理解する場合、その表だっての内容によるべきだろうか、それともその創作者の心理とか、生涯のさまざまな出来事などによるべきだろうか。同時に、これらすべての仕方で、理解しなくてはならないのである。すべてが意味をもっている。われわれはどの観点から見ても、同じ存在構造を見出す。これらの見方はどれもこれも、孤立させない限り真実である。つまり、われわれが歴史の根底まで突き進み、それぞれのパースペクティヴのうちに現われている実存的な意味の、唯一無二の核心と一つになるならば、いずれの見方も真実なのである。なるほどマルクスがいうように、歴史は逆立ちして歩くのではないが、しかしまた歴史がその足で考えるのでもないことも真実である。いやむしろ、われわれは歴史の頭や足をではなくて、そのからだ全体を問題としなくてはならないのだ。思想家が思索するのは、ほかならぬ彼がそれであるところの性状から出発してのことには違いないのだから、その学説の経済学的・心理学的説明はいずれも真実である。学説に対する反省でさえ、この学説の成立の歴史と外的な説明根拠とにうまく結びつき、そのいわれと意味とを実存の構造のなかに復位させることに成功した暁に、初めて完全なものとなるであろう。フッサールのいうように、「意味の発生[11]」(Singenesis) なるものがあって、学説が何を「いわんとする」かは最終的にはこれによってのみ知られるのである。了解と同じように、批評もあらゆる平面においておこなわれなくてはならないであろう。いうまでもなく、一つの学説を反駁するのに、その学説の創始者の生活に起ったさる出来事にこれを結びつけて、すますわけにはいかない。この学説はそれ以上のものを意味している。実存のうちにも共存のうちにも、純粋に偶然的な出来事というものはない。というのは実存も共存も、偶然を自己に同化してそれを道理と化するものだからである。最後に、歴史は現在において不可分であるように、継起においても不可分である。歴史の基本的な諸次元という見地から見れば、歴史のあらゆる時期は、唯一の実存のさまざまな表現として、あるいは、唯一のドラマのさまざまなエピソードとして、現われる。——このドラマの大団円があるかどうかは、われわれのあずかり知らぬことである。われわれは世界においてあるのだから、否応なしに意味を強いられており、何をしようと何をいおうと、それは必ず歴史のなかで、その名を得ずにはおれないのである。

***

現象学が獲得した最も重要な成果は恐らく、極端な主観主義と極端な客観主義とを、世界もしくは合理性に関するその概念のうちで結合させたことにあるであろう。この概念においては、合理性はそれが顕わになるもろもろの経験と、正確に釣り合わされる。合理性があるということは、さまざまなパースペクティヴが交叉しあい、さまざまな知覚が検証しあい、一つの意味が出現するということである。しかしこの意味を別に措定して、絶対的精神やら実在論的意味での世界に転化させてはならない。現象学的世界とは純粋な存在ではなくて、私のさまざまな経験の交点に、私の経験と他人の経験との交点に、相互の嚙み合いをとおして現われるところの、意味なのである。だから、それを主観性と相互主観性とから分離することは許されない。私の現在の経験が過去の経験を引き継ぎ、私の経験が他人の経験を引き受けることによって、主観性と相互主観性とは統一される。哲学者の省察は今や初めて十分に自覚的となり、省察自身の成果を省察に先だって、世界のなかに実在化するようなことはもはやしない。哲学者は世界と他人と自己自身とを考察し、それらの関係を理解しようとする。しかし省察する自我、すなわち「公平無私な観察者」(uninteressierter Zuschauer)[12]は、既存の合理性に再会するのではなくて、ある種の創意《イニシアティヴ》によって「自己を確立し」[13]合理性をも打ち建てるのである。この創意の成功は、存在のなかであらかじめ保証されているのではない。その正当性はひたすら、われわれの歴史を引き受ける能力を、それが実際われわれに与えてくれる、ということに基づくのである。現象学的世界は先行する一つの存在を明るみに出すことではなくて、存在そのものを創設することである。哲学は先在する一つの真理の反映ではなくて、芸術と同じように真理の実現なのである。この実現はいかにして可能なのか、この実現は諸事物のなかで先在する「理性」と再会することではないのか、とこう問われるかもしれない。しかし、前もって存在する唯一のロゴスは世界そのものであり、これを顕わな存在たらしめる哲学は、まず最初は可能的であるというのではなくて、それが属している世界と同様、最初から現実的もしくは実在的なのである。そして、いかなる説明的仮説といえども、われわれがこの未完成の世界を引き受けてそれを全体化し、思惟しようとする行為よりも、明晰ではありえない。合理性ということは、一つの問題ではない[訳註8]。つまりその背後に未知のものがかくれていて、このかくれたものを合理性から出発して演繹的に規定したり、帰納的に証明したりしなくてはならない、ということではない。われわれは諸経験の連結という奇蹟にたえず立ち会っているのであり、またわれわれこそ諸関係のこの結び目なのだから、この奇蹟がどのようにして生ずるかを、われわれ以上に知っている者はいないのである。世界も理性も問題とはなりえない。もしお望みなら、これらは神秘的であるといってもよい。しかしこの神秘(訳註9)こそこれらを定義しているのであって、何らかの「解決」によってこれを追い払うことは、問題にならない。この神秘はいっさいの解決の手前にあるものなのだ。真の哲学とは世界を見ることを改めて学ぶことである。そしてこの意味では、説話体の歴史記述も哲学論文と同じほど「深く」世界を示すことができる。われわれは反省によってばかりでなく、われわれの生涯を賭ける決断によってもまた、自分たちの運命を掌握しており、自分たちの歴史の責任を担っている。そしていずれの場合にも、実行によって自己を立証する有無をいわさぬ行為が問題となるのである。

世界を顕わならしめるものとしての現象学は、それ自身を根拠としている。あるいはむしろそれ自身を基礎づける(14)。すべての認識はいくつかの公準という「地盤」の上にたっている。そして結局は、合理性を初めて打ち建てる、世界とわれわれとの交わりに基づいている。哲学は根本的な反省であるから、原則的にこういう方便をみずから禁ずる。哲学も歴史のなかにあるのだから、世界と既成の道理を利用する。したがって哲学は、いっさいの認識に向って投げかける問いを、自己自身にも向けねばならないであろう。それゆえ哲学は限りなく自己自身に立ち戻り、フッサールのいう終りなき対話、終りなき省察となるだろうし、その本来の意向に忠実である限り、みずからどこにゆくのか、決して知りはしないであろう。現象学がいまだに未完成だという事実、いつも最初からやり直すというその態度は失敗のしるしではない。現象学が世界の神秘と理性の神秘[15]を明るみに出すことをその使命としている以上、これは避けられないことであった。現象学は一つの学説もしくは体系である以前に、一つの動きであったが、これは決して偶然でも欺瞞でもない。現象学はバルザック、プルースト、ヴァレリー、セザンヌなどの仕事と同じように骨の折れる作業である——それも、同じ類の注意と驚きのために、意識に対する同様な要求と、世界と歴史との意味をその生れいでんとする姿において把握するという同様な意図のために、骨の折れる作業となるのである。この点で現象学は、現代思想一般の努力と軌を一にするのである。

緒論　古典的偏見と現象への復帰

I「感覚」

〔印象としての感覚〕

知覚の研究を始めるにあたって、われわれは、「感覚」という一見、直接的で明瞭に思われる概念に、言語のなかで出会う。例えば、私は赤、青、熱さ、冷たさを感覚する、という。だが、やがてこの概念がおよそ不明瞭な概念であり、古典的な分析が知覚という現象を取り逃したのも、この概念を認めたためであることがわかってこよう。

感覚というとさしずめ私が触発される仕方、私自身の状態の体験が理解されるであろう。そうすると、まぶたを閉じたときに隔てなしに私をとりまく灰色、夢うつつのときに「私の頭のなかで」鳴り響く音などが、純粋に感覚するということの何たるかを、示すことになるであろう。私が感覚されるものと一つになり、感覚されるものが客観的世界のなかに位置を占めるのをやめ、したがって私に対して何ものも意味しなくなればなるほど、まさにそれだけ私は感覚するのだ、ということになるであろう。こうなると、およそ一定の性質をもった内容に至る手前の領域に、感覚が求められなくてはならなくなる。なぜなら赤とか青とかが色彩として互いに区別されるためには、たとえきちんと位置づけられなくとも、少くとも私の前に眺めとして現われなくてはならないし、こうなれば、それらは私自身ではなくなってしまうからである。純粋な感覚とは、差別づけられない、瞬間的で点のような、「衝撃《ショック》」の体験となるであろう。多くの著者たちが口をそろえていっているので、わざわざここに指摘するまでもないことだが、われわれの経験には、こんな概念にあたるいかなるものもないし、猿や雌鶏といった動物の、今まで知られている限りの最も単純な知覚といえども、いやしくも事実上の知覚であるなら、関係に向っているのであって、決して絶対的に孤立した項に向っているのではない(1)。しかしそれにしても、知覚経験のうちから「印象」の層をとりわける権利があると一般に信ぜられているのはなぜかという理由が、やはり問われなくてはならない。一様な地(fond)の上に白いしみがあるとしよう。しみを構成するすべての点は、それらを「図」(figure)たらしめるある「機能」を共有している。図の色は地の色より濃密で、いわば抵抗性が強い。白いしみの縁はそれに「属して」いて、同じようにこれと隣接する地には結びついていない。しみは地の上に置かれているように見え、地を中断してはいない。いずれの部分もそれが実際含んでいるより以上のものを告知しているのだから、こんな初歩的な知覚でも、すでに一つの意味を担っているのである。しかしこれに対して、なるほど図と地とをいっしょにすれば感覚されるとはいえないにしても、それらを構成する一つ一つの点においては感覚されているはずだと、ひとは反駁するかも知れない。だがこんなことをいうひとは、各点が各点で、また地の上の図としてしか知覚されえないという事情を、忘れているのであろう。地の上の図こそわれわれがもちうる最も単純な感性的与件であるというゲシタルト学説の主張は、これが事実上の知覚に伴う偶然的な特徴であって、観念的な分析においては印象の概念を導入してもさしつかえない、という意味なのではない。地の上の図ということは、まさに知覚的現象の定義にほかならないのであって、この条件がそなわらなければ、いかなる現象も知覚とはいわれないのである。知覚される「あるもの」はいつでも他のもののさなかにある。それは常に「野」(champ)の一部分をなしている。全く一様な平面で、知覚さるべき何ものも提示しないようなものは、いかなる知覚の対象ともなりえない。現実の知覚の構造だけが、知覚することの何たるかを、われわれに教えることができるのである。純然たる印象は、それゆえ単に見出すことができないばかりでなく、知覚されえぬものであり、したがってまた知覚の契機として考えられえぬものである。ひとびとがこの概念を導入するのは、知覚の経験に注目しないで、知覚された対象の立場にたち、かえってこの経験を見失っているからである。視野というものは、局所的な視覚から合成されているのではない。しかし見られる対象は物質の断片から成り立っており、空間の諸点は相互の外にある。孤立した知覚の与件というものは、いやしくもその知覚を想像の上で経験してみるならば、考えられえないことがわかる。だが他方、世界のなかには、孤立した対象や、物理的には空虚な場所が存在するのである。

〔**性質としての感覚**〕

したがって私は純粋な印象によって感覚を定義することを断念しよう。しかし見るとは色彩や光を手に入れることであり、聞くとは音を手に入れることであり、感覚するとはもろもろの性質を手に入れることなのだから、感覚することが何であるかを知るためには、赤を見たり「イ」の音を聞いたりしたら、それで十分ではないか。——しかし赤とか緑とかは感覚ではなくて、感覚されるものである。そして性質とは意識の要素ではなくて対象の特性である。性質は感覚を限定する単純な手段を提供しはしない。それどころか、それを顕わにする経験そのものに即してそれを捉えるなら、それは対象もしくは知覚された光景の全体と等しく、内容豊かで不明瞭なものである。私が絨毯の上に見るこの赤い斑点は、それを横ぎる影を考慮に入れた場合に、初めて赤いのだ。その赤いという性質は光の遊戯との関係によってしか、したがって空間的な布置の要素としてしか、現われない。そのうえ、色彩はある広さの表面に繰り広げられた時にのみ規定されるのであって、この表面があまりに小さかったら、何とも性質づけようがなかろう。そして最後に、この赤が赤いといっても、絨毯の「毛ぶかい赤」でなかったならば、厳密に同じ赤とはいえないだろう。[2] こういうわけで、分析すると、それぞれの性質のなかからそこに宿るさまざまな意義が現われてくる。だがそうはいっても、ここで取り扱われている性質とは、おびただしい知識によって掩われた事実上の経験に属する性質にすぎないから、「純粋な感覚作用」を定義する「純粋な性質」を別に考える権利が依然としてある、と反論されるかもしれない。しかしこの純粋の感覚作用とは結局なにも感覚しないことであり、したがって全く感覚しないことに等しいということを、われわれは今しがた見たばかりである。感覚作用に関するいわゆる明証性は、意識の証言に基づいているのではなく、世界についての先入見に基づいているのである。もうずっと以前から、知覚がわれわれに、色のある対象やら音をたてる対象やらを与えているので、「見たり」「聞いたり」「感じたり」することの何たるかを、われわれはよく承知しているつもりになっている。それを分析する際には、われわれはこれらの対象を意識のうちに移し入れる。われわれは心理学者のいわゆる「経験錯誤」(experience error)をおかしている。つまり、われわれは事物のなかにあると承知しているものを、無造作に事物についてのわれわれの意識のなかにも想定するのである。われわれは知覚されたものでもって、知覚を作りあげているのだ。そして知覚されるもの自身も知覚をとおしてしか与えられないことは明らかなのだから、結局、知覚も知覚されるものも共に、われわれは理解していないことになる。われわれは世界のとりことなっているので、そこから離脱して世界についての意識に向うことは、容易ではない。もしこれができれば性質が決して直接体験されるのではなくて、どんな意識もあるものについての意識であることがわかるはずである。なおこの「あるもの」とは、必ずしもそれとして見極められうる対象であるとは限らない。性質に関する誤った見方には二通りある。その一つは、性質が意識にとっての対象であるのに意識の要素となし、つねに一つの意味をもっているのに何ものも意味しない印象として扱うことである。もう一つは、この意味と対象とが、性質の水準においてすでに全きものであり、規定されていると考えることである。二番目の誤謬も前の誤謬と同様、世界に関する先入見から生ずる。われわれは、瞬間ごとに網膜上に像を結ぶ世界の一部を、光学や幾何学の助けをかりて、構成することができる。およそこの範囲の外にあるものは、感覚可能な表面に映し出されないのだから、光が閉じた眼に作用しないのと同様、われわれの視覚に作用しない。それゆえ、われわれは、明確な限界によって限られ、暗黒の地帯によってかこまれ、隙間なくもろもろの性質に充たされ、網膜の上に存するのと同じ大小の比例関係によって支配された世界の一片を知覚するはずである。ところが経験は決してこのようなものを提示しはしないし、そしてわれわれは視野がどのようなものであるかを、世界から出発して理解することは決してできないだろう。側面にある刺激を次第に中心に近づけることによって、視覚の範囲を探ることができる場合でも、測定の結果は度ごとに違い、最初に見えていた刺激が見えなくなる瞬間を定めようとしても、決してうまくいかないものである。視野をとりまく領域を記述することは容易にはできないが、この領域が黒くも灰色でもないことは確かである。そこにははっきりと規定されない眺め、つまり何だかわからぬものの眺めがある。つきつめていうと、私の背後にあるものも、視覚に現前していないわけではない。ミュラー‐リーエルの錯視（図1）における二つの線分は、等しくも不等でもない。等しいか、等しくないか、いずれか一方であるという二者択一は、客観的世界においてのみ強制力をもっている。(3) ところが視野とは互いに矛盾しあう概念が交叉しあう特異な領域なのである。というのも、ここでは対象が——つまりミュラー‐リーエルの直線が——比較の可能であるような存在の地盤の上に措定されているのではなくて、あたかも二つの線分が同じ世界に属していないかのように、それぞれ独自の文脈において捉えられているからである。心理学者たちはながい間、この現象からわざと眼をそむけてきた。それ自体として捉えられた世界においては、何もかも規定されている。なるほど霧の日の風景のように、ぼんやりとした光景はあるにはある。しかし現実の風景がそれ自体としてぼんやりしているわけではないことを、当然ながらわれわれはつねに認めている。風景がぼんや

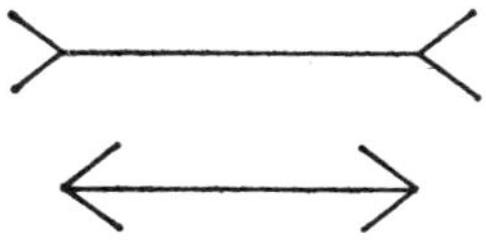

図 1

りしているのは、ただわれわれにとってだけである。対象は決して曖昧なものではない、それが曖昧となるのはひたすら不注意のためである、こう心理学者はいうであろう。視野の境界は、それ自体として可変的なのではない。近づいてくる対象が絶対的に見え始める瞬間があるはずなのだが、ただわれわれがそれに「注目」[4](remarquer)しないだけである。しかしながら、やがてもっとくわしく示すつもりだが、注意(attention)という概念は実は意識のいかなる証言にも基づいていないのである。それは、客観的世界からくる先入見を救うために作りあげられた補助的仮説にすぎない。われわれは無規定なものを積極的な現象と認めなくてはならない。性質がわれわれの前に現われるのは無規定性の雰囲気においてである。性質の含む意味は多義的な意味であって、そこでは論理的意義よりもむしろ表現的な価値が肝心なのである。経験主義が感覚を定義するのに用いようとした規定された性質なるものは、意識の対象であってその要素ではなく、それも後から作られた科学的意識の対象である。この二つの理由で、それは、主観性を明るみに出すより、むしろ掩いかくしているのである。

〔刺激の直接の結果としての感覚〕

われわれが今しがた試みた感覚の二つの定義が、直接的だったのは、ただ見かけの上だけのことである。上述の如く、これらの定義は、知覚された対象にのっとっていた。この点では常識と一致していた。常識もまた感覚の内容を、それが依存する客観的な条件によって限定するのである。視覚的なものとは、眼でもって捉えられるものであり、感覚的なものとは、感官によって捉えられるものである。感覚の観念をこの方向に追求してみよう。[5] そして科学という反省の第一段階において、この「……によって」「……でもって」ということと、感覚器官の概念とがどのようになるかを、調べてみよう。感覚という経験は存在しないにせよ、その原因やその客観的な発生事情のなかに、せめて説明的な概念としてそれを保存する理由が見出せるだろうか。心理学者は生理学をいわば上級審としてこれに控訴する形になるが、この生理学とても心理学と同様の困難を免れはしない。生理学もまた、まず初めにその対象を世界のなかに据え、一片の延長として取り扱う。その結果、行動（comportement）というものが、反射のかげにかくれてしまう。つまり、もろもろの刺激を加工し、これに形態を付与する働きが、状況の各要素に原則的に反作用の一要素を対応せしめる神経機能の縦走理論（théorie longitudinale）によって、隠蔽される。[6] 反射弧の理論と同様に、知覚の生理学は、一定の受容器から発し一定の伝達器を経て、これもまた特殊化した記録係[7]に達する解剖学的な道程を、最初から仮定してかかる。客観的世界が前提されているのだから、これが感覚器官にメッセージを託し、その結果このメッセージが伝達され、ついで解読されて、われわれのなかでもとの文面を再現するはずだと、考えられる。ここからして、原理的には、刺激と要素的知覚との間の正確な対応と恒常的な関係とが、結論される。しかしこの「恒常性仮説」[8]（hypothèse de constance）は、意識の与件と合わないし、これを仮定する心理学者も、それが理論的性格のものにすぎないことを認めている。[9] 例えば、ある条件のもとでは音が強くなると音の高さが減ずるように感じられ、補助線を追加すると客観的には等しい二つの図形が不等に見え、[10] 一様に着色された平面は、網膜のさまざまな部分の色閾からすれば、ここでは赤く、かしこではオレンジ色に、またある場合には無色にすら見えるはずなのに、[11] その表面の全体にわたって同じ色に見える。現象が刺激に必ずしも忠実には従わないこれらの場合を、恒常性の法則の枠内になおも止めおき、付加的な要因——注意と判断——によって、それらを説明すべきであろうか。それとも法則そのものを棄てねばならないだろうか。赤と緑とがいっしょに現われると、その結果が灰色に見えるという場合には、ひとびとは中枢における二つの刺激の結合が、客観的な刺激が要求するものとは違った感覚を直接生ぜしめることができるということを、認めている。対象の見かけの大きさが、その見かけの距離が変るにつれて変り、またその見かけの色が、われわれがこれについてもっている記憶に応じて変るという場合には、ひとびとは「感覚の諸過程が中枢の影響と無関係ではない(12)」ことを承認している。したがって、かかる例においては「感覚の内容」(le sensible) は、もはや外的刺激の直接の結果と定義されることはできない。同じ結論が上に述べた最初の三つの例にもあてはまるのではないか。たとえ、注意やいっそう的確な指示とか、休息とか、長い練習などの結果、ついに恒常性の法則を満足させるような知覚が現われたとしても、これは、この法則の普遍妥当性を証拠だてるものではない。なぜなら、以上の諸例における最初の見かけといえども、感覚的性格をもっている点では、しまいに獲得された成果に劣るものではないし、また注意ぶかい知覚、つまり視野の一点への主観の集中——例えば、ミュラー‐リーエルの錯視において二つの主線を「分析的に知覚すること」——が、「正常の感覚(13)」の姿を明らかにするものではなくて、もとの現象に例外的な構成《モンタージュ》を置き換えることにならないかどうか、この点こそ問題だからである。恒常性の法則を前もって予想しないでなされる決裁的な実験を、意識の証言に対抗して示すことはできないし、この法則を確立すると思われる実験には、いつでもそれがすでに前提されているのである。(14) われわれが現象に立ち帰るなら、大きさの把握と全く同じように、性質の把握も知覚の文脈の全体に結びついていることがわかるだろう。そして、われわれは直接的な印象の層を限定する間接的な手段を刺激に求めていたのであるが、刺激はもはやこのような手段を与えるものではない。しかし感覚の「客観的」定義を求めるにあたって、われわれの期待を裏ぎるのは、ひとり物理的刺激だけではない。現代生理学がわれわれに描いてみせる感覚器官の姿は、もはや古典科学がそれに演じさせた「伝達器」の役割にふさわしいようなものではない。触覚器官の非表皮性の傷害が起れば、その結果、恐らく熱さ、冷たさ、もしくは圧迫を感じうる点の数は減少するだろうし、また無傷の諸点の感受性も衰えるであろう。しかし傷ついた器官に十分の広さをもった刺激物をあてがうならば、この器官特有の感覚が再現するのである。刺激を感ずる感覚の閾は高まるが、手のいっそう精力的な探査がこれを補うのである。(15) つまり感性の最も初歩的な段階においてすら、部分的な刺激相互の間の、また感覚系と運動系との間の協力が見られるわけだ。そしてこの協力こそ、生理的な事情がどう変っても、感覚を不変のものとして維持するものであって、したがって神経過程を、感官に与えられたメッセージを単に伝達する作用と定義することは許されなくなる。視覚機能の破損は、傷害の位置がどこであろうと、いつも同じ法則に従うものである。最初に、すべての色彩が損なわれ、(16) 鮮やかさがなくなる。(訳註1) 次にスペクトルが単純化し、それを構成する色はまず四色に、やがては二色に減少する。しまいには灰色一色だけになる。もっとも、この病的な色はいかなる正常の色とも、決して同一視されうるものではないが。こうして中枢部の損傷においても末梢部の損傷においても、「神経実質の欠損の結果、単に一定の性質が欠如するのではなく、いっそう未分化の、いっそう原始的な構造への移行がおこなわれる」[17]のである。これに反して、正常な機能とは統合の過程であり、この過程において、外的世界の原文が単に写しとられるのではなくて、構成されるという風に理解されなくてはならない。そして「感覚」を準備する身体的現象という展望において「感覚」なるものを捉えようとするとき、われわれが出会うものは、若干の既知の変項の関数としての心的個体ではなくて、すでに一つの全体に結びつけられ、一つの意味を付与された形成体なのである。これと、いっそう複雑な知覚との間には、程度の差しかなく、したがって、それは純粋に感覚的なものの領域を限ろうとするわれわれの企図に、少しも役だつものではない。感覚の生理学的定義なるものは、存在しない。もっと一般的にいうと、生理学的な出来事そのものが、生理学的にして心理学的な諸法則に従っているのだから、自律的な生理学的心理学なるものはありえない。「要素的な」心的機能を見定め、身体的下部構造との結びつきが比較的弱い「高級な」機能から区別する確実な方法は、末梢的にこれを条件づけてみることだと、昔から信ぜられてきた。だがもっと正確に分析してみると、この二つの種類の機能は互いに絡みあっていることがわかる。要素的なものは、もはやそれをつなぎあわせて全体が出来あがるようなものでもなければ、全体が自己を構成するための、単なる機会でもない。要素的な出来事がすでに一つの意味をまとっているのであり、高級な機能は従属的な作用を利用し昇華させながら、ただいっそう統合された実存様式、あるいは、いっそう有効な適応を、実現するにすぎないのである。逆に「感性的経験は、生殖、呼吸、あるいは生長と同様、一つの生命過程である。」[18]それゆえ、心理学と生理学とは、もはや平行的な二つの科学ではなくて、行動の二つの規定、つまり、前者は具体的な、後者は抽象的な規定なのである。[19]心理学者が感覚を「その原因によって」定義しようとして生理学におもむくならば、改めてここで彼自身の困難に再会すると、われわれはすでに述べたけれども、今やその理由が明らかとなった。生理学者は生理学者で例の実在論的先入見から自由にならなくてはならない。すべての科学は、常識からこの先入見を受け取ったのであるが、またこれが、科学の発達を妨げているのである。「要素的」(élémentaire) と「高級」(supérieur) という言葉の意味が、現代の生理学において変化したということは、哲学の変化を告げるものである。[20] 事実そのものがメッセージの伝達器としての身体という観念を放棄するように暗示しているのだから、科学者もまた、それ自体で存在する外的世界という観念を批判することを学ばねばならない。感覚的なものとは、感官で、もって把握されるもののことである。しかし今や、この「でもって」が単に器具的関係を意味するものではないこと、感覚器官は伝導体ではないこと、末梢においてすら、生理的印象は、かつては中枢に属するものと考えられた諸関係のうちに嵌め込まれていること、などがわかったのである。

〔感覚するとは何か〕

今まで明瞭だと思われていたものが、反省してみると、——科学に属する二次的反省においてすら——実は不明瞭である、という事実にわれわれは、今いちど出会う。われわれは、感覚すること、見ること、聞くことがどういうことか、知っているつもりになっていたが、今やこれらの言葉が問題となるのである。われわれは、改めてこれらの言葉を定義し直すために、それらが指し示す経験そのものに、立ち帰らなくてはならない。感覚という古典的概念は、反省によって得られた概念ではなかった。それは対象に向けられた思惟が遅ればせに生みだした産物であり、世界の表象の最後の項なのである。つまり構成の源泉から最も遠く隔たった項であり、それゆえ最も不明瞭なものであった。科学が一般に客観化に努力して、それ自体物理‐化学的性質によって定義されたもろもろの刺激に直面する、一つの物理的システムとして、人体を表象するに至ったこと、またこれを土台として実際の知覚を再構築し[21]、そして認識そのものが生みだされる際の諸法則を発見し、主観性に関する客観的な科学を打ち建てることによって、科学的認識の環を閉じようと企てたことは、避けがたい必然である[22]。しかしこの試みが失敗に終ることも、また避けられないことである。客観的研究そのものに従うならば、次のことがわかるはずである。すなわち、まず第一に、感覚野 (champ sensoriel) の外的諸条件は、この領野を部分ごとに規定するのではなく、ある独自の組織化を可能ならしめることによって初めてこれに介入するにすぎないということ、――これはゲシタルト学説が明らかにしているところである、――次に、有機体における構造は状況の生物学的意味としての諸変項に依存するのであって、これらの変項は物理学的変項ではない、したがって全体は、周知の物理‐数学的分析手段の手に負えるものではなく、別の型の理解を要求するということ、である[23]。さて、今われわれがやっているように知覚的経験に立ち戻るならば、われわれは、科学が構築できるのは、ほんとうの主観性ではなくて、主観性の見せかけにすぎないことに気づく。つまり、経験がすでに有意味的なまとまりの存在を明示しているのに、科学は物にも等しい感覚を導入し、科学の世界についてしか理解されないようなカテゴリーに、現象的世界を従わせている。科学は知覚された二つの線が、実在の二つの線と同様、等しいか不等かいずれかであること、また知覚された水晶が一定数の面をもつことを要求する[24]。そして両義性ないし「ぶれ」[訳註2](bougé)を許容し、文脈によって形が決定されるということが、知覚されたものの本質に属することを見ようとはしない。ミュラー－リーエルの錯視においては、一方の線は他方の線に対して等しくあることをやめはするが、だからといって、「不等」になるのではない。それは「別のもの」になるのである。つまり、孤立した客観的な線と、この同じ線がある図形のなかに取り入れられた場合とでは、知覚にとってはもはや「同じ線」があるのではない。自然な知覚ではなく分析的な知覚にとって初めて、この二つの機能のうちで同じ線が認められうるのである。またこれと同様に、知覚されたものは、空隙を含んでいるが、これは決して単なる「非知覚」ではない。私は視覚や触覚によって、水晶を「規則正しい」物体として知ることができるが、そのために暗黙のうちにでも、その面を数える必要はない。私はさる人の眼の色をことさらに見たことはなくても、その顔つきに馴れ親しむことはできる。感覚の理論は、どんな知識をもはっきりと規定された性質から組み立て、いっさいの曖昧さから清められた純粋の絶対的な対象をわれわれに作ってみせる。だが、それは認識の理想であって、その事実上の主題ではない。またこのような理論は、後からできた意識の上部構造にしかあてはまらない。「感覚という観念が近似的に実現される[25]」のは、まさにここにおいてである。本能が投射するイメージ、伝統が世代ごとに繰り返し作りだすイメージ、いや単なる夢でさえも、最初は本来の知覚と同じ資格で現われるのであって、やがて批判的な作業によって、ほんとうの、現実的で明瞭な知覚が、少しずつ幻覚から区別されてゆくのである。「ほんとうの、現実的で明瞭な知覚」という言葉は原始的な機能というより、むしろ方向を意味している[26]。距離が変化しても対象の見かけの大きさが変らないとか、さまざまな照明のもとで対象の色が同じに見えるという、見かけの大きさや色の恒常性は、周知のように、成人の場合より、幼児の場合の方がいっそう完全である。[27] つまり知覚の初期の状態より後年の状態においての方が、知覚はいっそう厳格に局所的刺激に結びつけられており、幼児におけるより成人における方が、感覚の理論に適合しているのである。知覚はその結び目が次第にはっきりと現われてくる網のようなものである。[28] われわれに報告されている「原始的思考」の情景は、原始人の答弁と陳述、ならびに社会学者の解釈を、それらが共にいい表わそうとしている知覚的経験という地盤に関係づけたとき、初めてよく理解されうるようになる。[29] ある場合には、知覚されたものがその文脈にくっついて離れないという事情、いわばその粘着性のために、またある場合には積極的に無規定なものが知覚されたもののなかに存在するという事情のために、空間的、時間的、ならびに数的全体が、処理しやすい、判然とした、それと識別できる言葉に、はっきりと表現されるのを妨げられているのである。感覚するということを理解しようと欲するなら、ほかならぬこの先客観的な領域を、われわれ自身のうちに探求せねばならない。

II 「連合」と「追憶の投射」

〔私が感覚をもつなら経験のすべては感覚である〕

感覚の概念がひとたび導入されると、この概念は知覚の分析をすっかり誤らせる。既述のように「地」の上の「図」なるものはすでに、現実に与えられた諸性質より遙かに多くのものを含んでいる。それは地に「属して」おらず地から「浮びあがる」輪郭をもっていて、「安定して」おり、「稠密」な色をしている。地には限界がなく、それは定かならぬ色をもち、図の下に「続いて」いる。それゆえ、全体のさまざまな部分——例えば地に最も近い図の部分——は、色と諸性質のほかに、特定の意味をもっていることになる。問題は、この意味が何からできているかを知ること、つまり「境界」とか「輪郭」という言葉が何を意味しているか、もろもろの性質の集合が地の上の図として把握されるとき、どのようなことが生ずるのかを、知ることである。しかし感覚が知識の要素としてひとたび導入されると、上の問いに対する答えを選択する余地はなくなってしまう。印象もしくは性質と絶対的に合一するという意味で感覚することができるような存在者が、ほかの様式の知識をもつということはありえないだろう。一つの性質、赤い広がりがあるものを意味するということ、例えばそれが地の上のしみとして捉えられるということは、この赤がもはや単に私が没入するところの体験され生きられた、あの熱っぽい色ではなくなって、そのなかに含まれていない何か他のものを告示し、知の一つの機能を果すということ、そしてその諸部分がいっしょになって一つの全体を構成し、各部分はそれぞれその場所を離れることなくこの全体に結びつく、ということにほかならない。こうなるともはや、この赤は単に私に現前している (présent) だけではなく、私に対して何かを表示している (représenter) のである。そして、それが表示しているものは、私の知覚の「実的な部分」(partie réelle) として所有されているのではなく、ただ「志向的な部分」(partie intentionnelle)(30) として、めざされているにすぎない。私のまなざしは、質料的に見られた赤におけるように、輪郭やしみのなかに融けこんでしまうのではなく、それらを見渡し、あるいは、それらを支配するのである。各点の感覚はじじつ一つの意義に貫かれているが、それがこのような意義を受け入れ、そして「図」の全体に結びつき「地」からは独立した「輪郭」のなかに、統合されるためには、感覚するものと感覚されるものとの絶対的な合一であることをやめねばならないだろう。したがって感覚として存在することをもやめねばならないだろう。「感覚する」ということを古典的な意味において認めるならば、感覚的なものの意義は、現存する感覚にせよ、可能的な感覚にせよ、ともかく他の感覚のうちにしかありえないことになる。一つの図を見るということは、それに属するあらゆる点的な感覚を同時にもっていることでしかないことになる。それぞれの感覚は、依然としてもと通りのもの、つまり盲目的な接触、印象である。その全体が「見

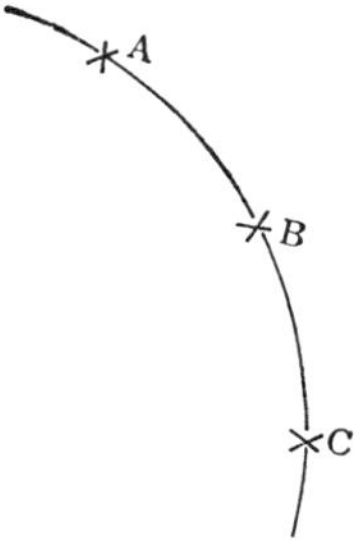

えるもの」となり、われわれの前に一つの像として浮びあがるのは、われわれが前よりも速く一つの印象から他の印象へ移行することを習得したからなのである。輪郭は局所的な視覚の総計以外のものではなく、したがって輪郭の意識は集合的存在である。それを構成する感覚的要素は、感覚的なものとしてこれを特徴づける不透明という性格を棄てるわけにはいかないので、互いに内的に結合したり、共通の構成法則に従うことはできない。ある図の輪郭の上にA・B・C三点をとってみよう。空間における三点の秩序はわれわれの眼の前にそれらが共存する仕方でもあり、どれほど互いに近接した点を私が選んだとしても、三点の共存は別々の存在の総和である。つまりAの位置、プラスBの位置、プラスCの位置である。もっとも経験主義はこのような原子論的な言葉使いを棄てて、空間の塊り《ブロック》とか持続の塊り《ブロック》とかについて語り、関係の経験を性質の経験につけ加えることもできよう。だがこうしたところでこの学説にとっての事情は少しも変らない。空間の塊りを精神が見渡し吟味するということであれば、意識はもはや印象によって定義されるのではないから、経験主義を離れる結果になるし、――然らば空間の塊りそのものも印象として与えられることにすると、それはいっそう広い配列に対しては先ほどの各点の印象と同様、閉ざされたものとなる。もとより輪郭とは単に現前する与件の集まりにすぎないものではない。現前する与件は現前していない他の与件を呼び起し、これによって補われる。私が眼の前に赤いしみがあるというとき、「しみ」という単語の意味は以前の経験によって提供されるのであり、またこの経験を通じて私はこの単語の使い方をおぼえたのである。空間における

三点A・B・Cの配置は、他の同様な配置を思い出させ、その結果、私は円を見る、という。だが、このように既得の経験に訴えてみても、やはり経験主義の主張にとって事情は少しも変らない。過去の経験を呼び戻す「観念連合」は、単に外的な結合を復原することができるだけであり、観念連合自身も外的結合の一つでしかありえない。それというも、そもそもとの経験が、これとは別の結合を含んではいなかったのだから。ひとたび意識を感覚として規定するならば、どのような形の意識も、その明晰さを感覚から借りてこなくてはならなくなる。私が顧みるかつての経験においても「図」とか「秩序」とかという単語は、われわれの感覚がわれわれの前に配分される具体的な仕方、ある事実上の配列、感覚するある仕方しか意味することができなかったのである。三つの点A・B・Cが一つの図の上にあり、ABという道程がBCという道程に「似ている」にしても、この類似は単に事実上、一方が他方を思い出させるという意味にすぎない。A・B・Cという道程は、私の眼がかつてたどった他のさまざまな図の道程に似ているが、しかしこれは、単に前者が後者の記憶を喚起し、そのイメージを浮びあがらせるということを、意味するだけである。決して両者が同一化され、同じものとして捉えられ、理解されたわけではない。そのためには、両者の個別性（eccéité）が克服されなくてはならないだろうが、ここでは両者が互いに分ち難いほど固く結びつけられ、いたるところで互いに置き換えられる、というだけのことである。認識は置換のシステムとして現われる。そこではある印象が他の印象を告示しはするが、その根拠を示しはしない。また言葉がそれに対応する感覚を期待させるのだが、それはちょうど、たそがれが夜を期待させるような具合にである。知覚されたものの意義とは、何の理由もなく再び現われ出ようとする一群の心像以外のものではない。最も単純な感覚や心像が結局、語における理解さるべきもののすべてなのである。概念とは、これらを指示する複雑な仕方であり、これらはこれらで名状し難い印象なのだから、理解するということは、欺瞞もしくは錯覚ということになる。相互に惹起しあう認識の諸対象に対して、認識は何の手掛りもなく、精神は計算機のように働くだけで、[31] その結果がなぜ真実なのかみずから知る由もないのである。唯名論、つまり意味(sens)を混乱した類似という反意味(contre-sens)、もしくは接近連合という無意味(non-sens)にまで還元する学説以外の哲学を、感覚は承認することができないのである。

〔野の分凝〕

ところで、いっさいの認識の始めであり終りであるはずの感覚や心像《イマージュ》は、実はある意味の地平において初めて現われるのであり、また知覚されたものの意義は、連合の結果であるどころか、実はかえってすべての連合においてすでに予想されているのである。眼の前の図形を概観する場合であろうと、昔の経験を想起する場合であろうと、いっさいの連合において然りである。われわれの知覚野(champ perceptif)は「物」と「物と物との間の空虚」とから成り立っている。[32] 物の諸部分が互いに結びついて現われるのも、対象の運動の際にそれらの諸部分が相互に連帯して動くことが認められた結果生じたところの、単に外的な連合によるのではない。まず第一に私は、およそ運動するのを見たことがないような諸形象、例えば家屋、太陽、山岳などをも、物として見るのである。この際、運動しうる対象の経験から得られた概念が不動の対象にも拡大されたのだと主張されるならば、例えば山岳の現実の姿が、それが物と見られるための根拠となりこのような概念の転移を正当化するところのある特徴を、示していなくてはならないことになる。だがそうなれば、この特徴だけで知覚野の分凝(ségrégation)(訳註3)を説明するのに十分であって、転移など必要ではない。幼児が手でいじったり動かしたりするような、ごく普通の対象の統一性ですら、その堅固さの確認に帰せられるものではない。仮に物と物との間の空隙を物と見たとするならば、「兎」を見つけだすか「狩人」を見つけだすかで、判じ絵の様相が一変するように、世界の様相ががらりと変るであろう。この変化は、同じ要素が別の仕方で結びつけられるとか、同じ感覚が別の仕方で連合する、ということではない。同じテキストが別の意味を与えられたり、同じ内容が別の形式にまとめられたりすることではなく、ほんとうに別の世界が現われるのである。与件としては互いに無頓着なのだが、事実上の近接や類似がそれらを連合させるので、寄り集まって一つの物をつくるようになる、と——こういう与件があるのではない。かえってわれわれが一つの集まりを物として知覚するからこそ、分析的な態度が後からそこに、類似や近接を見出すことができるのである。これは単に、全体の知覚がなければわれわれはその要素の類似や近接に注意することなど夢にも思わないだろうという意味ばかりではなくて、文字通りこれらの要素は同じ世界に属さないだろうし、したがっておよそ類似や近接など存在するはずがない、という意味なのである。つねに意識を世界の一部として考える心理学者は、刺激の類似や近接を、一つのまとまりをもった全体の構成を決定する客観的な条件に数えあげている。互いに最も近接した、もしくは最も類似したいくつかの刺激、あるいは、互いに結びついて光景に最良の均衡を与えるようないくつかの刺激は、知覚にとって同一の形態のなかにまとまる傾向がある、と心理学者はいう。(33) だがこういういい方はひとを欺きやすい。というのは、知覚された世界に、いやそのうえ科学的意識が構築する二次的世界に、属する客観的刺激と、心理学が直接経験に従って記述すべき知覚的意識とが、比較されているからである。心理学者の両棲類的な思惟は、彼の記述のなかに客観的世界に属する諸関係を再び持ち込むという危険をつねにはらんでいる。こういう次第で、ヴェルトハイマーの近接ならびに類似の法則は、連合心理学でいう客観的な近接ならびに類似を知覚の構成的原理として復活させたものだと思われたのも、無理からぬことである。だが、ほんとうは純粋記述の立場から見れば——そして、ゲシタルト理論も純粋記述の一つであろうとしているのだが——刺激相互の間の近接や類似は、全体の構成に先だって与えられてはいない。「よい形態」(訳註4)が実現されるのは、いわば形而上学的天空においてそれ自体としてよいからではない。逆にわれわれの経験において実現されるからこそ、それはよいのである。知覚の現象をわれわれが対象に初めて接するいわば窓口として記述するかわりに、ある環境——分析的知覚がやがて明らかにし検証するであろう成果のすべてが最初からそこに刻みこまれているようなある環境、そしてほんとうの知覚を見分けるいっさいの基準の根拠がそこに見出されるようなある環境——つまり真理の場所、一つの世界が前提され、そのなかで知覚の現象を捉えようとする場合に、初めて知覚のいわゆる条件なるものが知覚そのものに先だつようになるのである。かくてわれわれは、認識の基礎となり端緒となるという知覚の本質的機能を、知覚から剝ぎ取り、知覚の結果をとおして知覚を眺めるのである。もしわれわれが現象に忠実であるならば、知覚における物の統一は、連合によって構成されるのではなくて、かえって連合の条件であり、物の統一を検証し決定する吟味にも先だち、それ自身にも先だつことになる。仮に私が浜辺を、岸に乗りあげた船に向って、歩いているとしよう。船の煙突や帆柱が砂丘を縁取る林とごっちゃになって見える。だが突如として、これらの細ごましたものが、生き生きと船に結びつき、これと一体となって現われる。私は船の上部構造をまとめてついに一つの連続的な構図とさせるような類似や近接を、船に近づきながら知覚したわけではない。私は、対象の姿がまさに一変しようとしていることを、あたかも雲が雷雨の到来を告げるようにこの緊張のうちに何ものかの到来の間近いことを、体験しただけである。突然、光景の組立てが一変して私の定かならぬ期待が充たされる。あとになってから、私はこの変化の根拠として、「刺激」と呼ばれるものの類似と近接とを、認めるのである。——「刺激」とは、近距離で知覚される最もはっきりと規定された現象のことであり、私が「真の」世界を組み立てる際の材料なのである。「これらの木片が船の一部であることに、どうして私は気づかなかったのだろう。実はこれらの木片は船と同じ色で、その上部構造にちょうどよく合っていたのに。」しかし正しく知覚するための、こうした根拠は、正しい知覚に先だって、根拠として与えられてはいなかったのだ。対象の統一は、まさに現われ出でようとする秩序の予感に基づいている。つまり光景のなかにただ潜在的に提起されているにすぎないさまざまな問いに、一挙に解答を与えんとするある秩序の予感に、基づいている。対象の統一は、ただ漠然たる不安という形においてのみ提起されていた問題を解決し、それまでは同じ世界に属していなかった諸要素、またカントが意味深くもいったようにそのため連合することができなかった諸要素を、組織するのである。概観(synopsis)は諸要素を単一の対象という同じ領域の上に置くことによって、それらの近接と類似とを可能ならしめるのである。一つの印象は、決してそれ自身では、別の印象に連合することはできない。

〔「連合力」なるものは存在しない〕

それにまた印象には他の印象を呼びさます力がない。この印象が、喚起さるべき印象と共存していた過去の経験の展望のうちで、あらかじめまず了解されている場合にのみ、それはこのような喚起をおこなうことができるのである。今ここに、次のような二組の連結された音節があるとしよう。[34] つまり dak-tak というような第二音節が第一音節の韻を軟らげたもの (rime adoucie) である場合と、ged-deg のような逆転である場合とがあるとしよう。この二組の音節の配列を被験者に暗記させ、臨界実験[訳註5]において「軟らげられた韻を求めよ」と一様に命令するならば、なるほど ged に対して軟らげられた韻を見つけだす方が、何らかの中性的音節に対してこれを見つけだすより、いっそう困難なことがわかる。しかし提示された音節の母音を変えよと命令されるならば、この仕事は造作なくおこなわれる。それゆえ最初の臨界実験において働いていたのは、連合力ではない。もしこれが働いていたとすれば、二番目の実験においても働くはずなのだから。ほんとうは次のような事情なのだ。つまり、軟らげられた韻としばしば連結された音節の前に立たされているので、被験者は実際に韻を合わせるかわりに、習得したものを利用しようという気になり、「再生の志向」(intention de reproduction)[35] を起すのである。その結果、与えられた命令が訓練実験において実現された組合せと合わない第二の配列になると、被験者は再生の志向に誘われて必然的に間違えることになる。二番目の臨界実験において、誘導節の母音を変えるように被験者に求めると、これは訓練実験に一度も現われたことのない課題なので、被験者は再生という迂路を利用することができ

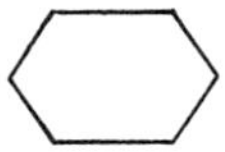

第1図

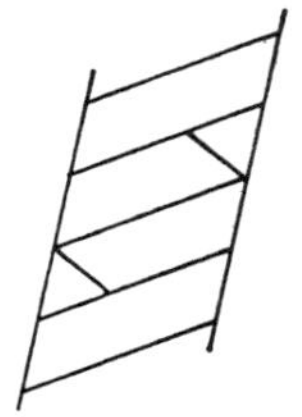

第2図

ず、したがって訓練実験は何の影響も及ぼすことができない。こういうわけだから、連合は自律的な力として働くのでは決してない。提示された語が動力因として、答えを「誘導する」(induire) のでは断じてない。この語が作用するのは、ひたすら、再生の志向を有望な誘惑的な手段と思わせることによってである。つまり以前の経験の文脈のなかでそれがもっていた意味を介してのみ、またこの経験に頼ることを示唆することによってのみ、それは働くのであり、被験者が過去の相あるいは表情のもとでそれを再認し、把握する限りにおいて、それは力を発揮するのである。もし最後に、単なる近接のかわりに類似連合に訴えようとするならば、現在の知覚がじじつそれに類似している過去の心像を喚起するためには、まずこの現在の知覚に、この類似を担うことができるような形態が与えられねばならぬということが、再び明らかとなるであろう。例えば被験者[36]があらかじめ第1図をたった五回しか見ていなかったとしても、あるいは逆に五四〇回も見ていたとしても、殆ど同じほどのたやすさで彼は第2図のなかに「偽装された」第1図を見つけだすであろうし、しかもいつもきまってそこにそれを認知するとは限らないであろう。これに反して、第2図のなかに何かかくれた図形を(これがどのようなものかは知らずに)探す被験者は、同等の経験をもってはいるが単に受動的に振る舞う被験者よりも、いっそう速かにいっそう頻繁に、これを見出すであろう。したがって類似も共存と同様、心像や「意識の諸状態」の運行を支配する第三人称的な力ではない。第1図は第2図によって喚起されるのではない。あるいはむしろ、第1図が喚起されるのは、まずひとが第2図のなかに「可能的な第1図」を見た場合に限られる。ということは、第2図が第1図にじじつ類似しているにしても、われわれは第2図がまのあたりどのように組織され、その結果いかにしてまず類似が可能となるかという問題を避けるわけにはゆかない、ということである。つまり、誘導される図形の記憶を喚起する前に「誘導する」図形が誘導される図形と同じ意味をまとわなくてはならないということ、結局、連合の機制によって事実上の過去が現在の知覚のなかに導入されるのではなくて、現在の意識そのものが過去を展開するのだということに、ほかならない。

〔「追憶の投射」なるものは存在しない〕

以上に述べられたことから、「知覚における記憶の役割」についてふつういわれていることの当否を、判定することができる。経験主義に属さぬひとびとの間ですら、「記憶の出資分」について語られている。[37] ひとびとは繰り返し、「知覚することは想起することである」という。読書においては、視線の運びが速いために、網膜上の印象は隙間だらけとなり、それゆえ感覚の与件は、追憶の投射によって補充されなくてはならない、[38] ということが指摘されている。風景や新聞をさかさに見れば、なまのままの視覚像が現われるはずである。そして正常な方向から見たとき、これらがいっそう明瞭に見えるのは、ひたすら記憶の出資分のおかげだということになる。さかさまに見られた場合には、「印象の配置がふつうと違っているので、心的諸原因の影響がもはや有効に働かない」[39]。しかし実は、なぜ、印象配置の変換が新聞を読みにくいものとなし、風景を見違えるほど奇異なものとなすか、という点は不問とされているのである。なぜなら、記憶が知覚を補充しにやってくるためには、まず与件の表情によって、想起が可能とされなくてはならないからである。記憶が何らかの寄与をなすに先だって、見られるものが、眼の前で組織されて、私の以前の経験をそこに再認することができるような、一つの像を私に提供しなくてはならない。こうして追憶に訴えるということは、それが説明するはずだったものを、かえって前提していることになる。つまり、与件に形態を与え、混沌たる感覚に意味を付与するということを、それは前提しているのである。追憶の喚起が可能となるときには、それに期待されていた課題がすでになしとげられているのだから、それはもはや不要になる。また別のある心理学者たちによると、われわれは記憶の「眼鏡をとおして」対象を見るという具合に、しまいに「記憶の色彩」(Gedächtnisfarbe) が対象の現在の色に取って替る[40]というのであるが、これについても、以上と同じことがいえよう。問題は、現に「記憶の色彩」を呼び起しつつあるものは何かを知ることである。ヘリングによると、われわれが既知の対象に再会するとき、「もしくは再会すると信ずる」ときにはいつでも、「記憶の色彩」が呼び起される。しかし、何に基づいて、われわれは既知の対象に再会すると信ずるのか。現在の知覚において、既知の対象が知覚されているのだとわれわれに教えるものは何であろうか。仮定によれば、この対象の諸性質はこれによって修正されるというのに。形あるいは大きさの再認が色彩の再認を引き起すと主張するなら、われわれは循環論におちいってしまう。なぜなら、見かけの大きさとか形とかもまた修正されるのであり、それに、ここでも再認が記憶の喚起から結果するわけはなく、むしろこれに先だたねばならないのだから。それゆえ、いずこにおいても再認は、過去から現在への道を進むのではない。また「追憶の投射」とは、すでにおこなわれたいっそう深い再認を隠蔽する、悪しき隠喩にほかならない。最後に、校正の際の錯覚も、これと同様、実際に読んだ若干の要素に記憶が混入して、もはや両者が区別できなくなるほど融けあってしまった結果だと、理解すべきではない。本来の感覚的与件の相によって導かれるのでなければ、追憶の喚起がどうしておこなわれようか。そしてもし導かれるとするなら、その場合は記憶の宝庫から何かを取り出してくるに先だって、すでに単語がその独自の構造もしくは相貌をもっていることになるのだから、追憶の喚起など何の役にたとうか。「追憶の投射」をまことらしく思わせる根拠は、明らかに錯覚の分析であって、それはおよそ次のような簡単な推理に従っている。錯覚的な知覚は、「現前する与件」を拠りどころとするものではない。例えば紙の上に《destruction》と書かれているのに、私は《déduction》と読むからである。str という文字の集まりに取って替った d という文字は、視覚によって提供されるのではないから、どこか別のところから由来するのでなくてはならない。それは記憶から由来するのだ、と主張されるであろう。同様に、平坦な画面の上に若干の光と影とがあれば、浮き彫りの感じを与えるのに十分であり、判じ絵のなかの若干の木の枝は猫を暗示し、雲のなかのぼんやりとした線は馬を思わせる。しかし実は、過去の経験が錯覚の原因として、登場することができるのは、事が終った後でしかない。ほかの追憶ではなくまさにこの追憶をよびさますために、現在の経験が、まず初めに形と意味とを担わなくてはならなかったのだ。だから、馬、猫、すりかわった単語、浮き彫りなどが生れるのは、現に見ている私の視線のもとにおいてである。画面の光と影とが浮き彫りの感じを与えるのは、光と影とが独自の空間的意義を獲得する「浮き彫りの本来の現象」(41)を模倣することによってである。私が判じ絵のなかに猫を発見することができるためには、「与件を整頓する働きが、与件のうちで保存すべき要素と無視すべき要素とを、〈猫〉という意義の統一によって、すでに何らかの仕方で指示されている」(42)のでなくてはならない。錯覚がわれわれを欺くのは、まさにそれが真正の知覚を気取っているからであるが、真正の知覚においては、意義は外からやってくるのではなくて、感性的なもののなかで生れるのである。そこでは、意味がぴったり感性的なものと合致し、感性的なものにおいて自己を鮮やかに、はっきりといい表わすのであるが、このような特別の経験を、錯覚は模倣するのである。錯覚はこういう知覚の基準をおのれの側に引き入れているのだから、感覚的なものと追憶との出会いから生ずることはありえない。知覚はなおさらのこと、かかる出会いから生ずるのではない。「追憶の投射」という説は、知覚も錯覚も不可解なものにしてしまう。なぜなら、仮に知覚された事物が感覚と追憶とから合成されているとすると、それはただ記憶の寄与によってのみ規定されていることになろうし、したがってそれ自身のうちに追憶の流入を制限しうるようなものを、何ひとつもっていないことになる。そして知覚された物は、すでに述べたように、つねに「ぶれ」(bougé)の縁取りをもつものだが、今やそれだけにとどまらず、捉えがたい移ろいやすいものとなり、いつも錯覚と触れあっていることになるからである。物が結局はもつはずのしっかりした明確な姿が、知覚にすら欠けているのだから、錯覚はなおさらこうした姿を呈することはできないだろう。したがってまた錯覚がわれわれを欺くこともなかろう。最後に追憶が自分からおのれを感覚の上に投射するのではなく、意識が追憶と現前する与件とを照合するのであり、この与件と和合する追憶だけを保持するのだということを認めるならば、それもまた、自己自身のうちに意味をもち、これを追憶の意味と対照させる、いわば原本の存在を認めることにほかならない。そしてこの原本こそ知覚そのものなのである。要するに、「追憶の投射」によって、知覚のうちに心的活動を導入したつもりになり、経験主義の反対者になったつもりでいるのは、間違いである。この学説は、経験主義の一つの帰結であり、遅ればせの、しかも効果のない、その修正にすぎない。この説は経験主義の公準を受け入れ、その難点を分ちあい、経験主義と同様、現象を了解せしめるかわりに、むしろそれをかくしているのである。その公準とは、毎度の如く、感覚器官によって提供されうるものから、与件を演繹する、ということである。例えば校正者の錯覚においては、実際に見られた要素を、眼の動き、読書の速度、ならびに網膜上の印象にとって必要な時間から、再構成するのである。ついで、こうして理論的に構成された与件を、知覚の全体から差し引けば、想起された要素が得られる。そしてこれはこれで、心的事物として取り扱われる。ひとびとはたくさんの石材から一軒の家をつくるように、意識の諸状態から知覚を組み立てる。そしてこれらの材料を融合させて緊密な全体とするような精神の化学を考案する。経験主義的理論の例にもれず、この精神の化学が描きだすものも、認識の等価物では決してありえない盲目的な諸過程にすぎない。なぜなら、この感覚と追憶の堆積のなかには、見るひとが、つまり与件と想起されたものとの一致を体験することができるひとが、存在していないし——そしてこれと相関的に、記憶の氾濫に対して一つの意味によって守られた堅固な対象というものが存在していないからである。それゆえ、いっさいを不明瞭にするこのような公準は、棄てられなくてはならない。客観的原因に従って、与えられたものと想起されたものとを区別するのは、勝手気儘なやりロである。現象に立ち帰るなら、基礎的な層として、すでに、もうそれ以上ほかのものに還元されえない意味をはらんだ、一つの全体が見出される。つまり、記憶がその間にはまりこむ、隙間だらけの感覚ではなくて、そのときの志向にも、先だつ経験にも、おのずから適合した、景観や語の表情、構造といったものである。こうして初めて、知覚における記憶についての真の問題が浮びあがってくるのであるが、この問題は知覚的意識の一般的問題に結びついている。意識が知覚を補う材料を神話的な無意識のうちに持ち歩くというのではなく、意識が意識自身の生命によって、時の経過につれて、その景観の構造を変えてゆくということは、どのようにして可能であるか、——過ぎ去った経験はたえず地平という形で意識に現前しつづける、意識が想起の作用において認識の主題として取り上げれば、この地平は再び開くことができるが、意識はまたこれを「欄外」に残しておくこともでき、こういう場合には、この地平は知覚されたものに、現在の雰囲気と意味とを直接与えることになる——つまりこういったいきさつを、了解することが肝要なのである。いつでも意識の意のままになる一つの領野、まさにそれだからこそ、すべての知覚をとりまき包む一つの領野、雰囲気、地平——もしくは意識に時間的な状況をあてがう与えられた「枠組《モンタージュ》」といってもよい、——過去の現存とはこういうことであって、知覚と想起という互いに区別される作用を可能ならしめるのはまさにこれなのである。知覚するということは、多様の印象を体験しこの印象を補う追憶を引き寄せることではない。与件の布置から内在的な意義がおのずと現われるのを見ることであり、この意義がなければ、およそ記憶に訴えることもできないのである。想起するとは、それ自体として存続する過去の像を意識のまなざしのもとに連れ戻すことではない。過去という地平のなかに沈潜し、互いに重ねあわされ嵌め込まれた、そのさまざまな展望を、段々と展開し、そこに要約されていた諸経験が、その本来の時点において、いわば改めて生きられるようになる、ということである。知覚することは、想起することではない。

〔経験主義と反省〕

それゆえ、「図」と「地」、「物」と「物に非ざるもの」という関係、ならびに過去という地平は、そこに現われるもろもろの性質には還元されえぬ意識の構造なのであろう。しかし経験主義は、この「アプリオリ」を精神の化学の結果として取り扱う方便を、依然として手放さない。経験主義は、いかなる物も物ではない地の上に現われること、また現在は過去と未来という二つの不在の間に現われることに、同意はするであろう。だがとって返して、これらの意味は派生的なものだと、改めて主張するであろう。「図」と「地」、「物」とその「周囲」、「現在」と「過去」、これらの言葉は、経験主義によれば、空間的・時間的な展望の経験を要約しているのであり、そしてこの展望は結局、記憶や欄外的な印象が色褪せて消え失せるところまで及ぶのである。たとえ、実際上の知覚においては、これらの諸構造は、ひとたび形づくられると、性質が提供しうるよりも以上の意味をもつにしても、私は意識のこの証言に満足すべきではなく、もろもろの印象によってこれらの諸構造を理論的に再構築しなくてはならないのだ。諸構造は諸印象の事実的な諸関係を表わしているのである。こうなると経験主義を論駁することは、もはや不可能である。経験主義は反省の証言に耳をかさず、われわれが全体から部分に進むことによって了解すると意識する諸構造を、互いに外的な印象の連合から生みだすのだから、経験主義に対する決定的な反証として引き合いに出せるような現象は存在しない。自己自身を顧みずに物の立場にたつ思想を、現象の記述によって反駁することは一般に不可能である。この世界の形態、生命、知覚、精神などについてわれわれがもつ経験を、それらに関する認識の最も手近な源泉として、またその究極の判定基準として、認めるかわりに、これらのものを構築しようと企てる限り、物理学者の原子《アトム》の方がこの世界の歴史的な質的な形態よりもつねに現実的に見え、物理化学的諸過程の方が有機的な形態よりも、経験主義の心的アトムの方が知覚される現象よりも、ウィーン学派のいわゆる「意義」(significations)というような知的アトムの方が意識よりも、現実的に見えるであろう。明瞭と不明瞭との関係を逆転させる、まなざしのあの転回が、まず各人によって実行されなくてはならない。ついで、それが了解せしめる諸現象のおびただしい数によって、その正しさが証明されるはずである。しかし、このような転回をなしとげる以前には、諸現象は近づきにくいものであり、それについてなされる記述に対して、経験主義はつねに「私には理解できない」と反駁することができるのである。こういう意味では、反省は狂気と同様、閉じた思惟のシステムである。もっとも反省は自己自身と狂人とを共に了解するのに、狂人は反省を了解しえないという違いはあるが。しかしながら、現象的領野がたとえ目新しい世界だとしても、それは自然的思惟の全くあずかり知らぬものではない。それは地平として、自然的思惟に現前している。そして経験主義的学説そのものが、まさに意識の分析の試みなのである。それゆえ、経験主義的構築の結果不可解なものとなってしまういっさいの物ごと、そしてそれによって掩いかくされるもとの現象のすべてを、特に指摘しておくことが、「神話に対する防禦」(paramythia) として有益である。経験主義的構築は、まず第一に「文化的世界」もしくは「人間的世界」をわれわれに隠すのだが、われわれの生活は殆どすべてそのなかで営まれている。われわれの大多数にとって、自然は漠然とした遠い存在にすぎず、町や街路や、家屋や、とりわけ他人の存在によって、背後に押しやられている。ところで経験主義にとっては、「文化的」対象や人間の顔は、その表情と魔術的な力とを、転移(訳註6)や記憶の投射に負うているのであって、人間的世界は偶然によってしか意味をもたないのである。ある風景、ある対象もしくは身体の、感覚的な相のうちには、それらをして「歓ばしい」もしくは「悲しげな」、「陽気な」もしくは「陰鬱な」、「上品な」もしくは「粗野な」風貌をもつようにあらかじめ定めるものは何もない。経験主義は、われわれの知覚内容を、感覚器官に作用する刺激の物理‐化学的性質によって改めて定義し、怒りや苦痛を、宗教や都市を、知覚できないものと見なすのである。しかし実際は、怒りや苦痛を、私は表情の上に読みとり、宗教の本質を、ためらいや慎み深さのうちに捉え、都市の構造を、警官の態度や公共の建築物の様式のなかに認知するのである。経験主義にとっては、もはや客観的精神(訳註7)なるものはありえない。私の議論の相手となるひとびとや、私と共に生きるひとびとが構成する人間的空間のうちに、つまり私の仕事と私の幸福の存する場所に、精神的生が繰り広げられていることは明らかなのに、経験主義においてはそうではなくて、孤立した、内観によってのみ近づくことができる意識のうちに、精神的生はひきこもってしまうのである。歓喜と悲哀、活発と遅鈍などは、内観の与件であって、われわれが風景や他人に、これらの感情の衣裳をまとわせるのは、われわれが自分自身のうちに、これらの内的知覚と外的な徴表との合致を認めたからにほかならない。ところで、この両者は、われわれの身体の出来具合からして、たまたま互いに結びついているまでである。こうして貧しくなった知覚は純然たる認識の働きとなる。つまりもろもろの性質と、その最もありふれた経過を次つぎと記録する働きとなる。そして知覚主体は、科学者が実験に対するように、世界に対するのである。これに反して、もしわれわれが、これらの「投射」や「連合」や「転移」などがすべて、対象のある本質的特徴に基づいていることを認めるなら、「人間的世界」は隠喩ではなくなって、その実際の姿に戻り、再びわれわれの思惟の場《ミリュー》ないし故郷となるであろう。知覚主体は「無世界的な」思惟主観ではなくなり、また行為、感情、意志は、対象を措定する根源的な仕方として、改めて探求されなくてはならなくなる。なぜなら「対象は、黒いとか青いとか、丸いとか正方形とか、といった姿で現われる前に、われわれを惹きつけるもの、もしくは拒むもの、として現われる」[43]からである。しかし経験主義は、文化的世界がわれわれの実存の糧であるのに、それを錯覚と見なすことによって、経験の姿をゆがめるばかりではない。自然的世界も同様に、また同じような理由からして、その形を損なわれる。われわれが経験主義に対して非難している点は、それが自然的世界を分析の第一の主題としたことではない。なぜなら、自然はぼんやりとした遠い存在ではあろうが、いかなる文化的対象といえども自然という背景の上に現われ、これを振り返るものだからである。われわれの知覚は、カンヴァスの身近な存在を画像の背後に感じている。同様に、風化しつつあるセメントの存在を記念建造物の背後に、疲労した俳優の存在を劇中人物の背後に、感じている。しかし、経験主義のいう自然とは、もろもろの刺激と諸性質の総和である。かかる自然について、たとえ単に志向の上とはいえ、われわれの知覚の第一の対象だといいはることは、馬鹿げている。それは文化的対象の経験の後にくるものである。いや、むしろ、それは、文化的対象の一つなのである。それゆえ、われわれは、自然的世界をも再発見し、科学的対象の存在とは違うその存在の仕方を、改めて明らかにしなくてはならないだろう。図が地を掩っているのに地が図の下に続き、図の下に見られるということ、対象の現前の問題の全体を包むこの現象もまた、経験主義の哲学のために隠蔽されている。その哲学は、視覚を生理学的に定義した結果、地のこの部分を、見えざるものと見なすのである。そして、それが心像によって、つまり弱まった感覚によって与えられると仮定して、それを単なる感覚的性質という状態に戻してしまう。もっと一般的にいうとわれわれの視野に入らない現実的対象は、心像によってしかわれわれに現前しえないのである。それだから、これらの対象は、「いつでも感覚となりうる可能性」にすぎない。もし、内容の優先という経験主義の公準を捨てるなら、われわれは、われわれの背後の対象という特異な存在様式を認めることも可能なのである。「自分の背後に世界がなおも存在するかどうかを見ようとして[44]」、後をふりむくヒステリー症状の幼児は、心像が欠如しているのではなくて、知覚された世界が、彼にとっては元来の構造を失ってしまっているのである。つまり、正常人にとっては、世界のかくれた相が眼に見える相と同様に確かであるが、このようにさせている構造を、世界が喪失してしまったのだ。経験主義者は、ここでもまた、心的アトムを集めることによって、これらのすべての構造の近似的な代用品を、組み立てることはできる。しかし以下の諸章において、私は知覚世界の財産目録をつくるつもりだが、その結果、経験主義者はいよいよ一種の精神盲のように見え、経験主義は、顕わにされた経験をとても汲み尽くすことなどできない体系として、現われるであろう。これに反して、反省は、経験主義の従属的な真理性を理解し、その本来の場所に位置づけることができるのである。

Ⅲ 「注意」と「判断」

〔注意と世界自体という先入見〕

われわれは古典的先入見を吟味してきたのであるが、今までのところ、専ら経験主義を問題としてきた。だが実は、経験主義だけを目の敵にしているわけではない。経験主義に対立する主知主義も、それと同じ地盤に立つものだということを、今や明らかにしなくてはならない。いずれも分析の対象として客観的世界を取り上げるのであるが、この世界は時間の上からいっても意味の上からいっても、最初のものではないのである。そして経験主義も主知主義も、知覚的意識がその対象を構成する特別の仕方を、いい表わすことができない。両者ともども、知覚に対して距離を保ち、決してこれと一つになろうとはしないのである。

以上の点を明らかにするには、注意の概念の歴史を研究してみればよかろう。経験主義にとっては、この概念は、「恒常性の仮説」、つまりすでに説明したように、客観的世界の優位から、演繹される。たとえ、われわれの知覚内容が刺激の客観的な性質に対応していなくても、恒常性の仮説によれば、「正規の感覚」がすでにそこにあることを、認めざるをえない。だから正規の感覚は気づかれていないにちがいない。そして影のなかにまえまえから存する対象を投光機が明るみに出すように、これらの感覚を開示する機能が注意と呼ばれるのである。それゆえ注意という作用は何ものをも創りだすものではない。それは、まさに私が私自身に向って提起する疑問に答えるような知覚もしくは観念を浮びあがらせる働きであり、マールブランシュがいったように、これは自然の奇蹟である。「注目する」(Bemerken, take notice) という働きは、それが現出させる諸観念を創りだす原因ではないのだから、この働きは、光をあてられる光景がどのようなものであっても、投光機の光に変りがないように、いかなる注意の作用にあっても同一である。したがって、注意はすべての意識内容にいつでも無差別に向いうるという意味で、一般的な無制約的な能力である。いずこにおいても生産的ではないから、またいずこに特にかかわりをもつというわけでもない。注意を意識の生と結びつけるためには、どのようにしてある知覚が注意を喚起するか、次にまたどのようにして注意が知覚を発展させ豊かにするかを、明らかにしなくてはならないであろう、つまり内的な連関を記述しなくてはならないであろうが、経験主義は、外的な連関しか持ち合わせていないので、意識の諸状態をただ並べるほかに術はないのである。経験主義の主観は、何らかの自発性が認められるやいなや——そして注意の理論の存在理由はまさにここにあるのだが、——ただ絶対的な自由しか受け入れることができないのである。これに反して主知主義は注意の生産性から出発するのである。私は注意のおかげで対象の真相を知ると意識するのだから、注意はただむやみやたらに対象のある姿に別の姿を継起させているのではない。注意が提供する対象の新しい相は以前の相を支配し、その意味せんとしていたことを、ことごとくいい表わすのである。蜜蠟は最初からしなやかな変形しやすい、一片の広がりなのである。ただ、「そこに含まれ、これを成り立たせている物ごとに、私が払う注意力の多いか少ないかに応じて[45]」、私は明瞭にあるいは不明瞭にそれを捉えるのである。私は注意において対象が明らかになることを体験するのだから、知覚される対象は注意が明らかにする知的な構造を、すでに含んでいなくてはならない。皿の丸い姿のなかに意識が幾何学的な円を発見するのは、意識がまえもってそこにそれを入れておいたからである。注意ぶかい知識を得るためには、気を失った人が自己に戻るというのと同じ意味で、自己に戻ればよいのである。逆に不注意な知覚とか妄想性の知覚とかというのは、半睡状態にほかならない。このような知覚は否定によってしか記述できない。その対象は辻褄があっていない。語ることのできる対象は、ひたすら目ざめた意識の対象だけである。なるほど、われわれには、身体という、たえず放心と迷妄の原因となりうる原理が伴っている。だが存在しないものをわれわれに見えさせる力は、身体にはない。ただ、われわれにそれを見ていると信じさせることができるだけだ。地平線上の月は天頂の月より大きくはないし、また大きく見えているわけでもない。注意ぶかく見つめるならば、例えばボール紙をまるめたチューブ、あるいは望遠鏡をとおして眺めるなら、その見かけの直径がいつも同じだということが、わかるであろう[46]。不注意な知覚は注意ぶかい知覚より多くのものを含んではいないし、それと違うものさえ、何一つもってはいないのである。だから哲学は、現われの値打ちを尊重する必要はない。純粋な意識、つまり意識自身がその存在を許した邪魔物を取り除いた意識と、夢想の混入しない真実の世界とは、もともと各人のものなのである。われわれは注意の作用を、混迷から明晰への移行として分析する必要はない。というのも、混迷などもともと何ものでもないからである。意識は対象を規定することによって、初めて存在し始める。そして「内的経験」という幻でさえ、外的経験からの借りものによって初めて可能となるのである。だから意識だけの内密の生などというもの(訳註8)はない。そして意識の唯一の障害物は混沌であるが、これはそれ自体、何ものでもない。しかしながら、すべてのものを構成する意識、いやむしろすべての対象の知的構造を最初から所有しているような意識においては、何ものも構成しえない経験主義の意識におけると同様、注意はなすべき仕事をもたないのだから、依然としてそれは、抽象的な無意味な能力なのである。意識は、うかつに見過す対象にも、興味をもつ対象に劣らず、親密に結びついており、注意の作用によって明晰さが増すといっても、それによって何か新しい関係が始まるわけではない。したがって、ここでもまた注意という作用は、それが明るみに出す対象がどう変ろうと、それ自身は決して変らない光であり、そしてわれわれは再び、「志向の特殊な仕方と方向」(47)に、注意という空虚な行為を置き換えているのである。結局、無差別にすべての対象を意のままになしうるのだから、注意の働きは、経験主義者の「注目」(Bemerken)と同様、無制約的なものなのである。もっとも経験主義者の「注目」の場合には、逆にすべての対象がこれに対して超越的だったために無制約的だったのであるが。ここでは意識がすべての対象を所有しているのだから、どうして、あらゆる対象のうちで、ある一つの現実的な対象が特に注意の作用を喚起することができようか。経験主義に欠けているものは、対象と、対象が喚起する作用との間の、内的関連であった。主知主義に欠けているものは、思惟する機会の偶然性である。前の場合には意識があまりに貧しく、後の場合にはあまりに豊かすぎて、いずれの場合にも、いかなる現象も意識を誘発する(solliciter)ことができない。経験主義は、われわれが探求するものをわれわれはあらかじめ知っている必要があるという事情を、了解していない。実際、知っていなければ、われわれはそれを探求しはしないだろうのに。また主知主義は、われわれが探求するものについてわれわれは無知でなければならないという事情を、了解していない。もし無知でなければ、改めてわれわれはそれを尋ねはしないだろうのに。いずれも学び知りつつある意識を捉えていない。この制限された無知、つまりいまだなお「空虚」であるがしかしすでに規定されているこの志向に、着目していないという点で、経験主義と主知主義とは軌を一にしているのである。ところでこの制限された無知、この空虚ではあるが規定された志向こそ、ほかならぬ注意なのだ。注意の探求するものを、注意が繰り返しおこなわれる奇蹟によって獲得するにもせよ、もしくはあらかじめ所有しているにもせよ、いずれの場合にも、対象の構成ということは不問に付されている。対象がもろもろの性質の集まりであれ、諸関係のシステムであれ、いったん存在するからには、それは純粋で透明で非個人的(impersonnel)なものでなければならないのだ。つまり意識に浮びあがるがままの、未完成な、私の生と知識のいっときにとっての、真理にすぎない、ということであってはならないのである。知覚的意識が科学的意識の明確な諸形態と混同されており、そして精神の定義のなかに無規定なものが入る余地はないのである。主知主義の意図するところに反して、注意の創造性を否定する点では、それは経験主義と軌を一にしている。なぜなら、それ自体で存する印象の世界にせよ、規定的思惟の世界にせよ、精神の活動の影響を受けないという点では同じことだからである。

こういう無為な主観という考え方に対しては、心理学者たちによる注意の分析は、われわれを正しい自省に導くという意味をもっている。そして「恒常性の仮説」の批判は、経験主義においてはそれ自体で存する実在として、主知主義においては認識の内在的な相関者として、捉えられた「世界」への、無批判的な信仰に対する批判にまで深められる。注意はまず第一に心的領野 (champ mental) の変容を、つまり意識がその対象に臨む新しい仕方を予想している。例えば、誰かが私の身体の一点に触れているとき、この触れられている点の位置を私が確定する注意の働きを考察してみよう。位置づけを不可能ならしめる中枢に起因するある障害を分析してみると、注意の際の意識の深い営みが明らかになる。ヘッドは大ざっぱに「注意の局部的な衰弱」について語ったが、実は、一つあるいはいくつかの「局所示標」の破損も、二次的な把握能力の減退も問題ではないのである。障害の第一の条件は感覚野の解体なのだ。つまり、もはや知覚する間じゅう感覚野が固定しているのではなく、探索する運動につれてそれは揺動し、問いかけている間に縮小するのである。(48) 漠然とした位置づけという、この矛盾した現象は、先客観的空間の存在を顕わにする。被験者は、同時に触れられた身体の多くの点を、混同するのではないから、ここには確かに延長というものが存在するのだが、知覚が交替しても依然として変らない何らかの固定した空間の枠組が存続するのではなく、したがって一義的な位置というものはいまだ存在しないのである。それゆえ、注意に課せられた最初の仕事は、われわれが「見渡す」(Ueberschauen) ことができるような知覚野、もしくは心的領野を、自分のために創ることである。つまり探査する器官の運動や、思惟の発展がおこなわれても、意識がそれにつれて、既得の成果を見失ったり、意識自身が引き起した変化のうちに、自分自身を喪失したりしなくてもすむような、そうした場の創造である。接触された点の正確な位置とは、私の手足や身体のさまざまな向きに従って、私がその点に関してもつ、さまざまな感じの不変項のことであろう。そして注意の作用がこの不変項を固定させ客観化しうるのは、それが現われの変化から後退して距離を保つからである。それゆえ、一般的な形式的な活動としての注意なるものは存在しない。[49] それぞれの場合にある特定の自由を獲得しなくてはならないし、ある特定の心的空間を都合しなくてはならない。そのうえ注意の対象そのものを出現させねばならない。この際おこなわれることは、文字通り、一つの創造なのである。例えば幼児が生れて九ケ月の間は、色のあるものと色のないものをただ大ざっぱに分けることしかできず、次に色のある平面が「暖かい」色調のものと「冷たい」色調のものとに区分され、そして最後に色のこまかい区別に到達することが、昔から知られている。しかるに、幼児が色彩を識別しないのは、ただ色彩の名称を知らなかったり、名称を混同していたりしているためだと、心理学者たちは認めていたのである。[50] 心理学者たちによれば、緑色が存在する所では、幼児にその緑色が見えているはずであり、ただそれに注意したり、自分自身に属する諸現象を把握したりする能力が、幼児に欠けていただけなのである。だがこれは、色彩が規定されていない世界、もしくは一つの明確な性質ではないような色を、心理学者たちが思いつくに至っていない、ということなのだ。こうした先入見を批判するならば、かえって、色とりどりの色彩をもった世界が、「有色」と「無色」の区別、「暖かい」色調と「冷たい」色調の区別といった、一系列の「相貌的」(physionomique)な区別の上に建てられた、二次的な形成物であることがわかる。幼児において色彩にかわるこれらの現象を、何か一定の性質に較べることは許されないし、またこれと同様、患者の「奇異な」色彩を、スペクトルを構成するいずれかの色と同一視することもできない[51]。それゆえ、本来の意味での色彩を初めて知覚する場合には、意識の構造の変化が起っているのである[52]。つまり新しい経験の次元が確立され、あるアプリオリが繰り広げられるのである。ところで注意は、是非ともこのような原初的な作用をモデルとして、理解されなくてはならない。というのは、既得の知識を喚起するにとどまる二次的な注意は、この知識をいかにして獲得したかという問題に、われわれを立ち戻らせるからである。注意するということは、ただ単にあらかじめ存在する与件をいっそう明らかにする、ということではない。与件を図と見なすことによって、与件のうちに新たな分節を実現することなのである[53]。この図柄は今まではただ地平としてのみ萌芽的に示されていたにすぎないが、今や世界全体のなかで真に新しい領域をつくるのである。注意という行為の前と後とで対象を同じものとして現われさせるものは、ほかならぬこの図柄が持ち込む独自の構造なのである。ひとたび性質としての色彩が獲得されると、ひたすらそのおかげで今までの与件がこの性質の準備として現われる。ひとたび方程式という観念が出来あがると、さまざまな算術的算式が同じ方程式の変化として現われる。注意という作用がそれに先だつ諸作用に結びつくのは、まさに与件を顚覆することによってであり、こうして段々に、「移行の総合」(synthèse de transition)(訳註9)によって意識の統一が自己を構成するのである。対象の統一を破壊すると同時に新しい次元においてそれを再建するような諸現象を、注意によって出現させることこそ、意識の奇蹟なのである。だから注意は、心像《イマージュ》の連合でもなければ、最初から対象を支配している思惟が自己自身に還帰することでもない。それは新しい対象を能動的に構成することであり、その結果、それまではただ無規定な地平という資格においてしか現われていなかったものを明るみに出し、主題化することになるのである。対象は注意を喚起すると同時に、たえず捉え直され、改めて注意の支配のもとに置かれる。対象の姿を変える「認識上の出来事」(événement connaissant) を対象が惹起するのは、ひたすら、対象が認識者に提示するいまだなお漠とした意味によってのみであり、この意味を規定することが、「認識上の出来事」の役目なのである。したがって対象は、この出来事の「動機」[54]であって原因ではない。しかしながら、少くとも注意の作用は意識の生のうちに根ざしたものとなり、また注意が無差別的な自由を脱して現在注目している対象をおのれに与える事情が、これによってついに理解されるであろう。無規定なものから規定されたものへのこの移行、瞬間ごとに自己自身の歴史を新たな意味の統一のもとに捉え直すこと、これこそ思惟そのものなのだ。「精神の作品は現実態においてしか存在しない[55]」。注意という行為の成果は、この行為が始まるときにすでに存在しているというわけではないのである。私が望遠鏡で、あるいはボール紙のチューブをとおして月を見つめたとき地平線上の月が天頂の月より大きく見えないからといって、なまのまで見たときにも見かけが変らないと、結論することはできない[56]。経験主義がこう思うのは、実際に見えるものを問題としないで、網膜上の像からして見えるはずのものに着目するからである。主知主義も同様に考えるが、それは、月がじじつそのほんとうの見かけの直径を取り戻す「分析的」な注意ぶかい知覚の与件にならって、事実上の知覚を描きだすからである。すみずみまで正確に規定された世界が、ここでもまた最初から前提されている。もっとも、もはや知覚の原因としてではなく、その内在的な目標としてではあるが。世界が可能であるべきならば、「超越論的演繹論[57]」が強調しているように、意識の最初の萌芽のなかにすら、世界が含まれていなくてはならない。それゆえ、月は地平線上においても、実際よりも大きく見えるはずは決してない。これに反して、心理学的反省は、われわれを促して、正確な世界をその故郷たる意識のなかに戻し、どのようにして世界と正確な真理という観念自体が可能となるかをわれわれに問うため、それが意識に初めて出現するときの模様を探求せしめるのである。私が何の下ごころももたずに、自然な態度で眺めるとき、視野の諸部分は互いに作用しあい、地平線上のあの巨大な月を、つまり一つの大きさでありながら測定のしようもないあの大きさを、動機づけるのである。もろもろの事物に臨む意識の非反省的な生に、意識自身を立ち会わせ、忘れられていた意識自身の歴史を意識に思い出させること、これこそ哲学的反省のほんとうの役割であり、こうして初めて注意の真の理論に到達しうるのである。

〔判断と反省的分析〕

主知主義は、たしかに、知覚の構造を観念を連合させる諸力と注意との協力によって説明しようというのではなく、反省によって明るみに出そうと企てた。しかし知覚に対する観察は、ここでもまだ直接的ではない。主知主義の分析において、判断の概念が演じている役割を吟味してみるなら、この事情がいっそう明らかとなろう。判断は、しばしば、知覚を可能ならしめるために、感覚に欠けているものを補うものとして、導入される。感覚はもはや現実に意識を構成する要素とは見なされていない。しかし知覚の構造を素描しようとするときには、ひとびとは、感覚の点描法に再び立ち戻るのである。この経験主義的な概念は、なるほど意識の極限としてしか認められてはいないし、その対立者たる結合の能力を顕わにするのに役だっているだけなのだが、それでもなお分析はこの概念に支配されている。主知主義は経験主義を論駁することによって生きており、ここでは判断はしばしば、感覚がちりぢりばらばらに分散する可能性を抑えるという役割を演じている(58)。実在論の主張と経験論の主張とを、その帰結にまで推し進め、その不合理を暴露しつつその反対命題を証明するというやり方によって、反省的分析は、自己の立場を確立するのである。しかしこのように、敵方を不合理に追い込んだからとて、必ずしも反省的分析において、意識の実際の働きとの接触がおこなわれているとはいえない。知覚の理論が観念的に、盲目な直観から出発するならば、その埋め合わせに、内容空虚な概念に到達するという可能性は依然として残っているし、また、純粋な感覚の対抗者たる判断が、再びその対象に対して無頓着な一般的な結合の能力になりさがったり、いやそれどころか、その働きの結果によって初めて見分けられるような(訳註10)、一つの心的能力に、舞い戻ることも、依然として可能なのである。一片の蜜蠟に関する、あの周知の分析は、香り、色、味といった性質から、一足飛びに、形や位置の無限の可能性に移行するのであるが、この無限の可能性そのものは、知覚された対象の彼岸にあって、ただ物理学者にとっての蜜蠟しか定義してはいない。知覚にとっては、すべての感覚的な特性がなくなってしまえば、もはや蜜蠟なるものは存在しないのであって、そこに何か存続する物質を想定するのは、実は科学なのである。この際、全く客観的な自己完結的な諸性質を結びつけるために、述定的な段階の規定が要求されているのだから、したがって「知覚された」蜜蠟そのものと、その独特な存在の仕方、例えば、いまだ科学的な意味での厳密な同一性となっていない蜜蠟の恒存性、形ならびに大きさの上での可能的な変化の「内部地平」[59]、軟らかさを告げる艶のない色、打てば鈍い音をたてそうに思える軟らかさ、つまり対象の知覚的な構造は見失われていることになる。私が窓ごしに眺めるひとびとは[訳註11]、彼らの帽子や外套によってかくされていて、彼らの像は、私の網膜の上に描きだされることができない。それゆえ私は彼らを見てはいない。彼らがそこにいると判断するのだ[60]。ひとたび視覚というものが、経験主義的な仕方で定義され、刺激によって身体の上に刻印せられた一つの性質の所有とされるならば[61]、ほんのちょっとした錯覚でも、網膜の上にはない性質を対象に与えることになるのだから、知覚が判断であるということの十分な証拠となる[62]。私は二つの眼をもっているのだから、対象を二重に見ているはずであり、もし私が、たった一つの対象しか見ないとすれば、二つの像を拠りどころとして、遠くにあるただ一つの対象という観念を構成しているからである[63]。知覚とは、感性が身体に与えられた刺激に応じて提供する記号の、「解釈」ということになる[64]。つまり、精神が「その印象を自己に説明するために」つくる「仮説」になる[65]。しかしまた、網膜上の印象に尽くされない知覚の余剰分を説明するために導入された判断にしても、真正な反省によって内部から捉えられた知覚の作用そのものではなく、身体が提供しないものを提供するという役目をもった知覚の単なる一「要因」にすぎない、——つまり超越論的な活動性ではなくて、再び、単なる推論の論理的な活動性に戻ってしまうのである[66]。こうしてわれわれは、反省の外につれだされ、知覚の本来の働き方を明るみに出すのではなく、知覚を構築しているのである。感覚的なものに意味をはらませる、あの原初的な働き、どんな論理的な媒介も心理学的な因果性も前提している、あの原初的な働きを、われわれはまた取り逃すことになる。その結果、主知主義的分析がまさに明らかにするはずであった知覚の諸現象を、それは結局わからなくしてしまう。判断がその構成的な機能を失い、説明的な原理となる一方、「見る」「聞く」「感ずる」といった言葉は、あらゆる意義を喪失するのである。なぜなら、最低限の視覚ですら純然たる印象を超えたものであり、したがって「判断」という一般的な表題のもとに属してしまうからである。感覚することと判断することの間に、通常の経験は甚だ明瞭な差異を認めている。それによれば、判断とは立場を定めることである。判断は、私の生涯のいついかなるときにも私自身に妥当し、また現存する精神も可能的な精神を含めて、他の精神にも妥当する何ものかを認識することを、めざすのである。これに反して感覚するということは、現われに身をまかせることであって、それを所有したりその真相を知ろうなどとはしない態度である。主知主義においてはこの区別は消滅する。なぜなら、単なる感覚に尽きないところにはどこにでも判断がある、つまり至るところに判断があることになるからである。それゆえ、現象の証言は至るところで拒絶される。大きなボール箱は、同じだけのボール紙でつくった小さな箱より、私には重いように見え、そして現象に忠実に従うなら、私は前もって私の手に重いと感ずる、というであろう。しかし主知主義は感ずるということを、現実の刺激が私の身体の上に及ぼす作用によって限定するのである。ここには、このような作用がないのだから、箱はいっそう重く感ぜられるのではなくてそう判断されるのだ、といわなくてはならないだろう。そして錯覚の感覚的な相を明らかにするために作られたように思われるこの例は、かえって感覚的な認識というものは存在せず、われわれは自分が判断するとおりに感覚するものだということを、示すのに役だっているのである。(67) 紙の上に描かれた立方体は、一方の側面からと同時に上から見られるか、それとも他の側面からと同時に下から見られるか、によって様子が変る。たとえ、二つの仕方で見ることができるということを私が承知していても、図柄が構造を変えることを拒み、この知識が直観の上で実現するのにしばらく時を要する、という場合もある。ここでもまた、判断することと知覚することとは違うと、結論しなくてはなるまい。しかし感覚か判断かいずれか一つを選ばねばならないという立場に立っているために、図柄の変化は、刺激と同様に変らずにいる「感覚的要素」に依存するのではなく、ひたすら解釈の変化に依存し、結局「精神の概念作用が知覚そのものを変えるのであり[68]」「見かけの姿は命令のままに形と意味とを受けとる[69]」といわざるをえないのである。ところで、もしわれわれが判断するがままに見るのだとすると、真実の知覚を虚偽の知覚から区別することが、どうして可能であろうか。幻覚にとらわれたひとや、気のふれたひとは、「実際は見ていないものを見ていると信じている[70]」のだと、この場合、どうしていうことができるだろうか。「見る」ことと「見ると信ずる」ことの間の相違は、どこにあるのだろうか。この問いに対して、もしも健全な人間は十分な徴表と材料に基づいてしか判断しないのだと答えるならば、かえってその結果、真実の知覚の根拠のある判断と、偽りの知覚の空虚な判断との間に、差別があることになり、またこの差別は、判断の形式にではなくて、判断が形態を付与する感覚の原文のうちにあるのだから、想像と対立するような、言葉の十全な意味での知覚とは、判断ではなくて、いっさいの判断に先だって、感覚的なものに内在する意味を把握することだ、ということになる。したがって真実の知覚の現象こそ徴表に内在する意義を提示するものであり、判断とはその任意的な表現にすぎない。主知主義によっては、この現象も、いやそれのみならず錯覚が与えるその模倣も、理解することは不可能である。もっと一般的にいうと、主知主義は、知覚された諸対象の、存在の仕方と共存の仕方を、つまり視野を貫き、その諸部分をひそかに結びつける生命を、理解する眼をもっていないのである。ツェルナーの錯視[訳註12]において、私は二本の主線が互いに傾きあっているのを「見る」。主知主義はこの現象を次のような単なる誤謬のせいにしてしまう。つまり、私が、主線そのものを相互に較べるかわりに、補助線とその主線に対する関係を介入させることから、このような結果のすべてが生ずる、というのである。ほんとうは、実験者の指令の受け取り方がまちがっているのだ[71]。私は主要な要素を比較するかわりに、二つの全体を比較しているのである。それでも、なぜ指令を誤って受け取るのか、という疑問が残るであろう。

「与えられた指令に従って比較さるべきである直線そのものを、それだけ孤立させて比較するということが、ツェルナーの錯視の場合こんなにもむずかしいのは、どうしてだろうか、これらの直線が補助線から分離されるのを、肯んじないのは、どういうわけなのか。こういう疑問が避けられないであろう[72]」。補助線を受け入れたために、主線が平行線たることをやめ、平行線という意味を失って何か別の意味を獲得したということ、つまり補助線が図柄のなかに新しい意義を持ち込み、今後この意義はそれにつきまとい、もはやそれから分離されえなくなったということ[73]、われわれは、以上の事実を認めなくてはならないであろう。図柄に付着したこの意義、現象のこの変容こそ、誤った判断の動機となり、いわばその背後にあるものなのである。同時にこれこそ、判断の手前において、しかも性質もしくは印象の彼方において、「見る」という言葉に独自の意味を与えているものであり、改めて知覚の問題を露呈させるものなのである。関係の知覚をすべて判断と呼び、視覚という名称を点のような印象に充当すると、ひとびとが互いに約束するならば、確かにこの錯覚は一つの判断である。しかしこのような分析は、主線が世界において、つまりわれわれが標尺を使って構成する境域において、じじつ平行であるがままに平行なものとして現われる印象の層と、――さらに補助線を介入させることによって印象を変容させ、こうして主線と主線との関係をゆがめる二次的な操作とを、少くとも観念的に前提しているのである。ところが第一の段階は全く臆測の産物であり、したがって第二の段階を生ぜしめる判断なるものも、また臆測に属する。これでは錯覚の構築であって了解ではない。このような極めて一般的な形式的な意味における判断が、真正の知覚や虚偽の知覚の説明となるということは、現象の自発的な組織化と特有な形態に導かれてこの判断が下されるという場合に、初めて成り立つことなのである。なるほど、錯覚は、平行という関係をこわす補助的な諸関係のなかに、図柄の主要素を組み入れることから生ずる。しかし、なぜ補助的な諸関係は、平行関係をこわすのだろうか。なぜ補助的な諸関係を添加するとそれまで平行だった二直線が対をなすことをやめて、それらに接する周囲の条件によって、斜めの姿勢に引き入れられるのだろうか。あたかも二直線がもう同じ世界に属していないかのようだ。現実に斜めの二直線ならば、客観的空間という同一の空間のなかに、位置づけられる。しかしこの二直線は、実際に互いに傾きあっているのではない。もしそれらをじっと見据えるなら、斜めと見ることはできない。われわれの視線がそこから離れようとするとき、それらはひそかにこの新しい関係に向うのである。つまり客観的関係に至る手前に、独自の規則に従っておのれを組織する知覚のいわば統辞法といったものがあって、それがここでは支配しているのである。以前の諸関係の破壊と新しい諸関係の確立、判断はひたすらこの深い作用の結果を表わしているだけであり、その終局的な認証なのである。こういうわけで、およそ述定的言表が可能となるためには、真正の知覚だろうと虚偽の知覚だろうと、ともかく知覚がまず成り立たなくてはならない。なるほど対象の距離や盛り上りは、色彩や重さのように対象の固有な性質ではない。確かにそれは、重さや色そのものをも包含する全体的な形態のなかにさしはさまれた関係ではある。しかしこの全体的な形態が、「精神の洞察」[訳註13]によって構成されるということは、正しくない。これでは、精神が孤立的な印象を次つぎと調べていって、次第に全体の意味を発見し、ちょうど科学者が問題のさしだす与件に基づいて、未知のものを決定するのと違わないことになるだろう。ところがここでは、問題の与件は解決に先だって与えられてはいないのだ。そしてまさしく知覚こそ、与件の布置といっしょに、与件を互いに結びつける意味をも一気に創造し——単に与件がもつ意味を発見するのではなく、そもそも与件が一つの意味をもつようにさせる、当の作用なのである。

〔反省的分析と現象学的反省〕

もっとも以上の批評は、反省的分析の出発点に対してしか、あたっていない。そして誰でも最初は常識の言葉使いで語らざるをえないのだと、主知主義は答えることもできよう。心的な力もしくは論理的媒介作用としての判断という考え方、知覚を「解釈」と見なす理論——こういう心理学者たちの主知主義——は、じじつ経験主義の相手方にすぎないのだが、それでもそれは真の自覚を準備しているのである。われわれは自然的態度から出発するほかはないし、自然的態度が要請することがらを認めてかからねばならない。その内的弁証法がそれ自身を破壊するまでは、それを認めておかねばならない。知覚がひとたび解釈として理解されるやいなや、出発点として役だった感覚は、決定的に超えられてしまう。およそ知覚的意識というものは、すでに感覚の彼岸にあることになるのだから。感覚そのものは、実は感覚されていないのであって、[74]意識はつねに、対象についての意識なのである。われわれが感覚に思い至るのは、知覚について反省し、知覚がすみずみまでわれわれの作りだしたものではないという事実をいい表わそうと欲するときにである。われわれの身体に対する刺激の作用によって定義される純粋の感覚なるものは、認識の、とりわけ科学的認識の「最後の結果」なのであって、われわれがそれを出発点におき、認識に先だつものと思うのは、錯覚に、それも自然な錯覚によるのである。それは、精神が自己自身の歴史を思い浮べる必然的な仕方であり、そしてまた必然的に欺瞞的な仕方である。[75]感覚は構成されたものの領域に属し、構成する精神に属するものではない。世界という観点に立ち、世間の臆見に従ったとき、初めて知覚は一つの解釈として現われるのである。前提となるはずの感覚というものが実は存在せず、知覚に先だって、解釈さるべきものが存在するのではないのだから、どうして意識自身にとっては、知覚が推理であったり、解釈であったりすることがあろうか。こうして感覚という概念とともに、単に論理的な活動という観念も超えられてしまったのだから、われわれが今しがたなした主知主義に対する反論も、これと同時に消滅する。見るとはどういうことか、もしくは感覚するとはどういうことか、と、われわれは問うていたのである。つまり、いまだなお対象のうちに捕えられ、時間と空間の一点に属するこの認識を、概念から区別するものは何かと問うていたのである。しかし反省の結果、この問いには理解さるべきものが何もないということが、明らかとなる。私がさしあたり、私の身体によって取り囲まれ、世界のなかに捕えられ、ここと今とに位置づけられているのは、自ら信じているのは、なるほど事実である。しかし、反省してみると、これらの言葉の一つ一つが意味を失い、したがって何の問題もなしていないことがわかる。もし私が身体のうちにあるとともに私自身のうちにあって、私みずからこのような空間的関係を考えるのでないならば、そしてこうして、私がこの内属性を表象すると同時にそれを逃れるのでないならば、私は私自身が「身体によって取り囲まれている」と認めるであろうか。もし私が世界のなかにほんとうに捕えられ、位置づけられているのなら、私はどうして私のそうした状態を知ることができようか。そうだとしたら、私はあたかも一つの物のように、私がいる場所にあるにすぎないであろう。だが、私は私がどこにいるかを知っており、もろもろの事物のさなかに私自身を見ているのだから、私は意識であってどこにも存するわけではないが、しかも志向的には至るところに自己を現前させることができる特異な存在なのである。存在するものはすべて、物として存在するか、意識として存在するか、いずれかであって中間はない。物は一つの場所にある。しかし知覚はどこかに存在するのではない。なぜなら、仮に知覚がある位置にあるとすれば、物のように自己のうちに休らっていることになり、したがって他のもろもろの物を知覚自身に対して存在せしめることが不可能となるからである。それゆえ、知覚とは、知覚すると思惟することにほかならない。知覚の受肉は、わざわざ説明しなくてはならないような積極的な特徴を、少しも示してはいない。知覚の個体性（eccéité）とは、知覚が自己自身について無知という状態にあることにすぎない。しかしこうなると反省的分析は、純然たる溯行的な理論となる。それによると、いかなる知覚も不明瞭な知解（intellection）であり、すべての規定は否定である。(訳註14) こうして反省的分析は、たった一つの問いを別として他のいっさいの問題を取り除いてしまう。しかし、この一つの問いとは、反省的分析そのものの端緒に関する問いである。スピノザがいうように「前提なしの結論」(訳註15)を私に与える知覚の有限性、意識が観点に従属しているという事実、これらはすべて私自身に対する無知に、つまり反省しないでいることができるという全く否定的な私の能力に、帰着することになる。しかしこの無知は無知で、どうして可能なのだろうか、そんなものは決して存在しないのだと答えることは、尋ね求める哲学者としての私をみずから抹殺することになるであろう。(訳註16)いかなる哲学も、有限性の問題に対して知らぬ顔をすることは許されない。そんなことをすれば、哲学としての自己自身をも無視することになる。いかなる知覚の分析も、知覚が根源的現象であることを認めぬわけにはゆかない。もし認めぬとすれば、分析としての自己自身をも認めぬことになる。また知覚に内在するものとして見出されるはずの無限な思惟も、意識の頂点ではなくて逆に無意識の一形態となってしまうであろう。反省の運動は目標をゆきすぎてしまう。それというのも、実は知覚される対象は、秘められた生命によって活気を与えられ、また統一としての知覚はたえずみずから解体しては再生しつつあるのに、反省の運動は、われわれを凝固した、はっきり規定された世界から一挙に裂け目のない一つの意識に連れ去ってしまうからである。意識はたえず自己の歩みを捉え直して、同一のものと認知できるような一個の対象のうちに収約し定着させ、次第に「見る」ことから「知る」ことへと移行しつつ、自己自身の生の統一を獲得するのであるが、意識のこうした現実の運動を追及しないうちは、われわれは意識の抽象的な本質しか得られないであろう。意識の内容ゆたかな統一にかえて全く透明な主観を置き、「自然の深み」のなかに一つの意味を出現させる「秘められた技術」(訳註17)に永遠なる思惟を置き換えたのでは、われわれはこの構成的な次元に到達することはできないであろう。主知主義的な自覚は、知覚を可能ならしめる不可欠の条件を探求するばかりで、知覚を現実化し知覚がおのれを構成する作用を明るみに出そうとはしないのだから、知覚のこの生き生きした茂みに達することはできないのである。実際の知覚、そしていっさいの言語使用以前の原始的状態において捉えられた知覚にあっては、感覚的な徴表とその意義とは、観念的にすら互いに分つことはできない。一個の対象とは、さまざまな色彩、匂い、音、触覚的な相などの有機的な組織体であって、これらの性質は、互いに象徴しあい、変容しあい、またある実在的な論理に従って適合しあっているのである。そして、この実在的な論理を解明することが、科学の役割なのだが、科学はまだ到底その分析をなしとげたわけではない。この知覚の生き生きした姿に対して、主知主義は、ゆき過ぎたり、ゆき足らなかったり、いずれにせよ、不十分である。主知主義は対象の覆いにすぎない多様な諸性質を、おのれの限界として呼び出したあげく、そこから一転して対象の意識に移行するのであるが、この意識は、対象の法則もしくは秘密を所有しており、またそのため、経験の進展からは偶然性が、対象からはその知覚的な様式が、剝奪される結果となるのである。テーゼからアンティーテーゼへのこの移行、ある主張を擁護する立場からそれに反対する立場へのこの反転は、主知主義の常套手段であるが、このような移行、反転にもかかわらず、分析の出発点は何の変りもなく、もとのまま残されている。視覚の対象となるためにわれわれの眼に作用する即自的な世界から出発して、主知主義は今や、世界についての一つの意識、もしくは一つの思惟に到達したのである。しかしこの世界の本性そのものは、変らずにもとのままである。それは、依然として諸部分の絶対的な外在性によって定義されており、ただその外延の全体にわたって、それを担う一つの思惟によって裏打ちされているだけだ。主知主義は絶対的な客観性から絶対的な主観性に移行する。しかしこの第二の観念は第一の観念とちょうど同じだけの値打ちしかない。そしてこれに対するものとしてのみ意味をもち、かえってこれによって支えられているのである。こういうわけで、主知主義と経験主義との間の血縁関係は、一般に信じられているより、遙かに目立たないが、また遙かに深いものなのである。この血縁関係はただ単に、両者が共に利用する感覚の人間学的定義によるばかりではない。また両者がいずれも自然的態度、あるいは独断論的な態度を固守していることにも基づくのである。そして主知主義のなかに感覚が生き残っているという事実は、この独断論のしるしにほかならない。主知主義は、意識の構成的な作業がそこにおいて完成され要約されるような、真理ならびに存在の観念を、完全に根拠のあるものとして受け入れている。そして主知主義のいわゆる反省なるものは、これらの観念に到達するために必要なすべてのものを、主観の能力として、措定することである。自然的態度は、私を物の世界に投げ入れることによって、私に、現われのかなたの「実在的なもの」を、錯覚のかなたの「真なるもの」を捉えうるという保証を与えている。ここでいわれている「実在的なもの」とか「真なるもの」という概念の価値は、主知主義によっても問題視されてはいない。実在論が素朴にも与えられた自然のなかに置いたあの同じ絶対的真理を認知する能力を、普遍的な能産者(naturant)に授けることだけが、主知主義にとって問題なのである。もっとも主知主義は、ふつう科学の理論として名のり出るのであって、知覚の理論としてではない。それは、その分析を世界に関する素朴な明証性の上にではなく、数学的真理の吟味の上に打ち建てているつもりになっている。つまり「われわれは真なる観念をもっている」(habemus ideam veram)（訳註18）というわけだ。しかし実際は、私がもし現在の明証性を過去の瞬間のそれと記憶によって結びつけ、私の明証性を他人のそれと言葉の照合によって結びつけることができないとしたら、私は真なる観念をもっていることをみずから知りえないであろう。結局スピノザ流の明証性は、記憶と知覚（訳註19）の明証性を前提しているのである。もし逆に、過去の構成と他人の構成とを、観念に内在する真理を認知する私の能力の上に基礎づけようとするならば、なるほど他人の問題と世界の問題とは除き去られるだろうが、しかし実はこれも、他人と世界とを与えられたものと受けとる自然的態度にわれわれがとどまっていて、素朴な確信の力を利用しているからにすぎない。なぜならデカルトやパスカルが洞察したように、私はたとえ単純な観念であれ、これを構成する純粋な思惟にひと息に合致してしまうことは決してできないし、私の明晰判明な思惟も私もしくは他人によってすでに作られた思想をつねに利用し、私の記憶つまり私の精神の本性をあてにし、あるいは思想家たちの共有の記憶つまり客観的精神を信頼しているからである。われわれが真なる観念をもっていることを当然のことと見なすのは、確かに無批判的に知覚を信ずることなのである。経験主義は空間・時間的な出来事の総体としての世界の存在を絶対的に信じ、意識をこの世界の一区画と見なしていた。反省的分析は意識の働きによって世界を構成するのだから、なるほどそれ自体で存する世界とは縁を切っている。しかしこの構成的意識は直接捉えられているのではなく、絶対的に規定された存在という観念を可能ならしめるような仕方で、こしらえ上げられているのである。この意識は宇宙の相関者であり、すべての認識を完全に完成された状態で所有する主観である。われわれが現実に所有する認識は、この完全な認識の下ごしらえにすぎない。なぜなら、われわれにとっては、ただ志向の上でのみ存在するようなこと、例えば、あらゆる現象を秩序づけることができる絶対的に真実な思想の体系、あらゆるパースペクティヴを説明する実測図、すべての主観性に対して開かれている純粋な対象、こうしたものが、どこかで実現されていると、仮定されているからである。あの意地の悪い悪魔(訳註20)の脅威を退け、真実な観念の所有をわれわれに保証するためには、是非ともこの絶対的な対象と神的な主観とがなくてはならないのである。ところで、一気にあらゆる疑いの可能性をつって、全き真理のなかに座を占める人間的作用が確かに存在する。この作用は、もろもろの現実的存在の認知という、広い意味における知覚である。私は、この机を知覚するにあたって、私がこれに視線をそそいで以来流れさった持続の厚みを思いきって圧縮し、この対象をすべてのひとにとっての対象として把握することによって私の個人的生から脱出する。したがって、互いに和合してはいるがばらばらに多くの時間点とまた多くの時間性に分配されている、さまざまな経験を、一挙に統合するのである。時間のなかでスピノザ的永遠性の機能を果す、この決定的な作用、この「原初的臆見」(76)(doxa originaire)を、主知主義が利用していることを、われわれは非難するのではない。ただ、これを利用しながら、黙して語らぬのを、非難しているのである。ここには、デカルトのいうような、事実上のある能力が、つまり、端的に抗いがたい明証性があるのであって、これによって、私の現在と過去とに、また私の持続と他人の持続とに、別れ別れになっている現象が、絶対的真理の名において統合されるのである。しかしこの明証性は、その知覚的な起源とその「事実性」(訳註21)から、分離されてはならないものなのである。哲学の役割は、この明証性が出現する個人的経験の場のなかに今一度それを戻して、その発生を明らかにすることにある。これに反して、もしこの明証性を利用しながら、主題として取り上げない場合には、われわれは知覚の現象も、また、ばらばらの経験の分裂状態を貫いて知覚のなかで生れいづる世界をも、見ることができなくなり、知覚された世界は解消して宇宙となってしまう。この宇宙とは、実は、知覚された世界そのものであって、ただ、その構成的起源から分離されたものであり、またこの起源が忘却されることによって、明証的となったものにすぎない。かくて主知主義は、依然として意識を絶対的存在との近しい関係のうちに、置き去りにしているのであって、それ自体で存する世界という観念もまた反省的分析の地平として、あるいは導きの糸として残存している。懐疑はなるほど世界に関するあからさまな断言をさえぎりはしたが、絶対的真理の理想に昇華するような世界が暗々裡に存在することには、少しも変りがない。そして反省は、意識の本質なるものを提供するのであるが、この際、本質とはそもそもどういうものか、思惟の本質が思惟の事実を汲み尽くすものかどうか、という点は、いずれも問題とされずに、独断論的にこの本質が受け入れられる。反省は確認という性格を失い、現象を記述することはもはや問題となりえない。例えば錯覚が知覚のような外観を呈していても、これこそ錯覚中の錯覚だとして、相手にもされない。ひとは存在するものしか見ることはできないとされ、見ること自体も、経験することも、もはや概念作用から区別されなくなる。すべての悟性の教義に見られる、二重の部分をもった哲学がここから生ずる。つまり、われわれの事実的な状態を表わす自然主義的な見方から、いっさいの従属性が権利の上ではなくなってしまう超越論的な次元へと、飛躍するのである。そして構成されたものは構成するものに対してしか存在しないのだから、われわれは、同じ主体が世界の一部であると同時に世界の原理でもあるということはどうして可能なのかと、怪しむ必要は少しもないのである。実をいうと、私と私の身体とをともどもほかの諸対象と並べて単なる一個の対象として含むような構成された世界のイメージと、絶対的な構成的意識の理念とは、ただ見かけの上でしか対立していないのだ。それらはいずれも、すみずみまで明瞭な宇宙自体という先入見を表現している。真の反省は、悟性の哲学のように、これら両者をともに真実なものとして交互に登場させるのではなくて、二つとも誤ったものとして退けるのである。

もっともひょっとすると、われわれは再び、主知主義の姿を歪曲しているのかも知れない。反省的分析は、現実の知識を超えて可能的な知識の全体を先取りして現実化し、反省を反省の結果のなかに閉じこめ、かくて有限性の現象を無意味にするとわれわれはいったけれども、このような反省的分析の姿は、あるいはまだ主知主義の戯画にすぎないのかも知れない。つまり世界の立場にたつ反省であり、日頃見なれた影に固執して、それが光から派生したものであることを理解しない、洞窟の囚人(訳註22)が見るような真理にすぎないのかも知れない。恐らくわれわれはまだ、知覚における判断の真の機能を、理解してはいないのであろう。一片の蜜蠟の分析の意味することは、自然の背後に理性がかくれているということではなくて、理性が自然に根づいているということなのであろう。「精神の洞察」とは自然のなかに降りてくる概念ではなくて、みずから概念にまで高まる自然のことであろう。知覚は判断であるけれども但しおのれの根拠を知らない判断である(77)、ということは、知覚された対象はその知的な法則をわれわれが把握するのに先だって、全体として統一として与えられるということ、そして蜜蠟は最初からしなやかな変化しやすい延長であるわけではない、ということにほかならない。自然的判断は「いかなる理由をも調べたり考察したりするだ

け の暇」をもってはいないというデカルトの言葉から、われわれは、彼が判断という語で、知覚そのものに先だつのではなくて知覚されたものからおのずと出てくるように見える、知覚内容の意味の構成を指しているということを、[78] 理解するのである。自然の光が心身の区別を教えているのに、心身の統合をわれわれに教える、あの生命的認識もしくは「自然的傾向」を、神の誠実によって保証することは、矛盾のようにに思われる。というのも、神の誠実とは、実は、観念に内在する明晰さにほかならないし、またいずれにせよ、明証的な思想しか、保証することができないのだから。しかし恐らくデカルトの哲学の本領は、この矛盾を引き受けるところにあるのだろう。[79] 悟性は心身の統合を認識する能力がないことをみずから認め、その認識を生に委ねる、[80] とデカルトはいうのであるが、この言葉は、理解作用が非反省的なものへの反省として現われ、しかもこの非反省的なものを汲み尽くすことは、事実上でも権利上でも不可能だということを意味しているのである。私が蜜蠟の知的構造を見つけだす場合にも、私は、蜜蠟がそれにとっては単なる構成の結果となるような、絶対的思惟のなかに、立場を移しかえるのではない。私は蜜蠟を構成するのではなくて、再構成するのである。「自然的判断」は受動性の現象以外のものではない。知覚を認識することは、いつまでも知覚の仕事であろう。反省自身もいっさいの状況の外に脱出することはできない。知覚の分析は、知覚の事実性、知覚されたものの個体性(eccéité)、つまり知覚する意識がある時間と場所とに属しているということを、解消させることはできない。反省とても反省自身にとって完全に透明であるわけではない。反省はつねに反省自身に、言葉のカント的意味において一つの経験のうちに与えられ、おのれがどこから生ずるかをみずから知らずに出現するのであり、あたかも自然の賜のように私に対して現われるのである。しかし非反省的なものの記述が反省の後にも依然として有効であり、第六省察が第二省察の後にもなお、ものをいうにしても[訳註23]、また逆にこの非反省的なもの自体、反省によってのみわれわれに知られるのであって、不可知なものとして反省の外に置かれるべきではない。知覚を分析する私と知覚する私との間には、いつでもある距離が存在する。しかし反省の具体的な作用において、私はこの距離をとびこえ、私が何を知覚していたかを知ることができるということを、事実をもって証明し、二つの自我の非連続性を実践的に克服するのである。結局コギトの意味は、普遍的な構成者を顕わにしたり、知覚を知解 (intellection) に還元したりすることではなくて、反省が知覚の不透明性を克服すると同時に維持するという、反省の事実を確認することであろう。こうして、理性と人間的条件とを同一化するということは、デカルトの意図にもよくそぐうであろうし、デカルト主義の究極の意義はここに存する、と主張してもよかろう。そうすると、主知主義の「自然的判断」は、対象に出来合いの意味を押しあてるのではなくて、個別的対象のなかで、その意味がおのずから生れいづるようにさせるところの、カント的判断力を先取りしていることになる[81]。デカルト哲学もカント哲学と同様、知覚が根源的な認識であるということに存する知覚の問題を、十全につかんだことになるであろう。しかしこうした根源的な知覚のほかに、われわれがたえずおこなっている経験的な、もしくは二次的な知覚というのがある。この知覚は、過去のさまざまな既得物に充たされており、そしていわば存在の表面で遊びたわむれているので、あの根本的な現象は、これによって隠蔽されてしまう。私をとりまく諸対象の間にあって、私の位置と方向とを定めるために、すばやくこれらの諸対象を眺めるとき、私は世界の刹那的な相を捉えるなどということは、殆どない。

私は、ここには戸口を、かしこには窓を、あるいはまたかしこにはテーブルを、認知する。これらのものは、これら自身ではなくて何か別の方向に向けられた、実践的志向の支柱であり案内者たるにすぎない。したがって、これらのものは、ただ意義としてのみ私に与えられているのである。しかし私がある対象を眺めるにあたって、それが存在するがままに私の前に豊かな内容を繰り広げるありさまを、ひたすら見ようと心掛けるならば、それはもはや一般的な類型を暗示するものではなくなる。そして私が初めて接する光景の知覚だけではなく、すべての知覚がそれぞれ独自に理解の誕生を繰り返し、したがって天才的な発明にも似たものをもっていることに、私は気がつくのである。例えば私が樹木を樹木として認知するためには、樹木という既得の意味の手前で、あたかも植物界が初めてこの世に現われた日の如く、感覚的な情景がその場で整頓されて、新たにこの樹木の個体的な観念を素描し始めるのではなくてはならないのである。このようなものが、かの自然的判断なのであろう。それは判断根拠を初めて創りだすのだから、自己の根拠をまだ知ることはできない。しかし実存、個体性、「事実性」などがデカルト思想の地平にあることを、われわれがたとえ認めたとしても、デカルト思想がこれらを主題として取り上げたかどうかは、まだわかっていない。ところでわれわれが承認しなくてはならないことは、デカルト思想は、みずから深くその姿を変えずには、これらの観念を主題として取り上げることはできないだろうということである。知覚を根源的な認識となすためには、有限性に積極性な意義を認め、私を「神と無との間の中間者」とする第四省察の、あの異様な文章を真剣に受け取らなくてはならなかったであろう。しかしながら、第五省察からわかるように、そしてまたマールブランシュがいうように、無が何ら固有の性質をもたず、何ものもでも、ないならば、人間的主体のこの定義は単に一つの言いまわしにすぎず、有限なものは何ら積極的なものをもたないことになる。反省のなかに創造的な行為、つまり過ぎ去った思惟の再構成を見るためには、——この再構成は過ぎ去った思惟のなかであらかじめ形成されていたものではないが、しかもそれのみがこの思惟の観念をわれわれに与え、また過去そのものはわれわれにとって、もはやなきに等しいものであるから、まさしくこの再構成こそこの思惟を有効に規定しているといってよいのであるが——そのためには、「省察」において次のようにほんの簡単に触れられている時間の直観というものを、もっと発展させねばならなかったはずである。「私をだませる者があったら誰でも私をだましてみるがいい。しかし私はあるものだと私が思惟する間は、私を無であらせることは決してできはしない。あるいは私があるということがいま真であるからには、私がかつてあったことがないということを、いつか真であらせることは、決してできはしない[82]。」現在の経験は決定的に基礎づけられた存在の経験であって、何ものもこの存在があった事実をくつがえすことはできないであろう。存在に関する確信のなかには、その現存を超え、それを疑う余地のない「かつての現在」として、あらかじめ想起の系列のなかに立てる、一つの志向がある。したがって現在の認識としての知覚は、「私」の統一と、それと同時に、客観性と真理との観念を可能ならしめる中心的な現象である。しかしデカルトの文章においては、知覚はただ事実の上でのみ抗し難い明証性をもってはいるが、なお依然として疑いうるものとしてしか現われていない[83]。それゆえデカルトの解決は、事実的な状態のままの人間的思惟を、自己の真理性を請け合うものと見なすことではなくて、むしろ完全に自己を所有する思惟にそれを基づかせることなのである。本質と実存との結合は、経験のうちにではなく、無限者の観念のうちに見出される。それゆえ、反省的分析は存在の独断論的観念に全く依拠していて、その意味では完全な自覚とはいえないということは、結局、正しいのである。(84)

「動機づけ」

主知主義は感覚に関する自然主義的な概念を継承すると同時に、そこに含まれた一つの哲学をもいっしょに受けついだのであった。逆に心理学がこの概念を決定的に除去するときには、この改革のなかに新しい型の反省のはしりが見られることを、われわれは期待してもよい。心理学の水準においては、「恒常性仮説」の批判は、単に知覚の理論における説明要因としての判断を棄てさせることを、意味するにすぎない。距離の知覚が、対象の見かけの大きさ、網膜上の二つの映像の間の差異、水晶体の調整、両眼を集中する角度などからの推論であるとか、浮彫りの知覚が、右眼と左眼の提供する像の間の違いからの推論であるなどと、主張することがどうして許されようか。なぜなら、現象に忠実に従う限り、これらの「標《しる》識《し》」のいずれも明瞭には意識に与えられてはおらず、前提がないところには推論もありえないのだから。しかし主知主義に対する以上のような批判は、心理学者の間で通俗化された主知主義にしか当てはまらない。主知主義自身と同じようにその批判も、哲学者がもはや知覚を説明しようとはせずに知覚の働きと一体となり、それを了解することを求めるような、反省の平面に移しかえられねばならない。ここにおいて、恒常性仮説の批判は、知覚が悟性の働きではないことを、初めて明らかにするのである。私がただ頭を下にして風景を眺めさえすれば、風景のなかの何ものも、もはや私には再認できなくなる。ところが

「上」と「下」とは悟性にとっては相対的な意味しかもたず、風景の向き如何が悟性に対して絶対的な障害となることはありえないであろう。正方形はその一辺を下にして横たわっていようと、その頂点の一つを下にして立っていようと、悟性の前ではつねに一個の正方形である。知覚にとっては、頂点の一つを下にしている場合は、正方形と認知することが殆ど不可能である。相称的対象の背理は、論理主義に対する反証であり、知覚的経験の独自性を示すものであった。われわれは、この考え方を今一度とりあげて、一般化せねばならない。すなわち、知覚されたものにはそれ独自の意義があって、この意義に等価なものは、悟性の世界にはないということ、いまだ客観的世界とはなっていない知覚的な環境があること、いまだ規定された存在ではないような知覚的存在があるということ、である。しかしながら、現象の記述をおこなう心理学者たちは、通常かれらの方法の哲学的射程に気づいていない。この改革を首尾一貫して根本的におこなうならば、知覚的意識への復帰は、あらゆる形の実在論を、つまり意識から離れて意識の成果の一つを所与の実在と見なすあらゆる哲学を、禁ずる結果になるということ、——主知主義のほんとうの欠陥は、明確に規定された科学のいわゆる世界を所与として受けとる点にこそあるということ、心理学は知覚的意識を全く出来上った世界のただなかに置くのだから、右の非難は心理学的思惟に対してなおさら当てはまるということ、そして恒常性の仮説の批判は、最後まで徹底するならば、正真正銘の現象学的還元に等しくなるということ、[85] これらのことどもを、心理学者たちは悟っていない。いわゆる距離の標識(signe)と称せられるもの、——対象の見かけの大きさ、対象とわれわれとの間に介在するさまざまな対象の数、網膜上の映像の差異、眼球の調節と収斂の程度——は、対象から転じて対象の提示のされ方に向う分析的もしくは反省的知覚において初めてはっきりと知られるのであって、したがってわれわれは、距離を知るためにこれらの媒介物を通過するのではないということを、ゲシタルト学説はいみじくも明らかにした。しかしながら、ゲシタルト学説はここから次のことを結論するのである。つまり身体的印象や視野の中間に介在する諸対象は、距離を知覚する際の標識や理由ではないのだから、この知覚の原因でしかありえない、と。[86] こうして、またまた説明的心理学に舞い戻るのであるが、実はゲシタルト学説といえども心理学である限り、決して自然主義との縁を断ち切ったわけではなく、したがって説明的心理学の理想を決して捨ててはいないのである。[87] しかしそれと同時にゲシタルト学説は、それ自身の記述に忠実ではなくなる。眼球 - 運動筋が麻痺した患者は、自分では眼を左の方に向けるつもりになっているとき、諸対象が左の方に移動するのを見る。古典的心理学によれば、これは知覚が次のように推理する結果である。——つまり、眼は左に動くと見なされている、しかるに網膜上の像は少しも動きはしなかったのだから、景観そのものが左にすべって、像を眼におけるその位置にとどまらせているのでなければならない、ということを、明らかにする。ゲシタルト学説は、対象の位置の知覚が、身体に関する明白な意識という迂路を通らないことを、明らかにする。私は、網膜上の像がそこで動かずにいることを、決して知ってはいない。私は直接、景観が左に移動するのを見るのである。しかし意識は、生理学的原因が意識の外部で生みだしでもしたかのような錯覚的な現象を、出来上った姿で受けとる、というのではない。錯覚が生ずるためには、患者が左の方を見ようと意図し、自分の眼を動かしているつもりになったということが是非とも必要である。自分の身体に関する錯覚が、対象における運動の見かけを誘いだすのである。自己自身の身体の運動は当然ある知覚的な意義を託されており、外的諸現象と密接に連絡して一つのシステムをつくっているので、外的知覚は、知覚諸器官の移動を「斟酌して」、光景のうちに起った変化の、明白な説明ではないが、少くとも動機を諸器官のなかに見出し、こうしてこの変化を直ちに了解することが可能なのである。私が左の方を見ようとするとき、まなざしのこの運動は、いわばその自然な翻訳として、視野の動揺を自己のうちに蔵している。諸対象は今まで通りもとの場所にあるが、しかし一瞬揺れ動いた後にもとの場所に落ち着くのである。こうした帰結は学ばれたものではない。それは精神‐物理的主体の自然的な組立《モンタージュ》ての一部をなしており、やがて明らかとなるように、われわれの「身体像」(訳註24)(schéma corporel) の付属物であり、「まなざし」の移動の内在的意義なのである。たまたまこのような結果が起らないことがあると、つまり、われわれは眼を動かしていると意識しているのに、光景がその影響を受けないようなことがあると、何ら明白な推論を経ることなく、直ちにこの現象は対象が見かけの上で左の方へ移動することとして、現われる。まなざしと景観とが、いわば互いにくっついてしまって、どう揺り動かしてみても離れない。まなざしの錯覚上の運動において、このまなざしは、景観を運んでゆく。そして景観の移動は実は動かしているつもりになっているまなざしの先に、この景観が固定しているということ以外の何ものでもないのである。こういう次第で、網膜上の映像が不動だということ、ならびに眼球‐運動筋の麻痺という事実は、客観的原因として錯覚を決定しすっかり出来上ったものとしてこれを意識のなかに運びこむといったものではない。そのうえ眼を動かそうとする意図と、景観がこの運動にすなおについてくるという事実は、錯覚の前提でも、理由でもない。それらは錯覚の動機なのである。また同様に、私と私が見つめている対象との間に介在する諸対象は、それら自体としては知覚されてはいない。しかしそれでもそれらは知覚されているのであって、この欄外的な知覚が距離を認める際にある役割を果すことを、否認する理由はない。なぜなら、ついたてがこれらの介在物を遮蔽するやいなや、見かけの距離は縮むからである。視野を充たす諸対象が見かけの距離に作用するのは、原因が結果に対するようにではない。ついたてを取り除くと、介在する諸対象から距離が生れるのが見られる。それは知覚がわれわれに語るところの声なき言葉である。介在する諸対象は、この自然の文脈においては、いっそう大きな距離を「意味する」のである。しかしながら、客観的論理学つまり構成された真理（vérité constituée）の論理学で取り扱われる諸結合の一つが問題になっているのではない。なぜなら、私を鐘楼から隔てている坂や野原が、細部に至るまで見えるようになったとたんに、この鐘楼がいっそう小さく、いっそう遠くに見えるという根拠はいささかもないからである。ここにあるのは、根拠ではなくて動機なのである。視野ならびに自己の身体－世界というシステムをいわば力線のように貫いて、暗黙の魔術的な活力をこれに与え、ここかしこにねじりや収縮や膨張を生ぜしめる、あの緊張にわれわれを気づかせたのは、ほかならぬゲシタルト学説である。網膜上の二つの像の間の差異、介在する対象の数といったものは、距離に関する私の知覚を外部から産出する単なる客観的原因として働くのでもなければ、距離を論証する根拠として働くのでもない。これらのものは、暗黙裡にかくれた形で、距離の知覚において知られている。それらは、言葉なき論理によって、この知覚を正当化しているのである。このような知覚的な諸関係を十分にいい表わすためには、カテゴリーを一新しなくてはならないのであるが、ゲシタルト学説は、これを果していない。ゲシタルト学説は、カテゴリーを一新しなくてはならないという原理を認め、それを若干の特殊な場合に適用してはいる。しかしこれらの諸現象を正確に表現しようとするならば、理解の仕方をすっかり変えることが必要であり、そのためには、古典的な論理学と哲学の客観的思惟を問題となし、世界に関する諸カテゴリーの使用を差し控え、実在論のいわゆる明証性をデカルト的意味で疑い、結局ほんとうの「現象学的還元」をおこなわなくてはならないということに、ゲシタルト学説は気づいていない。現象にではなく、ひたすら世界に順応しようとする客観的思惟は、二者択一的な考え方しかできないのだ。それは実際の経験からして、互いに排斥しあう、次のような純粋な概念を定義するのである。——諸部分の絶対的な相互外在性の概念たる延長の概念と、自己自身のうちに集中した存在の概念たる思惟の概念。任意にある思想に結びつけられた物理的現象としての音声的記号の概念と、対自的にすみずみまで明晰な思想としての意義の概念。その結果を外的に規定するものとしての原因の概念と、現象の内的構成の法則としての根拠の概念。ところで今しがた見たように、自己の身体の知覚と外的な知覚とは、非措定的意識つまりその対象の完全な規定を所有していない意識、自己自身の説明をしない生きられた論理の意識、それにまた対自的に明晰というのではなく、ある自然的な標識の経験をとおして初めて自己を知るに至るような内在的意義の意識の実例を、われわれに提供している。これらの諸現象は客観的思惟にはなじまないものである。それゆえ、一般の心理学の例にもれず、科学と世界の「明証性」のとりことなっているゲシタルト学説は、根拠と原因とのいずれかを選ぶほかはなく、主知主義をどう批判してみても、その手から逃れることはできず、せいぜい実在論と因果思想の復興に終るだけなのである。これに反して、「動機づけ」(motivation)という現象学的概念は、現象に復帰しようとするなら是非とも形づくらねばならない、あの「流動的な」(fluents) 概念の一つである。ある現象が他の現象を喚起するのは、自然界の出来事を相互に結びつけている客観的な作用関係によってではなく、現象が提示する意味によってである。——いずれの現象のうちにもはっきりと眼に見えて措定されることもないのに、諸現象の流れを方向づけるある存在理由が、つまり一種の有効理由 (raison opérante) があるのである。まさにこうした次第で、左の方に眼をやろうとする意向と、まなざしに景観がついて離れないという事実とが、対象における運動の錯覚を動機づけるのである。動機づけられた現象が実現されるにつれて、動機づける現象との内的関連も浮びあがり、単に動機づけられた現象が動機づける現象に継起するのではなく、これを明らかにし、これを理解せしめ、あたかもそれ自身の動機に先だって存在したかの如く見えるようになる。こういうわけで、距離を隔てた対象と網膜上へのその物理的な投射とが、像と像との間の差異を説明することになるのである。そしてわれわれは、一種の回顧的錯覚[訳註25]のために、マールブランシュにならって知覚の生れ持った幾何学[訳註26]について語り、知覚に基づいて作られた科学をかえって知覚のなかに前提し、そしていっさいの科学に先だって距離というものが初めて出現する、根源的な動機づけの関係を、見失ってしまうのである。この際、距離が出現するのは、「二つの像」についての判断からではない。なぜなら、これらの像は、数的に別のものではないのだから。距離が出現するのは、「ぶれ」(bougé) の現象、つまりこの眺めに宿り、平衡を求めつつこの眺めを最も明確な姿に導くところの、諸力からである。しかしながらデカルト主義にとっては、以上の記述は、何ら哲学的な重要性をもつものではなかろう。それは、非反省的なものへのほのめかしにすぎないのであって、原理的に、与件の明確な陳述[訳註27]とは決してなりえないし、大方の心理学の例にもれず、悟性の前では真理性を要求することができないと、こうあしらわれるであろう。以上の記述を全く正当に遇するためには、意識がどんな場合にも、知覚におけるそのあり方、つまり一つの事実たることを、完全にやめることはできないし、また自己の諸作用を完全に所有することもありえないということを、明らかにする必要があるであろう。したがって、現象を承認することは、結局、反省の理論と新しいコギトとを要求することなのである。[89]

Ⅳ　現象の領野

〔現象の領野と科学〕

　これからの幾つかの章において、われわれがどのような方面に探求を進めなくてはならないか、ということは、今やおのずから明らかであろう。「感覚する」ということが、われわれにとって改めて問題となっているのである。経験主義はそれを一つの性質の所有となすことによって、そこからいっさいの神秘を取り除いた。だがこれは、「感覚する」という言葉の普通の意味から遙かに遠ざかることによって、初めて可能となったのである。通常の経験は、感覚することと認識することとの間に、性質と概念との差別とは違う差別をたてている。感覚するということのこの豊かな意味あいは、浪漫派の使用法のなかには、例えばヘルダーにはまだ見出される。それは「死んだ」性質ではなくて、生き生きとした特性がわれわれに与えられる一つの経験を示している。地面の上に横たわる木製の車と荷重を担う車とは、視覚にとって同じものではない。いかなる力も作用していないが故に静止している物体と、あい反する力が釣り合っている物体とは、視覚にとって同じではない。[90] 蠟燭の光は幼児がそれで火傷をした後には、彼の手をひきつけなくなり、文字通りはねつけるものとなるが、そうなると幼児にとってこの光の相貌は一変する。[91] 視覚にはすでにある意味が宿っており、この意味がわれわれの実存におけると同様、世界の眺めにおいても、視覚に一つの役目を与えているのである。純粋の〈quale〉[訳註28]は、世界が一つの見世物であって、自己の身体が機械であり、そして公平無私な精神がこれらを冷静に認識する、という場合に、初めてわれわれに与えられるであろう。[92] これに反して感覚作用は、性質に生命的な意味を付与し、まず第一にそれを、われわれにとっての、われわれの身体というこのどっしりとした塊りにとっての、意義において捉える。こういうわけで感覚するということは、つねに身体への指示を含んでいる。肝心なことは、景観の諸部分の間に、もしくは景観と受肉した主体としての私との間に、織りなされた独特な諸関係を了解すること、つまり知覚された対象が眺めの全体を自己自身のうちに集約し、生の一断片全体の似姿（imago）となることが可能となる、あの独特な諸関係を了解することである。感覚するということは、世界をわれわれの生活のおこなわれる親しい場所としてわれわれに現前せしめる、世界との生き生きした交信である。知覚された対象にせよ知覚主体にせよ、それらが厚みをもつのは、感覚するという働きのおかげである。それは、認識の努力がやがて解きほぐそうと努める、志向的な織物なのである。——ところで感覚するという問題とともに、われわれは連合と受動性の問題をも、新たに発見するであろう。もろもろの古典的な哲学は、連合と受動性の、あるいは下にあるいは上に立場をとり、これらにいっさいを与えるか何ものも与えないか、いずれかであったので、それらは問題とはなりえなかったのである。連合が単に事実上の共存と理解されたこともあったし、あるいはまた知的構成作用から派生せしめられたこともあった。受動性が物から精神のなかに持ち込まれたこともあったし、あるいはまた反省的分析がそのなかに悟性の活動を再発見したこともあった。これに反してこれらの概念は、感覚作用を性質から区別したとき初めてその全き意味を回復するのである。そうなると連合、いやむしろカント的意味における「親和性」とは、観念的モデルによらずに意義をもった全体を構成することなのだから、したがって知覚的生の中心現象ということになる。また、感覚のアトミズムが、あらゆる秩序づけの原理を能動的な結合作用のうちに求めることを、もはや強いてはいないのだから、知覚的生と概念との区別、受動性と自発性との区別が、反省的分析によって抹殺されることもない。――最後に感覚作用につづいて、悟性もまた定義され直す必要がある。なぜなら、カント主義が終局的にそれに帰属せしめた一般的な結合機能は、今や志向的生の全体に共通のものとなり、悟性を示すのにもはや十分のものとはいえないのだから。われわれは、知覚のうちに、本能的な下部構造と、知性の働きによってその上に築かれる上部構造とを、同時に明らかにしようと努めよう。カッシラーがいう(93)ように、経験主義は、知覚の上部をもぎとることによって、その下部をも切断してしまったのである。印象から、観念的な意味のみならず、本能的な情感的な意味(訳註29)も奪いとられてしまう。逆に知覚を下から切断し、いっぺんにそれを認識として取り扱い、その実存的な基調を忘却することは、知覚を上から切断することにもなると、付言してもよかろう。というのは、知覚の決定的な契機、つまり、真にして正確なる世界の出現を、当然のこととなし、不問に付することだからである。反省が知覚という現象の生への内属性と合理的な志向とを、等しく明らかにすることができたとき、初めて反省は、この現象のかなめをいみじくも捉えたことを確信しうるのである。

それゆえ「感覚」と「判断」とは、いずれも同時にその見かけの明断さを失ってしまったのである。それらが明晰であったのは、ただ世界という先入主のおかげにすぎないことに、われわれはすでに気づいている。われわれが、知覚しつつある意識を感覚と判断とによって表象し、これらを知覚の契機として捉え、その上で忘れられていた知覚経験を呼び起して、それらをこれと対照してみるやいなや、忽ちそれらが不可解なものであることがわかったのである。これらの困難をくわしく述べながら、われわれは、ひそかに新しい種類の分析に、つまりこれらの困難が解消するはずの新しい次元に、赴いたのであった。恒常性の仮説の批判、いやもっと一般的にいうと、「世界」という観念の還元が、現象の領野(champ phénoménal—現象野)を開き、直接経験の再発見へとわれわれを誘ったのであった。ところで、われわれはこれから、この現象野をいっそう明確に限定し、科学的知識や心理学的反省、さらに哲学的反省に対する、かの直接経験の位置をせめて一時的にでも定めなくてはならないのである。

数世紀もの間、科学と哲学は、知覚にもともと備わる次のような信仰によって、支えられてきた。知覚は諸物に向って開かれている。つまり知覚は、いっさいの現われの根拠が存する真理自体を目標として、これに向って方向づけられている、ということである。各瞬間の経験はそれに先行する瞬間の経験とも、後続する瞬間の経験とも対応させることができ、私のパースペクティヴは他人の意識のパースペクティヴとつき合わせることができ、——したがってあらゆる食違いは解決され、モナド的な経験と相互主観的な経験とは合して隙間のない唯一無二のテキストを構成し、——今私にとって規定されていないことがらも、認識がいっそう完全となれば規定されたものとなるであろうし、そのうえこの完全な認識は事物のなかであらかじめ実現されているのも同然、いやむしろ事物そのものでさえある、——知覚は無言のうちにこう主張しているのである。科学はさしあたり、知覚された物を成り立たしめる運動の続き、もしくは拡充にすぎなかった。物が個々の感覚野ならびに知覚野のすべてにわたる不変項であるのと同様に、科学的概念は諸現象を固定し、客観化する手段である。科学は、いかなる力の作用も受けていない物体の理論的状態を定義すると同時に、まさにこれによって力を定義し、これらの理想的な構成要素の助けによって実際に観察された運動を再構成したのである。科学は純粋な物体の化学的諸性質を統計的に確定し、そこから経験的物体の性質を演繹する。そのありさまは、まるで創造の筋書そのものをたどっているかのように見える、あるいはともかく世界に内在する理性を見出したかのように見える。内容の如何には無頓着な幾何学的空間の概念、移動する対象の性質を少しも変えることがないような純粋な移動の概念、これらによって諸現象に惰性的存在の領域が提供されたのである。そしてこのような存在領域においてこそ、それぞれの事件が、その際生起した変化の原因たる物理的諸条件と結びつけられうるのだから、したがって以上の二つの概念は、物理学の課題とも見えた、あの存在の固定化に寄与していたのである。このように物という概念を発展させながらも、科学的知識は、その作業がある前提に基づいていることに気づいてはいなかった。まさに知覚がその生活上のさまざまな関わり合いにおいて、いっさいの理論的思考に先だって、一つの存在の知覚として現われるからこそ、反省は存在の系譜を作るには及ばないと信じ、存在を可能ならしめる諸制約を求めることで満足したのである。たとえ規定する意識の変化転成(94)を考慮し、対象の構成が決して成就されないことを認めた場合でも、科学がいうことのほかには対象についていうべきことは何もなかったのだし、自然的対象とは、われわれにとって、依然として理念的な統一であり、ラシュリエの有名な言葉によれば、一般的な諸特性の組合せだったのである。科学の諸原理からいっさいの存在論的価値を奪い、方法的な価値しか残さないようにしてみても、[95]事情は変らない。唯一の考えられうる存在はやはり科学の方法によって定義されているのだから、以上のような留保は、哲学にとって何ら本質的な変化を意味するものではなかった。このような状態にあっては、対象をして対象たらしめ、対象をして経験の体系のなかに位置を得しめるところの、必要欠くべからざる諸規定を、生きた身体といえども免れることはできなかった。反省的判断力がそれに付与する価値賓辞(訳註30)にしても、存在においては物理化学的諸性質の構成する土台によって支えられなくてはならなかったのである。ふつうの経験は、話をする一人の人間の身振り、微笑、口調の間に、ある種の和合と意味関係を発見する。しかしながら、人間の身体を「世界においてある」ある仕方(une certaine manière d'être au monde)の外部に向っての表明として現出させる、この相互的な表現関係も、機械論的な生理学にとっては、一系列の因果関係に分解されなくてはならなかった。表現という遠心的現象を求心的な諸条件に結びつけ、行動という、世界に対処するこの特定の仕方を、第三人称的な諸過程に還元し、経験を一様に物理学的自然の水準にならし、生ける身体を内面のない一つの物に変えなくてはならなかったのである。したがって生ける主体の感情的・実践的な姿は、精神‐生理学的機制に吸収されてしまった。いかなる種類の評価作用も、複雑な諸状況が快苦という基本的な印象を喚起することを可能ならしめるところの転移の結果でなければならなかったし、またこれらの印象はこれらの印象で神経組織に緊密に結びつけられていたのである。生ける者の運動志向は客観的な運動に変えられ、意志には刹那的なフィアット（訳註31）(fiat) の権能しか認められず、行為の実行は全く神経のメカニズムに委ねられていた。感覚するということは、こうして情感性と運動性から引き離されて一つの性質の単なる受容となり、そして生理学は生体の内部への外界の投射を、受容器から神経中枢に至るまで、たどることができると信じていたのである。生ける身体はこのようにその形をゆがめられて、もはや私の身体、具体的な自我の可視的表現ではなくなって、他の諸対象の間にある一つの対象にすぎなくなった。これと相関的に、他人の身体も、もはや他の自我の覆いとして私に現われることはできない。それは一個の機械以上のものではなかった。他人を知覚するとはいっても、ほんとうに他人を知覚することではありえなかった。というのも、この知覚は推論からの結果であって、したがって自動機械の背後に置かれていたものは、単なる意識一般であり、その運動に住まうものではなくて、その超越的な原因にすぎなかったのだから。それゆえ、もはや一つの世界のなかに共存する自我の群があるのではなかった。精神－生理学ならびに心理学の諸法則に従って宇宙の決定論から結果するものとしての心理現象（psychismes）の具体的内容は、ことごとく即自に統合されたのである。このシステムを把握し、したがってそのなかに位置しない唯一のものであるところの、科学者の思惟のみが、真の対自であって、ほかには対自らしきものは存在しなかった。こうして一方では生ける身体が内部のない外部となるとともに、他方では主体性が外部のない内部に、つまり公平無私な傍観者になっていたのである。科学の自然主義、ならびに科学に対する反省がゆきついた普遍的構成的主観の唯心論、この両者は、すべての経験を地ならしして、同じ水準においたという点では一致している。つまり構成的な「我」の前では、もろもろの経験的自我は対象なのである。経験的自我とは折衷的概念であって、即自と対自との混合物であり、反省的哲学はこれにいかなる正しい地位を与えることもできなかった。それが具体的内容をもつ限り、経験のシステムのなかに組み込まれ、したがって主体ではない、――逆に主体である限り、それは空虚で、超越論的主観に舞い戻ってしまう。対象を理念化し、生ける身体を客体化すること、そして自然と共通の尺度をもたない価値の次元に精神を祭りあげること、これが、知覚によって始められた認識の運動をさらに続けることによって到達された透明な哲学の正体なのだ。科学は、知覚された物によって定められた認識の理想に、ひたすら無批判的に従うだけなのだから、知覚は科学の始まりであり、科学は方法的な完全な知覚であると、(96)当然のことながらいわれえたのである。

さて、この哲学は、今われわれの眼前で崩壊しつつある。最初にこの哲学から逃げていったのは、自然的対象であった。物理学は、それが今まで使っていた純粋な諸概念の改造と緩和を要求することによって、みずからその諸規定の限界を容認したのである。有機体は有機体で、物理化学的分析に対して、複雑な対象のもつ事実上の難問ではなくて、有意味的な存在に関する原理的な難問を提示する。(97)いっそう一般的にいうと、すべての思惟する生がそこにおいて顔をあわせ、かつ和解しあうであろうような、思想の世界もしくは価値の世界という理念が、疑問視されているのである。自然はおのずから幾何学的なものであるというわけではない。それがそのように見えるのは、巨視的な条件を踏み越えようとしない慎みぶかい観察者にとってだけである。人間社会ももともと理性的精神の共同体であるというわけではない。生活上ならびに経済上の均衡が局部的一時的に獲得された恵まれた国々において、初めてこのように理解されえたのである。思弁的領域においても他の領域におけると同様に混乱を経験したという事実が、合理主義を歴史的な展望において――ほかならぬ合理主義が原理的にそこから脱却したつもりになっていた、あの歴史的展望において――理解するようにと、われわれを促すのである。またこの混乱の経験は、理性によって作られたのではない世界のなかに理性が湧き出でたという事実を、われわれに理解させるような一つの哲学を、そして理性と自由とが空虚になったり解体したりしないために是非とも必要な、生命的な下部構造を用意する一つの哲学を、探求するようにとわれわれを促すのである。われわれはもはや知覚は科学の始まりであるとはいうまい。むしろ逆に古典科学は、おのれの起源を忘れみずから完成せるものと思いあがる知覚である、といおう。したがって、客観的世界の手前にある生きられた世界においてこそ、われわれは客観的世界の権利と限界とを理解しうるのだろうから、まず最初になすべき哲学的行為は、この生きられた世界に立ち帰り、物にはその具体的な相貌を、有機体には世界に対処するそれ独自の仕方を、主体性にはその歴史への所属性を、返却することであろう。さらに、諸現象を再発見し、他人と諸物とがわれわれに最初に与えられる生ける経験の層を探りだし、《我-他人-物》というシステムの生れつつある姿と再会することであろう。また、それは知覚をよみがえらせることであり、知覚がその対象とそれが基礎づけた合理主義的伝統のためをはかって、事実としての、また知覚としてのおのれを忘れさせようとする、狡《こう》がしこい計略を水泡に帰せしめることであろう。

〔現象と「意識の事実」〕

この現象野はいわゆる「内的世界」のことではない。「現象」とは「意識の状態」もしくは「心的事実」ではない。また現象の経験は内観やベルクソン的意味での直観ではない。もうずいぶん以前から、ひとびとは心理学の対象を定義するにあたって、それは「非延長的」であって「本人ひとりにしか近づけないもの」といってすませてきた。その結果、この独特の対象は全く特殊な型の作用、つまり主観と客観とが一体となり、認識が対象との合一によって獲得されるような「内的知覚」もしくは内観によってのみ捉えられるということになったのである。「意識の直接与件」(訳註32)への復帰はこうして絶望的な企てとなった。なぜなら哲学のまなざしは、原理的にそれが見ることができない当のものにみずからなろうと努力することになってしまったのだから。あらゆる哲学が初心者に奨めるように外的なものから生ずる先入見をうちこわしたり、物をいい表わすために作られた言語でもって精神を記述するということだけが、難事なのではなかった。内面性が印象によって定義されており、原理的にいっさいの表現を拒むが故に、困難の根は遥かに深いものであった。哲学的直観を他のひとびとに伝達することだけが困難なのではなかった、——いやもっと正確にいうと、この伝達は、哲学者の経験に類似した経験を他人の心に呼び起す一種のまじないのようなものになってしまったのであるが、——そればかりでなく、哲学者自身その刹那に何を見たか、それについてみずから納得することができなかったのである。なぜならそれを納得しようとすれば、彼はそれを考えねばならないだろうし、つまりそれを固定し変形しなければならないだろうから。それゆえ、直接的なものとは、孤独な、盲目の、物いわぬ生だったのである。しかし現象的なものへの復帰には、以上のような特徴は何ひとつ見られない。恒常性仮説の批判の結果われわれの眼前に現われた、ある対象もしくは身振りの感覚的形態というものは、何ともいい表わすことができないような主観と対象との合致において捉えられるのではない。われわれは、判じ絵の木の葉模様のなかに兎を発見したり、ある運動のリズムを「捕え」たりしたとき、誰でも一種の適合(appropriation)を経験するものであるが、こういう適合によって、対象や身振りの感覚的形態は「了解」されるのである。感覚に関する先入見がひとたび取り除かれるならば、顔付き、署名、振舞などは、われわれの内的経験にその心理的な意義を探さなくてはならないような、単なる「視覚的与件」ではなくなる。そして他人の心理現象《プシシスム》も、内在的な意義をはらんだ全体として、直接的対象となるのである。いっそう一般的にいうと、直接的なものという概念そのものが変ってしまったのである。もはや印象とか主観と一体をなす対象だとかが直接的なのではない。むしろ意味、構造、諸部分のおのずからなる整頓が、直接的なものなのである。私自身の「心理現象《プシシスム》」といえども、別の仕方で私に与えられるのではない。なぜなら、ここでも恒常性仮説の批判は、私のもろもろの行動の連接やそれらのメロディー的な統一を内的経験の根源的な与件と認むべきことを私に教えているのだし、内観にしても、それがもっている積極的な内容に限って見れば、それもまた行為の内在的な意味を明らかにすることにほかならないからである。[98] 客観的世界に由来する偏見を超克することによって、われわれが発見するものは、暗い内的世界ではない。そしてこの生きられた世界は、ベルクソン流の内面性のように、素朴な意識には全く知られていないといったものではない。恒常性の仮説を批判し、現象を顕わにすることによって、心理学者は確かに認識の自然の運動に逆行することになる。というのも盲目的に知覚作用を踏みこえて、目的論的に定められた知覚の成果にひたすら赴こうとするのが、認識の自然の運動だからである。われわれが何を見ているのかを正しく知ることほど、むずかしいことはない。「自然的直観のなかには、われわれが現象的存在に到達しようとすれば是が非でも打ち砕かなくてはならない一種の《隠匿機構》(crypto-mécanisme)がある」(99)。いいかえれば、知覚が自己自身に対して自己の姿をかくす弁証法が存在するのである。しかしながら、意識がそれ自身の現象を忘却し、こうして「物」の構成を可能ならしめることに、その本質が存するにしても、この忘却は単なる不在ではない。それは、意識が欲するなら思い浮べることもできるようなあるものの不在なのである。いいかえれば、意識は、現象を呼び戻すことも可能であればこそ、それを忘却することもできるのである。現象が物の揺籃であればこそ、意識は物のために現象を棄てて顧みないのである。例えば、科学的意識は生きられた経験の諸構造からそのすべての範型《モデル》を借りてくるのであるが、この科学的意識に諸現象が全く知られていない、ということは決してない。ただ、それらを「主題として取り上げ」ないまでである。科学的意識をとりまく知覚的意識の地平、そして科学的意識がその具体的諸関係を客観的にいい表わそうと努めているこの知覚的意識の地平を、科学的意識は明るみに出そうとはしないまでである。現象の経験は、したがって、ベルクソンの直観のように、方法的な道の存在しない知られざる実在性の体験ではない。——それは、意識の前科学的(préscientifique)な生に光をあて、これを明るみに出すことなのである。科学の手続きにその全き意味を与えるのは、ひたすら意識の前科学的な生であり、また科学の手続きがつねに振り返るのも、これなのである。現象の経験は、非合理的な方向への転換ではなくて、志向的分析にほかならない。

御覧の通り、現象学的心理学は内観の心理学から、そのあらゆる特徴によって区別されるのであるが、これも両者が原理において異なっているからである。内観の心理学は物理的世界の欄外に、物理学的概念の妥当しない意識の領域を区画した。しかし、内観の心理学者は依然として意識が存在の一区域だと信じて、物理学者が彼の区域を探求するのと同じような意味で、この区域を探求しようと決意していたのである。心理学者は意識の与件の記述を試みるが、この際、意識のまわりの世界の絶対的存在は、これを少しも問題にはしていなかった。科学者や常識と同様に、彼はすべての記述の論理的な枠組として、また彼の思考の場として、客観的世界を、無言のうちに認めていた。実はこのような前提こそ、彼が「存在」という語に与えた意味を支配し、意識を「心的事実」の名のもとに実在化する(訳註33)ように彼を誘《いざ》なったものであり、またこうして、真の自覚と真に直接的なものとから彼を遠ざけ、「内的なもの」をゆがめまいとして彼が幾重にも重ねた用心を徒労に帰せしめたものなのであるが、彼自身はこのことに気がつかなかった。これは経験主義が物理学的世界にかえて、内的な出来事の世界を置いたときに、生じたことであった。しかしまたベルクソンが「並存の多様性」に「融合の多様性」を対置せしめたときにも、なお生ずることなのである。なぜならここでは依然として、存在の二つの種類が問題になっているからである。単に機械的なエネルギーに精神的なエネルギーが置きかえられたにすぎない。経験主義の非連続的存在は、流動的存在によって置きかえられる。しかしそれは流れ去る (s'écouler) といわれる。つまり第三人称で述べられている。ところでゲシタルトを反省の主題とすることによって、心理学者は心理主義と縁を断つ。それというのも、知覚されたものの意味、連関、「真理」といったものは、もはや、われわれの精神－生理的本性から生ずるがままの諸感覚の偶然的な邂逅の結果ではなくて、かえってこれらの感覚の空間的ならびに質的な値を決定するものであり、他の要因に還元できない諸感覚の形態とされるからである。つまり心理学者の記述のなかには、いやしくもそれが忠実な記述である限り、すでに超越論的な態度が含まれているということである。研究対象としての意識は、たとえ素朴なやり方で分析されても、分析される限り、必ず常識の要請する公準のかなたにわれわれを誘わずにはおかないという特徴をもっている。例えば意識が身体のなかに閉じこめられており、身体をとおして、それ自体で存する世界の作用を受けるということを容認しながら、知覚に関する実証的心理学を企てたとしよう。そういう場合でも、われわれは意識に現われるがままに対象と世界とを記述し、その結果、この直接現前する世界、われわれの知っていた唯一の世界がまた、語られる理由のあるただ一つの世界なのではないかと、自問するように誘われるのである。心理学はいつでも世界の構成の問題に導かれる。

〔現象野と超越論的哲学〕

したがって、心理学的反省はひとたび始められると、それ自身の運動によって自己を超出する。客観的世界がわれわれに知られるのは諸現象によってであるから、心理学的反省は客観的世界に対して現象がもとであることを認め、そのあげく、可能な限りのすべての対象を現象に統合し、現象をとおしていかに対象が構成されるかを探求してみようという気になる。それと同時に、現象野は超越論的領野となる。今や意識は認識の普遍的な源泉であるから、「心的」諸内容からなるある全体というような存在の特殊な領域では、断じてない。意識はもはや、心理学的反省が初めてそれと認めたところの諸「形態」の領域のなかに、存するのでも閉じこめられているのでもない。形態といえども一般の事物と同様に、意識に対して存在するのである。意識がそのうちに蔵している生きられた世界を、不透明な与件として記述することは、もはや問題ではありえない。それを構成しなくてはならないのである。客観的世界の手前にある生きられた世界を顕わにした解明が、ひき続いて生きられた世界そのものに向い、現象野の手前に超越論的領野を露呈せしめるのである。私－他人－世界というシステムが今度は分析される番になる。そして今や肝心なことは、他人と個人的主体としての私自身と、私の知覚の極としての世界とを、構成している思惟を、よみがえらせることである。この新たな「還元」にとっては、したがってもはや、省察する自我という唯一の真実の主体しか存在しないことになろう。所産的なものから能産的なものへの、構成されたものから構成するものへの、この移行は、心理学によって始められた主題化を成就し、私のなかに、隠れたもの、黙過されたものを何ひとつ残存せしめぬことになろう。それは私をして私の経験をすみずみまで所有せしめ、反省するものと反省されるものとの完全な一致を実現することであろう。超越論的哲学の通常の展望はこうしたものであり、また超越論的現象学のプログラムも、少くとも外見上は、このようなものである[101]。ところが、われわれが本章において明らかにしたような意味での現象野というものは、以上のような直接的な全面的な解明に対して、原理的な故障を申したてる。なるほど心理主義はすでに超えられている。知覚されるものの意味と構造とは、もはやわれわれにとって、精神生理的な出来事の単なる結果ではない。合理性とはちりぢりばらばらの諸感覚を幸運にも互いに符合させる偶然ではもはやない。ゲシタルトは原初的なものと認められている。しかしゲシタルトが一つの内的法則によっていい表わされうるとしても、この法則は構造的な諸現象がそれに準じて実現されるところの範型《モデル》と考えられてはならない。これらの構造的諸現象の出現は、先在する理性の外部への展開ではない。「形態」（訳註35）がわれわれの知覚において特権をもっているのは、それがある均衡状態を実現し、極大の問題を解決し、そしてカント的な意味で世界を可能ならしめるがゆえにではない。形態は世界の出現そのものであって、その可能性の制約ではない。それは規範の誕生であって、規範に従って実現されるのではない。それは外的なものと内的なものとの同一性であって、内的なものの外部への投射ではない。したがってそれは、即自的な心的諸状態の運行の結果生じたものではないからといって、一つの理念というわけでもないのである。円のゲシタルトは、その数学上の法則ではなくて、その相貌である。現象というものを根源的な秩序として認めるということは、なるほど、諸事実の偶然的な一致や自然の僥倖から秩序と理性を説明する経験主義を排することではあるが、しかしかえって理性と秩序そのものに事実性の性格を保存することなのである。仮に普遍的な構成的意識なるものが可能であるとすれば、事実の不透明性は消えうせるであろう。したがって、もし反省がそのめざす対象に記述的な性格を保存し、この対象を真実に了解することを、われわれが望むならば、反省を普遍的な理性への単なる復帰と考えるべきではない。つまり非反省的なもののうちに、前もって反省を実現させておいてはならない。反省は、それ自身、非反省的なものの事実性を分有する創造的な作業であると考えられねばならない。それゆえ、いっさいの哲学のうちでただ一つ現象学だけが、超越論的領野（*champ*）

について語るのである。この言葉は、反省が、世界全体と、展開され客観化された多数のモナドとを、見渡すことは決してできないということ、つまり反省は部分的な展望と有限な能力しか持ち合わせていないということを、意味しているのである。またそれだからこそ「現象学」(訳註36)は現象学なのである。すなわち、存在の意識への現出を研究するのであって、その可能性をあらかじめ与えられたものとして前提してはいない。古典的形態の超越論的諸哲学が、全面的な解明を実際に成就する可能性を少しも問題としないで、このような解明がどこかで成就されているものとつねに想定していることは、奇妙なことである。全面的な解明が必要であるということだけで、これらの超越論的哲学には十分であった。これらの哲学は、あるべきもの、つまり知の理念が要求するものによって、実際にあるものについての判断を下したのである。実のところ省察する自我は、個人的主観への内属を決して免れることはできない。そして個人的主観は、すべてのものを特定のパースペクティヴにおいて認識するのである。私は霧の濃い日には太陽を僅か二百歩の距離に知覚するし、太陽が「登り」「沈む」のを見るし、また思考するにあたっては、私の教育や今までの努力や私の歴史やらが用意した教養上の道具だてを使って考えるのであるが、いかなる反省といえども、私がこのように知覚し、このように思考するのをやめさせることはできない。それゆえ、私の知覚や現在の信念の形成に寄与している原初的な思惟に私が実際に立ち戻ることは決してないし、このような思惟のすべてを一度に喚起することもありえない。批判主義のような哲学は、結局、受動性のこの抵抗に何の重要性も認めないのであるが、まるで超越論的主観を主張する権利をもつために、まずみずからそれになることが必要ではないかのようである。したがって批判主義は、哲学者の思惟がいかなる状況にも従属していないことを、ひそかに前提していることになる。多数の思惟主体に向って開かれている一つの自然という世界の姿から出発して、批判主義は多数の経験的自我に提示されたこの唯一の世界を可能ならしめる条件を求め、これを超越論的な「我」のうちに発見する。超越論的な「我」は一つの「存在」ではなく「統一」もしくは「妥当」であるので、経験的自我は、これを分割することなく、これにあずかることができる。それだから他人の認識の問題は、カント哲学においては一度もたてられたことがない。カント哲学のいわゆる超越論的な「我」は私のものであると同時に他人の自我でもある。分析はひと息に私の外に位置し、一つの「我」——私自身であろうと他人であろうと、——にとって世界を可能ならしめる一般的条件を明らかにしさえすればよかったのであり、省察するのは誰かという問題には決して出くわさない。これに反して今日の哲学が事実を主要な論題となし他人が問題となっているのも、もっと根本的な自覚をおこなおうとしているからである。反省がその成果と同時に反省自身をも意識しない限りは、完全な反省ではありえないし、その対象をすみずみまで明らかにしたことにもならない。反省的な態度、つまり難攻不落のコギトにたてこもるだけではいけない。そのうえこの反省を反省し、反省がみずからそれに続くことを意識している自然的な立場、したがって反省の定義にも属する自然的立場を了解しなくてはならない。ただ単に哲学を実行するだけではなく、哲学が世界の眺めとわれわれの実存とのなかに生ぜしめる変化を了解しなくてはならない。このような条件を充たしてこそ哲学的知は絶対知となり、専門的なもしくは技術的な知ではなくなるのである。こういうわけで「存在」のなかで実現される必要がないのだからそれだけますます疑いをさしはさむ余地もないというような絶対的「統一」を、われわれはもはや主張しはしないであろう。哲学の中心は、いたるところにあっていずこにもない自律的な超越論的主観性ではない。この中心は反省の永続的な端緒のなかに、そして個人的生が自己自身について反省し始めるこの点に、存するのである。反省が我を忘れて自己の外に出てしまうようなことをしないで、非反省的なもの－について の－反省（réflexion-sur-un-irréfléchi）として、したがってわれわれの実存の構造の変化として、自己を認知する場合に初めて、反省はほんとうに反省となるのである。われわれは今しがたベルクソン流の直観と内観が、対象との合致による知識を求めているといって非難した。しかし哲学のもう一つの極に、つまり普遍的な構成的意識という概念のうちに、これと対蹠的な誤りに出会うのである。ベルクソンの誤謬は、省察する主観が省察の対象と融合することが可能であり、知が存在と合体することによって膨張することができると信じたことである。反省的哲学の誤謬は、省察する主観が省察の対象をその省察のなかに吸収し、あますところなく把握することが可能であり、われわれの存在はわれわれの知に還元されうると信ずることにある。なるほど、われわれは省察する主観としては、われわれが認識しようとする非反省的主体では決してない。だがまた、すみずみまで意識になりきって、超越論的意識に帰一することも不可能なのである。仮にわれわれがこのような意識であったとしたら、われわれの前に、世界やら、われわれの歴史やら、その特殊性において知覚された諸対象やらが、透明な諸関係のシステムとして展開するはずである。ところでわれわれが心理学をするのではない場合でも、すなわち帰納的思惟のさまざまな符合の助けを借りずに直接的反省によって、例えば知覚された運動もしくは円がどういうものであるかを理解しようと試みる場合でさえ、特殊的な事実を解き明かすことが可能となるのは、この事実を想像によってさまざまに変え、この想像上の実験における恒常的なものを、思惟によって定着させることによってでしかない。つまり個体的なものを貫き徹ることも、例証という折衷的な手続きによって、いいかえれば個体的なものの事実性を奪いとることによって、初めて可能となるのである。こういう次第で、いったい思惟が全く帰納的でなくなり、何であれ一つの経験を自己に同化して、その仕組みをすみずみまで把握し、所有するに至ることができるものかどうかは、一つの問題である。哲学が超越論的つまり根本的《ラディカル》となるのは、絶対的意識に至る歩みを述べずにひたすら絶対的意識にたてこもることによってではなく、みずから自己自身を一つの問題と見なすことによってなのである。すなわち知識が完全に解明し尽くされた状態を要請することによってではなく、むしろ理性のこのような仮定を基本的な哲学上の問題と認めることによってである。

以上のような理由のために、われわれは、知覚に関する研究をするにあたって、まず心理学にたずさわらなくてはならなかった。もしそうしなかったなら、自然的態度から超越論的問題に導く歩みを方法的に追求したことにならないので、したがってわれわれは、超越論的問題のもつ意味をことごとく理解したことにはならないであろう。反省的哲学のように、永遠に与えられているものとして前提される超越論的次元にいっぺんに身をおいて、構成の真の問題を逸するようなはめに陥りたくはなかったので、われわれは現象野をしばしばおとずれ、心理学的記述をとおして現象の主体と知りあわねばならなかったのである。しかしながら、一旦すべての心理主義の垢を洗いおとすならば心理学的記述は哲学的方法となりうるという見通しをつけなくては、この記述を始めるわけにはいかなかった。おのれの成果の下に埋没してしまっている知覚的経験をよみがえらせるためには、すぐには了解されないかも知れないようなその記述をさしだすだけでは不十分であろう。どこから見ればこのような記述が真実らしく見えるかという観点を、哲学的な照会と予想とによってはっきりさせねばならなかった。こういうわけで、われわれは心理学なしに始めるわけにはいかないし、かといって専ら心理学だけで始めるわけにもいかなかったのである。哲学が解き明かされた経験にすぎないように、経験は一つの哲学を先取りしている。しかしながら今や現象野が十分に区画されたのだから、この多義的な領域に足を踏み入れ、心理学者と手をたずさえて第一歩を確保しよう。この際、心理学者の自己批判が第二段階の反省によって、現象の現象へわれわれを導き、現象野を決定的に超越論的領野に転換させることをわれわれは期待しているのである。

第一部　身体

〔経験と客観的思惟、身体の問題〕

われわれの知覚は対象に到達する。そして対象は、ひとたび構成されると、われわれがそれについてもったところの、あるいはもつことができるであろうところの、いっさいの経験の根拠として現われる。例えば私は隣の家をある角度から眺める。ひとはそれをセーヌ河の右岸から別の仕方で眺めるだろうし、家の内部から、さらに飛行機から、それぞれ別様に眺めるだろう。家そのものは、これらの現われのいずれでもない。それは、ライプニッツのいったように、これらのパースペクティヴの、そしてあらゆる可能なパースペクティヴの実測図である。つまりそこからこれらのパースペクティヴのすべてが導出されうる、それ自身はパースペクティヴを伴わない起点であり、どこからも見られない家である。だが、これらの言葉は何を意味しているのだろうか。見るということはいつでも、どこからか見ることではないのか。家そのものはどこからも見られないということは、見られえないものだということと同じではないだろうか。しかしながら私が私の眼で家を見るというとき、もちろん私は何か論争の余地のあることを述べているのではない。私は私の網膜と水晶体とが、すなわち物質的器官としての私の両眼が、機能して、私に家を見えさせるということを意味しているのではない。私自身にだけ尋ねてみるならば、私はこうしたものを何も知らない。私は上の言葉で対象に近づくある仕方、つまり「まなざし」をいい表わそうとしているのである。「まなざし」、これは私自身の思惟と同様に疑うべからざるものであり、同様に私に直接知られているのである。見るということがある場所からおこなわれ、しかもそのパースペクティヴのなかに閉じこめられないということが、いかにして可能であるかを理解しなくてはならないのである。

一つの対象が見えるということは、視野の欄外にそれを所有していて、いつでもこれをじっと見据えることができる、ということであるか、それとも実際この誘いに応じてこれをじっと見据える、ということである。私がそれをじっと見据えるとき、私はそれに錨をおろすのであるが、しかしまなざしのこの「停止」は、その運動の一様態でしかない。私の視線は先ほどまではすべての対象の上を飛翔していたのであるが、今や私は一つの対象の内部で探索を続ける。つまり同じ一つの運動で私は周囲の景観を閉ざすと同時に、この対象を開くのである。この二つの作業が一致するのは偶然ではない。私が対象をはっきり見ようとすれば周囲をぼんやりと見ざるをえないのは、私の身体組織の偶然的な事情、例えば、私の網膜の構造のためではない。たとえ円錐体や桿状体について何も知らなくても、私は対象をよく見るためには周囲をぼかさなくてはならないこと、図において獲得したものを地において失わねばならぬことを、理解するであろう。というのは、対象を見つめることはそのなかに沈潜することであり、そして諸対象は、その一つが姿を現わせば他をかくさずにはおかないというような、一つのシステムをつくっているからである。もっと正確にいうと、一つの対象の内部地平が対象となるためには、周囲の諸対象が地平とならざるをえないのである。そして見ることとは、二つの面をもった行為なのだ。なぜなら私が今こと細かに見ている対象を先ほどちらっと見た対象と同一視するのは、この詳しい内容を総体的な一瞥の追憶とことさら比較することによってではないからである。映画においてカメラが一つの対象にレンズを向け、われわれに大写しにして見せようとして、それに近づくときには、なるほどわれわれは、今写っているものが先ほどの灰皿であるとか、ある人物の手であるとかと、思い出すことができる。しかしこの場合、実際にはわれわれは同一視をおこなっているのではない。それというのもスクリーンは地平をもってはいないからである。これに反して見るというときには、私はまなざしを景観の一部分に集中する。この一部分は活気を帯び、いっそう細かな部分を繰り広げる。他の諸対象は欄外に後退して色褪せる。だが依然としてそこに存在し続けるのである。ところで、私はこれらの諸対象とともに、これらの諸対象の地平をも掌中にしている。そしてこの地平のなかには、私が今見つめている対象も、欄外的に見られた姿で含まれている。それゆえ地平は探索の過程を通じて対象の同一性を保証するものである。それは、私のまなざしがたった今通過したばかりの諸対象に対してまなざしが今なお保持するところの、そしてまたそれがこれからあばきだそうとする新たな細部に対してすでにもっているところの、直接の支配力の相関者なのである。はっきりした想起や推測だったら、この役を果すことはできないだろう。私の知覚は現実的なものとして現われるのに、これらは蓋然的な総合しか与えはしないだろうから。それゆえ対象－地平という構造、つまりパースペクティヴは、私が対象を見ようとするとき、私にとって不都合な条件ではない。それは、諸対象が姿をかくす手段ではあるが、またそれらが自己を顕わにする手段でもある。見るということ、それは、姿を現わす諸存在の世界のなかに入ることである。そして、諸存在は互いの背後にかくれたり、また私の背後にかくれたりすることができなければ、姿を現わすこともできないであろう。いいかえれば、一つの対象を見つめることは、この対象に居を定め、そこからあらゆる物を、それらがこれに対して向ける面に即して捉えることである。しかし私がそれらの物をも見ている限り、それらは私のまなざしにとって開かれた住居であり、私は潜在的にそれらに身をおいて、すでにさまざまな角度から、現在の視覚の中心的対象を捉えているのである。こうして各々の対象はあらゆる他の対象の鏡なのである。私がテーブルの上に置かれたランプを見つめるとき、私は私の場所から見える諸性質のみならず、暖炉や壁やテーブルが「見る」ことができる諸性質をも、それに付与するのであり、ランプの背とは暖炉に対してそれが「見せる」面にほかならないのである。それだから私が一つの対象を見ることができるのは、諸対象が一つのシステムないし一つの世界を形づくり、その各々がおのれのまわりに、そのかくれた相の観察者として、またこれらの相の持続性の保証として、他の諸対象を配置している限りにおいてである。一つの対象に関して私がおこなう見るという行為の全体は、ただちに、共存するものとして捉えられる世界のあらゆる対象の間で繰り返される。なぜなら、これらの対象のそれぞれが、他の諸対象がそれについて「見る」ところの全体だからである。したがって先ほどのわれわれの言葉は変更しなくてはならない。つまり、家屋そのものは、どこからも見られない家ではなくて、あらゆる場所から見られた家である、と。完成された対象は半透明である(訳註1)。対象の深みで互いに交叉しあい、かくれたものを何も残さない現実の無数のまなざしによってそれはあらゆる方面から貫かれているのである。

空間的パースペクティヴについて只今述べたばかりのことを、時間的パースペクティヴについてもまた、いうことができるであろう。もし私が家屋を注意ぶかく、そのうえいかなる思想もまじえずに観察するならば、それは永遠性の趣を呈し、そこから一種の麻痺させるような雰囲気が発散する。確かに私は、私の持続のある一点から家屋を眺めている。しかし昨日私が見た家屋、つまり一日だけ若い私が見たのと同じ家屋である。年寄と幼児が見つめるのは同じ家屋なのである。なるほど家屋はそれ自身その年齢をもち変化を経験している。しかしたとえ明日は崩れ落ちようとも、それが今日あったということは、とこしえに真実であろう。各瞬間はあらゆる他の瞬間を証人として立てる。各瞬間は不意にやってきて「これはどういう結果になるはずであったか」ならびに「これはどういう結末になるであろうか」を示し、それぞれの現在はあらゆる他の現在からの再認を要求する一時点を、決定的に打ち建てるのである。したがって対象はいたるところから見られるのと同様に、あらゆる時点から、それも地平の構造という先ほどと同じ方法によって、見られるのである。現在は過ぎ去ったばかりの過去を、対象として措定しはしないが、今なおその手のうちに保持している。そしてこの過去もまた同様な仕方で、それに直接先だつ過去を把持しているので、経過した時間はことごとく現在のうちに引き継がれ、捉えられているのである。間近な未来についても同様であって、この未来はそれとしてまた、間近な未来という地平をもつであろう。しかし過ぎ去ったばかりの直接の過去といっしょに、私はまたそれをとりまく未来の地平をもっている。それだから、私は現実の現在を、この過去の未来という視角のもとにもつのである。間近な未来とともに、私はそれをとりまく過去の地平をもっている。それゆえ私は現実の現在を、この未来の過去として所有する。こうして把持（rétention）と予持（protention）の二重の地平のおかげで、私の現在は、持続の経過によってやがて持ち去られ、こぼたれる事実上の現在ではなくなって、客観的な時間における固定した、それとして認知されうる一点となることができるのである。

しかし今一度いっておくが、たとえ地平を介してあらゆる他の側面をめざそうとも、私の人間的なまなざしが、対象に関して措定するのはただ一つの側面だけである。時間と言語を媒介とせずには、この側面を以前の視覚像や他人のそれと比較することは決してできない。あらゆる面から家屋を探査し家屋そのものを定義するところの無数のまなざしを、私のまなざしに準じて想像したところで、私は依然として対象に対する互いに符合する展望の無制限な系列をもつにすぎないのであって、対象をその完全な姿において所有しているのではない。これと同様に、私の現在はそれ自身のうちに経過した時間と来るべき時間を集約しているとはいっても、現在は過去と未来とを志向においてのみ所有するにすぎないのだ。例えば私がいま私の過去についてもつところの意識が、過去がかつてあったところのものとぴったり一致するように私には思われても、私が取り戻したつもりになっているこの過去は、過去そのものではない。それは私に現在見えているような私の過去、そして恐らく私が変質させてしまったであろうような私の過去なのである。将来になれば、たぶん過去と同じように、私がいま生きている現在を見誤ることであろう。こういう次第だから、もろもろの地平の総合は、ただ推定の上での総合にすぎず、それが確実に正確におこなわれるのは、対象を直接とりまく範囲においてだけである。遠い周囲はもはや私の手中にはない。それはいまだに識別できるような諸対象や記憶から成り立っているのではない。それは正確な証言を何一つ提供することのできない匿名の地平である。それは実際、知覚的経験において現われるがままに、対象を未完成で開いたままにしておく。この開いた口を通って、対象の実体性は流れ去る。対象が完全な稠密性を獲得すべきであるなら、換言すれば絶対的な対象というものが存在すべきであるなら、あい異なる無限のパースペクティヴが厳格な共存のうちに圧縮されていて、対象がいわば無数の視線に対して、しかも唯一のヴィジョンとして与えられるのでなくてはならない。家屋はその水道管を、その地面を、そして恐らく天井の厚みのなかでひそかに大きくなりつつある、その割目を、もっている。われわれにはそれらが見えない。しかし家屋は、われわれに見えるその窓や暖炉と同時に、それらをもっている。われわれはやがて家屋の現在の知覚を忘れるだろう。そしてわれわれは、自分の記憶をその対象と比較することが許される度ごとに、たとえ誤謬のほかの動機を考慮に入れても、記憶そのものの持続のために記憶のこうむる変化に驚くものである。しかし、われわれは過去についての真理があると信じている。われわれは自分の記憶を、世界そのもののもつはかり知れない記憶にもたせかける。そして世界のもつこのはかり知れない記憶のなかでは家屋はそれがほんとうにこの日にあった通りの姿をしており、そしてこの記憶がその時における家屋の存在を根拠づけている、と思われているのである。対象はそれ自身において捉えられるなら——そして対象としては、それはこのように捉えられることを要求しているのであるが——何ものも包みかくしてはいない。それは余すところなく展示されている。われわれのまなざしがその諸部分を順々に通過する間にも、諸部分自身は同時に存在している。その現在はその過去を抹殺せず、その未来もその現在を抹殺しはしないであろう。したがって対象の措定は、われわれをして実際の経験の限界を超出させ、実際の経験は外なる存在のなかに砕け散るのである。そういうわけでしまいには、経験がわれわれに教えるものはすべてこの存在から引き出されるものだと、経験みずから信ずるようになる。経験のこの脱自性こそ、いっさいの知覚があるものについての知覚であるという風にさせるゆえんなのである。

存在にとりつかれ、私の経験の遠近法的性格を忘れて、私は今後これをも対象として取り扱い、対象間の関係から演繹するようになる。私は世界に対する私の観点たる私の身体を、この世界に属する対象の一つとして考察する。私が認識手段としての私のまなざしについてもっていた意識を抑圧して、私の両眼を物質の断片として取り扱う。そうすると、私が外的対象を位置づけようとする同じ客観的空間のなかに両眼も位置することになり、私は、知覚されたパースペクティヴが網膜上への諸対象の投影によって生みだされたものと、思うのである。これと同様に私は私自身のもつ知覚の歴史を、客観的世界と私との間の諸関係の結果となし、時間に対する私の観点たる私の現在は、他の諸瞬間と並ぶ一つの瞬間となり、私の身体が客観的空間の一様態であるように、私の持続は、一般的時間の一つの反映、もしくは抽象的な一局面となるのである。最後にまた、家屋の周囲や家屋のなかにある諸対象が、知覚的経験に現われるが如き状態のままであるならば、つまり、ある一つのパースペクティヴに拘束されたもろもろの視線にすぎないならば、家屋は自律的存在として措定されはしないだろう。こういう次第で、たった一個の対象であろうとも、全き意味において措定しようとすれば、これらの経験のすべてを、多措定的 (polythétique) な唯一の作用に組み立てることが必要となる。この点において、全き意味における対象の措定は、知覚的経験とさまざまな地平の総合とを踏み越える、——宇宙、つまり相互的に規定された諸関係からなる、完成した、顕在的な総体の概念が、世界、つまり相互的な含蓄の関係からなる、開いた、無限定な多様性の概念を踏み越えるのと同様である。(1) 私は私の経験から離れて、理念に移行する。対象と同じように、理念は、すべてのひとにとって同一で、あらゆる時、あらゆる場所に対して妥当すると主張する。そして時間と空間の一点における対象の個体化は、ついに普遍的な措定能力の表現として現われるのである。(2) 先述定的な知においで私が、内的な交渉のうちに生きてきたような、私の身体、時間、世界のいずれにも、私はもはやたずさわってはいない。私は、ただ理念としての私の身体、理念としての宇宙、空間の理念、時間の理念について語っているにすぎない。このようにして、（キルケゴールの意味における）「客観的な」思惟――常識、科学の思惟――が形成される。それは、実は知覚的経験の結果であり、おのずからこれに続くものであるが、それにもかかわらず、ついにわれわれをして知覚的経験との接触を失わしめるのである。意識の生活の全体が対象の措定をめざしている。というのも、同定されうべき対象において意識が自己を取り戻し、自己をとりまとめる限りにおいてのみ、意識は意識であり、つまり自己知であるからである。けれども、たった一つの対象であろうと、それの絶対的措定は、意識の死滅となるのである。なぜなら、あたかも一個の結晶を溶液のなかに入れるとたちまち溶液を結晶せしめるのと同様に、たった一個の対象の絶対的措定は、経験の全体を凝結せしめるからである。

　主観について何ごとも理解できないか、それとも客観について何ごとも理解できないかという、この二者択一に、われわれはいつまでもとどまっているわけにはゆかない。われわれの経験の核心そのもののうちに、対象の起源を再発見し、存在の出現を記述しなくてはならない。また逆説的なことだが、われわれにとって自体的なものがあるということはいかなる次第かということを、われわれは了解しなくてはならない。勝手な臆断をあくまで避けるために、われわれは客観的思惟を、それがいうがままに受け取り、客観的思惟がみずからたてない問題を、これに向って提起することは差し控えよう。たとえわれわれが客観的思惟の背後に経験を再び見出す結果に導かれるにもせよ、この移りゆきの動機は、ひたすら客観的思惟自身のゆきづまりに存するのである。それゆえ客観的思惟がわれわれの身体を客体として構成する働きにおいて、それを考察することにしよう。というのは、これこそ客観的世界の生成における決定的な瞬間だからである。科学においてすら、自己の身体というものは、科学が押しつける取扱いを逃れようとすることがわかるであろう。そして客体的な身体の生成は、対象の構成における一つの契機にすぎないのだから、身体は、客観的世界から引き揚げるにあたって、それとその周囲とを結びつけていた志向の糸をいっしょに引っぱってきて、ついにわれわれに、知覚する主体と知覚された世界とを、ともども明らかにすることであろう。

I　客体としての身体と機械論的生理学

〔神経生理学そのものが因果的思惟を超出する〕

客体の定義は、すでに見たように、それが相互外在的に（partes extra partes）存するということ、したがって、その諸部分の間にも、それ自身と他の客体との間にも、外的な機械的な関係しか容れる余地がないということである。但し、ここでいう外的な機械的な関係とは、受容され伝達される運動という狭い意味においてであっても、関数の変数に対する関係という広い意味においてであっても、いずれでもよい。有機体をもろもろの対象からなる宇宙のなかにさしはさみ、これを通じてこの宇宙を完結させようと欲していたときには、ひとは身体を即自の言語でいい表わし、行動といわれるものの下に、刺激と受容器、受容器と感覚するもの（Empfinder）との間の、直線的な依存関係を、見出さなくてはならなかった。(3) もっとも、行動の回路のなかには新しい規定が出現することが知られていたし、また例えば、神経独自の特殊なエネルギーがあるという理論は、物理的世界を変容する能力を確かに有機体に認めるものではあった。しかし、実はこの理論こそ、神経諸器官に、われわれの経験のさまざまな構造を創りだす神秘的な能力を付与するものでもあった。そして、視覚、触覚、聴覚は、それぞれ対象に近づく仕方であるのに、この理論にあってはこれらの構造が、緻密な諸性質に変えられ、関与する器官の場所的な差別から派生せしめられたのである。こういうわけで刺激と知覚との関係は、依然として明晰で客観的であることができたし、精神物理的な出来事は、「世界の内部の」(mondaine) 因果関係と同じ型のものであった。現代の生理学はもはやこういう技巧に訴えはしない。同じ感官に属する異なった性質ならびに異なった感官の与件を、現代の生理学は、別々の物質的器官に結びつけるようなことはもはやしない。実際は、中枢の傷害や伝導器官の傷害ですら、ある一定の感覚的性質もしくは感覚与件の欠落としてではなく、機能分化の衰退として現われるのである。すでに示されたように、感覚的刺激の通路における傷害の位置や、この傷害の発生の事情が、どのようなものであろうと、一様に、例えば色彩に対する感受性が崩れてゆく。初めにすべての色にある変化が現われる。つまり、それぞれの基調は変らないが、その鮮やかさが減ずるのだ。(訳註2) つぎにはスペクトルが単純化し、黄、緑、青、紫紅の四色になってしまう。いや短い波長の色はすべて青の一種になろうとし、長い波長の色はすべて黄の一種になろうとする。しかも疲労の程度によって、その模様は時によって違うことがある。しまいには灰色一色になる。もっとも条件がよければ(対照が強かったり提示時間が長かったりすれば)、一時的に二色に戻ることはあるけれども。(4) それゆえ神経物質における傷害の昂進は、出来合いの感覚的内容を一つずつ破壊してゆくのではなくて、神経系の本質的機能として現われる興奮の能動的な分化をますます不確かなものにするのである。同様に、触覚の非表皮性の傷害にあっては、なるほどある内容（温感）が特に脆弱で、いちばん先に消失するのであるが、といっても、これはこの患者において破壊されている特定の領域が、熱さ冷たさを感じる役目をしているということではない。なぜなら十分の広がりをもった刺激物をあてがうなら、この特有の感覚が回復するからである。(5) むしろ、いっそう激しい刺激に対してしか、興奮がその典型的な形をとりえないということである。中枢に傷害がある場合、感覚的な性質は損なわれないように見え、これに反して、与件の空間的な組織化と対象の知覚とはこれによって変化を受ける。諸性質の位置づけと解釈にたずさわる特別の認識中枢（centres gnosiques）の仮定にひとびとを誘ったのはこの事実である。ところが実は最近の研究によると、中枢の傷害はとりわけクロナキシー(訳註3)を高める作用をしている。患者においてはクロナキシーは正常状態の二、三十倍に倍加されている。刺激はいっそうゆっくりとその効果を発揮し、この効果はいっそう長い間残存する。そして例えばざらざらしたものの触覚的知覚は、それがはっきり限定された一連の印象もしくは手のあい異なる位置の正確な意識を予想している以上、困難になる。(6) 刺激物の明確な位置づけができないという事実は、位置中枢の破壊によって説明されるのではなくて、興奮の平準化によって説明される。各々の興奮が一義的な値を受けとり、はっきり限定された変化によってのみ意識に表現される、というような安定した全体に、もろもろの興奮がまとまることがもはや不可能なのである。(7) こういうわけで、同じ感官に属する興奮があい異なるのはそれが利用する物質的器具の違いによるよりも、むしろもろもろの要素的な刺激が相互におのずと組織しあう仕方によるのであり、この組織化こそ、知覚の水準におけると等しく感覚的「性質」の水準においても、決定的な要因をなすのである。同じ一つの刺激物が触感を喚起するか温感を喚起するかを決定するのも、またこの組織化であって、刺激を受けた器官の特有なエネルギーではない。一本の髪の毛で皮膚の一定の局部を何度も刺激すると、最初のうちははっきりと識別され、毎回同じ点に位置づけられる点的な知覚が現われる。刺激が繰り返されるにつれて、位置づけは次第に不明確になり、知覚は空間に広がり、同時に感覚も特定の性質を失ってしまう。もはや接触の感じではない。あるいは冷たさのために、あるいは熱さのために、焼けるような感じがする。さらに続けると、被験者は、刺激物が動き、皮膚の上に円を描くと思うようになる。しまいには何も感ぜられなくなる。(8) これらのことは次のことを意味しているのである。つまり「感覚的性質」、知覚されたものの空間的規定、それに一つの知覚の現存と不在ですら、有機体の外部の事実上の状況の結果ではなくて、有機体が刺激を迎えてこれに関係する仕方を表わしている、ということである。刺激がそれと「合って」いない感覚器官に触れた場合には、この刺激は知覚されない。(9) 刺激の受容における有機体の機能は、ある興奮の形態をいわば「理解する」(concevoir「はらむ」)ことである。(10) この「精神－物理的な出来事」は、したがってもはや「世界内部の《モンデーヌ》」因果性の型のものではない。脳髄は「形態付与」の場所となる。「形態付与」の作用は皮質的段階に至る前でもすでに見られ、神経系のはじまりからして刺激と有機体との間の諸関係を縺れさせるのである。興奮がこれから惹起するであろう知覚に、興奮を類似せしめるところの、神経間を横断する諸機能によって、この興奮は捉えられ、組織し直される。神経系のなかに現われるこの形態付与、構造のこの展開、私はこれを、運動の伝達とかある変数の他の変数による決定というような、第三人称的な一連の過程として、思い浮べることはできない。私はそれに関して距離を隔てた認識をもつことはできない。それは一体どのようなものであろうか、私がこれをいいあてるとすれば、相互外在的な諸部分からなる（partes extra partes）客体としての身体を捨てて、私が現に体験しているような身体に赴くことによってである。例えば、私の手が刺激に先まわりしてこれから知覚しようとする形態をみずから素描しながら、それが触れる対象の周囲をかこむ仕種を想い起すことによってなのである。私は私自身生ける身体の機能を果すことによって初めて、この機能を了解することができるのであり、また私が世界に立ち向う身体である限りにおいてのみ、これを理解しうるのである。

〔**幻像肢の現象、生理学的説明も心理学的説明も等しく不十分である**〕

こういうわけで外的受容性（extéroceptivité）は、すでに刺激への形態付与を要求するものなのである。そして身体の意識は身体を浸し、精神は身体のすみずみまで広がっていることになる。行動は身体の中心的区域からあふれ出るのである。しかしひとびとは、このような「身体の経験」はそれ自身一つの「表象」ないし「心的事実」であり、こうしたものとして物理的・生理的な出来事の連鎖の末端にあるものであり、そして実は、この物理的生理的な出来事だけが、「真実の身体」に属するものと見なされうると、こう反論することができよう。私の身体も外的物体と全く同様に、感覚受容器に作用し、その結果として身体の意識を生ぜしめる一つの対象ではないか。「外的受容性」があるように「内的受容性」（intéroceptivité）というものもあるのではないか。内部器官から脳髄に向って送られ、精神に身体を感覚する機会を提供すべく、自然によって定められている幾つかの繊維を、私は身体のなかに見出すことができないだろうか。

身体の意識と精神とは、こうして再び押し戻される。身体は、行動という曖昧な概念がすんでのところでわれわれに忘れさせるところだった、あの清潔な機械に舞い戻るのである。例えば脚部を切断された人において、脚部の残存する部分から脳髄に至る神経の途中で、何らかの刺激が脚の刺激のかわりに作用すると、幻像肢[訳註4]が感覚せられるが、これは精神が直接脳髄に、そしてただ脳髄にだけ、結びつけられているからである。

現代の生理学は、この現象に関して何というだろうか。コカインによる麻酔も幻像肢を消滅させることはできない。肢体を切断されていない場合でも、脳髄の傷害につづいて幻像肢体が現われることがある。[11]さらにまた、負傷した瞬間に現実の腕が占めていたのと同じ状態を幻像肢が維持していることも、しばしばある。例えばある戦傷者はいまだにその幻像肢に、彼の現実の腕を引き裂いた弾丸の破片を感ずるのである。[12]それだからといって、「末梢説」に「中枢説」を置き換えなくてはならないだろうか。しかし中枢説にしても、ただ幻像肢の末梢的条件に脳髄内の痕跡を付加するにとどまるならば、それによって何の得るところもないであろう。なぜなら脳髄内の痕跡を寄せ集めても、この現象に参加する意識の諸関係を表わすことはできないだろうから。この現象は実際に、「心的な」決定因子に依存しているのである。幻像肢を経験したことがない負傷者にあっても、負傷時の情動や事情を想起させるような情動や事情に出会ったりすると、その結果、幻像肢が出現することがある。[13]手術の直後にはばかに大きかった幻像肢が、だんだん小さくなって、ついに「患者が腕の切断の事実を認めてこれに甘んずるようになると」腕の残存する部分のなかに吸収されてしまうということも起る。[14]この場合、幻像肢の現象は、病徴不覚症（anosognosie)[訳註5] の現象によって説明されるのだが、後者は明らかに心理学的説明を要求している。麻痺した右手を求められると、この右手をきまって無視して左手をさしだす患者たちは、それでも彼らの麻痺した腕のことをあたかも「長い冷たい蛇」ででもあるかのように語る。この事実は、患者の感覚がほんとうに失われてしまったのだ、という推定を排除し、ただ彼らは自分の欠陥を認めようとしていないのだ、という仮説を示唆するものである。[15] 然らば幻像肢は、記憶や意志や信念の所産というべきであって、生理学的説明のかわりに心理学的説明をしなくてはならないのだろうか。しかし、いかなる心理学的説明も、脳髄に向う感覚導体（conducteurs sensitifs）の切断が幻像肢を消失せしめる[16]という事実を、無視することは許されない。それゆえ心的決定因子と生理学的条件とが、どのように嚙み合うかを理解しなくてはならない。つまり幻像肢は確かに生理学的条件に依存しており、こうしたものとしてそれが第三人称的な因果性の結果であるとするなら、他方で患者の個人的歴史とその記憶、彼の情動や意志に、属するということがどうして可能なのかが理解されないのだ。なんとなれば、力の二つの成分が合力を決定するように、二つの条件の系列がともどもに現象の決定に参加することが可能となるためには、同じ一つの作用点、もしくは共通の場が必要なのに、空間のうちにある「生理的事実」といずこにも位置をもたない「心的事実」、つまり即自の領域に属する神経衝動という客観的過程と、対自の領域に属する承認と拒絶、過去の意識と情動というような思惟（cogitationes）、以上の両者にとって共通の場なるものが、いったいいかなるものであるかが、わからないからである。したがって幻像肢を説明するにあたって、二つの条件系列をともに認める混合的な理論は、[17] 周知の事実のいい表わしとしては有効なものであろうが、根本的に明晰さに欠けている。幻像肢は単に客観的な因果性の結果ではない。かといって一つの思惟でもない。仮にわれわれが「心的な」ものと「生理的な」もの、「対自」と「即自」とをつなぎあわせ、両者の出会いを取りもつ方法を見出し、したがって第三人称的な過程と人格的な作用とが共通の場において統合されたとしたら、そのとき初めて幻像肢は両系列の混合だということも許されるであろう。

〔「心的なもの」と「生理的なもの」との間の実存〕

幻像肢の存在を信じたり、切断の事実を否認したりする現象を記述するにあたって、著述家たちは「抑止」(repression) や「器質性抑圧」(refoulement organique) について語っている。[18] あまりデカルト的とはいえないこれらの用語は、「心的なもの」と「生理的なもの」との間の関係を理解しやすくさせる有機的思惟の観念の形成をわれわれに促している。われわれはすでに他の場所で代償行為を取り扱った際、心的なものと生理的なものとの、また明々白々たる合目的性と機械性との、二者択一を越える諸現象に出会ったことがある。[19] 既述のように、昆虫が本能的行動において切断された肢のかわりに健全な肢を使うのは、使用できなくなったばかりの回路にかわって、あらかじめ用意されている補助装置が自動的に働きだす、ということではない。とはいえ、この動物が実現さるべき目的を意識していて、そのいくつかの肢を、この目的に対するさまざまな手段として用いる、ということでもない。というのは、もしそうなら、本来の行為が妨げられたときには、いつでも代償行為が生ずるはずなのに、肢がただ縛りつけられているだけの場合には、これが生じないことが知られているからである。動物はただ依然として同じ世界に対して存在し（être au même monde）続けており、その全力をあげてこれに立ち向っているだけのことである。自由な肢が縛られた肢のかわりをしないのは、縛られた肢が依然として動物の存在のうちに算入されており、世界に向う活動性の流れがなおこの肢を通っているからである。一滴の油がおのれに課せられた極大と極小の問題を実践的に解決するために、内部の力をことごとく傾注する場合[訳註6]と同様、ここには選択の余地は少しもない。両者の違いは次の点だけである。つまり一滴の油は与えられた外力にすなおに従っているのに、動物はみずから自己の生活環境の規範を作り、みずから生活上の問題の諸条件をたてるということである。[20] しかし動物において働いているものは、個体による選択ではなくて、種にそなわる先天的《アプリオリ》なものである。こういう次第で代償行為の背後に見出されるものは、「世界における（への）存在」（l'être au monde）の運動である。今やこの概念を明確にすべき時である。一個の動物が生存する（exister）とか一つの世界をもつ（avoir）とか一つの世界においてある（être à）といわれるとき、その意味は、動物が世界について客観的な知覚なり意識なりをもつということではない。本能的行動を始動せしめる状況は、すみずみまで明確にされ規定されているわけではない。状況の全体的な意味が把握されているのではない。これは、本能の誤謬や盲目的性格を見ればまことに明らかなことである。状況はただある実践的な意義しか提示しない。それはある身体的な再認へと誘《いざ》なうだけである。それは「開いた」状況として生きられ、メロディーの最初の音調が、わざわざそれと知られはしないがある一定の様式の解決を要求するように、動物の運動を招きよせるのである。肢が互いに代りあい課題の明白さの前で等価なものとなることを得しめるのは、まさに以上のような事情なのである。「世界における（への）存在」が主体をある「環境」のなかにつなぎとめるからといって、それは、何かベルクソンの「生活への注意」(attention à la vie)やP・ジャネの「現実の機能(訳註7)」(fonction du réel)に似たようなものといえるだろうか。生活への注意とは、われわれの身体のなかの運動の芽生えについてわれわれがもつ意識である。ところで反射運動というものは、単なる下書きにとどまる場合であれ、実際に遂行された場合であれ、なお客観的な過程以上のものではなく、意識はその経過と結果に立ち会うことはできても、それに参加してはいないのである。(21) ほんとうは、反射それ自身、決して盲目的な過程ではないのだ。反射は状況の「意味」に順応し、われわれに対する「地理的環境」の作用を表現するとともに、それに劣らず、「行動環境」に対するわれわれの定位を表わしているのである。反射は対象の各点から発する刺激を待たずに、遠くから対象の構造を素描する。もろもろの部分的な刺激に一つの意味を与えるもの、つまりそれらをして有機体に対して重要なものたらしめ、これに対して有効なものとなし、あるいはこれにとって存在させるゆえんのものは、まさに状況のこの全体的な現前なのである。反射は客観的な刺激から結果するのではない。反射は刺激の方に向き直り、ばらばらな物理的作因としては刺激がもっていなかった意味、ただ状況としてのみもちうるような意味を、それらに付与する。反射はもろもろの刺激をして状況として存在せしめ、それらといわば「共出生」(co-naissance)(訳註8)の関係にたっている。つまり、反射がそれに立ち向うようにもともと定められている当の相手方として、刺激を指し示すのである。状況の意味に向って自己を開く作用としての反射と、最初から認識の対象を措定するのではなくて、われわれの全存在の一つの志向である限りでの知覚とは、それぞれ「世界における(への)存在」とわれわれが呼ぶところの先客観的な展望(vue préobjective)の様相なのである。刺激と感覚的内容の手前に一種の内的隔壁があって、刺激や感覚的内容よりもこれの方が遙かに、反射や知覚が世界のなかでめざしうるものの範囲を、つまりわれわれの可能的な行為の領域と生の幅とを決定しているということを、認めなくてはならない。次第に盲目状態に近づきながら「世界」を変えずにいることができるひとびともある。彼らはいたるところで物にぶつかるが、おのれが視覚的な諸性質をもはや所有していないことに気づいてはいないし、彼らの振舞の構造も変化しはしない。これに反して、感覚的内容が立ち去ろうとするかしないうちに、早くもその世界を失う患者もある。彼らの習慣的生活がまだ不可能にならないうちから、彼らはそれを断念してしまう。実際まだ不具になりきってはいないのに、みずから自分を不具となし、感覚的な接触が失われるに先だって、世界との生活上の触れあいを断ち切ってしまう。したがって、われわれの世界は、刺激から相対的に独立したある種の存立をもっており、「世界における（への）存在」をもろもろの反射の総計と見なすことを許さないのである。――またわれわれの意志的な思惟から相対的に独立した実存の搏動のエネルギーといったものがあるのであって、「世界における（への）存在」を意識の一つの作用として扱うことを禁じているのである。「世界における（への）存在」がいっさいの第三人称的な過程、つまり延長する物（res extensa）のあらゆる様態から区別されうるのも、また同様にいっさいの思惟（cogitatio）、第一人称的なあらゆる認識から区別されうるのも、それが先客観的な展望であるからであり、――そして「世界における（への）存在」が「心的」なものと「生理的」なものとの連結を実現しうるであろうという期待も、同じ理由に基づくのである。

〔幻像肢の両義性〕

いま一度われわれが出発した問題に立ち帰ろう。病徴不覚症と幻像肢とは、二つの条件系列に結びつけられることはできても、生理学的説明も心理学的説明も、また両者の混合による説明も受けつけないのである。生理学的説明は、病徴不覚症を身体内部からくる刺激の単なる閉止として、幻像肢をこの刺激の単なる存続として、解釈するであろう。この仮説によれば、病徴不覚症は、対応する肢体が実際に存在するのだから、本来ならあるべきはずの身体の表象の一部分が現存しないことであり、逆に幻像肢は、対応する肢体が存在しないのだから、本来ならあるべきではない身体の表象の一部分が現存するということである。これらの現象を心理学的に説明すれば、幻像肢は想起、肯定判断、もしくは知覚となり、病徴不覚症は忘却、否定判断、もしくは不知覚となる。生理学的説明においては、幻像肢はある表象が実際に現存すること、病徴不覚症は表象が現実に存在しないこと、である。心理学的説明においては、幻像肢は、件《くだん》の肢体が実際に現存するという表象であり、病徴不覚症は、それが実際に現存しないという表象である。いずれの場合にも、われわれは、現存と不在との間の中間のない客観的世界のカテゴリーから、一歩も出ていない。実は、病徴不覚症患者は、単純に麻痺した肢体を知らないということではない。彼が欠陥から眼をそむけることができるのは、どこで欠陥に出会う恐れがあるかを彼が承知していればこそである。ちょうど、精神分析において、患者は面と向って見たくないものを、実はみずから知っているのであり、もしそうでなければ、彼はこうも巧みにそれを避けることはできないだろう、というのと同じである。われわれわれが友人からの応答を期待しながら、もう応答は得られないだろうということを体験したとき初めて、われわれは友人の不在もしくは死を理解するのである。それだから、この沈黙に気づかなくてもすむように、われわれは最初から問いかけるのを避け、この無に出会う可能性のある生活領域から眼をそらすのであるが、しかしこれは、実はわれわれがこのような領域がいずこにあるかを感づいていることでもある。これと同様に、病徴不覚症患者は自分の不能を体験しなくてもすむように、彼の麻痺した腕を場外に置くのである。つまり、彼はそれについて前意識的（préconscient）な知をもっているのである。もっとも幻像肢の場合には、患者は切断の事実を実際知らないで、幻像肢を現実の手足と同じようにあてにしているように見える。なぜなら、彼は幻像肢を使って歩こうとし、転んでも落胆しないからである。しかしながら他方において彼は幻像肢の特殊性、例えばその特異な運動機能をきわめて適切に描きだす。そして彼が実践的には実在の脚であるかの如くそれを扱うのは、行動を起すためには、正常な人と同じように、自分の身体の明瞭で部分部分まではっきりした知覚をもつ必要がないからである。おのれの身体を不可分の能力として意のままにすることができて、幻像肢を漠然とこのなかに含まれたものとして感得するならば、それで十分なのである。それゆえ幻像肢の意識もまた、依然として多義的なものである。実は私の眼の前にいない友人の存在を私が生き生きと感ずることができるのと同様な仕方で、切断手術を受けた患者は、自分の脚を感ずるのである。彼が自分の脚をまだ失わないでいるのは、彼が依然としてそれを勘定に入れているからである。プルーストは、彼の祖母の死をはっきり確認しつつも、彼の生活の地平に彼女が存続する限り、まだ彼女を失わずにいることができたが、幻像肢についても、これと同じ事情なのである。幻像肢は腕の表象ではなくて、腕そのものの両面価値的な(訳註9)(ambivalent)現前なのである。幻像肢の場合の切断の事実の否認、ならびに病徴不覚症における欠陥の否認は、熟慮された決断ではない。つまりさまざまな可能性を考慮したあげく、はっきりと態度をきめる措定的意識の水準において生ずるのではない。健全な身体をもとうとする意志にせよ病的な身体の拒否にせよ、それそのものとしていい表わされているのではない。つまり切断された腕を現存するものとして感ずる経験、ならびに病める腕を存在しないものとして感ずる経験は、「……と私は思う」(je pense que……)といった種類の経験ではないのだ。

この現象は、生理学的説明によっても心理学的説明によっても、等しくその姿をゆがめられてしまうが、これに反して「世界における(への)存在」という観点に立つと容易に理解される。われわれのうちにあって切断の事実や欠陥の存在を否認するものは、自然的であるとともに相互人間的なある世界に参加している「我」である。この「我」は欠陥の存在や切断の事実をものともせずに、あい変らず自己の世界に手を差しのべ、その限りでは権利上これらを認めないのである。欠陥の否認は一つの世界に属しているという事実の裏面にすぎない。いいかえれば、われわれをわれわれの仕事や関心事や状況やなじみ深い範囲のなかに投げ入れる自然な運動を妨げているものを、ひそかに否定することにほかならない。幻像肢をもっているということは、腕のみがなしうるところのあらゆる行動の可能性を今もなお所持しているということである。つまり切断以前にもっていた実践の場を保持していることである。身体は「世界における(への)存在」の媒体である。身体をもつということは、生きるものにとって、一定の環境に加わり、若干の企投と一体となり、たえずこれに自己を拘束するということである。手で扱うべき諸対象が今なお存するこの完全な世界の自明性のうちに、また字を書いたりピアノをひくというような企てを依然として含んだこの世界に向う運動の力のなかに、患者は自分の身体の完全さの保証を見出すのである。しかし世界は彼にその欠陥をかくすと同時にまたそれを彼にあばいて見せずにはおかない。なぜなら、私が世界をとおして私の身体を意識するということ、身体は世界の中心にあっていっさいの対象がそれに向って面を向ける知覚されないものであるということが、真実であるならば、同じ理由によって私の身体が世界の枢軸であることも真実だからである。対象がたくさんの面をもっていることを私が知っているのも私が対象のまわりを廻ることができるからであり、そしてこの意味において、私は私の身体を媒介として世界を意識するのである。もし私が切断手術を受けた者だとすれば、私の馴れ親しんだ世界が私のうちにさまざまな習慣的な志向を喚起するまさにその刹那に、私が現実にこの世界に参加するということももはや不可能となる。手で扱うべき諸対象は、まさにそれらが手で扱われるべきものとして提示される限りにおいて、私がもはやもってはいない手を尋ね求めるのである。こうして私の身体の全体のなかで沈黙の領域が区画される。それゆえ患者は自分の無力をまさに知らない限りにおいて知っているのであり、知っている限りにおいて知らないのである。この逆説は「世界における（への）存在」の全体にわたる逆説である。つまり、私は世界に赴く際に、私の知覚的志向と実践的志向とを諸対象のなかへ埋没させるのであり、したがって諸対象は結局これらの志向に先だちその外にあるものとして私に現われるのであるが、しかも他方、諸対象は私のうちにさまざまな想念や意志を喚起する限りにおいてのみ、私にとって存在する、ということなのである。いま問題となっている場合においては、知の両義性は結局、身体が互いに区別される二つの層として、習慣的身体という層と現実の身体という層とをもっている、ということに帰着する。後者からは消えうせてしまった操作の仕種が前者にはまだ残っており、そして実際にはもはや存在しない手足をなおも存在すると感ずることがどうして可能なのか、という問題は、習慣的身体が現実の身体を保証することがいかにして可能なのか、という問題に等しい。私は対象を手で操作することがもはやできないのに、どうして対象を手で操作さるべきものとして知覚しうるのだろうか。手で操作さるべきものが、現実に私が操作するものではなくなって、一般にひとが操作しうるものとなり、私にとっての操作さるべきものではなくなって、いわば操作さるべきもの自体となったのでなければならない。これに対応して私の身体も、単に瞬間的な、単独の、充実した経験において捉えられるばかりではなく、また一般性の相のもとに、非人称的な存在として、捉えられるのでなくてはならない。

〔「器質性抑圧」と、生得的コンプレックスとしての身体〕

以上のような次第で、幻像肢の現象は抑圧の現象といっしょになる。抑圧の現象は幻像肢の現象に光をあてるはずである。というのは、精神分析学でいう抑圧とは、ひとがある道——例えば恋愛、立身出世、仕事など——に足を踏み入れながら、その途上である障害にぶつかり、そこで障害物を取り除く力もなければ企てを断念する決心もつかないで、この試みのなかに閉じこめられ、心のなかでこの試みを繰り返すために無際限にその力を使う、ということだからである。過ぎ去る時の流れもこの不可能な企てを持ち去ってくれるわけではない。それはこの傷ましい経験(訳註10)を閉ざしはしない。患者は明白な思惟においてではなくとも少くとも彼の事実上の存在においては、あの同じ不可能な未来にいつまでも向っている。したがって、すべての現在のうちである一つの現在が例外的な価値を獲得しているのであり、他のもろもろの現在を押しのけ、これらから本来の現在としての価値を奪っているのである。われわれはいつまでも、かつて若き日の恋愛におちいったわれわれ、あの父母の世界に生きていたわれわれでありつづける。もちろん新しい知覚は古い知覚に取って替り、情動ですらかつての情動に新しいのが置き替るのであるが、この更新はわれわれの経験の内容にかかわるだけで、その構造にかかわるわけではない。流れつづくのは非人称的な時間であって、人格的な時間はこれに反して凝り固まってしまう。いうまでもなく時間のこの固定化は追憶と混同されてはならない。追憶がわれわれの前に昔の経験を絵のように繰り広げるのに反して、この過去はいまだにわれわれにとって正真正銘の現在なのであって、われわれから遠ざからずに、しかもいつもわれわれの視線の背後にかくれ、決してその前に浮びあがらない。――こういう点において、時間のこの固定化はかえって追憶を排除するものなのである。あの傷ましい経験は、表象という資格で、客観的意識という仕方で、日付をもった瞬間として残存するのではない。ひたすら一つの存在の様式としてある程度の一般性においてのみ生きのびるということが、それにとって本質的なことなのである。さまざまな「世界」を私自身に与えることができるという永続的な可能性を、それらの世界のうちの一つのために私は放棄する。しかしまさにこのために、特権的なこの世界は、その実体性を喪失し、ついにはある種の不安にすぎないものとなってしまう。したがって、抑圧は一般に第一人称的な実存から、この実存のいわば一種のスコラ学への移行である。この実存のスコラ学は往時の経験に生き、いやこのような経験をもったという記憶に生き、次にはこのような記憶をもったという記憶に生きるのである。こうして続けていって、ついには、往時の経験の類型的な形態しか保存しないようになる。ところで抑圧は、非人称的なものの出現としては普遍的な現象であり、受肉した存在というわれわれの条件を、それを「世界における（への）存在」の時間的構造に結びつけることによって、理解せしめるものなのである。私が他人のそれらと比較されうるような「感覚器官」「身体」ならびに「心的諸機能」をもっている限りでは、私の経験に属する諸瞬間のそれぞれは、細部が全体の関連のうちにしか存在しないような、厳格な意味で独特の統合された総体性ではなくなって、私は多数の「因果性」の交錯しあう場所となる。相互に比較可能な状況が決して二度とは現われない歴史的世界にだけ私が住んでいるのではなくて、恒常的な「刺激」や類型的な状況に繰り返し出会う「自然的世界」に私が住んでいる限り、私の生が伴うリズムは、私がみずからかくあらんと望んだことによって理由づけられているのではなく、私をとりまくありふれた環境によって条件づけられているのである。こうしてわれわれの人格的実存の周囲に、いわば自動的に営まれ、生を維持する心づかいから私が身をまかせるところの、殆ど非人称的な実存の縁どりが現われる。——つまり、われわれのひとりびとりが自己に対して作った人間的世界の周囲に、ある世界一般といったものが現われ、そして、愛や野心の特殊な領域にたてこもることが可能となるに先だって、われわれはまずこの世界一般に属しなくてはならない、ということなのだ。私がかつて経験したその時どきの世界のうちの一つを時の経過を貫いて保持し、私の人生全体を規定する形態となすときに、狭い意味での抑圧が語られるのであるが、それと同じように、世界の一般的形態への前人格的な結びつきとしての私の有機的機構、つまり匿名の一般的な実存としての私の有機的機構は、私の人格的な生の下で、ある生得的なコンプレックスの役割を演じているということができよう。それは活力のない一個の物とは違う。それもまた実存の運動を粗描している。危険に臨んだ際など、私の人間的状況が生物学的状況を抹消し、私の身体が余すところなく行動に合体してしまうようなことさえ、起りうる。(22) しかしこういう瞬間は、まさに瞬間以上のものではありえない。(23) 大抵の場合は、人格的実存は有機的機構を超出することも、自己自身を断念することもできずに——つまりそれを自己に還元することも逆に自己をそれに還元することもできずに——それを抑圧しているのである。私が喪の悲歎にうちひしがれ心の痛みに沈みきっている間にも、すでに私のまなざしは私の前をさまよい、ひそかにきらびやかな対象に関心を向け、その自律的な実存を再開するのである。われわれが生の全体を閉じこめてしまいたいと思っていたこの一分間の後には、時間が、少くとも前人格的な時間が、再び流れはじめ、われわれの決心そのものではないにしても少くともそれを支えていた熱い感情を運び去る。人格的実存は断続的であって、この潮が再びひくと、あの決心はもはや私の生に人為的に強いられた意義しか与えることができない。行為における心身の融合、生物学的存在の人格的存在への昇華、自然的世界の文化的世界への高揚は、われわれの経験の時間的構造によって同時に可能にもされれば不安定なものにもされる。各々の現在は、過ぎ去ったばかりの過去と間近にせまった未来の地平をとおして、可能的な時間の総体を段々に捉えていくのである。こうしてそれは諸瞬間の分散を克服し、われわれの過去そのものに決定的な意味を与えることができるのであり、そしてまた、型にはまった有機的行動(訳註11)から察知されるような、われわれの有意的存在の起源をなす、あらゆる過去の過去に至るまで、人格的実存に再統合することができるのである。この限りでは反射ですら一つの意味をもち、心臓の鼓動が身体の周辺においても感ぜられるように、各人の風格《スタイル》が反射のなかにすら現われている。しかしながらこの能力はあらゆる現在に、つまり新たな現在のみならず、古い現在にも属している。たとえ、われわれがわれわれの過去を、当の過去自身以上に理解していると主張しても、過去はいつでもわれわれの現在の判断を拒み、過去そのものの内部の明証性のうちに閉じこもることができる。(訳註12) 私が過去をかつての現在と考える限り、過去がこうするのは、必然的でさえある。すべての現在はわれわれの生を定めることを望みうるのであって、まさにこの能力こそそれを現在たらしめるものなのである。それが存在の総体性として現われ、一瞬間でも意識を充たす以上は、われわれは決して完全にはそれから自由になることはできない。時間が経過しても、それを完全に閉ざすことはできない。それはあい変らず、われわれの力がそこから流出する傷口のようなものである。われわれの身体という特殊な過去の場合はなおさらのこと、それが個人的生によって捉え直され引き受けられるということは、個人的生がそれを決して超越してしまうのではなく、かえってひそかにそれを養い、おのれの力の一部分をそれに使用しているからこそ初めて可能となるのであり、病気のおり身体の出来事がまさにその日の出来事となることでもわかるように、身体というこの過去が依然として個人的生にとって現在であればこそ、可能なのである。われわれの実存の中心を定めることを可能にする条件が、同時に、絶対的にそれを定めることを妨げる条件ともなる。そしてわれわれの身体の匿名性は、自由であるとともに、それと分ちがたく隷属でもある。こういう次第で、まとめていえば、「世界における（への）存在」の両義性は身体の両義性によって表現され、これはまた時間のそれによって了解されるのである。

もっと先でわれわれは時間の問題に立ち帰るであろうから、さしあたりは、(幻像肢という)この中心的現象からして「心的なもの」と「生理的なもの」との関係が理解されるようになるということを示すにとどめよう。まず第一に、切断手術を受けた患者に呼びさまされた記憶が幻像肢を出現させることができるというのは、なぜだろうか。幻像肢そのものは想起された表象ではない。それは殆ど現存するに等しいものであり、過去を表わす指標を何ら伴わずに、それが現に胸の上に折り曲げられているのを患者は感ずるのである。また腕のイメージが意識のなかをさまよい、切り残りの部分の上にやってくるのだと想定することも許されない。なぜならそうなると、これはもはや「幻像」ではなくて、再生した知覚となってしまうから。幻像肢は砲弾の破片によって引き裂かれ、眼に見える外側の部分がすでにどこかで焼けただれてしまった、あの同じ腕なのであり、現在の身体につきまといながら、それと一つになることはない、あの腕でなくてはならない。幻像肢は、したがって、抑圧された経験と同様、過去となりきる決心のつかない往時の現在なのである。患者の心に呼びさまされた記憶が幻像肢を誘い出すのは、連合心理学において一つの心像がもう一つの心像を喚起するような流儀によってではなく、想起が一般に失われた時間を再び開き、想い出された状況を再び引き受けるようにわれわれを誘《いざ》なうからである。プルーストの意味における知的記憶は、過去の特徴の挙示だけで、つまり観念としての過去だけで満足する。それは過去の構造を再び見出すというより、その「特徴」すなわち伝達されうる意義を抽出するのである。しかしこうして構成される対象が、体験された過去の地平と、この地平に没入しその時間を再び開くことによって思い浮べられるが如き過去そのものとに、何らかの志向の糸によってなお結びついていないならば、知的記憶は記憶とはいえないだろう。同様に、情動（émotion）を「世界における（への）存在」のなかに戻して考えるならば、情動が幻像肢の起源になりうる事情が理解できるであろう。情動をかきたてられるということは、面と立ち向うこともできず、さりとて立ち去りたくもないようなある状況のうちに拘束されていると感ずることである。挫折を認めたり後退したりするよりも、むしろひとはこのような実存上の袋小路にあって、道をふさぐ客観的世界を四散せしめ、魔術的な行為のうちに象徴的な満足を求めるのである。(24) 客観的世界の崩壊、真実の行為の放棄、自閉的世界への逃避、これらのことどもは、切断手術を受けた者の錯覚を引き起すのに好都合な条件である。なぜならこの錯覚もまた現実の抹殺を前提としているからである。想起と情動とが幻像肢を出現させるのは、ある思惟（cogitatio）がもう一つの思惟を要求したり、ある条件がその帰結を決定したりするのとは事情が違う。——つまり観念の因果性が生理学的因果性に重なっているのではなく、一つの実存的態度がもう一つの態度の動機となり、想起、情動、幻像肢が「世界における（への）存在」にとっては等値の関係に立っているということである。それでは最後に、刺激を脳髄に伝達する神経の切断が幻像肢を消滅せしめるのはなぜだろうか。「世界における（への）存在」という視点から見ると、この事実は次のことを意味している。つまり、切断された肢体を実存の回路のなかに保持するのはその残存部分からくる興奮である、ということである。興奮は、切断された肢体の充たしていた場所を指示しこれを保存する。この興奮のおかげで切断された肢体が全く無に帰してしまわずに、今なお身体の一部とされるわけである。つまりこの興奮は、患者の歴史が充たすべき空所を作ってやり、ちょうど構造的な障害が精神病の内容に妄想の実現の可能性を与えるのと同様、患者に幻覚の実現を可能ならしめているのである。われわれの観点からすれば感覚－運動回路は、全体的な「世界における（への）存在」の内部にあって比較的に自律的な実存の流れをなしている。というのは、この感覚－運動回路が、われわれの存在の全体に対して、それだけ分離されうるような貢献をつねになしているということではなくて、ある条件のもとでは、恒常的な刺激に対する恒常的な応答をはっきり認めることが可能だからである。それゆえ問題は、われわれの実存の全体的態度たる欠陥の否認が自己を実現するために、感覚－運動回路という甚だ特殊な様相を必要とするのはなぜか、またいっさいの反射にその意味を与え、その限りではこれを基礎づけている、われわれの「世界における（への）存在」が、それにもかかわらずこれらの反射に身を委ね、ついにはこれらに依存するようになるのはなぜか、ということである。実際ほかの場所で明らかにしたように、生存の仕方がいっそう完全に統合された形態をとるにつれて、感覚－運動回路はいっそう明瞭に現われ、純粋な状態における反射は、単に環境（Umwelt）をもっているだけではなく世界（Welt）をもっている人間において、初めて見られるのである。[25]科学的帰納は以上の二つの事態をただ並べて見るだけであるが、実存の観点から見れば、両者は内的に結びつき同じ観念のもとに理解される。動物がそのなかでいわば我を忘れて生きる融合的な環境の素地のなかに人間が閉じこめられるべきではなくて、いっさいの環境の共通の根拠として、またあらゆる行動の舞台として、一つの世界を意識すべきであるなら、人間自身と彼の行動を喚起するものとの間にある距離が立てられなくてはならない。つまりマールブランシュがいったように、外部の刺激はひたすら「遠慮」しながら初めて彼に触れることが許される、という風でなくてはならない。その時どきの状況がそれぞれ彼にとって存在の総体であって、これに対する個々の応答がまたそれぞれ彼の実践の場の全体を占め尽くす、というようなことがなくならなくてはならない。これらの応答の作成が彼の実存の中心でおこなわれるのではなく、周辺においておこなわれ、応答の度ごとにいちいち独特の態度をとる必要がもはやないように、各種の応答が一般的な形で最終的に準備されているのでなければならない。人間を原理的にその環境から解き放ち環境を眺めることを得しめる精神的実践的空間を人間が獲得することができるのは、彼が自発性の一部を放棄し、安定した器官と既成の回路とによって、世界に参加することによってなのである。客観的世界についての自覚的意識さえも実存の秩序のなかに戻して考えるなら、このような意識と、身体的に条件づけられていることとの間に、われわれはもはや矛盾を見出さないだろう。最も高度に統合された実存が自己に習慣的な身体を与えるということは、内的に必然的なことである。「生理的なもの」と「心的なもの」とは、実存に再統合されるならば、もはや即自の領域と対自の領域として互いに区別はされなくなる、そして両者ともども志向性の一つの極、つまり一つの世界に向って方向づけられる、——両者の結合を可能ならしめるのは、まさにこういう事情なのである。なるほどこの二つの「歴史」は決して完全には重なり合わないであろう。一方は月並で循環的であり、他方は開いていて比類なきものともなりうる。歴史とは、ただ単に意味をもつだけではなく、またみずから自己に意味を付与するような諸事件の系列のことであるならば、歴史という言葉は二番目の現象領域のために取って置かなくてはならないであろう。しかしながら、今まで通用してきた歴史的な諸カテゴリーを打破する真の革命を別とすれば、歴史の主体は自己の演ずる役割を一から十まで創造するわけではない。類型的な状況に直面すれば歴史の主体は類型的な決定をする。例えばニコラス二世はルイ十六世の言葉に至るまでこれを繰り返して、新しい力に直面する既成の権力の筋書き通りの役割を演ずる。彼の決定がおびやかされた君主のアプリオリをいい表わしているのは、われわれの反射的行動が人間という種のアプリオリをいい表わしているのと違わない。とはいえ、これらの紋切型の行動は宿命というものではない。衣服、装飾、愛はいずれも生物学的要求を機会として生れたものであるが、今やこうした要求を変貌させている。それと同様、文化的世界の内部において、歴史的アプリオリは、ただ一定の局面に対してのみ、また諸力の均衡が同じ諸形態を存続せしめる限りでのみ、不変であるにすぎない。こういう次第で歴史は、たえまなく新しいものでも、永遠の繰り返しでもなく、安定した諸形態を創造しまたそれを破壊する独特の運動なのである。有機制とその単調な弁証法とは、それゆえ歴史のあずかり知らぬ、歴史にとって全く異質的なものではない。具体的な人間とは、有機制に結び合わされた精神活動《プシシスム》などではない。ある時は自己を身体としてあるにまかせ、またある時は人格的な行為に向う、実存の往復運動なのである。生ける身体のなかには、心的志向にとって全くの偶然であるような運動はなに一つ存在しないし、また生理的素因のなかに少くともその萌芽もしくは一般的な素描が見出せないような心的作用は一つもないのだから、心理学的動機と身体的機会とは互いに絡みあうことが可能なのである。決して二種類の因果性の不可解な出会いや、原因の秩序と目的の秩序との間の衝突が問題なのではない。むしろ、それと気づかぬようなカーヴを描いて、有機的過程は人間的行動のなかに合流する。本能の働きは転じて感情となる。逆に人間的行為はいわば眠りに落ち、放心状態のうちに続けられて、反射運動となる。心的なものと生理的なものとの間にはさまざまな交換関係がありうるのであって、そのため精神障害を心的なものか、それとも身体的なものかときめてしまうことが、殆どつねに不可能なのである。いわゆる身体的な精神障害も、器官に起った偶発事を主題として、すでにこれに対する心的註釈の下書きを書いているのだし、「心的」障害といえども、身体的な出来事の人間的な意義をただ展開しているにすぎない。自分の身体のなかに第二の人格が植えつけられていると感じている患者がある。彼は自分の身体の半分では男性で、他の半分では女性である。このような症候においては、生理的な原因と心理的な動機とを、どう区別したらよかろうか。二つの説明の仕方を単純に結びつけることがどうしておこなわれようか。二つの決定因子の接合点をどう理解すべきか。「こうした種類の症状においては、心的なものと身体的なものとが深く内的に結びついているので、一方の機能領域を他方によって補うなどということは、もはや考えようもない。両者ともども第三の機能領域によって引き取られなくてはならない。(……)……心理学的事実と生理学的事実との認識(訳註13)から、心的な出来事をわれわれの実存に内属する生命過程として認識し直すことへと移りゆか(ねばならない)。」(26) こうしてわれわれが立てた問いに、現代の生理学は甚だ明晰な答えを与えるのである。精神-物理的な出来事は、もはやデカルト的生理学の流儀に従って、つまり即自的な過程と思惟との隣接として理解されることはできない。心身の統合は、一方では客体、他方では主体という二つの外的な項を恣意的な命令によって結びつけることではない。統合は実存の運動において刻一刻となしとげられる。最初の接近の道、つまり生理学の道によって、身体に近づいた結果、身体のうちに見出されたものは、実存であった。したがって今度は、実存に向って実存自身について尋ねることによって、いいかえれば心理学に問いかけることによって、以上の最初の成果を裁ち直し、いっそう明確化することができるであろう。

II　身体の経験と古典的心理学

〔自己の身体の恒存性〕

古典的心理学における自己の身体の記述はすでに、対象のあり方とは両立しない「諸特徴」をこれに認めていた。それによるとまず第一に、私はテーブルやランプから眼をそらせることはできても、私の身体はたえず知覚されているから、こういう意味で私の身体はテーブルやランプから区別される。したがって私の身体は私から離れることのない一つの対象である。しかしそれでもなお身体は対象なのであろうか。対象は一つの不変の構造であるが、パースペクティヴの変化にもかかわらずそうだというではなく、この変化において、またこの変化を貫いてそうだ、ということである。たえず改まるパースペクティヴは、対象にとって、その不変の存続を表わす単なる機会ではない。われわれに自己を提示する偶然的な仕方ではない。それが対象である、つまりわれわれの前にあるのは、ひたすらそれが観察されうるものであり、すなわち、われわれの指先や視線の先端に位置しており、指や視線の動きにつれて一変すると同時に、もとろう。そうでなければ、それは一つの観念として真実であのものとして再び見出されるからこそなのである。そうでなければ、それは一つの観念として真実であろうが、物として現前してはいないであろう。とりわけ対象は私の視野から遠ざけられることができ、極限においては視野から消えうせることも可能であるという限りにおいて、初めて対象といえるのである。その現存は不在の可能性を伴わずにはいないといった性質のものである。ところが自己の身体の恒存はこれとは全く別の種類のものである。身体は際限のない探索の極限にあるのではなく、探索を拒み、私に対してつねに同じ視角のもとに現われる。その恒存は世界に属する恒存ではなくて、私の側の恒存である。身体がいつも私の傍にあり、いつも私にとって現存しているという事実は、決してそれがほんとうに私の前にあることはなく、私の視線のもとにその姿を繰り広げることもできず、どこまでも私のすべての知覚の欄外にとどまり、私と共にある、ということを意味している。なるほど外部の対象もまた、私にその側面の一つを示せば必ず他の諸側面を隠さねばならない。しかし私は、少くともそれが私に示す側面を、好き勝手に選択することが許されている。外的諸対象はパースペクティヴにおいてしか、私に現われることはできない。しかし私に各瞬間に与えられる特殊なパースペクティヴは、ひたすら物理的必然性の結果にすぎない。つまり私が利用することができる必然性の結果であって、私に身動きもできなくさせる必然性の結果ではない。私の窓からは教会の鐘楼しか見えない。しかしこの窮屈さは同時に、なお適当な場所から見れば教会の全貌が見られるだろうことを約束するものである。もっとも私が囚人ならば私にとって教会は確かに鐘楼の下部だけになる。仮に私が私の着物を決して脱がないとしたら、私はその裏面を見ることがないだろうし、またやがて明らかとなるように、じじつ着物は身体のいわば付属物にもなりうるのである。しかしこうした事実は、私の身体の現前が若干の対象の事実上の恒存と比較されうるものであり、器官がいつでも使える道具になぞらえられうることを、証明するものではない。むしろ反対に次のような事情を示すものである。つまり、私が習慣的にたずさわっているもろもろの行動は、その道具をおのれに統合し、道具をして私の身体の独特な構造にあずからしめる、ということである。身体はといえば、それはあらゆる他の習慣を条件づける本源的な習慣であり、またこれによって他のいっさいの習慣が理解されるのである。つねに身体が私の側に存続しているということ、つまりその不変のパースペクティヴは、事実上の必然性ではない。なぜなら事実上の必然性こそ、かえってこれを前提とするのだから。窓が教会に対する一つの観点を私に強いるためには、それに先だってまず私の身体が世界に対する一つの観点を私に強いているのでなければならない。ひたすら後者の必然性が形而上学的必然性であるからこそ、前者の必然性が単に物理的な必然性でありうるのである。私にとって事実上の諸状況があるということが、あらかじめ私の本性に属していればこそ、事実上の諸状況が私に影響を及ぼしうるのである。いいかえれば、私は外的対象を私の身体でもって観察し、操作し、吟味し、その周囲を巡る。しかし私の身体はといえば、私はそれ自体を観察しはしない。これを観察しうるためには第二の身体をもたねばならないが、しかし今度はこの第二の身体が観察されえぬものとなろう。それゆえ私の身体はつねに私によって知覚されているという言葉は、単に統計的な意味に理解されてはならない。自己の身体の現前のうちには、その不在のみならず、その変容をも考えられえぬこととなすような何ものかがあるのでなくてはならない。然らばこの何ものかとは、何であろうか。私の頭部は、私の鼻先と私の眼窩の輪郭によってのみ、私の視覚に与えられる。なるほど私は三面鏡のなかで私の眼を見ることができる。しかし、この眼は観察している誰かある人の眼なのである。そして路上の鏡が思いがけなくも私に私の像を送り返す場合に、生けるがままの私のまなざしを不意に捉えることができるかどうか、といったところがせいぜいである。鏡のなかの私の身体は、影のように私の見ようという意向にどこまでもついてくる。そして、そもそも観察ということは対象を固定しておいて、それに対する観点を変えることなのだから、鏡のなかの身体は観察を免れ、私の触覚的身体の似姿として現われる。というのも、さまざまなパースペクティヴを自由に繰り広げることによって触覚的身体の発意《イニシアティヴ》に答えるのではなくて、その発意を身振りで表わすだけだからである。私の視覚的身体は頭部から離れた部位においてはなるほど対象であるが、眼に近づくにつれて、それは諸対象から分離され、諸対象が入りえない準-空間（quasi-espace）を諸対象の真只中につくる。私が鏡に映った像に訴えて、この空虚な場所を埋めようとしても、やはりこの像は、かしこ、事物のさなかに存するのではなくて私の側、つまりいっさいの視覚作用の手前に存するもとの身体に、私を送り返すのである。触覚的身体についても見かけに反して事情は違わない。なぜなら私の右手がある対象に触れている間に、この右手を私の左手でさわることができても、対象としての右手は、物に触れている右手ではないからである。前者は空間の一点に押し込められた骨と筋肉の交錯であるが、後者は火矢のように空間をよぎって、外的対象をその存在する場所において顕わにする活動である。それゆえ世界を見たり世界に触れたりする限り、私の身体は見られたり触れられたりすることはできない。私の身体が決して対象にはならず、「完全に構成される」(27)こともないのは、それによって初めて諸対象があるようになる当のものだからである。

それは、見るもの触れるものである限り、触れられず見られぬものである。それゆえ身体は外的諸対象の一つであって、ただいつでもここにあるという特殊な事情を伴っているにすぎない、というようなものではない。身体は変らずに存続するといわれる場合に、この恒存性とは、眼前から姿を消すこともありうる諸対象、つまり本来の意味での対象の、相対的恒存性の基礎となる、絶対的な恒存性のことである。外的対象の現存と不在とは、私の身体が支配する原初的な現前の領野、知覚の領域の内部における変容にすぎない。私の身体の恒存は、世界における外的対象の恒存の特殊な場合ではないばかりか、後者は前者によってのみ理解されるのである。単に私の身体のパースペクティヴが対象のそれの特殊な場合でないというばかりでなく、そもそも対象のパースペクティヴ的な提示ということ自体、パースペクティヴのあらゆる変化に私の身体が抵抗するという事情によって、初めて理解されるのである。諸対象が私にどうしてもその側面の一つしか見せないのは、私自身、ある場所に位置して、そこから諸対象を眺め、しかもこの場所そのものは見ることができないからである。それにもかかわらず、私がそれらのかくれた側面の存在と、またこれらすべてを包括し、これらと共存する世界の存在とを信ずるのは、つねに私にとって現前しながら、しかも多くの客観的な関係によって諸対象のさなかにまきこまれている私の身体が、諸対象を自己との共存のうちに維持し、おのれの持続の鼓動をすべての対象のうちに脈うたせているからにほかならない。もし古典的心理学が自己の身体の恒存を分析していたなら、それは、もはや世界に属する一個の対象としての身体にではなく、世界との交わり (communication) の手段としての身体に、また同様に、一定の規定をもった対象の総和としての世界にではなく、いっさいの規定的な思惟に先だって、これもまたたえず現存している、われわれの経験のかくれた地平としての世界に、心理学を導いてゆくことができたはずである。

〔「二重感覚」、情感的対象としての身体、「運動諸感覚」〕

古典心理学(訳註14)にあって自己の身体を定義するのに役だった他の「諸特徴」もまた、以上と同じ理由によって、これに劣らず興味ぶかいものであった。私の身体は私に「二重感覚」を与えるという点でまさに私の身体として認知される、といわれていた。私が左手で右手に触れる際に、対象たる右手はまたそれ自身でも感覚するという独特な性質をもっている。先ほど明らかにしたように、両手ともども同時に互いに他に対して、触れるものであり触れられるものであるということは決してない。したがって私が両手を互いに押しつけあうときに、ちょうど二つのあい並んだ対象を知覚するように二つの感覚を同時に体験するであろうということではなくて、「触れる手」と「触れられる手」という二つの機能において両方の手が交替しあうことができるという両義的な組織が、ここでは問題なのである。「二重感覚」という場合にひとびとの意味していたことは、一方の機能から他方の機能への移行において、私は今は触れられている手を、やがては触れる手となるその同じ手として認知することができる、ということである。――つまり、私の左手にとって私の右手は骨と筋肉の束なのであるが、この骨と筋肉の束のなかに、私が対象を探索するためにさしのべる活発な生き生きとした、もう一つの右手の被覆と肉化とを、私は即座に見てとる、ということである。身体は、認識の機能を行使しつつある最中に、外部から自己自身を不意に襲い、触れている自己に触れようと試みる。つまりそれは「一種の反省(28)」の下ごしらえをしているわけだ。そして身体を諸対象から区別するには、これだけでも十分であろう、というのも、対象が私の身体に「触れる」といういい方ができるのは、私の身体が無作為の場合に限られ、したがって決して対象は探索しつつある身体を不意打ちすることはないからである。

また、外的な事物は単に私の表象の対象にすぎないが、身体は、情感的対象（objet affectif）であるともいわれていた。これで自己の身体のあり方の問題は三たび提起されたことになる。足が痛む（mon pied me fait mal——私の足が私に痛い思いをさせる）というとき、私は単に足が、足を引き裂く釘と同じ資格で、ただいっそう近い、苦痛の原因である、ということを意味しているのではない。つまり足は外的世界に属する最後の対象であって、それに続いて内的感官に属する苦痛が始まる、苦痛の意識は、それ自体においては位置をもたず、因果的な規定によって、そしてまた経験のシステムにおいて初めて足に関係づけられるにすぎない、という意味なのではない。私のいわんとするところは、苦痛そのものがその場所を指示するのであり、苦痛は「痛い空間」を構成している、ということである。「足が痛む」（J'ai mal au pied）という言葉は「私の足がこの痛みの原因であると思う」という意味ではなくて、「苦痛が私の足からくる」「私の足に痛みがある」（mon pied a mal）という意味である。心理学者たちが口にしていた「苦痛の原始的な容積性（voluminosité）」とは、まさにこのことを示しているのである。したがって私の身体は外官の対象と同じ仕方で私に現われるのではないということ、むしろ恐らく外官の対象こそ、意識を最初にそれ自身の外に投げだすこの情感的な背景の上に、初めて浮びあがるのだということを、ひとびとはすでに認めていたのである。

最後に、心理学者たちが外的対象の運動は間接的な知覚、つまり継続的な位置の比較によって知られるものだとしながら、自己の身体には運動を全体として一気に捉える「運動感覚」(sensations kinesthésiques) なるものを特に認めようとしたときに、ひとびとは、いちおう次のように反論することができた、つまり運動とは関係なのだから、感覚されることはできない、それは知的な手続きを要求している、と。しかしこの反論は心理学者たちの言葉使いを非難したことにしかならない。彼らが、実際まずい表現だが、「運動感覚」という用語によって意味していたことは、私が私の身体でもっておこなう運動の特異性なのである。つまり、この運動は直接、終局の状況を先取りしており、私の志向が空間的行程を粗描するのも、あらかじめ与えられた目標に文字通り到達せんがためにすぎないこと、いいかえれば運動の萌芽ともいうべきものがあって、これがただ二次的にのみ客観的な行程に展開するにすぎないということ、である。私は外的対象を、私自身の身体の力を借りて動かす。私の身体は対象をある場所で捉えて他の場所に導く。しかし、私は身体を直接動かすのである。私は客観的空間のある一点に身体を見出して、それを別の一点に運ぶのではない。身体を探す必要はない。身体はすでに私と共にある。——私は運動の目標点に向ってそれを導く必要はない。身体は最初から目標点に触れており、まさに身体自身がそこに自己を投げかけるのである。運動における、私の決心と私の身体との間の関係は、魔術的な関係である。

〔**現象に復帰せざるをえない心理学**〕

古典心理学における自己の身体の記述が、諸対象からそれを区別するのに必要なすべての材料を提供していながら、心理学者たちがこのような区別をあえてしなかったこと、あるいはともかく哲学的帰結をここから全く引き出さなかったことは、どうしたわけだろうか。科学は、観察において観察者の立場に属するものと絶対的対象の特性たるものとを、区別することが可能であると信じており、その限り非個人的な思惟に準拠していたわけであるが、心理学者たちも自然の歩みに従ってこの見地に立っていたので、以上のような結果になったのである。生ける主体にとっては、なるほど自己の身体は、あらゆる対象から異なるものであろうとも、心理学者の立場なき思惟にとっては、生ける主体の経験もまた、それはそれで一つの対象となり、存在の新しい定義を要求するどころか、一般的な存在のなかに置かれていたのである。それは「心理現象」(psychisme)で、実在に対立するものとされたが、それでも第二の実在性として科学の対象と見なされ、法則に従わせることが問題であった。われわれの経験はすでに物理学と生物学によって包囲されていたが、科学のシステムが完成した暁には、さらにすみずみまで客観的知識と化すべきことが要請されていた。それゆえ、身体の経験は資格を奪われて身体の「表象」にすぎないものとなり、もはや現象ではなく、心的事実となったのである。体験に現われたところでは、私の視覚的身体は、頭部の水準に大きな空所をもっている。しかし生物学がやってきて、この空所を埋め、眼の構造からそれを説明する。そしてほんとうの身体がどんなものであるかを私に教えるのである。すなわち、他のひとびとや解剖される屍体と同様、私は網膜と脳髄をもっており、要するに外科医の手術の道具は、私の頭部のはっきりしないこの地帯のうちに、解剖図の正確な写しをまちがいなく露呈せしめるだろうと、生物学はいうのである。私は私の身体を、対象−主体として、すなわち「見る」能力も「苦しむ」能力もあるものとして、捉える。しかしこれらの混乱した表象は、心理学者の興味をそそる骨董品の類であり、心理学や社会学がその法則を研究し、科学の対象として真なる世界のシステムのなかに戻し入れようとする、魔術的な思惟の標本なのであった。それゆえ私の身体の空白感、意識の欄外におけるその現前、触れる身体であるとともに触れられる身体でもあるというその両義性、これらは身体そのものの構造上の特徴ではありえなかった。それらは身体の理念にかかわるものではなく、身体に関するわれわれの表象を組み立てる意識内容の「区別特徴」となっていたのである。これらの内容は恒常的、情感的であり、また「二重感覚」において奇妙にも対をなしている。しかしこうした点を別とすれば身体の表象は、他の表象と同様な一つの表象であり、したがって身体も他の諸物と同じような一つの対象なのである。心理学者たちはこのように身体の経験を取り扱うことによって、科学にくみして避けがたい問題との取組みをただ延期しているにすぎないことに、みずから気づいてはいなかった。私の知覚の空白感は、私の感覚器官の組織から結果する事実上の空白感として理解されていた。私の身体の現前は、私の受容神経にたえず身体が作用していることから結果する事実上の現前と理解されていた。最後に、これら二つの説明が前提している心身の統合は、デカルトの思想に従って、事実上の統合として了解されていた。その原理上の可能性は、認識の出発点をなす事実がその成就された成果からは取り除かれるのだから、明らかにされるには及ばなかったのである。ところで心理学者はさしあたり、なるほど科学者の流儀に従って、自分自身の身体を他人の眼で見つめ、他人の身体は他人の身体で、これを内面性のない一つの機械仕掛として眺めることができた。他人の経験から持ち込まれたものが、自己自身の経験の構造を抹消するに至り、逆に自己自身との触れあいを失ったために、彼は他人の行動に対して盲目となったのである。こうして彼は、自己自身に関する経験と等しく他人に関する経験をも退ける普遍的思惟のうちに、たてこもっていた。しかし彼は心理学者として、彼を自己自身に立ち戻らせるような仕事にたずさわっていたので、無自覚なこうした立場にいつまでも立ち止まっていることはできなかった。なぜなら、物理学者も化学者も、彼らが取り扱う対象と同一者ではないが、これに反して、心理学者は原理的に彼自身、彼が問題にするこの事実だったからである。彼が自分から離れて客観的に研究しようとするこの身体の表象、この魔術的な経験は、実は彼自身だったのであり、彼はこれを考察すると同時にこれを生きていたのである。確かに、いみじくもいわれているように[29]、心理現象《プシシスム》を認識するには、みずから心理現象《プシシスム》であるだけでは十分ではなかろう。この知識もあらゆる他の知識と同様に、われわれの他人への関係によって初めて獲得されるのである。われわれは内観の心理学の理想に赴こうとしているのではない。そして自己から自己に向ってと同様に、自己から他人に向っても、先客観的な関係を、心理学者は見出すことができたし、また見出すべきでもあった。しかし彼は心理現象《プシシスム》について語るところの心理現象《プシシスム》であるから、彼みずから語るところのもののすべてであった。彼が客観的態度でこまごまと述べる心理現象《プシシスム》のこの歴史の結果を、彼は最初からすでに所有していたのであり、あるいはむしろ彼はその実存において、この歴史の集約された結果であり、潜在的な記憶であったのだ。心身の統合は、遠いいにしえの世界において一度に決定的になし遂げられてしまったことがらではない。それはたえず心理学者の思惟の下で再現していたのである。といっても単に繰り返し起る出来事、度ごとに精神作用《プシシスム》を不意打ちする事件としてではなく、心理学者が認識するという仕方で確認すると同時に自己自身の存在において承知しているところの必然的なことがらとして、たえず再現していたのである。「感覚的与件」から「世界」に至る知覚の生成は、知覚が働く度ごとに改めて繰り返されねばならなかったのである。そうでなくては、感覚的与件はそれがこの発展に負うところの意味を失ってしまったであろう。それゆえ「心理《プシシ》現象《スム》」は他の対象と同類の対象ではなかった。それについてやがていわれるであろうことは、すべていわれる前にすでにそれがおこなっていたのであり、心理学者の存在は、自己自身について、当の心理学者よりもよく承知していたのである。科学のいうところに従って彼に生起したこと、生起していることは、何一つとして彼にとって全く見ず知らずのことではなかったのである。だから心理現象《プシシスム》について用いられた結果、事実という概念も変容を受けねばならなかった。さまざまな「特徴」をもった事実としての心理現《プシシス》象《ム》は、もはや客観的な時間と外的世界における出来事ではなく、われわれが内部から触れている出来事であり、われわれ自身がその持続的な遂行であり源泉なのである。それは自己のうちに、おのれの過去と身体と世界とを、たえず集約している。したがって心身の統合も、客観的な事実である以前に、意識そのものの可能性でなければならず、一個の身体を自己の身体として体験することができるなら、知覚主体とはそもそもどのようなものであるべきか、という問いが立てられたのである。そこにはもはや耐え忍ばれる事実があったのではなく、むしろ進んで引き受けられる事実があったのである。意識であること、いやむしろ一つの経験であること、これは世界、身体、他人と内的に交通しあうということであり、それらと並んで存在することではなくてそれらと共にあることであった。心理学にたずさわることは必然的に、すでに完全に出来上ったものごとにのみ関係する客観的思惟を掘りさげて、客観的認識にとっても不可欠な、事物に対する最初の触れ合い（訳註15）を、その下に見出す結果となるのである。心理学者は、自己を諸対象のなかの一つの対象として把握しようとすることによって、かえって自己を経験として、すなわち過去、世界、身体ならびに他人に対する、隔てのない臨在として、再発見せずにはおれなかったのである。それゆえ、われわれは今一度、自己の身体の「特徴」に立ち戻り、その研究を、われわれが先ほど手離した点から再び続けることにしよう。そうすることによって、われわれは現代心理学の進歩のあとをたどり、それとともに、経験への復帰をなしとげるであろう。

III　自己の身体の空間性と運動機能

〔位置の空間性と状況の空間性、身体像〕

まず最初に自己の身体の空間性を記述してみよう。私の腕がテーブルの上に置かれていても、灰皿が電話器の傍にあるのと同じような意味で、腕が灰皿の傍にあるなどといおうとは、私は夢にも思わないであろう。私の身体の輪郭は、通常の空間的諸関係が超えることができない一つの境界をなしている。というのも、身体の諸部分は独特な仕方で相互に関係しあっているからである。つまり身体の諸部分は並列的に繰り広げられているのではなく、相互のうちに包みこまれているのである。例えば私の手は点の集まりではない。対側錯誤(訳註16) (allochirie) の諸症例においては(30)患者は左手に与えられた刺激を右手に感ずるのであるが、この場合それぞれの刺激が一つ一つそれだけとして空間値を変えるということは考えられない。(31)左手のあい異なる諸点が右手に移転するのは、部分に分たれない手という全体的な器官にそれらが属している限りにおいてであり、全体的な器官としての手が一度に移し変えられたのである。それゆえ諸点は一つのシステムを作り、私の手の空間は多数の空間値からなるモザイクではない。同様に、私の身体の全体は、私にとっては、空間のなかに並存する諸器官の集まりではない。私は身体を部分に分たれない姿で所有するのであり、私の肢体の各々の位置を、それらのすべてを包括する身体像（schéma corporel）(訳註17)によって知るのである。しかしながら身体像という概念は、科学の転換期に現われる概念の例にもれず曖昧なものである。こうした概念の内容は、方法の変革を経て、初めて完全に明らかとなりうるのである。したがってそれらは最初のうちは、その完全な意味において使用されるのではない。それらの内在的な発展こそ、旧来の方法を打ち破るものなのである。「身体像」とは、さしあたり、その時どきの内部受容性（intéroceptivité）と自己受容性（propriocéptivité）とに註釈を加え意義を付与することができるような、身体的経験の要約を意味していた。それは、私の身体の一つの部分のそれぞれの運動に対応する他の諸部分の位置の変化を私に示すものであり、それぞれの局所的な刺激の身体全体における位置を知らせたり、複合的な動作を構成する各瞬間の諸運動の勘定書を提供するものであり、そして最後に、その時どきの運動感覚的な四肢関節に感ぜられる印象を、視覚的な言語にたえず翻訳するはずのものであった。さしづめ身体像といったところで、多数の心像《イマージュ》の連合を指示する便利な名称を導入したまでだと、信じられていた。そして、ただ単に、これらの連合がしっかりと確立していて、いつでも作動する準備ができているという事実をいい表わすことがめざされていたのである。身体像は、幼年期に徐々に形成され、触覚的諸内容と運動感覚ならびに関節感覚の諸内容とが相互に結びつき、あるいは視覚的諸内容とも結びついて、いっそう容易にこれらを呼び起すようになるにつれて次第に出来あがってゆく、とされていた(32)。身体像を生理学的に表わすものといえば、その当時においては、古典的な意味での心像中枢（centre d'images）以上のものではありえなかった。しかしながら、心理学者によるこの概念の使用法のなかには、この概念が以上のような連合心理学的定義を乗り越えて成長してゆく過程がはっきりと見受けられる。例えば身体像を使って対側錯誤をいっそうよく理解するためには、左手の感覚のそれぞれが、身体のあらゆる部分の特有の諸心像の間（で従来右手の占めていた場所）[訳註18]に移し置かれ、これらの心像が相互に連合して左手のまわりにいわば身体の見取り図（dessin）を重ね焼きにするのだ、というだけでは十分ではない。心像の連合がたえず単一の法則によって統制され、身体の空間性が全体から部分に降りてくるのではなくてはならない。左手とその位置とが身体の全体的なもくろみ（dessein）のなかに組み込まれ、そこに起源を獲得し、したがって左手が単に一挙に右手に重なるとか右手の上に降りてくるというだけではなくて、右手そのものになることができるのでなくてはならない。幻像肢の現象を患者の身体像に結びつけて説明しようとする試みが[33]、脳髄内の痕跡と再生的感覚による古典的説明にはない何かを付加するとすれば、それは、身体像が習慣的な体感（cénesthésie）[訳註19]の名残りではなくて、かえってその構成法則となるという場合に限られる。身体像という新しい用語を導入する必要が生じたのは、身体の空間的・時間的統一、相互感官的統一、あるいは身体の感覚-運動的統一が、いわば権利上の統一であって、われわれの経験の過程で事実としてたまたま互いに結びついた諸内容に限定されるのではなくて、ある意味ではこれらに先だち、まさにこれらの連合を可能ならしめる統一であることを、いい表わすためであった。したがってわれわれは、身体像の第二の定義に近づく。つまり身体像とは、もはや経験の過程で打ち建てられた連合の単なる結果ではなく、相互感官的世界における私の姿勢（posture）の全体的な自覚であり、ゲシタルト心理学の意味における一つの「形態」（forme）である。[34] しかしながらこの第二の定義もまた、心理学者たちの分析によってすでに超えられているのである。私の身体が一つの形態、つまり全体が部分に先だつような一つの現象である、といっただけでは十分ではない。このような現象は、いかにして可能であろうか。それというのも物理‐化学的身体の寄木細工や「体感」のそれに較べると、形態とは新しい実存の型だからである。病徴不覚症患者の麻痺した肢体が本人の身体像のなかにもはや入ってこないのは、身体像が現実に存在する身体の諸部分の単なる写しでも、その全体的意識ですらもなく、むしろ有機体の企投に対して身体諸部分のもつ意義に応じて、能動的にこれらの諸部分を自己に統合するものだからである。心理学者たちはしばしば、身体像は動的であるという。[35] この言葉の意味するところを正確に述べるなら、私の身体が私に現われるのは現実的な、もしくは可能的なある仕事をめざす姿勢としてである、ということである。そして実際、その空間性は、外的対象や「空間的感覚」のそれのように位置の空間性ではなくて、状況の空間性である。私が机の前に立って、両手で机によりかかるならば、私の手だけが強調されて、私の身体全体は彗星の尾のように手の背後につき従う。それは、私が肩や腰の位置を知らないからではなくて、これらの位置がひたすら私の手の位置のなかに包みこまれており、机に対する手の支えのうちに私の姿勢の全体がいわば読みとられる、ということである。私が立ったままでパイプを握るとき、私の手の位置はそれと下膊との間の角度によって、また私の下膊と上膊との、私の上膊と胴との、私の胴と地面との間の角度によって、論証的に決定されるのではない。私はパイプがどこにあるかを絶対知の形で知っているのである。そして、それをとおして私の手がどこにあるか、私の身体がどこにあるかを、私は知っている。砂漠のなかの未開人はたえず直接方向を定めているのであって、わざわざ出発点からの通過した距離と偏角とを思い出したり、加算したりするわけではないが、以上の場合もこれと同様である。「ここ」という語は私の身体に対して用いられる場合には、他の位置あるいは外部の座標に対して定められた一つの位置を示すのではない。むしろ基本座標の据付け、身体のある対象への能動的な投錨、課題に向う身体の状況を意味する。身体的空間が外的空間から自己を区別し、その諸部分を繰り広げるかわりに包みこむことができるのも、それが、いわば芝居の舞台を明るく見せるのに必要な劇場内の暗さであり、動作とその目的とを浮びあがらせる眠りという地、もしくは漠とした力の貯蔵であり(36)、要するにそれを背景としてその前に初めて明確な存在、図や点が現われることができる非存在の地帯であるからである。結局、私の身体が一つの「形態」であることができ、またその前景に特別扱いされた図が定かならぬ地の上に浮びあがることができるのも、身体がその課題を極としてその方向に向いており、それに向って実存し、目標に到達するためにおのれの上に身を縮めているからこそなのである。そして「身体像」とはひっきょう私の身体が「世界においてある」(mon corps est au mond) ことをいい表わす一つの仕方である(37)。さしあたりわれわれの関心の唯一の対象をなしている空間性に関していうと、自己の身体とは、図と地という構造の、いつも言外に了解されている、第三の項である。そしていっさいの図は、外的空間と身体的空間という二重の地平の上に姿を現わすのである。図もしくは点は、地平なしには考えられもしないし、存在することもできないのだから、図もしくは点しか考慮に入れない身体的空間の分析は、すべて抽象的なものとして退けられなくてはならない。

以上の論議に対して、図と地あるいは点－地平という構造はそれ自身、客観的空間の概念を前提している、例えばある器用な仕種をどっしりとした身体という地の上に図として体験するためには、手と身体の残余の部分とを、客観的空間性に属する「の上に」という関係によって結びつけねばならない、こうして図と地という構造は、再び空間の普遍的な形式の偶然的な内容の一つになると、このように反論されるかもしれない。しかし身体によって世界に直面して置かれていないような主体にとっては、「の上に」という言葉はいったいどのような意味をもちうるだろうか。この言葉は高低の区別を、すなわち「方向をもった空間」を含意している。(38) ある対象がテーブルの上にあるという場合、私はいつでも心のなかで、テーブルに、もしくは対象のうちに自分をおき、原理的に私の身体と外部の諸対象との関係に適合するカテゴリーを、それらにあてがっているのである。このような人間学的意味を剝ぎ取ってしまうと「の上に」という言葉は、もはや「の下に」とか「……の傍に」という言葉と区別されなくなる。たとえ空間の普遍的形式がわれわれにとって身体的空間があるための不可決の条件であるにしても、その十分な条件ではない。たとえこの形式なるものが、内容がそのなかに措定される場ではなく、それによって内容が措定される手段であるにせよ、身体的空間に関してはこの措定の十分な手段ではない。そしてこの限りでは、身体的内容は依然としてこの形式に対して、何か不透明な、偶然的な不可解なものにとどまるのである。この途における唯一の解決は、身体の空間性に、客観的空間性から区別されるそれ独自の意味を、何ら認めないことであろう。こうすれば、現象としての内容は消滅するだろうし、この内容と形式との関係の問題もこれとともに解消するであろう。しかし「の上に」「の下に」「の傍に」という言葉や、方向をもった空間の諸次元に、それぞれ区別された意味が見られないかのように、われわれは装うことができるだろうか。たとえ分析の結果、これらすべての関係のなかに外在性という普遍的な関係が再び見出されるにしても、高、低、右、左という区別が空間のなかに住まうものにとってあまりに自明であるという事実は、これらの区別をすべて無意味なものと見なすことを禁じ、定義に現われる明白な意味の下に経験のかくれた意味を探りだすことを要求する。この二つの空間の関係は、その場合、次の如くになるであろう。つまり、私が身体的空間を主題化し、あるいはその意味を明らかにしようとするやいなや、私はそのなかに知的空間しか見出せなくなる。しかしそれと同時に、この知的空間は方向をもった空間から分離されることはできない、それはまさしくこれを明白化したものにすぎないのだ。この根から分離されるとそれは全くいかなる意味ももたなくなる。したがって等質的空間が方向をもった空間の意味を表わすことができるのも、後者からその意味をあらかじめ受け取ったからにすぎないのである。内容がほんとうに形式のもとに包摂されて、この形式の内容として現われうるのも、実は形式が内容をとおして初めて近づきうるものだからである。身体的空間としての特殊性のうちに、それを普遍的空間に転化する弁証法的酵素が含まれていればこそ、初めて身体的空間はほんとうに客観的空間の一断片となりうるのである。これが、点-地平という構造が空間の基底であるといった際に、われわれがいい表わそうとしていたことなのである。仮に地平あるいは地が図と同じ種類の存在に属するものではなく、また視線の向きを変えることによって点にも変えられうるものではないとしたら、それらは図の彼方に、もしくはそのまわりに広がることもないであろう。しかし、それにしても点の手前に、そこから点が眺められる身体性の地帯を配し、点のまわりに、点への注視と引き替えに、定かならぬ地平を配することによってのみ、点 - 地平という構造は、点の何たるかを私に教えることができるのである。多数の点、もしくは多数の「ここ」とは、それぞれの場合にただ一つの点、ただ一つの「ここ」のみを対象として提示する多数の経験の、それ自体この空間の中心でおこなわれる、連結によって、原理的には初めて構成されうるのである。ひっきょう、私の身体は私にとって空間の一断片であるどころか、私が身体をもたなければ、およそ私にとって空間なるものは存在しないであろう。

〔ゲルプとゴールドシュタインのシュナイダーの症例による運動機能の分析〕

もし身体的空間と外的空間とが、一つの実践的組織を形成し、そして身体的空間とは、対象がわれわれの行動の目標としてその上に浮びあがる地であり、あるいはその前に現われる空虚であるとすれば、身体の空間性が成就されるのは、明らかに行動においてであって、したがって自己の運動の分析こそ、われわれにそれをいっそうよく理解せしめるはずである。運動しつつある身体を考察することによって、身体がどういう仕方で空間に（なおまた時間に）住まうかが、いっそう明らかとなるであろう。というのは、運動は空間あるいは時間をただ耐え忍ぶだけでは満足しない。それは、空間時間を能動的に引き受け、既成の状況の平凡な姿のなかにはすでに見られない根源的意義において、それらを捉え直すからである。われわれは身体と空間との基礎的な関係を顕わにする病的な運動機能の一例を、綿密に分析したいと思う。

伝統的な精神病学なら精神盲(訳註20)のなかに分類しそうなある患者(39)を取り上げてみよう。彼は、まぶたを閉じたまま「抽象的な」運動を、すなわち、指図に従って腕や脚を動かしたり、指をのばしたり、まげたりするというような、いかなる現実的状況にも対応していない運動を、遂行することができない。そのうえ、彼は自分の身体、いやそれどころか自分の頭の位置すら述べることはできず、また手足の受動的な運動をいい表わすこともできない。そして頭や腕や脚に触れられても、自分の身体のどの部分が触れられたかを、いうことができない。彼は皮膚の上の触れられた二点を、たとえ二点間の距離が八〇ミリ・メートルもあっても、識別できない。彼の身体に押しあてられた対象の大きさやら形やらを認知する能力もない。運動をおこなうべき手足を見つめたり、全身で準備運動をすることが許されるときしか、彼は抽象的運動をうまくやれないのである。刺激を位置づけたり、触覚の対象を認知したりすることもまた、準備運動の助けを借りれば可能となる。この患者は生活上必要な運動で、彼にとって習慣的な運動なら、眼を閉じたままでも、驚くほどの敏速さと確かさとで、これをなしとげる。彼はハンカチをポケットから出して洟をかみ、マッチ箱からマッチ棒を取り出して、ランプに点火する。彼は書類入れの製作を生業にしている。彼の仕事の能率は正常な職人の仕事の能率の四分の三にも達する。(40) 彼は準備運動をしないでも、これらの具体的運動ならば、指図に応じておこなうことができる。この患者に見られること、そしてまた小脳疾患患者にも見られることは、(41) 指し示す行為と捉えたり摑んだりする反応とが、分離していることである。指図に従って自分の身体の一部分を指で指し示すことができないこの同じ患者が、蚊が刺したところには手をすばやくもってゆく。したがって、具体的な運動や把握の運動には一種の特権があるのであって、この特権の根拠を、われわれは探求しなくてはならない。

〔「具体的運動」〕

もっと詳しく調べてみよう。指で自分の身体の一部分、例えばその鼻を示すことを求められたある患者は、その部分を摑むことを許された場合にしかこれに成功しない。目標に達する前にいったん運動を中断することを命ぜられたり、木製の定規でしかその鼻に触れることを許されないような場合には、この運動は不可能となる。[42] それだから「摑む」こと、もしくは「触れる」ことは、身体に関してすら「示す」こととは別だということを、認めねばならない。把握の運動は、出発するときからすでに、魔術的な仕方でその終点にある。摑むことを禁ずれば、この運動を抑止するのに十分なのだから、それはその目標を先取りする限りにおいてのみ、始まるのである。そして私の身体の一点が、把握さるべき点としては私に現前していながら、この先取りされた把握において、指示さるべき点としては私に与えられないこともありうるという事実を承認しなくてはならない。だがこうしたことは、どうして可能なのだろうか。摑むべきときには私の鼻がどこにあるかわかっていて、指で示すべきときにはそれがわからないということは、どういうわけなのだろうか。恐らく場所の知識というものが、さまざまな意味に解されるからであろう。古典的な心理学は、場所の意識のこうした多様性をいい表わすいかなる概念も、持ち合わせていない。[訳註21] というのは、それにとって、場所の意識はいつでも措定的な意識、つまり表象 Vor-stellung であって、したがって場所を客観的世界の規定としてわれわれに提示する意識だからである。そしてまた、このような表象は、あるかないかいずれかであっても、もしあるならば、われわれにその対象を、いささかの曖昧さもまじえずに、そのあらゆる現われをとおしてそれと認めらるべき一つの極として、引き渡すはずだからである。これに反して、われわれはここで、身体的空間が、摑もうという意向においては私に与えられていながら、認識しようとする意向においては私に与えられないこともありうる、という事実を表現するために、必要な諸概念を鍛えあげねばならないのだ。患者は身体的空間を、彼の習慣的な行動の基盤として意識するのであって、客観的境域としてではない。彼の身体は親しみ馴れた環境のなかに入りゆく手段としては彼の意のままになるが、無償の自由な空間的思惟の表現手段としてはそうではない。何らかの具体的な行動をなすように求められると、彼はまず命令を質問調で繰り返す。ついで彼の身体を課題が要求するような全体的な姿勢のうちに置く。そして最後に運動を遂行する。注目すべきことであるが、患者の全身がこの運動に協力するのであって、正常人のように、どうしても欠くことができない特徴だけに、この運動を縮減することは決してない。軍隊式の敬礼をするときには、敬意を表わす他の外的な特徴もいっしょに現われる。髪を梳るふりをする右手の動作には、鏡をもつ左手の動作が伴い、釘を打ちこむ右手の動作には、釘をもつ左手のそれが伴う。これは命令がくそ真面目に受け取られているからであり、求められた具体的運動に対応する現実的状況に患者が心のなかで身を置くという条件でしか、注文通りにこの運動を遂行できないからである。正常なひとは、求めに応じて軍隊式敬礼をするとき、そこに実験的な状況しか見ていない。それだから、運動を最も重要な要素に縮減し、決して自己をとことんまでこの運動のなかに没入させるようなことはない。[43] 彼は自分の身体をもてあそんでいるのであり、楽しんで軍人の役をやっているのであり、ちょうど喜劇役者がその現実の身体を演ぜらるべき人物の「偉大な幻影」[44]のなかに滑りこませるように、彼は軍人の役のなかに自己を「非現実化[45]」しているのである。正常なひとと喜劇役者は、想像上の状況を現実ととるようなことはしないで、かえって彼らの現実の身体に想像的な場のなかで呼吸したり、話したり、必要とあらば泣いたりさせるために、それをその生活上の状況から切り離すのである。われわれが問題にしている患者がなしえないことは、まさにこのことである。日常生活においては、「私は運動を状況の、つまり一連の出来事そのものの結果として、体験している、私と私の運動とは、全体の展開のなかの、いわば鎖の一つの輪にすぎないのであって、私は自発的な発意をほとんど意識することはない(……)。すべては全くひとりでにおこなわれる」と彼はいう。同様に命令に応じてある運動を遂行するためにも、彼は「情感的な全体的状況に」身を置くのであり、「生活におけると同じように、この状況から運動が流れだす[46]」のである。彼の策略をさえぎり、実験的状況にあることを思い出させると、彼の器用さはすべて失われてしまう。運動の開始はまたまた不可能となり、患者はまず自分の腕を「発見」し、準備運動によって、要求される動作を「見つけ」なくてはならない。動作そのものが、日常生活において見せていたメロディー的な特徴を失い、明らかに苦労してつなぎ合わせた部分的な運動の総計になる。したがって私は若干のし馴れた行動の能力としての私の身体によって、マニプランダ(manipulanda)[訳註22]の集まりとしての私の環境のなかに居を占めることができるのであって、私の身体や環境をわざわざカント的な意味における対象として注目する必要はないのである。つまり、一つの知的な法則によって結びつけられた諸性質の組織としての、またいっさいの場所的・時間的所属から自由で、命名もしくは少くとも指示の身振りをいつでも受け入れる準備ができているような、透明な存在者としての、それらに注目する必要はないのだ。一方では、私が熟知しているもろもろの行為の担い手として私の腕、行動のおこなわれる場やその有効範囲があらかじめ私に知られているそうした一定の行動の能力としての私の身体があり、またこの能力の可能的な作用点の全体としての私の環境がある、——そして他方では、筋肉と骨とから成り立つ機械としての、屈伸自在な装置としての、関節で組み立てられた対象としての私の腕と、私がみずから参加するのではなく観照したり指で指し示したりする、純然たる見世物としての世界がある。身体的空間については、いわば場所との共存にすぎないような場所の知があることがわかるのである。この知は記述によっても、無言のうちにおこなわれる指示の動作によってさえも、いい表わすことができないものであるが、さりとて決して無ではない。例の患者は蚊に刺されたとき刺された点をわざわざ探し求める必要もなく、直ちにそれを発見する。というのは、彼にとって肝心なことは、客観的空間における座標軸への関係においてこの点を位置づけることではなくて、彼の現象的な手でもって彼の現象的な身体の苦痛を感ずる場所に赴くことだからであり、また自己の身体の自然的なシステムにおいては、掻く能力としての手と掻かれるべき点としての刺された点との間に、ある生きられた関係が成立しているからである。この行為は全く現象的なものの領域においておこなわれ、客観的な世界を通過しない。ただ、生ける身体に関して観察者のもつ客観的表象を運動主体もまたもっていると思う観察者だけが、刺されたところが知覚され、手が客観的空間のなかを運動すると信じ、その結果この同じ被験者が指示の実験では失敗するのを見て、驚くのである。またこの被験者は、自分の鋏や針や馴れた仕事を前にしたときは、自分の手や指をわざわざ探す必要はないのであるが、それというのも、手や指は客観的空間のなかで見出さるべき対象、つまり骨や筋肉や神経ではなくて、鋏や針の知覚によってすでに発動させられた能力であり、彼をこれらの与えられた対象に結びつける「志向の糸」の中央の端だからである。われわれが動かすのは、われわれの客観的身体ではなくて、現象的身体である。把握さるべき対象に向って立ち上り、それを知覚していたのは、すでに世界のしかじかの領域の能力としてのわれわれの身体なのだから、[47] この点に不思議はない。またこれと同じように例の患者は具体的運動をするにあたって、それを繰り広げるべき舞台や空間を探し求める必要はないのである。この空間もまた彼に与えられているのだ。それは現にある世界であって、「裁断さるべき」革の一片であり、「縫いつけらるべき」裏地なのである。仕事台、鋏、幾片かの革などは、彼に対して行動の極として提示される。それらのもつ意味が相互に結びついて、ある状況を定める。この状況は開いた状況であって、ある解決の仕方を、(訳註23) つまりある作業を要求するのである。身体は主体とその世界からなるシステムの一つの要素にすぎない。そしてなさるべき仕事が遠隔作用する一種の引力によって、必要な運動を身体から獲得するのである。ちょうど私の視野のなかで作用する現象的な諸力が、私の方で計算するわけでもないのに、それらの間に最良の均衡状態をもたらすような反応の運動を私に起させたり、また、われわれの周囲のひとびとの作法やら聴衆の構成などが、彼らにふさわしい言葉や態度や口調を直接われわれから引き出すのと同様である。この際われわれは努めて自分のほんとうの考えを装い隠したり、聴衆や周囲のひとびとの気に入ろうとしたりしているのではない。われわれは文字通り、他人がわれわれについて考える通りのものであり、われわれの世界がそうである通りのものであるから、おのずと彼らに調子を合わせるのである。具体的な運動においては、患者は刺激についても反応についても、措定的な意識をもつわけではない。ただ単に彼は彼の身体であり、そして彼の身体はある世界の能力なのである。

〔可能的なものへの方向づけ、「抽象的運動」〕

これに反して、この患者が失敗する実験においては、どういうことが起るのだろうか。彼の身体の一部に触れて、この触れた点の位置づけを求めると、彼はまず初めに身体の全体を動かして凡その位置づけをなし、次に触れられている肢体を動かして、それをいっそう正確に限定し、最後に触れられている点の付近の皮膚を身ぶるいさせて、これを成就するのである。(48) 患者の腕を水平にのばして置くと、彼は一連の振子のような運動を繰り返したあげくに初めてその姿勢を述べることができる。この運動は腕の胴に対する、下膊の上膊に対する、胴の垂直線に対する位置関係を彼に教えるのである。受動的運動にあっては、患者は運動がおこなわれていることを感じはするが、どのような運動か、どのような方向かを、いうことはできない。ここでもまた彼は能動的な運動の助けを借りようとする。患者は自分の横になった姿勢を、敷ぶとんの背中にあたる圧力から推論し、自分の立った姿勢を、足に対する地面の圧力から結論する。(49) 彼の手の上にコンパスの二つの尖端を置くと、彼は手をゆすって、あるいは尖端の一方を、やがて他方をという風に、別々に皮膚に接触させることが可能な場合だけしか、二つを区別できないのである。彼の手に文字または数字を書くと、彼みずからその手を動かすことが許される場合に限って、それらを読みとることができる。つまり、彼が知覚するのは、手の上の尖端の運動ではなくて逆に尖端に対する彼の手の運動なのである。このことは、彼の左手に正常の文字を書いても決して認知できないが、次に同じ文字の鏡像を書くと即座に理解されるということからも、証明される。紙でつくった楕円形や長方形にただ触れただけでは、それらがどんなものか、彼にはさっぱりわからないが、それらを「判読したり」それらの「特徴」を見定めたりそこから対象を演繹したりするために利用される探査の運動を彼に許すならば[50]、彼はこれらの形を認知できる。こうした一連の事実を整頓して、そこから正常人にはあって患者に欠けた機能を捉えるには、どうしたらよかろうか。患者に欠けていて患者が取り戻そうとしているものを、単にそのまま正常人に帰属せしめるというようなことは、問題とはなりえない。病的状態というものも、幼年期や「原始的」状態と等しく、一つの完全な実存形式であって、破壊された正常な機能に置き換えるために病人が使用する手順もまた、実は病理的現象なのである。病理的なものから正常なものを、代償行為から欠如しているものを、単にプラス・マイナスの符号を変えるということだけでもって演繹することは許されない。代償行為は代償行為として了解されねばならない。つまりそれは、それが代償しようとする基本的な機能をほのめかすものであって、決してわれわれにこの機能の直接のイメージを与えるものではない。真の帰納的方法は「差異法」[訳註24]ではない。それは正しく現象を読みとり、その意味を把握すること、つまり現象を主体の全体的存在の様相もしくは変容として取り扱うことである。われわれは、自分の肢体の位置とか触覚的刺激の位置とかを尋ねられた患者が、準備運動によって自分の身体を現勢的な(actuelle)知覚の対象たらしめようとすることを、確認した。彼の身体に接触している対象の形を問われると、彼は、対象の輪郭を追うことによって、この形をみずから描こうとする。正常人のうちに同じ操作を予想し、ただこれが習慣によって短縮されているだけだとすることほど、ひとを誤らせるものはない。患者がこうした明白な

(explicite) 知覚を求めるのは、正常人に見られる身体と対象とのある種の現前が、彼には欠けているのを補うためにすぎない。そしてわれわれがこれから再構成しなくてはならないのは、まさに身体と対象との、この種の現前なのである。恐らく正常人においてさえ、身体の知覚と身体に接触する対象の知覚は、これらが動かない場合には、不明瞭なものであろう。[51] しかしそれでも正常人は、運動がなくとも、頭部にあてられた刺激と体軀にあてられた刺激とを、ともかく識別する。この際、外部受容性の、もしくは自己受容性の興奮が、実際の運動のかわりをする「運動感覚の名残り」(résidus kinesthésiques) を呼びさましたのだと仮定しようか。[52] しかしもし触覚上の与件が、たとえ明確であろうと不明瞭であろうと、ある空間的な意義をそれ自身もち、一定の「運動感覚の名残り」を呼びさますことを可能ならしめるような特徴をもっているのでなければ、どうしてこのようなことがおこなわれるであろうか。[53] したがって少くとも正常な人間は直接、自己の身体に対して「手掛り」(prise)[54] をもっているといわなくてはならない。彼は単に具体的環境におりこまれたものとして自分の身体を自由にしうるだけではない。彼はある手仕事のなかに含まれたさまざまな課題に関して状況づけられているだけではない。また彼は単に現実的な諸状況に向って開かれているだけではない。そのうえ彼は、実践的な意義のない純粋な刺激の相関者として、自己の身体をもつこともできる。彼は、自分で自由に選ぶこともでき、また実験者が彼に提起することもできるような、単に言葉の上だけの、虚構の状況に対しても開かれているのである。自分の身体が触覚をとおして正常人に与えられるのは、その上に刺激がそれぞれ明白な(explicite)位置を占めるような、幾何学的図面としてではない。そして触れられている場所を知るために、自分の身体の触れられている部分をいっぺん図形の状態にしてみなくてはならないという事情こそ、まさにシュナイダーの病気なのである。しかし正常人にあっては、身体的刺激はそれぞれ現勢的運動(mouvement actuel)のかわりに一種の「潜勢的運動」(mouvement virtuel)を呼び起すのであり、身体の問われている部分は匿名の状態から歩み出て、特殊な緊張によって自己を告知し、また解剖学的構図の枠内でのある活動能力として顕わになるのである。正常なひとにおける身体は、単にそれをひきつける現実的状況によって運動に駆りたてられるだけではなく、世界から退いて、自己の感覚的表面に記される刺激にその活動性をさし向け、実験に応じ、もっと一般的には、潜勢的なもののなかに身を置くことができる。病的状態にある触覚が、刺激を位置づけるために、ことさらに運動を必要とするのは、それが現実的なもののなかに閉じこめられているからである。また患者が触覚的に認知し知覚するかわりに、苦心惨憺して刺激を解読したり対象を演繹したりするのも、同じ理由によるのである。例えば私の触覚的経験において、鍵が鍵として現われるためには、触覚の一種の広さが、つまり一つ一つの音調がメロディーの通過点にすぎないように、局所的な印象が一つの形態に統合されうる触覚の領野が、必要である。そして身体を現実の状況に縛りつける触覚的与件の粘着性、この同じ粘着性がまた、対象を継起する諸「特徴」の総和に、知覚を抽象的な特徴挙示に、再認を合理的な総合や蓋然的な臆測にしてしまい、対象から具体的な(charnel)現前とその事実性を奪うのである。正常人にあっては運動上の、もしくは触覚上の出来事は、いずれも、意識に多数の志向を生ぜしめ、これらの志向は、可能的活動の中心としての身体から、あるいは身体自身にあるいは対象に向うのであるが、これに反して患者にあっては、触覚の印象は不透明のまま自己自身のうちに閉ざされている。なるほどこの印象は摑むという運動においては、手を自己の方にひきよせることができる。しかし指さし示されるあるものとしては、手の前に現われることはできない。正常人は可能的なもの（le possible）を考慮に入れ、可能的なものはその結果、可能的なものというその地位を離れずにしかも一種の現実性（actualité）を獲得するのであるが、これに反して例の患者にあっては、現実的なものの領域は、実際の接触において出会われるもの、もしくは明白な演繹によってこの与件と結びついているものだけに、制限されるのである。

〔運動企投と運動志向、「投射の機能」〕

患者たちの「抽象的運動」のやり方を分析するならば、いっさいの生き生きした知覚の根本条件たる空間の所有、空間的実存というものがいっそう明らかとなろう。患者に眼をつぶったままある抽象的運動をするように命ずると、実際に運動を遂行する手足そのものや、運動の方向もしくは速度、そして最後に、運動が展開する平面を「見つける」ために、患者にとって一連の準備運動が必要となる。例えば、別段こまかい点を定めないで、ただ腕を動かすように命ずると、彼は最初のうちはしばらく当惑している。ついで全身を動かし、やがて運動が狭まって腕だけに局限される。彼はついに腕を「見つけた」のである。「手をあげ」ねばならないときには、彼はまた一連の振子のような振動によって（彼にとって「上」の象徴である）頭を「見つけ」なくてはならない。この振子のような振動は、手をあげる運動の続く間ひき続いておこなわれ、その目標を定めるのである。患者に空中に正方形または円を描くように求めると、彼はまずその腕を「見つけだし」、ついで正常なひとが暗がりで壁をさぐるときするように手を前にさしのばす、最後に彼は直線やさまざまな曲線に従っていろいろな運動の下図を描き、これらの運動の一つがたまたま円であることがわかると、彼はこれをすばやく完成するのである。そのうえ、この運動を首尾よく見つけることができるのは、地面に対して正確に垂直ではないある平面においてだけであって、この特別の平面のほかでは、彼はこの運動の下図を描くことすらできない(55)。明らかに患者は、自分の身体をただ無定形な塊りとしてしか、所有していない。そして実際に運動してみて初めて、そのなかにさまざまな区分や関節が導入されるのだ。あらかじめ書かれた草案によらずには一言もしゃべれない演説者のように、彼は運動の遂行を気づかう際に自分の身体に頼りきっているのである。患者自身が運動を探し求めたり、見出したりするのではない。その運動が現われるまで身体を動かしてみるのである。彼に与えられた命令は、彼にとって無意味だというわけではない。なぜなら、彼は最初の運動の下図がどういう点で不完全であるかを認知することができ、たまたま身振りが要求された運動を生ぜしめると、彼はそれと知ってすばやくこの機会を利用することができるからである。しかし命令は彼にとって知的な意義をもってはいるが、運動的意義をもってはいない。それは運動主体としての彼に向って語りかけるものではない。なるほど彼は、遂行された運動の軌跡に、与えられた命令の実現を発見することはできても、運動の思惟を実際の運動に展開することは決してできない。彼に欠けているものは、運動機能でもなければ思惟でもない。そしてわれわれは、第三人称的な過程としての運動と、運動の表象としての思惟との間に、運動能力としての身体そのものによって保証された、結果の先取りもしくは把握を、つまり、それがなければ命令が死せる文字にすぎなくなるような、「運動企投」(Bewegungsentwurf)「運動志向性」を、承認するようにと促されるのである。患者は、あるいは運動の観念的な定式を考え、あるいはその身体を盲目的な試みのなかに投ずるのであるが、これに反して正常人にあっては、いかなる運動も運動であると同時にそれと分ちがたく運動の意識でもある。これは次のようにいい表わすことができる。すなわち、正常人にあってはどんな運動も背景をもっており、運動とその背景とはともに「統一的な総体性の契機」である[56]、と。運動の背景は運動そのものに連合せしめられた、つまり外的に結びつけられた表象ではない。それは運動に内在している。それはたえず運動に活力を与え、それを担っている。運動の開始は、主体にとっては知覚と同様に、対象に関係する根源的な仕方なのである。ここから、抽象的な運動と具体的な運動との区別も明らかとなる。具体的な運動の背景は与えられた世界であり、抽象的運動のそれは、これに反して構築されたものである。私が友人に向って、こちらに来るように合図するとき、私の意向は私が心のなかに用意する一つの思惟ではないし、また私は私の身体のなかに合図を知覚するのでもない。私は世界を貫いて合図を送るのであり、私の友人がいるかしこに合図するのである。私を彼から隔てる距離、彼の同意、彼の拒否は、直接私の身振りのなかに読みとられる。まず知覚があって、これに運動が続くといった式の知覚があるのではない。知覚と運動とは、一つの全体として変化するシステムをつくっているのである。例えば、相手が私の指図に従おうとしないのに気づいて、私が身振りを変えるという場合に、二つの別々の意識作用があるのではない。私は相手の不同意を見る。そして私のじれったそうな仕種は、このような状況からいかなる思惟の媒介も経ずに、おのずから生ずるのである[57]。さて、私が「同じ」運動ではあるが、現存する相手、いや想像上の相手すらめざさずに、「即自的な一連の運動[58]」としてこれを遂行するとしよう。すなわち、腕を「外転」し、指を「曲げ」ながら、下膊を上膊の上に「屈折」するとしよう。そうすると、先ほどまで運動の担い手であった私の身体が、それ自身、運動の目標となり、その運動企投はもはや世界のなかのある者をめざすのではなく、私の下膊、上膊、私の指をめざすのである。それも、それらが、与えられた世界のなかに嵌め込まれているという状態を断ち切り、私のまわりに虚構の状況を描きだすことが可能な限りにおいてである。いやそれどころか、虚構の相手すらいないのだから、私がこの奇妙な意味する機械をもの珍しそうに眺め、慰み半分にこれを作動させてみる限りにおいてである。[59] 抽象的運動は、具体的な運動が繰り広げられる充実した世界の内部に、反省と主観性の地帯をうがち、自然的(physique)空間の上に、潜勢的(virtuel)なもしくは人為的(humain)な空間を重ねる。それゆえ具体的な運動は求心的であり、これに反して抽象的な運動は遠心的である。前者は存在もしくは現実的(actuel)なもののなかで生起し、後者は可能的(possible)なもの、もしくは非存在のなかで生起する。前者は与えられた背景に執着し、後者はそれ自身その背景を繰り広げる。抽象的運動を可能ならしめる正常な機能は、運動の主体が自分の前に自由な空間を作りだし、そのなかで元来は存在しないものに存在するかのような外観を呈せしめる「投射」の機能なのである。シュナイダーほど病状がひどくない患者で、形、距離、それに対象そのものは知覚するのだが、これらの対象の上に、行動するのに役立つ方向をたどることができず、また対象を与えられた原理に従って分類したり、あるいは一般に、空間的な光景に、それをわれわれの行動の場たらしめる人間学的な諸規定を付与することができない者がいる。例えば、こうした患者は迷路で袋小路にぶつかると「反対の方向」を見つけ出すのに苦労する。彼らと医師との間に一本の定規が置かれていても、彼らは求めに応じて諸対象を、「彼らの側」と「医師の側」とに分配する術を知らない。彼らは、自分自身の腕の刺激を受けた部位を、他人の腕の上に指摘しようとしても、なかなかうまくできない。彼らは、日や月の名を一つながりに暗記しており、今月が三月で今日が月曜だということを知ってはいても、昨日と先月の名をいうことに苦労する。彼らは、自分の前に置かれた二列の棒きれの集合の含む棒きれの数を、比較することができない。というのは、彼らは同じ棒きれを二度数えてみたり、一方の列の棒きれといっしょに他方の列に属するいくつかの棒きれを数えてみたりするからである(60)。ところで、これらいずれの操作にも同じ能力が必要なのである。つまり、与えられた世界のなかに境界線をひき、方向を定め、力線をたて、パースペクティヴを配し、ひと口にいうと、その時どきの企投に従って与えられた世界を組織する能力、地理学的な環境の上に行動の環境を、すなわち主体の内的活動性を外部に表現する意義のシステムを、構築する能力、が必要なのである。世界は、患者たちにとっては、全く出来上った、凝固した世界としてしか存在しない。ところが正常人にあっては、さまざまな企投が世界に極性を与え、博物館のなかの掲示が観覧者を誘導するように、行動を導く無数の記号を、まるで魔術のように、そこに出現せしめるのである。この「投射」もしくは(霊媒が不在者を呼び出し、現出させるという意味における)「喚起」の機能こそ、また、抽象的運動を可能ならしめるものでもある。なぜなら、いっさいの緊急な課題の拘束を離れて私の身体を所有し、勝手気ままにそれをもてあそび、単に言葉の上での命令や精神的必要によってしか規定されない運動を宙に描くためには、やはり私は身体と環境との元来の関係を逆転しなくてはならないし、存在の厚みを貫いて人間の生産性が現われ出なくてはならないからである。

〔以上の現象を因果的説明によって視覚的欠陥に結びつけて理解することは不可能である〕(訳註25)

われわれが問題にしているさまざまな運動障害は、以上の言葉によって確かに記述はされる。しかし精神分析学に関してすでにたびたびいわれているように、(61)このような記述は疾病の意味もしくは本質を明らかにするだけで、その原因を示すものではない、――ということが恐らく指摘されるであろう。現象の下に、現象が依存している条件を、すでに試験ずみの帰納的方法に従って探求し、そこから現象を説明するときに、初めて科学というものが始まるのだ、といわれもしよう。例えば、現在の場合、われわれは、シュナイダーの運動障害が視覚機能の重い障害と一致し、またこれはこれで、疾病の起源をなす後頭部の傷害と結びついていることを、知っている。視覚だけでは、シュナイダーは何一つ認知できない。(62)彼にとって視覚の与件は、殆ど形のないしみである。(63)眼の前にない対象についてその視覚的表象を想像することは、彼には不可能である。(64)他方では、運動すべき手足をじっと見つめるならば、たちまち「抽象的」運動が、この患者にも可能になるという事実が知られている。(65)こうして、意志的運動機能のまだ残っている部分は、視覚的認識の名残りに依存している。ミルの有名な方法によれば、われわれはこの際、次のように結論することが許されよう。つまり、抽象的運動と指示行為（Zeigen）とは、視覚的表象の能力に依存している。そしてこの患者がまだ失わずにいる具体的な運動、ならびに彼が視覚的与件の貧弱さを補うためにおこなう模倣運動は、運動感覚もしくは触覚に属するものであり、じじつシュナイダーにおいては、これらの感覚がとりわけ使われている、と。こうして具体的運動と抽象的運動との区別は、把握（Greifen）

と指示（Zeigen）との区別と等しく触覚的なものと視覚的なものという古典的な区別に還元され、先ほどわれわれが明らかにした投射もしくは喚起の機能は、視覚的な知覚ならびに表象に還元されることになる。[66]

ところが実は、ミルの方法に従ってなされる帰納的分析は、何の結論にも到達しないのである。なぜならば、抽象的運動ならびに指示作用の障害は、精神盲の症例に見られるだけではなく、小脳性諸疾患や他の多くの疾病にも見られるからである。[67] 一致点をもったこれらの諸例のなかからただ一つだけを選んで決定的なものとなし、それによって指示行為を「説明する」ことは許されない。事実そのもののもつ両義的性格を前にしては、一致に関する統計的な表示法を断念して、一致によって明らかとなる関係を「了解」しようと努めるほかはない。小脳性諸疾患の場合、視覚的刺激は、音による刺激と違って、不完全な運動反応しか生ぜしめないが、だからといって、視覚機能の一次的な障害を想定する何らの理由もここにはない。指示の運動が不可能となるのは、視覚機能がやられているからではない。逆に、指示するという態度がとれないからこそ、視覚的刺激が不完全な反応しかひき起せないのである。音はもともと、どちらかというと把握の運動を誘い出し、視覚的知覚は指示の動作を誘い出すということを、われわれは認めなくてはならない。「音響はつねにその内容に、われわれにとってのその意義に、われわれをさしむける。これに反して対象が視覚的に提示される場合には、われわれは遙かに容易に内容を〈捨象〉することができ、またむしろ対象の存在する空間的な場所の方に向けられる。[68]」それゆえ一つの感覚機能はその「心的内容」のいうにいわれぬ質によってではなく、その対象を提示するある一定の仕方によって、つまりその認識論的な構造によって、定義される。質とはこの構造の具体的実現であり、カントのいい方に従えば、その展示(exhibition)なのである。患者に向って「視覚的刺激」もしくは「音響的刺激」を作用させる医師は、患者の「視覚的感受性」もしくは「聴覚的感受性」を検査して、(経験主義的ないい方をすれば)その意識を構成する感覚的諸性質の、あるいは(主知主義的ないい方をすれば)彼の認識の素材の、財産目録を作っているつもりになっている。医師も心理学者も常識から「視覚」とか「聴覚」とかいう概念を借りてくる。そしてわれわれの身体は、じじつ解剖学的に区別される視覚器官と聴覚器官をそなえているので、常識は「恒常性」の一般的公準(69)に基づいて、互いに孤立化されうる意識内容がこれらに対応しているものと想定し、視覚や聴覚を一義的なものと信ずるのである。だが実は「恒常性」の公準なるものは、当然のことながらわれわれ自身に関してわれわれが無知であるという事実の表明にすぎない。しかし科学が再び取り上げて体系的に用いる段になると、「視覚」とか「聴覚」とかといったこれらの混乱した概念は、研究を妨げ、ついには素朴なカテゴリーをすっかり改訂する必要を生ぜしめる。閾の測定が検査しているものは、ほんとうは、感覚的諸性質の特殊化や認識の展開に先だつところの諸機能なのである、つまり、被験者が自己をとりまく事物を、あるいは彼にとって活動性の極すなわち把握もしくは拒斥作用の相手方としてであろうと、あるいは純然たる光景すなわち認識の主題としてであろうと、ともかく彼自身に対してあらしめる仕方なのである。小脳性諸疾患のさまざまな運動障害と精神盲のそれとは、運動の背景と視覚とを、感覚的諸性質の手持ちとして定義するのではなく、環境に形態を付与しこれを構造化するある一定の仕方として定義する場合に、初めて整合させられうるのである。われわれは帰納的方法の使用によって、かえって実証主義が避けようとしていた、これらの「形而上学的」諸問題に連れ戻される。帰納は、現存する要因と不在の要因ならびに共伴する変化(訳註26)を記すだけで満足しないで、諸事実をそこに含まれていない諸観念のもとに把握し了解する場合にのみ、その目標に到達することができるのだ。われわれに疾病の意味をさとらせるその記述と、その原因を教える説明とのいずれか一方を選ぶことが問題なのではない。了解がなければ、およそいかなる説明も存在しないのである。

しかし、われわれの苦情を正確に述べておこう。分析してみると、それは二つになる。一、ある「心的事実」の「原因」は、単純な観察に現われるもう一つの「心的事実」では決してない。例えば視覚的表象は、抽象的運動を説明するものではない。なぜなら抽象的運動や指示の動作のなかに現われる、光景を投射するあの同じ能力が、視覚的表象そのものにもすでに宿っているからである。ところでこの能力は感覚によって、いや内的感覚によってさえ感じとられるものではない。もっと先にいってからその本性をはっきりさせるつもりであるが、ある種の反省に対してのみ、この能力が顕わになるのだと、さしあたりいっておこう。ここから直ちに明らかになることは、心理学的帰納とは諸事実の単なる調査ではないということである。心理学的説明は、諸事実のなかから、恒常的な無条件的な先件を指摘することによっておこなわれるのではない。物理学的帰納が単に経験的継起を記録するにとどまるのではなくて、諸事実の整合を可能にするような諸概念を創造するのと全く同様に、心理学は事実を把握し了解するのである。それゆえ、心理学においても物理学におけると同じように、いかなる帰納も決裁的な実験に訴え、これを誇るわけにはゆかないのだ。説明は発見されるのではなくて発明されるのだから、事実といっしょに与えられるのではなくて、どこまでも蓋然的な解釈なのである。以上の批判においては、われわれは物理学的帰納に関してすでに極めて明らかに示されていることがらを(70)、心理学に適用しているだけのことであって、われわれの第一の苦情は、帰納法を理解する経験主義的な仕方とミルの方法とに対して向けられているのである。——二、さて、この第一の苦情に第二の苦情が含まれていることが、やがてわかるであろう。心理学において拒むべきものは、経験主義だけではない。帰納的方法と因果的思惟一般が拒否されねばならないのである。心理学の対象は、関数の変数に対する関係によっては、規定されえないような性質のものなのだ。この二点をいくらか細部にわたって明らかにしよう。

一、われわれは、シュナイダーの運動障害が視覚的認識のひどい欠陥を伴っていることを、確認した。それだから、われわれは精神盲を純然たる触覚的行動の一つの特殊な場合と見なしたくなる。そして身体的空間の意識と潜勢的空間をめざす抽象的運動とが、殆ど完全に欠如しているので、触覚そのものは客観的空間のいかなる経験も与えるものではないと(71)、結論したくなるのである。そうなるとさらに、触覚はそれだけでは、運動に背景を提供する働き、つまり運動主体の前にその出発点と到達点とを厳密な同時性において提示する働きに適した機能ではないと、われわれはいうであろう。患者は準備運動によって「運動感覚的背景」を自己に与えようと試みる。彼はこうして出発する際の自分の身体の位置を「印しづけ」、運動を始めることができはする。しかし、この背景は不安定なもので、視覚的背景のように、運動の続く間じゅう、出発点と到達点とに対する運動体の関係位置を、われわれに確保することはできないであろう。運動感覚的背景は、運動そのものによって揺がされ、運動の局面が変るごとに再建されねばならない。シユナイダーにおいて抽象的運動がメロディーのような歩みぶりを失い、断片のつなぎ合わせとなり、途中でしばしば「脱線」するのも、以上のような理由のためだと、われわれはいうであろう。シュナイダーに欠如している実践の場とは視野にほかならない(72)。しかし精神盲においては視覚障害を運動障害の、正常人にあっては視覚を投射機能の、それぞれ、その恒常的にして無条件的な前件と見なす権利を、われわれがもつためには、視覚の与件だけが疾病に侵されていて、あらゆる他の行動条件、とりわけ触覚的経験が正常人の場合と少しも変らぬことが確かでなければならない。われわれはこれを主張できるだろうか。事実がいかに両義的なものであり、いかなる実験も決裁的ではなく、いかなる説明も究極的でありえないということが、はっきりとわかるのも、まさにここなのである。たとえ、正常人はまぶたを閉じたままで抽象的運動をおこなうことができ、彼の触覚的経験は運動機能を統御する十分な力をもっているということを指摘しても、感覚の教育という古来の図式に従って、正常人の触覚的与件がほかならぬ視覚的与件からその客観的構造を受けとったのだと、ひとはいつでも答えることができよう。また盲人がおのれの身体上に刺激を位置づける能力や、抽象的運動をおこなう能力をもっていることを指摘しても、——盲人においても準備運動の例があるということのほかに、度かさなる連合が触覚的印象に運動感覚的印象の質的な色あいを与え、これを溶接して、準-同時的なものにしたのだと(73)、ひとはいつでも答えられる。ほんとうは、若干の患者の行動における多くの事実が(74)、触覚的経験の一次的変質を予測させるのである。例えば、ある患者は扉をノックする仕種を心得ているが、もし扉がかくされていたり、あるいは手で触れられる距離にないというだけでも、もうこの仕種をすることができない。後者の場合、たとえ両眼をひらいて扉を凝視していても、[75]患者はノックの仕種や扉を開く仕種を虚空に向っておこなうことができないのだ。ふつうならどうにかこうにか運動を方向づけるに足りるくらいの目標の視覚的知覚を患者はもっているのだから、視力の減退をここで問題にすることがどうして許されようか。むしろ触覚の一次的障害が明るみに出たのではなかろうか。ある対象がきっかけとなって運動が始まるためには、明らかにこの対象が患者の運動野（champ moteur）に属していなくてはならない。そしてこれも明らかなことだが、障害の本質は運動野の縮小にあるのである。運動野は実際に触れられうる諸対象だけに制限され、正常人の場合にはそれらをとりまいている可能的接触の地平がここでは排除される。欠陥は結局のところ視覚よりも深く、また所与の性質の集まりとしての触覚よりも深い一機能にかかわることになる。欠陥は主体の生活領域に、つまり世界に対して開かれているという存在の仕方に関することになる。目下のところ捉えることができないような諸対象でも、正常人には問題となり、彼にとっては触覚的に存在し、彼の運動世界の一部をなしているのであるが、まさにこのことを可能ならしめる世界に対する開放性に欠陥が存することになる。以上の仮説によれば、患者が運動の間じゅう自分の手と目標物とを見はっているという事実は、[76]正常人のやり方の単なる誇張と見られるべきではないであろう。また、視覚に訴えるということは、可能的触覚が崩壊したためにこそ、初めて必要となったのであろう。しかし厳密な帰納の平面においては、触覚を相手どるこの解釈も、依然として一つの任意な仮説にすぎない。ひとはいつでもゴールドシュタインとともに、他の解釈を選ぶことができる。例えば、患者がノックする仕種をするために接触可能な距離にある目標物を必要とするのは、まさに、彼においては不十分な視力がもはや彼に運動の堅固な背景を与える力がないからにほかならないと、こう主張することができよう。それゆえ患者の触覚的経験が、正常人のそれと等しいか否かを、決定的な仕方で証拠だてる事実はなく、ゴールドシュタインの考え方は、物理学の理論と同様、何らかの補助的な仮説の助けを借りれば、いつでも事実と一致させることができるのである。心理学においても物理学におけると同じく、厳密に排他的な解釈はありえない。

しかしながら、いっそう綿密に考察してみると、決裁的実験が不可能であるという事態は、心理学においては特殊な理由に基づいていることがわかるであろう。それは認識さるべき対象の、すなわち行動の、本性そのものによるのであり、遙かに決定的な結果を伴っている。いずれも事実によって絶対的に排除されることも厳密に根拠づけられることもない、さまざまな理論のうちから、物理学は、それでもなお、まことらしさの度合によって、選択することができる。つまり、わざわざそのために考えだされた補助仮説をしょいこまずとも各理論がそれだけで秩序づけることができる事実の数の多少に応じて、まことらしい理論を選ぶことができる。心理学にはこのような基準がない。今しがた明らかにしたように、扉を「ノックする」仕種ができないという事実を、視覚的障害によって説明するには、別段なんら補助仮説を必要とするわけではない。われわれは単に排他的な解釈――潜勢的触覚の欠如か視覚的世界の欠如か――に決して到達しないというだけではない。「視覚的表象」「抽象的運動」ならびに「潜勢的触覚」は同一の中心的現象に対する三つの名称にすぎないのだから、われわれはまた、同程度にまことらしいいくつかの解釈に必然的にかかわることになるのだ。こういう次第だから、心理学はここでは物理学と同じ事情のもとにあるのではない。つまり専ら帰納の蓋然性を事とするわけにはゆかないのだ。厳密に帰納的な観点からすればあい容れないはずのもろもろの仮説の間を、心理学はまことらしさによってさえ、選ぶことはできないのである。たとえ単に蓋然的ではあっても、一般に帰納が可能となるためには、「視覚的表象」と「触覚的知覚」とのいずれか一方が抽象的運動の原因であるか、それとも結局、両者ともども他の原因の結果であるのでなくてはならない。三つないし四つの項が外から考察されることができ、その相関的な変化が見定められうるのでなくてはならない。しかし、もしそれらが孤立化されうるものではなく、相互に予想しあうものであるなら、失敗はもはや経験主義もしくは決裁的実験の試みの失敗にはとどまらず、心理学における帰納的方法あるいは因果的思惟そのものの挫折ともいえよう。こうしてわれわれが確立しようと欲していた第二点に到達するのである。

二、もしゴールドシュタインが認めるように、正常人における触覚の与件と視覚の与件との共存の結果、前者の姿がいちぢるしく変えられて、抽象的運動の背景として役だちうるようになったのだとすれば、このような視覚の出資分を奪われた患者の触覚的与件を、正常人のそれと直ちに同一視することは許されぬであろう。ゴールドシュタインによれば、触覚の与件と視覚の与件とは、正常人においては、ただ並存しているのではない。前者は後者と隣接しているおかげで、ある種の「質的なニュアンス」をもっているのであるが、これがシュナイダーにおいては失われてしまったのだ。したがって純粋に触覚的なものの研究は、正常人においては不可能で、ただ疾病のみが、全くそれ自身に還元された触覚的経験の何たるかを知らせるのだと、ゴールドシュタインは付言している。(77) この推論は正しい。しかしそれは結局、次のようにいうに等しい。——つまり、正常人に適用される場合と患者に適用される場合とでは、「触れる」という言葉は同じ意味をもってはいない、「純粋に触覚的なもの」とは、病理学的現象であって、正常な経験の構成要素ではない、この疾病は視覚機能を解体することによって、触覚の純粋な本質を顕わにするのではなく、かえって患者の経験の全体を変容させてしまった、いや、好むならこういってもいい、正常なひとには触覚的な経験と視覚的な経験とがあるのではなく、それぞれの感覚の出資分の分量を定めることができないような、一つの全体的経験があるのだ、と。——精神盲において触覚によって伝えられる経験は、正常人におけるそれと、何の共通点ももってはいない。両者ともども「触覚的」与件と呼ばれるに価いしないものである。視覚的経験を変化させても触覚的経験は不変のままに維持され、したがってそれぞれの感覚経験の固有の原因性を見定めることができるという具合に、触覚的経験は独立した条件なのではない。そして行動とはこれらの変項の関数ではない。変項の各々が他方の変項の定義のなかにすでに前提されているように、行動はこれらの変項の定義のなかに最初から前提されているのである(78)。精神盲、触覚の不完全性、ならびに運動の障害は、これらの現象の了解を可能ならしめる、いっそう基本的な障害の三つの表現であって、病的行動の三つの構成要素ではない。視覚的表象、触覚的与件ならびに運動機能は、行動の統一性から切り抜かれた三つの現象なのである。これらの三つが相関的な変化を呈するからといって、もしわれわれが一を他によって説明しようと欲するならば、例えば視覚的表象作用が、小脳性諸疾患の症例が証拠だてているように、抽象的運動や指示の動作においても現われている、あの同じ投射の能力をすでに予想しているということを忘却し、したがって説明しているつもりのものを実は前提していることになるのである。帰納的な因果的な思惟は、すべての感覚に宿っている投射の能力を、視覚とか触覚とか、あるいはまた何らかの事実上の与件のうちに閉じこめることによって、この能力をわれわれの眼からかくし、まさに心理学の次元たる行動の次元に対して、われわれを盲目にしてしまう。物理学においても、なるほどある法則を確立するためには、諸事実を秩序づける観念を学者が思いつくことが必要であり、この観念は事実のなかに見出されるものではなく、したがって決裁的な実験によって検証されるものでは決してない。それはどこまでも蓋然性の域を出ない。しかし、それでもなお、この観念は関数の変数に対する関係という意味において、因果関係の観念である。気圧なるものは、発明されたものであるに違いない。しかしそれはひっきょう、やはり第三人称的な過程であり、若干の変数の関数である。行動とは、「視覚的内容」と「触覚的内容」、感覚性と運動機能とが、相互に分ち難い契機としてのみそのなかに現われるところの一つの形態であるから、それは因果的思惟にはどこまでも近づき難いものであり、他の種類の思惟にして初めて把握しうるものなのである。――他の種類の思惟とは、対象をそれが生れつつある状態において、捉える思惟のことである。つまり、対象を生きる主体にとってそれが現われるがままに、そしてこの時それを包んでいる意味の雰囲気とともに、対象を捉える思惟なのである。この思惟は、この雰囲気のなかにしのびこみ、ばらばらの事実や徴候の背後に、正常人の場合には全体的存在を、患者の場合には根本的な障害を、見出そうとするのである。

〔件の諸現象を反省的分析によって「象徴機能」に結びつけて理解することも不可能である〕

抽象的運動の障害を視覚的内容の欠如によって説明することが不可能であって、したがってまた投射の機能を視覚的内容の現存によって説明することもできないとあれば、一見ただ一つだけ可能な説明方法が残っているように思われる。この方法は、さまざまな症候から、それ自身として確認されうる原因にさかのぼるのではなくて、ある理由に、もしくは知的に理解されうる可能性の条件にさかのぼることによって、基本的な障害を再構成するという方法であろう。――つまり人間的主体を、その現われ（manifestations）の一つ一つのなかに全体的に現存する分解を許さぬ一つの意識として、取り扱うことである。障害を内容に関係づけてはならないということならば、それを認識の形式に結びつけねばならないだろう。心理学が経験主義的で説明的であってはならないとすれば、それは主知主義的で反省的でなくてはならないだろう。呼称の行為と全く同様に、(79) 指示行為は、対象が身体によって接近され、摑まれ、呑みこまれるのではなくて、患者から距離を保ち、患者の前に画像のように現われることを、予想している。プラトンは、経験主義者といえども指でさし示すことは可能だとしているが、ほんとうをいうと、指さし示されるものが、すでに刹那的な存在とモナド的な存在から引き離されて、それが以前に私に現われたさまざまな姿や、私と同時に他人にも現われているその姿を代表するものと見なされるのでなければ、つまり一つのカテゴリーのもとに包摂され、概念に高められていなければ、無言のうちに指さし示す仕種でさえ、不可能なのである。患者が、触れられている自己の身体の一点を指でさし示すことがもはやできないのは、彼が今や客観的世界に面と向う一個の主観ではなくなり、「範疇的な態度」をとることが不可能だからである。(80) 同様に、抽象的運動が巻添えをくって困難になるのは、それが目標についての意識を予想し、このような意識に担われた対自的な運動だからである。実際、抽象的運動は、何らかの現存する対象によって喚起された運動ではない。それは明らかに遠心的である。自己の身体を横ぎりそれを通じて事物といっしょになろうとするのではなく、身体そのものに向いそれを対象化する動機のない志向を、この運動は空間のなかに描くのである。それゆえ、この運動には、客観化の能力が、つまり「象徴機能[81]」(fonction symbolique)「表現機能[82]」(fonction représentative)「投射[83]」(projection)の能力が、住まっている。そのうえ、この能力はすでに「物」の構成にも働いているのである。そしてその働きとは、種々の感覚的与件を相互に代表しあうものと見なし、またそれらの全体を一個の「形相《エイドス》」を表わすものとなすことである。つまり、これらの感覚的与件に一つの意味を付与し、内面から活力を与え、それらを秩序づけて一つのシステムとなす、また、多数の経験を同一の可知的核心に集中し、さまざまなパースペクティヴにあっても同一のものと見なしうる一個の統一が、これらの経験をとおして現われるというようにする、要するに印象の流れの背後に、その根拠を提供する不変のものを配し、経験の素材に形式を与えることである。ところで、意識はこの能力をもつといってはならない。意識はこの能力そのものなのである。意識が存在する以上、そして意識が存在するためには、意識がそれについての意識であるようなあるものが、すなわち志向的対象がなくてはならない。そして意識がこの対象に向うことができるのは、意識が自己を「非実在化[訳註27]」し、対象に自己を投ずる限りにおいてのみである。つまり意識が全く、この、あるもの……への関係のうちにあり、純粋な意味付与作用(acte de signification)となる場合に限られる。ある存在が意識であるなら、それはさまざまな志向からなる織物以外の何ものであってもならない。それが意味付与作用によって自己を定義するのをやめるや否や、再び物の状態におちいる。なぜなら物とはまさしく認識しないもの、自己についても世界についても全くの無知のうちに休らっているもののことであり、したがって真実の「自己」すなわち「対自」ではなく、空間的・時間的個別性しか、即自的存在しか、もたないもののことだからである。(84) 意識は端的に意識であって、より以上に意識的だとか、より少く意識的だとかというようなことは、ありえない。患者がもはや意識として実存するのでないならば、彼は、物として存在するのでなければならない。運動は対自的な運動であるか、――然らば「刺激」は運動の原因ではなく、その志向的対象であろう、――それともばらばらになって即自的存在のなかに消散するか――然らばそれは身体における客観的な過程となり、その諸位相はあい継起しても互いに知りあうことはないであろう、――運動は以上のいずれかである。例の疾病においても具体的運動ならやすやすとおこなえるという特殊な事情も、この運動は古典的意味における反射なのだから簡単に説明できる。患者の手が身体の蚊の刺した場所にいくのは、既成の神経回路が興奮の場所に向って反作用が起るように、調整しているからである。職業上の運動が依然として可能なのは、堅固に確立された条件反射に依存しているからである。精神的な欠陥があるにもかかわらず、こうした運動が存続しているのは、それが即自的な運動だからである。具体的な運動と抽象的の運動、把握（Greifen）と指示（Zeigan）の区別は、生理的なものと精神的なもの、即自存在と対自存在の区別と等しいことになろう。(85)

ところが実は以上の二組の区別のうち、前の区別は後の区別と一致するどころか、全くこれとあい容れないものであることが、やがてわかってこよう。どのような「生理学的説明」もおのれを一般化しようとする傾向をもっている。もし、把握の運動もしくは具体的な運動が、皮膚の各点と、そこに手を導く運動筋肉との間の事実上の連絡によって確保されているのなら、なぜこれと同じ神経回路が、殆どこれと変らない運動を同一の筋肉に命じて、把握の運動と同様に指示の動作をも保証しないのか、わからなくなる。皮膚を刺す蚊と、同じ場所に医師があてる木製の小定規との間の物理的な差異は、把握の運動が可能で指示の運動が不可能であることを説明するのに十分なものではない。二つの「刺激」が真に区別されるのは、それらの情感的な値、もしくは生物学的意味を勘定に入れた場合に限られる。そして指示と把握とを、対象に関係する二つの仕方として、「世界における（への）存在」の二つの型として考察する場合に、初めてこの二つの応答は別のものとなるのである。ひとたび生ける身体を対象という状態にしてしまったからには、まさにこのような考察が不可能となるのである。一度でも身体が第三人称的な過程の座であることを認めたならば、行動のなかには、意識に充当すべきものは、もはや何一つ見あたらないだろう。身振りも運動と等しく、同じ器官－対象、神経－対象を用いるのだから、内部をもたぬ諸過程の平面に展開され、「生理的諸条件」から織りなされた隙間のない織物のなかに織り込まれなくてはならない。患者が自分の仕事にとりかかって、仕事机の上に置かれた道具の方に手を伸ばすときにおこなう腕の諸部分の移動は、抽象的な伸張の運動をおこなうためにしなくてはならないそれと、まるで似てはいないだろうか。日常的な身振りのなかには、一連の筋肉収縮と神経支配とが含まれていないだろうか。それゆえ、生理学的説明をある領域に局限することは不可能である。他方、意識の領域を制限することも、また不可能である。指示の身振りが意識に帰せられるならば、そして刺激が反応の原因たることをひと度やめて志向的対象となることが可能ならば、それが純粋の原因として働きうることは、およそいかなる場合にも理解できなくなるだろうし、運動が盲目たりうることも決して考えられないであろう。それというのも出発点の意識と到達点の意識とをそなえた「抽象的」運動が可能であるとすれば、われわれは生の各時点において、われわれの身体がいずこにあるかを知っているはずであり、それも、われわれのいない間に移動した対象を探すようにおのれの身体を探す必要もない、というのでなくてはならない、したがって「自動的」運動であっても、意識に感知されるのでなくてはならないからである、つまり、われわれの身体には、即自的な運動なるものは、決して存在しないはずだからである。そしてどんな客観的空間もつねに知的意識にとってのみ存在するのだとすれば、把握の運動に至るまで、範疇的な態度が見られるはずである[86]。生理的因果性と等しく、自覚化もどこから始まるというものではない。生理学的説明をすっかり断念するか、それともそれがいっさいであることを認めるか、——意識を否定するか、意識がいっさいであることを認めるか、いずれかでなくてはならない。そして、ある運動は身体の機械制に、他の運動は意識に帰するなどということは、許されない。身体と意識とは、お互いに限界づけあうのではない。両者は並行的でしかありえない。いかなる生理学的説明も機械論的生理学に一般化され、いかなる意識化も主知主義的心理学に一般化される。そして機械論的生理学であれ、主知主義的心理学であれ、行動を平準化し、抽象的な運動と具体的な運動との区別、指示と把握との区別をなくしてしまう。身体が身体であるのにも、意識が意識であるのにも、多くの仕方がある場合にのみ、この区別は維持されるのだ。身体が即自的存在として定義される以上は、それはつねに一様に機械制として機能することになる。また精神が純然たる対自的存在として定義される以上は、精神は自己自身の前に展開された諸対象しか知らないのである。したがって抽象的運動と具体的運動との区別は、身体と意識との区別と一致するものではない。前者は後者と同じ反省的次元に属するものではない。それは行動の次元にのみ属する。病理学的現象は、対象についての純粋意識ではないあるものを、われわれの眼の前でいろいろに変えて見せる。意識が崩壊し、自動機制が解き放たれて勝手気儘に働くのだという主知主義的心理学の診断は、内容の立場にたつ経験主義的心理学の診断と同様、基本的な障害を捉えていない。

〔「象徴機能」の実存的背景と疾病の構造〕

ここでも例のごとく、主知主義的分析は、誤っているよりむしろ抽象的なのである。なるほどわれわれの運動の基礎には、「象徴機能」もしくは「表現機能」が横たわっている。しかしそれは分析にとって終点ではないのだ。この機能はこの機能である地盤の上にあり、主知主義の誤謬は、それを自己自身に依拠するものとなして、それがそのなかで実現される素材から分離したこと、そして距離を隔てぬ世界への臨在を根源的なものとしてわれわれのうちに認めたこと、にある。なぜなら、このような、すみずみまで透明な意識、程度の差を容れる余地のないこの志向性からすると、われわれを真実の世界から分つすべてのもの、——誤謬、疾病、精神錯乱、そして要するに精神的なものの受肉——は単なる見かけという地位におとしめられてしまうからである。たしかに主知主義は、素材から分離された状態で意識を現実化しようとはしていない。そして例えば、言語、行動、知覚の背後に、言語的素材、知覚的素材、運動的素材のいずれにも共通な、数の上でもただ一個の形式であるような、「象徴的意識」なるものを導入することを、みずからはっきりと禁じている。カッシラーによれば「象徴能力一般」なるものは存在しない。[87] そして反省的分析は、知覚、言語、行動に関する病理学的諸現象の間に、「存在における共通性」を打ち建てようとしているのではなくて、「意味における共通性」を求めているのである。[88] まさに因果的思惟と実在論とを決定的に超克していればこそ、主知主義的心理学は、疾病の意味もしくは本質を見ることができ、存在の平面において認められるのではないが、真理の平面において自己自身に対してみずから証しを立てる意識の統一なるものを、認識することができるのである。しかしながら、ほかならぬ存在における共通性と意味における共通性との区別、存在の次元から妥当の次元への意識的な移行、意味と妥当性とを自律的なものとして主張することを可能ならしめる、この転換は、実際上は一つの抽象に等しい。なぜなら、こうしてついに到達された観点からすれば、諸現象の多様性は無意味な不可解なものとなるからである。もしも存在の外に意識が置かれるなら、意識は存在によって傷つけられることもないであろう。意識の経験的な多様性——病的意識、原始的意識、幼児的意識、他人の意識——が真面目に問題とされることはもはやありえない。そこには、知らるべき、また了解さるべき何ものもない。ただ一つのものだけが、了解可能なものなのである。それは意識の純粋本質である。これらの意識のいずれも、「コギト」をおこなわずにいることはできまい。精神錯乱者は、彼の妄想、強迫観念、虚言の背後で、自分が妄想し、自己自身につきまとわれ、嘘をついていることを知っている、そして結局、彼は精神錯乱しているのではなく、そうであると思っているのである。それゆえ、すべては正常なのであって、精神錯乱は誠意の欠如にすぎない。疾病の意味の分析は、とどのつまり、象徴機能にたち至るのであるが、そうだとすると、あらゆる疾病を同一視し、失語症、失行症、[訳註28]失認症[訳註29]を一様化する結果となり、[89]また恐らくは、それらを精神分裂症から区別する術さえなくなってしまう。[90]そういうわけだから、医師や心理学者が、主知主義の誘いを退け、やむをえず因果的説明に立ち戻るのは、じゅうぶんに理解できる。因果的説明は少くとも疾病に特有なもの、それぞれの疾病の型に特有なものを考慮に入れるという長所をもっており、その結果、実際的な知識の、せめて見せかけなりとも、われわれに与えるからである。現代の病理学は、厳密にある一つの領域のみを選んで侵す障害は決して存在しないことを明らかにしているが、しかしまた、それぞれの障害が、それによって主として侵されている行動の領域の何であるかに応じて、さまざまなニュアンスをもつことをも、明示しているのである。[91]どんな失語症でも、綿密に観察すると、認知障害、行動障害を伴い、どんな失行症も言語障害と知覚障害を、またどんな失認症でも言語ならびに行動上の障害を伴っているが、それでもなお障害の中心が、かしこでは言語領域に、ここでは行動領域に、あるいはまた知覚領域にあることに変りはない。[訳註30]これらのいずれの場合においても象徴機能を問題とするならば、なるほどさまざまな障害に共通する構造を特徴づけたことにはなろう。しかしこの構造を、それが実現される特定の素材から分離してはならない。それはそれぞれの場合に、専らそれぞれ特定の素材においてというわけではないにせよ、少くとも主としてこの素材において、実現されるのである。要するに、シュナイダーの障害は、最初は形而上学的性質のものではない。彼の後頭部領域を傷つけたのは砲弾の破片であり、視覚障害は重大である。すでに述べたように、あらゆる他の障害を、これを原因として説明することは、筋がとおらないが、砲弾の破片が象徴的意識にぶつかったと考えるのは、これに劣らず馬鹿げていよう。彼の「精神」が傷つけられたのは、視覚をとおしてである。障害の起源とその本質もしくは意味とを結びつける手だてを発見し、疾病の具体的本質、すなわち、その普遍性と特殊性とを同時に表現する構造を定義しない限りは、つまり現象学が発生的現象学とならないうちは、因果的思惟と自然主義とが復活して、新たに攻撃を加えてくるのも、無理からぬことであろう。したがってわれわれの問題はおのずから明確になる。言語的、知覚的、運動的内容と、それらが受けとる形式、もしくは、それらを活気づける象徴機能との間に、形式を内容に還元することでも、内容を自律的な形式のもとに包摂することでもないような、一つの関係を考えることが問題なのである。われわれは、シュナイダーの病気が彼の経験の特殊な——視覚的、触覚的、運動的な——内容を、あらゆる方面で乗り越えながら、しかも特に視覚に属する素材を介してのみ、象徴機能を侵すに至るという事情を、理解しなくてはならない。もろもろの感官、ならびに一般に自己の身体は、次のようなふしぎな一つの全体として現われる。つまり、自己の個体性（eccéité）特殊性を離れることなく、しかも自己自身のかなたに、一連の思惟と経験の骨組となりうるようなもろもろの意義を放射する、ふしぎな一つの全体（訳注31）なのである。シュナイダーの障害は、知覚のみならず運動機能と思惟にも関係しているが、それにしても、それがとりわけ侵すのが、思惟においては同時的に存するもろもろの全体を把握する能力であり、運動機能においては運動を鳥瞰し外部に向ってそれを投射する能力であることに、変りはない。それゆえ破壊され、いためられたのは、いわば精神的空間と実践的空間であって、言葉そのものがこの障害の視覚的系譜を十分に示している。視覚的障害は他の障害の、とりわけ思惟の障害の原因ではない。しかしそれはまた後者の単なる結果でもない。視覚的内容は投射の機能の原因ではないが、また視覚は、「精神」が、それ自身において無制約的なある能力を発揮する、単なる機会でもない。視覚的諸内容は、それを超える象徴能力によって、思惟の水準において捉え直され、利用され、昇華されるのであるが、そもそもこの能力が成立するのも、ほかならぬ視覚という基底の上においてである。素材と形式との関係は、現象学のいわゆる基礎づけ（Fundierung）の関係である。つまり象徴機能は視覚を地盤として、これに依存しているのであるが、これは視覚が象徴機能の原因だからではなくて、単に「精神」が思いがけなくも利用せねばならないことになった自然の賜だからである。そして精神はそれに根本から新しい意味を与えなくてはならないのだが、しかし受肉するためだけではなく、そもそも存在するためにも、これを必要としていたのである。内容がついには形式の単なる様態のように見え、思想の歴史的な準備があたかも「自然」に化けた「理性」の策略(訳註32)とも見えるほど完全に、形式は内容を自己に統合する。——しかし逆にどれほど知的に純化されようとも、内容は根本的な偶然性としてどこまでも残るのである。すなわち、認識と行動の最初の据付けないし創設(92)として、存在もしくは価値の原始的な把握として、どこまでも残り、認識と行動は、この原始的な把握のもつ具体的な富を、決して汲み尽くしてしまうことはないだろうし、そこからおのずと生ずる方法を、いたるところで繰り返し活用するであろう。われわれが復元しなくてはならないものは、まさに、形式と内容との、この弁証法なのである。あるいはむしろ「相互作用」といっても、なお因果的思惟と妥協し矛盾をそのままいい表わしているにすぎないのだから、われわれはこの矛盾が了解されうるような領域を、つまり実存を、記述しなくてはならないのだ。しかして実存とは、事実と偶然に先だって存在するのでもなければ、これらなしに存在するのでもないある種の理性によって、事実と偶然とをたえず引き受ける働きなのである。[93]

何が「象徴機能」そのものの基礎に存するかを知りたければ、われわれはまず最初に、知性でさえ主知主義の主張を受け入れるものではないということを理解しなくてはならない。シュナイダーにおいて思惟の働きを妨げているものは、彼が具体的な与件を、ただ一つのエイドスの諸例として把握したり、一つのカテゴリーのもとにそれらを包摂したりすることができないという事情ではない。むしろかえって、あからさまな包摂作用によってしか、これらの与件を結びつけることができないという事情なのである。例えば、この患者は次のようなごく簡単な類比さえ理解できないという事実が、指摘されている。「猫の毛の猫に対するは、羽毛の鳥に対するが如し」、「光のランプに対するは、熱の煖炉に対するが如し」、とか「光と色に対して眼は、音に対する耳にあたる」など。同様に彼は「椅子の脚」とか「釘の頭」とかいうような常用語を、それが対象のどの部分を指すかは知っているのだが、その隠喩的な意味において理解はしない。もっとも、同じ程度の教養をもった正常人でも、類比をそれ以上説明することはできないということが、たまたま起る。しかしそれは反対の理由からである。正常人にとっては、類比を理解する方が、それを分析するよりいっそう容易なのだが、逆に患者は、概念的な分析によって明らかにしたあげくに初めて、これを理解することができるのだ。「彼は共通の内容的特徴を探しだし、これを中間項として、二つの関係の等しさを結論しようとする。[94]」例えば彼は眼と耳との類似を反省し、そして次のようにいうことができたとき、初めてはっきりとこの類似の理解に達するのである。「眼と耳とはいずれも感覚器官である。それゆえ、それらは何か似たような働きをしなくてはならない」と。もしわれわれが、類比とは二つの項を同等なものとして一つの概念のもとに捉えることであると述べるなら、われわれは、類比に関する正常な理解の不足を補うために患者が通過しなくてはならない迂路を表わす病的でしかないような手続きを、正常なものと称することになるであろう。「患者にあっては比較の第三項（tertium comparationis）は任意に選択されるが、この任意性は、正常人において類似《イマージュ》が直観的に決定されるのと好対照をなしている。正常人はさまざまな概念構造における種的な同一性を捉える。彼にとっては比較さるべき思惟の生き生きとした歩みは、相互に対称をなし、対をなしている。こうして彼は、類比における本質的なものを「摑んで」いるのである。たとえ、類比の理解が、被験者みずから提供する言い回しや説明によって、十分に表現されてはいなくても、やはり彼には理解する能力があるのではないかと、われわれはつねに怪しんでみることができるのである」[95]。したがって、生き生きした思惟とは、一つのカテゴリーのもとへ包摂することではない。カテゴリーは、それが結合する諸項に外的な意義をおしつける。シュナイダーが眼と耳とを「感覚器官」として結びつけることに成功するのは、既成の言語とそれが含む意味関係から着想を得ることによってである。正常な思惟においては、眼と耳とは、一挙にその機能の類似に即して把握される。そしてあらかじめ視覚と聴覚との特異性のうちに両者の関係がういういしい姿において感じとられておればこそ、これが「共通の特徴」として固定され言語的に記録されることもできるのである。恐らくこのような批判に対して、これは思惟を単に論理的な活動と同一視する大ざっぱな主知主義にしかあたらない、まさしく反省的分析こそ述定作用の基礎にまでさかのぼり、内属判断の背後に関係判断を発見し、機械的かつ形式的な作業としての包摂作用の背後に、述語において表明される意味を主語に付与するところの思惟の範疇的作用を見てとるものだと、反論されるであろう。こうして範疇的機能に対するわれわれの批評は、カテゴリーの経験的使用の背後に、その超越論的使用があることを暴露するという結果しか招かないことになる。実際、超越論的使用がなければ、経験的使用も理解できないのである。しかしながら経験的使用と超越論的使用との区別は、難点を解決するよりも、むしろそれを隠蔽するものである。批判主義の哲学は、思惟の経験的な作業を超越論的な活動によって裏打ちする。超越論的な活動がすべての総合を実現する任務を担い、経験的思惟はこれらの総合をいわば小銭にくずすという次第である。しかし私が現に何ごとかを考える場合、無時間的な総合の保証は、私の思惟を根拠づけるにあたって十分なものではないし、必要ですらない。この総合を実現せねばならないのは、まさに今、この生ける現在においてなのである。そうでなければ、思惟はその超越論的な前提から分離されてしまう。それゆえ、いまだかつて私がそれであることをやめたこともない永遠なる主観に、私が思惟する際に改めて復帰する、などということは許されないのだ。なぜなら、思惟の真の主体とは、このような転回と継承を現になしとげつつあるもののことであり、無時間的な幽霊に生命を与えるのも、まさにこのものだからである。したがって時間的思惟がいかにしてそれ自身の上に結実して、それ自身の総合を実現するかを、われわれは理解しなくてはならない。正常な人が、眼の視覚に対する関係は耳の聴覚に対する関係に等しいことを、造作なく理解するのは、眼と耳とが、同じ世界への接近手段として、一挙に彼に与えられているからであり、また彼が、唯一の世界に関する先述定的明証をもっていて、そのため、もろもろの「感覚器官」の等価性と類似性とが事物の上に読みとられ、概念的に理解される以前に体験されうるからである。カント的主観は一つの世界を措定する。しかし、そもそもある真理を主張しうるためには、現実の主体があらかじめ一つの世界をもつか、もしくは世界に臨んでいる(訳註33)のでなければならない。すなわち、自己の周囲にもろもろの意義のシステムをたずさえ、そしてこれらの意義相互の対応、関係、関与などが、わざわざ解き明かされる要もなく、直ちに使用されうる、というのでなくてはならない。私が私の家のなかで移動するとき、浴室にゆくことが寝室の近くを通ることを意味し、窓を眺めることが暖炉を左手にすることを意味するということを、私は直ちに知るのであって、そのためにいささかの説明も要しない。この小さな世界のなかでは、それぞれの動作、それぞれの知覚が、無数の潜在的座標に対して直接、位置づけられている。私がよく知りあっている友人とおしゃべりするとき、彼の言葉と私の言葉のすべては、世間一般のひとに対してそれらが意味することのほかに、彼ならびに私の性格の主要な次元に対する多数の指示を含んでいるのであるが、しかしそれを理解するためにわれわれは以前の会話を想い起す必要はない。私の経験に二次的な意味を与える、これらの既得の世界は、それ自体、私の経験の最初の意味を基礎づける原初的な世界のなかから切り取られたものである。これと同様に「思想の世界」というものがある。つまり、われわれの心的作業の沈澱がある。われわれが既得の判断や概念を、ひとまとめに与えられた現存の事物と同じようにあてにすることができ、いちいち改めてその総合を繰り返す必要がないのも、このおかげである。こうして、われわれにとって、はっきりめだつ領域とぼんやりした領域とをもった一種の精神的パノラマが、そしてまた、もろもろの問題と、探求、発見、確信といった知的諸状況との、ある相貌といったものが、ありうることになる。しかし「沈澱」という言葉に欺かれてはならない。この圧縮された知識は、われわれの意識の底にたまった無活動な塊りではない。私のアパートは私にとって互いに強く連合しあった一連の心像《イマージュ》ではない。それが私の周囲にあい変らず親しみ深い領域としてあり続けるのは、私が今なおその主要な距離や方向を「手のなか」や「脚のなか」にもっており、私の身体から出発して無数の志向の糸がそれに向っている限りにおいてである。これと等しく、私の既得の思想は、絶対的に私のものになりきったものではない。それらはたえず私の現在の思惟によってはぐくまれる。つまりそれらは私に一つの意味を差し出すが、また私はこの意味を、それらに返してやるのである。じじつ、われわれが自由になしうる限りの既得の思想は、われわれの現在の意識のエネルギーを、そのつど表現している。ある場合には、疲労しているときのように、このエネルギーが減退することもある。そうすると、私の思想の「世界」は貧弱なものとなり、ほんの一つ二つの強迫観念だけになる。あるいは逆に、私が私のあらゆる思想を自由にしているような場合もある。こういうときには、私の前でいわれた言葉がことごとく問題や観念を芽ばえさせ、精神的パノラマを再編成し、ある明確な表情を伴って現われる。こういうわけだから、既得のものがほんとうに獲得されるのは、それが新しい思惟の運動のうちに再び取り上げられる場合に限られる。また思惟は、みずから自己の状況を引き受ける場合に初めて、状況づけられるのである。意識の本質は、自己に一つもしくは幾つかの世界を与えること、つまり、自己自身の前に自己自身のもろもろの思想を物のように存在せしめること、にある。そして意識は、自己に対してこれらの景観を描いて見せることによって、そしてまた同時にそれらから離れることによって、その力を証明するのである。世界という構造は、沈澱と自発性という二重の契機を伴いつつ、意識の中心にある。そしてわれわれは、シュナイダーにおける知能障害、知覚障害、運動障害を、相互に他に還元することなく、しかも同時に「世界」の平準化として、了解することができるであろう。

〔「知覚障害」と「知能障害」の実存的分析と「志向の弧」〕

知覚の古典的分析は、[96]知覚のうちに、感覚与件とそれが悟性の作用から受け取る意義とを区別する。知覚の障害は、この観点からすると、感覚的欠陥か認知障害でしかないことになる。ところがシュナイダーの症例は、これに反して、感覚性と意義との間の連結に関する諸欠陥、そして感覚性も意義もともに実存的に条件づけられているという事実を、明らかにするところの諸欠陥を、われわれに示すのである。この患者に、留金が見えないようにして一本の万年筆を示すと、彼はこれを認知するのに、次のような諸段階を経なければならない。「これは黒く、青く、澄んだ色をしている」と患者はいう。「白いしみがあって、細長い。それは棒のような形をしている。それは恐らく何か器具だろう。それは光に輝いている。反射する。これはまた色つきガラスかもしれない。」このとき万年筆を近づけて、留金を患者の方に向ける。彼は続ける。「これは鉛筆かペン軸に違いない。(彼は上着のポケットに手をやる)。それは、何かを書きとるために、ここに入れておくものだ。[97]」実際に見られたものに可能的な意義を提供することによって言語が認知の各段階に介入していることは、一目瞭然である。また言語のつながりを追うことによって、「細長い」から「棒のような形をした」に、「棒」から「器具」に、そこから「何かを書きとるための器具」に、そしてついに「万年筆」へと認知が進んでゆくのも、明らかなことである。感覚与件は、ちょうど事実が物理学者に一つの仮説を暗示するように、これらの意義を示唆するにとどまる。患者は科学者のような仕方で間接的に、諸事実の照合によって仮説を検証し、正確にする。彼は諸事実のすべてを整合させるような仮説に向って、盲滅法に進んでゆく。以上の手続きは対照的に、正常な知覚の自然発生的な手続きを浮びあがらせる。つまり対象の具体的本質を直接対象のうえに読みとらせ、この本質をとおしてのみ対象の「感覚的諸特性」が現われるようにさせるところの、諸意義の生命といったものを明るみに出す。患者において断ち切られているのは、まさに対象との、この親しさ、この交信《コミュニカシオン》なのである。正常人にあっては、対象は「語りかける」もの、有意義なものである。さまざまな色彩の配置は、一挙に何ごとかを「いわんとして」いる。これに反して、患者にあっては、意義は、額面通りの解釈行為によって、外から持ち込まれなくてはならない。——逆に正常人においては、主体の意向が直接、知覚野に反映し、それに極性を与え、あるいはおのれのしるしを刻みこむ。つまり何の努力もせずに、そこに意味の波をおのずと生ぜしめるのである。患者にあっては知覚野はこの可塑性を失っている。所定の三角形に等しい四つの三角形でもって一個の四角形を作るように求められると、彼は、これは不可能で、四つの三角形からは二つの四角形しかできない、と答える。四角形なるものが二つの対角線をもっていて、いつでも四つの三角形に分割されうることを彼に示して、なおも執拗に要求すると、患者は次のように答えるのである。「なるほど。だがそれは、部分がお互いに必然的にきちんと合うようになっているからだ。一個の四角形を四つに分けた上で再び部分と部分とを適当に引き合わせるならば、たしかに一個の四角形ができるにきまっている。(98)」それゆえ四角形もしくは三角形がどのようなものかということを、彼はよく承知しているのだ。少くとも医師が説明した後では、この二つの意義の関係も、彼の注意をまぬがれるわけではなく、そして、どんな四角形でも三角形に分割されうることを、彼は理解している。だが彼はここから、どんな（直角二等辺）三角形でも四倍の面積をもった一個の四角形をつくるに役だつという結論を、引き出しはしない。それというのも、この四角形を構成するためには、与えられた三角形を、別のやり方で集め並べることが要求されるからであり、感覚的与件がある想像上の意味の例示となることが、必要だからである。結局、世界はもはやいかなる意義も彼に暗示しないし、逆に彼がこころざす意義が与えられた世界のなかに具象化することも、もはやない。ひとくちにいえば、世界はもはや彼にとって、表情をもってはいない。[99] 彼が素描するときの特異なやり方も、ここから説明できる。シュナイダーは決してモデルにならって描く（nach-zeichnen）のではない。すなわち知覚がのびていって直接、運動になるのではない。左手で彼は対象に触れ、若干の特徴（角、直線）を認知し、この発見を言葉でいい表わし、そして最後にこの言語表現に対応する図形をモデルを見ないで描くのである。[100] 知覚されたものの運動への翻訳は、言語によって明白に表現された意義を介しておこなわれる。これに反して正常なひとは、知覚によって対象のなかに透入し、その構造を自分のものとなし、また対象は、彼の身体をとおして直接、彼の運動を規制するのである。[101] 主体と対象との間のこの対話、対象のなかに散在している意味を主体が引き取り、主体の志向を対象が踏襲するこの働きこそ、表情的な知覚というものであるが、主体に向っておのずと語りかける世界を主体のまわりに配置し、世界のなかに主体自身の思想を住まわせるのも、このような対話なのである。シュナイダーの場合、この機能に故障があるとすれば、人間的な出来事の知覚や他人の知覚はなおさらのこと、欠陥を示すだろうということが、予想される。なぜなら、これらの知覚は、上と同じように、外部のものを内部において捉え直し、内部のものを外部によって引き継ぐ作用を、前提しているからである。実際、この患者に一つの物語を語って聞かせると、彼は強い拍子、弱い拍子、独自のリズムもしくは特徴的な流れをもった、一個のメロディー的な全体としてこれを捉えるのではなくて、一つ一つ心にとどめ置かねばならない諸事実の系列として、これを記憶するにすぎない。それゆえ物語る途中に休止をはさんで、この間に今しがた語ったばかりの話の本質的なものを、一つの文章に要約する場合にしか、彼はこれを理解しないのである。彼が話し手に代ってこの物語を語るときには、決してひとに語られた話にならって物語る (nacherzählen) のではない。彼はどこにも特にアクセントを置かない。彼はみずから語るにつれて、初めてこの物語の進展を理解する。そして彼の話の全体は、一つ一つ部分ごとにいわば再構成されるのである(102)。したがって、正常人においては、何らはっきりした分析がなくても、話が進むにつれておのずから現われてくる物語の本質というものがあって、次にこれが繰り返し語られる場合の導き手になるというわけである。この物語は彼にとっては、その様式《スタイル》によって認知されるある人間的な出来事なのであり、彼は直接的な経験を超えて物語のなかで示された出来事を体験する能力をもてばこそ、これを「了解する」のである。一般に例の患者にとっては、直接与えられているもの以外の何ものも、現前してはいない。他人の思惟は直接体験されないのだから、彼にとっては決して現前することはないであろう(103)。他人の言葉は正常人の場合は一つの意味の透明な蔽いであって、ひとはこの意味のうちに生きることもできるのであるが、患者にとって(訳註34)は、一つ一つ解読しなくてはならない記号なのである。出来事と同様に言葉も、彼が相手の思想を引き取り、あるいは投射する動機ではなくて、方法的な解釈の機会にすぎない。対象と等しく、他人も彼に向って何ものも「語り」はしない。彼が出会うこの幽霊は、なるほど、分析によって獲得される知的な意義を欠いているわけではないが、実存を共にすることによって得られる本源的な意義を奪われているのである。

本来の意味での知能障害——判断とか意義とかに関する障害——は、究極の欠陥とは考えられない。それらはそれらで同じ実存の文脈のなかに戻されなくてはならないのだ。例えば「数盲目症」(104)を取り上げてみよう。眼の前に置かれた対象については数えたり加減乗除したりできる患者が、それにもかかわらず実は数を理解することができないということ、数えるとか加減乗除とかといった効果がすべて数とは何の意味関係もない儀式的な手続きによって得られるのだということが、すでに明らかにされている。彼は数系列を暗記しており、数えたり加減乗除したりする対象を指の上に印しづけながら、心のなかで数系列を唱えるのである。「彼にとって数は数系列への所属という意味しかもっていない。それは、きまった大きさ、群、一定の尺度としての意味を少しももっていない。(105)」二つの数のうちより大きな数とは、彼にとっては、数系列において後にくる数のことである。5＋4－4の演算をおこなわせると、彼は「何も特別の事情に気づかずに」二度にわけて、この操作をおこなう。わざわざそれと気づかせてやったときに、初めて彼は5が「残る」ということを認める。彼はまたある数の「半分の二倍」がこの数にほかならぬことを理解しない。(106)では彼はカテゴリーとしての、もしくは図式としての数の観念を失ったのだというべきだろうか。しかし彼が数えるべき対象の各々を指の上に「印しづけながら」それらに眼を馳せるときには、たとえ、もう数えてしまった対象とまだ数えていない対象とを混同することがたまたま起るにせよ、また、なされた総合が混乱したものであっても、彼はまさに数える働きにほかならない総合的な操作の概念を、明らかに所持している。そして逆に正常なひとにおいても、本来の数的な意味を殆ど失ってしまった運動のメロディーとしての数系列が、大抵の場合、数の概念に置き替っているのである。数とは、その不在によってシュナイダーの精神状態が定義されうるような純粋の概念では、決してない。それは程度の差を許容する意識のある構造なのである。実際の数えるという行為がひとに要求するものは、彼の操作が次つぎと経過し、意識の中心から去りながらも、彼に対してあい変らず現存し続け、後続の操作がその上に築かるべき地盤をなす、ということである。意識はすでになされた総合を自己の背後に保持し続ける。これらの総合は、まだ使用可能なものであり、新しい活力を与えられうるものであって、こういうものとしてそれらは数えるという全体的な作用において、捉え直されるとともに超出されもする。いわゆる純粋な数、本来の数なるものは、すべての知覚を構成している運動を、循環手続きによって増進ないし拡張したものにすぎない。シュナイダーにおいて数の概念が侵されているといえるのは、この概念が、未来に進むために過去を繰り広げる能力を、とりわけ予想している限りにおいてだけである。侵されているのは知能そのものというより知能の実存的な基底である。なぜならすでに指摘されているように、(107) シュナイダーの一般的な知能は無傷だからである。彼の応答はのろい。しかし決して無意味なものではない。それは医師の実験に興味をもっている、成熟した思慮深い大人の答えである。匿名の機能としての、もしくは範疇的な働きとしての、知能の下に、患者の存在であり実存する能力である、人格的な核心を認めなくてはならない。

ここにこそ、病いが巣くっているのである。シュナイダーはいまでも政治的もしくは宗教的意見を抱きたいとも思うのだが、しかし彼はそんなことを試みても無駄なことを知っている。「彼は目下のところいい表わす術もなく、大ざっぱな信念[訳註35]に甘んじなくてはならない[108]」彼は決して自分から歌ったり、口笛をふいたりはしない[109]。また彼が決して性的行為のイニシアティヴをとらないことが、もっと先にいってから明らかとなろう。彼は絶対に散歩のために出かけることはなく、いつも用足しに外出するのである。そして途中でゴールドシュタイン教授の家に気がつかないけれど、それは「そこにゆくつもりで外出したのではないから[110]」である。習慣的な状況のなかにあらかじめ描かれていない運動を彼が遂行する際には、これに先だって準備運動によって自分自身の身体に対する「手掛り」をつくっておかねばならないが――まさにこれと同様な事情で、彼にとって他人との会話は、即席の答えを呼び起すような、おのずから意味をもった状況をつくってはいない。彼はあらかじめ定められた計画によらずにはしゃべることができない。「会話における複雑な状況に直面して、彼は当座の勘に頼って必要な考えを見出すことができないのだ。そして新しい観点が問題となろうが古い観点が問題となろうが、この点に変りはない[111]」。彼の振舞のすべてにわたって、何か細心なくそ真面目なところがある。そしてこれは、彼が遊戯することができないということから由来している。遊戯することは、いっとき仮構の状況に身を置くこと、慰みに「場面《ミリュー》」を変えて楽しむことである。これに反して患者は、現実の状況に転化させずには、仮構の状況に入ることができないのだ。彼は謎を問題から区別することができない[112]。「彼においてはその時どきの可能な状況が非常に狭いので、同じ環境に属する二つの区域といえども、彼にとって両者間に何らかの共通なものがないならば、両者が同時に状況となることができない程である。[113]」ひとと話しているときは隣の部屋の他人の会話の雑音が耳に入らない。テーブルの上に一皿の料理が出されても、どこからきたのかしらと怪しむことなど、金輪際ない。ひとは視線を向けている方向しか見えないし、凝視しているものしか見えないと、彼は公言する。[114] 未来と過去とは、彼にとってただ現在の「しなびた」延長にすぎない。彼は「時間のヴェクトルに従って眺めるというわれわれの能力」[115]を喪失している。彼は自分の過去を鳥瞰すること、そして遅滞なく全体から部分に向うことによってそれを再発見することができない。彼は、いまだにその意味を失わず彼にとって「支点」として役だつような、ある断片から出発して過去を再構成するのである。[116] 彼が気候についてこぼす折、それでは冬にはもっと気分がよいかと尋ねると、「私はそれをいうことはできない。私はさしあたり何もいえない」[117]、と彼は答える。こうしてシュナイダーのいっさいの障害は、帰するところは一つであるが、しかし「表現機能」といった抽象的なものに帰一するのではない。彼は現に存在するものに「拘束されて」おり、「自由を欠き」[118]、それも自己をある状況のもとに置く一般的な能力のうちにある具体的な自由を欠いているのである。知性の下にも、知覚の下にと同様、われわれは、いっそう基本的なある機能を発見する。つまり「投光機のようにあらゆる方向に動くことができ、われわれの内と外とを問わず、何ものであってもその方向にわれわれ自身を向け、その対象に対してある行動をなすことを可能ならしめるヴェクトル」[119]である。投光機のたとえはまだ適切とはいえない。というのは、この比喩は、光があてられる所与の対象を前提としているのに、われわれのいう中心的機能は、われわれに対象を見えさせ知らせるに先だって、ひそかにわれわれにとってそれを存在せしめるものだからである。それゆえ、むしろ他の著作(120)から用語を借りてきて、次のようにいおう。つまり、意識の生——認識の、欲望の、あるいは知覚の生——の基礎には、「志向の弧」(arc intentionnel) なるものが横たわっていて、これがわれわれの周囲に、われわれの過去と未来、われわれの人間的環境、物理的状況、イデオロギー的状況、道徳的状況を投射する、あるいはむしろ、これらすべての諸関係のもとにわれわれが状況づけられているようになすのである、と。諸感官の統一、感官と知性の統一、感覚性と運動機能との統一を形づくっているものは、まさにこの志向の弧なのである。シュナイダーの疾病にあっては、これが「弛緩」しているのである。

〔身体の志向性〕

それゆえ病理学的症例の研究は、経験主義か主知主義か、説明か反省かという古典的な二者択一を超える新しい分析の仕方——実存論的分析——にわれわれをして想い到らしめたのである。もし意識が心的諸事実の総和であるなら、それぞれの障害は選択的であるはずである。もし意識が「表現機能」つまり純粋な意義能力 (puissance de signifier) であるとするなら、意識は (またそれに伴ってすべてのものは) あるかないかいずれかでしかなく、いったん存在したあげくに存在することをやめるとか、もしくは病気になる、すなわち変質する、ということはありえない。結局、意識というものは投射の活動であって、諸対象を自己のまわりに、おのれの諸作用の足跡として残すものであり、しかも他の自発的な諸作用に移行するためにこれらの対象を支えとするものだという場合に初めて、「内容」のいかなる欠損も経験の全体に反響し、その解体のきっかけとなるということ、病理的な衰弱がつねに意識の全体に関係するということ

――しかもそれと同時に、疾病が意識を侵すのは、いつでもある「側面」からであって、臨床上の記録においてもそれぞれの症例にあってある症候が支配的であるということ、そして要するに意識は傷つけられうるものであって、それ自体においても病気にかかりうるということが、了解されるのである。疾病が「視覚領域」を侵す場合、これによって若干の意識内容、つまり「視覚的表象」もしくは狭い意味での視覚が破壊されるにはとどまらない。比喩的な意味での視覚も侵されるのである。本来の意味での視覚は、比喩的な意味での視覚の単なる範型であり象徴であるにすぎない。――比喩的な意味での視覚とは、同時的に存在する多数のものを「見渡す」(überschauen)能力[121]であり、対象を措定する、あるいは意識するある仕方なのである。しかし、それでもなお、この型の意識は感覚としての視覚の昇華にすぎないものであって、確かにそれは新しい意味を視野の諸次元に付与しはするが、つねにこれらの諸次元のうちに自己を図式化するのだから、この一般的機能が心理学的な根をもっていることは理解できる。意識は視覚の与件をその本来の意味を超えて自由に発展させ、意識の自発的な作用を表現するためにこれを利用するのであるが、このことは「直観」(intuition)「明証性」(évidence)「自然の光」(lumière naturelle)といった言葉に、ますます豊かな意味を与える意味論的な発展を見ても明らかである。しかし逆に、これらの言葉のうち、歴史的発展の結果与えられた最終の意味においてであれ、視覚的な知覚の構造をかえりみずに理解されるようなものは、一つもない。したがって、人間は「精神」であるから見るのだとも、見るから「精神」なのだとも、いうことはできない。実は人間が見るような仕方で見るということと「精神」であるということとは、同義なのである。意識は背後におのれの足跡を残すことによってのみある物についての意識なのであり、対象を思惟するためには以前につくられた「思想の世界」に依拠しなくてはならない以上、意識の核心においてもたえずある種の脱人格化がおこなわれているのである。これによって、外部からの干渉の原理が与えられる。意識は病気になりうる。その思想の世界はこなごなに崩壊することもありうる。——いやむしろ、病気によってばらばらになった諸「内容」は、正常な意識においては諸部分として現われるのではなくて、それらを超出するもろもろの意義の支えという役目を果すにすぎないのだから、土台はすでに崩壊しているのに、なおも意識がその上部構造を維持しようと努めるのが見られるのである。意識はその平素の作業を模倣するのであるが、この作業の直観的な実現に到達することはできないし、そこからその十全な意味を奪っている特殊な欠陥を掩いかくすこともできない。心的な病気が、またそれはそれとして身体的な偶発事に結びついていることも、原理的には同じ仕方で理解される。意識は文化的世界のなかに自己を投げかけ、さまざまな型(habitus)(訳註36)をもつのと同様に、それはまた物理的世界のなかに自己を投げかけ、身体をもつのである。というのは、意識は自然の絶対的過去、もしくはおのれの個人的過去のなかに与えられた諸意義に基づいて振る舞うことによって、初めて意識たりうるからであり、また体験されたすべての形態は、ある一般性に、それがわれわれの習慣的な型《ハビトゥス》の一般性であろうと「身体的機能」のそれであろうとともかくある一般性に、向う傾向をもっているからである。

以上の説明によって、運動機能を根源的な志向性として明確に了解する可能性が、ついにわれわれに与えられたのである。意識とは根源的には、「……と我思惟す」ではなくして「我……し能う」(122)である。視覚的障害と同様シュナイダーの運動障害もまた、普遍的な表現機能(訳註37)の欠陥に帰せしめられることはできない。視覚と運動とはそれぞれ、われわれが対象に関係する特殊な仕方であり、これらの経験のすべてをとおして、ある一つの機能が自己を表現しているのだとすれば、その機能とは実存の運動である。この運動はあらゆる内容を「われ思う」の支配下に置くことによってではなく、一つの「世界」という相互感官的な統一に向って方向づけることによって結びつけるのだから、これらの内容の根本的な多様性を抹殺するようなことはない。運動は運動についての思惟ではなく、身体的空間は思惟された、もしくは表象された空間ではない。「すべての有意的運動は、運動そのものによって規定されたある場のなか、ある背景の上でおこなわれる。……われわれが運動をおこなうのは、この運動と無関係な「空虚」な空間においてではなく、逆に運動との間に完全に規定された関係にある空間においてである。運動と背景とは、実は唯一の全体に属する契機であって、ただ人為的に分たれうるにすぎない。[123]」ある対象に向って手をふりあげるという身振りのなかには、この対象への照合が含まれている。しかしこれは表象された対象への照合ではない、われわれが自己をそれに向って投げかけ、前もってその傍にあり、われわれがいわばつきまとっているところの、このきわめて特定な物への照合なのである。[124]意識とは身体を介して物においてあること(être à la chose)である。一つの運動が習得されるのは、身体がこれを理解したとき、つまり身体がこれをおのれの「世界」に統合したときである。そして自己の身体を動かすことは、身体をとおして物をめざすこと、表象を全く媒介としないで身体に働きかける物の促しに、身体をして勝手に答えさせることである。それゆえ運動機能は、われわれがあらかじめ表象した空間の一点に身体を運ぶ意識の召使のようなものではない。われわれが身体をある対象の方へ動かすことができるためには、まず対象が身体に対して存在するのでなければならない。したがってわれわれの身体は「即自」の領域に属していないのでなければならない。失行症患者の腕にとっては、諸対象はもはや存在しない。そして、この腕を動かなくさせているのは、まさにこの事実なのだ。空間知覚が無傷で「なすべき動作の知的概念」すらも正常でありながら、しかも患者が一個の三角形を写しとることもできないという純粋な失行症の症例だとか[125]、身体の上の刺激の位置を定める場合を除けばいかなる認知障害も示しておらぬのに、患者が十字とか v あるいは o とかを筆写できない[126]という構成的失行症[訳註38]の症例は、身体がおのれの世界をもつという事実、対象や空間が認識に対しては現前しながらわれわれの身体にとっては現前しないこともありうるという事実を、いみじくも明示しているのである。

〔身体は空間のなかにはない、それは空間に住む〕

それゆえ、われわれの身体は空間のなかにあるとも、また時間のなかにあるとも、いってはならない。身体は空間と時間に住む。私の手が空中である複雑な運動をおこなうとき、私は手の最後の位置を知るために、同じ方向の運動を足し合わせ、反対方向の運動をそれから差し引く必要はない。「それとわかるすべての変化は、それに先だつ状態への関係を担いながら意識に現われる。ちょうどタクシーのメートルの上に、通過した距離がすでにシリングやペンスに換算されて示されるのと同様である[127]。」先行する姿勢や運動が、いつでも使える尺度を、たえず提供しているのである。しかしこの際、出発時の手の位置に関する視覚的な、ないし運動的な「想起」が問題となっているのではない。それというのも視覚的想起は侵されていないのに、脳髄傷害が運動の意識を奪うこともあるし、「運動的想起」についていえば、そのもとになっている知覚がそれ自身「ここ」に関する絶対的意識を含んでいたのでなければ、私の手の現在の位置を規定することもできないことは明らかであって、もし「ここ」に関する絶対的意識がなければ、われわれは追憶からまた追憶へと送り返されて、決して現実の知覚に到達しはしないだろうからである。身体は、必然的に「ここ」にあるのと同様、必然的に「今」実存している。それは決して「過去」となることはできない。われわれは健康状態においては病身だったときの生き生きした追憶を、また成年においては幼時の身体の追憶を、保持することができないが、この「記憶の隙間」もわれわれの身体の時間的構造の表現でしかない。運動の各時点において、それに先だつ瞬間が知られていないわけではないが、ただし、それは現在のなかにいわば嵌め込まれているのである。そして現在の知覚とは要するに、現在の位置を拠りどころとしながら、今まで経てきた、相互に含みあう一連の位置を再び捉えることなのである。しかしすぐ続いてやってくる位置もまた現在のなかに含まれている。そして、それをとおして運動の終点に至るまでのすべての位置が現在のなかに含まれているのである。運動の各瞬間は運動の延長の全体を包括している。そして、とりわけ最初の瞬間、つまり運動の始まりは、こことかしことの、今と将来との、結合の端緒をなすのであって、他の諸瞬間はこれを展開するにすぎない。私が身体をもち、身体をとおして世界のなかで行動する限り、空間と時間は私にとって並置された諸点の総和ではないし、また私の意識がその総合をおこない、私の身体さえをもそこに引き入れてしまうところの、無数の諸関係でもない。私は空間、時間のなかに（dans）あるのではない。私は空間、時間を思惟するのではない。私は空間と時間に臨んでいる(訳註39)

(je suis à l'espace et au temps) のであり、私の身体はそれらに自己をおしあて、それらを包み抱く。どれ程の幅の空間・時間を捉えているかということが、私の実存の豊かさを定めているのである。しかし、いずれにせよ、全体を包むことはできない。私が住む空間・時間はいずれもつねに、他の諸観点を含むはかり知れない地平をもっている。時間の総合も空間の総合も、たえず更新されなくてはならない。われわれの身体のなす運動経験は、認識の一つの特殊な場合ではない。それは「実践知」(praktognosie)[128] ともいうべき、世界と対象とに近づく一つの仕方を、それも独自の、いや恐らくは原初的な仕方と認めらるべきものを、われわれに提供しているのである。私の身体はその世界をもち、もしくはその世界を了解[訳註40]しているのであるが、そのために「表象」を通過しなくてはならないというわけではなく、また「象徴機能」あるいは「客観化機能」に従属するわけでもない。患者たちのなかには、医師と面と向うとできないのに、その横に坐って、鏡のなかに映った医師の動きを見つめると、その運動を模倣し、例えば、自分の右手を右側の耳に、左手を鼻にもってゆくことができるものが、何人もいる。ヘッドは患者の失敗を、患者による運動の「定式化」の不十分さから説明しているが、もしそうだとすると、動作の模倣は、言語による翻訳に媒介されていることになろう。しかし、実は、定式化は正確であっても模倣がうまくできなかったり、定式化はできなくても模倣はうまくゆくといった場合がありうるのである。[129] ひとびとはこれに答えて、言語による象徴作用のかわりに、少くとも一般的な象徴機能、「置換」の能力を介入せしめる。つまり模倣も、知覚もしくは客観的な思惟と同じように、この一般的な機能の特殊な場合にすぎないというのであろう。しかし、この一般的機能もまた、適切な行動を説明できないことは明らかである。なぜなら患者たちは、なすべき運動を定式化できるばかりか、それを表象することもできるからである。彼は何をなさねばならないか、よく承知している。しかも右手を右耳に、左手を鼻にもってゆくかわりに、両方の手で一方の耳に、あるいは鼻と一方の眼に、あるいはまた一方の耳と一方の眼に触れるのである。(130) 彼らにとって不可能となったことは、運動の客観的な定義を、彼ら自身の身体に適応させ、あてはめるということなのである。換言すれば、患者にとって左右の手と眼と耳とは、絶対的な場所としては依然として与えられているが、それらを医師の身体の相応する部分に関係づけ、医師と患者とが向いあったときでもそれらを模倣に使用することを可能ならしめるような、対応のシステムのなかには、もはや加えられてはいないのだ。私に面と向うひとの仕種を模倣するためには、「私の視野の右側に現われる手が、私の相手にとっては左手である」ということを、明瞭に知る必要はない。このような説明に訴えようとするのが、まさにこの患者なのである。正常な模倣にあっては、被験者の左手は直ちに相手の左手と同一化され、彼の行動は直接その手本と結合する。そして被験者は相手のなかに自己を投射、もしくは非現実化し、相手と自己とを同一化する。そして座標の変換は、この実存的な作業のなかに、実質的に含まれているのである。というのも、正常人は、自分の身体を、単に現在の位置のシステムとしてもつばかりでなく、また同時にこのことによって、他のさまざまな方向づけにおいて無数の相応する位置をとる開いたシステムとしても、もっているからである。われわれが身体像と呼んだものは、まさにこの相応のシステムであり、直接与えられている不変式であって、それによってさまざまな運動上の課題が即座に置換可能となっているのである。つまり、それは単に私の身体の経験であるばかりでなく、また世界における私の身体の経験でもあり、そして言葉で表現された命令に運動的な意味を付与するのは、ほかならぬこれなのである。したがって、失行症的諸障害において破壊されている機能は、運動的機能であるに違いない。「この種の症例において侵されているのは、象徴機能もしくは意義機能一般[訳註41]ではない。遥かに根源的な、運動的性格の一機能、すなわち動的な身体像の運動的分化の能力である。[131]」正常な模倣のおこなわれる空間は、絶対的位置をもった具体的空間に対立したものとしての、思惟の働きに基づいた「客観的空間」もしくは「表象の空間」ではない。その空間は私の身体の構造のうちにすでに素描されており、それから分たれえぬその相関者なのである。「純粋な状態で捉えられた運動機能にしてから、すでに初歩的な意味付与（Singgebung）の能力をもっている。[132]」やがては、空間に関する思惟と知覚が、運動機能と「空間に臨んでいること」（l'être à l'espace）から自由となるにもせよ、われわれが空間を表象することが可能となるためには、まず第一にわれわれが身体によって空間に引き入れられ、またこの身体が置換、相応、同一化の最初のモデルをわれわれに与えたのでなければならない。この置換、相応、同一化こそ、空間を客観的システムたらしめ、われわれの経験が対象に関する経験となり、「即自」に向って開くことを可能ならしめるものなのである。「運動機能は、表象された空間[訳註42]という領域のなかで、いっさいの意義の意味（der Sinn aller Signifikationen）がはじめて創出される原初的な区域である[133]」

〔**新しい意義の運動的獲得としての習慣**〕

身体像の修正ならびに更新として習慣の習得は、総合をつねに知的総合として理解しようとする古典的諸哲学に対して、大変な難問を提起する。もろもろの要素的な運動や反応や「刺激」を習慣のうちに統合するのが、外的連合ではないことは確かである。[134] 機械論的な諸理論はいずれも、学習が組織的におこなわれるという事実と矛盾する。学習主体は、個別的な運動を個別的な刺激に接合するのではなくて、ある形態の状況に対してある型の解決によって答えるという能力を獲得するのである。というのも、状況は場合で少からず違うだろうし、応答の運動も時に応じて別の実行器官に委ねられることもあろうし、状況にせよ応答にせよ、さまざまな場合にあって相互に類似しているのは、それらをつくる要素の部分的な同一性によるよりも、遙かにそれらの意味の共通性によるからである。それではまず習慣の諸要素を組織し、そのあげくにそこから身をひいてしまう悟性の作用といったものを、習慣の起源に設定せねばならないだろうか。[135] 例えば、あるダンスを習いおぼえるということは、分析によって運動の方式を見出し、ついでこの観念的な設計図に従い、歩行とか走行とかといった既得の運動の助けを借りて、かの運動を再構成することだろうか。しかし、新しいダンスの方式が一般的な運動機能の若干の要素を自己に統合するためには、まずそれ自身がこれに先だっていわば運動機能による是認[訳註43]を受けていなくてはならない。よくいわれるように、運動を「捉え」(kapiert)「了解する」のは身体なのである。習慣の習得はなるほど一つの意義の把握に違いないが、しかしこれは運動的な意義の運動的な把握なのである。正確にいうとそれはどういうことなのか。帽子をかぶる婦人は帽子の羽根とそれを折る恐れのある物との間に、安全間隔を保つが、彼女はあらかじめこの距離を見積るわけではない。われわれの手の所在をわれわれが感ずるように、羽根の所在を彼女は感じているのである。[136] 車を運転する習慣を私がもっているならば、私はある道路に乗り入れるにあたって、車の泥よけの幅と道路の幅とを比較しなくても、「通れる」ことを見てとる。戸口を通過する際に、戸口の大きさと私の身体の大きさとを比較しないのと同様である[127]。帽子や車は、他の対象と比較することによって大きさや嵩《かさ》が規定されるような対象では、もはやなくなっている。それらは嵩ばる力であり、若干の自由な空間の要求となっている。これと相関的に、地下鉄の昇降口や道路は拘束する力となり、直ちに、私の身体とその付属物にとって通行可能な、もしくは不可能なものとして現われる。盲人の杖は彼にとってはもはや一つの対象ではなくなっている。もはやそれ自身としては知覚されず、その先端は感受性をもった地帯に変ってしまっている。杖は触覚の幅と範囲を増大させ、まなざしに似たものとなっている。対象を探るにあたって、杖の長さは、はっきりした形で中間項として介入するのではない。つまり盲人は杖の長さによって対象の位置を知るというより、むしろ対象の位置によって杖の長さを知るのである。対象の位置は、杖をそれにあてる動作の大きさによって直接与えられる。そして、この動作の大きさのなかには、腕の伸張能力のほかに杖の作用半径が含まれている。私はステッキの使用に馴れようとするときには、それを試みに使って、若干の対象に触れてみる。しばらくたつと、私はそれを「掌中」におさめて、何が私のステッキの「射程のうち」にあり、何が外にあるかがわかるようになる。この際、すばやい見積りが、つまりステッキの客観的な長さと到達さるべき目標の客観的な距離との間の比較が、問題なのではない。空間のさまざまな場所は、客観的な位置として、われわれの身体の客観的な位置への関係によって定義されるのではなく、われわれの狙いもしくは動作の可変的な射程を、われわれの周囲に書き留めているのである。帽子、車、杖などに馴れるということはそれらに身を落ち着けること、あるいに逆にいうと、それらをして自己の身体の嵩ばり方にあずからしめることである。習慣とは、われわれの「世界への存在」を膨張させるわれわれの能力、あるいは新しい器具をおのれに添加することによって実存を変えるわれわれの能力、の表現である。[138] われわれはタイプの文字盤のどこに単語を組み立てる文字があるかを示すことはできなくても、タイプが打てるようになることができる。タイプが打てるということは、したがって、それぞれの文字の文字盤上の位置を知っていることではないし、いやそれどころか、われわれの眼前に文字が現われると同時に誘発される条件反射を、それぞれの文字について習得していることですらないのである。認識でも自動機制でもないとしたら、そもそも習慣とは何であろうか。手のなかにある知、つまり身体的努力に対してしか与えられず、客観的な指示によってはいい表わすことができない一種の知が問題なのだ。手足の一つがどこにあるかをわれわれが知っているように、タイピストは、文字盤のどこに打つべき文字があるかを知っているのであるが、それはなじみの知によるのであって、客観的空間における一つの位置を教える知識に基づくものではない。タイピストの指の移動は、客観的に記述されうる空間的軌跡としてタイピストに与えられているのではない。彼女にとっては、それは表情によって他の運動から区別される、運動機能のある転調を意味するのだ。あたかも書かれた文字の知覚が同じ文字の表象を呼び起し、これがまたこれで、文字盤上の文字を打つのに必要な運動の表象を喚起するかのような、問題のたて方がしばしばおこなわれている。だが、こうしたいい方は神話に類するものだ。私が差し出されたテキストを一覧するとき生ずるのは、表象を呼びさます知覚ではない。典型的な、もしくは親しい表情をもった、もろもろのまとまりがその場で自然と出来あがるのである。私がタイプライターの前に坐ったとたんに、私が読んだものをやがてそこにおいて演ずることになる運動的空間が、私の手の下に広がるのだ。読まれた単語は視覚的空間の一つの転調であり、運動の遂行は手の空間の一つの転調である。そして問題のすべては、どのようにしてある表情をもった「視覚的な」まとまりが、ある様式の運動上の応答を呼び求めることができるのか、どのようにして、それぞれの「視覚的」構造がしまいにその運動的本質をもつようになるのか、しかもこの際、単語を運動に翻訳するために、単語の綴りを読んだり、運動を分解したりする必要がないのはどうしてか、この点を知ることにかかっている。しかしながら、この習慣の能力は、一般にわれわれが自分の身体に対してもっている能力から区別されるものではない。もし私が自分の耳や膝にさわれといわれるなら、私は最短の途を通って耳や膝に手を運ぶであろうが、この際、出発点における私の手の位置、私の耳の位置、それに両者の間の行程を表象する必要はない。習慣の習得において「了解」するものは身体であると、われわれはすでに述べた。もし了解することが感覚与件を一つの観念のもとに包摂することであり、また身体が一個の対象であるなら、このいい方は不条理のように見える。しかしまさに習慣という現象こそ、「了解」と身体とに関するわれわれの概念の改訂へとわれわれを誘《いざ》なうものなのだ。了解するとは、われわれがめざしているものと与えられているものとの間の、つまり志向と実現との間の、一致を体験することであり、——そして身体とは一つの世界のなかへのわれわれの投錨である。私が手を膝にもってゆくとき、運動の各瞬間に私が体験するのは、一つの志向の実現なのであるが、この志向がめざしていたのは観念としての膝ではない。いや対象としての膝ですらない。私の身体の現在の、現実の一部分としての、つまり結局は世界に向っての私のたえざる運動の通過点としての、私の膝なのである。タイピストが文字盤の上で必要な運動をおこなうとき、この運動は一つの志向によって導かれているが、しかしこの志向は文字盤のキーを客観的な位置として措定するのではない。タイプを学ぶということは文字盤の空間を身体的空間に統合することであるといわれるが、これは文字通り真実である。

楽器の演奏家の例は、習慣というものが、思惟にも客観的身体にも宿るのではなく、世界の媒介者としての身体に宿るということを、いっそう明らかにする。周知の如く、[139]練達のオルガン奏者は、今まで使ったことがないオルガン、つまり鍵盤の数が彼の常用のものより多かったり少かったり、音栓の配置が違っていたりするオルガンでも、使いこなすことができる。予定の演奏ができるようになるためには、一時間も練習すれば十分である。こんな短時間の訓練では、新しい条件反射が既成の機構に置き換えられるとは考えられない。もっとも両者がそれぞれシステムを形づくり、変化が全体的である場合は別である。だがこういう場合には、反応が楽器の全体的把握によって媒介されているのだから、われわれは機械論にとどまっていることはできない。しからばオルガン奏者はオルガンを分析するのだと、つまり、音栓、ペダル、鍵盤、ならびに空間におけるそれら相互の関係に関する表象をつくり保存するのだと、われわれはいうだろうか。しかし演奏会に先だち短時間試奏する間、彼は一つの計画をたてようとしているひとのようなふるまい方をしているのではない。彼は椅子にすわりペダルを踏み、音栓をひっぱり彼のからだで楽器の寸法をとり、方向や大きさを自己に統合し、家に落ち着くように楽器のなかに身を落ち着けるのである。それぞれの音栓やペダルについて彼が学ぶことは、客観的空間における位置ではない。彼はそれらを彼の

「記憶」に委ねようというのではない。試奏の間も演奏の間と同様、音栓、ペダル、鍵盤は、彼にとって、しかじかの情緒的、ないし音楽的な値の能力でしかなく、それらの位置もこの値が世界のなかに現われる場所にほかならない。総譜のなかに示された楽曲の音楽的本質と、オルガンの周囲に実際に響きわたる音楽との間に、きわめて直接的な関係が打ち建てられ、その結果オルガン奏者の身体と楽器とは、もはやこの関係の通過する場所にすぎなくなる。今後は音楽がそれ自身によって存在し、他のあらゆるものは音楽をとおして初めて存在する、ということになる。[140] ここには音栓の場所に関する「追憶」などの入る余地はない。そしてオルガン奏者が演奏するのは客観的空間においてではない。ほんとうに、試奏の最中の彼の動作は祝聖の身振りなのである。この動作は情感のヴェクトルを張り渡し、情緒の泉を発見し、予言者の身振りが聖域(templum)[訳註45]を区画するように、表出的(expressif)空間を創造するのである。

この際、習慣の問題のすべては、オルガン奏者が全く音楽に没頭しながら、この音楽を実現するはずの音栓やペダルをまちがいなく捉えるほどにまで、動作の音楽的意義が一定の場所に沈澱することが、いかにして可能なのか、ということにある。ところで、身体はすぐれて表出的な空間である。私はある対象を捉えたいと思う。そうするともう、私が思いだにしない空間の一点から、私の手という把握の能力が、この対象に向って動き始める。私が脚を動かすのは、それが私の頭から八十センチメートル隔たった空間中の一点にある限りにおいてではなく、その歩行能力が下方に向って私の運動志向を延長している限りにおいてである。私の身体の主要な諸領域は、それぞれ行動にささげられその意義にあずかっている。そして、常識はなぜ頭のなかに思想の座を置くのかという問いと、オルガン奏者はいかにしてもろもろの音楽的意義をオルガンの空間中に配分するのかという問いとは、結局おなじ問題なのだ。しかしわれわれの身体は、単に他のもろもろの表出的空間とならぶ、一つの表出的空間にすぎないものではない。そのようなものは単に構成された身体にすぎない。われわれの身体は他のいっさいの表出的空間の源泉であり、表出の運動そのものなのである。すなわち、もろもろの意義に場所を与えることによってそれらを外部に投射し、それらがわれわれの手、われわれの眼のもとで、物として存在するようになる、その原因をなすものなのである。動物の場合のようにわれわれの身体は、生れながらにしてきまった諸本能をわれわれに押しつけるわけではないが、少くとも身体こそがわれわれの生に一般性の形態を与え、人格的な行為を延長して恒久的な資質たらしめるものなのである。こういう意味において、われわれの自然とは古い習慣ではない。というのも古い習慣は自然の受動性をすでに前提しているからである。身体とは、われわれが一つの世界をもつ一般的な手段である。ある場合には、身体は生命の維持に必要な動作だけで満足し、それに応じてわれわれのまわりに生物学的な世界を措定する。だがまたある場合には、これらの基本的な動作を活用して、それらのもつ本来の意味から比喩的な意味へと移行し、それらを通じて新しい意義の核心を表わすこともある。これはダンスのような運動習慣の場合である。最後にまた、めざす意義が、自然に身体に備わった手段では、達せられない場合もある。こういう際には、身体は自分のために器具をつくらねばならぬ。身体はそのまわりに文化的世界を投射する。あらゆる水準において身体は同じ機能を果している。つまり、自発性の束の間の運動に「反復可能な行動と独立した存在の幾分か」[141]を貸与するという機能である。習慣とはこの基礎的な能力の一様態にすぎない。身体が新しい意義によって貫かれ、新しい意義の核心をわがものとしたとき、身体が了解したとか、習慣が習得されたとか、といわれるのである。

運動機能の研究の結果あきらかになったものは、要するに「意味」(sens) という言葉の新しい意味である。主知主義の心理学、ならびに観念論哲学の強みは、知覚と思惟とが内在的な意味をもったものであって、たまたまあい伴って現われる内容どうしの外的な連合によっては説明されうるものではないということを、難なく明らかにすることができたことにある。コギトはこの内面性の自覚であった。しかしまさにそのため、すべての意義は思惟作用として、純粋な自我の働きとして理解されるに至った。そして主知主義が経験主義を制することは容易ではあれ、主知主義はわれわれの経験の多様性、われわれの経験における不合理なものや、内容の偶然性を説明することができなかったのである。身体の経験は、普遍的な構成的意識によるのではない意味の賦課、つまりある内容に付着した意味を、われわれに認めさせる。私の身体こそ、一般的な機能として行動しながら、しかも実存し、疾病にも侵されうる、かの意味的な核心なのである。私の身体においてわれわれは本質と実存との結びつきを知ることを学ぶのであるが、この結びつきは一般に知覚のうちにも見出されるであろうし、その際いっそう完全に記述されねばならないであろう。

IV　自己の身体の総合

〔空間性と身体性〕

身体的空間の分析は、一般化されうる若干の成果にわれわれを導いた。われわれは知覚されうるすべての事物に妥当すること、つまり、空間の知覚と物の知覚、物の空間性と物としてのその存在とは、二つの別々の問題をなしているのではない、という事実を、自己の身体について初めて確認するのである。デカルトとカントの伝統はすでにこれを教えていた。この伝統は、空間的な諸規定を対象の本質となし、諸部分の相互外在的なあり方のなかに、つまり空間的な分散のなかに、即自的存在の唯一の可能的な意味を見るのである。しかし自己の身体の経験が空間を実存に根づかせることを教えているのに反して、この伝統は対象の知覚を空間の知覚によって照らしだす。主知主義はなるほど「物の動機」と「空間の動機」[142]とが絡みあっている事実を認めているのだが、前者を後者に還元する。身体がしまいには客観的空間のなかに位置するにせよ、経験はこの客観的空間の下にある原初的な空間性を顕わにする。この空間性は身体の存在そのものと区別されえぬものであり、客観的空間は単にその外被にすぎない。身体であることは、われわれがすでに見たように、ある世界に結びつけられていることであり、われわれの身体は最初から空間のなか（dans l'espace）にあるのではない。それは空間に臨んで（à l'espace）いるのである。自分の腕のことを長い冷たい「蛇」(143)でもあるかのように語る病徴不覚症患者は、厳格にいうと、腕の客観的な輪郭を知らないわけではない。そして患者が自分の腕を探しても見つからず、あるいはそれを失うまいとして縛りつけるときですら、(144)彼は、腕がどこにあるかを知ってはいるのである。なぜなら彼はまさしくこの場所に自分の腕を探し、そして縛りつけるのだから。しかしながら、患者が彼らの腕の占める空間を自分に属しないものとして体験したり、一般に私が私の感覚の証言にさからって、私の身体の占める空間を巨大だとか微小だとかと感ずることがありうるとすれば、それは情感的《アフエクテイヴ》な現前、情感的な延長といったものがあるからである。客観的な空間性は、病徴不覚症が示すように、このような情感的な現前と延長との十分な条件ではなく、幻像肢が示すように、その必要条件ですらないのである。身体の空間性は、その身体たる存在の展開であり、身体が身体として自己を現実化する仕方である。それゆえ、身体の空間性の分析を試みながら、われわれは身体的総合一般についてこれからいわねばならぬことを、すでに先取りしていることにほかならない。

〔身体の統一性と芸術作品の統一性〕

空間に関してすでに述べられた相互に含みあう構造が、身体の統一のなかにも見られる。私の身体のさまざまな諸部分、その視覚的、触覚的、運動的な相は、単に並存しているのではない。私がテーブルに向って坐り、電話器に手を伸ばす際の、対象に向っての手の運動、胴の立て直し、脚の筋肉の収縮は、相互に含みあっている。私がある結果を欲するならば、さまざまな課題がおのずから、それに関係のある身体諸部分に配分される。この際いくつかの可能的な組合せが、あらかじめ等値のものとして与えられている。例えば、もっと腕を伸ばすなら、私は肱掛椅子にもたれかかったままでいることができるが、また私は前かがみになることも、半分立ち上ることもできる。共通の意義から出発して、これらいずれの運動もわれわれの意のままである。それゆえ幼児は、把握を最初に試みる際に、自分の手を見るのではなくて対象を注視する。彼らの身体のさまざまな部分が知られるのはひたすらそれらの機能的な意味においてであって、それらの整合は学ばれるものではない。同様にして、私がテーブルに向って坐っているとき、私はテーブルの下にかくれている私の身体の部分を即座に「可視的にする」ことができる。私は靴のなかで足を曲げると同時に、それを見る。私がいまだかつて見たこともない身体部分に対してすら、私はこのような能力をもっている。ある患者たちが内側から見た自分自身の顔の幻覚をもつのは[145]、こういう風にしてである。われわれが自分自身の手の写真を認知することができず、また実に少からぬひとびとが他人の筆跡にまじった自分の筆跡を見わけるのに躊躇するというのに、誰でも自分のシルエットや映画に写った自分の足どりを認知できるという事実が指摘されている。このように、われわれはしばしば見ているものを認知できないのに、われわれには見えない身体部分の視覚的な表象物を、苦もなく認知するのである[146]。自己像幻視(héautoscopie)(訳註46)の場合、患者が眼の前に見る二重身は若干の顕著な細部において必ずしも再認されているわけではないが、それでも患者はそれが自分なのだという絶対的な感じをもっており、したがって自分の写しが見えると断言するのである。[147] われわれは皆いわば内的な眼でもって自分を見ている。この内的な眼は数メートルの距離から、われわれを頭から膝まで見つめている。[148] こういう次第で、われわれの身体諸部分間の結びつき、ならびに視覚的経験と触覚的経験との間の結びつきは、漸次的な集積によって出来あがるのではない。私は「触覚の与件」を「視覚の言語に」もしくはこの逆に、翻訳するのではない。——私は私の身体の諸部分を一つ一つ集め組み合わせるのではない。この翻訳やこの組合せは、私において一度に決定的になしとげられているのであり、実はそれらこそ私の身体そのものなのである。しからば一個の立方体のいっさいの可能的なパースペクティヴをその幾何学的構造からしてあらかじめ知っているように、われわれは自分の身体をその構成法則によって知覚するのだというべきだろうか。しかし——外的対象のことはさておき——自己の身体は、一つの法則のもとへの包摂とは違った流儀の統一を、われわれに教えているのである。外的対象が私の前にあって、その姿の組織的に変るありさまを眼前にさらしている以上、私にはそのすべての諸要素を心のなかで通覧することが許されており、したがって外的対象は少くとも第一近似においては、これらの諸要素の変化の法則と定義されることができる。しかし私は私の身体の前にいるのではない。私は私の身体のなかにいる。いやむしろ私は私の身体である。それゆえ、そのさまざまな変容もこの変容の不変式も、あからさまには措定されえない。われわれはただ単に、われわれの身体の諸部分間の関係と、視覚的身体と触覚的身体との間の相関関係を、静かに見つめるのではなくて、われわれ自身こそ、この腕と脚とを一体化している当のものであり、それらを見ると同時にそれらに触れるものなのである。身体は、ライプニッツの言葉をかりれば、その諸変化の「有効法則」(loi efficace)(訳註47)である。もし自己の身体の知覚においても解釈ということがなおもいわれうるとすれば、身体自身が自己を解釈するといわなくてはならないだろう。ここでは「視覚的与件」はその触覚的な意味をとおしてのみ、また触覚的与件はその視覚的意味をとおしてのみ、現われる。それぞれの局所的な運動は全体的な体勢を地として、その上にのみ現われる。また、あらゆる身体的な出来事は、それを顕わにする「分光器」がどんなものであれ、ある有意味的な地の上にのみ現われ、そこでは、その最も遠い反響といえども少くとも暗示され、感官相互間の等値の可能性が直接与えられているのである。私の手のさまざまな「触覚的感覚」を統合し、それらを同じ手の視覚的知覚にも、身体の他の諸部分の知覚にも結びつけるものは、私の手の仕種のある様式であって、またこれは、私の指の運動のある様式を含み、他方では私の身体のある態度に寄与しているのである。(149)身体を物理的対象になぞらえることはできない。むしろ芸術品になぞらえるべきである。絵画あるいは音楽においては、観念は色彩や音の展開による以外の仕方では伝達されえない。私がセザンヌの作品の講釈を読んだだけで実際に彼の作品に接したことがなければ私は可能的な多くのセザンヌを思い浮べ、そのいずれを真のセザンヌともきめかねるであろう。私に唯一の実在のセザンヌを与えるのは、セザンヌの絵画の知覚であり、この知覚においてかの講釈もその充実した意味を獲得するのである。詩や小説は言葉でできていても、やはり事情はこれと違わない。周知のとおり、詩は散文にいいかえられる第一の意義をもっているにしても、読者の心のなかでは、それをまさに詩として規定する第二の存在を生きるのである。談話は単に語によって意味を表わすばかりでなく、またアクセント、語調、身振り、顔つきなどによってもこれを表現するのであり、そして意味のこの補充はもはや話し手の思想ではなくて、その思想の源泉と、彼の根本的なあり方とをあかすものであるが、これと同様に詩はたまたま物語り風の、意味表示的なものであっても、本質的には実存の転調なのである。叫びは自然が与えたままの身体を、つまり表現手段としては貧弱な身体を使うのであるが、これに反して詩は言語を、それも特殊な言語を使用し、この点で叫びから区別される。このような言語を使用するおかげで、実存の転調は表現されると同時に消散してしまうのではなく、詩的装置のうちに自己を永遠に保存する手段を見出すのである。しかし詩はわれわれの現実生活で使われる身振りから離れるとはいっても、いっさいの物質的な支えから離脱するわけではない。そのテキストが正確に保存されないなら、それは決定的に失われてしまって取り返しがつかないことになろう。詩の意義は何ものにも拘束されずに、理念の天空に住まうものではない。それは脆弱な紙の上に記された単語の間に閉じこめられている。こういう意味においていっさいの芸術作品と同様、詩も物のように存在するのであって、真理のように存立するのではない。小説についていうと、なるほど小説の筋書は要約することができ、小説家の「思想」は抽象的に定式化されうるものであるが、この概念的な意義は、いっそう広汎な意義から抜きとられたものである。ちょうどある人物の人相書が彼の顔つきの具体的な相貌から抜きとられたものであるのと同様である。小説家の役割は諸理念を繰り広げることでもなければ、登場人物を分析して見せることですらない。それは人間の間の出来事を提示し、イデオロギー的な註釈を加えることなく、この事件を成熟させ、爆発させることであり、しかもこの際、説話の順序やパースペクティヴの選択を少しでも変えたら、事件の小説的な意味も変ってしまうという程でなくてはならない。一片の小説、詩、絵画、音曲は、それぞれ個体である。つまり表現と表現されるものとを区別することが許されない存在、したがってじかにそれに接することによってしか、その意味に近づくことができない存在であり、それらの存する時間的・空間的な場所を離れずに、その意義を放射するような存在なのである。われわれの身体が芸術作品に較べられるのは、この意味においてである。身体はもろもろの生きた意義の結び目であって、若干数の共変項の法則ではない。上膊のある触覚的経験は下膊と肩の触覚的経験を意味し、同じ上膊のある視覚的な姿を意味している。しかしこれは、一個の立方体の遠近法的に見られたさまざまな視覚像が立方体の理念にあずかるように、さまざまな触覚的知覚が、そしてまた触覚的知覚と視覚的知覚とが、すべて同一の知的に理解された腕にあずかるからではない。そうではなくて、見られた腕と感触された腕、ならびに腕のさまざまな部分が、皆いっしょになって、同一の身振りをつくりあげているからである。

〔一つの世界の獲得としての知覚的習慣〕

先ほど運動的習慣から身体的空間の特殊な性質が明らかになったように、いまや習慣一般から自己の身体の一般的総合が理解される。そして、身体的空間の分析が自己の身体の統一の分析を見越していたように、運動的習慣についていわれたことを、あらゆる習慣に押し広げることができる。実は、いかなる習慣も運動的であると同時に知覚的である。なぜなら、すでに述べたように、それは明白な知覚と実際の運動との間にあって、われわれの視野と行動野とを同時に限界づける基本的な機能のうちに宿っているからでである。杖で対象を探査する行為を、先ほどは運動的習慣の一例として取り上げたのであるが、これはまた知覚的習慣の例でもある。杖が使い馴れた道具となると、触覚的対象の世界は後退して、手の皮膚から始まるのではなく、杖の先端から始まるようになる。ところでこの際、手に対して杖の圧力が与える感覚をとおして、盲人は杖とそのさまざまな態勢を心のなかで構成し、つぎにこれらが二次的な対象を、つまり外的対象を媒介するのだと、われわれはいいたくなるであろう。もしそうだとすると、知覚はいつまでたっても同じ感覚的与件を読みとることであり、ただこの解読がますます速かになり、ますます微妙な徴候に対しておこなわれるようになる、というだけのことであろう。ところで習慣の習慣たるゆえんは、手に対する杖の圧力を杖のある態勢のしるしとして解釈し、これをまた外的対象のしるしとして解釈することにあるのではない。というのも習慣とはまさにこのような手数をわれわれから免除するものだからである。手に対する圧力、ならびに杖は、もはや与えられた与件ではない。杖はもはや盲人が知覚する対象ではなく、それでもって知覚する道具なのだ。それは身体の付属物であり、身体的総合の拡大である。これに対応して、外的対象も、一連のパースペクティヴから割り出された実測図でも不変式でもなく、杖がわれわれを導いてゆくところの一つの物である。そして知覚の証言によれば、さまざまなパースペクティヴは、この物の指標ではなくて、諸相なのである。主知主義は、パースペクティヴから物そのものへの、徴表から意義への移行を、解釈、統覚、認識志向としてしか理解することができない。もろもろの感覚的与件と、各水準のパースペクティヴとは、同じ知的な核の表示として把握された(aubfgefasst als)諸内容だということになろう。[150] しかし、このような分析は、徴表と意義とを同時に歪曲し、すでに意味を「はらんでいる」感覚的内容と、法則ではなくて一つの物である不変の核とを、ともに客観化することによって相互に分離してしまうのである。それは、主体と世界との有機的な関係、意識の能動的な超越性、意識がその器官と道具とを介して物と世界のなかに自己を投げかける運動、を隠蔽する。それゆえ、実存の拡張としての運動的習慣の分析は、一つの世界の獲得としての知覚的習慣の分析へとおのずから発展するのである。逆に、いかなる知覚的習慣もまた運動的習慣であり、ここでもまた意義の把握は身体によっておこなわれる。幼児が青を赤から区別し馴れると、この一対の色彩について得られた習慣が、あらゆる他の色彩の場合にも役だつということが、認められる(151)。しからば青－赤という一対をとおして、幼児は「色彩」という意義を把握したということだろうか。この自覚のなかに、「色彩という観点」のこの到来のなかに、与件を一つのカテゴリーのもとに包摂するこの知的分析のなかに、習慣の決定的契機があるのだろうか。しかし幼児が青と赤とを色彩というカテゴリーのもとに捉えることができるためには、このカテゴリーが与件のなかに根づいていなくてはならぬ。そうでなければ、どのような包摂も与件のなかにこのカテゴリーを認知することはできないであろう。——つまり、幼児の前に差し出された「青い」板と「赤い」板との上に、青、赤と呼ばれる振動の特殊な仕方、まなざしに触れる特殊な仕方が、まず現われるのでなければならない。われわれは、まなざしにおいて、盲人の杖にも比すべき、生れながらの道具を、意のままにしている。まなざしは、それが物に尋ねる仕方に応じて、例えば物の上を軽く滑ったり力をこめてそれを見つめたりする仕方に応じて、多かれ少かれ、物から何ほどかのことがらを獲得するのである。色彩を見ることを学ぶということは、視覚のある様式を、自己の身体の新しい使い方を、獲得することである。

つまり身体像を富まし、組織し直すことである。運動能力もしくは知覚能力のシステムたるわれわれの身体は、「われ思う」にとっての対象ではない。それは均衡に向うところの体験され生きられた諸意義の全体である。しばしば諸意義の新しい結合がつくられる。すなわち、われわれの旧来の運動が新しい運動的存在に統合され、視覚の最初の与件が、新しい感覚的存在に統合される。そしてわれわれの自然的な諸能力が、突如としていっそう豊かな意義と合体するのである。この意義はそれまでは、われわれの知覚野あるいは実践野のなかで、ただ指示されていたにすぎず、単にある種の欠如としてのみ、われわれの経験のうちに現われていたにすぎないが、今やその到来が突如としてわれわれの均衡をつくりかえ、われわれの盲目的な期待を充たすのである。

V　性的存在としての身体

〔性欲《セクシュアリテ》は「表象」と反射の混合ではなくて一つの志向性である。性的状況における存在〕

われわれの終始変らぬ目標は、われわれが空間、対象、あるいは道具をわれわれに対して存在せしめ、わがものとなすところの、原初的機能を明らかにし、身体をこのような占有の場所として記述することである。ところでわれわれがまっすぐ空間ないし知覚された物に向っている間は、受肉した主体とその世界との関係を明るみに出すことは、容易ではなかった。というのも、この関係が、認識論的主観と客観との純然たる交渉に、おのずから変ってしまうからである。実際、自然的世界は私に対するその存在のかなたに、それ自体で存するものとして与えられ、主体がこの世界に向って自己を開く超越の作用は我を忘れ果て(訳註48)、その結果、われわれは、存在するために知覚される必要もないような一つの自然の前に立つことになる。それゆえ、われわれにとっての存在の発生を明らかにしようと思うならば、結局われわれの経験のうちで明らかにわれわれにとってしか意味と現実性をもたないような領域を、つまりわれわれの情感的（affectif）

な環境を考察しなくてはならない。どのようにして一つの対象もしくは存在が、欲望あるいは愛をとおしてわれわれに対して存在するようになるかを観察してみよう。その結果、われわれは諸対象、諸存在がいかにして一般に実存することができるかという事情を、いっそうよく理解するであろう。

ふつう情感性(affectivité) は情感的諸状態の、すなわち自己閉鎖的な快苦といった状態の寄木細工《モザイク》と考えられている。これらの状態は了解されるのではなくて、身体機構から説明されることができるばかりである。人間においては情感性は「知性によって貫かれて」いるといわれるが、その意味するところは、観念連合や条件反射の法則に従って、単なる表象が快苦を与える自然的な刺激に取って替り、この置換の結果もともとわれわれには快でも苦でもない状況に快苦が帰せられ、何度かの転移を経て本来の快苦とは一見関係のない二次的、三次的な価値が構成される、ということである。客観的な世界が「基本的な」(élémentaires) 情感的諸状態の鍵盤を直接たたくということはますます少くなるが、それでも価値とは依然として快苦の恒常的な可能性なのである。快苦の体験の場合を除けば――快苦の体験そのものについては何もいうべきことはない――主体はその表象能力によって定義されるのであり、情感性は意識の根源的なあり方とは認められないことになる。仮にこのような考え方が正しいとすれば、性欲の減退はすべて、ある表象の欠如か、快感の減少に帰着するはずである。だが実際はそうでないことがやがて判明する。ある患者は[152]決して自分からは性行為を求めない。猥褻《せつ》な絵や、性的主題に関する会話や異性の身体の知覚などは、彼のうちに少しも欲望を呼びさまさない。彼はろくろく接吻もしない。接吻は彼にとって性的刺激という意味をもっていない。反応はごく局所的で接触なしには起らない。前戯がここで中断すると、性行為はそれ以上続けることを求めなくなる。性行為においても挿入(intromissio)は自発的には決しておこなわれない。先に相手の女にオルガズムが起って彼女が離れると、せっかく生じた欲望が消滅してしまう。ことがらの進行は終始、あたかもこの患者が何をなすべきかを知らないかの如くおこなわれる。きわめて短いオルガズムに先だつ数瞬間を別とすれば、能動的な運動というものはない。遺精はめったに起ることなく、また起っても夢を伴うことは決してない。以前に運動を発意する能力の欠如を説明した際と同様——われわれは、このような性的無気力を視覚的表象の消失によって説明しようと試みるだろうか。だが性行為の触覚的表象が全く存在しないなどと主張することは困難だろうから、シュナイダーの場合、なぜ視覚的知覚のみならず触覚的刺激も性的意義の大部分を失ってしまったかということが、改めて問われなくてはならない。しからば視覚的ならびに触覚的表象の一般的衰退を仮定しようか。だが、そうすると、全く形式的なこの衰退が性の領域においてまとう具体的な様相が、改めて記述されなくてはならないであろう。なぜなら、例えば遺精が稀にしか起らないという事実は、表象が遺精の原因というよりむしろ結果なのだから、結局、表象の弱さによっては説明されず、性生活そのものの変質を暗示するように思われるからである。正常な性的反射、あるいは快感諸状態の何らかの弱化を想定してみようか。しかし、この症例はむしろ性的反射や、純然たる快感状態などというものが、実は存在しないことを明示する適例というべきであろう。なぜならシュナイダーの障害は、すべて後頭部位に局限された損傷から結果したものであることを、われわれは想起するからである。仮に性欲が人間において一個の自律的な反射機構であり、解剖学的に定義された何らかの快感の器官に性的対象が作用するのだとすれば、脳髄の傷害はこの自動現象を解放する結果となり、いっそう強調された性行動となって現われるはずであろう。病理学は、自動現象と表象能力との間に、ある生の地帯が存在することを明らかにしている。患者の性的諸可能性は、既述の、運動的・知覚的諸可能性、いや知的諸可能性さえとも同様に、この生の地帯で仕上げられるのである。性生活に内在し、その展開を保証する、一つの機能がなければならない。性欲の正常な展開は、有機的主体の内的諸能力に依存するのでなければならない。エロスもしくはリビドといったものがあって、なまの世界に生気を与え、外的な刺激に性的な価値あるいは意義を付与し、各人のために彼の客観的身体の使い方を素描して見せるのでなくてはならない。シュナイダーにおいては、色情的知覚の、もしくは経験の、構造そのものが、損なわれているのである。正常人にあっては、一個の身体は単に任意の一個の対象として知覚されるだけではなく、この客観的知覚にいっそう秘めやかな知覚が住みついている。視覚に映ずる身体の基底に、厳密に個性的な性的図式が横たわっていて、これが色情を挑発する部分を強調し、性的表情を浮きあがらせ、この情感的全体に統合さるべき男性の身体そのものの動作を要求するのである。これに反してシュナイダーにとっては、女性の身体は特有の本質をもつものではない。彼にいわせれば女性を魅力的たらしめるものは、とりわけ性格であって、身体という面では、どんな女性も似たりよったりである。身体の緊密な接触も「漠然とした感じ」「ある定かならぬものについての知識」しか与えない。これらは性的行動を「発進させ」一定の仕方の解決を要求するような状況をつくりだすのには、決して十分なものではない。知覚は空間的にも時間的にも、その色情的構造を失っている。この患者から消えうせてしまっているものは、自分の前に性的世界を投射し、色情的状況に自分を置く能力、あるいはひとたびこのような状況が下造りされたら、それを維持しあるいは堪能するまでそれに答えるという能力である。「堪能」という言葉でさえ、彼にとってもはや何ものも意味しなくなる。というのも、一連の運動あるいは状態を喚起し、それらに「形態を付与」し、これらのなかに自己の実現を見出すような、性的志向、性的発意が欠けているからである。患者がほかの場合には見事に利用する触覚的刺激でさえも、性的意義を失ってしまうのは、いわばこの刺激が彼の身体に語りかけ、それを性という関係のもとに置くことを止めてしまったからである。換言すれば、正常の性欲がまさにそれであるところの、たえまなく無言のうちに繰り返されるあの問いを、患者が環境に向ってもはや発しなくなったからである。シュナイダーのみならず大多数の不能者は、「自分たちのしていることに関与していない」(訳註50)。しかし放心や場ちがいの表象は原因ではなく結果であり、彼が状況を冷やかに知覚するのは、まず第一に状況を生きていないからであり、状況に参加していないからである。こういう次第で、客観的知覚とは別のある様式の知覚、知的意義とは別の一種の意義、純然たる「あるものについての意識」ではない志向性の存在がここに推察されるのである。色情的知覚は、思惟されるもの (cogitatum) をめざす思惟(cogitatio) ではない。身体をとおして、それは、もう一つの身体をめざす。それは世界のなかで遂行されるのであって意識のなかでではない。ある眺めが私にとって性的意義をもつのは、性的器官や快の状態へのその関係を、たとえぼんやりとでも思い浮べるときではなくて、それが私の身体に対して存在する場合、つまり、与えられた刺激を結びあわせて色情的状況となし、性的行動をそれにあてはめる用意がつねにできている、かの能力に対して存在する場合、なのである。悟性とは種類の違う色情的「了解」なるものがある。というのも、悟性が経験を一つの観念のもとに把握することによって了解するのに対して、欲望は身体を身体に結びつけることによって盲目的に了解するからである。長いあいだ身体的機能の典型と考えられてきた性欲においてすら、われわれは末梢的な自動機制にたずさわっているのではなく、実存の一般的な運動に従うところの、そしてこの運動が弱まればいっしょに弱まるところの、ある志向性にたずさわっているのである。シュナイダーは一般にもはや情感的ないしイデオロギー的状況のうちに存在してはいないが、それと同様、彼は性的状況のうちに身を置くこともはやできない。ひとびとの顔つきは彼にとって好もしいものでも、虫の好かぬものでもない。好悪という点に関してひとびとの資格がきまるのは、彼が彼らと直接交渉がある場合に限られ、彼らが彼に対してとる態度、彼に示す注意や気遣いによってだけである。陽光や雨は、楽しげでも悲しげでもない。気分を左右するものは、基本的な器官諸機能だけであって、世界は情感的には中性である。シュナイダーは交際範囲をあまり広げない。彼が新しい交友を結ぶときには、しばしば悪い結果に終る。というのも、分析してみればわかることだが、この交友は自然な運動からではなく、抽象的な決心から生じたものだからである。彼は政治や宗教について考えることができればよいがと思うのだが、実際にはそれを試みさえしない。彼はこれらの領域が、自分にとってもはや近づきえないものであることを、承知している。そしてすでに述べたように、彼は一般に真の思考作用をおこなわず、数の直観や意義の把握を、記号の操作と「虎の巻」(訳註51)技術に置き換える。(153) われわれは、性的生を根源的な志向性の一つとして再発見すると同時に、知覚、運動機能ならびに表象の諸「過程」をいずれも「志向の弧」に基づかせることによって、これらの諸機能の生命的な根基を見出すのである。この「志向の弧」はこの患者にあっては弛緩しているが、正常人にあっては経験にその活力と豊かさとを与えているのである。

〔精神分析学、実存論的精神分析は「唯心論」への復帰ではない〕

性欲はそれゆえ、自律的な一連の過程ではない。それは認識する存在と行為する存在の全体に内面的に結びついている。行動のこの三つの区域は、ともに唯一の典型的な構造を表わしており、それらは相互に表現しあう関係にたっている。われわれはここで精神分析学の最も持続的な成果と結びつくのである。フロイトの原理的な申し立てがたとえどのようなものであったにしても、実際においては、精神分析学的研究は人間を性的下部構造によって説明する結果になったのではなく、性現象のうちに、以前には意識の諸関係および態度と見なされていた諸関係や態度を再発見するに至ったのである。そして精神分析学の意義は、心理学を生物学的にするということより、「純粋に身体的なもの」と思われていた諸機能のうちに、弁証法的運動を見出し、性欲を人間存在に再統合することにある。フロイトの教説から離れたその弟子の一人[154]が明らかにしたところによると、例えば不感症が解剖学的ないし生理学的条件に結びついていることはめったになく、たいていそれはオルガズムの拒否、女性であるという条件や性的存在という状態の拒絶を表わしており、これはまたこれで、性行為の相手方と、彼が表わす運命とに対する、拒絶を表現しているのである。フロイトの場合ですら、精神分析学が心理的動機の記述を排斥し、現象学的方法に敵対するものだと考えたら、まちがいであろう。精神分析学は、フロイトの言葉によれば、いかなる人間的行為も「意味をもつ」と主張し[155]、出来事を機械的条件に結びつけるかわりに、いずこでもこれを了解しようと試みることによって、かえって（それと知らずに）現象学的方法の発達に貢献したのである。フロイト自身においても性的なものは生殖的なものではない。性的生活は生殖器官に座をもつ諸過程の単なる結果ではない。リビドは本能ではない。つまり生れながらにして一定の目標に向けられた活動性ではない。それは精神物理的主体がさまざまな環境に加わり、多様な経験によって自己を固定させ、もろもろの行動的構造を獲得する普遍的な能力なのである。それは一人の人間が一個の歴史をもつようになるゆえんのものである。一人の人間の性的歴史が彼の生の鍵を与えるというのも、その人の性欲のうちに、彼の、世界に対するあり方、つまり時間や他の人びとに対するあり方が投射されているからである。すべてのノイローゼの根源には性的症候がある。しかしこれらの症候は正しく読みとるならば、ある態度の、例えば征服という態度であれ逃避という態度であれ、そうした態度の全体を象徴しているのである。生の一般的形式の仕上げとして理解された性的歴史のなかには、どんな心理的動機も忍び込むことが可能である。というのも、もはや二つの因果性の間の干渉関係があるのではなくて、生殖生活が主体の生の全体と嚙み合わされているからである。問題は人間の生が性に左右されるかどうかを知ることではなくて、むしろ性によって何が意味されているかを知ることである。精神分析学は思惟の二重の運動を表わしている。一方ではそれは生の性的下部構造を強調し、他方では実存の全体を統合するほどにまで性の概念を「膨張」させる。しかしまさにこの理由の故に、前節の結論と同様、精神分析学の結論も両義性を免れない。性の概念を一般化し、それを自然的ならびに相互人間的世界に臨むあり方とする場合、われわれは次の二つのいい方のいずれを選ぶであろうか。すなわち、実存の全体が結局は性的意義をもっている、というか、それとも、性的現象はすべて実存的意義をもっている、というか。前の仮定においては実存は抽象であって、性生活の別名にすぎなくなろう。しかし、もはや性生活は、その境界が定められず、一つの有機的装置に属する因果性によって定義される別個の機能ではないのだから、実存の全体が性生活によって了解されると主張することには何の意味もなく、むしろこのような主張は同義語反復になってしまう。しからば逆に性的現象は、われわれの場《ミリュー》を企投するわれわれの普遍的な仕方の一表現にすぎない、といわねばならないだろうか。しかし性生活は実存の単なる反映ではない。政治的・イデオロギー的領域における実行力に充ち溢れた生活は、性力の衰退と両立しうる。いやそれどころか、それがこの衰退を利用していることだってありうる。逆に例えばカザノヴァにおけるように、性生活が「世界における（への）存在」のいかなる特殊な活力にも相応しないような一種の技巧的完璧さをもつこともある。性的器官が生の普遍的な流れによって貫かれている場合ですら、性的器官がこの流れを捉えて自己に奉仕させるということもある。生は別々の流れに自己を特殊化する。性生活という語に何の意味もないか、それとも、それはわれわれの生のうちで性の存在と特殊な関係のある部分をさすのか、いずれかではなくてはならない。あたかも付帯現象にすぎないかのように、性欲を実存のなかに沈めてしまうことは、問題にならない。ノイローゼ患者の性的障害が彼らの生の根底に横たわる悲劇を表現し、また大写しにして見せるものであることが認められるにせよ、いや認められればこそ、なぜこの悲劇の性的表現が他の種類の表現に先だち、より頻繁に現われ、またいっそう目立つのかという理由が、そしてなぜ性的なものが単に一つの症候たるにとどまらず、特に重要な症候なのかという理由が、なおも問われなくてはならないのである。われわれは、すでに何度も出会った問題に、またここで出会う。ゲシタルト学説に賛同してわれわれは、感覚器官に直接依存するような感覚与件の層を指摘することができないということを、明らかにした。どれほど僅少な感覚与件といえども、一つの形に統合され、すでに「形態を付与された」状態においてのみ現われる。だが、それにしても、「見る」とか「聞く」とかいう語が意味を失うわけではない、ともわれわれは述べた。また他の場所で(156)指摘したように、脳髄の特定の諸領域、例えば「視覚領域」は、決して孤立的に機能するのではない。しかしそうはいっても、傷害の位置する部位がどこかということに応じて、病状において、視覚的な側面か聴覚的な側面かが優位を占めることに変りはないということも、われわれは主張しておいたのである。最後に、今しがたわれわれは、生物学的存在は人間的実存と嚙み合わされ、その固有のリズムと無関係ではないと、述べた。とはいえ、「生きる」(leben)ことこそ本源的な営みであって、そこからしてしかじかの世界を「体験する」(erleben)ことが初めて可能になるのであり、われわれは知覚する前に、そして関係的な生活に入るに先だって、まず飲食し呼吸せねばならず、また人間的諸関係の生活に入る前に、視覚によって色彩と光に、聴覚によって音響に、性感によって他人の身体に臨んでいなくてはならないことに変りはないと、われわれはここに付言しておこう。こういうわけで、視覚、聴覚、性、身体は、人格的実存の単なる通過点、道具、ないし現われに尽きるものではない。かえって人格的実存は、これらの所与の匿名の実存を引き受け、自己のものとなすのである。身体的もしくは肉体的生と精神作用《プシシスム》とは相互的な表現の関係にあるとか、身体的な出来事はつねに心的意義をもっているなどというとき、これらのいい方は、それゆえ、なお説明を必要とするのである。これらのいい方は、因果的な考え方を排することをめざすものであって、身体が「精神」の透明な外被であるという意味ではない。身心の交流がおのずから了解される領域としての実存に立ち戻るということは、「意識」や「精神」に復帰することではない。実存論的精神分析学は、唯心論の復活の口実となるべきではない。「表現」[訳註52]と「意義」という概念を明確にすることによって、以上の点がいっそうよく理解されるであろう。これらの概念は既成の言語と既成の思想の世界に属する概念であり、われわれは無批判的に身体と精神作用との関係にたった今もちいたばかりであるが、身体の経験は逆にこれらの概念の修正をわれわれに教えるはずである。

〔性欲はいかなる意味において実存を表現するか——実存を実現することによって〕

母親によって愛する青年に会うことを禁ぜられたある少女は[157]、睡眠と食欲を失い、ついに言語使用の能力をも失うに至った。彼女の幼児期に、地震にあったあと、失声症の最初の症候が現われ、その後また激しい恐怖を経験した後に、失声症がぶりかえしている。厳密にフロイト流に解釈するなら、性の発達における口唇期が問題となるであろう。しかし口に「固着」するのは、単に性的実存だけではなくて、もっと一般的には言語が媒介となる他人との関係である。少女の情動が表現手段として失声症を選ぶのは、言語があらゆる身体機能のうちで最も密接に共同の実存に、もしくはやがてわれわれが使用する用語でいうと、共存（coexistence）に、結びついているからである。それゆえ、ほかの患者にあってはヒステリーの発作が状況からの逃避の手段であるように、失声症は共存の拒否を表わしている。この患者は、家庭的環境のなかの諸関係を断絶する。もっと一般的には彼女は生活との縁を絶とうとする傾向をもっている。彼女が食物を呑みこむことができないのは、嚥下作用が実存の運動を、つまり、もろもろの出来事をすなおに受け入れ、それを同化する実存の運動を、象徴しているからである。患者は彼女に向けられた禁止を、文字通り「呑みこむ」ことができないのだ。[158] 彼女の幼児期に不安が失声症となって現われたのは、死の危険の切迫がむりやりに共存を中断し、彼女を彼女ひとりだけの運命に連れ戻したからである。失声症の症候が再現するのは、母親の禁止が比喩的な意味で同じ状況を復活させ、そのうえ未来を閉ざすことによって彼女を彼女好みの行動へと送り返すからである。これらの動機づけは、この患者における咽喉と口唇の特殊な敏感さを利用するだろうし、この敏感さはまた彼女のリビドの歴史と性における口唇期とに関係してもいよう。こうして症候の性的な意味をとおして、もっと一般的に過去と未来、自己と他人に対して、つまり実存の基本的諸次元に対して、症候が意味するところのものが、すかし絵のように浮びあがってくる。しかし身体がたえず実存の様相を表現するといっても、袖章が軍人の階級を意味したり、番地が家屋を示したりするのと同じではないことが、やがてわかるであろう。つまり、ここでは記号が単にその意味を指示するのではなく、記号に意味が宿っているのである。ピエールの肖像画が不在のピエールの準-現前であり、[159] 呪術においては蠟人形が、まさにそれによって表わされる実物でもあるように、ここでは記号がある意味ではそれが意味する当のものなのである。患者は「彼女の意識のなかに」起っている悲劇を、彼女の身体のゼスチャーで表わしているのではない。声を喪失することによって、彼女は「内的状態」を外部に翻訳しているのではない。機関車の運転手の手を握ったり、農夫の肩を抱いたりする国家元首や、もう私に話しかけない怒った友人のように、彼女は意志や感情の「表明」をおこなっているのではない。

失声症になることは、おし黙ることではない。というのも、ひとはしゃべる能力のあるときにしか、沈黙しないのだから。失声症は確かに麻痺ではない。その証拠には、心理学的治療を受けて、愛する男と会うことを家族から許されると、かの娘は再び話をするようになったからである。とはいえ、失声症はたくらんでわざと黙りこんでいるのとは違う。ヒステリーの理論が、暗示症(訳註53)(pithiatisme)の概念によって、麻痺(もしくは知覚喪失)か偽装かという二者択一を克服するに至ったいきさつは、周知の通りである。ヒステリー患者を偽装者だとするなら、まず第一に自分自身に向っての偽装者であり、その結果、真実に体験し思惟していることと、外部に向って表現していることを、みずから比較対照することができない、ということである。すなわち暗示症はコギトの病いなのである。それは両面価値的となった意識であって、知っていることがらの承認をわざと拒否することではない。これと同様に、失声症においても、かの少女はしゃべることを中止しているのではなくて、あることがらの記憶を喪失するように、声を「喪失」するのである。もっとも精神分析学が明らかにしているように、失われた記憶は偶然に失われるのではない。それが失われるのは、それが私の生のうちで私が拒否するある領域に属し、ある意義をもっている限りにおいてである。そして、すべての意義と同じように、この意義も誰かある人にとってしか存在しない。それゆえ忘却は一つの行為である。私が見たくないひとは見過すように、私はこの記憶を遠ざける。しかし精神分析学がまたみごとに明らかにしているように、抵抗は、それが立ち向う記憶に対する志向的な関係を予想するにせよ、それをわれわれの前に一個の対象として定置し、名ざしでそれを排斥するというわけではない。抵抗はわれわれの経験の一つの領域、あるカテゴリー、ある型の追憶に向う。妻が贈物としてくれた本を引出しのなかにしまい忘れ、妻といったん仲直りすると、それをまた見つけ出した男は[160]、この本を完全に喪失していたのでもなければ、かといって、それをしまった場所を知っていたのでもない。妻に関係したものは何であれ、彼にとってはもはや存在してはいなかったのだ。彼はそれを彼の生から抹殺してしまったのだ。彼女に関係するあらゆる振舞を、彼はひと息に排除していたのだ。こういう次第で、彼は知識と無知との、有意的な肯定と否定との手前にいるのである。こういう風にヒステリーや抑圧においては、われわれがあることがらを知っていながら知らないでいることも、可能なのである。というのも、われわれの追憶とわれわれの身体とは、個別的な一定の意識作用においてわれわれに提示されるのではなくて、一般性のなかに包みこまれているからである。一般性をとおして、われわれはなおもそれらを「所有して」いる。しかしそれらをわれわれから遠ざけておくのにちょうど足りる程度、「所有」しているのである。以上によって、感覚的な情報や追憶がわれわれによってはっきりと把握され知られるのは、それらが属しているわれわれの身体ならびに生の領域に、一般的に同意するという条件が充たされる限りにおいてであることが、判明する。この同意もしくは拒否は、主体を一定の状況に置き、彼が直接支配しうる心的領野を限定するのであるが、これはちょうど一つの感覚器官の取得もしくは喪失が、物理的領野に属するある対象を、彼が直接把握する範囲のなかに入れたり、そこから取り除いたりするのと同様である。こうして創造された事実上の状況は一つの状況の単なる意識にすぎない、などということは許されない。なぜなら、こんないい方をすれば、「忘れられた」記憶、腕、あるいは脚が、私の過去もしくは身体の「保存されている」諸領域と同じ資格で、私の意識の前に繰り広げられ、私に現前し、私の身辺にあることになろうから。また同様に、失声症は意志されたものだ、ということもできない。意志というものは、私が選択する諸可能性の領野を予想している。例えばここにピエールがいる。私は彼に言葉をかけることも、かけないこともできる、というように。これに反して私が失声症になると、ピエールは対話の望ましい相手もしくは拒むべき相手としては、私にとってはもはや存在しなくなる。諸可能性の領野の全体が崩壊するのであり、沈黙という伝達ならびに意味作用の一様式からさえ、私は自己を隔離するのである。もちろん、この際、偽装や不誠実について語ることはできよう。しかしそうだとしたら、心理学的な偽装と形而上学的な偽装とを区別しなくてはなるまい。前者は本人がはっきり知っている想念を他のひとびとにはかくすことによって、彼らをだますことである。これは容易に避けることができる一つの出来事である。後者は一般性を介して自己自身を欺くのである。こうして宿命ではないが、さりとて措定されたのでも意志されたのでもない、ある状態もしくは状況に到達する。これは、何であれ無制限に自分はこれこれであると主張するときには、いつでも「真摯な」「純粋な」ひとにすら見られることなのである。それは人間の条件の一部をなしている。ヒステリー発作が頂点に達するときには、たとえわずらわしい状況を逃れる手段として、患者自身がこれを求めたのであり、いわば避難所に身を寄せるようにこれに没入するのだとしても、彼にはもはや殆ど何も聞こえなくなり、見えなくなり、彼は、痙攣し息をはずませ寝床の上でじたばたもがく存在に、殆どなりきっているのである。憤懣がつのってめまいを起させるばかりの激しさになると、誰彼かまわず任意のひとに向けられた憤懣となり、人生に対する憤懣、絶対的な憤懣となるほどである。一瞬一瞬、時がたつにつれて、自由は低下し、ますますありそうにもないものになる。自由は決して不可能なものではなく、いつでも自己欺瞞の弁証法を挫折させることができるとはいっても、それにしても一晩の休らかな眠りもやはりこれと同じ効果をもつことに変りはない。この匿名の力によって克服されうるものは、この力と同じ性質のものでなくてはならない。したがって、憤懣にせよ失声症にせよ、持続するにつれて物のように堅固となり構造化するということ、またそれを中断する決定が、「意志」よりいっそう低いところからやってくるということ、少くとも以上の二点を認めねばならない。ある種の昆虫が自分自身の肢を断つのと同じように、患者は自分の声から離別するのである。文字通り彼は声なしのままでいるのだ。だからこれに相応して心理学的治療法が効果をもつのも、患者にその病気の起源を知らしめることによってではない。時として手を触れただけで攣縮を終らせ、言葉を呼び戻すことができる場合もあり(161)、そしてその後はこの同じ仕種が儀式の意味をもつようになって、新しい発作を抑制するのに十分役立つのである。いずれにしても患者と医師との間に結ばれた人格的関係がなければ、つまり、患者が医師に対して抱く信頼と親愛の情、ならびにこの友情から結果する実存の変化がなければ、精神療法における自覚化は、全く認識的なものにとどまり、医師が患者に向って明らかにした彼の障害の意味を、患者が自分のものとすることはないであろう。症候も治癒も、客観的なあるいは措定的な意識の水準においてではなく、この水準の下で成立するのである。状況としての失声症はまた睡眠とも比較されうる。私は寝床の左側に向って横たわり、膝を曲げ、眼をつぶり、ゆっくりと呼吸し、私からいっさいの企てを遠ざける。しかし私の意志、あるいは意識の能力はここでおしまいとなる。ディオニソスの秘儀において信者たちが神の生涯のさまざまな場面を演じて、神を呼び出そうとするように、私は眠る者の息づかいとその姿勢をまねることによって、睡眠のおとずれを呼び求めるのである。神が現われるのは、信者たちが、自分たちの演ずる役割から自己をもはや区別しなくなったとき、つまり彼らの身体と意識とがそれらに固有の不透明性をその役割と対立させなくなり、全く神話のなかに融けこんでしまった暁においてである。睡眠が「やってくる」瞬間がある。つまり、私が演じてみせる睡眠の身振りの上に睡眠が降り立ち、私が振りをしているその当の状態に、私が実際なりきることに成功する瞬間がある。この状態とは、どこを見つめるまなざしとてなく、思念もなく、空間の一点に懸り、諸感官の匿名の見張りによってしかもはや世界に臨んでいない、あの塊りの状態である。恐らくこの最後のきずなが、眠りからの目覚めを可能にするものなのであろう。この半ば開きかけた扉から事物が再び入ってきて、眠る者が世界に立ち戻るのであろう。これと同様に、他人との共存を断絶した例の患者にしても、いまだなお感覚に映ずる他人の外被を知覚し、抽象的にではあるが、例えば暦の助けを借りて、未来を考えている。こういう意味では、眠るひとといえども、決して完全に自己のなかに閉じこめられているのではない。つまり完全に睡眠者でありきるのではない。また例の患者は、相互主観的な世界から、絶対的に分離されているのではない。つまり全くの病人だというわけではない。しかし、睡眠者ならびに患者において真実の世界への復帰を可能ならしめるものは、なお感覚器官とか言語とかといった非人称的諸機能にすぎない。われわれが睡眠や疾病に対して自由であるのは、われわれがいまだなお覚醒と健康という状態のうちに拘束されているまさにその限りにおいてであって、われわれの自由は、われわれの「状況内存在」(etre en sitnation) に依存しており、自由そのものも一つの状況なのである。睡眠、目覚め、病気、健康は、意識ないし意志の様相ではない。

それらは「実存的な歩み」[162]を予想している。失声症は単に話すことの拒否を、食思欠損 (arorexie) は生きることの拒否を、表わしているのではない。それらは、この他人の拒否ないし未来の拒否が、「内的現象」の過渡的なあり方を脱して、一般化され、成就されて、事実上の状況となりきったものなのである。

身体の役割はこの変成を保証することである。身体は観念を物に変え、睡眠の身振りを実際の睡眠に変える。身体が実存の象徴となりうるのは、それがこれを実現するからであり、その現実性だからである。身体は実存の収縮と膨張という二重の運動を助成する。一方では、じじつ身体は、私の実存が実存そのものから脱落して、みずから匿名な受動的なものとなり、スコラ的なものに固化する可能性である。上述の患者にあっては、未来への、生ける現在への、もしくは過去への運動と、学習し、成熟し、他人との交流関係に入る能力が停止して、身体的症候のなかにいわば閉じこもり、実存が硬直して、身体が「生の隠れ家」[163]となってしまったのである。患者にとっては、もはや何ごとも起らない。何ものも患者の生のうちでは、意味や形態をもってはいない。——いやもっと正確にいうと、いつもいつも同じような「今」しかやってこないのだ。生は自己自身に向って逆流し、歴史は解体して自然的な時間となる。正常であって、相互人間的状況に参加しているひとですら、身体をもっている限り、たえずこの状況から逃れる可能性を保有している。私が世界のなかで生き、私の企てと仕事にたずさわり、私の友人たちや想い出に対しているときですら、私はまぶたを閉じ、からだを伸ばして私の耳をうつ脈膊に聞き入り、快感や苦痛に没入し、私の人格的生の基礎に横たわるこの匿名の生のなかに閉じこもることも、可能である。しかしながら、私の身体は世界に対して自己を閉ざすことができればこそ、また私を世界に向って開き、私をそこに状況づけるゆえんのものでもある。他人、未来、世界に向っての実存の運動が、氷結した川が融けるように、再び始まることも可能である。患者は自分の声をやがて取り戻すであろうが、それは知的な努力や意志の抽象的な命令によってではなく、彼の身体の全体が参加する一つの転向、一つのほんとうの身振りによってなのである。ちょうど、われわれが忘却した名称を、「われわれの精神のなかに」ではなくて「われわれの頭のなかに」もしくは「われわれの唇の上に」探し求め、再発見するのと同様である。記憶や音声が帰ってくるのは、身体が再び他人もしくは過去に向っておのれを開き、共存によっておのれが貫かれることを許容するときであり、改めて（能動的な意味で）身体が自己自身のかなたを意味するときである。そればかりではない。実存の回路から切断されたときですら、身体は決して完全に自己自身に舞い戻ってしまうのではない。たとえ私が私の身体の体験と感覚の孤独とのうちに没入したところで、私の生の、世界への関係を抹殺することはできない。たえず何らかの志向が私からほとばしりでる。もっともこの志向は、私のまわりの私の眼に入る諸対象だとか、次つぎにやってきて私がいま体験したばかりのものを過去におしやる諸瞬間だとかにしか、向わないかもしれないが。私は決して完全に、世界のなかの一つの物になりきることはできない。依然として物に見られるような存在の充溢が、私には欠けている。私自身の実体が内部から私を逃れ、つねに何らかの志向が現われる。「感覚器官」をもつ限り、身体的実存は決してそれ自身のうちに、休らいではいない。それはつねに能動的な無によって悩まされ、そそのかされ、たえず私に生きるようにと促している。そして自然的な時間は、毎瞬毎瞬たえまなく、真の出来事の空虚な形式を描きだす。とはいえ、おそらくこの促しは応答がないまま過ぎ去るであろう。自然的時間に属する瞬間は、何ごとも確立するものではない。自然的時間はすぐさま再開始されなくてはならないし、じじつ別の瞬間において新たに始まるのである。感覚的諸機能もただそれだけでは、私を世界に向って存する（être au monde）ようにさせるに十分なものではない。私が私の身体のなかに吸収され尽くしているときには、私の眼は、事物や他人の、感覚に映ずる外形だけしか、私に与えはしない。事物そのものが非現実性にとりつかれ、他人(訳註54)の行動は解体して不条理なものに見える。虚偽の再認(訳註55)におけるように、現在でさえその堅実さを失って、永遠性に変ってしまう。私のあずかり知らぬうちに私を貫いてにじみでる身体的実存なるものは、世界への真の臨在の単なる粗描にすぎない。とはいえ、それは少くともその可能性を基礎づけ、われわれと世界との最初の契りを打ち建てるものなのである。私は確かに人間的世界から退いて、人格的実存を離れることもできよう。しかしそうしたところで、私の身体のなかに、あの同じ能力を、つまりそれによって私が人格的実存たるべく余儀なくされているあの同じ能力を、ただしこのたびは無名の能力として、再発見するだけであろう。身体とは「自己たることの隠蔽された形式(164)」であるとも、あるいは逆に、人格的実存とは、与えられた状況内存在を引き受け、表明することである、ともいえよう。それゆえ、身体はたえず実存を表現する、というとすれば、それは言葉が思想を表現するという意味においてである。私にとっても、他人にとっても、記号の一つ一つに対してきまった意義が与えられているという、ひたすらそういう条件のおかげで、初めて他人に私の思想を告げ知らせることができるといった、したがってこのような意味においては、真実の伝達を実現しているとはいえない、慣習的な（conventionnels）表現手段に至る手前に、表現される内容が表現と別個に存するのではなく、記号そのものがその意味を外部に誘い出すといった、本源的な意義作用の存在を、――やがて明らかとなるように、――われわれは認めねばならないのである。身体が全体的実存を表現するのは、まさにこういう仕方においてである。というのも、それは実存の外的付随物ではなく、かえって実存が身体において自己を現実化するのだからである。この受肉した意味こそ中心現象であって、身体と精神、記号と意義とは、その抽象的契機なのである。

〔性的「ドラマ」は形而上学的「ドラマ」に還元されないが、性欲は形而上学的なものである。それは「超え」られえないものである〕

こう理解するならば、表現の表現されたものに対する、もしくは記号の意義に対する関係は、原本と翻訳との間にあるような、一方的関係ではない。身体も実存も人間存在の原本ではない。なぜならいずれも他方を予想し、身体は凝固した、あるいは一般化された実存であり、実存は不断の受肉であるからである。[165] とりわけ、性が実存的意義をもつとか、実存を表現するとかいわれる場合、あたかも性のドラマがひっきょう実存のドラマの表明であり兆しにすぎないかのように、理解されてはならない。実存を身体あるいは性に「還元」することが許されぬのと同じ理由で、また性を実存に「還元」することも許されぬのである。なぜなら実存とは、他の種類の諸事実に還元することができたり、あるいは他の種類の諸事実をそれに還元することができたりするような、ある種類の諸事実（「心的諸事実」というような）ではなく、それらが交流しあう多義的な場《ミリュー》であり、それらの境界がまざりあう点であり、あるいはまたそれらに共通のよこ糸だからである。人間的実存を「逆立ちして」歩かせることは、問題にならない。羞恥、情欲、愛一般が形而上学的意義をもっていること、つまり人間を自然法則によって支配された機械と見なした場合には、いや「本能の束」と見なした場合ですら、これらが理解できなくなるということ、そしてこれらは、意識としての、自由としての人間にかかわるものであることが、確かに認められなくてはならない。人間は通常は自分の身体をひと眼にさらさないものである。あえてそうするときには、おずおずしながらか、またはひとを魅惑しようとしてかである。彼の身体をよぎる他人のまなざしは、彼にとって、身体を自分から奪いとるように感ぜられたり、逆に彼の身体の露呈が、他人を抵抗の余地もなく彼に引き渡し、その結果、他人こそ隷属状態に陥るように思われたりする。それゆえ羞恥と無恥とは、主人と奴隷の弁証法(訳註56)でもあるところの、私と他人の弁証法のなかに位置を占めるのである。私は身体をもつ限り、他人のまなざしのもとに対象と化せられ、他人にとってもはや人格たる意味をもたなくなることも、あるいは逆に他人の主人となり、私の側から彼を注視することも可能である。だがこの支配は実は袋小路なのだ。というのも、私の価値が他人の情欲によって認められたときには、他人はもはや私が認められたいと願っていたあの人格ではなくなって、自由のない、したがってもはや私にとって問題とならない、魅惑された存在にすぎないからである。それゆえ、私が身体をもつということは、私は対象として見られることもできるが、しかも私は主体として見られることを求めているということ、他人は私の主人でも奴隷でもありうること、したがって羞恥と無恥とは意識の多数性の弁証法を表現し、まさしく形而学的意義をもっていること、これらのことがらをいい表わす一つの仕方なのである。性的欲情についても同様なことがいわれよう。欲情が、目撃する第三者の存在に耐えることができず、欲情の相手方のあまりに自然な態度やあまりに超然とした言葉を敵意のしるしとして体験するのは、それがせっかく魅惑しようとしているのに、傍観する第三者やあまりに自由な精神状態にある欲情の相手方が、魅惑をまぬがれているからである。だから、ひとが所有したいと思っているものは、一つの物体ではなく、意識によって生気を与えられた身体なのである。そしてアランもいうように、狂気の女性を愛することは、発狂する前から彼女を愛していたのでなければ不可能である。身体に付与された重要性、性愛の諸矛盾は、私の身体の形而上学的な構造、つまり他人にとって対象であると同時に、私にとって主体であるという構造に基づくいっそう普遍的なドラマに結びついているのである。もしも性的経験が自律と依存という最も一般的な契機における人間の条件の、いわば試しであり、誰でもいつでもおこなえる試しであるのでなければ、性的快感の激しさだけでは、人間生活における性欲の占める位置を、例えばエロティスムの現象を説明するのに十分ではなかろう。それゆえ、人間的な振舞に関する不如意と不安とを性的な気がかりに結びつけたところで、説明にならない。なぜなら性的な気がかりのなかに、すでにそれらが含まれているからである。しかし逆に性を身体の両義性に関係づけるからといって、性を性以外のものに還元することにはならない。なぜなら思惟にとっては、身体は対象であって、両義的なものではないからである。われわれが身体についてもつ経験、とりわけ性的経験においてのみ、そのうえ性の事実によって初めて、身体は両義的となるのである。性関係を弁証法として取り扱うことは、それを認識の過程に還元することでも、一人の人間の歴史をその意識の歴史に還元することでもない。この弁証法とは、矛盾しあいながら分離することができない、思想と思想との間の関係ではない。それは、一つの実存からもう一つの実存に向う緊張した関係であり、後者が前者を否定するものでありながら、しかも後者がなければ前者は自己を保持できない、といった関係である。形而上学――つまり自然の彼岸の出現――は認識の水準に局限されるものではない。それは「他者」への道が開けると同時に始まるのだ。それはいたるところにあり、性の固有の発達のなかにもすでにある。たしかにわれわれはフロイトに従って、性の概念を一般化した。しからば、どうして性の固有の発達などということが許されるだろうか。いかにして、われわれは意識のある内容を、性的と特徴づけることができようか。実際、それは不可能である。性は一般性の仮面の背後に、おのれに対しておのれの姿をかくしてしまう。性はみずからその因となった緊張とドラマを、たえず逃れようと試みる。しかし、ここでもまた、あたかも性がわれわれの生の主体でもあるかのように、おのれに対しておのれの姿をかくすなどという権利を、われわれはどこから得るのであろうか。単純に、性は実存のもっと一般的なドラマのなかで超越され、そのなかに沈められるというべきではなかろうか。この際、二つの誤謬を避けねばならない。その一つは意識の哲学がおこなうように、判明な表象に繰り広げられた実存の明らかな内容のほかには、いかなる内容も実存に認めないということであり、もう一つは無意識の心理学がおこなうように、これも同様に表象からなりたつ潜在的内容をかの明らかな内容に重ねるということである。性は人間的生のなかで超越されているのでもなければ、その中心において無意識的な表象によって形に表わされるのでもない。性はたえず雰囲気として、生のなかに現存しているのである。夢を見るものは、彼の夢の潜在的な内容、つまり、やがて適当なイメージの力をかりて「二次的な物語り」を通じて顕わにされるはずの内容を、まず最初に表象する、というのではない。すなわち彼は生殖に由来する興奮をまずあからさまに生殖的なものとして知覚し、ついでこの原文を比喩的な言語に翻訳するのではない。そうではなく、覚醒時の言語から離別した夢みるひとにとっては、しかじかの生殖的刺激ないし性的衝動が、直ちに、明白な内容に属するところの、彼がよじのぼる壁あるいは建物の正面のイメージなのである。若干の類型的な関係やらある感情的な相貌しか性的なものの名残りをとどめていないいくつかのイメージのなかに、性欲は拡散するのである。夢みるひとの陰茎は、明らかな内容となって現われるあの蛇となる。[166] 夢みるひとについて今しがたいわれたことは、われわれが表象に至る手前で感じているわれわれ自身のつねにまどろんでいる部分についても、つまりそれをとおしてわれわれが世界を知覚するあの個人的な煙霧についても、真実である。そこには不分明な諸形態も特権的な諸関係もあるが、これらは決して「無意識的なもの」ではない。われわれは、それらがやぶにらみ的なものであり、あからさまに性を思い出させることはないが、しかも性と関係があるということを甚だよく承知している。他の身体的領域にもまして特に性の宿っている身体的領域から、性は匂いや音のように発散する。われわれが身体像を研究した際にすでに身体に認めた、暗黙裡の置換の一般的な機能が、ここにも見出される。私が手を対象に向って動かすとき、私の腕が伸びるのを私は暗黙のうちに知っている。私が両眼を動かすとき、私ははっきり意識することなく、しかもその運動を念頭においている。私が視野の変動が見かけの上にすぎないことを理解するのも、これによってである。これと同様に性ははっきりした意識作用の対象となることなく、しかも私の経験の特権的な諸形式の動機となることができる。このように理解されるなら、すなわち曖昧な雰囲気として把握されるなら、性は生と同延である。換言すれば多義性は人間的実存にとって本質的であり、われわれが体験しもしくは思惟するものは、何にようずつねに多数の意味をもっている。生の一つの様式――逃亡の態度や孤独の要求など――は、恐らく性のある状態の一般化された表現であろう。こうして性はそれ自身、実存となって、きわめて一般的な意義を担い、性的なテーマが主体にとって、それ自体において正当かつ真実な、このように多くの注目と、道理に基づいた、このように多くの決断との、機会となりえたのだから、性的なテーマは途中でこのように重みを加えたのだから、性の形式のなかに実存の形式の説明を求めることは許されないのである。とはいえ、この実存は、性的状況を引き受け解明することであって、したがってつねに少くとも二重の意味をもっていることに変りはない。性と実存との間には浸透関係がある。つまり、実存は性のなかに、性は実存のなかに拡散し、その結果、与えられた一つの決断や行為に関して、性的動機づけと他の動機づけとの持分を定めること、つまり決断や行為を「性的」か「非性的」かと特徴づけることが不可能になるほどである。こういうわけで人間的実存のうちには、ある不確定性の原理がある。この不確定性は単にわれわれにとってのみある、というわけではない。つまり、われわれの知識の不備から生ずるのではない。神のような英知だったらわれわれわれの心の底まで探って、われわれにおいて自然に由来するものと自由に由来するものとの境界を定めることができるだろう、などと信じてはならない。実存はその基本的な構造のために、それ自体で不確定的なのだ。つまり実存とは今まで意味をもたなかったものが意味をもつようになり、性的な意味しかもたなかったものが、もっと一般的な意義を獲得するようになり、偶然性が道理となるような作業そのものなのであるが、実存がこのように事実としての状況の引き受けである以上、実存はそれ自体において不確定なのである。実存が事実としての状況を引き受けて自己の責任のもとに置き、この状況を変容するこの運動を、われわれは超越と名づけよう。まさに実存が超越であればこそ、実存は何ものをも決定的に超出することはない。なぜならもし超出しきってしまえば、実存を定義する緊張が失われてしまうからである。実存は決してみずから自己自身から離れ去ることはない。実存がそれである当のものは、実存がそれを引き受けて自己のものとなすのだから、実存にとっていつまでも外的な偶然的なものにとどまるわけはない。それゆえ性も身体一般と同様、われわれの経験の偶然の内容と見られるべきではない。実存は偶然的な属性をもってはいない。また実存自身に形態を付与するのに寄与しないような内容を、実存は何一つもってはいない。実存とは事実を引き受ける運動なのだから、そこには純然たる事実の存する余地はないのだ。以上の主張に対して、われわれの身体組織は偶然的であり、「手足や頭のない人間を考える」(167)ことができるのだから、いわんや性器をもたず、さし木や取木によって繁殖する人間を考えることは易々たることだと、恐らく反論されもするであろう。しかし、手、足、頭もしくは性的器官を、抽象的に、すなわち、その生ける機能においてではなく、物質の断片として考える場合にのみ、――そして人間に関しても同様に抽象的な概念を、つまり思惟(Cogitatio)以外の何ものも入る余地のない概念をつくる場合にのみ――以上の反論がなりたつのである。これに反して、人間をその経験によって、つまり世界に形態を付与する人間独自の仕方によって定義し、「諸器官」をそれらが切り抜かれたもとの機能的全体に再統合するならば、手や性的機構のない人間は、思惟なき人間と同様、考えられなくなる。だが、ひとびとはこれに対して更に、次のように反論するであろう、――つまり以上の主張がもっともらしく聞こえるのも、実はただ同義語反復となる限りにおいてである、要するにそれは、実際に人間がもっている関係のシステムのたった一つでも欠けるならば人間は彼が現在あるものとは違ったものとなり、それゆえもはや人間ではなくなるはずだと、こう主張することにほかならない、と。そのうえこれに加えて、この主張は事実として存在するがままの経験的人間によって人間を定義することであり、多数の原因の遭遇と自然の気まぐれのおかげでやっとここに集められたような、所与のこの全体の諸特徴を、本質に属する必然性によって結びつけ、人間のアプリオリと見なしているのだと、いいもするであろう。ところが実は、われわれは回顧的な錯覚によって、本質に属する必然性を想像しているのではない。われわれは実存的な連関を確認しているのである。前にシュナイダーの症例の分析によって明らかにされたように、性欲から運動機能ならびに知性に至るまで、人間におけるあらゆる「機能」は互いに固く結びついているので、人間の存在全体のうちで、偶然的な事実と見なされる身体的組織と、必然的に人間に属する他の述語とを、区別することが不可能なのである。人間においてはいっさいが必然的である。例えば理性的存在がまた直立するものでもあり、あるいは親指と他の指とを向いあわせにもっているものでもあるということは、単なる偶然の一致によるのではない。同じ実存の仕方が、両方に現われているのである。(168) しかし、この人間的な実存の仕方は、赤子が誕生の際に受けとりでもしたかのような何らかの本質によって、どんな赤子にも保証されているものではなく、客観的身体の偶然的な出来事を貫いて、たえず取り戻されねばならないものなのであって、こういう意味では、人間におけるいっさいは偶然的である。人間とは一つの歴史的理念であって自然的な種ではない。換言すれば、人間的実存のうちには、およそ無条件的な所有ということはないし、しかも偶然的な属性もないのである。人間的実存は引き受けという行為によって偶然性を必然性に転化させることだから、それは必然性と偶然性とに関する、われわれの常識的な考え方の改訂を余儀なくさせるであろう。われわれがどうあるにせよ、われわれは、事実としての状況を土台として、そうあるのである。われわれはこの状況を自分のものとなし、一種の脱出によってたえず変容してゆくのであるが、この脱出も決して無制約的な自由ではない。性を性以外のものに還元するような性の説明は存在しない。なぜなら、性はすでにそれ自身とは別のものだったのであり、こういってよければ、われわれの存在全体であったともいえるからである。性は、われわれが人格的生の全体をそこに参加せしめるから劇的である、といわれている。しかし、まさしく何故にわれわれはそうするのだろうか。われわれの身体は自然的な自我であり、与えられた実存の流れであって、そのため、われわれを担い運ぶ力が身体の力であるか、われわれの力であるかわからない程である――いやむしろ、この力は全く身体の力だとも、われわれの力だともいうことはできない、――こういう理由によるのでなければどうして身体はわれわれにとって、われわれの存在を写しだす鏡といえようか。それ自身において完結した性などは存在しないのだから、また性からの超出もありえない。完全に救われているひとも、失われているひとも、いないのである。(169)

VI　表現としての身体と言葉《パロール》

〔失語症における経験主義と主知主義、いずれも説明として十分ではない〕

われわれは身体に、科学的対象の統一とは区別される別種の統一を認めた。われわれは今しがた身体の「性的機能」のなかにまで、志向性と意味能力とを発見したばかりである。言葉（parole）の現象と明白な意義作用との記述を試みることによって、われわれは主観と客観という古典的な二分法を決定的に超える機会に恵まれるだろう。

言葉《パロール》を独自の領域として意識するようになったのは、当然のことながら、後世になってからのことである。ここでも例によって、「持つ」(avoir) という関係が「習慣」(habitude) という語の語源にはっきり現われている[訳註57]にもかかわらず、さしあたり「ある」(être) という領域に属する諸関係によって、あるいはこういってよければ世界内部的 (intra-mondaines) な、存在的 (ontiques) な諸関係によって、掩いかくされている[170]。言語の所有は、まず第一に「語心像」(images verbales) の、つまり発音もしくは聴取された語がわれわれのうちに残した痕跡の、単なる事実的存在として理解される。この痕跡が身体的なものか、それとも「無意識的な精神活動」のなかに沈澱したものかということは、大して重要ではない。いずれの場合にも「話す主体」が存在しないという点では、言語についての考え方は同じことである。刺激が神経機構の法則に従って、語の調音（訳註58）（articulation）を惹起する力をもった興奮を生ぜしめるのか、それとも意識の諸状態が、既得の観念連合によって、適当な語心像の出現を促すのか、いずれにしても言葉《パロール》が第三人称的な回路のなかに置かれ、話すひとというものが存在せず、語を支配するところの語る志向が全くないのにひとりでに語の流れが生ずる、という点に変りはない。語の意味は、語によって命名されるはずの刺激もしくは意識の諸状態のうちに与えられている、と考えられる。また語の音声上、調音上の形態は、脳髄もしくは精神における痕跡のなかに与えられている。言葉《パロール》は一つの行動ではない。それは主体の内的な諸可能性を表明するものではない。人間が話すことができるのは、電燈が白熱状態になることができるのと同じことである。選択的な障害、つまり話された言葉は理解できないが書かれた言葉は理解できるとか、話しはできるが書く方が駄目というような障害があるし、それにまた言語活動《ランガージュ》が断片的に崩れていくこともあるのだから、それは一連の独立した出資分から成り立っており、一般的な意味における言葉《パロール》なるものは、思考の産物にすぎないとも思われる。

語の調音の障害たる構語不能症（anarthrie）から、知能障害を必ず伴う真正の失語症が識別され、——事実上第三人称的な運動現象にすぎない自動的言語のほかに、大多数の失語症において問題となる唯一の機能たる意図的言語が見分けられるようになったとき、失語症ならびに言語の理論は完全に一変したかと思われた。「語心像」の個体性はじじつ解体した。患者が喪失し正常人が所有しているものは、語の一定の貯蔵ではなく、それを使用する一定の仕方である。自動的言語の平面においては患者の思うがままになる同じ語が、動機なく自由にしゃべる言葉(langage gratuit)の平面においては彼から逃れる。——例えば医師の質問を拒むためには、すなわち現実に体験された否定を意味するときには、「否」という語を造作なく見出す同じ患者が、感情的な生活的な興味のない言語行使においてはそれを発音することができないのだ。したがって語の背後に一つの態度が、つまり語を条件づける発言《パロール》の機能が発見されたのである。行動の道具としての語と、欲得を離れた単なる呼称の手段としての語とが区別された。「具体的な」言語は依然として第三人称的な過程であったが、動機のない自由な言語(langage gratuit)、本来の呼称は、思惟の現象となったのである。そして若干の失語症の起源は、ほかならぬ思惟の障害のなかに求められなければならないとされた。例えば色彩の名称に関する健忘症は、患者の全体的な行動のなかに戻してみると、いっそう一般的な障害の特殊な現われと見えてくるのであった。眼の前に提示された色彩の名称を挙げることができない患者は、またこれらの色彩を与えられた命令に従って分類することも、同様にできないのだ。例えば色の見本を基調となる色あいに従って分類することを求められると、彼らは正常なひとよりゆっくりと細心にやるということが、まず観察される。彼らはひと目で「和合する」色を捉えるのではなくて、比較すべき見本をいちいち互いに近づけてみる。そのうえ、多数の青いリボンを正しく集めたあげくに、彼らは不可解な誤謬をおかすのである。例えば最後の青いリボンがうすい色調のものであれば、彼らはこれに続いて「青」の集まりにうす紫やうすばら色を加える。——あたかも、指定された分類原理を維持し、終始一定の観点から見本を観察することができないかのようである。それゆえ感覚の与件を一つのカテゴリーのもとに包摂し、いくつかの見本を青という形相の事例としてまとめて見ることが、彼らには不可能になったのだ。実験の初め彼らが正しい処置をしているときでさえ、彼らを導いたのはいくつかの見本が一つの理念にあずかっているということではなくて、直接の類似の経験である。彼らが見本を互いに近よせて比較した後に初めて分類できるというのは、このためである。分類の実験は患者におけるある根本的な障害の存在を示しているのであって、色の名称に関する健忘症は、そのもう一つの現われにすぎないであろう。なぜなら一つの対象の名を挙げるということは、それがもっている個性的なもの、それ独特のものから離れて、そこに一つの本質、あるいはカテゴリーの代表を見ることだからである。患者が見本の名を挙げることができないのは、赤とか青とかいう語の語心像を失ったからではなく、感覚的与件を一つのカテゴリーのもとに包摂する一般的能力を失ったからである。つまり、彼が範疇的態度から具体的態度に舞い戻ったからである[171]。これらの分析、その他の同様な分析は、一見、語心像の説の正反対にわれわれを導くように見える。というのも、言語は今や思惟によって条件づけられたものとして現われるからである。

〔言語は意味をもっている〕

ところが実は、経験主義的もしくは機械論的心理学と、主知主義的心理学との間の、血縁関係の存在に、いま再び注目しなくてはならないのである。前者の主張から後者の反論に移ったからとて、言語の問題は解決するものではない。先ほどは語の再生、語心像の復活ということが本質的であった。今やそれらは、真の呼称と内的な作用としての本来の発言の、外被以上のものではない。とはいえ、この二つの考え方は、いずれにとっても語が意義をもっていないという点で、一致している。第一の考え方においてこの点は明白である。というのは、それによれば語の喚起はいかなる概念によっても媒介されず、与えられた刺激もしくは「意識の諸状態」が神経機構の法則もしくは連合の法則に従って語を呼び起すことになり、したがって語はその意味も内的な能力ももつことなく、客観的な因果の戯れによって呼びさまされる、心的、生理的、いや物理的とさえいえる一つの現象、他の諸現象と並ぶ一つの現象にすぎないからである。呼称に範疇的作用を重ねたからとて、事情は変らない。語は依然としてそれ固有の効力を奪われている。なぜなら、このたびは語は内的な再認の外的な記号にすぎないし、この内的な再認は語が伴わなくても成立することが可能であり、したがって語はそれに何の貢献もしていないからである。語の背後に範疇的作用があるのだから、それは意味を剝奪されてはいない。しかしそれは意味をもってはいない。所有してはいないのだ。意味をもっているのは思惟であり、語は依然として空虚な外被にすぎない。それは単なる調音的・音声的現象にすぎないか、あるいはこの現象の意識にすぎない。しかしいずれにせよ言語は思惟の外的付随物以上のものではない。第一の考え方は有意味なものとしての語の手前にとどまっている。第二の考え方はその向う側に立つ。前者には語るひとというものがなく、後者には、なるほど主体はあるが、これは語る主体ではなく考える主体である。言葉そのものに関しては主知主義は経験主義と殆ど変らない。そしてこれと同様、自動現象による説明なしですますことはできない。範疇的作用がいったんおこなわれても、それをしめくくる語の出現ということが、依然として説明されねばならない。語は生気のない単なる外被だから、この説明は再び生理的、もしくは心的メカニズムによることになる。それゆえ、語は意味をもつという単純な注意によって、経験主義と同じように主知主義も超えられる。

〔言語は思惟を予想するのではなく、それを成就する〕

仮に言葉《パロール》が思惟を予想し、話すことがまず第一に認識の志向もしくは表象によって対象に結びつくことであるとすれば、なぜ思惟があたかもその完成に向うが如く表現に向うのかがわからなくなるであろう。また、どんなに馴れ親しんだ対象といえども、その名を思い出さない限り、われわれにとって定かならぬものと見えるのはなぜなのか、そしてまた、何を書くのやら自分でもしかとわからずに本を書きはじめる多くの著述家たちの例が示すように、思惟する主体がその思想を自分に向っていい表わし、あるいは実際にいったり書いたりしない限り、彼自身でも自分の思想についていわば無知なのはどうしてかという理由が理解されないであろう。言語表現や伝達の苦労にわずらわされずに対自的に存在することで満足するような思惟は、出現するが早いか、たちまち無意識に舞い戻ってしまう。結局このような思惟は自己に対してすら存在しないに等しいことになる。カントの有名な問い[訳註59]に対して、われわれは内的もしくは外的言語によって自己に対して自分の思惟を提示するという意味においては、思惟することも実際一つの経験であると答えることができる。なるほど思惟は一瞬のうちに稲妻の如く進展する。しかし次にそれをわれわれのものとするという仕事が残っている。そしてそれがわれわれのものとなるのは表現によってである。対象が再認されてしかる後にその名が呼ばれるのではない。呼称は再認そのものである。私が薄暗がりのなかで一つの物を見つめ、「これはブラシだ」というとき、私の精神のなかにブラシなる概念があって、そのもとにこの対象が包摂され、他方、頻繁におこなわれた連合によってこの概念が「ブラシ」なる語と結びつけられている、というのではなく、「ブラシ」なる語そのものが意味を担い、私はこの語で対象を名ざすことによって対象に到達したという意識をもつのである。よくいわれるように、[172] 幼児にとっては対象が名づけられたとき、初めてそれが知られるのであり、名称は対象の本質であり、その色彩や形と同じ資格で対象のなかに宿るのである。科学以前の考え方にとっては、対象を名づけることは、それを存在せしめ、もしくはそれを変容せしめることに等しい。神は命名することによって諸存在を創造し、呪術はそれらについて語ることによって、それらに作用する。もしも言葉が概念に根拠を置くものならば、これらの「誤謬」は不可解となろう。なぜなら、もしそうなら概念はいつでも言葉とは別のものとして自己を知り、また言葉を外的な随伴者として知っているはずなのだから。以上の主張に対して、幼児は言語による指示をとおして対象を知ることを学ぶのであって、対象は最初は言語的存在として彼に提示され、後になってから初めて自然的存在となるのだ、要するに、言語的協同体の事実上の存在によって幼児の信念は十分説明されると、こう反論してみても、これは問題の性格を変えるものではない。というのは、もし幼児が自然に関する思惟として自己を知る以前に言語的協同体の一員として自己を知ることが可能だとすれば、それは主体が普遍的思惟として自己を知らぬがままに言葉《パロール》として自己を捉えることが可能であり、語が対象や意義の単なる記号にとどまるどころか、事物そのものに住まい、意義を担い運ぶものであるとすることを条件としているからである。こういうわけで言葉は発言するひとにあって、既成の思想をいい表わすのではなく、思想を完成するのである。[173] 聴取者が思想を言葉そのものから受け取るということは、なおさら承認されなくてはならない。一見したところでは聴取された言葉は、聴取者に何ものも与えることができないかのように思われる。つまり、語や文章に意味を与えるのはほかならぬ聴取者自身であり、語や文章の結合ですら外部から聴取者に与えられたものではない、なぜなら聴取者のうちに自発的にこれを実現する能力がなければ、たとえこうした結合が外から持ち込まれたとしてもそれは了解されないだろうから、とこう思いたくなる。御多分に洩れずここでも最初は、意識は意識自身が入れておいたものしかその経験のなかに見出すことができないかのように思われる。そうだとすると意思伝達の経験は錯覚だということになろう。ある意識が——誰かXなる者に対して——しかじかの言語機構を造りあげる。この機構はもう一つの別の意識に同じ思想を実現する機会を与えるであろうが、実際は一方から他方に何ものも移行してはいないということになる。しかし問題は、意識が少くとも外見上なにごとか新たなことを学ぶかのように見えるのはどうしてか、ということにあるのだから、意識はあらかじめ何もかも承知しているのだといっても問題の解決にはならない。われわれが自発的に考えていたこと以上のことがらを理解する能力がわれわれにはある、というのが事実なのだ。なるほど、ひとはわれわれがすでに理解している言語しかわれわれに語ることはできないし、難解な原文の一語一語は、前からわれわれのものであるもろもろの思想をわれわれのうちに呼び起すには違いないが、しかし時としてこれらの意義が互いに結びついて新しい思想となり、そしてこの新しい思想がこれらの意義をことごとく手直しすることがある。このとき、われわれは書物の核心に移され、その源泉に触れるのである。既知の項との関係によって未知の項を発見するといった問題の解決法になぞらえるべきものは、ここには何もない。なぜなら、このような仕方で問題が解決されうるのは、問題が規定されている場合、つまりいくつかの与件に基づく論証が未知項に一つあるいは多数のきまった値を指定する場合に限られるからである。他人の了解においては、問題はつねに無規定である。[174] というのも、問題の解決がおこなわれた後に初めて振り返ってみると、さまざまな与件が収斂するように見えてくる、例えばある哲学の中心的動機がひとたび了解されると、そのとき初めてこの哲学者の文章は適切な表示という価値をもつようになる、——このように与件に収斂するという姿を与え、文章に適切な表示という価値を与えるのも、ひとえに問題の解決、了解された中心的動機にほかならないからである。[175] したがって言葉《パロール》をとおしておこなわれる他人の思想の継承、他人への反省、他人にならって考える能力が存在するのであって、これがわれわれ自身の思想をいっそう豊かにするのである。ここでは、語の意味が結局、語そのものによって誘い出される、いやもっと正確にいうと、語の概念的な意義が、言葉《パロール》に内在する身振り的意義から汲みとられ、それに基づいて形成されるのでなければならない。そして異国において単語の意味を私が理解し始めるのは行動の文脈におけるその位置からであり、また共同の生活に参与することによってであるように、同様にまだよく理解されていない哲学的文章でも少くともある「スタイル」——スピノザ的スタイルとか批判主義的、もしくは現象学的スタイルとか——を私に知らせるし、このスタイルはその意味の最初の粗描なのだから、私はこの思想の実存の仕方のなかに忍びこみ、哲学者の語調、アクセントをまねることによって、哲学を理解し始めるのである。要するにいかなる言語もみずから自己を告げ知らせ、その意味を聴取者の精神のなかに注ぎ入れるのである。初めのうちは理解されなかった音楽や絵画も、もしほんとうにそれらが何ごとかを語っているならば、ついに理解する仲間をみずから創り出すようになる、つまりみずからその意味をにじみ出させるようになる。散文や詩の場合には、発《パロ》言《ール》の能力はこれほど明白ではない。というのも、自然的な知覚に現われるがままのパレット上の色彩だとか、楽器のなまの音などは、ある楽曲の音楽的意味やら一幅の絵の絵画的意味やらを形づくるに十分でないことが一目瞭然であるのに、どのような文章であれ、それを理解するのに必要なものを、ことごとく単語の普通の意味のうちにすでに所有しているかのような錯覚を、われわれはもつからである。しかしほんとうは文学作品の意味は単語の普通の意味から成り立つのではなく、むしろ作品の意味こそ単語の意味の変化に寄与しているのである。それゆえ、聴取者もしくは読者の側にも、語り手あるいは著述者の側にも、主知主義が思いも及ばぬ言葉《パロール》における思惟なるものがあることになる。

〔言葉における思惟〕

以上の事実を無視したくなければ、われわれはいま一度「語る《パロール》」という現象に立ち帰り、思惟も言葉もともに凝固させて両者の間に外的な関係しか考えられないような、普通の記述の仕方を再び問題にしなくてはならない。まず第一に、話し手における思惟は表象ではないということ、つまり、はっきりと対象や関係を措定することではないということを、認めなくてはならない。話し手は語るに先だって考えるのではない。話す間に考えるのですらない。語るということが考えることなのである。同様に聞き手は記号に関連して観念を思い浮べるのではない。語り手の「思想」は彼が語っている間は空虚である。われわれの前で一つの文章が朗読されるときにも、表現が的確ならば、われわれは文章の埒外に思想をもつようなことはない。もろもろの語がわれわれの心をすみずみまで占め、ぴったりとわれわれの期待を充たす。われわれは説話(discours)の必然性を体験するのだが、それを予見することは望んでもできないであろう。説話によってわれわれは魅せられているのである。説話もしくは文章の終りはいわば呪縛の終りである。このとき初めて説話や文章についての思念が生じうるのであって、それ以前には説話は即興的におこなわれ、文章は何の思想も伴わずに理解されていたのである。いたるところに意味はあったのだが、またいずこでもそれ自身として措定されてはいなかったのだ。話し手は自分がしゃべることの意味を考えてはいないように、自分の使う一語一語を表象してもいない。一つの語もしくは一つの国語を心得ているということは、すでに述べたように、あらかじめ用意された神経の組立てを意のままに使えることではない。しかし、だからといって語について何らかの「純粋記憶」(訳註60)や、弱められた知覚といったものを保存していることでもない。習慣的記憶と純粋記憶との間のベルクソン流の二者択一は、私が承知している語の身近な存在を説明できない。つまり、これらの語は私の背後の対象や私の家をとりまく私の町という地平と同様、私のうしろにある。私はそれらを勘定に入れ、あてにしている。しかし私はいかなる「語心像」(訳註61)をもっているわけでもない。それらが私のうちに残存するとすれば、むしろフロイトのイマゴのような仕方においてである。これは過去の知覚の表象というより、経験的起源から遊離した極めて明確な、かつ極めて一般的なある情緒的本質といった方が、ずっと近い。習得された語に関しては、その調音上の音声的な様式が私に残存する。「運動の表象」について前に述べたこと、つまり私の身体を外的空間のなかで動かすためにはこの両者を表象する必要はないということを、語心像についてもいわなくてはならない。身体と空間とが私にとって存在し、私のまわりに張り渡されたある行動の領野をつくっていれば、それで十分なのだ。これと同じように、私が語を心得ており、そしてそれを発音するためには、これを表象する必要はないのである。その調音上ならびに音声上の本質を、私の身体の可能的転調の一つとして、可能的所作法の一つとして、所有していれば十分である。私のからだの刺された場所に向って私の手がゆくように、私は語に赴くのである。この語は私の言語的世界のある場所にあり、私の装備の一部なのだ。私はそれを表象するたった一つの手段しか持ち合わせていない。つまり、それを発音することである。芸術家が自分の手がけている作品を表象するたった一つの手段しか持ち合わせておらず、その作品を表象しようと思えば、これを制作しなくてはならないのと同様である。私が不在のピエールを想像する場合、私はピエール自身から数の上で区別される想像上のピエールを眺めているという意識はもたない。彼がどれほど遠くにいようと、私は世界のなかで彼をめざしている。私の想像する能力は、私のまわりの私の世界があくまで存続するということと別のものではない。(176) 私がピエールを想像するということは、「ピエールの振舞」を呼び起すことによって(訳註62)ピエールの擬似現前を獲得することである。想像されたピエールが、私の「世界における(への)存在」の様相の一つにすぎないように、語心像は私の音声的身振りの様相の一つにすぎず、他の多くの様相といっしょに私の身体の全体的意識のなかに与えられているのである。想起の「運動的枠組」(訳註63)について語った際にベルクソンが意味していたことは、明らかにこれである。しかし過去の純粋な表象がこの枠組のなかに入ってくるのだとしたら、なぜこれらの表象が再び現実的なものとなるのにこの枠組を必要とするのかがわからない。記憶というものが過去に関する構成的意識ではなくて、現在の含蓄から出発して時間を再び開こうとする努力であり、また身体というものが、「さまざまな態度をとり」、こうして擬似現在をつくりだすわれわれの恒久的な手段であって、したがってわれわれが空間のみならず時間とも交わる手段である場合に初めて、記憶における身体の役割が理解されるのである[177]。記憶における身体の機能は、運動の発端においてすでに見られたあの投射の機能にほかならない。身体はある運動的な本質を[訳註64]発声に転化し、ある語の調音上の様式を音声現象に展開し、以前の態度を再びとってこれを過去のパノラマに繰り広げ、運動の志向を実際の運動に投射するのであるが、これも身体が自然的な表現の能力だからである。

〔思惟は表現である〕

以上の注意によって、語るという行為の真の相貌を復元することが可能となる。まず最初に「記号」(signe)という言葉によって、煙が火の存在を告げるように、他のものを告示するある現象が理解されるならば、言葉《パロール》は思惟の「記号」ではない。言葉と思惟とがいずれも主題的に与えられている場合にのみ両者の間にこのような外的関係が成り立つであろうが、実は両者は相互に他方のなかに含まれているのであって、意味は言葉のなかに嵌め込まれ、言葉は意味の外的実存なのである。われわれはまた、ふつういわれているように、言葉が思惟の単なる固定化の手段だとか、その外被や衣服だとかということを認めるわけにはゆかないであろう。もしも、いわゆる語心像が度ごとに再構成される必要があるとすれば、思想を想起するより単語や文章を想起する方が、なぜ容易なのだろうか。もし発声過程がそれ自身のうちにその意味を担い含んでいるのでないとすれば、なぜ思惟はひと続きの発声過程を思惟自身に重ね、あるいはそれをまとおうとするのだろうか。もろもろの言葉がそれ自身によって理解可能な文章を作り、言語がそれに固有の意義能力をもっている場合に初めて、語が「思惟の砦」であり、思想が表現を求める、ということが成り立つのである。何としても語と言葉は、対象や思想を指示する一つの仕方であることをやめて、この思想の感性的世界における現存となり、思想の衣裳ではなくてその象徴もしくは身体とならねばならない。心理学者たちがいうように、「言語概念」(Sprachbegriff)[178] あるいは「語概念」(Wort-begriff) なるもの、つまり、「聴取され、発音され、読まれもしくは書かれた音が、そのおかげで言語的事実となるような、とりわけ言語的な、中心的内的経験」[179]が、あるのでなければならない。文章を理解せずにしかも文章に「調子をつけて」読むことができる若干の患者がいる。それゆえ、言葉や語は、それに付着する意義の第一の層といったものがあるのであって、これは思想を概念的な陳述としてよりもむしろ、様式として、感情的な値として、実存的な身振りとして提示するのである。われわれはここにおいて、ただ単に言葉によって翻訳されるのではなく、言葉に宿り、それと分つことができない実存的な意義を、言葉の概念的意義の下に発見する。言語表現がもたらす最大の利益は、失われる恐れのある思想を書きものにして残すことにあるのではない。著述家は自分の著作をそんなに繰り返して読むものではない。そして偉大な著作というものは、一読したときにもう、後からわれわれが引き出すであろう内容のすべてを、われわれのうちに沈澱させるものである。表現の作業が成功した場合には、単に読者ならびに著述家自身に一つの備忘録を残すばかりではない。それは意義をして、文章の核心そのもののうちに一個の物として存在せしめ、多数の語からなる有機体のなかで生きるようにさせ、いわば新しい感覚器官として著述家あるいは読者のなかにそれを据えつけ、かくてわれわれの経験に対して新しい領野もしくは新しい次元を開くのである。このような表現の力は、芸術、例えば音楽においては、よく知られている。一つのソナタの音楽的意義は、それを担うものから分つことはできない。われわれがそれを聴かないうちは、どんな分析的解説を読んでも、それを推測することはできない。いったん演奏が終ってしまえば、われわれ自身がおこなう知的分析においても、演奏を経験した瞬間を回想するより以上のことはできないだろう。演奏中、音はソナタの単なる「記号」ではない。ソナタは音をとおしてそこに存する。それは音のなかに降りてくるのである。[180] これと同様に、舞台の上の女優は消えうせ、そこに出現するのはフェードル[訳註65]である。意義が記号を食い尽くし、フェードルがラ・ベルマ[訳註66]を捉えきってしまうので、彼女が我を忘れてフェードルになっている姿は、われわれにはごく自然で当りまえのことのように見える。[181] 美的表現は表現されるものに即自的な存在を付与し、誰にでも近づきうる知覚される物として、自然のなかに置く。あるいは逆に、記号そのもの——喜劇俳優の人となり、絵画における絵具やカンヴァス——を、その経験的存在から引き離して他の世界へと奪い去る。こういう場合には表現作業が意義を実現しあるいは遂行しているのであって、単にそれを翻訳しているのではないということを、なんぴとも否定はすまい。言語による思想の表現についても、見かけはどうであれ、事情は変らない。思惟は何か「内的」なものではない。それは世界と語の外部に存在するものではない。この点についてわれわれを誤らせ、表現に先だって対自的に存在する思想があるかのように思わせるものは、既成のすでにいい表わされた思想である。これは、われわれが無言のうちに想起することができ、そのためにわれわれに内的生の錯覚を生ぜしめるのだ。しかしこの沈黙と称せられるものも、実は言葉でざわめいており、この内的生は内的言語なのである。「純粋」思惟なるものは、意識のある種の空虚、刹那的な願いにすぎない。新しい意味志向が自己自身を知るのは、ひとえに、以前の表現行為の成果たる、出来合いのもろもろの意義でもって、自己を掩うことによってである。出来合いの諸意義は、突如として、今まで知られていなかった法則に従って相互に結びつき、こうして新しい文化的存在が決定的に出現するのである。したがって、ちょうどわれわれの身体が、習慣の習得において突如として新しい身振りに適合するのと同じように、われわれの文化的既得物が動員されてこの新しい未知の法則に仕えるとき、思想と表現とが同時に出来あがるのである。言葉は正真正銘の身振りである。身振りがその意味を含んでいるように、言葉もまたその意味を含んでいる。そしてこのことがまさに意思伝達を可能ならしめるものなのである。私が他人の言葉を理解するためには、もちろん彼の語彙と統辞法とが私にとって「既知」でなければならない。しかしこのことは、他人の言葉の作用が私のうちにそれと連合する「諸表象」を引き起し、こうした「諸表象」の集まりがついに語り手におけるもとの「表象」を私のうちに再生産するに至る、ということを意味するものではない。私が最初に交信する相手は「表象」や思想ではなく、語る主体であり、ある一定のありよう (style d'être) であり、彼がめざす「世界」である。他人の発言を促した意義志向が顕在的な思想ではなくて自己を充たさんとするある欠如であるのと同じように、この志向を私が受け継ぎ引き受けるということは、私の思惟の作業ではなくて、私自身の実存の同時的な転調であり、私の存在の変換なのである。われわれは言葉が制定されて（instituée）いる世界のなかに生きている。日常的なあらゆる言葉に対して、われわれ自身のうちに出来合いの意義が用意されている。これらの言葉は、われわれの心に二次的な思想しか呼び起さない。この思想はこの思想でまた別の言葉にいい直される。そしてこの別の言葉とは、われわれから真の表現の努力といえるものを少しも要求せず、聞き手がそれを了解するためにも何ら努力を必要としないような言葉である。こういうわけで言語活動と言語理解とは、当りまえのことのように思われる。言語的世界、相互主観的世界は、われわれにとってもはや驚くべきものではない。われわれはこの世界をもはや世界そのものから区別しない。そしてわれわれが反省するのも、すでに語られまた語りつつある世界の内部においてである。話すことを学ぶ幼児の場合にせよ、あることがらを初めて語り考える著述家の場合にせよ、要するにある沈黙を言葉に変えるすべてのひとびとの表現や意思伝達のなかに存する偶然的なものに、われわれはもはや気づかなくなっている。しかし日常生活において使用される既成の言語は、明らかに表現の決定的な段階がすでに踏み越えられたことを前提している。われわれがこの起源にさかのぼり、言葉のざわめきの下の原初的な沈黙を再発見しない限り、そしてこの沈黙をやぶる身振りを描きださない限り、われわれの人間考察はいつまでも表面的なものにとどまるであろう。言葉は身振りであり、その意義は一つの世界なのである。

〔**身振りの了解**〕

現代の心理学は、[182] われわれが目撃する身振りの意味を、われわれが自己自身のうちに、つまり自分の内的経験のうちに、探し求めるのではないということを、いみじくも明らかにした。怒りの身振りにせよ、おどしの身振りにせよ、私はそれを了解するために、私みずから同じ身振りをしたときに体験した感情を想起する必要はない。私は怒りの表情を内部からでは十分に知るというわけにはいかないのだから、類似連合にせよ、類推にせよ、決定的な要素が欠けている。——そのうえ、私は怒りやおどしを、身振りの背後にかくれた心的事実として知覚するのではない。私は身振りのなかに怒りを読むのである。身振りは私に怒りを思わせるのではない。身振りが怒りそのものなのである。しかしながら身振りの意味は、例えば絨毯の色が知覚されるように知覚されるのではない。もしそれが一つの物のように私に与えられているとするなら、なぜ私による身振りの了解がたいていの場合は人間的身振りに限られているのかわからなくなる。私は犬の性的身振りを「了解」しない。黄金虫やかまきりのそれはなおさらのこと、「了解」できない。私は原始人や私の生活環境からあまりに隔たった生活環境における情緒表現でさえ了解できない。たまたま児童が性的情景を目撃したような場合、彼は情欲と情欲を表現している身体の態度の体験をもたずとも、この情景を理解できる。しかし、このような行動が可能となる性的成熟の段階に児童がまだ達していないときには、性的情景は突飛な、不安な気持をそそる光景にすぎないだろうし、およそ意味をもたないだろう。なるほど、時として他人についての知識が自己についての知識を促進する場合がある。外的光景が児童に彼自身の衝動の目標を示すことによって、この衝動の意味を覚らせることがある。しかし外的光景が見せる実例も、児童の内的諸可能性に出会わなければ、注意されずに見過されてしまうだろう。身振りの意味は与えられるのではなくて了解される、つまり、目撃者の作用によって捉え直されるのである。この作用を正しく理解し、それを認識作用と混同しないことが肝心で、問題のすべてはここにかかっている。意思伝達、あるいは身振りの了解は、私の志向と他人の身振りとの間の、私の身振りと他人の振舞のなかに読みとられる志向との間の、交互性によって獲得される。それはあたかも他人の志向が私の身体に住まい、私の志向が彼の身体に住まうが如くである。私が目撃している身振りは志向的対象の輪郭を大ざっぱに描きだしている。私の身体の諸能力がこの対象に適合し、それと一致するとき、この対象は現実的となり、完全に了解されるのである。身振りは私の前に一つの問いとして現われ、私に世界の若干の感覚的な点を示して、この点をたどって身振りに追いつくようにと私を誘《いざ》なうのである。私の振舞がこの道のなかにおのれ自身の道を見出したとき、伝達がなしとげられる。私による他人の確認と他人による私の確認とが同時におこなわれる。この際たいせつなことは、物の知覚的経験についてと同様、主知主義的分析によってゆがめられた他人経験をもと通りの姿に戻すことである。私が一つの物——例えば一つの暖炉——を知覚するとき、そのさまざまな見ざまの一致が、実測図としての、そしてまたこれらすべてのパースペクティヴの共通の意義としての、暖炉の存在を、私に結論せしめるのではなく、むしろ逆に、私は物をそれ固有の明証性において知覚するのであり、そしてまさにそれだからこそ、知覚的経験の展開によって互いに符合しあう眺めの無限の一系列が物に関して得られるはずだと私は確信するのである。知覚経験を通じて保たれる物の同一性は、探査の運動をなしつつある自己の身体の同一性のもう一つの相にすぎず、したがってこれと同じ種類のものなのだ。身体像と同様、暖炉ももろもろの等値性のシステムであるが、これは何らかの法則の認知によるのではなくて、身体的現存の体験に基づくものである。私は私の身体をもって諸事物の間に加わり、諸事物は受肉した主体としての私と共存する。そして諸事物のさなかでの私のこの生は、科学的対象の構築とは何の共通点もない。これと同様に、私は他人の身振りを知的解釈の作用によって理解するのではない。意識と意識との間の交信は、彼らの経験の共通の意味に基づいているのではなく、むしろ逆にこの意味をも基礎づけているのである。私が光景に身を委ねる運動は、根源的なもの、ほかの作用に還元できないものと、認められなくてはならない。意味の定義や知的な仕上げに先だつ一種の盲目的な認知において、私は光景に加わるのである。各世代は次つぎと、性的な仕種を、例えば愛撫の仕種を、哲学者がその知的な意味を定義する以前に「了解」したし、実行してきたのである。哲学者によれば、愛撫の仕種の知的な意義とは、相手の受動的な身体をそれ自身のうちに閉じこめ、快という無気力状態に保ち、それが諸事物と他者に向って自己を企投する間断なき運動を中断せしめることなのだが。[183] 私が「物」を知覚するのは私の身体によってであるが、それと同様に、私が他人を了解するのも私の身体によってである。こうして「了解された」身振りの意味は、身振りの背後にあるのではない。それはこの身振りが描きだすところの、そして私が引き継いで自分のものとなすところの、世界の構造と一つである。意味は身振りそのものの上に展開する。――知覚経験において暖炉の意義が、感覚的な光景のかなたに、つまり私のまなざしと私の運動が世界のなかで見出すがままの暖炉そのもののかなたに、あるのではないのと同様である。

〔言語的身振り、自然的な記号も、また純粋に約束的な記号も存在しない〕

言語的身振りも、他のすべての身振りと同じように、それ自身でその意味を描きだすのである。このような考えは最初は奇異に思われよう。しかし言語の起源を理解しようとするなら、やはりこの考えに帰らざるをえないのだ。ところで言語の起源の問題を、心理学者や言語学者たちは一致して、実証的知識の名において退けるのであるが、それにもかかわらず、これは切実な問題なのである。語にも身振りと同じように内在的な意義を認めることは、最初は許されないように思われる。というのも身振りは人間と感性的世界との間のある関係を示すだけであり、それにこの世界は自然的知覚によって目撃者にも与えられているので、身振りの志向的対象は身振りそのものと同時に目撃者に提示されているからである。それに反して言語的身振りは、最初から各人に提示されてはいない精神的景観を、そしてそれを伝達することこそまさしく言語の役割であるはずの精神的景観を、めざしているのである。しかし、自然が与えないものを、この場合、文化が提供している。自由に使える既成の諸意義、すなわち以前の表現行為が、語りあうひとの間に共通の世界を打ち建てており、現在の新しい言葉は、身振りが感覚的世界に関係するように、この世界に関係するのである。言葉《パロール》の意味とは、この言語的世界をそれが処理する仕方、あるいは既得の意義という鍵盤の上で調べを奏でる仕方にほかならない。私は叫びのように短い不可分の作用によって、この意味を把握するのだ。もっとも、こういったからとて、問題の位置がずらされただけのことである。この自由に使える既成の意義そのものは、いったいどのようにして出来あがったのか。ひとたび言語がつくられたなら、この共通の精神的基盤の上で言葉は身振りと同じように意味することができよう。しかしここで前提されている統辞法上の諸形態や語彙の諸形態は、それ自身のうちにその意味を担っているだろうか。身振りとその意味、例えば情緒の表現と情緒そのもの、とにある共通のものは、たやすく見取られる。微笑、弛んだ顔付、動作の活発さは、歓喜そのものである行動のリズム、「世界においてある」一定の仕方を、実際含んでいる。これに反して言語的記号とその意義との間の関係は、多数の国語が存在するという事実からも明らかなように、全く偶然的ではなかろうか。そして「語り始めた最初の人間」と第二の人間との間の言語要素の伝達は、身振りによる伝達とは全く別の型のものではなかったろうか。身振りあるいは情緒的な仕種は「自然的記号」(signes naturels) であり、言語は「約束的記号」(signe conventionnel) であるといわれるとき、ふつう意味されているのは以上のことがらである。しかし約束 (conventions) は遅ればせに人間の間に発生した関係様式であって、予備的な意思伝達を予想している。そしてこの意思伝達の流れのなかに、言語を戻してみなくてはならない。もし語の概念的・名辞的意味だけを考えるなら、なるほど語の形式は――語尾を除いて――恣意的であるように見える。しかし例えば詩において本質的であるところの、語の情緒的意味、前にわれわれが語の身振り的意味と呼んだものを考慮に入れるなら、もはやそうではなかろう。この点に着目するならば、語や母音や音韻がそれぞれみな世界を謳う仕方であり、対象を表わすべく定められており、それも素朴な擬音語理論が信ずるように、客観的な類似のためではなく、対象の情緒的本質を対象から引き出し、言葉のもとの意味においてこれを exprimer (表現する、原義搾りだす) しているからだということがわかるであろう。仮にある国語の語彙から、音声学上の機械的法則の結果や、外国語との混淆によるもの、文法学者の合理化や、国語の自己模倣の結果を、控除することができたとすれば、恐らく各国語の起源に、かなり限られたものであろうが、例えば夜 (nuit) を夜と呼ぶなら光（lumière）を光と呼ぶことは任意ではないというような、表現の体系が見出されることであろう。ある国語における母音の優位とか別の国語における子音の優位とか、また文章構成と統辞法の諸体系など、これらは同じ思想をいい表わすための任意の約束ではなくて、人間の身体が世界をほめ讃えるさまざまな仕方、結局、世界を生きるさまざまな仕方を、表わしているということになるであろう。ここからして、ある国語の十全な意味は他の国語に決して翻訳できない、という結果が生じてこよう。われわれは多数の国語を話すことができる。しかしわれわれがそのなかに生きている国語は、依然としてそのうちの一つにすぎない。完全に一つの国語を自分のものとするためには、それがいい表わす世界を引き受けねばならないであろうが、ひとは決して同時に二つの世界に属することはできないのである[184]。普遍的思惟なるものがあるにせよ、それを獲得するのは、やはり一つの国語によって試みられてきた表現と伝達の努力を、そのまま継承することによってであり、またわれわれの国語の言語的伝統をなりたたしめ、その表現能力の正確な尺度でさえある、あらゆる両義的な意味や意味の推移を引き受けることによってなのである。約束に基づいてつくられた算式――これもなお言語に関係づけられて初めて意味をもつのであるが――は、人間のいない「自然」しか表現しないであろう。したがって厳密にいうと、約束的な記号、つまり純粋なそれ自身にとって明晰な思想の単なる記号表示は存在しない。一つの国語の歴史の全体がそのなかに集約されているような言葉《パロール》、信じがたい程の言語的偶然のさなかにあって、いかなる保証もなしに意思伝達をやってのける言葉《パロール》、しか存在しない。言語の方が音楽よりいっそう透明であるようにつねに思われるのは、たいていのときはわれわれは既成の言語のなかにとどまり、自由に処置できる出来合いの意義をおのれに与え、定義する場合にも辞書がやるように互いに等価な意義を示して満足しているからである。一つの文章の意味というものがわれわれにとってすみずみまで知的に理解できるものであって、この文章そのものから分たれることができ、叡知的世界において定義されているかのように思われるのは、この文章が言語の歴史から受けとった、そしてその意味を規定するのに寄与しているところの、あらゆる分与を、われわれが最初から与えられているものと想定するからである。これに反して音楽においてはいかなる語彙も前提されてはいない。意味は音の経験的な現前と結びついて現われる。それゆえ音楽はわれわれには無言のように思われる。しかし実はすでに述べたように、言語の明晰性は暗い基底の上に建てられているのである。もし探求を十分おし進めるなら、ついには言語もまたそれ自身よりほかの何ごとも語ってはいないこと、あるいはその意味はそれから分離されるものではないことがわかるであろう。それだから言語の最初のおもかげを探し求めるとすれば、与えられた世界に人間的な世界を重ねる情緒的な身振りのなかに求めねばならないだろう。しかしこういったからとて、人為的記号を自然的なしるしに還元し言語を情緒の表現に帰せしめようとする、周知の自然主義的な考え方に類するものがここにあるのではない。人為的な記号は自然的なしるしには還元されない。なぜなら人間にはそもそも自然的なしるしなるものは存在しないのだから。そして、もし情緒にしてからが、われわれの「世界における（への）存在」の変容としてすでに、われわれの身体に含まれている機械的な装置に対して偶然的なものであり、ほかならぬ言語の水準において頂点に達するところの、刺激と状況に形態を付与するあの同じ能力を、表わすということが真実ならば、言語を情緒的表現に引き合わせても、言語のもつ独自の性質を損なうことにはならない。仮にわれわれの身体の解剖学的な出来具合のために、所与の「意識の諸状態」に一定の身振りが対応するのだとするならば、その場合には「自然的なしるし」について語ることも許されよう。ところが実は、怒りあるいは愛の仕種は日本人と西欧人とにあって、決して同じではない。もっと正確にいえば仕種の違いは情緒そのものの違いと一致するのである。身体的組織に対して偶然的なのは、単に身振りだけではなくて、状況を迎えそれを生きる仕方そのものも、である。日本人は怒ると微笑する。西欧人は赤くなり、足で床を踏みならしたり、あるいは青くなり、叱咤しながらしゃべる。二人の意識主体が同じ器官と同じ神経系をもっているというだけでは、同じ情緒が両者において同じしるしをもつのに十分ではない。肝心なことは、彼らが自分たちの身体を使う使い方であり、情緒における身体と世界とへの同時的な形態付与である。精神-生理学的な装備がどうであろうとも、無数の可能性が開かれていることに変りはなく、本能の領域におけると等しく、ここでも決定的な仕方で与えられた人間の本性なるものは存在しない。人間が自分の身体を使用する仕方は、単に生物学的存在としてのこの身体に対しては超越的である。怒る際に叫んだり、愛する際に抱いたりすることは[185]、テーブルをテーブルと呼ぶこと以上に自然なことではないし、より僅かに約束的だ、ということでもない。感情と情念的な態度は語と同じように発明される[186]。父子関係のように人間の身体に刻みこまれているように見えるものですら、実は制度なのである。人間においては、「自然的」と呼ばれる行動の基本的な層と人間自身によって作られた文化的ないし精神的世界とを区別して[訳註67]、前者の上に後者を積み重ねるということは不可能である。単なる生物学的な存在に何ものも負うていないような語や行動――しかも同時に人間の定義ともいえる一種の脱出[訳註68]と多義性の素質《ジェニー》によって、動物的生の単純さをまぬがれていないような、また生命的な行動をその元来の意味からそらせないような、語や行動――は、一つとしてないのだが、まさにこういう意味で、人間においてはいっさいが人為的であり、同時にいっさいが自然的である、といってもさしつかえなかろう。生物が単に存在するというだけで、すでに物質的世界が変容される。生物の存在は、ここには「食糧」を、かしこには「隠れ家」を出現せしめ、「刺激」に元来はなかった意味を付与する。動物的世界における人間の存在は、なおさらのことである。行動は、解剖学的な仕組みに対しては超越的だが、行動としての行動には内在的な、もろもろの意義を創造する。意義が行動に内在的というのも、行動は告げ知らされ了解されるからである。諸意義を創造し伝達するこの非合理的な能力を、度外視することは許されない。言語はその特殊な場合にすぎない。

〔言語における超越性(訳註69)〕

唯一の真実なこと――そして、ふつう言語に認められる特別な地位を正当化する事実――は、あらゆる表現的な活動のうちで、言語だけが沈澱して相互主観的既得物となりうるということである。身振りや行動は直接の模倣によってしか伝承されないのに、言葉《パロール》は紙の上に記録されうるということを指摘しても、以上の事実の説明にはならない。なぜなら音楽もまた書きとめられることができるからである。そして音楽にも何か伝統による手ほどきといったものがあるとはいえ、――例えば古典音楽を通過せねば無調音楽に入ることは恐らく不可能であろうが、――それにしても芸術家ひとりびとりが仕事を改めて初めからやり直すのであり、世に伝えるべき新しい世界をもっているのである。これに反して、言語の領域においては、各著述家は他の著述家がすでにたずさわった同じ世界をめざしているという意識をもっている。バルザックの世界とスタンダールの世界とは、相互に通信不能な二つの惑星のようなものではない。言葉は、その努力の推定上の極限としての真理の観念を、われわれに植えつけるのである。言葉は偶然的事実としての自己を忘れ、自己自身を頼みとする。そして既述の如く音のない音楽という観念が不条理なのに、言葉なき思惟という理想をわれわれに与えるのも、まさにこのような事情なのである。この際、実はただ単に一個の極限概念が、いや結局は一個の誤解が存するにすぎないのだとしても、そして一つの言葉の意味は何らかの言葉への内属から決して解放されえないにしても、言葉の場合には表現のいとなみは限りなく幾重にも繰り返されることが可能であり、絵画については描くことが不可能なのに、言葉については語ることができ、詮ずるに、画家あるいは音楽家は、可能な限りのいっさいの絵画、いっさいの音楽を汲み尽くすことなど思いもかけないのに、どんな哲学者もいっさいの言葉を終らせるような一つの言葉《パロール》を夢みたということ、これは依然として事実である。それゆえ「理性」の特権というものがある。しかしまさしくこれをよく理解するためにこそ、まず思惟を表現の諸現象の間に戻してみなくてはならないのだ。

〔失語症の現代的理論による確証〕

言語に関する以上のような考え方は、失語症の最もすぐれた、また最近の分析の、延長線上に成立するものなのである。今まで述べたところではこれらの分析のうち、ほんの一部分が利用されたにすぎない。われわれは本章の冒頭で、失語症の理論が経験主義の時期を経た後にピエール・マリー以来の主知主義に移行したように見えること、それは言語障害において「表現機能」(Darstellungsfunktion) もしくは「範疇的」活動[187]を問題としていること、したがって言葉の基礎を思惟においたこと、などを見たのであった。ところが実は失語症の理論がたどりつつある途は、新しい主知主義への道ではない。この理論の形成者たち自身が知ってか知らずかはさておき、彼らが定式化しようとしているものは、われわれがやがて失語症の実存論的理論と呼ぶところのもの、つまり思惟と客観的言語[訳註70]とを二つながら、人間が一つの「世界」に向って自己を企投する根本的な活動の二つの現われと見なす理論[188]である。例えば色彩の名称に関する健忘症を取り上げてみよう。品分けの実験によって健忘症患者が、さまざまな色を一つのカテゴリーのもとに包摂する能力を喪失していることがわかる。そして言語上の欠陥も同じ原因に帰せられる。しかしながら具体的記述に立ち戻ってみると、範疇的活動なるものは、思惟あるいは認識である以前に世界に関係する一定の仕方であり、したがって経験の一つの様式もしくは形態であることに気がつく。正常な被験者にあっては、一群の色彩見本の知覚は、与えられた命令に応じておのずから組織される。「手本となる色彩見本と同じカテゴリーに属する色彩は他の色彩を背景として浮びあがる[189]」。例えばすべての赤は一つの全体を構成するのであり、被験者はこの全体に属するすべての見本を集めるためには、この全体を解きほぐせばよいのだ。これに反して患者においては見本の一つ一つが、その個別的存在のなかに閉じこめられているのである。それらは与えられた原理に従っての全体の構成に、一種の粘着性もしくは惰性をもって対立する。客観的に類似している二つの色彩がこの患者に提示されたときにも、それらは必ずしも類似したものとしては現われない。一方の色においては基本的色調が支配し、他の色においては明るさもしくは暖かい感じの度合が支配するということも起りうる。[190] 一群の見本を前にして受動的知覚の態度に終始するならば、われわれとてもこのような型の経験をもつことができる。われわれの視線のもとで同じ色はおのずからあい集まる。しかしただ類似しているだけの色彩は、相互の間に不確かな関係しか結ばない。「見本の群は不安定のように見える。それは動いている。われわれは、あい異なる観点からする色彩のあまたの可能的な分類の間の、たえまない交替を、一種の闘争を、確認する」。[191] われわれは諸関係の直接的な体験(接着体験 Kohärenz-erlebnis, 適合の体験 Erlebnis des Passens)[訳註71] を出ないような状態におちいっている。そして恐らく患者の状況はこうしたものであろう。彼は与えられた分類原理にとどまることはできずに別の原理へと移ってゆく、とわれわれがいったのは間違いだった。実は彼はいかなる原理も採用してはいなかったのだ。[192] 障害は「観察者に対して色彩がおのずから群をつくる仕方、色彩という観点からして視野がおのずから分節化する仕方」[193] にかかわっている。単に思惟あるいは認識だけではなく、色彩の経験そのものが問題なのである。また別の著述家の言葉をかりて、正常な経験はいくつかの「環」もしくは「渦巻」をもっていて、その内部ではそれぞれの要素があらゆる他の要素を代表しており、またそれを他の要素に結びつけるいわば「ヴェクトル」をもっている、ということもできよう。患者にあっては「……この生はもっと狭い限界の内部に閉じこもっている。そして正常人の知覚世界に較べると、この生はいっそう小さな、いっそう狭められた幾つかの環のなかで動いている。渦巻の周辺で生じた運動は、もはや直ちに渦巻の中心にまで伝播しはしない。それは、いわば刺激された地帯の内部にとどまっているか、さなくともその直接の周囲にしか伝わらない。これ以上包括的な意味統一は、知覚世界の内部に、もはや生じえない(……)。

ここでもなお、それぞれの感覚的印象には〈意味のヴェクトル〉がそなわっている。しかし、これらのヴェクトルは、もはや共通の方向をもたず、一定の主要な中心に向うのではなく、正常人におけるよりも著しく発散するのである」[194] 健忘症の根底に見出される「思惟」の障害とは、このようなものなのだ。それは判断力に関する障害というよりも、むしろ判断がそこから生れる経験の場《ミリュー》にかかわる障害であり、自発性よりもこの自発性の感覚的世界に対する手掛りと、この世界のなかで何であれ一つの志向を形に表わす能力とにかかわる障害である。カント的用語でいえば、この障害は悟性よりも生産的想像力を侵している。それゆえ範疇的作用は究極的事実ではない。それはある「態度」(Einstellung)において初めて生ずるのだ。言語もまた、ほかならぬこの態度に基づいているのだから、言語の基礎を純粋思惟に求めることは、問題にならないであろう。「範疇的行動と意義表示的な[訳註72]言語の所有とは、同じ一つの基本的行動を表現している。両者のいずれも原因もしくは結果ではありえない。」[195] まず、思惟は言語の結果ではない。なるほど若干の患者たち[196]は、与えられた見本と比較することによって色彩を分類する能力はないのに、言語を媒介とするとこれに成功する。すなわち彼らは手本の色名を呼び、ついでこの手本を見ずに同じ名があてはまるすべての見本を集めるのである。また異常児たち[197]が、同じ名称によって指示することを教えられると、たとえ相互に違った色であっても、同じ類に集めるということも、事実である。しかしこれらは、まさに異常なやり方である。それらは、言語と思惟との間の本質的関係を、いい表わすものではない。それらは、その生ける意味から同様に分離された言語と思惟との、病的なもしくは偶然的な関係を表わしている。じじつ多くの患者は色彩の名を繰り返す能力はありながら、そうかといって色彩を分類することはできない。「それゆえ」健忘症的失語症の場合、「範疇的行動を困難にしたり、不可能にしたりしているものは、語そのものの欠如ではない。正常な場合には語に属し、語をして範疇的行動との連関において使用されるにふさわしいものたらしめている何ものかを、語は喪失してしまったに違いない。[198]」しからば語は何を喪失したのだろうか。その概念的意義だろうか。概念が語から立ち去ったといい、したがって思惟を言語の原因としなくてはならないだろうか。しかし語がその意味を失うときには、明らかに語はその感覚的な相貌に至るまで変ってしまう。語は空しい響となる。[199]健忘症患者に色彩の名を提示し、それに対応する見本を選んでくれと頼むと、彼はあたかも何かを待っているかのように、その名を繰り返す。しかしその名は彼にとってもはや何の役にもたたない。もはや彼に何ものも語らない。それは見知らぬものであり、不条理なものである。ちょうど、われわれがあまりに長い間くり返し口にしている名前が、われわれにとってそうなるように。[200]語の意味を失ってしまった患者たちが、時として観念連合の能力を最高度に保存していることもある[201]のだから、名称が以前の「連合」から分離したというのではない。それはちょうど生命のなくなった身体のように、それ自身変質したのである。語をその生きた意味に結びつける関係は、連合という外的な関係ではない。意味が語に住まうのであり、言語は「知的過程の外的随伴者ではない。[202]」それゆえ既述のように、われわれは言葉の身振り的もしくは実存的意義を認めざるをえないであろう。確かに言語は内部をもってはいる。しかしこの内部は自己完結的な自己意識的な思想ではない。しからば言語が思想を表明しないとすれば、それはいったい何を表明するのだろうか。言語は、主体がおのれのもつ諸意義の世界のなかで立場を定める働きを示している。いやかかる働きそのものである。「世界」という語はここでは単なる言いまわしではない。「精神的」あるいは文化的生は自然的生からその構造を借りうけるということ、また思惟する主体は受肉した主体の上に基礎づけられなくてはならないということを、それは意味しているのである。音声的身振りは語り手にとっても聞き手にとっても、経験のある構造化、実存のある転調を実現する。これはちょうど私の身体の行動が私にとっても他人にとっても、私をとりまく諸対象にある一定の意義を付与するのと全く同様である。

〔言語と世界とにおける表現の奇蹟〕(訳註73)

身振りの意味は物理的ないし生理的現象としての身振りのなかに含まれているわけではない。語の意味は音としての語のなかに含まれているわけではない。しかしながら、無限に続く一連の非連続的行為において、人間の身体の自然的能力を超出し変貌させるもろもろの意義的核心を、自己に同化するということこそ、人間の身体を定義する特質なのである。この超越の作用は、まず第一に一つの行動の習得のうちに、ついでは身振りによる無言の伝達のなかに見出される。つまり、身体が新しい振舞に対して自己を開くのと、この振舞を外部の目撃者に理解せしめるのとは、ともに同じ能力によるのである。以上のいずれの場合においても、一定の諸能力からなる一つのシステムが、突然その中心を狂わし、ゆがみ砕けて、主体自身にとっても外部の目撃者にとっても未知のある法則のもとに再編成されるのである。そしてこの刹那に初めてこの法則が彼らに知られるのだ。例えば、ダーウィンによればもともと陽光から眼を保護するためにおこなわれるはずの、眉をひそめるという行為や、はっきり物が見えるようにするための両眼の収斂という振舞は、瞑想という人間的行為の組成部分となり、目撃者に対してもこれを意味するようになる。言語の問題にしても、これと全く同じである。咽喉を収縮させたり、舌と歯の間からシュッと息を漏らしたり、といったわれわれの身体のある振る舞い方に、突如として比喩的な意味が与えられ、外部に対してもこれを意味するようになる。これは、性欲のなかに愛が出現したり、生れたばかりのときには無秩序だったもろもろの運動のなかに身振りが出現する、といったことより以上にも以下にも奇蹟的ではない。この奇蹟が起るためには音声的身振りは既得の意義のアルファベットを利用しなければならない。そしてほかの身振りの了解にしても、それがおこなわれる場であり、それがその意味を繰り広げる場であるところの、万人に共通の知覚世界を前提とするように、言語的身振りは、対話者に共通の(訳註74)ある展望《パノラマ》のなかでおこなわれなくてはならない。しかしこの条件だけでは十分ではない。身振りが創始的な身振りであるならば、対象に初めて人間的意味を与えるように、もし言葉が本来的な言葉であるなら、それは新しい意味を生ぜしめる。そのうえ、今では既得の意義も、かつては新しい意義だったに違いない。こういうわけだから、人間がおのれの身体と言語とをとおして自己を超越し、新しい行動や他人や、自己自身の思想へと向う、あの開いた際限のない意味能力——つまり一つの意味を把握するとともに伝達する能力——を、究極の事実として承認しなくてはならないのだ。

　著述者たちは、失語症の分析を言語の一般的概念によってまとめようとするにあたって、(202)かつてピエール・マリーにならいブロカの諸概念に対する反発から彼らが採用した主知主義的言語概念を、今やいっそうはっきりと退けている。言葉は「知性の活動」であるとも「運動現象」であるとも、いうことはできない。言葉はすみずみまで運動機能であると同時にすみずみまで知性である。言葉の身体への内属関係の証拠となることは、言語に関する諸疾患が決して単一のものに還元されえないという事実である。すなわち根本的な障害が語の体、つまり語表現の物質的道具にあることもあれば——また語の相貌、つまり語志向、そこからしてわれわれが一つの語を正確に発言したり書いたりすることができるようになるといった類の全体的プランにあることも、——あるいはまた語の直接的な意味、ドイツの学者たちのいわゆる語概念（Wortbegriff）(訳註75)にあることも——そして最後に、われわれが今しがた分析した健忘症的失語症の症例におけるように、言語的経験のみならず経験全般の構造にあることもある、という事実である。言葉はそれゆえ、相対的に孤立化させうるいくつかの能力の積み重ねに基づいていることになる。しかしそれと同時に、「純粋に運動的な」言語障害、そして言語の意味に何らかの程度においてかかわっていないような言語障害を発見することは、全く不可能である。純然たる失読症患者が語を組み立てる文字を認知することができないのは、視覚的与件を形態化し、語の構造を構成し、その視覚的な意義を捉える能力が欠如しているためである。運動性失語症(訳註76)において失われた語と保存されている語とを一覧表に表わしてみると、それはこれらの語の客観的な特徴（長さや複雑さ）に対応しているのではなく、患者に対してそれらがもつ価値に対応している。患者は彼が習熟しているある運動系列のなかから一つの文字もしくは単語を取り出して、それだけ別にして発音することができないのであるが、これは「図」と「地」とを区別し、この単語、この文字に、任意に「図」という価値を付与する能力が欠如しているためである。分節の正確さと文章構成の正確さとは、つねに反比例の関係にあるが、これは語の分節が単なる運動的な現象ではなくて、文章構成上の順序を組織するエネルギーと同じエネルギーを要求していることを示すものである。綴字的錯語症におけるように、文字が脱漏したり転位したり付加されたり、また語のリズムが変質したりするような語志向の諸障害にあってはなおさらのこと、明らかにエングラム(訳註77)の破損が問題なのではなく、図と地との平準化、つまり語を構造化しその分節的な表情を把握する能力の欠如が問題なのである。(204)以上の二揃いの注意を要約するなら、いかなる言語作用も意味の把握を前提しているが、この意味は、それぞれの場合において、いわば特殊化されているといわねばならないだろう。つまり語の視覚的意義から語概念を経て、語の概念的意義に至るまで、意義のあい異なる層があるのだ。われわれが「運動機能」の概念と「知性」の概念との間を揺れ動くにとどまり、それらの統合を可能ならしめる第三の概念、つまりあらゆる水準において同一であって、言葉のかくれた準備においても調音現象においても等しく働いており、言語という建物の全体を担いながら、しかも相対的に自律的な過程として安定しているある一つの機能を発見しない限り、われわれは以上の二つの観念を決して同時に理解することはできないであろう。思惟も「運動機能」も大して傷つけられていないのに、言語の「生命」が変質しているといった症例を調べるならば、われわれは言葉にとって本質的な、この能力をはっきり看取する機会にめぐまれるであろう。語る際に主文ばかりが幅をきかすという点を別とすれば、語彙も統辞法も言語の体も無傷と見えながら、これらの材料を正常人のようには使用しないという患者の症例がある。彼は問われたときにしか語らない。また彼自身が問いかける場合には、まいにち自分の子供に学校から帰ったときに聞くような、型にはまった質問しかしない。彼は決して可能的にすぎない状況をいい表わすために言語を用いることはない。そして(空が黒いといった）虚偽の命題は彼にとって意味がない。彼が語ることができるのは、いうべき言葉を準備したときに限られる。[205] 彼においては言語活動が自動的となっている、などということは許されない。一般的な知能の衰弱の徴候は何ら見られないし、語の排列もたしかに語の意味に従っておこなわれている。しかしこの意味がいわば凝結しているのである。シュナイダーは決して語る必要を感じない。彼の経験は決して発言を求めはしない。この経験は彼のうちに問いを呼び起すことはない。いっさいの問い、可能的なものへのいっさいの顧慮、いっさいの驚き、いっさいの即興を、抑圧するような類の現実的な明証性と充足性とを、この経験はいつももっている。これと対照的に正常な言語活動の本質が捉えられるのである。つまり話すという意向は開いた経験にしか存しえない。それはちょうど液体における沸騰のように、存在の厚みのなかに空虚な地帯が生じて、それが外部に移動するとき、出現する。「人間が自己自身もしくは同胞に対して生きた関係を打ち建てるために言語を使用するやいなや、言語はもはや一つの道具ではない。もはやそれは一つの手段ではなく、内奥の存在と、われわれを世界ならびに同胞に結びつける心的な紐帯の、表明であり示顕である。患者の言語活動がいかに多くの知識の存在を示し、一定の活動に対していかに役だとうとも、そこには人間の最も深い本質をなし、恐らく他のいかなる文化的創造においても言語そのものの創造におけるほどはっきりと現われてはいない、かの生産性が全く欠如しているのである。[206]」われわれは周知の区別に従って、諸言語 (langages)、すなわち既成の語彙と統辞法の諸体系、経験的に存在する諸「表現手段」は、発言 (parole) 行為の沈積、沈澱であり、まだ言葉に表わされていない意味は、この発言の行為において単に外部に向って自己をいい表わす手段を得るだけではなく、またこれにおいて初めて自己自身に対する存在を獲得し、真に意味として創造されるのだと、いうことができるであろう。あるいはまた、語る言葉（parole parlante）と語られた言葉（parole parlée）とを区別することもできよう。語る言葉とは、意味志向がその生れつつある状態においてそこに見出されるような言葉のことである。ここでは実存は、自然的対象によっては定義されえぬある「意味」(訳註78)を極として、それに向う。実存が再び自己に追いつくのは存在のかなたにおいてであり、それだからこそ実存は自己自身の非存在の経験的な支柱として言葉を創造するのである。言葉は自然的存在に対するわれわれの実存の超過である。しかし表現の遂行は言語的世界と文化的世界とをつくりあげ、存在のかなたに向っていたものを再び存在に引き戻す。ここから、既成の諸意義を取得された財産のように意のままに使用する、語られた言葉が生ずる。このような既得物から出発して、その他の本来的な表現行為——作家、芸術家、哲学者のそれ——が可能となるのである。存在の充溢のなかでたえず繰り返しつくられるこの裂目こそ、幼児の最初の言葉も作家の言葉も、また単語の構成も概念の構成も、ともに等しく可能ならしめる条件なのである。以上の如きものが、言語活動をとおして察知されるあの機能(訳註79)、つまり、たえずおのれを反復し、自己自身に依拠するところの、あるいは波濤のごとく、おのれのかなたに身を投げかけんがために自己を集中し、自己を捉え直すところの、あの機能なのである。

身体の空間性と統一に関する考察にもまして、言葉と表現の分析は、自己の身体の謎のような性質を明らかにする。自己の身体とは、それぞれ自己自身のうちにとどまっているような分子の集まりでもなければ、一挙に決定的に定義された諸過程の交叉でもない。——身体はそれがあるところにはなく、またそれがあるところのものでもない。――というのも、どこからやってきたのでもない「意味」を身体がおのれのうちに分泌し、その物質的環境にこれを投射し、他のもろもろの受肉した主体にこれを伝えるのが、見られるからである。身振りや言葉が身体を変貌させるという事実は、今までにもたえず注目されてきたが、身振りや言葉はそれとは別の能力、思惟ないし心を展開したり表示したりするのだと述べることで、ひとびとは満足していた。身体が表現しうるためには、われわれに向ってそれが意味しようとする思想もしくは志向に、結局身体そのものがなるのでなければならない、という点が見逃されていたのだ。ほかならぬ身体そのものが表示するのであり、語るのである。われわれが本章において学んだのはこの事実である。

セザンヌはある肖像画について次のように述べている。「私がこれらの小さな青と栗色とのすべてを彩るなら、私は画像をして実物さながらの目付きをさせることになる。……一定の色調の緑を赤と配合することによって口つきを悲しげにしたり、頬に微笑を浮べさせたりするいきさつは、世人には思いも及ぶまい」[207]。生ける身体に内在する、あるいはそこで生れる意味のこの発見は、やがてわかるように、感覚的世界の全体に及ぶのである。そして自己の身体の経験によって教えられたわれわれの瞳は、あらゆる他の「対象」のなかにも表現の奇蹟を発見するであろう。バルザックは『あら皮』(Peau de Chagrin) のなかで、「白いテーブルクロス」を描写して「小さな黄金色のパンの冠を戴いた食器類がその上に釣合よく聳えたつ、新雪のように」と、述べている。「私の青年時代を通じて」とセザンヌはいっている。「私はこれを、つまり新雪のような……テーブルクロスを描きたいと望んでいた。今や私は食器類が釣合よく聳えているさまや小さな黄金色のパンしか描こうと思ってはならないことを悟っている。もし冠を戴いた姿を描いたら、私の絵はおしまいだ。おわかりですか。それに私がほんとうに私の食器類とパンとを釣り合わせ、自然のままに色合いをつけたなら、きっと冠も雪も、その他のいっさいがっさいも、そこに現われるだろう」[208]。世界の問題、そしてまっさきに自己の身体の問題は、そこにすべてが存在している[訳註80]ということに存する。

* * *

〔身体とデカルト的分析〕

デカルト的伝統によって、われわれには対象からわれわれ自身を引き離す習慣がついている。つまり、反省的態度は身体を内部をもたぬ諸部分の総和となし、精神を何の隔たりもなく自己自身に完全に現前している存在と規定することによって、身体と精神とに関するふつうの概念を同時に純化するのである。身体と精神との相関的なこの定義は、われわれの内と外とに明晰性を確立する。いわば襞のない客体の透明性と、みずからそれであると思惟するもの以外のなにものでもない主体の透明性とを確立するのである。客体はすみずみまで客体であり、意識もすみずみまで意識である。存在するという言葉に二つの意味が、そしてただ二つの意味のみがあることになる。ひとは物として存在するか意識として実存するか、いずれかである。自己の身体の経験はこれに反して両義的な実存様式をわれわれに顕示するのである。私は身体を第三人称的諸過程――「視覚」「運動機能」「性」――の束と考えようとすると、他面これらの「諸機能」

が因果関係によって、相互に結びつけられるうるものでも、外界と結びつけられうるものでもないということ、これらはいずれも雑然と互いに見極めがたい姿で唯一のドラマのなかで捉え直され、そこに引き入れられているということに、気がつくのである。それゆえ身体は一個の対象ではない。同じ理由によって私が身体についてもつ意識は思惟ではない。つまり私は身体について明晰な観念を形づくるために、これを分解したり再合成したりすることはできない。身体の統一はつねに暗黙のうちの定かならぬ統一である。身体はつねにそれがかくあるところのものとは別のものである。自由であると同時につねに性的存在であり、文化によって変容されると同時に自然に根づいている。それは決して自己自身のうちに閉じこもってはいないし、決して超出されきることもない。他人の身体であろうと私自身の身体であろうと、人間の身体を知るにはそれを体験すること、つまりそれを貫くドラマを引き受けて自己のものとなし、それと一体となるよりほかに手段はない。それゆえ私は少くとも、私が既得のものをもっている限り、私の身体である。(訳註81)そして逆に私の身体はいわば自然的な主体であり、私の全体的存在の当座のスケッチである。かくて自己の身体の経験は、客体を主体から、主体を客体から分離するところの、そしてわれわれに身体の思惟もしくは観念における身体しか与えず、身体の経験もしくは現実の身体を与えないところの、反省の運動に対立するのである。デカルトはこの点をよく承知していた。というのもエリザベットにあてた有名な書翰において、生を行使することによって理解されるような身体と、悟性によって理解されるような身体とを区別しているからである。(209)しかしデカルトにおいては、われわれが身体であるという単なる事実の結果われわれが自己の身体についてもつこの特異な知識も、観念による認識に依然として従属している。なぜなら事実としてあるがままの人間の背後に、われわれの事実的状況の理性的な創造者たる神がひかえているからである。この超越的な保証に支えられてデカルトはわれわれの非合理的な制約を、静かに受け入れることができるのである。つまり理性を担う責を負わされているのは、われわれではない。そしてひとたびわれわれが事物の根底に理性を認めたうえは、もはや世界のなかで行為し思惟することしかわれわれには残されていない。(210) しかし、もしわれわれと身体との統合が実体的なものであるなら、どうしてわれわれは自分自身のうちに純粋な精神を体験し、そこから絶対的精神に近づくことができるのだろうか。この問いをたてるに先だって、自己の身体の再発見のなかに含まれているものをことごとく調べてみよう。反省に抵抗し、いわば主体にはりついたままでいるのは、あらゆる対象中のこの一つの対象だけではない。暗みは知覚された世界の全体を掩うのである。

第二部　知覚された世界

〔身体の理論はすでに知覚の理論である〕

自己の身体の世界におけるは、心臓の有機体におけるようなものである。それは、たえず視覚的光景に生命を与え、それを内から活気づけ、養っている。つまり、それと一つのシステムを形づくっているのである。私がアパートのなかを歩きまわるとき、私に現われるアパートのさまざまな姿は、その各々が、ここ、あるいはかしこから見られたアパートを表わしていることを、私が知っていなければ、いいかえれば、私が私自身の運動を意識し、この運動の諸相を貫いて同一なものとしての私の身体を意識しているのでなければ、同じ一つの物の諸側面として、私に現われることはできないはずである。もちろん私は、観念的には、このアパートの上を飛翔し、その全貌を想像したり、その平面図を紙上に描いたりすることもできる。だが、そうしたところで、身体的経験を媒介としなかったなら、この対象の統一を捉えることはできないだろう。というのも、私が平面図と称するものは、一段と豊かなパースペクティヴにすぎないからである。それは、「上から見られた」アパートである。そして私が、そこに通常のパースペクティヴのすべてをまとめて捉えることができるのは、同一の身体をもった主体が次から次へとあい異なる位置から眺めることができるということを、知っている限りにおいてである。以上の主張に対して、対象を、身体的経験の極の一つとして、この経験のなかに戻すということは、まさにこの対象の客観性をなすものをそこから奪うことになると、恐らく反論がなされるであろう。つまり私の身体の観点からは、決して立方体の六つの面が、たとえこれがガラス製であっても、あい等しいものとは見えない。それにもかかわらず、「立方体」

という語は、意味をもっている。したがって立方体そのもの、真実の立方体は、その感覚的な見かけのかなたで、その六つのあい等しい面をもっていることになる。私が立方体のまわりをまわるにつれて、正方形だった正面の面は変形し、つづいて消えうせる。他方、他の諸側面が現われ、それぞれ順々に正方形になる。しかしながら、この経験の展開は、私にとっては、六つの等しい面を同時にそなえた立方体の全体を、つまり経験の展開の根拠たる知的構造を思惟する機会でしかない。そして、そもそも立方体をめぐる私の運動が、「ここに立方体がある」という判断の動機となるためには、私の運動そのものが客観的空間のなかで標定されることが必要なのであって、私自身の運動の体験が対象の構造を条件づけるどころか、逆に私の身体そのものを運動する対象と考えることによって、初めて私は知覚された外観を解読して、真実の立方体を構成することができるのである。それゆえ自己の運動の体験は、知覚に伴う心理的事情以上のものではなく、対象の意味を規定するのに役だちはしないはずだ。対象と私の身体とは、なるほど一つのシステムを形づくるではあろうが、しかしこの際、肝心なのは、客観的な相関関係の束であって、先ほどいわれたように一群の体験された対応関係ではなかろう。対象の統一性は、思惟されるのであって、われわれの身体の統一性の相関者として体験されるのではなかろう。しかしながら、対象というものは、このように、それがわれわれに与えられる際のさまざまな事実上の条件から、分離されうるものであろうか。われわれは、論弁的に、六という数の概念、「面」の概念、等しさの概念を集め、結びつけて、立方体を定義する定式をつくることはできる。しかしこのような定義は、われわれに、何か思惟すべきものを提供しているのではなく、むしろ一つの問題を提起しているのである。これらの述語を同時に担うところの、単一の空間的存在を捉えることによって、初めてわれわれは、盲目的な記号的な思惟から脱出するのである。空間の一断片を六つのあい等しい面の間に閉じこめるような、この特殊な形態を、思惟において描きだすことが、肝心なのだ。ところで「閉じこめる」とか「間に」という語が、われわれにとって意味をもつのは、受肉した主体についてのわれわれの体験から、その意味を借りてくるからである。精神－物理的主体が現存しない空間そのものにおいては、方向も、内も、外もない。われわれが、われわれの部屋の壁の間に閉じこめられるように、空間は立方体の面の間に、「閉じこめ」られる。立方体の思惟を可能とするために、われわれは空間のなかに、例えば立方体の表面に、あるいはそのなかに、あるいはその外に、立場をとるのであって、したがってわれわれは、それを遠近法的に見ているのである。あい等しい六つの面をもった立方体なるものは、単に不可視的であるばかりでなく、また思惟不可能なものでさえある。それは自己自身に対してあるような立方体であろう。しかし立方体は一個の対象なのだから、自己自身に対してあるということはない。第一の独断は、もうすでに反省的分析によって片付けられたものではあるが、対象が何であるかは問わずに、それがそれ自体で、絶対的に存する、と断定することである。しかしもう一つの独断がある。それは対象の推定上の意義を主張しながら、この意義がいかにしてわれわれの経験のなかに入ってくるかを問わないという態度である。反省的分析は対象の絶対的存在を絶対的対象の思惟によって置きかえるのであるが、この対象の上を飛翔し、観点なしにそれを思惟しようとすることによって、対象の内的構造を破壊しているのである。私にとって互いに等しい六つの面をもった立方体があるというのも、私がこの対象に近づくことができるというのも、私が内部からそれを構成したからではない、むしろ知覚的経験によって私が世界の厚みのなかに身を沈めているからなのである。等しい六つの面をもった立方体とは、私の眼前に、私の手もとに、知覚の明証性において存するところの、立方体のなまなましい現前を、(訳註1)私がそれによっていい表わす極限観念なのである。立方体の側面は、その投影（projections）ではなくて、まさしく側面である。私は、次つぎと遠近法的外観に従ってこれらの側面を捉えるにあたって、こうしたいくつかのパースペクティヴを説明する実測図の観念を構築しているのではない。そうではなく、すでに立方体が私の眼前に存在し、これらのパースペクティヴをとおして、おのれの姿を表わしつつあるということなのだ。私は、見かけの背後に対象の真実の形態を再構成するために、私自身の運動について客観的な像をつくり、それを勘定に入れるなどという必要はない。なぜなら勘定はすでになされているからだ。つまり新しく現われる見かけは、すでに、体験された運動と組み合わされ、一個の立方体の見かけとしておのれを提示しているのである。物と世界とは、私の身体の諸部分といっしょに私に与えられている。それも「生れ持った幾何学」のおかげではなく、私の身体そのものの諸部分の間に存する連関にも比すべき、いやむしろこれと同じ、生き生きした連関においてなのである。

　外的知覚と自己の身体の知覚とは、同じ一つの作用の二つの面であるから、いっしょに変化するのである。ずっと以前から、指の異常な位置が幾つかの指の知覚の総合を不能にするという理由に基づいて、あの有名なアリストテレスの錯覚(訳註2)を説明しようという試みがなされてきた。つまり中指の右側と人指し指の左側とは通常、協力して「働く」ことはない。だから両者が同時に触れられる場合には、二つの玉がなければならない、というわけである。実は、この二つの指の知覚は、単に別々に働くだけでなく、あべこべに働いているのである。被験者は中指が触れているものを人指し指に帰し、逆に人指し指が触れているものを中指に帰する。これは、二つの指に別々の刺激、例えば針の尖端と球とを、あてがってみればわかることである。(1) アリストテレスの錯覚は、まず第一に身体像の混乱である。二つの触覚的知覚を一個の対象に総合することを不可能ならしめる原因は、指の位置が異常で統計的にも稀だということではなく、むしろ中指の右側と人指し指の左側とは、対象の共働探査に協力することができないものであるということ、指の交叉が無理な運動であって指自身の運動可能性を超えており、したがって一つの運動企投の目標となることができないということである。したがってこの際、対象の総合はおのれの身体の総合をとおしておこなわれているのである。対象の総合は身体の総合に対する応答であり、その相関者なのである。そしてただ一個の玉を知覚することと、二本の指を単一の器官として使用することとは、文字通り同じことがらである。刺激の助けが全然なくても、身体像の混乱が外界に直接表現されることだってありうる。自己像幻視(訳註3)(héautoscopie)においては、患者は自分自身の姿を見るに先だって、いつでも必ず夢幻、夢想、もしくは不安の状態を通過するのであって、外部に現われる自己自身の像はこの人格感喪失の裏面にすぎない。(2) 上昇するエレベーターが突然停止すると、それに乗っているわれわれは、自分の身体の実質が、頭をとおってわれわれ自身から抜け出し、われわれの客観的身体の限界からはみ出すのを感ずるものであるが、ちょうどこんな風に患者は、おのれの外部に存する分身のなかに自己を感ずるのである。正常人が、誰かが自分の背後で自分を見つめているのを、いわばうなじが焼けるような感じで感知するのと同様に、患者はまだ自分の眼で見たことがないこの「他者」の接近を、ほかならぬ自己の身体のうちに感ずるのである。(3)

逆にある形態の外的経験が、自己の身体についてのある意識を呼び起し誘いだすこともある。多くの患者は、彼らに幻覚を与える「第六感」について語っている。視野を客観的に倒立させる実験を受けたストラトンの被験者は、最初のうちは諸対象をさかさに見た。実験が三日目になると諸対象はもと通りに立ち直りはじめたが、被験者は「頭の裏面で火を見つめているという奇妙な印象に」襲われるのである。(4) これは視野の方向づけと視野の能力としての自己の身体の意識との間に直接的な等値の関係があるからであって、その結果、実験的な顚倒は、現象的対象の倒立か、身体における感覚諸機能の再配置か、いずれによっても同様に表現されうることになるのである。被験者が非常に遠方を見るように自分の眼を調節すると、彼は、あらゆる近くの対象についてと同様、自分自身の指についても、二重の像をもつ。指が触れられたり、ピンなどで刺されたりすると、彼は二重の接触もしくは刺傷を知覚する。(5) それゆえ複視(diplopie)は身体の二重化にまで発展する。いかなる外的知覚も直ちに私の身体のある知覚と同義であり、また同様に私の身体のいかなる知覚も、外的知覚の言語に表わされる。すでに明らかにされたように、今や身体は透明な対象ではない、つまり円がその構成の法則によって幾何学者に与えられるような仕方で、われわれに与えられるものではない。むしろ、われわれがそれを引き受けることによってのみ知ることができるような、表現的統一なのであるが、もしそうだとすれば、このような構造はやがて感性的世界にも移し伝えられるはずだ。身体像の理論は、実はひそかに知覚の理論でもあるのである。われわれはわれわれの身体を感ずる仕方を、すでに学び直した。つまり、われわれは身体についての、客観的な、距離を隔てた知識の下に、身体がつねにわれわれと共にあり、われわれが身体であるからこそわれわれがもつところの、身体に関するこの別の知識を、再発見したのである。これと同様にわれわれは、身体によって世界に臨んでおり、身体でもって世界を知覚する以上、われわれに現われるがままの世界の経験を、再び目覚めさせなくてはなるまい。しかし、こうして身体ならびに世界との触れ合いを取り戻すことによって、われわれがやがて再発見するもの、それもまたわれわれ自身なのである。というのも、われわれがおのれの身体でもって知覚する以上、身体とは自然的な自我ということであり、いわば知覚の主体であるからである。

I　感覚すること

〔知覚の主体とはどういうものか〕

客観的思惟は知覚の主体というものについては無知である。というのも、それは既成の世界をあらゆる可能的な出来事の場としておのれに与え、知覚をこれらの出来事の一つとして取り扱うからである。例えば経験主義の哲学者が知覚しつつある主体Xを考察し、そこに生起することがらの記述を試みるとしよう。それによれば、主体の諸状態、もしくはその存在の仕方であり、またそういうものとして正真正銘の心的事物であるところの、諸感覚があることになる。知覚する主体はこれらの事物の場所であり、哲学者は諸感覚やその基体を、まるで遠方の地方の動物誌を描くような仕方で記述するのである、——そしてこの際、知覚するものは彼自身であること、彼こそ知覚する主体であり、彼が体験するがままの知覚は、知覚一般について彼の語るいっさいのことがらを否認していることに気づいてはいない。なんとなれば、内部から見られた場合の知覚は、われわれが他の方面から世界について知っていることがら、つまり物理学のいう刺激だとか、生物学のいう感覚器官について知っていることがらに、何も負うてはいないからである。それは最初から、例えば因果性のカテゴリーを適用しうるような、世界内の出来事として与えられるのではない。そうではなくて、瞬間ごとにおこなわれる世界の再創造もしくは再構成として、与えられるのである。われわれが世界の過去を信じ、物理的世界や「刺激」や、書物にある通りの有機体の存在を信じて疑わないのは、まず第一に、われわれが今ここに現実に存在する知覚の野を、つまり世界と接触しつねに世界のなかに根をはっているある表面を、もっているからであり、また、ちょうど打ち寄せる波が、なぎさに打ちあげた漂流物をまわりから取り囲むように、たえず世界が主体性に襲いかかりこれを包囲しているからである。知識のすべてが、知覚によって開かれた地平のなかに、居を占めるのである。知覚そのものを、世界のなかで生ずる事実の一つとして、記述することは問題となりえない。というのも、われわれは世界という画面から、われわれ自身がそれであるところのこの空隙を抹殺することは決してできないからであり、知覚とはこの「大きなダイヤモンド」の「きず」(訳註4)だからである。主知主義はなるほど自覚における一つの進歩を表わしている。経験主義の哲学者が、知覚という出来事を記述するためにひそかに身を置きながら、はっきりとはいわなかった世界の外のこの場所が、今や名称を与えられ、記述のなかに姿を表わしたからである。それは超越論的自我である。その結果、経験主義のあらゆる主張は逆転される。意識の状態は状態の意識となる。受動性は受動性の措定となり、世界は世界についての思惟の相関者となって、もはや構成者に対してしか存在しない。それにもかかわらず、主知主義もまた出来あがった世界をおのれに与えている、といってやはりさしつかえない。なぜなら、主知主義の理解するような世界の構成とは、次のような流儀の単純な付帯条項にすぎないからである。つまり経験主義的記述の各項に、「……について の意識」という指標を付加することである。経験のシステムの全体——世界、自己の身体、それに経験的自我——が、これら三つの項の関係を担う任務をもった普遍的な思惟者に従属せしめられる。しかしこの普遍的な思惟者は、その関係のなかに引き入れられてはいないのだから、この関係は経験主義におけると少しも変らない。つまり宇宙的な出来事の平面上に繰り広げられた、因果性の関係を出るものではない。ところで、もし自己の身体と経験的自我とが、経験のシステムのなかの要素であり、他の諸対象とならぶ対象にすぎず、これらとともに真実の自我のまなざしのもとにあるならば、一体どうしてわれわれは自己自身をわれわれの身体と同一視することができるのだろうか。ほんとうは精神の洞察によって捉えているものを、われわれの眼で見ているなどと、どうして信ずることができたのだろうか。どうして世界はわれわれの眼前に、完全にその姿を現わさないのだろう。なぜ世界が少しずつしか自己を展示せず、決して「すっかり」繰り広げられることがないのだろうか。要するにわれわれが知覚するということは、いかにして起るのだろうか。こうした事情が了解されうるのは、ただ次のような場合に限られる。つまり、経験的な自我と身体とは最初から対象であるのではなく、また完全に対象になりきることも決してないという場合、そして私が眼で一片の蜜蠟を見ていると主張することにもなにがしかの意味があり、したがって反省がわれわれの根底に開いて見せるあの不在の可能性、逃亡と自由の次元、いわゆる超越論的自我なるものは最初から与えられているのではなく、また完全に獲得されることも決してないという場合、つまり私は絶対的な意味では決して「私」ということはできず、反省のいかなる作用も、有意的ないかなる立場の設定も、みな、先人称的な意識の生活の基盤の上に居を占め、そのいわば申し出に従ってなされるのだ、という場合に、である。知覚の主体というものは、われわれが所産者と能産者、意識の状態としての感覚と状態の意識としての感覚、即自的存在と対自的存在との間の二者択一を、避けることができない限り、いつまでも捉えられないであろう。こういうわけだから、われわれは今いちど感覚に立ち戻ってこれを詳細に検討し、身体と世界とに対する知覚主体の生き生きした関係をそこから学ぶことにしよう。

〔感覚作用と振舞との関係、実存の様式の具象化としての性質、共存としての感覚作用〕

帰納的心理学は、感覚が状態もしくは性質でもなければ、状態もしくは性質についての意識でもないことを明らかにしているが、これは感覚のための新しい規定を探しているわれわれの助けとなるだろう。じじつ、いわゆる性質——例えば赤、青、色、音——はどれもこれも、ある振舞のなかにさしはさまれている。正常人にあっては、感覚的刺激、なかんずく彼にとって生活上の意義を殆どもたない実験室におけるそれは、一般的な運動機能に殆ど影響を及ぼさない。しかしながら、小脳あるいは前額部脳皮質の諸疾患は、仮に感覚的刺激が全体的状況に統合されていなかったとしたら、また正常人にあっても仮に筋肉のトーヌス(訳註5)が特に選ばれたある課題のために整えられていなかったとしたら、刺激がトーヌスに及ぼす影響はどのようなものとなるかを明らかにするのである。手をあげる動作は運動機能障害の標識と見なされうるものであるが、視野が赤であるか黄色もしくは青、もしくは緑であるかによって、その範囲においても方向においても、さまざまに変化する。とりわけ、赤と黄は滑らかな運動を、青と緑はぎくしゃくした運動を助長する。また例えば右眼に赤を向けると、これに対応する腕の外に向う伸張運動が助長され、緑は身体に向う屈折運動を誘発する。[6] 腕の好みの位置——つまり、主体にとって自分の腕が均衡のとれた状態あるいは安定した状態にあると感ぜられる位置——これは患者の場合は正常人の場合より胴体から隔たっているものだが、この位置がさまざまな色彩の提示によって変えられるのである。例えば緑は、これを身体の近くに連れ戻す。[7] 定められた距離の運動をおこなう場合にも、一定の長さを指でさし示す場合にも、視野の色彩は被験者の反応をいっそう正確にしたり不正確にしたりする。緑の視野においては見積りは正確となり、赤い視野においては、不正確で見積りすぎとなる。外に向う運動は、緑によって速められ、赤によって遅くされる。皮膚の上の刺激の位置づけは、赤によって外転[訳註6]の方向に変えられる。黄と赤は、重さと時間の見積りの誤りをいっそう増大させるが、小脳疾患患者にあっては、青ととりわけ緑が、この誤りの埋め合せをする。これらのあい異なる実験にあって、各々の色彩はつねに同じ意味において作用しており、したがってそれぞれの色に一定の運動的な値を付与することができるのである。全体として赤と黄は外転運動を助長し、青と緑は内転[訳註7]運動を助長する。ところで一般的に、内転運動は有機体が刺激の方向に向い、世界によって引きつけられることを意味し——外転運動は刺激から遠ざかり、おのれの中心に退くことを意味する。[8] もろもろの感覚、「感覚的性質」は、したがって、いうにいわれぬある状態あるいは、ある quale（性質）の体験に還元されるどころか、それらは運動的な表情を伴って現われ、生命的な意義によって掩われているのである。感覚には「運動上の随伴者」があるということ、刺激は「初発的運動」を生ぜしめ、この運動は感覚もしくは性質と連合しそのまわりに暈《かさ》をつくっていること、行動の「知覚的側面」と「運動的側面」との間には連絡があること、こうしたことは、ずっと以前から知られている。しかし、たいていの場合、この関係が関係項に何の変化も与えないかのように処理されている。というのも、上に示された諸例において問題になっているのは、感覚そのものには手を触れずそのままにしておくような、因果の外的関係ではないからである。青によって惹起された運動反応、いわば「青の行動」――は、一定の波長と一定の強度によって定義される色彩が、客観的身体のなかに生ぜしめた結果ではない。対照によって得られる青、(訳註8)したがっていかなる物理的現象にも対応していない青も、同じ運動の暈に縁どられている。(9)色彩の運動的表情が構成されるのは、物理学者の世界におけるあるかくれた過程の結果としてではない。しからば、「意識のなか」においてであろうか。感覚的性質としての青の経験が現象的身体のある変容を生ぜしめる、といわねばならないだろうか。しかしある quale (性質) を意識するということが、なぜ大きさの見積りを変えさせるのかわからないし、そのうえ色彩の感覚された効果は、それが行動に及ぼす影響と必ずしも正確に対応してはいない。赤は、私がそれに気づかずとも、私の反応を増大させる。(10)色彩の運動的意義を理解するためには、是非とも次のように考えなくてはならない。つまり一方においては、色彩というものが自己完結的な状態であって、思惟主体の確認を待っているだけの、いい表わしがたい性質であるという従来の考え方を捨て、むしろひそかに私のなかに忍びこんで私が世界に適応するある一般的な構えに触れ、世界を評価する新しい仕方に私を誘うものと、考えなくてはならない。また他方では運動機能は、単に現在または近い将来の私の位置の変化の意識にとどまるものではなくて、私のもつ大きさの尺度、すなわち「世界における私の存在」の可変的な範域をたえず確立する機能と考えなくてはならない。青は私にある見方を促すものであり、また私の視線の一定の運動によって触れられるものなのである。それは私の眼と身体全体の能力に向ってさしだされたある場であり、ある雰囲気である。この点に関して色彩の経験は、帰納的心理学によって立てられた相関関係を確認し理解させる。緑はふつう「安らぎを与える」色として通っている。「それは私を私自身のなかに閉じこめ私を落ち着かせる」とある患者は語っている。[11] それは「われわれから何も要求せず、われわれをいずこにも招かない」とカンディンスキーはいっている。青は「われわれのまなざしに譲歩する」ように見えるとゲーテはいう。これに反しては赤は「眼のなかに食い込む」とまたゲーテはいっている。[12] 赤は「引き裂き」黄は「つき刺す」ようだとゴールドシュタインのある患者はいう。一般的にいって、赤と黄においてはわれわれは「心を奪われ、中心から遠ざかるという運動の経験」をもち、他方、青と緑においては「安らぎと集中」[訳註9]の経験をもつ。[13] われわれは微弱な短時間の刺激を用いることによって、もろもろの性質の植物的ならびに運動的基底と生命的意義とを露呈させることができる。この場合、色は見られる以前に身体のある態度、つまりこの色彩にしか適合せず、またこの色彩を正確に定めるところの、ある態度の経験によって、知らされるのである。「私の身体のなかで上から下に滑るような運動がある。だから緑ではありえない、青でなければならない。しかし実際には私は青を見てはいないのだが」[14] とある被験者は語るのである。「私は歯をかみしめた。このことによって、色が黄であることが私にはわかる」[15] と、もう一人の被験者はいう。もし光刺激を識閾下の値から次第に増大させるならば、最初のうちは身体のある身構えが体験され、ついで突如として感覚が延長して「視覚的領域のなかに広がる」瞬間がやってくる。[16] 雪を注意ぶかく見つめることによって、雪の見かけの白さが分解されて、反射と透明の世界になるのと同じように、われわれは一つの音調の内部に「極微のメロディー」を発見することができる。そして音程とは、最初に身体全体において体験されたある緊張の、終局的な形態化にすぎない[17]。ある一つの色彩表象を喪失してしまった患者に対して、どんな色でもよいが現実に存する色を提示することによって、彼にかの色彩表象を回復せしめることは可能である。現実の色彩は患者に「色彩経験の集中」を生じさせ、その結果「彼の眼のうちにもろもろの色を集める[18]」ことを可能ならしめる。こういう風にして、客観的な光景となるに先だって、性質は、その本質をめざすある型の行動によって認知されるのであり、したがって私の身体が青にふさわしい態度をとるやいなや、私は青の準-現前を獲得するのである。それゆえ、いかにして、またなぜ、赤は努力ないし激昂を意味し、緑は安らぎと平和を意味するかと問うてはならないのだ。われわれの身体が体験するがままに、つまり平和もしくは激昂の具象化として、これらの色彩を体験することを学び直さなくてはならないのである。赤はわれわれの反応の振幅を増大するといわれるけれども、この場合、あたかも赤の感覚と運動的反応という二つの別々の事実が存するかのように、理解してはならない。——赤は、われわれのまなざしが追従し引き受けるところのその地あいによって、すでにわれわれの運動的存在の増幅なのだと、こう理解しなくてはならない。感覚の主体は一つの性質を記録する思惟者でもなければ、この性質に触発されたり変容されたりする無活動な媒質でもない。それはある実存環境のうちに、これと共に生れ（co-naît）、あるいはこれと同調するところの、一つの能力なのである。感覚するものと感覚されるものとの関係は、眠るひととその眠りとの関係になぞらえる。ある有意的な態度が突如として、それが期待していた承認を外部から受ける。眠りはこのときにやってくる。私は眠りを差し招くためにゆっくりと深く呼吸するであろう。そうしているうちに突然、私の息を呼びよせたり抑えたりする外部の何か巨大な肺のようなものと私の口とが通じあっているかのような状態になる。先ほどまでは私によって意志されていたある呼吸のリズムが、今や私の存在そのものとなり、今までは意義としてめざされていた眠りが、突然状況となる。これと同様に、私はある感覚を期待して耳を傾けたり見つめたりする。突如として感覚的なものが私の耳またはまなざしを捉え、私は私の身体の一部分を、いや身体の全体をさえ、青とか赤とかいわれる、この振動の仕方、空間を充たすこの仕方に、委ねるのである。秘蹟はただ単に恩寵の作用を感性的形態で象徴するにとどまるものではない、それはまた神が現実に臨在することであり、臨在する神を空間の一片のなかに宿らせ、聖なるパンをいただくひとびとの心にその用意ができているならば、神の臨在を彼らに伝えるものなのである。これと同様に、感覚的なものは単に運動的生命的意義をもつだけではない。それは空間の一点からわれわれに呼びかけるところの、そして可能ならばわれわれの身体が継承しておのれのものとなすところの、「世界においてある」ある仕方にほかならない。したがって感覚とは文字通り〈共にすること〉(communion 聖体拝領)なのである。

〔**感覚的なものに捉えられた意識**〕

この観点からすると「感官」の概念に、主知主義が認めなかった価値を返してやることが可能となる。主知主義によれば、私の感覚と知覚は、ある物についての感覚もしくは知覚——例えば青あるいは赤についての感覚、机あるいは椅子についての知覚——であることによって、初めてそれと指し示すことができるものとなり、したがって私にとって存在することができるのである。ところで青や赤とは、私がそれらと一致するときに体験されるあのいい表わし難い経験ではない。机や椅子は私の視線の動きにつれて変るはかないあの外観ではない。対象は、可能的なさまざまな経験の開いた連鎖を貫いて同一視さるべき存在としてのみ規定されるのであり、このような同一化をおこなう主観にとってしか存在しない。存在から後退する能力をもち、したがってそれ自身は絶対的に存在の外にあるような何ものかにとってのみ、存在はあることになる。こういう次第で、精神が知覚の主体となり、「感官」の概念は考えられないものとなる。見たり聞いたりすることが、印象から離脱してそれを思惟で包みこむことであり、認識するために存在することを止めることであるならば、私が眼で見るとか耳で聞くなどということは、不条理なことになろう。なぜなら私の眼や耳は依然として世界に属する存在であり、そうしたものである以上は、世界がそこから見られ聞かれる主体性の地帯を、世界の前にしつらえることなどはできないからである。私は私の眼や耳を知覚の道具となすことによって、それらに何らかの認識能力を維持してやることすらできない。というのも、このような概念は曖昧であり、眼や耳は身体的刺激の道具でしかなく、決して知覚そのものの道具ではないからである。即自と対自との間に中間はない。そして私の感官は多数なのだから、私自身ではなく、対象でしかありえない。私の眼が見る、私の手が触れる、私の足が痛む、というが、この素朴な表現は、私の真の経験をいい表わすものではない。これらは経験をそのもとの主体から分離する一つの解釈を、すでに私に与えているのである。光が私の眼をたたき、接触が皮膚をとおしておこなわれ、私の靴が私の足を傷つけるということを知っているから、私は精神に属している知覚を身体のなかに分散させ、知覚を知覚されるもののなかに置くのである。しかしこれは、意識の諸作用が空間と時間のなかに残した足跡にすぎない。それらを内部から考察するならば場所をもたない唯一の認識、部分をもたない唯一の精神が見出される。思惟することと知覚することとの間には、見ることと聞くこととの間と同様、何の相違もない。――われわれは以上のような展望にとどまることができるだろうか。もしほんとうに私が眼で見るのではないとしたら、一体どうして私はこのような真理を知らずにすごせたのだろう。――私は自分で何をいっているのか知らなかったのだろうか。私は反省しなかったのだろうか。しからば私はどうして反省しないでおれたのだろう。精神の洞察や私自身の思惟の作用が私にかくされていたということが、どうして可能なのだろう。というのも、私の思惟は、定義に従えば、自己自身に対してあるはずなのだから。もし反省が反省として、すなわち真理への前進として、おのれを正当化しようとするならば、それは世界の一つの見方をもう一つの見方で置き換えることにとどまるべきではない。反省は、素朴な世界観が反省的な世界観のなかに、どのように含まれ、どのように超克されているかを、示さなくてはならない。反省は、おのれを端緒として理解しうるようになるためには、それに先立つ非反省的なものに光をあて、その可能性を明らかにしなくてはならない。私が身体のなかに位置していると考えるのも、五官を付与されていると思惟するのもまた私である、などといっても、それは明らかに言葉の上での解決でしかない。それというのも、反省するところの私は、私自身をこの受肉した私のなかに認知することはできないし、したがって、受肉は原理的に錯覚でしかなく、しかもこの錯覚の可能性も依然として不可解のままに捨ておかれているからである。われわれは対自と即自との二者択一を再検討しなくてはならない。「感官」を対象の世界に追いやり、主体性を絶対的な非存在としていっさいの身体的内属から解き放っていたのは、まさにこの二者択一なのである。感覚を共存（coexistence）ないし共同（communion）として定義するということの眼目は、まさに即自か対自かという二者択一の再検討なのである。青の感覚は、ちょうど幾何学者のいわゆる円がパリでも東京でも同一であるように、私が青についてもついっさいの経験を貫いて同一視されうるところのある性質（quale）の、認識もしくは措定ではない。この感覚は確かに志向的である。すなわち、物のように自己のうちに休らってはいない。感覚はおのれのかなたをめざし、意味する。しかし感覚がめざすものは、私の身体とこのものとのなじみによって盲目的に認知されるだけで、全き明晰さにおいて構成されるのではない。潜在的な状態を出ようとしないある種の知識、感覚がめざすものから不透明性と個体性（eccéité）を奪おうとしないある種の知識によって、このものは、再構成されもしくは捉え直される。感覚が志向的なのは、私が感覚的なもののなかに実存のあるリズム——外転と内転——への誘《いざ》ないを見出すからであり、またこの誘《いざ》ないに応じて、暗示された実存の形態のなかに私がすべりこみ、私自身をそれに向って開くにせよ閉ざすにせよ、ともかく一つの外的存在に関係するからである。もろもろの性質がそのまわりに、ある実存の仕方を放射し、先ほどわれわれが秘蹟的な効果と呼んだような魅惑の力をもっているのは、感覚主体が、それらを対象として立てるのではなく、それらと共感し、それらをおのれのものとなし、それらのうちに、おのれの一時的な法則を発見するからである。もっと正確にいおう。感覚するものと感覚されるものとは、二つの外的な項として、互いに対面しているのではない。感覚とは、感覚されるものが感覚するもののなかに侵入することではない。色の基礎に横たわっているものは私のまなざしであり、対象の形の基礎に横たわっているものは、私の手の運動である。いやむしろ、私のまなざしが色と組をなし、私の手は堅さや軟らかさと組をなしているのだ。そして感覚の主体と感覚的なものとの間のこのやりとりにおいて、一方が作用し他方が作用を受けるとか、一方が他方に意味を付与するなどとはいえないのである。私のまなざしや手の探査がなければ、そしてまた私の身体が同調する以前には、感覚的なものは、単に漠然とした促しにすぎない。「被験者が赤にふさわしい態度を身体に与えようとしながら、一定の色、例えば青を体験しようと試みる場合には、その結果として内的な葛藤が、つまり一種の痙攣が起る。そしてこの痙攣は青に対応する身体的態度をとるやいなや、たちまち停止する」のである。[19] こういうわけでこれから感覚されようとしている感覚的なものは、私の身体に一種の不明瞭な問題を提起しているのだ。すなわち感覚的なものが自己を規定して青となることを、可能ならしめるであろうような態度を、私は見出さなくてはならないのであり、明確にはいい表わされていない一つの問題に対する答えを、私は発見しなくてはならないのだ。しかしながら私がそうするのもひたすら感覚的なものの促しに答えてである。私の態度だけでは、私自身にほんとうに青を見させ、堅い表面に触れた感じを起させるには決して十分ではない。確かに感覚的ものは私が与えたものを私に送り返すのであるが、私がもともとそれを得たのは、感覚的なものからである。空の青さを熟視する私は、無世界的な主観としてそれに対面しているのでもなければ、思惟においてそれを所有しているのでもない。またその秘密を解く鍵を私に与える青のイデアなるものを、その前に繰り広げているのでもない。私はそれに身を委ね、この神秘に身を沈める。空の青さが「私において自己を思惟する」[訳註10]のである。つまり、おのれを集中し統一し対自的に存在し始めるところの空、私はこの空そのものなのである。私の意識は、このはてしない青さに充たされる。――しかし、空は精神ではない、それが対自的に存在すると主張することに、何の意味があるだろうか、とこう反論されるかもしれない。――確かに地理学者ないし天文学者の空は、対自的に実存してはいない。しかし知覚もしくは感覚される空、そこをさまよい、それに住まう私のまなざしによって支えられた空、私の身体が引き継いで自己のものとするある種の生命律動の場としての空、このような空は外的な諸部分の集合体などではなくて、全体をつくる各部分があらゆる他の部分で起ることに「敏感」であって、いわばこれらの部分を「力動的に知っている」[20]という意味において、対自的に実存していると、いわれよう。そして感覚の主体の方も、地上的な重さを全くもたない純粋な無である必要はない。こういう必要が生ずるのは、それが構成的意識として、同時にあらゆる場所に現存し、存在と外延を等しくし、宇宙の真理を思惟しなくてはならないという場合に限られる。しかし知覚されている光景は純粋な存在などではない。厳密に私が見る姿のままで捉えるならば、知覚された光景は私の個人的な歴史のひとこまなのである。そして感覚とは再構成であるから、それは私のうちに先だつ構成の沈澱物を予想している。そして私は感覚主体として私自身、今初めて接し驚いた自然の諸力に充たされているのである。私は、ヘーゲルの言葉に従えば、「存在のなかの穴」ではなくて、一つの窪み、もしくは襞であり、これは過去における自己形成の所産であると同時に、将来自己解体することもありうるものなのである。[21]

〔諸「感官」の一般性と特殊性、感官は「領野」である〕

この点についてくわしく論じよう。われわれはいかにして対自と即自の二者択一を免れることができたのか、知覚的意識がその対象によって充たされることはいかにして可能なのか、われわれはいかにして感覚的意識を知的意識から区別することができるのか。その事情は次の通りである。一、いかなる知覚も一般性の雰囲気のなかで起るのであって、匿名のものとしてわれわれに提示される。私は、私が一冊の本を理解するとか、あるいはまた私の生涯を数学にささげる決心をするとか、というような意味においては、私が空の青さを見る、などということはできない。私の知覚は内部から見られた場合でも、与えられた状況を表わしているのである。例えば私が青を見るのは、私に色彩に対する感受性があるからである。——これに反して、人格的行為は状況を創造する。私が数学者であるのは、私がそれであろうと決意したからである。したがって、知覚経験を正確にいい表わそうとするならば、私は、ひとが私において知覚するというべきで、私が知覚するというべきではない。われわれがほんとうに感覚の水準で生きるとき感覚がわれわれを誘い入れる、あの茫然自失の状態によっても体験されるように、どのような感覚も夢想あるいは人格喪失の萌芽を宿しているのである。確かに、私の身体の適応行動がなければ感覚は起りはしない。例えば私の手の運動がなければ、特定の接触はないであろう——認識はこのように私に教えはする。しかし、この活動性は、私の存在の周辺で繰り広げられるのであって、私は私の出生と死に対する場合と同様、私の感覚の真の主体であるという意識をもってはいない。私の出生も私の死も私の経験として私に現われることはできない。なぜなら、もしそう考えるなら、私はそれらを体験することができるように、私自身が出生に先だって存在し、死後にも生き残ると想像することになり、したがって、出生も死もほんきで考えてはいないことになるからである。それだから、私は私自身を「すでに生まれたもの」「まだ生きているもの」としてしか、捉えることができない、――つまり私の出生と死を、先人称的な地平としてしか捉えることができないわけである。私はひとが生れ、ひとが死ぬのを知っているが、私の出生と死とを知ることはできない。各々の感覚は、厳密にいってそれぞれの種類の、最初のものであり、最後のものであり、そして唯一のものであるから、一個の出生であり死である。感覚を経験する主体は感覚とともに始まり、ともに終る。そしてこの主体は自己に先だって存在することも、自己を越えて生き残ることもできないのだから、感覚は必然的にそれ自身にとっては一般性の領域に現われる。そして感覚の故郷は私自身に至る手前にある。それは、それに先だち、それの後にも存続する「感覚性」に属する。ちょうど、私の出生と死とが匿名の出生率（natalité）と死亡率（mortalité）とに属するのと同じである。感覚によって私は、私の人格的生と私の本来の行為の欄外に、これらの行為がそこから浮びあがる所与の意識の生を、つまりそれぞれ自然的な自我である私の眼の、私の手の、私の耳の生を、捉えるのである。私は、感覚を経験する度ごとに、それが私の本来の存在、つまり私が責任を負い、私が決断する存在にかかわるものではなくて、すでに世界に対する方針を決定しており、世界のある側面に向ってすでに開かれ、それらと同調している、もう一つの私にかかわることを体験する。私の感覚と私との間には、つねに原初的既得物（acquis originaire）の厚い層があって、このため私の経験はそれ自身に対して明晰となるのを妨げられる。

私が感覚を体験するのは、すでに物理的世界に委ねられたある一般的な実存の様相としてであり、そしてこの一般的な実存は私がその創造者であるわけではないが、私を貫いてにじみ出るのである。二、感覚が匿名でありうるのは、ひたすらそれが部分的であるからこそである。見る主体、触れる主体が、正確には私自身ではないのは、視覚的世界、触覚的世界が世界全体ではないからである。私が一つの対象を見るとき、私に現に見えているものを越えてなおなにがしかの存在があること、それも単に視覚的存在ということにとどまらずに、なにがしかの触覚的存在や聴覚的存在があること——いや単に感覚的存在だけではなく、いかなる感覚的控除も汲み尽くすことができない対象の深みがあることを、私は実感する。これと相関的なことだが、これらの感覚作用のなかに、私の全体があるわけではない。これらの作用はあい変らず欄外的なものである。それらは私の手前で生ずる。見る私、聞く私は、いわば専門化した私であり、存在のたった一つの領域にしかなじんでいない。そしてまさにこのような事情を代価として、まなざしや手は、知覚を明確化させる運動を探りあて、あたかもそれらが自動機制《オートマティスム》であるかと思わせるほどの洞察を発揮することができるのである。——われわれは、以上の二つの考えを要約して、いかなる感覚も、ある一つの領野 (champ) に属している、ということができる。私が一つの視野をもっているということは、仮定によって、私が諸存在の一つのシステム、つまり視覚的諸存在に対して入口をもっているというに等しい。つまり、視覚的諸存在が、一種の原初的な契約と自然の恩恵のおかげで、私の側でいかなる努力をせずにも私のまなざしの支配のもとにあるということ、それゆえ、視覚は先人称的であるということである。——そして同時に視覚がつねに限界をもち、私に現在見えているものの周囲に、見られていない事物、いや見られえざる事物さえもの地平があるということでもある。視覚は、ある領野に従属している思惟である。そして、これこそが感官と呼ばれるものなのである。私はもろもろの感官をもっている、感官は私を世界に到達せしめる、と私がいっても、私は混同しているのではない、私は因果的思惟と反省とをまぜこぜにしているのではない。私はただ、完全な反省にいや応なしに現われる次のような真理を、いい表わしているまでである。つまり私は、存在と共通に私がもっている本性（connaturalité）のおかげで存在の若干の相に、構成作用による意味付与を私自身おこなわずとも一個の意味を見出すことができる、ということである。

〔感官の多数性、いかにして主知主義はこの多数性を超出するか、またそれは経験主義に対していかなる正当性をもっているか、それにもかかわらず反省的分析は抽象性にとどまっておること、アプリオリなものと経験的なもの〕

感官と知的作用との区別とともに、もろもろの感官の区別も正当化される。主知主義はもろもろの感官については語らない。それというのも主知主義にとっては感覚と感官とは、私が認識の具体的作用に立ち戻ってこれを分析しようとする際にのみ現われるものにすぎないからである。その際、私は認識の具体的作用のうちに偶然的な質料と必然的な形式とを区別するのであるが、質料なるものは全体的な作用の観念的な契機にすぎず、それだけで分離されうる要素ではない。それゆえ、諸感官はなく、意識だけがある。例えば主知主義は、空間の経験にもろもろの感官がいかに貢献するかという有名な問題を提起することを拒むのであるが、それというのも主知主義によれば感覚的性質と感官とは認識の質料であって、空間をおのれの所有としてもつことはできないからである。空間は客観性一般の形式であり、特に、性質についての意識を可能ならしめる手段なのである。感覚は、あるものについての感覚でないならば、そもそも感覚ではないであろう。そして言葉の最も一般的な意味における「物」、例えば一定の性質が、印象の不分明な塊りのなかに現われるのは、この印象の塊りがある展望のもとにおかれ、空間によって秩序づけられる限りにおいてである。こういう次第で、あらゆる感官は、もしそれらが何らかの形の存在にわれわれを近づけるはずのものであるならば、つまりそれらがまさに感官であるならば、空間的である。同じ必然性によって、それらはすべて同じ空間に向って開かれていなくてはならない。もしそうでない場合には、感官がわれわれに伝える感覚的存在は、当該の感官にとってしか存在しないことになる、——ちょうど幽霊が夜しか現われないように、——つまり感覚的存在に存在の充実性がなくなり、われわれはほんとうにそれを意識することが、すなわち、それを真実の存在として措定することが、できなくなるだろう。経験主義が以上の演繹に対して事実を対抗させようとしても無駄であろう。例えば、触覚はそれ自体では空間的ではないということを示そうとして、盲人もしくは精神盲患者のうちに純粋の触覚経験を見出そうとし、かかる触覚経験が空間的組織をもっていないことを示そうとしても、こうした実験的な証拠だては、実はそれが確立するはずの事実をかえって前提しているのである。失明ならびに精神盲が、患者の経験から「視覚的与件」を取り除くにとどまるものであって、同時に触覚的経験の構造をもおかすものではないということを、実際われわれはどうして知りえようか。経験主義はこの仮定を当然のこととしており、またこのような条件においてこそ経験主義の指摘する事実が決裁的意味をもつのであるが、しかしこれによって、経験主義は、まさに証明さるべき諸感官の分離ということを要請していることになる。もっと正確にいうならば、——もし空間が最初は視覚に属していて、そこから触覚ならびに他の感官に移行するのだということを私が認めるならば、成人においては見かけの上では空間の触覚的知覚が存するのだから、少くとも私は、「純粋の触覚的与件」が視覚に起源をもつ経験によって取って替られ掩われて、結局それらが識別されないような全体的経験に統合されるということを、認めねばならない。しかし、その場合には、いかなる権利をもって、われわれは、この成人の経験のうちで「触覚の」出資分を区別することができようか。盲人に問いかけることによって私が再発見しようとするいわゆる「純粋触覚」なるものは、全体的経験のなかに統合された触覚の働きとは何ら共通点をもたず、したがって全体的経験の分析には役だちえない、きわめて特殊な型の経験ではなかろうか。帰納的方法によっては、つまり、「事実」——例えば盲人における空間なき触覚——を提示することによっては、諸感官の空間性の問題は決着がつかない。なぜならこの事実は解釈される必要があるものであり、諸感官一般と全体的意識におけるそれらの関係についてわれわれがもつ観念に応じて、まさにわれわれは、それを意味ぶかい、触覚固有の本性を表わす事実とも見なしうるし、あるいはまた、偶然的な事実で、病的触覚の特異な性質を表わす事実とも考えることができるからである。この問題はまさに反省によって決定さるべきものであって、経験主義者のいう経験、また科学者が絶対的客観性を夢みる際に考えているような経験によってではない。それゆえ、あらゆる感官は空間的であると、アプリオリに主張する理由をわれわれはもっている。そして、われわれに空間を与える感官は何かと問うことは、そもそも感官とは何かということを反省するならば、不可能な問いと考えねばならない。しかしながら二種類の反省がここに可能なのである。その一つ――主知主義的反省――は対象と意識とを主題化し、カントの表現を使えば、それらを「概念へと導く」のである。そうすると、対象はあるところのもの（ce qui est）となる。したがって、万人にとって永遠に存するもの、となる。（はかない挿話としてでしかないとしても、しかしそれが客観的時間のなかに存在したということは永遠に真実だから。）反省によって主題化された意識は、対自的実存である。このような意識の観念とこのような対象の観念によれば、いかなる感覚的性質も宇宙的諸関係の文脈のなかで初めて十全な意味で対象となるということ、また感覚は中心的な唯一の自我に対して存するという条件においてのみありうるということが、容易に示される。もしわれわれが反省の運動を中断し、例えば部分的意識や孤立した対象について語ろうと欲するならば、何らかの点で自己自身を知らない意識、それゆえ意識でない意識、またあらゆるところから近づきうるのではない対象、その限り対象ではない対象を、われわれはもつことになろう。しかしわれわれはいつでも主知主義に対して、どこから意識と対象のこの観念とこの本質とを引き出してくるのか、と問うことができる。なるほどもし主観が純粋な対自であるならば、「われ思うということがわれわれのすべての表象に伴うことができなくてはならない」し、「もし一つの世界が思惟されうべきであるならば、」性質は世界を萌芽の形で含んでいなくてはならない。しかしまず第一に、純粋な対自があるということを、われわれはどこから知るのだろうか。そして世界が思惟されうべきであるという信念を、われわれはどこから得てくるのだろうか。いやこれは主観と世界の定義である、それらをこのように理解しなければ、それらについて語っても何をいっているのかわからなくなる、と主知主義者は答えるであろう。そしてじつ、既成の言語の水準においては、世界と主観の意義はこのようなものである。しかし言語そのものはどこからそれらの意味を汲みとるのか。根本的な反省とは、私が主観ならびに対象の観念を形成し定式化しつつある過程において私を捉える反省のことである。それはこれら二つの観念の起源を明るみに出す。それは単に反省として働くばかりでなく、また働きつつある反省自身をも意識している。これに対して、反省的分析は単に主観と客観を「観念として」捉えているのではなくて一つの経験なのであり、私は反省することによって、私がすでにそれであったところのこの無限の主観のなかに私自身を戻すのであり、また対象をすでに対象の基礎に横たわっていた諸関係のなかに戻しているのである、結局どこから私がこの主観と対象の観念を得てきたかと問う必要はない、なぜならこれらの観念は、それなしには誰にとっても何ものも存在しないであろうような条件を、単にいい表わしているにすぎないのだから、と、このように主知主義者は答えるであろう。しかし反省された自我は、少くとも主題化されているという点において反省されざる自我から異なっている。そして与えられているものは、意識でも純粋な存在でもなく——カント自身、意味深くもいっているように、経験、いいかえれば、有限な主体と、この主体がそこから浮びあがりつつも依然としてそこに拘束されている不透明な存在との、交わり《コミュニカシオン》なのである。「この純粋な、いわばまだ物いわぬ経験を、その本来の意味の純粋な表現にもたらすことが肝要」[22]なのだ。われわれは世界の経験をもっているが、しかしそれは、すべての出来事をすみずみまで規定する諸関係のシステムという意味においてではなく、その総合が決して成就されえないような開いた総体性という意味においてである。われわれはまた一個の自我の経験をもっているが、これも絶対的主観性という意味においてではなく、時間の流れによって解体されると同時に、これと分ちがたい仕方で再創造される自我という意味においてである。主観の統一もしくは客観の統一は、現実の統一ではなくて、経験の地平上にある推定上の統一である。主観の理念と客観の理念に至る手前に、私の主体性の事実と、生れいでんとする状態の客観とを、つまり、理念も物もともにそこから生ずる原始的な地層を、再発見しなくてはならない。意識に関していえば、私は、まさに私がそれであるところのこの意識に、まず赴くことによってのみ意識の概念をつくることができるのであり、またとりわけ最初から感官を定義してかかってはならず、私が内部から体験している感覚性との接触を取り戻さなくてはならないのだ。われわれはそれなくしては世界が思惟できないような不可欠の条件を、アプリオリに世界に付与することを、余儀なくされているわけではないのである。なぜなら思惟されうるためには、世界はまず第一に、何らかの意味ですでに知られているはずであるし、私に対して存在しなくてはならない、つまり与えられていなくてはならないからである。そして仮に私が世界を措定する神であって、世界のなかに投げこまれ言葉のあらゆる意味で「それにかかっている」(tient à lui) 一個の人間でないとした場合にのみ、超越論的感性論は超越論的分析論と合体しうるからである。われわれはそれゆえ、唯一の空間なるものを演繹するカントにそのまま従う必要はない。なるほど唯一の空間は、完全な客観性が思惟されるための不可欠な条件であり、多くの空間を主題化しようとすると、それらが唯一の空間に帰するということはまことに真実である。なぜなら多数の空間の各々は他の諸空間に対してある位置関係にあることになり、したがってそれらと一つになるからである。しかしながら、完全なる客観性が思惟されうるものかどうか、われわれは知っているだろうか。あらゆるパースペクティヴが同時にいっしょに成立しうるかどうか、いずこかにおいてひとまとめに主題化されうるのかどうか。触覚的経験と視覚的経験とが、相互感官的経験なくして厳密に互いに一致することができるのかどうか、われわれは知っているのであろうか。私の経験と他人の経験とは、唯一の相互主観的経験のシステムのなかで結びつけられうるのかどうか。おそらく、各々の感覚的経験のなかにか、各々の意識のなかにか、いかなる合理性をもってしても追い払うことのできない「幽霊」がいるのであろう。『超越論的演繹』の全体は、真理の完全な体系が存在するという主張に依拠している。もしわれわれが反省しようと欲するならば、まさにこの主張の源にまでさかのぼらなくてはならないのである。ヒュームは意図としては根本的反省の道を誰よりも遠くまで歩んだ、というフッサールの言葉に[23]われわれが賛同することができるのは、この意味においてである。それというのも彼は実際、われわれをいっさいのイデオロギーの手前に、つまりわれわれが経験するがままの現象に、連れ戻そうと欲したからである、――たとえ他方、彼がこの経験を傷つけ、ばらばらにしてしまったとはいえ。とりわけ、唯一の空間の理念と唯一の時間の理念とは、カントがまさに『超越論的弁証論』のなかで批判した存在の総和の理念に基づいているのだから、括弧のなかに入れられ、どのようにしてそれらがわれわれの事実的経験からして生じたのか、その系譜が問われなくてはならない。この新しい反省の概念、つまり現象学的反省概念は、言葉を変えていうと、「アプリオリ」の新たな定義を与えることに帰着する。カントはすでに、アプリオリが経験に先だって知られうるものではないこと、すなわち、われわれの事実性の地平の外で知られうるものではないこと、また、アプリオリとアポステリオリとを、認識の二つの実在的要素として分つことは問題とはなりえないことを示した。

彼の哲学においてアプリオリが、人間学的規定として事実的に現存するものに対立して、あるべきものという性格をなお保存しているのは、われわれの認識能力をわれわれの事実的条件によって定義するという彼のもくろみ、考えられうるいっさいの存在をこの世界という基底の上に戻し据えることを要求するはずの彼のもくろみに、最後まで彼が忠実でなかったからであり、またその限りにおいてのことである。経験——つまりわれわれの事実的世界への開口——が認識の端緒として認められたときから、もはやアプリオリな真理の平面と、事実の真理の平面、世界のあるべき姿と、事実的な姿とを区別するいかなる手段もないのである。以前にはアプリオリな真理と見なされていた諸感官の統一ということは、基本的な偶然性の、つまりわれわれが世界に臨んでいるという事実の、形式的表現以上のものではない。——かつてはアポステリオリな与件と見なされていた諸感官の多様性、ならびにこの多様性が人間的主体においてとる具体的な形式は、この世界すなわち、われわれがつじつまを合わせて考えることができる唯一の世界にとって必然的なものとして現われる。それゆえ、それはアプリオリな真理となる。いかなる感覚も空間的であるという主張にわれわれが従ったのは、対象としての性質が空間のなかでしか思惟されえないからではなくて、感覚は、存在との原初的な触れ合いとして、感覚的なものによって示された実存形式の感覚主体による引き受けとして、感覚するものと感覚的なものとの共存として、それ自身、共存の場を、つまり空間を構成するからである。点のように孤立した感覚は存在しない、いかなる感覚性もある領野を、したがって共存を予想しているると、われわれはアプリオリにいう。そしてここからしてラシュリエに反対して、盲人も空間の経験をもっていると結論する。しかしながらこれらのアプリオリな真理は、一つの事実の、つまり実存の一形式の引き受けとしての感覚的経験という事実の、表明にほかならないのである。そしてこの引き受けということはまた、私がいつでも殆ど完全に触覚もしくは視覚となりきることができるということ、いや、いくらかなりとも私の意識が感覚で充たされ、おのれの自由を幾分か失うことなしには、私は見たり触れたりすることが決してできないということを、予想せしめる。こうして諸感官の統一と多様性は、同じ水準の真理なのである。アプリオリとは了解され、明らかにされ、暗黙のうちにそこに含まれている論理のあらゆる帰結にわたって追求された事実のことであり、アポステリオリとは孤立した含蓄的な事実のことである。触覚は空間性をもっていないといえば矛盾となろう。そして空間において触れることなくして触れるということは、アプリオリに不可能である。それというのもわれわれの経験は世界の経験だからである。しかしこのように触覚的展望が普遍的存在のなかにさしはさまれているということは、触覚にとって外的な必然性を表わすものではない。それは触覚的経験そのもののなかで、この経験固有の様式に従って、おのずから生ずるのである。経験がわれわれに与えるがままの感覚は、もはや無差別な質料でも抽象的な契機でもない。そうではなくて、存在と触れあうわれわれの表面の一つであり、意識の一つの構造である。われわれは、あらゆる性質の普遍的条件として唯一の空間をもつのではなく、諸性質のそれぞれにおいて、空間に臨む(訳註11)特殊な仕方、いわば空間をつくる特殊な仕方をもつのである。それぞれの感官が大いなる世界の内部で小世界を構成するということは、矛盾でも不可能なことでもない。そしてそれぞれの感官が全体にとって必要であり、全体に向って開いているということもかえってその特殊性によってなのである。

〔各感官はその「世界」をもつ〕

要するに、アプリオリなものと経験的なもの、形式と内容との区別がひとたび取り除かれると、もろもろの感覚的空間は、唯一の空間たる全体的布置の具体的諸契機となり、そして唯一の空間におもむく能力は、そこから退いて一個の感官の境界のなかに閉じこもる能力と分たれえなくなる。音楽会場で、私が今まで閉じていたまぶたを開くと、視覚的空間は、今しがた音楽が繰り広げられていたあの別の空間に較べて、私には狭く見える。いや音楽が奏せられている間まぶたを開いていたとしても、音楽はこのきちんとした貧弱な空間のなかに実は閉じこめられてはいないように私には見える。音楽は視覚的空間のなかにそっと新しい次元をさし入れ、このなかに砕け散るのであるが、それはちょうど幻覚にとりつかれたひとにとって、知覚された事物の存する明晰な空間に、ほかの光景の現われうる「暗い空間」がふしぎな仕方で重なるような具合である。世界に対する他人の展望が私にとって知られえざるものであるのと同様に、各々の感官の空間的領域は他の諸感官にとっては絶対的に知られえざるものであり、それだけ他の諸感官の空間性を制限するのである。以上の記述は、批判主義の哲学にとっては、珍奇な経験的事実を提供するにとどまり、アプリオリな確実性には何の影響も及ぼすものではないであろうが、われわれにとっては哲学的重要さをもつことなのである。それというのも、空間の統一性は、感覚的諸領域の相互の嚙み合いのうちにのみ存しうるからである。そしてこのことこそ、経験主義の立場からする有名な非空間的知覚の記述のなかで、こんにちでも真実として通用することがらなのだ。白内障の手術を受けた生れながらの盲人の経験は、決して空間が彼らにとって視覚とともに始まることを証拠だてなかったし、また証拠だてることはできないだろう。しかしそれでも患者は、彼がたったいま見たばかりの視覚的空間にびっくりする。そしてこれに較べると、触覚的経験は彼にとって非常に貧弱に思われるので、彼は手術の前には空間の経験をもったことはないと、進んで告白するほどである。[24] 患者の驚き、彼が入ろうとする新しい視覚的世界における彼のためらいは、触覚が視覚と同じ仕方で空間的であるのではないことを示している。報告は次のように述べている。[25]「手術の後に視覚によって与えられるところの形態は、患者にとって全く新しいものであって、患者はそれを触覚的経験と関係づけることができないほどである。」「患者は、見えるけれども何を見ているのかわからない、と断言する……。彼は自分の手を自分の手として認知できない。彼は、動きつつある白いしみについてしか語らない。[26]」視覚によって円を長方形から区別するためには、彼はあたかも手でするように眼で図形のへりを追わねばならない。[27] そして視覚に対してさしだされる対象を、彼はいつでも摑もうとする。[28] ここから何を結論すべきであろうか。触覚的経験は空間知覚の準備をしないということだろうか。しかし、もし触覚的知覚が全く空間的でないとしたなら、被験者は示される対象の方に手を伸ばすだろうか。手を伸ばすという身振りは、触覚も少くとも視覚的与件の場に類似した一つの場に向って開いていることを、前提としている。もろもろの事実は、まなざしのある使用を伴わなければ、視覚が無力であることを、とりわけ明らかにしている。患者たちは「最初のうちはわれわれが匂いを感ずるように色彩を見る。匂いはわれわれを浸し、われわれに働きかけるけれども、だからといって一定の広がりをもった一定の形を充たすということではない。[29]」最初は いっさいがまざりあい、いっさいが 運動しつつあるように見える。着色された幾つかの表面があい分たれ、運動の正確な把握がおこなわれるのは、もっと後になってからであり、「患者が何を見ているか」[30]を理解したとき、つまり彼がまなざしをもはや手としてではなく、まなざしとしてあちこちにさしむけ、さまよわせるようになったときである。この事実は、各感覚器官が対象にそれぞれ独自の流儀で問いかけるということ、各感覚器官がある特定の型の総合の作因であること、を証拠だてているが、名目上の定義によって空間という語を視覚的総合を示すためにとっておくのでなければ、共存の把握という意味における空間性を、触覚に拒否することはできない。本来の視覚がある移行的局面を経て、眼による一種の触覚によって準備されるという事実は、最初の視覚的知覚がそのなかにはまりこむ準‐空間的な触野がもしないとしたら、理解されえないことであろう。正常な成人において見られるように、視覚が触覚と直接連絡するということは、もし触覚がたとえ人為的に孤立させられた場合でも、もろもろの共存を可能にするような仕方で組織されていなかったとしたら、決して起りえないことであろう。もろもろの事実は触覚的空間の観念を排除するどころか、視覚的空間の分節構造に対して類同的な関係を今も将来も決してもたない、独自の分節構造をもった厳格に触覚的な空間の存在することを、かえって証拠だてている。経験主義的分析は、不明瞭にではあるが、真実の問題を提起している。例えば触覚が同時にわずかの広がり——身体と身体器官の広がり——しか包括することができないという事実は、単に触覚的空間の提示だけにかかわることではなく、この空間の意味をも変えることなのだ。知性にとっては——あるいは少くとも、古典物理学のそれのようなある知性にとっては、——近接した二点の間であろうと遠隔の二点の間であろうと、同時性は同じである。ともかく、短距離間の同時性から一歩一歩、大きな距離を隔てた同時性を構成することが可能なのである。しかし経験にとっては、こうして操作のなかに入りこむ時間の厚みは、操作の成果を変え、そこから末端の二点の同時性のうちに、ある「ぶれ」が生ずる。そしてその限りにおいては、視覚的展望のもつ幅というものは、手術を受けた盲人にとって、ほんとうの啓示であるに違いない。なぜなら、それによって初めて、遠く隔たった二点間の同時性そのものが彼に示されるからである。これらの患者は、触覚の対象は真実の空間的全体ではない、対象の把握はここでは単なる「諸部分間の相互関係の知識」にすぎず、円と正方形とは触覚によってほんとうに知覚されるのではなくて、ある「しるし」――つまり「角《かど》」が存するか存しないか[31]――に従って認知されるのだ、という。この言葉からわれわれは次のような意味を汲み取ろう。すなわち、触野は決して視野のような広さをもつものではない、触覚の対象は、視覚の対象のように、その諸部分の各々に全体として現前しているのではない、要するに触れることは見ることではないということである。なるほど、盲人と正常人との間には会話がかわされるし、盲人が少くとも図式的な意味を与えることができないような言葉を、たとえ色彩に関する語彙のなかにでも一語たりとも見出すことは、恐らく不可能であろう。十二歳の盲人は視覚の諸次元をはなはだ巧みに定義して、「眼の見えるひとびとは、ある未知の感覚によって、私と関係している。この感覚は、遠くからすっぽりと私を包み、私についてきて私を貫き、起きてから寝るまで、私をいわばその支配下におく」(mich gewissermassen beherrscht)[32] といっている。とはいえ言葉による指示は、盲人にとってやはり概念的で疑わしいものである。それらは視覚のみが答えることができる一つの問いを提起している。それゆえにこそ、手術を受けた盲人は、ちょうどわれわれが未知のひとに出会うとき彼について聞き知っていたのとは違った人物を発見するように、今まで期待していたのとは違った世界を見出すのである。(33) 盲人の世界と正常人の世界とが異なるのは、彼らが所有する素材の量によるばかりではなく、また全体の構造にもよるのである。盲人は枝と葉、腕と手の指がどのようなものであるかを、触覚によって甚だ正確に知ってはいる。しかし手術の後、彼は樹木と人間の身体との間に「こんなにも違い」があることを知ってびっくりするのである。(34) 明らかに視覚は、ただ単に新たなくわしい内容を、樹木の知識に付け加えただけではない。対象を変容せしめる新しい提示の仕方、新しい総合の型が肝心なのである。例えば、「照明‐照明される対象」という構造は、触覚の領域には、甚だ漠然とした類似物しか存在しない。十八歳まで盲目ですごした後に手術を受けたある患者が陽の光に手で触れようとしたのは、(35) このためである。われわれの生の全意義——概念的意義は、そこから抽出されたものにすぎない——は、もしわれわれが視覚を欠くならば、違ったものとなろう。もっとも、われわれが体験したことのないさまざまな経験の抽象的な意義に近づくことを得しめ、例えばわれわれが見たこともないものについて語ることを可能にするような、一般的な置換と代償の機能があるにはある。しかし動物の身体においても代償機能は損傷を受けた機能と正確に等価なものでは決してなく、もとの状態の外観しか与えないように、知性は、あい異なる経験の間に、単に外観上の連絡を保証することしかできない。そして手術を受けた盲人における視覚的世界と触覚的世界との総合、相互感官的世界の構成は、感覚的地盤そのものの上でおこなわれるのでなくてはならない。二つの経験の間の意義が共通であっても、それらがとけあって唯一の経験になるのを保証するに十分ではないのである。感官のそれぞれが決して正確には他に移調されえない存在構造をもっている以上、もろもろの感官は互いに別のものであり、知的作用とも別のものである。われわれは意識の形式主義を退け、身体を知覚の主体としたのだから、この事実を承認することができよう。

〔諸感官の連絡、諸感官に「先だつ」感覚すること、共感覚〕

そのうえ、われわれは、諸感官の統一をおびやかすことなくして、以上の事実を承認することができるのである。なぜなら、もろもろの感官は互いに連絡しあっているからである。音楽は可視的空間のなかにあるのではないが、空間をうがち、それを包囲し、それを動かしている。そして着飾った聴衆は、足の下の大地が揺れることにも気づかずに、批評家ぶって言葉や微笑をかわしているが、やがて嵐の海上に揺れる船の水夫のような状態になる。二つの空間は共通の世界を背景として、その上で初めて区別されるのである。そしてそれらが競いあうことができるのも、まさにそれらがいずれも全体的存在であらんとする同じ要求をもてばこそである。それらが対立しあうちょうどその瞬間に、それらは一つになる。もし私が感官の一つにおのれを閉じこめようと欲し、例えば私のすべてを眼のなかに投げいれ、空の青みに身をまかせるならば、私は程なく見つめているという意識さえもたなくなる。そして私がおのれをすっかり視覚と化そうと欲するまさにその刹那、空は「視覚的知覚」たることをやめて、その刹那の私の世界となる。感覚的経験は不安定なものであって、自然的知覚、つまり私の身体の全体をもって同時になされ、相互感官的世界に向って開くところの自然的知覚とは、無縁なものである。感覚的性質の経験と同様、別れ別れになった諸「感官」の経験は、きわめて特殊な態度において初めて起ることで、直接的意識の分析には役立たない。私は私の部屋のなかに坐っている。そしてテーブルの上に置かれた白い紙片を見つめている。紙片のうちのあるものは窓から光を受け、他のものは影のなかにある。もし私が私の知覚を分析しないで、全体的光景に甘んずるとしたら、私は、全部の紙片が等しく白く見える、というであろう。しかしながら、紙片のうちの若干は、壁の影のなかにある。どうしてこれらも他の紙片に劣らず白いのだろうか。私はよりよく見ようと決心する。私は視線をそれらに固定する。つまり私の視野を制限する。私は、それらを視野の残余の部分から分つマッチ箱や、まんなかにのぞき窓をあけた「制限幕」をとおして、それらを眺めることさえできる。私がこれらの装置の一つを用いるにせよ、あるいはまた「分析的態度」[36]をとりながら裸眼で眺めることに甘んずるにせよ、紙片の様相は一変する。もはや影によって掩われた白い紙ではない。灰色で青味をおびた、厚ぼったい、位置のはっきりしない物質である。私が改めて光景の全体を眺めるならば、影で掩われた紙片が照明を受けた紙片と同じではなかったこと、いや、かつて同じであることはなかったし、そのうえまた、客観的にこれと異なったものでもなかったことに、私は気づくのである。影で掩われた紙片の白さは、黒‐白という系列のなかにきちんと分類されるものではない[37]。それはそもそも一定の性質ではなかったのだ。そして私は視線を視野の一部に固定させることによって、性質を出現させたのだった。そのとき、まさにそのときにのみ、私は私のまなざしが没入するある quale の前に立つのである。ところで凝視とはどういうことか。対象の側から見ると凝視された領域を視野の残部から分離すること、照明を顧みながら可視的な表面のそれぞれに一定の色あいを指定するところの、光景の全体的生命を、断ち切ること、である。主体の側から見ると、われわれのまなざしが光景の全体に身を委ね光景の侵入におのれをまかせる全体的な視覚の働きに、観察を、つまり主体が思うがままに処置できる局部的な視覚の働きを、置き換えることである。感覚的性質は知覚と同延であるどころか、好奇心ないし観察という態度の特殊な産物なのである。私のまなざしをすっかり世界に委ねるかわりに、私がこのまなざしそのものに向い、正確にいって私は何を見ているのかと自問するとき、感覚的性質が現われるのである。それは私の視覚と世界との間の自然なつきあいのなかには出現しない。それはある問いに対する私のまなざしの答えであり、おのれをその特殊性において知ろうと努める視覚の、二次的もしくは批判的な働きの結果である。つまり、私はまちがってはいないかと恐れたり視覚の科学的研究を企てたりするときに私がおこなう、「純粋に視覚的なものへの注意」[38]の結果である。この態度は光景というものを消失させる。つまり制限幕をとおして私が見る色彩や、画家が眼をすぼめて見る色彩は、もはや色彩‐対象——壁の色もしくは紙の色——ではなくて、同じ仮構の平面の上に一面に漠然と位置づけられた、若干の厚みをもった色の広がりなのである。[39]こういう次第で、私が私のまなざしと協力し、まなざしによって光景に身を委ねるところの視覚の自然な態度というものがある。この場合には、視野の諸部分は一つの組織のなかで互いに結びつけられ、その結果、認知されうるもの、見極められうるものとなるのである。性質、つまり分離された感覚性が生ずるのは、私が私の視覚のこの全体的構造化を破壊し、私自身のまなざしに従うことをやめ、視覚を生きるかわりに、視覚について自問し、私の諸可能性をためそうとするときである。すなわち私の視覚を不意に捉えこれを記述するために、私の視覚と世界とを、私自身と私の視覚とを、結びつけていた帯をほどくときである。このような態度においては、世界がこなごなに砕けてもろもろの感覚的性質に分散すると同時に、知覚主体の自然的統一も破壊されて、私は視野の主体としての自己を見失うようになる。さて、それぞれの感官の内部で自然的統一を再発見しなくてはならないのと同様に、われわれは、諸感官の分化に先だつ感覚作用の「原初的層」(40)を再現させなくてはならないであろう。私が一つの対象を見つめるか、それとも両眼を分散させるか、最後にまた出来事に全く身をまかせるか、こうした態度の違いに応じて、同じ色彩が私に、表面色（Oberflächenfarbe）として現われるか――色彩は空間の一定の場所に存し一つの対象の上に広がる――それとも雰囲気的な色（Raumfarbe 空間色）となり対象のまわり一面に拡散するか、あるいは私が色彩を私のまなざしの振動として眼のなかに感ずるか、あるいはまた最後に、色彩が私の身体の全体にわたって同じ存在の仕方を伝え、それが私を充たしてもはや色彩という名に価いしなくなるか、いずれかのことが起る。これと同様に、私の外部の楽器のなかで鳴り響く客観的な音もあれば、対象と私の身体の間にある雰囲気的な音や、「あたかも私がフルートや振子になったかのように」私のなかで振動する音もある。そして最後に音響的要素が消えうせて、私の身体全体の変容の、しかも甚だ明確な体験(41)となる最終段階がやってくる。感覚的経験(訳註12)が意のままになしうるゆとりの幅は狭いものでしかない。すなわち、音響と色彩とがそれら自身の組合せによって、一つの対象、例えば灰皿、ヴァイオリンなどを表わし、そしてこの対象が一度にすべての感官に語りかけるか、それとも、経験の他の端におけるように音響と色彩とが私の身体のなかに受け入れられ、私の経験を唯一の感官領域に制限することがその結果困難になるか、いずれにせよ感覚的経験は、おのずからあらゆる他の感官領域へとはみ出すことになる。われわれが今しがた述べた第三段階の感覚的経験になると、単にどちらかというと音に向う方向だとか色に向う方向だとかを示す「アクセント」によってしか、その種類が区別されないのである。[42] この水準においては、経験の両義性は著しいものとなる。そしてこの著しい経験の両義性の結果、聴覚的リズムは映画の映像を互いに融合させ、聴覚による助けがなければ遅すぎて、とてもストロボ的運動を引き起すことができないような、映像の継起からでも、運動の知覚を生ぜしめるのである。[43] 音はあい次いで現われる色の像を変化させる。例えば、より強い音は色の像を強め、音の中断はそれらを揺動させ、低い音は青をいっそう濃い深い青にする。[44] それぞれの刺激に対するものとしてたった一つの感覚しか認めない恒常性仮説は、[45] 自然的知覚に近づけば近づくほど、ますます立証され難いものとなる。「刺激と、それに対する特定な感覚的応答との関係に関して、恒常性仮説が受け入れらるべきものとなり、そして例えば音響刺激が特定の領域、ここでは聴覚的領域に制限されるようになるのは、われわれの態度が知的で公平無私（sachlicher より即物的）である限りにおいてである。[46]」メスカリンの中毒は公平無私な態度を妨げ、患者をその生命衝動に委ねるから、共感覚（synesthésies）の発生を助長するはずである。じじつメスカリンの影響のもとでは、フルートの音は緑青色に見え、メトロノームのチクタクいう音は暗やみのなかで灰色のしみとなって現われる。しみとしみとの間の空間的な間隙は音と音との間の時間的間隔に対応し、しみの大きさは音の強さに、しみの空間的な高さは音の高さに対応する。[47] メスカリンの影響下のある被験者は一片の鉄を見つけ、それで窓の手摺りを打ち、「まるで魔術だ」と叫ぶ。それというのも樹木がいっそう緑になるからである。[48] 犬のほえ声は名状しがたい仕方で光をひきつけ、右足に反響する。[49] あたかも

「進化の過程にできた諸感官間の障壁が、時としてくずれさる」[50]のを見るかのような具合である。もろもろの不透明な性質からなる客観的世界と、互いに分離した諸器官をそなえた客観的身体という観点から見れば、共感覚の現象は逆説的である。そこでひとびとは、感覚の概念には触れずに、これを説明しようとして、例えば、ふつうは脳髄の一領域——視覚領域あるいは聴覚領域——に局限されている興奮が、この限界の外に歩みでることができるようになると仮定し、その結果これに特有の性質に、特有ならざる性質が連合するのだと、推測しなくてはならなくなる。このような説明に有利な論拠が大脳生理学のなかにあろうとあるまいと、[51]共感覚的経験の説明としてこれは納得のいくものではない。共感覚的経験はこうして、感覚の概念と客観的思惟とを改めて問題にする、新たな機会を提供しているのである。それというのも被験者は、ただ単に音と色とを同時に経験するといっているのではなく、色彩が形づくられるその場所に、彼は音そのものを見るのだからである。[52]視覚が視覚的 quale によって、音が音響的 quale によって定義されるならば、被験者のこのいい方は文字通り意味を失ってしまう。しかし、何といっても音を見るということ、色を聞くということは現象として存在するのだから、被験者の言明が意味をもつような仕方で、われわれの定義を構成する責任がわれわれに存するのである。そしてこれは例外的現象でさえない。共感覚的知覚はむしろふつうのことなのだ。われわれがこれに気づかないのは、科学的知識が経験に取って替り、見、聞き、一般に感覚することを忘れはてて、逆にわれわれの身体組織と物理学者の理解するような世界から、われわれが何を見、何を聞き、何を感ずべきかを演繹しているからなのである。視覚がわれわれに与えうるものは色彩ないし光と、またこれらとともに与えられる、色彩の輪郭たる形態と、色斑の位置の変化たる運動だけであると、一般にいわれている。しかし、透明性や「濁った」色は、色彩の階梯のなかでどのように位置づけらるべきであろうか。実は各々の色彩は、その最も内奥の要素においては、外に向って表明された事物の内的構造にほかならないのだ。金の輝きは、金の等質的な構成を感覚的に提示し、木の鈍い色は、その異質的な構成を示している。[53] もろもろの感官は物の構造に向って開かれていることによって、互いに連絡しているのである。われわれはガラスの堅さと脆さを見るのであり、それが清澄な音をたててこわれるときには、その音は眼に見えるガラスによって担われているのである。[54] われわれは鋼の弾性、赤く熱した鋼鉄の可延性、鉋の刃の堅さ、鉋くずの柔らかさを見る。対象の形態というものは、その幾何学的な輪郭ではない、それはその対象固有の本性とある関係をもっており、視覚と同時に、われわれのあらゆる感官に語りかけるのだ。リンネルあるいは綿織物の折れ目の形は、繊維の柔らかさもしくは乾きを、織物の冷たさもしくは生温さを、われわれの眼に提示する。最後に、可視的対象の運動は、視野においてこれに対応するところの、色斑の単なる移動に尽きるものではない。一羽の鳥がそこから飛び立ったばかりの木の枝の運動のうちに、この枝のしなやかさ、もしくは弾性が読みとられ、林檎の枝と樺の枝とがこうして直ちに見分けられる。われわれは、砂のなかに沈んだ鋳鉄の塊りの重さや水の流動性やシロップの粘性を見ることができるし、[55] また同様にして、道路を通る馬車の響きのなかに舗石の堅さと凹凸《おうとつ》を聞きとることができるのである。したがって「軟らかい」音「艶のない」音「乾いた」音などといわれるのももっともなことなのだ。耳がわれわれに正真正銘の「物」を与えることを、たとえ疑うことができるにしても、少くとも耳が空間における音を越えて、「音を出す」ある物をわれわれに提示し、これによって、他の諸感官と連絡していることは確かである。[56] 最後に、もし私がまぶたを閉じて、鋼の棒と科《しな》の木の枝とをたわめるならば、私は二本の手の間で、金属と木材の最も奥まった組織を知覚する。したがって「あい異なる感官の与件」は、それぞれ比較を許さぬ性質として取り上げられた場合には別々の世界に属することになるけれども、またそれぞれその特殊な本質において、物を吟ずる（moduler）一つの仕方であるので、それらはすべて、その有意味的な核心によって互いに連絡しあっているのである。

〔**諸感官は両眼視における単眼視像のように相互に区別可能であると同時に区別不可能である。身体による諸感官の統一**〕

ただし、感覚的意義なるものの本性を明確にしておかなくてはならない。そうでないと、われわれが避けてきた主知主義的分析にまた舞い戻ってしまうだろうから。私が手で触れるのも眼で見るのも、同じテーブルである。しかし、よくいわれるように、私が聞くのもヘレン・ケラーが触れるのも同じソナタであり、私が見るのも盲目の画家が描くのも同じ人物であると、[57] これに付加していわなくてはならないだろうか。そうなると次第次第に、知覚的総合と知的総合との違いがなくなってしまうであろう。諸感官の統一性は、科学の諸対象のもつ統一性と同じ類のものとなるであろう。私が一つの対象に触れると同時にこれを見るという場合に、この唯一の対象なるものは、ちょうど金星が、暁の明星と宵の明星との共通の根拠であるのと同じような意味で、触覚と視覚への二つの現われの共通の根拠となり、そして知覚は初歩的な科学だということになるであろう。[58] ところで知覚がもろもろの感覚経験を単一の世界に統合するのは、科学がもろもろの対象や現象を集めるような仕方によってではなく、両方の眼でたった一個の対象を把握するような風にしてである。この「総合」をもっと子細に描いてみよう。私の視線が無限の遠方に向けられているときには、私は近くの対象については二重の像をもつ。次に近くの対象を凝視すると、私は、まさに単一の対象たらんとしているあるものにこの二つの像がともに近づき、ついにそのなかに没するのを見る。この場合、総合の本質は二つの像をともに単一の対象の像と考えることに存する、などといってはならない。もし精神的な作用、もしくは統覚がおこなわれるのであれば、私が二つの像の同一性に気づくやいなや直ちに総合が生ずるはずである。しかし実際には、対象の統一が出現するまでもっと長い間、つまり凝視が二つの像を追いはらうまで、私は待たねばならないのだ。単一の対象とは二つの像を思惟するある仕方ではない。なぜなら二つの像は単一の対象が出現する刹那に与件ではなくなるからである。しからば「二つの像の融合」は、生得的な神経組織のある仕掛けによって獲得されたのだろうか。要するに末梢ではなくとも少くとも中枢においては、二つの眼によって媒介されたただ一つの興奮しか存しないと、われわれはいうべきだろうか。しかし、時として複視が起るのだから、単一の視覚中枢の存在だけでは、唯一の対象の説明にはならない。他方、複視も恒常的現象ではないのだから、二つの網膜の存在だけでは複視の説明にならないのと同様である。(59) 複視も正常視における単一の対象もともに等しく理解可能となるのは、視覚器官の解剖学的組立てからではなく、その働き方と、精神-物理的主体が使うその使い方とからであろう。しからば、複視が起るのは、われわれの両眼が対象に集中せず、二つの網膜上に不均衡な像をつくるからだ、というべきであろうか。二つの像が一つの像に融けあうのは、凝視がそれらを二つの網膜上の相応する点にもたらすからだと、いうべきであろうか。しかし両眼の分散と集中とは複視と正常視の原因であるか、それとも結果であるか。白内障の手術をした先天性の盲人にあっては、手術に続くいくばくかの間は、両眼の不調整が視覚の働きを妨げているのか、それとも、視野の混乱が両眼の不調整を助長しているのか――つまり彼らが見ることができないのは焦点あわせができないためか、それとも見るべきものが存在しないから焦点あわせができないのか、これを決定することが不可能であろう。私が無限の遠方を見つめ、そして、例えば私の眼の近くに置かれた私の指の一本が網膜上の不均衡な諸点にその像を投影するといった場合に、網膜上の像の配置が、複視を終止せしめる焦点あわせの運動の原因となることはありえない。なぜなら、すでに指摘されているように(60)、二つの像の食い違いは、それ自体として存在するのではないからである。私の指は、左の網膜のある区域と、それとは釣り合っていない右の網膜上のある区域との上に、その像を結ぶ。しかし、左の区域に釣り合う右の網膜の区域もまた視覚的興奮で充たされているのである。二つの網膜上の刺激の分布は、両方の形状を比較し同一視する主体にとってしか「不釣合」ではない。客観として見られた二つの網膜の上には、比較をゆるさぬ刺激の二つの集合が存するばかりである。これに対して恐らく、焦点あわせの運動がなければ、これら二つの集合は重なりあうことができないし、いかなる物の視覚をも引き起すことができない、そしてこういう意味で二つの刺激の集合の存在は、それだけで不均衡な状態をつくり出す、とこういう答が返ってこよう。しかしこれこそまさにわれわれが示そうとしていること、つまり、単一の対象を見るということは、焦点あわせの単なる結果ではなく、焦点あわせの作用そのもののうちですでに先取りされているということ、あるいは、すでにいわれているように凝視が「先望的な活動」(activité prospective) であること(61)を、認めるものなのである。私のまなざしが近い対象に向い両眼をそれに集中するためには、まなざしが複視を不釣合、もしくは視覚の不完全な働きとして体験し(62)、この緊張を解決し視覚の働きを成就するという意味において、単一の対象に向うのでなくてはならぬ。「見るために〈見つめる〉のでなければならない(63)」。それゆえ、両眼視における対象の統一は、二つの単眼視像を融合させながらしまいに単一の像を生みだすところの、何か第三人称的な過程から結果するものではない。複視から正常視に移行する際には、単一の対象は二つの像に取って替るのであって、明らかにこれらの単なる重ねあわせではない。つまり単一の対象は、二つの像とは別の類のものであり、比較にならないほど、より堅固なものなのである。両眼視においては、複視の二つの像が混りあって単一の像になるのではなく、対象の統一は、まさしく志向的統一である。しかし――われわれがめざしていた点に、まさにやってきたのであるが――この統一は、だからといって、概念的統一ではない。われわれが複視から単一の対象へと移行するのは、精神の洞察によるのではなく、二つの眼がそれぞれ自分勝手に働くのをやめて、単一のまなざしによってただ一つの器官として用いられるときにである。総合をなしとげるのは認識論的主観ではない。それは、散漫な状態から抜け出しておのれを集中し、あらゆる手段によっておのれの運動の唯一の目標に向う際の、身体であり、諸器官共働の現象によって単一の志向をはらむところの、身体である。われわれが総合を客観的身体から取り上げるのは、ひたすらそれを現象的身体に与えるためにほかならない。すなわち、そのまわりにある「場《ミリュー》」を投射する限り(64)での身体、その「諸部分」が互いに動的に知りあっており、そのもろもろの受容器が相互の共働によって対象の知覚を可能ならしめるような仕方で身構えている限りでの身体に、である。この志向性は思惟ではない、という主張によってわれわれが意味していることは、それが意識の透明性のなかで遂行されるのではないということ、私の身体が自己自身についてもっているすべての潜在的な知をそれは既得のものとして前提している、ということである。知覚的総合は身体像の先論理的統一を拠りどころにしているので、対象の秘密も自己の身体の秘密と同様、手中にしてはいない。そして、それゆえにこそ、知覚対象はつねに超越的なものとして提示され、また、総合は思惟主観という形而上学的な一点においてではなく、対象そのものにおいて、世界のなかで遂行されるように見えるのである。知覚的総合が知的総合から分たれるのは、まさにこの点においてである。複視から正常視へと移行する際、私はただ単に両眼で同一の対象を見るという意識をもつだけではなく、対象それ自身に向って前進し、ついには対象の生身の現前（présence charnelle）を獲得するという意識をもつ。単眼視像は漠然と物の手前をさまよい、世界のなかで真にあるべき場所をもってはいなかった。そして、まるで陽光をうけた幽霊どもが、そこから出てきた大地の裂け目に再び消えうせるように、突然それらは世界のある方面に向って退却し、そこに呑み込まれる。単眼視像を吸収するのは両眼視の対象である。そして総合がおこなわれるのもこの対象においてであり、また単眼視像がついにこの対象の現われとして認知されるのも、この対象の明晰さにおいてである。この一連の私の経験は、互いに符合するものとして現われる。そして総合がおこなわれるのは、これらの経験がすべてある不変者を、それも対象の同一性のうちに表明している限りにおいてではなくて、それらが、それらのうちの最後のものによって、物の自己性（ipséité）のうちにすべて取り集められる限りにおいてなのである。この自己性はもちろん、決して到達されてはいない。つまり、われわれの知覚の領域に入る物の姿は、いずれもなお、おのれのかなたへと知覚を誘う招きであり、知覚過程における一時的な停止にすぎないのだ。仮に物そのものが到達されたとすれば、物は今後われわれの前に何の包みかくすところもなく繰り広げられるであろう。そして、われわれがそれを所有していると信ずる刹那に、それは物として存在することをやめるであろう。それゆえ物の「実在性」をなすゆえんのものは、まさに、われわれの所有かららそれを奪うものでもある。物の自存性 (aséité)、その拒むことのできない現前と、それがそのなかに立てこもるたえざる不在とは、物の超越性の二つの分ちがたい相である。主知主義は、このいずれをも看過する。そして、われわれが物を経験の開いた系列の超越的な限界として説明しようとするならば、知覚の主体に、身体像の、それ自身開いた、無限定な、統一を付与しなくてはならない。両眼視の総合がわれわれに教えるものは以上の如くである。これを諸感官の統一の問題に適用してみよう。諸感官の統一は、一つの根源的な意識のもとへのそれらの包摂によって理解されるのではなく、認識する唯一の身体へのそれらの統合によって、しかし決して完成されない統合によって理解されるはずである。相互感官的な対象と視覚的対象との関係は、視覚的対象と複視における単眼視像との関係に等しい(65)。そしてもろもろの感官は、二つの眼が視覚において協力しあうように、知覚において相互に連絡する。音を見たり、色を聞いたりする働きは、まなざしの統一が両眼を通じてなされるような仕方で、実現されるのである。こういうことが起るのも、私の身体が並存する諸器官の総和ではなくて、諸器官の共働的な組織であり、そのあらゆる機能が「世界における(への)存在」の一般的運動のなかで捉え直され、結びつけられているからである。

つまり身体が実存の凝固した形態だからである。見ること、もしくは聞くことが、ある不透明な quale の単なる所有ではなくて、実存の一つの様式の体験であり、私の身体とそれとの同調であるならば、私が音を見たり色を聞いたりするということにも、一つの意味がある。そして、性質の経験がある仕方の運動もしくは振舞の体験であるならば、共感覚の問題にも解決の曙光が見出される。私がある音を見るというとき、私が意味していることは、音の振動に、私の感官的存在の全体によって、そしてとりわけ色に感じうる私自身の区域によって、私がこだましているということなのである。客観的な運動、つまり空間における位置の変化としてではなく、運動の企投もしくは「潜勢的運動」[66]として理解されるならば、運動は、諸感官の統一の基礎である。発声映画が情景に単に音響上の随伴物を添えるにとどまるものではなくて、情景そのものの内容をも変えるということはよく知られている。フランス語に吹き替えられた映画を見ているとき、私は、ただ単に言葉と映像との不一致に気づくばかりではない。突如としてかしこで別のことが語られていると私には思われてくるのである。そして劇場と私の耳は吹き替えられた言葉で充たされているのに、この言葉は私にとって、聴覚的な存在さえもってはいない。そして、私は、スクリーンからやってくる音のない別の言葉にしか耳を傾けていないのである。映写の途中、突然発声装置に故障が起きて、スクリーンの上で演技しつづける役者の声が出なくなると、そのとたん私から去ってゆくのは、単にこの人物の言葉の意味だけではない。情景そのものも変えられてしまうのだ。今しがたまで生き生きしていた役者の表情は、狼狽したひとのそれのように、もつれ、こわばる。音の中断はスクリーンを一種の麻痺状態におとしいれる。観客の側で役者の身振りと言葉とが一つの観念的な意義のもとに包摂されるのではなくて、言葉は身振りを、身振りは言葉を継承し、私の身体をとおして互いに通いあうのである。私の身体の感覚的諸側面と同様に、それらは直接相互に象徴しあう関係にあるが、それというのも、私の身体がまさに、相互感官的な等値と置換の既成のシステムだからである。諸感官は、翻訳者を必要としないでおのずから互いに翻訳され、観念を通過することを要せずに互いに了解しあう。以上の注意は、ヘルダーの次の言葉――「人間とは、時には一方からまた時には他方から触発される一個の持続的な共通感官[訳註13]（sensorium commune）である」[67]――の意味を十全に理解せしめるものである。身体像という概念でもって新たな仕方で描かれるのは、単に身体の統一だけではない。身体の統一をとおして、諸感官の統一も対象の統一もまた然りである。私の身体は表現（Ausdruck）という現象の場所であり、むしろその現実性（actualité）そのものなのである。そこにおいては例えば視覚的経験と聴覚的経験とは相互にはらみあい、これらの経験のもつ表現的な値が、知覚世界の先述定的統一（unité antéprédicative）[68]を基礎づけ、これをとおして、言語的表現（Darstellung）と知的意義（Bedeutung）とを基礎づけるのである。私の身体は、あらゆる対象の共通の織地であり、少くとも知覚世界に関しては、私の「了解」（compréhension）の普遍的な道具である。

〔世界の一般的象徴作用としての身体〕

身体が意味を与えるのは、単に自然的対象だけではない。語のような文化的対象もまた、身体によって意味を与えられるのである。被験者が解読することができないほど短時間、一つの語を、例えば「暑い」

(chaud) という語を、彼に提示するとしよう。そういう場合でもこの語は、いわば意義の暈のごとく語を包む一種の暑さの経験をかもしだすのである。[69] 「堅い」[70] (dur) という語はまず背なかと頸に一種の硬直をひき起す。この語が視野ないし聴野に投射され、記号あるいは音声として形をなすのは、二次的なことである。この語は概念の指標である前に、まず第一に、私の身体を捉える一つの出来事であり、私の身体に対する語のこの働きかけこそ、この語の関係する意義の地帯を限るものなのである。ある被験者は、「湿っぽい」(feucht) という語を提示されると、湿っぽさと冷たさの感じのほかに、あたかも身体の内部がその周辺に出てくるかのような、そしてまた今まで腕と脚に集中していた身体の現実性が改めて新しい中心を求めるかのような、身体像の全き再編成を体験すると、告白している。この際、語はそれが誘発する態度と別のものではない。語が外的な像として現われ、その意義が思想として出現するのは、語の現前が長びく場合に限られる。語は表情をもっている。それというのも、われわれは各人に対するのと同様、それらに対して、それらが提示されるやすぐさま出現するところの、ある振る舞い方をもっているからである。「私は、rot (赤) という語をその生き生きした表情において捉えようと試みる。しかし最初のうちは、私にとってこの語は周辺的なものでしかない。つまりその意義についての知識をともなった一個の記号にすぎない。それはそれ自身赤くはない。しかし突如として、語が私の身体を貫くのに気づく。つまり私は私のからだに侵入し、そして同時に私の口腔を球形にならせる一種の鈍感な充満という――名状しがたい――感じをもつ。そしてまさにこの刹那に、私は、紙上の語がその表情的な意味をまとい暗赤色の暈をかぶって私を迎えにくるのに気づく。他方、Oという文字は、私が前もって口のなかに感じていたあの球形のくぼみを直観的に表わすのである。[71]」語のこの振舞は特に、語が不可分の統一において、いわれるもの、聞かれるもの、見られるものであることを了解せしめる。「読まれた語は視覚的な空間の一断片における一個の幾何学的構造ではない。それは言語的行動ならびに運動の動的に充実した提示である[72]」語の知覚にせよ、もっと一般的に対象の知覚にせよ、「像《イマージュ》」を構造化するのに必要なある身体的態度、特殊な型の緊張というものがある。動的な生きた全体としての人間は、精神物理的有機体の一部としてのおのれの視野のなかに一個の形を浮きあがらすために、自己自身をみずから形態化しなくてはならない。[73]」要するに私の身体は、ただ単に、あらゆる他の諸対象とならぶ一個の対象でもなければ、さまざまな感覚的諸性質の複合体の一つにとどまるものでもなく、それにもましてあらゆる他の諸対象に感応する一個の対象なのである、つまり、それは、あらゆる音と共鳴し、あらゆる色と共振し、語を迎え入れる仕方によって語にその原初的な意義を付与するところの、感応的対象なのである。この場合、「熱い」という語の意義を、経験主義の公式に従って、熱に関する諸感覚に還元することが問題となっているのではない。なぜなら、「熱い」という語を読む際に私が感ずる熱さは、実際の熱さではないからである。ただ私の身体が、熱さに備え、いわば熱の形を素描しているのにすぎない。同様に、ひとが私の身体の一部分を私に向って名ざしたり、私がそれを想い浮べたりするときには、私はそれに相応する点に、接触の準-感覚を感ずるのであるが、これも単に、私の身体のこの部分が全体的な身体像のなかから浮びあがることにすぎない。それゆえ、われわれは語の意義はもちろん、知覚されたものの意義でさえ、「身体的感覚」の総和に還元しているのではない。そうではなくて、身体にはさまざまな「振る舞い方」がある以上、身体とは自分自身の諸部分を世界の一般的な象徴手段として用いるあの特異な対象なのであり、したがってそのおかげでわれわれがこの世界と「親しくする」ことができ、それを「了解し」そこに意義を見出すことができるようになる当のものであるということ、これがわれわれの主張なのである。

〔人間とは共通感官である〕

確かに、こうしたことのすべては、現われの記述としては何がしかの価値をもっているかもしれないが、もし、これらの記述が結局、思惟されうる何ものをも意味しておらず、また反省がこれらの記述の無意味性を証明するとしたら、何の価値があろうか、とこうひとは反論するかもしれない。臆見の水準においては、自己の身体は、構成された対象であると同時に、他の諸対象に対しては構成者である。しかし、われわれが、みずから何について語っているかを知りたいと思うなら、以上のいずれかを選ばなくてはならぬ。そして結局はおのれの身体を構成された対象の側に戻さなくてはならない。じじつ次の二つのうちのいずれか一方を選ぶより仕方がない。私は自分を世界のさなかにあるものとして、つまり、もろもろの因果関係によってとりまかれた私の身体をとおして、世界のなかにさしはさまれたものとして考察するか、その場合は「感官」と「身体」とは物質的装置となり、何ものをも認識しない。対象は二つの網膜の上にそれぞれ像を結び、この二つの像は視覚中枢で互いに重ねあわされるわけだが、しかしここには見らるべき物しかなくて、見るひとはいないのである。われわれは身体的過程の一段階から他の段階へと限りなくさしむけられ、人間のなかに「小人間」を前提し、このなかにまた別の「小人間」を前提するという具合で、どこまでいっても、見るということに到達することができない。——それとも私はいかにして見るということが成り立つかをほんとうに理解しようと欲するか、その場合は、しかし、私は構成されたもの、即自的にあるものから出ていって、それに対して初めて対象がありうるところの存在を、反省によって捉えねばならない。ところで対象が主観に対して存在しうるためには、この「主観」が視線によって対象を包み、あるいは私の手がこの木片を捉えるように、これを捉えるだけでは十分でない。そのうえ、主観は自分がそれを捉え、もしくはそれを見つめていることを知らねばならぬ。つまり、主観は把握ないし凝視しつつあるものとしておのれを認識し、主観の作用が完全に主観自身に与えられ、結局、この主観は、それがみずからかくあると意識しているそのもの以外の何ものでもあるのではない、ということでなくてはならない。もしそうでないと、われわれはなるほどわれわれを眺める第三者に対しては対象を把握したり見つめたりする作用をもつであろうが、しかしここにいう主観なるものは、自己意識をもたないために、その作用のなかに消散して、何ものについても意識しないという結果になろう。対象の視覚的ないし触覚的知覚が存するためには、そのおかげで主観が自己についての知であることができ、対象が主観に対して存在することができるようになる、あの不在の次元、あの非実在性が必要なのであるが、これが感官には永遠に欠けている。結合されたものについての意識は、結合するもの、ならびに結合するその作用についての意識を前提とし、対象意識は自己意識を予想する、いやむしろ、両者は同義語なのである。したがって、あるものについての意識があるのは、主観が絶対に何ものでもあるのではないからであり、もろもろの「感覚」や認識の「質料」が意識の契機ないし意識の居住者ではなくて、構成されたものの側に属するからである。これらの自明な事実に対しては、われわれが先におこなった記述は何の力があろう。それはどうやって、この二者択一を免れようとするのだろうか。知覚的経験に立ち戻ろう。私は、私がその上で書きものをしているこのテーブルを知覚する。このことは、なかんずく、私の知覚作用が私を占めているということ、そして私が実際にテーブルを知覚している間は、それを知覚しつつあるものとして私自身を認知することができないほど、私を占めているということを意味している。知覚しつつある私自身を認知したいと思うときには、私はまなざしでテーブルのなかに浸りきっている状態をいわば中断し、知覚する私自身を振り返る。そうすると私は、私の知覚が若干の主観的な現われを通過せねばならなかったということ、私に属する若干の「感覚」を解釈せねばならなかったということ、結局、知覚は私の個人的な歴史のパースペクティヴのなかに現われることに、気づくのである。私は分析的態度をとってまず知覚をもろもろの性質や感覚に分解し、次いでこれらから出発して、最初に私がそこに投げこまれていた対象を取り戻そうとする、そしてそのために、私は私のおこなった分析の裏面にすぎない総合の作用を前提することを余儀なくされるのであるが、この際、実は私は、結合されたものから出発して、二次的に結合活動を意識しているのである。私の知覚作用は、自然のままの姿でこれを捉えるならば、それ自身ではこの総合をおこなってはいない。それはすでになされた作業を利用しているのである。つまりすでに決定的に構成された一般的総合を利用している。この事実こそ、私は私の身体ないし私の感官をもって知覚する、という際に、私がいい表わしていることなのである。それというのも、私の感官とはまさに世界についてのこの習慣的な知であり、暗黙の知識ないし沈澱した知識だからである。仮に私の意識が、知覚しつつある世界を現にみずから構成するのだとしたら、意識と世界との間にいかなる隔たりもなければ、いかなるずれも可能ではなかろう。意識は世界を貫いてその最も奥まった構造にまでも達するだろうし、志向性はわれわれを対象の核心に到達せしめるだろう。そして同時に知覚されたものも、現在のもつ厚みをもたなくなるだろう。意識が知覚されたもののなかに我を見失い、そこに捕えられるということもないであろう。これに反して、われわれは汲めども汲み尽くすことのできない対象を意識しており、そしてそこに埋もれているのであるが、それも、対象とわれわれとの間に、われわれのまなざしが利用する例の潜在的な知があるからである。われわれがこの知の合理的な展開が可能であると思うのは、単なる推測にすぎず、それはいつまでもわれわれの知覚の手前にとどまっているのである。すでに述べたようにいかなる知覚にも何か匿名のものが伴っているのは、知覚が改めて問題にすることなく既得のものを引き継ぎ、おのれのものとしているからである。意識は自己自身の前に何も包みかくすことなく繰り広げられるはずであるが、知覚する者 (*celui qui* percoit) はそうではない。彼は歴史的な厚みをもち、知覚の伝統を受け継ぎつつ現在と対決させられている。知覚においてはわれわれは対象を思惟しているのではないし、それを思惟しつつあるものとしてわれわれ自身を思惟してもいない。われわれは対象に臨みつつ、身体と一つになっている。この身体は世界について、そしてまた、われわれが世界の総合をおこなう動機と手段について、われわれ自身より通暁している。だからこそ、われわれはヘルダーに賛同して、人間とは共通感官であるといったのである。知覚作用と真実に一体となり批判的態度を離れるという条件でわれわれが再発見するところの、感覚作用のこの原初的な層においては、私は、主体の統一と物の相互感官的統一とを生きるのであって、反省的分析や科学がするように、これらの統一を思惟しているのではない。(訳註14)——

〔知覚的総合は時間的である〕

しかし結合作用なしで結合されたものとは何であろうか。(訳註15)まだ誰かの対象になっていないこの対象とは何か。私の知覚作用を私の歴史の一出来事と見なすところの心理学的反省は、なるほど二次的なものでもあろう。しかし、対象の非時間的思惟者として私を見出す超越論的反省は、すでに対象のなかに存しないようなものは何一つとして、そのなかに導入してはいないのだ。反省は「テーブル」や「椅子」に一つの意味を与えるもの、つまりそれらの安定した構造をつくり客観性に関する私の経験を可能ならしめるものを、いい表わすだけである。結局、対象もしくは主観の統一を体験するとは、それを遂行することでなくして、何であろうか。たとえ、これらの統一が私の身体の現象とともに現われるとしても、私の身体の現象のうちにこの統一を見出すためには、そこにおいてこれを思惟するのでなければならないのではないか。そして身体の現象を経験するためには、この現象の総合をおこなわなくてはならないのではないか。——われわれは(訳註16)対自を即自から引き出そうとしているのではない。われわれは何らかの形の経験論に舞い戻るのではない。そしてわれわれが知覚世界の総合を委ねる身体なるものは、純然たる所与、つまり受動的に受けとられた一つの物ではない。しかしながら、知覚的総合はわれわれにとっては時間的総合であり、知覚の水準における主体性は時間性以外の何ものでもない。そして、それだからこそ、われわれは知覚の主体にその不透明性と歴史とを認めることができるのである。私はテーブルに向ってまぶたを開く。私の意識はさまざまな色彩やごちゃごちゃした反射で充たされる。意識はそれに提示されるものから、殆ど区別されない。意識は身体を通じて、まだ何ものの光景ともなっていない光景のなかに広がる。突然、私はまだそこにはないテーブルを、凝視する。まだ奥行がないけれども、私は距離をとって眺める。私の身体は、まだ潜勢的な状態にある一個の対象に集中し、それを現勢化させるような仕方で、その感覚的な諸表面を整備する。私はこうして私に接触していたあるものを、世界のなかのその固有の場所に送り返すことができるのである。なぜなら、私は未来に退くことによって、私の感官に対する世界の最初の攻撃を直前の過去に送り返し、直後の未来に向うようにこの一定の対象に向って私自身を方向づけることが、できるからである。対象は私の焦点あわせの運動の終末に存するのだから、注視作用は先望的（prospectif）であり、そしてまた対象は対象自身の出現に先だつものとして、つまり最初からのすべての過程の「刺激」、動機、ないし第一動因として、提示されるのだから、注視作用はまた同時に回顧的（retrospectif）でもある。空間の総合と対象の総合とは、時間のこの展開に基礎づけられているのである。凝視の運動の度ごとに、私の身体は現在、過去、未来を一つに結びつけ、時間をいわば分泌する。あるいはむしろ、この運動の度ごとに私の身体は、そこにおいてもろもろの出来事が、存在のなかで押しあいへしあいするかわりに、初めて現在のまわりに過去と未来という二重の地平を投射し歴史的方向づけを受けるところの、自然のなかの当の場所となるのである。ここには確かに永遠の能産者（naturant）を呼び求める祈願はあるけれども、その経験はない。[訳註17] なるほど私の身体は時間をわがものとする。それは現在のために過去と未来を存在せしめる。それは一個の物ではない。それは時間に服するのではなく時間をつくりだす。しかし、いかなる焦点あわせの作用も、たえず更新されなくてはならないのだ。そうでないとそれは無意識に陥ってしまう。対象が私の前にはっきり浮びあがっているのは、私が両眼をその上に走らしている限りにおいてでしかない。まなざしの旋転性（volubilité）はその本質的特徴である。それがわれわれに授ける時間部分に対する支配力も、それが成就する総合も、それ自身、時間的現象として過ぎ去るものであり、新たな、これもまた時間的な作用において捉え直される限りにおいてのみ、それらは存続することができるのである。各々の知覚作用の客観性の主張は、これに続く知覚作用に引き継がれ、ここでまた期待を裏ぎられ、改めてまた主張し直される。知覚的意識のこの絶え間ない挫折は、その初めからしてすでに予見されうることであった。私が対象を過去に遠ざけることによってしかこれを見ることができないのは、私の感官に対する対象の最初の攻撃と同様、それに続く知覚もまた私の意識を占有し抹殺するからであり、したがって、この知覚もまた過ぎ去りゆくものであって、知覚の主体は決して絶対的主観性ではなく、後続の「私」にとって対象と化する運命にあるからである。知覚はつねに「ひと」（On）という仕方で存する。それは私がみずから私の生に新たな意味を与える人格的な行為ではない。感官による探査において現在に過去を与え、未来へと方向づける者は、自律的主体としての私ではなく、身体をもち、「注視すること」を心得ている限りでの私である。知覚は真の歴史ではなくて、むしろ、われわれにおける「前史」の存在を証拠だてるものであり、これを更新するものなのである。そしてこれもまた時間にとって本質的なことである。ヘーゲル流の言葉でいえば、知覚がその現在の深みのなかに過去を保存し、そのなかにこれを集約していないなら、現在、すなわち、その厚みと汲めども尽きぬ豊かさをそなえた感覚的なものは、存在しないであろう。知覚はその対象の総合を現在〔訳註18〕なしとげているわけではない。これは知覚が経験主義的な意味で受動的に総合を受けとるからではなく、対象の統一は時間をとおして現われ、かつ時間というものはおのれを取り戻す一方から、またそれにつれて、自己自身から逃げてゆくからである。私はなるほど時間のおかげで、以前の経験をその後の経験のなかに嵌め込み、引き継ぐことができるのであるが、しかしいずこでも私は私を完全に所有することはできない。それというのも、未来の窪みはたえず新しい現在で充たされるからである。結合作用と主体なしには、結合された対象は存在しない。しかしいかなる総合も、時間によって膨らまされる〔訳註19〕と同時に練り直される。時間は過去を保持する新しい現在を生むのだから、同じ運動によって、総合を問題にすると同時に確証するのである。所産者と能産者との二者択一は、それゆえ、構成された時間と構成する時間との弁証法に変る。われわれがみずから立てた問題――感覚性、つまり有限的主体性の問題――を解こうと欲するならば、われわれは時間について反省し、仮に主体性がなければ過去自体はもはやなく、未来自体はいまだなく、したがって時間というものがなくなってしまうだろうから、主体性にとってしか時間は存在しないという事情を、まず明らかにせねばなるまい。しかしまたこの主体性が時間そのものであり、ヘーゲルとともに時間は精神の実存であるといったり、あるいはフッサールとともに時間の自己構成について語ることができるのはどうしてか、ということをも明らかにせねばなるまい。こうした事情を明らかにすることによって、かの問題も解かれるのであろう。

〔反省とは非反省的なものの再発見である〕

さしあたり、今までの記述とこれからなさるべき記述とは、問題の解決がそこから期待されるところの新しい種類の反省に、われわれを親しませる。主知主義にとっては、反省することは、感覚を遠ざけあるいは客観化し、他方、この多様なるものを通覧する能力をもった空虚な主観、そしてそれに対してこの多様なるものが存在しうる空虚な主観を、感覚に真向うから立ち向わせることである。主知主義が意識からあらゆる不透明性を取り除いてこれを純化すればするほど、それは質料を正真正銘の物となすこととなり、具体的な諸内容の把握、つまりこの物と精神との出会いは考えられえなくなる。これに対して、認識の質料とは分析の結果であって、現実の要素と見なされるべきではない、と答えるならば、相関的に統覚の総合的統一もまた経験の概念的定式化であって、もとから存在するものと見なされるべきではない、要するに認識の理論は最初から建て直さるべきである、ということも認めねばなるまい。われわれとしては認識の質料と形式とが分析の結果であるという主張に同意する。私が認識の質料なるものを措定するのは、私が知覚にもともとそなわる信念から離脱してこれに対して批判的な態度をとり、「私が真に見ているものは何か」と自問するときである。根本的な反省、すなわち反省自身をも了解しようとする反省の課題は、逆説的なことではあるが、世界の非反省的な経験を再発見し、検証という態度ともろもろの反省的な作業とを今一度この経験のなかに戻し、反省を私の存在の諸可能性の一つとして出現させることに存する。然らば、われわれが出発に際して所有しているものは何であろうか。所与の多様と、それを通覧し、すみずみまでそれを貫くところの、総合的統覚とではない。そうではなくて、世界という背景の上に浮びあがる、ある知覚の領野なのである。ここでは何も主題化されてはいない。対象も主体も措定されてはいない。原初的な領野のなかには多様な性質のモザイクがあるのではない。そうではなくて、全体の要求に応じて機能的な値を配分する、総体的な形態があるのである。例えばすでに明らかにされたように、陰影のなかの「白」紙は、客観的性質という意味で白いのではなくて、白という値をもつのである。いわゆる感覚なるものは、知覚のうちで最も単純なものにすぎない。そして感覚も実存の様相として、いかなる知覚とも同様、ある背景、結局は世界であるところのある背景から離れることはできないのだ。この事実に対応して、それぞれの知覚作用は、世界への総体的な参加からの抽出物として、おのれに現われる。この組織《システム》の中心には、生命的な交渉《コミュニカシオン》を保留する能力、あるいは少くとも、われわれのまなざしを光景の一部分に集中し、そこに知覚野の全体をささげることによって、生命的な交渉を制限する能力が存する。すでに明らかにされたように、批判的態度において初めて獲得されるような諸規定が、最初から原初的経験にも存するかのように考えてはならないし、したがってまた多様がまだ互いに分離されていない時期には、現勢的な総合(訳註20)について語ることも許されないのだ。しからば総合の観念も認識の質料の観念もともに退けねばならないだろうか。知覚は夜陰に光が書物を照らすように対象を明るみに出すのだ、ということになるのだろうか、つまりマールブランシュがいったように、精神が眼を通って外に出て世界のなかの諸事物を訪れると想像する、あの実在論を、われわれのものとしなくてはならないだろうか。そうだとしても、われわれは総合の観念なしですますわけにはゆかないだろう。というのも、例えば一つの表面を知覚するためには、それを訪れるだけでは十分ではなく、表面をよぎる諸瞬間を保持して、その諸点を互いに結びつけなくてはならぬからである。しかし原初的な知覚は非措定的・先客観的・前意識的経験であるということを、われわれはすでに知っている。それゆえ、認識のただ単に可能的な質料(訳註21)があるにすぎないのだ、とさしあたりいっておこう。原初的な知覚野の各点から、空虚ではあるが一定のもろもろの志向が発出している。これらの志向を実現することによって、分析は、科学の対象、個人的な現象としての感覚なるもの、ならびに両者を措定する純粋主観なるものに、到達しよう。だが、これら三つの項は、原初的経験の地平の上にしか存在しないのである。措定的思惟の反省的理想の基礎が据えられるのは、物の経験のなかにである。したがって反省がみずから、おのれの十全な意味を把握するのは、反省が前提し利用している非反省的な元手を想起する場合、つまり反省にとっていわば根源的な過去であり、かつて現在であったことのない過去をなしているところの、非反省的な元手を想起する場合に限られるのである。

II　空　間

〔空間は認識の「形式」であるか〕

われわれは、分析が認識の質料を、たとえ観念的に分離されうる契機としても、措定する権利をもってはいないこと、さらにまた、われわれが認識の質料をはっきりした反省作用によって現実化するやいなや、それはすでに世界と関係するという事実を、認めたばかりである。反省は構成がすでにたどった道を溯行するのではない。そして質料を世界に帰属させるという自然な措置は、われわれを志向性の新たな考え方へと誘《いざ》なうのである。なぜなら、世界の経験を構成的意識の純粋作用と見なす古典的な考え方[74]がそうするのに成功するのも、ひたすらそれが意識を絶対的な非存在と規定し、これに対応して諸内容を不透明な存在に属する「質料的な層」に押しこめる限りにおいてにすぎないからである。今やわれわれは、この新しい志向性に見合う、知覚の形式に関する概念、とりわけ空間の概念を検討することによって、この新しい志向性にいっそう直接的な仕方で近づかねばならない。カントは外的経験の形式としての空間とこの経験において与えられる諸事物との間に、厳格な境界線をひこうと試みた。もちろん、容器と内容との関係が問題なのではない。なぜなら、この関係は対象相互間にのみ存するものだからである。また個と類との間に存するような論理的な包摂の関係ですら、ここでは問題ではない。それというのも、空間はそのいわゆる諸部分に先だつもので、諸部分はつねに空間から切り取られるものだからである。空間はそのなかに諸物が配置される（実在的もしくは論理的な）場ではなく、それによって諸物の措定が可能となるところの媒介である。すなわち、われわれは空間を諸物の浸る一種のエーテルと想像したり、あるいは抽象的に諸物に共通の特徴と考えたりするのではなく、諸物を結びつける一般的な能力と考えなくてはならない。それゆえ、私は反省することなく諸物のさなかに生き、空間を諸物の存する場と見なしたり、あるいは諸物の共通の属性としたり、いずれにせよ漠然とこれを眺めるか、——それとも私は反省して空間をその起源において捉え直し、空間という語のもとにある諸関係をあからさまに思惟するか、そしてこれらの諸関係が、それらを描き支えるところの主観においてのみ生きていることに着目し、空間化された空間から空間化する空間へと移りゆくか——いずれかである。前者の場合、私の身体、もろもろの事物、高低、左右、遠近といった諸事物の具体的関係は、私にとって還元不能な多様性として現われるであろうが、後者の場合には、私は、空間を描く唯一にして不可分の能力を発見するのである。前者の場合、私は異質的な諸領域をもった物理的空間に接しているのであるが、後者の場合には、置換可能な諸次元をもった幾何学的空間にたずさわっているのである、つまり私は等質的で等方的（isotrope）な空間性を所有しており、運動体に何の変化も与えないような純然たる場所の変化を、したがって具体的な文脈における対象の状況から区別された純然たる位置を、少くとも思惟することができるのである。周知の通り、現代的な空間理解においては、科学的知識の水準においてすら、このような区別は困難である。われわれはここで、この区別を、現代物理学が獲得した技術的諸手段と対質させようとは思わない。むしろ、カント自身の言葉によっても空間に関するあらゆる認識の究極の審判者である、われわれの空間経験と、対質させようと思うのである。われわれは、諸物を空間のなかで知覚するか、それとも（われわれが反省し、われわれ自身の経験が本来、何を意味するかを知ろうと欲するならば）空間を、構成的精神の遂行するもろもろの結合作用の不可分の組織《システム》と考えるか、という二者択一の前に、ほんとうに立たされているのであろうか。空間の経験は、全く別種の総合によってその統一を基礎づけているのではなかろうか。

A　上と下

〔方向は内容とともに与えられるのではない。さりとて精神の活動性によって構成されるのでもない〕

いかなる概念的加工も加わる以前の、空間の経験を考察してみよう。例えば、「上」と「下」という経験を取り上げてみよう。われわれはこのような経験を、ふつうの生活体験のなかで捉えることはできないだろう。なぜなら、そこではこの経験が、それみずから獲得したものの背後に、かくれてしまうからである。そこでわれわれは、この経験がわれわれの眼の前で解体したり再生したりするような例外的な場合、例えば網膜における像の倒立を伴わない視覚活動の場合、に尋ねてみなくてはならないのである。ふつうならば倒立しているはずの網膜上の像を実物通りに立て直す特殊な眼鏡を被験者にかけさせると、最初は景観全体が非現実的で、さかさに見える。実験二日目になると正常の知覚が回復しはじめるが、ただし被験者は自分自身の身体がさかさになったという感じをもつ。[75] 八日間にわたる二度目の実験シリーズ[76]においても、諸対象は初めはやはりさかさに現われる。しかし一度目のときほど非現実的には見えない。二日目になると景観はもはや倒立しない、不自然な姿勢にあると感ぜられるのは身体である。三日目から七日目にかけて、身体は次第に立ち直り、ついに正常の姿勢となる。とりわけ被験者が能動的になっているときには然りである。ソファの上に横たわって動かずにいるときには、身体はなお以前の空間を背景としてその上に現われる。そして、身体のうちの眼に見えぬ部分に関しては、左右の方向は実験の終りまで以前のままである。外部の諸対象は次第に「現実性」の様相を取り戻す。視覚活動の様式ががらりと変ったために初めのうちは間違ってばかりいて、視覚の逆転を考慮しながら修正することを必要とした身のこなしも、五日目には早くも間違いなくその目標に向うようになる。最初は以前の空間を背景としてその上にぽつんと浮んでいた事物の新しい映像も、初めは（三日目）意識的な努力によって、次には（六日目）努力せずにも、これらの映像と同じ向きの地平にかこまれるようになる。六日目には、音が聞かれると同時に発音体が見える場合には、音の位置づけも正確におこなわれる。発音体が視野に現われぬ場合には、音の位置づけはあやふやで、二重の表象を伴っていたり、あるいは間違っていたりさえする。実験が終って眼鏡をはずすと、事物はなるほどさかさには見えなくとも「奇妙」に見える。そして運動反応は逆になる。例えば被験者は、左手を差し出すべきときに、右手を出すという風に。ところで心理学者は、さしあたり次のように主張したくなるだろう。[77] つまり、眼鏡をかけると視覚世界は、まさにちょうど一八〇度転回したかのような状態で、被験者に与えられる、したがって被験者にとってはさかさに現われるのだ、と。われわれが他所《よそ》を見ている間にひとが戯れにわれわれの本を「さかさまに」置いたならば、本の挿絵があべこべに現われるように、視覚的景観をつくっている諸感覚の集団も逆転され、「さかさまに」置かれているのだ。触覚的世界を構成する別の諸感覚の集団は、この間も「直立」したままでいる。それゆえ、それはもはや視覚的世界と一致することはできなくなる。そして特に被験者は自分の身体に関して、あい容れない二つの表象をもつことになる。一つは彼の触覚的な感覚と、実験に先だつ期間から彼がもち続けてきたもろもろの「視覚像」とによって、与えられた表象であり、他は「さかだちした」彼の身体が示す現在の視覚的表象である。像と像との間のこの抗争は、敵対者の一方が消失したとき、初めて終ることができる。いかにして正常な状況が回復されるかを知ることは、したがって、いかにして、世界とおのれの身体との新しい像が古い像を「色褪せ」させ、[78] もしくはそれに「取って替る」[79] かを、知ることに帰着する。被験者が能動的であるほど、像の交替がうまくゆくという事実に注意すべきである。例えば早くも二日目にして被験者が手を洗うに際して、この交替が起っている。[80] それゆえ視覚の与件と触覚の与件とを調和させるすべを被験者に教えるものは、視覚によって導かれる運動の経験である。被験者は、例えば、自分の脚に手をやる運動、そして、今までは「下」への運動であったものが、新しい視覚的光景においては、以前には「上」であった場所への運動によって表わされることに、気づくであろう。この類の確認は、まず第一に、視覚の与件を解読さるべき単なる記号と見なし、それを以前の空間の言葉に翻訳することによって、不適当な動作を修正することを可能ならしめるであろう。だが、ひとたび「習慣的」[81]となると、こうした確認は、以前の方向と新しい方向との間に安定した「連合」[82]を創り出すはずである。そしてしまいに、これらの連合は、新しい――視覚によって提示されるのでいっそう有力な――方向のために以前の方向を抹殺するに至るのである。最初のうち脚が現われた視野の「上」部が触覚にとっての「下」部と繰り返し同一視された結果、被験者は、一方のシステムから他方のシステムに移行するのに、視覚によって導かれた運動の媒介をやがて必要としなくなるのだ。彼の脚は彼が以前に視野の「上」部とよんでいたところに、定住するようになり、彼は脚をそこに「見る」だけではなく、またそこに「感ずる」ようになる[83]。そしてしまいには、「かつては視野の〈上〉であった部分が〈下〉に属していた印象と非常に似た印象を与え始め、またその逆でもある、という結果になる[84]」のである。触覚的身体が視覚的身体とふたたび合体するやいなや、被験者の足が現われていた視野の領域は「上」という規定を失い、この名称は、頭が現われている領域に戻り、足の領域は再び下になるのである。

しかし、以上のような解釈は、納得がいくものではない。それは像のなかに与えられた頭と足の見かけの方向と上下とが一体をなしており、それが変るとともにこれも変る、と仮定し、また上下はもろもろの感覚の実際の配置によって、感覚的領野のなかにいわば印しづけられている、と仮定することによって、まず景観の倒立を、ついで、正常観への復帰を説明するのである。しかし――世界が「さかさま」になる実験の始めにおいても、また世界が「立ち直る」実験の終りにおいても――決して領野の方向性は、そこに現われる頭とか足とかいった内容によって、付与されることはありえない。なぜなら領野に方向性を付与することができるためには、これらの内容それ自身が一つの方向をもっていなくてはならないからである。「さかさま」自体とか「直立」自体とかは、明らかに何ものをも意味しない。もっとも眼鏡をかけると視野がさかさに見えるというのは、触覚的‐身体的領野、もしくは正常の視野に対してであり、またこれらを「直立」しているというのも名目的な定義によるのだと、反論されるかもしれない。しかしながら同じ問いが、これらの基準となる領野についても提起されるのだ。つまり、それらが単に現前しているというだけでは、いかなる方向にせよ、一つの方向を与えるに十分ではないのである。諸物のなかであれば、一つの方向を定義するのに二つの点があれば足りる。しかし、われわれは、諸物のなかにいるのではない。われわれは、まだ、もろもろの感覚的領野しか所有してはいない。これらの領野は、われわれの前に、あるときは「さかさま」にあるときは「正常」に置かれた、諸感覚の集塊ではなくて、刺激の布置に何の変化が起らなくても、実験が進むにつれてその方向性が変ってゆく、現われのシステムなのである。そして、触覚的‐身体的領野が「直立」して現われ、視野が「さかさま」に見える、実験の初期においてであれ、前者がさかさになり後者が立ち直る、これに続く時期であれ、ついに両者ともども殆ど「直立」する実験の終りであれ、ともかく、これらの浮遊する現われが突如として根をおろし「上」と「下」という関係のもとに位置する瞬間に、いったい何が起るのかを知ることこそ、まさに問題なのである。われわれは、世界と方向性をもった空間とを、感覚的経験の内容もしくは身体自体といっしょに、与えられているものと見なすことは、許されない。それというのも、上述の実験は、まさに同じ内容が、あい異なる方向づけを順々に受けうること、また物理的な像の存在によって網膜上に印せられた客観的な諸関係が、「上」と「下」とに関するわれわれの経験を決定するものではないことを、示しているからである。まさに肝心なことは、一個の対象が「直立」して見えたり「さかさま」に見えたりするのはどうして可能か、「直立」とか「さかさま」という語は何を意味するのかを知ることである。この問題は、空間知覚を実在的空間の単なる受容と見なし、対象の現象的な方向性を世界における対象の方向性の反映と見なす、経験主義的心理学だけに課せられたものではない。「直立」と「倒立」とは単なる関係であって、われわれが何を標準として採用するか、この標準次第で変るものだと主張する主知主義的心理学もまた、この問題を避けることはできないのだ。選ばれた座標軸が何であれ、それは他の標準との関係によらずには空間中に位置づけられない。こうして次から次へと後退してゆくことになるので、世界の定位は限りなく延期され、「上」と「下」とは、規定されうるすべての意味を失ってしまう。こうした結果を避けようとすれば、ある内容に、自分自身で空間のなかに位置する能力を、認めなくてはならないわけであるが、こんなことは主知主義にとっては不可能な矛盾した措置であって、経験主義と、それに伴う諸問題に舞い戻ることである。方向というものが、それを描く主観にとってしか存在しえない、ということを示すのはやさしい。そして構成的精神は、すぐれた意味では(訳註22)、空間中にあらゆる方向を描く能力をもってはいる。しかしこの精神は、いかなる方向も現実的にはもってはいない。したがっていかなる空間をももってはいない。それというのも、事実上の出発点、つまりそこからして一歩一歩、空間のあらゆる規定に意味を与えることができるような、絶対的な「ここ」を欠いているからである。主知主義も経験主義と同様、問題を立てることさえできないために、方向性をもった空間の問題の手前に立ちどまっている。つまり、経験主義の場合は、それ自体としてはさかだちしている世界の像がいかにして私にとって立ち直ることができるのか、を知ることが肝心だった。しかるに主知主義は、眼鏡をかけた後に世界の像が転倒するという事実を、認めることすらできないのである。なぜなら構成的精神にとっては、眼鏡をかける前と後との二つの経験を区別する何ものもなければ、また「倒立した」身体という視覚的経験と「直立した」身体という触覚的経験とを互いにあい容れないものたらしめる何ものも存在しないからであるが、それも、精神が光景をいずこから眺めるのでもなく、したがって身体とその周囲との客観的諸関係は、そっくりそのまま、新しい光景のなかに保存されているからなのである。それゆえ問題の要点は次の通りである。つまり、経験主義は私の身体的経験の実際の方向性によって、われわれにとってもろもろの方向が存在するという事実を了解するのに必要な、あの定点を進んでおのれに与えはするが——しかし反省と同様に経験も、いかなる内容といえどもそれ自体では方向性をもっていないことを明らかにしている。これに反して主知主義は、上と下とのあの相対性から出発するのであるが、この相対性から出て、空間の実際的知覚を説明することができない。われわれは、したがって、内容の考察によっても、純粋の結合作用によっても、空間の経験を理解することはできないのだ。われわれは、先ほど暗示しておいた第三の空間性、つまり空間のなかの諸物の空間性でもなければ空間化する空間の空間性でもなく、したがってカント的分析の対象ではなくて、かえってこれが前提とするような、第三の空間性に直面しているのである。われわれが必要としているものは、相対的なものにおける絶対的なものなのである。諸現象の上をすべってゆくのではなく、諸現象のなかに根をはり、それらと一体をなしてはいるが、さりとて、実在論の流儀でそれらといっしょに与えられるのではなく、ストラトンの実験が示しているように、諸現象が顚覆された後にも残存する空間なのである。われわれは、形式と内容との区別に至る手前に、空間の原初的経験を探求しなくてはならない。

〔空間基準、繫留点と実存的空間〕

被験者が自分のいる部屋を鏡をとおしてしか見ることができないような仕掛けを造り、そしてこの鏡が部屋を垂直に対して四五度傾いた状態で映し出すように工夫すると、被験者は、最初のうちは部屋を「斜め」に見る。部屋のなかを移動する人物は横に傾きながら歩いているように見える。扉の縁枠にそって落下する一片のボール紙は、斜めの方向に落ちるように思われる。全体は「奇妙」である。いっときたつと、突然の変化がやってくる。壁、部屋のなかを移動する人物、ボール紙の落下の方向は、みな垂直になる。(85)ストラトンの実験に類似したこの実験は、運動による探査をしなくても、上と下との刹那的な配置がえがおこなわれるという事実を明らかにする利点をもっている。われわれが新しい光景を運動によって探査した結果知るとされる上下の新しい位置を、斜め（もしくはさかさ）の像が身にまとうというような主張には何の意味もないことを、われわれはすでに知っている。しかし今やわれわれは、このような探査は必要ですらなく、したがって知覚主体の総括的な作用によって方向づけが構成されるのだ、ということを知るのである。われわれはこういおう——知覚は実験に先だって、ある空間基準（niveau spatial）を受け入れていた、そしてこれに対して実験的光景は最初は斜めに現われ、ついで実験がすすむにつれて、視野の全体が改めて直立して現われるような別の水平基準(niveau)が、この光景そのものによって導入されるのだ、と。あたかも、与えられた水平基準に対して斜めに現われる若干の対象(部屋のなかの壁、扉、人間の身体)が、基本となる方向を提供することをおのずから主張し、垂直をおのれの方にひきよせ、「繫留点」[86](points d'ancrage 投錨点)の役割を演じ、そして、以前に確立されていた水平基準を揺るがしているかのように見える。こういったからとてわれわれは、空間における諸方向が視覚的光景によって与えられると考える実在論者の誤謬に、おちいるわけではない。なぜなら実験的光景がわれわれにとって(斜めに)方向づけられているのも、ひたすらある水平基準に対してのみであり、それゆえこの光景自身がひとりでに新しい上下の方向をわれわれに与えるものではないからである。なお残っている問題は次の諸点である。その第一は、いかなる場合にでも自己自身に先行するこの水平基準とは何であるか、それというのも、水平基準の構成はいつでも別の既成の水平基準を予想するからである。――第二は、「繫留点」は、その安定性のよってきたるもとであるところのある空間のさなかから、いかにしてわれわれに別の空間を構成するように誘《いざ》なうのであるか、最後の問題は、「上」「下」が感覚的内容のもつ即自的な方向性を示す単なる名称でないとしたら、それらはそもそも何であるか。「空間基準」は自己の身体の方向性と混同されてはならないと、われわれは主張しよう。確かに自己の身体の意識は、水平基準の構成に貢献はする。――頭を傾けた一人の被験者は、垂直に置くようにと命ぜられた紐を斜めの向きに置く[87]――しかしそれにしても、自己の身体の意識は、この機能においてほかの経験諸領域と競いあっているのであって、垂直が、頭の向きに従う傾向を示すのも、例えば暗がりにおけるように視野が空虚で「繫留点」がない場合に限られる。触覚的・迷路的・運動感覚的与件の集塊としての身体は、他の諸内容と同様、一定の方向性をもってはいない。身体もまたこの方向性を経験の一般的水平基準から受けとるのである。ヴェルトハイマーの観察は、(訳註23)身体の方向性ではない方向性を、視野がいかにして強いることができるか、ということの次第を、まさに明らかにしている。しかし所与の感覚の寄木細工としての身体はいかなる方向をも定めるものではないが、これに反して、作因としての身体は基準の設定に本質的な役割を演ずる。筋肉のトーヌスの変化は、視野が対象で充たされている場合でも、見かけの垂直を変化させ、その結果被験者は本来の垂直からそれたこの垂直に平行にするために、頭をかしげるほどである。(88)われわれは、垂直とは、諸器官の共働のシステムとしてのわれわれの身体の相称軸によって、定められる方向である、といいたくなるだろう。しかし地上に横たわるときのように、私の身体が動いても必ずしも上下がそれにつれて変化しないこともありうる。そして、ヴェルトハイマーの実験は、私の身体の客観的な方向が、光景の見かけの垂直に対して、かなりの角度で傾くこともできるということを、示している。光景の方向づけにとって重要なのは、客観的空間のなかにある物としての、じじつ存在するがままの私の身体ではない。そうではなくて、可能なもろもろの行動のシステムとしての私の身体であり、その現象的な「場所」がその課業と状況とによって定義されるところの、潜勢的な身体なのである。私の身体は、それが為すべきあるものをもっている場所に存在する。ヴェルトハイマーの被験者が、彼のために用意された装置のなかに居を占めるやいなや、――歩くとか、衣裳戸棚を開くとか、テーブルを使うとか、坐るとかという――彼の可能的行動の範域が、たとえ彼がまぶたを閉じていようとも、彼のまえに可能的な居住環境を描きだすのである。鏡に映った映像は、最初は彼にこれとは方向性の異なった部屋を提示する。いいかえれば被験者は部屋のなかにある道具となじまない。彼はそこに住んでいない。その往ったり来たりするのが見える男と彼はいっしょに住んではいない。被験者が眼を鏡の外に向けることによってその最初の繋留を強めさえしなければ、しばらくたつと、鏡に映し出されている部屋が、そこに住むことができるような人間を呼びさますという、奇蹟が起るのである。この潜勢的な身体が現実の身体に取って替り、そのため被験者は、現実に彼が存する世界のなかにはもはやおのれを見出さなくなる。彼は、映し出された部屋のなかで歩いたり作業したりするのに必要な手足を、彼のほんとうの手足のかわりに体験するようになる。つまり彼は映し出された光景のなかに住まうのである。空間基準が揺らぎ新たな姿勢において立て直されるのは、まさにこの時である。それは、したがって、私の身体による世界の一種の所有であり、世界に対する私の身体のある種の取組み(prise)(訳註24)なのである。空間基準は、繋留点がない場合、ナゲル(訳註25)の実験におけるように私の身体の態度だけによって投射されることもあれば——身体が不活発な状態にあって、ヴェトルハイマーの実験におけるように光景の要求だけによって規定されることもあるが、——ふつうは私の運動志向と私の知覚野との合流点に現われる。つまり私の実際の身体が、光景によって要求される潜勢的身体に一致したとき、そしてまた実際の光景が、私の身体によってそのまわりに投射された環境に合致したとき、現われるのである。空間基準が落ち着くのは、若干の動作の能力としての、したがって若干の特別の平面の要求としての、私の身体と、この同じ動作への誘《いざ》ないとしての、この同じ行動の舞台としての、知覚された光景との間に一つの妥協がなりたち、その結果私は空間を享受することができ、諸物が私の身体に直接力を及ぼしうるようになったときである。空間基準の構成は、充実した世界の構成の一つの手段にすぎない。私の身体が世界と嚙み合うのは、私の知覚ができるだけ多様な、できるだけ明晰に組織された光景を私に提示し、私の運動志向がおのれを実現しながら期待される応答を世界から受け取るときである。知覚と行動における、このような明確さの極大ということこそ、知覚の基盤と、私の生の基底と、そしてまた、私の身体と世界との共存のための一般的な場を、規定するものなのである。空間基準という概念と空間の主体としての身体という概念でもって、われわれはストラトン自身が説明できなかったストラトンの現象を理解することができる。仮に領野の「立ち直り」が新しい位置と以前の位置との間の一組の連合の結果だとすれば、どうしてこの過程は組織《システマティック》的な歩みぶりを示すことができようか、また、知覚の地平をなす諸領域のそれぞれ全体が、すでに「立ち直った」対象と一度に合体することがどうしてありえようか。逆に、新しい方向づけが思惟の作用から結果するものであって、座標の変換にほかならないとすれば、聴野もしくは触野が変換に抵抗することがどうしてありえようか。そのためには、万が一にもありえないことだが、構成的主観が自己自身と別れ、おのれがよそでやっていることをここでは知らないでいることができる、ということでなくてはならないであろう[89]。変換が組織《システマティック》的で、しかも部分的、漸進的におこなわれるのは、私がいずれの位置体系の鍵ももたずに、一方の位置体系から他方のそれへと移行し、ちょうどわれわれが音楽的知識を全然もたずに、聞いた歌を別の調性で歌うような具合だからである。声をもつということが調性を変える能力を伴うように、身体の所有は、空間基準を変更する能力、空間を「了解する」能力を伴うのである。知覚野はやがて立ち直り、実験の終りには、私は概念を使わずにそれを認知することができるようになるが、それも、私がそのなかに生き、新しい光景のなかにすっかり自己自身を投入し、いわば私の重心をそこに置くからである。(90) 実験の初めには、視野はあべこべになっていると同時に非現実的に見えたが、それは、被験者がそのなかに生きておらず、それと嚙み合っていないからである。実験の途中には、触覚的身体がさかさに見え、景観が直立して見える中間の局面があることが観察されるが、それは私がすでに景観のなかに生きており、まさにその結果として景観を直立した姿で知覚しつつ、他方実験的に生じた混乱は自己の身体のせいにされるからである。しかし自己の身体は、かくしてこそ、事実的な感覚の集まりではなくて、与えられた光景を知覚するために必要な身体なのである。何を取り上げてみても、われわれは主体と空間との有機的な関係と、空間の起源であるあの主体と世界との取組みとに、立ち戻らなくてはならないのである。

〔存在はその方向づけによって初めて意味をもつ〕

しかし、ひとびとは分析の道をもっと遠くまで前進したいと望むであろう。なぜ、明確な知覚と確かな行動とは、方向づけられた現象的空間においてのみ、可能なのだろうか、と彼らは問うであろう。知覚と行動の主体がすでに絶対的諸方向の存する世界に直面し、主体はおのれの行動の諸次元を世界のそれにあわせなくてはならないと、仮定する場合にのみ、以上のことは明白なのである。しかしわれわれは知覚の内部に位置しているのだ。そして、まさしく、知覚はいかにして絶対的方向に近づくことができるかを、問題にしているのである。それゆえ、われわれは、空間経験の生成において、絶対的方向を与えられたものとして、前提することは許されない。——この反論は、われわれが最初からいっていることを繰り返しているにすぎない。つまり、ある空間基準の構成は、つねに与えられた他の基準を前提とする、空間はつねにそれ自身に先だつということである。しかしこの言明は挫折の単なる確認ではない。それは、空間の本質と、空間の理解を可能ならしめる唯一の方法とを、われわれに教えるものなのである。いつでも「すでに構成されて」(déjà constitué) いるということは、空間の本質に属することであり、世界を伴わない知覚のなかにひきこもることによっては、絶対に空間は理解されないであろう。なぜ存在は方向づけられているのか、なぜ実存は空間的であるのか、先ほどのわれわれの言葉を使えば、なぜわれわれの身体は、あらゆる姿勢において世界と取り組むことにならないのか、なぜ身体と世界との共存は経験に極性を与え、一つの方向を出現させるのか、などと問うてはならないのだ。このような問いは、これらの事実が、空間に無頓着な一個の主体と客体に、たまたま付加される偶有性である場合にのみ、提起されうるのである。これに反して知覚的経験は、これらの事実が、われわれと存在との根源的な出会いのうちにすでに予想されており、存在する (être) とは、位置づけられている (être situé) ことと同義であるということを、明示している。思惟する主観にとっては、「正しく」見られた顔と「あべこべ」に見られた同じ顔とは、区別されえない。知覚主体にとっては、「あべこべ」に見られた顔は認知しがたいものである。あるひとが寝台の上に横たわり、私が寝台の頭の方から彼を眺めるとしよう。ちょっとの間は彼の顔は正常に見える。なるほど顔かたちに幾らか混乱が見られはする。私はほほえみをほほえみとして了解するのにいくらか苦労する。しかし私は寝台をまわろうと思えばまわることもできると感じ、寝台の足の方から眺めるひとの眼で彼のほほえみを見るのである。その光景が長く続くと、突如、様子が一変する。すなわち顔貌は異様になり、その表情はぞっとするほど恐ろしいものになる。睫毛、眉毛は、私がいまだかつてそこに見たこともないような、物質性の風貌を呈する。初めて私は真実この顔を逆の方向から、あたかもそれが「自然の」姿勢でもあるかのように眺めるのである。私の前には、とがった髪のない頭部がある。その前額部には、一面に歯のはえている血のような色の穴があいている。そのうえ、口のあるところには、つやつやしい毛でかこまれ、堅い刷毛でアンダーラインされた二つの動きやすい球がある。ところで、「直立した」顔は、顔の可能なあらゆる眺めのうちで、最も頻繁に私に与えられる眺めであり、さかさまに見られた顔が驚かすのも、私がめったにそれを見たことがないからだと、きっとひとはいうであろう。しかし顔が厳密に垂直な姿勢で提示されることは度たび起ることではなく、したがって「直立した顔」を利する統計的特権は存在しない。そして、こういう実状でありながら、なぜ直立した顔はそうでない顔より頻繁に私に与えられるのか、問題はまさにここにあるのである。もしも、私の知覚がそれに特権を与え、相称性を理由に、規範としてそれに準拠するのだ、ということが認められるにしても、しからば、なぜある一定の角度をこえて顔が傾くと、もはや「立て直し」がおこなわれなくなるのか、疑問は残る。顔をよぎる私のまなざしにはその好みの運動方向があり、そして顔のこまごました特徴にある不可逆的な順序において出くわす場合に初めて、私のまなざしはその顔を認知するのだ、ということでなければならない。そして、対象の意味そのもの——ここでは顔とその表情——は、《sens》という語の二重の語義[訳註26]がはっきり示しているように、その方向性と結びついているのでなければならない。対象をひっくり返しにすることは、それから意義を奪うことである。したがって、その対象としての存在性は、「思惟する主観－にとって－あること」ではなくて、ある方向からこれに出会うところの、そして他の方向からではこれを認知できない「まなざし－にとって－あること」である。したがって、各々の対象には「それ独自の」上と下とがあって、与えられた水平基準に対して、それが占む「べき」場所、その「自然な」場所を指示している。一つの顔を見るということは、あらゆる可能な方向においても変りなくこの対象が遵守するであろうある構成法則の観念をつくることではない。それは顔に対してある手掛りを得ることであり、さまざまな昇り路と降り路とを伴ったある知覚の道程を、その表面上にたどることができるということである。先ほどあえぎながら登った山が、大またで降りるときには見違えるように姿を変えるのと同様に、この知覚の道程は、逆の方向にたどるならば、認知しがたいものとなるのである。仮に知覚の主体が、諸物にそなわるある方向性に即してのみ諸物を捉えることができる、このようなまなざしでないとしたら、一般にわれわれの知覚は、輪郭も、形態も、背景も、対象も含むことはできないであろう。したがって、もはやこれは何ものの知覚でもなく、結局、われわれの知覚は存在しないことになろう。だから空間における方向性は対象の偶然的な特徴ではなく、むしろ、私が対象を認知し、対象として意識するための手段なのである。確かに私は同じ対象をさまざまな方向から意識することができる。先ほどいったように、私はさかさの顔を認知することさえできる。しかし、それはつねに、この顔に対して心のなかである一定の態度をとることを、条件としている。いや時には、隣人が見ている写直を眺めるためにわれわれが頭を傾けるように、実際その態度をとることさえある。こうして、考えられうる限りのあらゆる存在は、直接間接に知覚世界に関係しており、知覚世界は方向性によってのみ捉えられるのだから、われわれは存在を、方向づけられた存在から分つことはできないし、また空間を「基礎づけ」たり、あらゆる水平基準のもととなる水平基準は何かと問う必要もないのである。原初的な水平基準は、われわれのすべての知覚の地平上にある。しかし、明白な知覚においてこの地平に到達することも、これを主題化することも、原理的に不可能なのである。われわれが次つぎとそのなかで生きる諸基準のそれぞれは、われわれに向って差し出される何らかの「場《ミリュー》」にわれわれが投錨するときに現われる。この場《ミリュー》そのものは、あらかじめ与えられた水平基準に対してしか、空間的に定義されない。こうして、最初の経験に至るまで、われわれの経験の系列は、既得の空間性を次つぎに譲り渡してゆく。われわれの最初の知覚もそれはそれで、それに先だつある方向性に準拠することによって、初めて空間的であることができたのである。したがって、この知覚は、すでに世界のなかで作業しつつあるものとして、われわれを見出したのでなくてはならない。しかしながら、ここではある世界、ある光景が問題になっているのではない。なぜなら、われわれはいっさいの世界、いっさいの光景の起源にすでに位置しているからである。最初の空間基準はいずこにもその繋留点を見出すことができない。それというのも、この点が空間のなかで規定されるためには、最初の基準に先だつ一つの基準が必要となろうからである。しかし、それは「それ自体で」方向づけられていることはできないから、私の最初の知覚と世界への最初の取組みは、Xなる人物と世界一般との間で結ばれたもっと以前の協定の実行として私に現われねばならない。私の歴史はある前史の続きであって、その既得の成果を利用し、私の人格的実存は、前人格的な伝承の継承でなくてはならない。それゆえ私の下に別の一個の主体があるわけである。そして私が世界にあるに先だって、彼に対して世界が存在し、彼はすでにそこで私の位置を指定していたのである。この囚われた精神、もしくは自然的な精神こそ、私の身体なのである。ただし私の人格的な選択の道具としてなにがしかの世界に定位する一時的な身体ではなくて、あらゆる特殊な定位の可能性をその一般的な企投のうちに含んだ、匿名の「諸機能」の組織なのである。そして世界へのこの盲目的な結びつき、存在へのこの偏好は、ただ単に私の生涯の初めに生ずるというだけではない。その後のあらゆる空間知覚にその意味を与えるものはまさにこれであり、それはまたたえず更新されつつあるのである。空間ならびに一般に知覚は、主体の核心において、彼の出生の事実、彼の身体性の不断の寄与、思惟よりも古い世界との交信《コミュニカシオン》を示すものである。それらが意識をふさぎ、反省にとって不透明なのも、こういう理由によるのである。水平基準が不安定で定まらぬ場合、われわれは無秩序という知的経験をするのではなくて、めまいや嘔き気という生命的体験をする。[91] これは、われわれの偶然性の意識であり、その恐怖なのである。一つの水平基準を設定することはこの偶然性を忘れることであり、そして空間はわれわれの事実性の上に土台を据えられる。空間は対象でも、主観の結合作用でもない。それはどのような観察においてもすでに予想されているものだから、観察されることはできない。またすでに構成されているということがその本質に属するのだから、それが構成作用から出てくるのを見るわけにはゆかない。こういうわけで、それはみずから決して姿を表わさずに、魔術的に景観に空間的諸規定を付与することができるのである。

B 奥行

〔奥行と幅〕

知覚の古典的な諸概念は一致して、奥行の可視性を否認している。バークリーによれば、われわれの網膜は平坦な感覚的投影しか光景から受けとらないのだから、したがって奥行は記録されえず、視覚に与えられえぬことになる。たとえ「恒常性仮説」の批判を経た後では、われわれが実際見ているものを、われわれの網膜上に描きだされた像から判断することはできないと反論されても、バークリーは、網膜上の像がどうであろうと、奥行はわれわれのまなざしのもとに繰り広げられるのではなく、短縮した形でしか現われないのだから、見られえないと、恐らく答えるであろう。また反省的分析においては、原理的な理由によって奥行は可視的ではない。たとえ、それがわれわれの眼に印せられうるとしても、感覚的印象は、通覧さるべき多様性そのものしか提供しないだろうから、距離も、他のすべての空間的な諸関係と等しく、多様の総合を捉え思惟する主観に対してしか存在しないことになる。ところで、この二つの学説は、さまざまな対立点があるにもかかわらず、ともに等しく、われわれの実際の経験をひそかに押し殺しているのである。両説いずれにおいても、奥行は、横から見られた幅とそれとなく同一視されている。そして奥行を不可視なものたらしめるのは、まさにこれなのである。バークリーの論拠は、はっきりいってしまえば、およそ次のようにまとめられる。私が奥行と称するものは、実は幅に比せられうる諸点の並存である。ただし私はそれを見るのに好都合な位置にいないというだけのことである。私にとっては私の前に置かれている諸対象は互いにかくしあっており、また私の身体と最も近い対象との距離も一点に集約されているが、この諸対象の並びをひと眼で捉え、身体と対象との距離を見ることができる、側面からの観察者の位置に私がたてば、私も奥行を見ることができよう。私にとって奥行を見えなくさせる原因が、まさに、側面からの観察者に対して、それを幅という相のもとに可視的たらしめる、ゆえんなのである。つまり、同時的に存在するもろもろの点が、私の視線と同じ方向にのみ並存しているということである。それゆえ、不可視的といわれる奥行は、すでに幅と同一視された奥行なのであり、このような条件がなければ、バークリーの論拠は、もっともらしさの外観さえ、もつことはできないであろう。同様に、主知主義が奥行の経験のなかに、その総合をおこなう思惟主観を出現させることができるのも、それがすでに現実化された奥行を、つまり、私に提示されるがままの奥行ではなく、側面からの観察者にとっての奥行、要するに幅にほかならない同時的な諸点の並置を、反省するからにすぎない。(92)最初から奥行を幅と同一視することによって、以上の両哲学は、構成的な作業の結果生じたものを自明のこととして前提しているのである。だが実はかえってこの構成的な作業の諸段階を跡づけることが問題なのである。奥行を側面から見られた幅と見なすためには、換言すれば等方的空間に到達するためには、主体はその位置する場所、それが世界に臨む観点を離れて、自己をいわば遍在的なものと考えなくてはならない。遍在する神にとって幅は直ちに奥行に等しい。主知主義と経験主義とは、いずれも、世界に関する人間的経験を報告するものではない。それらは、神ならば思惟しうると思われることを、人間の世界経験について語っているのである。なるほど、もろもろの次元を相互に置き換え、観点なしに世界を思惟するようにわれわれを誘《いざ》なうものは、確かに世界そのものである。いかなる思弁をせずにも、すべてのひとびとが、奥行と幅との等しさを認めている。それは、相互主観的世界の明証性に属することである。そしてまさしくこれこそ、哲学者も他のひとびとと同様に、奥行の独自性を忘れる原因なのである。しかしながら、われわれは、いまだ世界と客観的空間については何も知らない。われわれは世界の現象を記述しようとしている。つまり、それぞれの知覚がわれわれを連れ戻すあの知覚の野、――そこにはまだわれわれだけがいるのであって、他のひとびとはもっと後になってからしか現われない、そして知識とりわけ科学が個人的パースペクティヴをまだ一般的ものに還元したり平準化したりしていない――こういった知覚の野のなかで、世界がわれわれに対してどのようにして生れいづるかを記述しようとしているのである。われわれが世界に近づくのは、個人的なパースペクティヴをとおしてであり、これによってなのである。それゆえまずこれを記述しなくてはならない。空間の他の諸次元よりも直接的に、奥行は、世界に関する先入見を退け、世界がたち現われる原初的経験を再発見するように、われわれを強いる。それは、いわば、あらゆる次元のうちで最も「実存的」なものである。というのも――これはバークリーの議論における真実な点であるが――奥行は対象そのものの上に印しづけられるのではなくて、明らかにパースペクティヴに属し、物には属していないからである。それゆえ、それは、意識によって、物から抽出されることはできないし、物の上に措定されることとさえ、できないのである。それは、私を諸物の前に位置づけるところの、諸物と私との間のある断ちがたき絆を告げ知らせている。これに反して、幅が、知覚する主体の含まれていない諸物間の関係であることは、一見して明らかである。眼に見ゆるがままの奥行、すなわち、まだ客観化されず、相互に外的な諸点から構成されていない奥行を、再発見することによって、われわれはいま再び、古典的二者択一を超え、主観と客観との関係を、正確に認識することができよう。

〔奥行のいわゆる標識は実は動機である〕

ここに私のテーブルがある。もっと遠くにピアノあるいは壁があり、あるいはまた、私の前に止まっていた車が走り始め遠ざかる。これらの言葉はいったい何を意味するか。知覚的経験をよみがえらすために、われわれは、世界と対象にとりつかれた思惟が知覚的経験に関してなす皮相な報告から出発しよう。それによると、上述の言葉は、テーブルと私との間に一つの間隔があること、車と私との間には増大しつつある間隔があること、この間隔は私がいる場所からは見えないが、対象の見かけの大きさによって私に示されるということ、以上のことがらを意味するのである。テーブルやピアノや壁を空間に位置づけるのは、それらの実際の大きさと比較された、それらの見かけの大きさである。車がだんだん小さくなりながら、地平線に向ってゆっくり昇ってゆく際に、私はこの現われを説明するために、飛行機に乗って上から見たならば見られると思われるような、幅の次元における運動を構成する。そして奥行のすべての意味は、結局これに尽きるのである。しかし、私は距離を表わす他のしるしももっている。対象が私に接近するにつれて、それを凝視する私の両眼はますます収斂する。距離とは底辺とそれをはさむ二つの角が知られている一個の三角形の高さにほかならない[93]。そして、私が距離を隔てて見るという言葉で意味していることは、この三角形の高さが、与えられたこれらの量との関係によって規定される、ということである。古典的な見方によれば、奥行の経験は、若干の与えられた事実——両眼の収斂、像の見かけの大きさ——を、それらを説明する客観的諸関係の文脈のなかに戻すことによって、解読することにほかならない。しかし私が見かけの大きさからその意義にさかのぼることができるのは、変形しない対象の世界が存在し、私の身体はこの世界に鏡の如くあい対しており、また身体というスクリーンの上に形成される対象の像は、鏡の像のように、身体と対象とを隔てる間隔に正確に比例しているということを、私が知っておればこそである。両眼の収斂を距離のしるしとして理解することができるのも、私が私の視線を、対象が近ければ近いほどますます互いに傾斜しあう盲人の二本の杖のように想い描くからである[94]。換言すれば、私の両眼、身体、外界を同一の客観的空間のなかに置いて考えているからである。それゆえ、仮説によればわれわれを空間の経験に導くはずのこれらの「しるし」が空間を意味することができるのは、すでにそれらが空間のなかで捉えられ、したがって空間がすでに知られている限りにおいてである。知覚はわれわれを初めて世界に導き入れる働きであり、意味深くもいわれたように、「知覚に先だっては精神であるようなものは何も存在しない[95]」のだから、われわれは知覚の水準においてはまだ構成されていない客観的諸関係を、知覚のなかに置くことは許されない。デカルト主義者が「自然的な幾何学[訳註27]」(géométrie naturelle) について語ったのもそのためである。見かけの大きさと両眼の収斂の意味するもの、すなわち距離は、いまだ白日のもとに展示され主題化されることはできないのだ。見かけの大きさと両眼の収斂そのものにしたところで、客観的な関係の体系のなかの要素としては与えられえないのである。「自然的な幾何学」もしくは「自然な判断」(jugement naturel)とは、いまだ措定も思惟もされていない標識のなかに、同様に措定も思惟もされていない意義がたたみこまれ「含意」されていることを表わすための、プラトン的な神話であり、われわれが知覚経験に立ち帰ることによって、了解しなくてはならないのはまさにこの事実なのである。見かけの大きさと両眼の集中とを、科学的知識が明らかにするような姿においてではなく、われわれが内的に把握するがままの姿で、記述しなくてはならない。ゲシタルト心理学は[96]、これらの現象が、知覚そのものにおいては明白に知られていないこと——つまり、私は距離をおいて物を知覚する際、両眼の集中も見かけの大きさもはっきりと意識してはいないということ、それらは知覚された事実として私の前にあるのではないということ、——しかも、立体鏡や遠近画法による錯覚が十分証拠だてているように、それらが距離の知覚に関与していることを、指摘した。心理学者たちは、以上の事実からして、それらは奥行のしるしではなく、条件ないし原因であると結論する。われわれは、身体のなかで客観的にある大きさの網膜上の像やある程度の両眼の集中が起った場合に、奥行に向っての景観の組織化が現われることを、確認する。これは、物理学の法則に比すべき一個の法則である。われわれは、これを記録すればよいので、それ以上のことをするには及ばない・しかしこの際、心理学者は課題を避けているのである。見かけの大きさと両眼の集中とが、客観的な事実としては知覚のなかに存在していないことを認める際には、彼は、客観的世界に先だつ諸現象の純粋記述にわれわれを呼びもどし、いっさいの幾何学から独立に体験される奥行を垣間見させた。しかも、彼はそこで記述を中断し、世界に舞い戻り、客観的事実の連鎖から、奥行への組織化を派生せしめるのである。このように記述を制限することが許されるだろうか。そして、ひとたび現象的次元を根源的次元として認めたあげくに、現象的な奥行の産出を脳髄の錬金術に委ね、経験は脳髄の錬金術の結果を記録するにとどまる、などとすることが許されるだろうか。次の二つのいずれかを選ばねばならない。行動主義にならって、経験という言葉にいっさいの意味を拒み、知覚を科学の世界の所産として構築しようと試みるか、それとも、経験もまたわれわれを存在に近づけるということを認めるか、その際は、経験を存在の副産物と見なすことはできない。経験は何ものでもないのか、それともいっさいでなければならない。大脳生理学が理解するような奥行への組織化とはいったいどのようなものであろうか、考えてみよう。見かけの大きさと両眼の集中が与えられるならば、奥行への組織化に対応する機能的構造が脳髄のどこかに現われるのであろう。しかし、どのみち、これは与えられた奥行、事実としての奥行にすぎず、それを意識するという働きがまだ果されていない。一つの構造を経験するということは、受動的にそれをそのまま受けとることではなくて、それを生き、捉え直し、引き受け、その内在的な意味を再発見することである。それゆえ経験は事実的な条件に、原因に対する如く結びつけられることはできない[97]。距離の意識が両眼の集中のこれこれの値と網膜上の像のこれこれの大きさの故に生ずるにしても、意識がこれらの要因に依存しうるのは、それらが意識のなかに現われる限りにおいてのみである。われわれはそれらについて、はっきりした経験を全然もっていないのだから、非措定的な経験をもっていると結論しなくてはならない。集中と見かけの大きさとは、奥行の標識でも原因でもない。動機が、たとえはっきりいい表わされずそれだけ別に措定されずとも、決断のうちに存するのと同様な仕方で、これらの要因は奥行の経験のうちに現前しているのである。「動機」という言葉によってわれわれは何を理解するか。例えばある旅行に動機があるといわれるとき、何が意味されているのであろうか。旅行の起源が若干の与えられた事実のうちに存するということである。それもこれらの事実がそれだけで旅行を生ぜしめる物理的な力をもっているということではなくて、それらが、旅行を企てる理由を提供している限りにおいてである。動機とは、その意味によってのみ作用するところの先件である。そのうえ、この意味を有効なものとして肯定し、それに力と効力とを付与するのは決断である、と付言せねばならない。動機と決断とは、一つの状況の二つの契機である。前者は、事実としての状況であり、後者は引き受けられた状況である。知人の死亡は私の旅行の動機となる。なぜなら悲嘆にくれる家族をなぐさめるためであれ、死者に対する「最後の勤め」を果すためであれ、私の臨席を必要とする状況だからである。そして、私はこの旅行を決意することによって、差し出されたこの動機を有効化し、この状況を引き受ける。それゆえ、動機づけるものと動機づけられるものとの関係は相互的である。ところで、両眼の集中ないし見かけの大きさの経験と奥行の経験との間に存する関係は、まさにこのようなものである。両眼の集中ないし見かけの大きさが「原因」として、奇蹟的な仕方で奥行への組織化を出現せしめるのではない。それらの意味のなかに奥行への組織化がすでに含まれ、それらがいずれもすでに距離を隔てて見るある仕方であるからこそ、無言のうちに奥行への組織化の動機となるのである。(訳註28)

〔見かけの大きさの分析〕

われわれはすでに、両眼の集中は奥行の原因ではなく、むしろそれ自体、距離をおいて対象に向うという方向づけの仕方を予想していることを明らかにした。さて、われわれはこれからしばらく、見かけの大きさという概念についてくわしく論じよう。照明を受けた対象を長いあいだ見つめると、その後には残像が残る。もしわれわれがこのような対象を長いあいだ見つめた後、直ちにさまざまな距離に置かれたスクリーンを凝視するならば、スクリーンが遠くなるにつれて、そこに投影された残像の見かけの直径はそれだけ大きくなる。(98) 地平線上の月はばかに大きく見えるが、この現象は、距離をいっそう如実に感じさせその結果月の見かけの直径を増大させることになる、中間の事物の数が多いという事実によって、もうずっと以前から説明されてきた。つまり、「見かけの大きさ」という現象と距離という現象とは、視野の全体的組織化の二つの契機であって、前者は後者に対して意義に対する記号の関係にあるのでも、また結果に対する原因の関係にあるのでもない。それらは動機づけるものと動機づけられるものとして、それらのもつ意味を介して互いに通いあっているのである。体験された見かけの大きさは、それ自身においては不可視的な奥行の記号ないし指標ではなくて、奥行に関するわれわれの視覚活動を表現する一つの仕方以外のものではない。ゲシタルト心理学は、見る者から遠ざかりつつある対象の見かけの大きさの変化が網膜上のその像の変化に正確に比例するものではないという事実、また、直径の一つを軸として回転する円盤の見かけの形の変化も、幾何学的遠近法から予想されるものと同じではないという事実を、指摘するのに貢献した。遠ざかりつつある対象も接近しつつある対象も、私の網膜上の物理的映像ほどには、私の知覚にとって急速に小さくなったり大きくなったりしない。映画のなかでわれわれの方に近づいてくる列車の大きくなり方が、実際よりもずっと甚だしいのは、こうした理由に基づくのである。また、われわれには高だかと聳えて見える丘が写真に写してみると大して高くなくなるのも、同じ理由による。最後にまた、セザンヌその他の画家たちが横からスープ皿を眺めながらその内部が見えるかのように描くことによって示したように、われわれの顔面に対して斜めに置かれた円盤は幾何学的遠近法の法則に抵抗するのであるが、その理由も同様である。仮にわれわれに遠近法的変形がはっきり与えられていたとしたら、われわれは何も改めて遠近法を学ぶ必要もなかろうともいわれたが、この言葉には道理があった。しかしゲシタルト心理学は、あたかも、斜めの皿の変形が正面から見た皿の形と幾何学的遠近法との間の妥協の産物であり、遠ざかる対象の見かけの大きさが、手の届く距離にあるときの見かけの大きさと幾何学的遠近法によって指定される遥かに小さな姿との間の妥協の産物であるかのような、いい方をする。あたかも、形態ない し大きさの恒常性が実在の恒常性であるかのように、またあたかも網膜上に生じた対象の物理的映像のほかに、これが変化するときにも比較的恒常にとどまるような、同一の対象の「心的映像」があるかのように、語るのである。しかし実は、この灰皿の「心的映像」は、この同じ対象の網膜上に生じた物理的映像より大きくも小さくもない。つまり一個の物として物理的映像と比較されるような、そしてこれに対して一定の大きさの関係をもち、私と物との間にあってフィルターの役目をするような心的映像なるものは存在しないのだ。私の知覚は意識の内容に向うのではなく、灰皿そのものに向うのである。知覚された灰皿の見かけの大きさは、測られた大きさではない。私の見る灰皿の像はどれほどの直径があるかと問われても、私は両眼を開いたままにしている限り、この問いに答えることはできない。おのずと私は一方の眼を閉じ、測定の道具、例えば鉛筆をとり腕を伸ばしてそれをかかげる。そして、灰皿の占める大きさを鉛筆の上に印しづける。こうすることによって、私はただ単に、知覚された展望を幾何学的な遠近法に還元し、光景を構成するもろもろの比例関係を変え、遠い場合には対象を小さくし、近い場合には大きくしたというだけではない——むしろ、知覚の野を解体し、灰皿を孤立させ、これをまさにそれだけとして措定することによって、私は今まで大きさをもっていなかったもののうちに大きさを出現させたのだ、といわねばならない。遠ざかりつつある対象の見かけの大きさが変らないということは、固い物が圧力に抗するように遠近法的変形に抵抗する、ある心的映像の事実上の不変性を意味しているのではない。灰皿の丸い形態の不変性は、遠近法的な偏平化に対する円の抵抗ではない。それだからこそ、実在のカンヴァスに実在の輪郭によってしかこれを描きだすことができない画家は、実は体験されたパースペクティヴを表現しようとしているにもかかわらず、一般のひとびとを驚かすのである。私の眼の前から出発して地平線に向って消えてゆく一本の道路を眺める場合、道路の両べりは一点に収斂する二本の線として私に与えられるとも、平行線として与えられるともいうことはできない。それらは、奥行をもった平行線なのである。遠近法的な現われは措定されてはいない。しかし平行ということも、また同じく措定されてはいない。道路の潜在的な変形をとおして、私は道路そのものに臨んでいる。そして奥行とは、道路の遠近法的な投影をも「真実の」道路をも措定しないこの志向そのものなのである。——しかしながら、二百歩はなれた人は五歩はなれた人よりいっそう小さくはないか。——私がその人を知覚の文脈から孤立させ、見かけの大きさを測る場合に、いっそう小さくなるのである。換言すれば、彼はより小さくもなければ等しい大きさでもない。彼は等と不等の手前にある、彼はいっそう遠くから見られた同じ人なのである。われわれは、二百歩はなれた人が遙かに不明瞭な形態であり、私の視線に対して提供される手掛りもよりわずかでより不明確であり、私の探査の能力との嚙み合い方もいっそう不正確であるとしか、いうことはできない。なおまた、視野がそれ自身としては測定されうる面積をもってはいないということを忘れないならば、われわれは、彼は私の視野をより不完全に占める、ということも許されよう。一個の対象が視野のうちわずかの場所しか占めないということは、結局、私の明確な視覚の能力を汲み尽くすほど豊かな形態をそれが提供していないというに等しい。私の視野は何ら一定の容量をもつものではない。私が「遠くから」見るか「近くから」見るかに応じて、それに含まれうる事物の量も増減する。それゆえ、見かけの大きさは、距離とは別個に定義されることはできない。それがこれを含意しているのと同様に、それはこれに含意されている。両眼の集中と見かけの大きさ、それに距離、この三者は、互いに他者のうちに読みとられ、おのずから相互に象徴しあい意味しあい、一つの状況の抽象的な要素であり、この状況においては互いに同義なのである。それも、知覚主体がそれらの間に客観的な関係を措定するからではなくて、かえってそれらを別個には措定せず、したがってはっきりと結びつける必要もないからである。例えば、遠ざかりつつある対象のさまざまな「見かけの大きさ」を総合作用によって結びつけることは、それらのいずれも、特に措定の対象をなしていない以上、不必要である。われわれは遠ざかりつつある対象を「もつ」のであり、それを「保持し」つづけ、それに対する手掛り (prise) をもちつづけるのである。そして、増大しつつある距離とは幅がそう見えるように、増大しつつある相互外在性ではない。それは、ただ、物がわれわれのまなざしの把握（prise）からのがれ始め、それとの結びつきが弛むということの表現にすぎない。距離とはこのあらごしらえの把握を、完全な把握、つまり近さから区別するものである。それゆえ、われわれは、先ほど「垂直」と「斜め」を定義したように、把握の能力に対する対象の状況によって、距離を定義しよう。

〔錯覚は構築ではない。知覚されたものの意味は動機づけられている〕

奥行を悟性の構築の産物と考える習慣をわれわれにつけてきたのは、なかんずく、奥行に関するもろもろの錯覚である。われわれは立体鏡におけるように両眼にある程度の集中を強いたり、遠近法による描写を被験者に提示することによって、奥行の錯覚を生ぜしめることができる。この場合、実は奥行が存在しないのに私はそれを見ると信じているのだから、ひとを欺くもろもろの標識が機会となって一つの仮説が作られたことになり、また一般に、いわゆる距離を見るということは、つねに若干の記号の解釈である、ということにならないだろうか。しかしこの際ある種の要請がなされていることは明らかである。つまり存在しないものは見ることができないと前提され、したがって感官への印象によって視覚活動が定義されているのである。そして、動機づけという根源的な関係が見落とされ、記号とその意義との関係(訳註29)がこれに替えられている。すでにわれわれは、両眼の集中運動を誘発する二つの網膜像間の不釣合がそれ自体としては存在しないことを明らかにした。それは同じ構造をもった二つの単眼視的現象を融合させようと努力し、諸器官の協同作業を志す主体にとってしか、存在しない。両眼視の統一性と、その実現の条件としての奥行は、したがって、二つの単眼視像が「不釣合なもの」として現われるやいなや、すでにそこに存するのである。私が立体鏡をのぞく場合には、すでに可能的な秩序が素描され状況が下ごしらえされている一個の全体が、提示されるのである。私の運動による応答がこの状況を引き受ける。画家はおのれの「動《モティ》機《ーフ》」に直面しながら「自然のさまよえる二本の手を一つに合わせよう」(69)としているのだ、とセザンヌはいっている。立体鏡をのぞいて光景を凝視する際の眼の運動もまた、与件によって提起された問いに対する答えであり、この答えは問いのなかに含まれているのである。ほかならぬ視野自身ができるだけ完全な釣合をめざしておのれを方向づけるのであり、そして奥行は、単一の物に接しているという知覚的信念の一つの契機にすぎない。遠近法的に描かれたデッサンは、まず平面上のデッサンとして知覚され、次いで奥行へと組織されるのではない。地平線に向って遠ざかるもろもろの線は、まず斜めの線として与えられ、次いで水平の線として、思惟されるのではない。デッサンの全体が、奥行へとくぼんでゆくことによって、その均衡を求めるのである。人間よりも小さく描かれた路上のポプラは、地平線に向って退くことによって、初めてほんとうに樹木らしくなることができる。下に向って落ちる石のように、奥行に向うのは、デッサン自身なのである。釣合、充実、確定がさまざまな仕方で得られうる場合には、多義的なデッサンにおいて見られるように、組織は安定していない。例えば第1図はABCDという前面をもった立方体を下から見た図ととることもできればEFGHという前面をもった立方体を上から見た図ととることもできるし、最後にまた十個の三角形と一個の正方形からなる台所のモザイクと見ることもできるといった次第である。これに反して第2図が立方体と見られることはほとんど不可避的である。それというのも立方体は

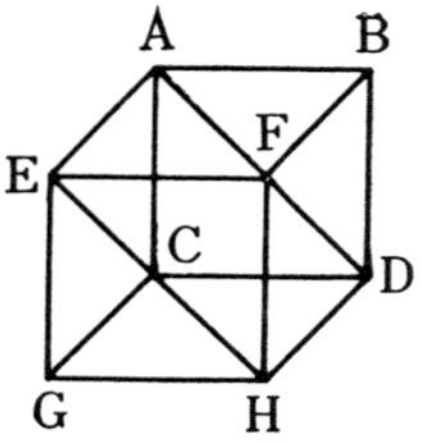

第１図

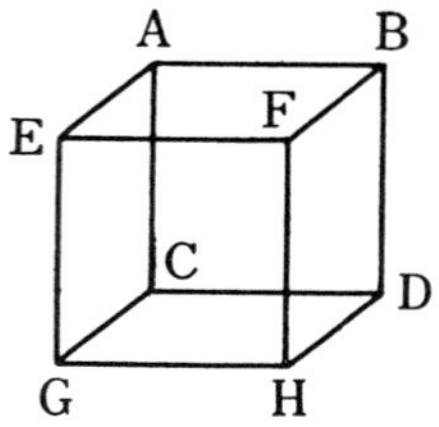

第２図

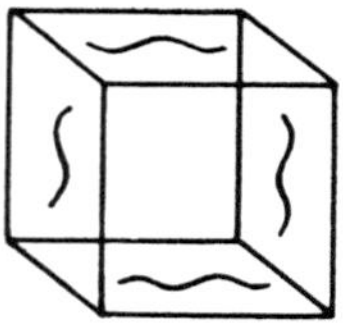

第３図

この図に完全な釣合を与える唯一の組織だからである。(100) 私のまなざしがある物を見ようとしているので、奥行がまなざしのもとに生れるのである。たえず最も確定的な形態をめざして、視野のなかで働いているこの知覚の魂（génie perceptif）とは、いったい何であろうか。われわれは、実在論に舞い戻るのではなかろうか。一つの例を取り上げてみよう。奥行への組織化が破壊されるのは、多義的なデッサンに任意の線を付加する（第三図は依然として立方体である）場合ではなくて、同じ面の諸要素を分離する線が、あい異なる面の要素を結びつける（第１図）場合である。(101) これらの線そのものが奥行を破壊するというとき、われわれは何を意味しているのか、われわれは連合心理学のようないい方をしてはいないか。しかし線分EH（第１図）が原因として作用して、それが書き入れられた立方体を解体させたのだという意味ではない。この線分が、奥行に即した把握ではない別の全体の把握の仕方を、惹起するという意味である。もちろん、線分EHそのものは、私がこれを一個の線分として把握し、私自身がそれをたどり、それを引く限りにおいてのみ、個体性をもつのである。しかし線分のこの把握の仕方、このたどり方は、任意のものではない。それらはもろもろの現象によって指図され促されているのである。この場合の要求は命令的なものではない、なぜならまさに多義的な図形が問題になっているのだから。だが、ふつうの視野においては、諸平面と輪郭の分凝は抗しがたいものである。例えば大通りを散歩しているとき、並木の間の間隙を物と見て、並木そのものを地と見ることはどうしてもできない。なるほど景観の経験をもつのは、私である。しかし、私はこの経験において、事実的な状況を引き受け、諸現象の間に分散している一つの意味を集約し、諸現象がおのずからいわんと欲するものをいってやるという意識をもっている。組織が多義的で、私がそれを変えることができる場合ですら、私はこれに直ちに成功するのではない。立方体の面の一つを私がまず注視し、私のまなざしがそこから出発してそのもろもろの稜をたどり、そしてついに第二の面を無規定な背景として見出すとき、初めてかの面が前面に現われ出るのである。私が第1図を台所のモザイクと見るのは、まず私の視線を中心に向け、ついでこれを同時に図の全体に等しく配分する場合に限られる。ベルクソンが一片の砂糖がとけるのを待つように(訳註30)、私はしばしば、組織化がおのずと生ずるのを待つことを余儀なくされる。まして正常な知覚においては、知覚されたものの意味は、知覚されたもの自身のうちに定められているものとして私に現われるのであって、私によって構成されたものとしてではない。そしてまなざしは、諸事物を、これらが光景となるのに必要な然るべき場所から捉え、あるいは、それらの自然の分節に従ってそれらを切り抜くところの、一種の認識機械として私に現われる。確かに直線EHは、私がそれをたどる場合にのみ直線という意味をもつことができる。しかし精神の洞察(訳註31)(inspection de l'esprit) ではなくて、まなざしによる吟味 (inspection du regard) が問題なのである。

つまり私の作用は根源的でも構成的でもなく、促され動機づけられているのである。いかなる凝視もつねに、凝視すべきものとして差し出されるある物の凝視である。私が立方体の面ABCDを凝視するということは、単に、私がこの面を、はっきり見える状態に移行させるということを意味しているだけではなくて、また、私がそれを図柄たらしめ、他の面よりもいっそう近い面たらしめること、ひとことでいうと、私が立方体を組織することを意味するのである。そしてまなざしは、思惟する主観の下にあるあの知覚の魂であり、諸事物が、われわれの前に実存するために、期待している正しい応答を、諸事物に与えることを心得ている知覚の魂なのである。——したがって一個の立方体を見るとは結局どういうことであるか。経験主義によれば、デッサンが実際に示している相貌に、一連の他の現われを、つまりもっと近くから見た場合、横から見た場合、さまざまの視角から見た場合に、立方体が呈するであろう現われを、結びつけるということである。しかし私が立方体を見るとき私はおのれのうちに、これらの映像のいずれをも見出さない。これらの映像は奥行の知覚と交換さるべき、いわば小銭であり、奥行の知覚こそこれらを可能にするものであって、これらから結果するのではない。しからば、あらゆる現われの可能性をそれによって私が把握するこの単一の作用とは何か。主知主義によれば、これは六つの等しい面と、垂直にまじわる十二の等しい稜からなる固体としての立方体についての思惟である。——そして奥行とは、もろもろの等しい面と稜との共存にほかならない。しかしここでもまた、われわれに奥行の定義として与えられているものは、実は奥行からの帰結にすぎないものである。等しい六つの面と十二の稜とが、奥行の意味の全体をつくっているのではない。かえって、この定義は奥行なしにはいかなる意味ももつことはできないのだ。

六つの面と十二の稜とが同時に共存し、私にとっていつまでも等しくあることができるのは、それらが、奥行に従って配置されていればこそである。見かけの形を修正し、鋭角や鈍角に直角という意味を付与し、歪められた側面に正方形という値を与える作用は、幾何学的な等しさの諸関係や、それらが所属する幾何学的存在についての思惟ではない、――それは、私のまなざしによって対象を取り囲むことなのであり、私のまなざしは、対象のなかに浸透し、これを活気づけ、もろもろの側面を「斜めから見られた正方形」として直接出現させ、その結果、われわれは、菱形という遠近法的相貌のもとには、これらを見ることさえしなくなる。このように、相互に排斥しあうもろもろの経験に、しかも同時に立ち会うこと、つまり、もろもろの経験が相互に含みあい、可能的な過程の全体が唯一の知覚作用のうちにたたみこまれていること、こうした特徴こそ奥行の独自な性格をつくるのである。幅と高さが、諸事物ならびにその諸要素の並存の次元であるのに対して、奥行とはこれらが互いに包含しあう次元である。

〔奥行と「移行の総合」〕

したがって、われわれは、奥行の総合について語ることはできない。なぜなら総合は、互いに不連続的な諸項を前提するか、あるいは少くともカント的総合のようにこれを措定するのに反して、奥行は、分析が明らかにするようなもろもろの遠近法的外観の多様性を、措定することはせず、ただ安定した物の基調の上に、これを垣間見るにすぎないからである。この準‐総合は、われわれがこれを時間的なものとして理解するならば、おのずと明らかになる。私がある距離を隔てて一つの対象を見るという場合、私は、すでにそれを掌握しているということ、あるいはなおもそれを掌握しているということ、つまり、それは空間のなかにあると同時に未来もしくは過去にあることを、[102]意味している。恐らく、それがこのように存するのは私に対してでしかない、と反論もされよう——私が知覚するランプはそれ自体としては私と同時に存在している、距離は同時的な対象の間にあり、そしてこの同時性は、知覚の意味そのもののなかに含まれている。なるほどその通りだ。しかし、実際に空間を定義する共存は、時間と無縁なものではない。それは二つの現象が同じ時間の波に属することである。知覚された対象と私の知覚との関係に関していえば、この関係が両者を結びつけるのは、ひたすら空間のなかであって時間の外だ、というわけではない。両者は共時的なもの（contemporains）である。「共存するものの秩序」は、「継起するものの秩序」から分離されえない。あるいはむしろ、時間は単に継起の意識にとどまるものではない。知覚は、ここ－かしことという次元と過去－現在－未来という次元の二つにそって広がる、広義の「現前（臨在）の領野[103]」（champ de présence）を、私に与える。後者が前者を理解せしめるのである。私は遠方の対象を、空間的なパースペクティヴ（見かけの大きさと形）をあからさまに措定することなくして「掌握し」（tiens）「所有」（ai）する。それはちょうど、私が直前の過去を、いささかも歪曲することなく、また中間に「追憶」（souvenir）をさしはさむことなく「今なお掌中に保つ[104]（訳註33）」（tiens encore en mains）のと同様である。この際、あくまで総合といいたいならこの総合は、不連続な諸展望像を結びつけるものではなく、それら相互の「推移」（passage）を実現するフッサールのいわゆる「移行の総合（訳註34）」（synthèse de transition）であろう。かつて、記憶を若干の内容もしくは追憶の所有に、つまり身体あるいは無意識的領域のなかに現存する消滅した過去の痕跡に基づかせようとしたため、心理学は際限のない困難に陥った。それというのも、これらの痕跡からしては、過去を過去として再認する事情は決して理解されえないからである。これと同様に、われわれからいわば等距離の平面上に与えられた知覚の内容から出発するならば、すなわち追憶が過去の現在への投射であるように、平面上への世界の投射から出発するならば、決して距離の知覚は理解されえないであろう。そして記憶が、中間に介在する内容を媒介としないで過去を直接所有することとしてのみ、理解されうるように、距離の知覚も、遠方のものが出現するその場所においてこれを捉える遠方への存在 (être an lointain) としてのみ、理解されうる。記憶は、瞬間から瞬間への断えざる推移と、各瞬間がその地平の全体を伴って次に続く瞬間の厚みのなかにめりこんでゆくという過程とに基づいて、一歩一歩築かれる。これと同じ移行が、かしこにあるがままの対象を、つまり私がそのそばにいたなら見るであろうような「実際の」大きさの対象を、私がいまここでそれについてもつ知覚のなかに引き入れる。「追憶の保存」について議論する余地はなく、ただ過去を意識の譲渡しえない次元として顕わならしめる時間のある見方のみが存在するのと同様に、距離がそこにおいて構成される生ける現在を再発見することができるならば、距離の問題は消滅し、距離は直接見られうるものとなろう。

〔奥行は私の諸物に対する関係である。高さと幅についても同じである〕

初めに注意しておいたように、諸物の間の、いや諸平面の間の、関係でもあるような奥行、つまり、客観化され、経験から分離され、幅に変えられてしまった奥行の下に、これにその意味を付与するところの、空虚な媒質の厚みであるような、原初的な奥行を再発見しなくてはならないのである。ところで、われわれが世界を能動的に引き受けるのではなくして、ただ世界においてあるがままに、なりゆきまかせの態度をとるときとか、こういう態度を誘発するさまざまな疾患にかかったときにあっては、もろもろの平面は互いに区別されず、色彩ももはや表面色に凝縮しないで対象のまわりに分散し、雰囲気色となる、――例えば、一枚の紙の上に字を書こうとする患者は、紙に到達するまえに、ある白色の厚みをペンで貫かねばならない、といった具合になる。このかさばり方は見られる色彩に応じて変化するのであって、いわば色彩の質的本質の表現なのである。(105) したがって、いまだ物と物との間に介在するのではなく、まして物と物との間の距離を見積るはずもない、ある奥行があることになる。それは、まだ殆ど物の資格を備えていない、いわば物の幽霊に対する、知覚の単なる通路にすぎないようなものなのである。正常な知覚においても、奥行は最初から物に充当されているのではない。上下左右は知覚内容とともに主体に与えられるのではなくて、たえず空間基準によって構成され、この基準に対して諸事物が位置づけられるのであるが――それと同様に、奥行と大きさが事物にやってくるのは、いっさいの対象‐尺度に先だって遠近、大小を定義するところの、距離と大きさのある基準に対して、事物が位置づけられることによってなのである。(106) ある対象について、巨大であるとか、微小であるとか、遠いとか近いとかわれわれがいうとき、他の対象との比較、いやそれどころか、われわれ自身の身体の大きさや客観的な位置との比較さえ、暗黙裡にもおこなってはいないという場合がしばしばある。この場合の大小遠近とは、単にわれわれの動作のある「射程」(portée)、現象的身体の周囲に対するある「手掛り」(prise) を基準としていわれているにすぎない。大きさや距離のこの根付きを承認しないならば、われわれは、ある対象的尺度から別のそれへと次つぎにたらい廻しされ、いったいどういう次第でわれわれにとって大きさや距離が存在しうるのかということが、理解できなくなるであろう。小視症や大視症(訳註35)といった病的経験は、視野に現われるあらゆる対象の見かけの大きさを変えてしまうのだから、対象がそれに比して正常時より大きく見えたり小さく見えたりするいかなる客観的基準をも残さぬはずである。したがって距離と大きさの先客観的尺度への関係によってのみ、この経験は理解されうることになる。こうして奥行は、無宇宙的主観の思惟としてではなく、拘束《アンガジェ》された主体の可能性としてのみ了解されうるのである。

　奥行に関するこの分析は、高さと幅についてわれわれが試みた分析と結びつく。われわれがこの節で、最初に奥行を他の諸次元に対立させたのは、ただ、これらが一見したところでは、物と物との関係にかかわるように見えるのに対して、奥行は、主体と空間との絆を直接顕わにするからにすぎない。しかし実は、すでに見たように、垂直と水平も、結局、われわれの身体の世界に対する最良の取組みによって決定されるのである。対象間の関係としての幅と高さとは、派生的なものであって、根源的な意味においては、それらもまた「実存的」諸次元なのである。ラニョーやアランのように、ただ単に、単一平面上の光景も、そのあらゆる部分が私の顔面に対して等しい距離にあることを前提するのだから、高さと幅とは奥行を前もって必要とするなどといってすませてはならない。このような分析は、すでに客観化された幅、高さ、奥行にのみかかわるのであって、これらの次元をわれわれに開くところの、経験にかかわるものではない。垂直も水平も、近いも遠いも、唯一の状況内存在に対する抽象的な指示であり、主体と世界との同じ「対面」(vis-à-vis) を予想するものなのである。

C 運動

〔運動の思惟は運動を破壊する〕

運動は、移動、もしくは位置の変化である。もっとも、これによって運動が定義されるというわけではないが。われわれは、客観的空間における諸関係によって位置を定義する位置の思想に、最初に出会ったのであるが、それと同様に、世界の経験を当然の事実と見なしつつ、世界内部の (intramondaines) 諸関係によって運動を定義する、客観的な運動概念がある。そしてわれわれは、空間的位置の起源を、環境におのれを定位させる主体の状況、もしくは先客観的な場所性のなかに再発見せねばならなかったのと同様に、運動の客観的思想の下に、この思想にその意味を付与する先客観的な経験を、再発見せねばならないであろう。この経験においては、運動はなおそれを知覚する主体に結びついており、おのれの世界に対する主体の手掛り (prise) の変化なのである。われわれは運動を思惟し、運動の哲学をつくろうとするやいなや、批判的態度もしくは検証的態度をとり、運動においてわれわれに真に与えられているものは何かと自問し、運動の真理に到達するために、そのもろもろの現われ方を最初から退けようとする。そして、現象を殺し、現象そのものへの到達を妨げるものが、まさにこうした態度であることに気がつかない。それというのも、この態度は、真理自体という概念といっしょに、私にとって運動が生れいづるありのままの姿を隠蔽するのに恰好な、諸前提を持ち込むからである。私は石を投げる。石は庭を横ぎる。一瞬の間、それはぼんやりとした流星状のものになり、若干の距離を隔てて地上に落下すると同時に再び石に戻る。もし私が「明晰」に現象を思惟しようと欲するならば、この現象を分解しなくてはならない。石そのものは、実は運動によって変えられてはいないのだ、と私はいうであろう。私が手にもっていたのも、地上に落下したあと再び見出したのも、同じ石なのだから、空中を横ぎったのも同じ石である。運動は運動体の偶有的な性質でしかない。それはいわば石のなかには見られない。それは石と周囲との関係の変化でしかありえない。周囲とのあい異なる諸関係のもとにあって存続するのが同じ石であるからこそ、変化について語られうるのである。それに反して、仮に石がP点に到達すると同時に消滅して、これと全く同じ別の石がP点にできるだけ近いP′点において無から出現するのだと仮定するならば、もはや単一の運動があるのではなくて二つの運動があることになる。それゆえ、出発点から到達点まで、とぎれ目なしに運動を担う運動体がなければ、運動なるものは存在しない。運動は運動体に内属するものではなく、ひたすら、運動体とその周囲との関係に存するから、外的な基準なしには成り立たない。結局、運動をこの基準により「運動体」に特に付与する理由はないことになる。したがってひとたび、運動体と運動とが区別されると、運動体なしには運動はなく、客観的な基準のない運動もなく、絶対的な運動は存在しない。しかしながら、運動のこうした思惟は、実は運動の否定である。なぜなら、厳格に運動を運動体から区別することは、厳密にいうと「運動体」は運動していないということだからである。運動しつつある石が、停止している石とは何らかの仕方で異なるのでないならば、それは決して運動しつつ（また他方静止しつつ）ありはしない。われわれが、運動する間も依然として同一のままでいる運動体という観念を引き入れるや、ゼノンの議論は再び妥当性をもってくる。これに対して運動を、一連の不連続な瞬間において次つぎに占められる不連続な位置の系列と考えてはならない、空間と時間とは、ばらばらの要素のよせ集めから成り立つものではない、と今から反論してみても、もはや無駄である。なぜなら、たとえ、その間の差異が与えられたいかなる量より小さくなりうるような、したがって差別がまさに生れいでんとする状態にあるような、二つの瞬間－限界と位置－限界を、われわれが考えるにせよ、運動のもろもろの局面を貫いて同一である運動体という観念は「動き」(訳註36)（bougé）の現象を単なる外観として排除し、われわれにとっては同定されないにしても、それ自体においてはつねに同定されうる空間的ならびに時間的位置という観念を、それゆえ、つねに存在していて決して移行することのない石という観念を持ち込むからである。たとえ、無限数の位置と瞬間とを計算に入れることができるような数学的手段が発明されても、どれほど近かろうとも、つねに二つの瞬間と二つの位置の間にある移行の行為そのものを、同一の運動体において考えることはできない。したがって、明晰に運動を思惟しようとするならば、私は、いったいどのようにして運動が私にとって始まることができ、現象として私に与えられうるかを、理解することができないのである。

〔**心理学者たちによる運動の記述**〕

だがそれでも、私は歩く。つまり明晰な思惟がもろもろの要求や二者択一を私に押しつけるにもかかわらず、私は運動の経験をもっている。これは、同一の運動体や外的な基準がなくとも、またいかなる相対性を伴わずとも、私が運動を知覚するということを、あらゆる理性的論拠にさからって、意味するものである。もし、われわれが被験者に、AとBという二本の光る線を交互に提示するならば、被験者は、まずAからBへ、ついでBからAへ、次にまたAからBという風に連続的な運動を見るであろう。そしてこの際、いかなる中間の位置も、両端の位置すらも、それ自体としては与えられず、ただたえず往復する一本の線があるばかりである。これに反して、提示のリズムを速めたり遅くしたりすることによって両端の位置を判明に出現させることもできる。こうするとストロボ運動(訳註37)は分解に向う、線は、まず位置Aに引きとめられたものとして現われ、ついで突然そこから自由になって位置Bに跳躍する。リズムをさらに加速し続けるか遅くするかすると、ストロボ運動は終り、二本の同時的、ないし継起的な線が現われる(107)。それゆえ位置の知覚と運動の知覚とは反比例する。いや、それどころか、運動は二つの末端の間にあるあらゆる位置を運動体が次つぎに占めることでは決してないということを、示すことさえできるのである。ストロボ運動のために、黒を地として、着色された図柄か白い図柄を用いても、運動の繰り広げられる空間が、運動によって明るくなったり着色されたりすることは一瞬たりともない。AとBなる両端の間に小さな棒Cをさしはさんでも、この小さな棒はそこ

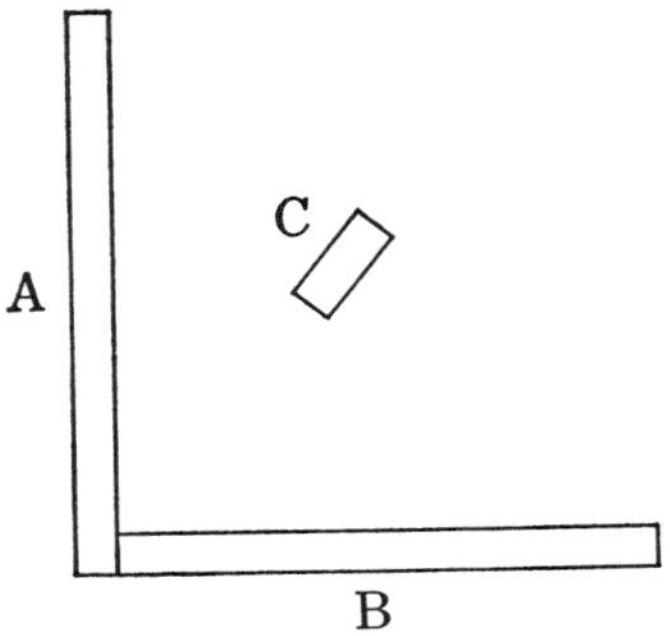

第1図

を通過する運動によって補充されて、長い棒になるようなことは決してない（第1図）。起るのは「線の通過」ではなくて、純粋の「通過」である。タシストスコープ[訳註38]をつかった実験においては、被験者は、何が運動しているかはいえないのに、運動を知覚することがしばしばある。実際の運動が問題となるときにも、事情は変らない。荷馬車から荷の煉瓦をおろしながら、それをお互いに投げあっている労働者を眺めるとき、私は労働者の腕を、その出点発と到達点において見るのであって、その中間のいかなる位置においてでもない。それにもかかわらず、私は腕の運動の生き生きした知覚をもつのである。あらかじめ目印の点をつけておいた紙の前で鉛筆をすばやく動かすなら、私は鉛筆が目印の点の上にあるというような意識を一瞬たりとももたない。私は中間のいかなる位置をも見ない、しかも私は運動の経験をもつのである。逆に運動を遅くし、鉛筆を見失わないでいることができるならば、その刹那に運動の印象が消えうせる[108]。つまり運動は、客観的思惟が与える定義に最も適合するようになった刹那に消滅する。こうして、われわれは、運動体が運動のなかに捉えられたものとしてのみ現われるような現象を、獲得することができるのである。運動することは、運動体が次つぎに位置の無限定の系列をよぎることではない。運動体は、その運動を開始するもの、続けるもの、完了するものとしてのみ与えられている。したがって運動体が見える場合でさえ、運動はそれに対して外的な名称、つまり運動体と外部との関係なのではない。そしてわれわれは、基準となる標識なしに運動を経験することもできるのである。じじつ運動の残像を、いかなる対象もなく輪郭もない等質的な視野の上に投射すると、運動は空間の全体を占有し、あたかも幽霊屋敷の騒ぎのように、視野の全体が動揺するのである。回転する螺旋の残像（post-image）をスクリーンの上に投射すると、固定した額縁がない場合には、空間の全体が振動し、中心から周囲に向って膨張する。[109] 要するに、運動はもはや運動体そのものにとって外的な諸関係のシステムではないのだから、知覚が実際にたえずわれわれに提供しているような絶対的運動の承認を妨げるものは、今や何もない。

〔しかし以上の記述は何を意味するか〕

しかし以上の記述に対して、それは何ものをも意味していないと、いつでも反論がなされうる。心理学者は運動の合理的分析を拒み、どんな運動でも運動たらんがためには何ものかの運動でなければならないと教えられても「それは心理学的記述のうちに基礎をもっていない」[110]と答えるのである。しかし、心理学者の記述するものが運動であるならば、それは運動する同一のあるものに関係づけられねばならない。例えば、私の部屋のテーブルの上に置かれた腕時計が突然消え失せて、数秒後に隣室のテーブルの上に再現したとしよう。私はこの場合運動が起ったとは、いわないであろう。[111] 中間の諸位置が実際に腕時計によって占められた場合に限って、運動が存するのである。なるほど心理学者は、ストロボ運動が、両端の位置の間に介存する刺激がなくとも、生ずるということ、いやそれどころか光る線Aは、Bとの間の空間を旅するのではないということ、ストロボ運動の起る間、ABの間に像は全く知覚されないということ、そして最後に、私は両極間の途中の鉛筆や労働者の腕を見ないということを、示すことができよう。しかしそれでも、運動が現われるためには、運動体が何らかの仕方で、道程の各点に現前したのでなければならない。感覚的に現前しない場合には、そこで思惟されているのである。変化についていわれうることが、運動についてもいわれうる。イスラム教の行者が卵をハンカチに変えるとか、魔術師が彼の屋敷の屋根の上の鳥に変身するなどというとき、[112]私は、単に一つの対象もしくは存在が消失して、刹那的に他のものによって置き換えられたということを意味しているのではない。消滅したものと生れたものとの間に、内的関係がなければならない。両者は、あいついでこれら二つの形のもとに現われる同一の何ものかの、二つの現われ、二つの現象の仕方、二つの局面でなくてはならぬ。[113]これと同様に、ある点への運動の到来は「隣接」点からの出発と一体をなしている。そして、こういうことが起るのは、一点から離れると同時に、もう一つの点を占める一個の運動体が存する場合に限られる。「円として把握されているあるものも、円にとって本質的な〈丸さ〉の契機もしくはあらゆる半径の等しさが、そこに現前することをやめるやいなや、われわれにとっては円として通用しなくなる。円が知覚されるか思惟されるかは、どちらでもよいことだ。いずれの場合にも、われわれに提示されているものを円として特徴づけ、他のいかなる現象からも区別するようにわれわれの強いるところの、共通の規定がともかく現存しなくてはならない。[114]」同様に、運動の感覚であれ、あるいは運動の独特の意識であれ、あるいはまたゲシタルト学説におけるように、全体的な運動、つまり運動体も運動体の特殊な位置も与えられないようなφ現象であれ、「こうした感覚や現象において与えられるもの、あるいはこれらを通じて把握されるものが」どのようにして「運動として直接おのれを明示（dokumentiert）するか[115]」がいわれない限り、これらは単に空しい言葉でしかない。運動の知覚がまさに運動の知覚であり、運動を運動として認知することができるのは、この知覚がそれを、その運動たる意義とともに、そして、それを構成するあらゆる契機とともに、とりわけ運動体の同一性という契機とともに、捉える場合に限られる。さて以上の反論に対して、心理学者は次のように答えるのである。つまり運動とは、「色彩や形態といった所与の感覚的内容と同じ資格で、対象に関係づけられ、主観的なものとしてではなく客観的なものとして現われる《心的現象》の一つである。しかしそれは、他の心的内容と違って静的本性のものではなく動的本性のものである。例えば運動に固有の特徴的な《通過》という印象は、運動の肉であり血であって、ふつうの視覚内容から組み立てられうるものではない[116]」と。じじつ、運動を、もろもろの静的知覚でもって組み立てることは不可能である。しかし、それが問題なのではない。誰も、運動を静止に還元しようなどとは思っていない。静止する対象といえども同一視される必要がある。仮にそれが各瞬間に滅ぼされ、かつ再創造されるとしたら、そして、さまざまな刹那的現われを貫いて存続するのでないとしたら、それは静止しているとはいえないであろう。それゆえ、われわれのいう同一性は運動、静止の区別に先だつものである。運動は、運動を描き、それに統一を与える運動体がなければ無に等しい。この際、心理学者は動的な現象の隠喩にあざむかれているのである。力はそれ自身でその統一を保証するように、われわれには思われる。しかし、実はそれも、われわれが、力の効果の展開のうちに力を認知するあるひとを、つねに前提しているからなのである。「動的諸現象」は、それらを体験し、それらを遍歴し、それらを総合する私から、統一を獲得するのである。こうして、われわれは運動を破壊する運動の思惟から、それを根拠づけようと試みる運動の経験へと移ったのであるが、今やまたこの経験から、厳密にいうとそれなしにはこの経験が無意味となってしまうような、思惟へと移行するのである。

〔運動の現象、もしくは主題化される前の運動〕

したがって、われわれは心理学者をも論理学者をも正しいとすることはできない。あるいはむしろ、両者ともども正しいとして、テーゼとアンティテーゼのいずれも真なるものと認める手段を見出さなくてはならない。論理学者は「動的現象」そのものの構成を要求し、われわれが眼で追う運動体の言葉によって運動を記述することを求める限り、正しい。——しかし彼が、運動体の同一性を明白な同一性としてさしだす限りでは、誤っている。そして彼みずからこの事実を認めないわけにはゆかないのだ。他方、現象をいっそう厳密に記述しようとすれば、心理学者は、その意に反して、運動体を運動のなかに引き入れることを余儀なくされる。しかし、彼は、この運動体を理解する具体的な仕方において、再び優位を回復するのである。たった今までわれわれがたどってきた議論、そして心理学と論理学との間のたえまない論争の例示ともなる議論において、ヴェルトハイマーは、実のところ何をいわんとしているのか。それは、運動の知覚が運動体の知覚に較べて二次的なものではないということ、われわれが最初はここで次にかしこで運動体を知覚し、そのうえで、これらの位置を継起するものとして再び結びつける同一化の作用をおこなうのではないということ[117]、位置の多様性が超越的な統一のもとに包摂されるのではなく、結局、運動体の同一性は直接「経験から」[118]にじみ出るものであるということ、である。換言すれば、心理学者が運動を、出発点Aと到達点Bとを包む現象（AB）として語る場合に、彼が意味することは、運動の基体（sujet）が全く存在しないということではなくて、運動の基体は、最初にその場所に現存し、停止しているものとして与えられた対象(objet) Aではないということである。つまり運動がおこなわれている限り、運動体は運動のうちに捉えられているのである。心理学者は恐らく、すべての運動に、運動体(mobile)ではなくとも、少くとも運動しつつあるもの(mouvant)が存することを認めるに違いない。もっともこの際、運動をその途中の任意の一点で止めることによって得られる静的な形象と、この運動しつつあるものとを混同しないという条件においてではあるが。そして彼が論理学者に対して優位にたつのは、この点においてである。なぜなら、論理学者は、世界に関するいっさいの先入見を離れて運動の経験と再び接触するという努力をおこたったために、運動自体(mouvement en soi)についてしか語らず、運動の問題を存在の言葉でたてることになり、そのためついに問題を解決不能なものたらしめるからである。論理学者はいう——運動の途中のさまざまな点における運動のさまざまな現われ(Erscheinungen)を取り上げてみよう。これらが同じ運動の現われであるのは、同じ運動体の、同じ現出体(Erscheinende)の、つまり現われのすべてを通じておのれを見せる(darstellt)同一のあるものの、現われであればこそである、と。しかし、運動体が別に一個の存在として措定される必要が生ずるのは、通過の各点におけるその現われがそれ自身、互いにばらばらのパースペクティヴとして実在化されている限りにおいてである。論理学者は原理的に、措定的意識以外のいかなる意識形態も知らない。そして、彼のいう多様の概念、したがって総合の概念に重荷を負わせているのは、ほかならぬこの要請、つまり完全に規定された世界もしくは純粋の存在というこの前提なのである。運動体、いや、むしろすでにいったように運動しつつあるものは、運動の諸位相の下にある同一者ではない。それは諸位相において同一なのである。私が運動しつつある石の同一性を信ずるのは、地上に同じ石を再発見するからではない。逆に、運動の過程において石を同一のもの――暗黙裡の同一性（これはなお改めて記述されねばならぬ）をもつもの――として知覚したればこそ、私は落ちたところに行ってそれを拾い、それを再発見するのである。われわれは石についてほかから得ているすべての知識を、運動中の石のうちに現実化してはならない。私が知覚するものが円であるならば、そのすべての直径は相等であると、論理学者はいう。しかし、この流儀でゆくと、幾何学者が円のなかに発見しえた、また発見しうるであろうすべての性質を、また知覚された円にも帰属させねばならぬことになろう。ところで、分析的に発見されるいっさいの性質をあらかじめそれ自体において所有しているのは、世界に属する物としての円である。樹木の丸い幹は、ユークリッド以前にすでに、ユークリッドが発見した諸性質をもっていた。しかしユークリッド以前のギリシャ人に現われていたままの、現象としての円においては、接線の平方は、割線の全体とその外の部分との積に等しくはなかった。それというのも、この平方も積も現象のなかに現われてはいなかったし、また同様に、あい等しい半径も、必ずしもそこに現われてはいなかったからである。顕在的な相互に符合しあうもろもろの知覚の、無限定の系列の対象としての運動体は、諸特性をもっているが、運動しつつあるものは一つの様式しかもってはいない。不可能なことは、知覚された円が等しからざる直径をもつということ、もしくは、運動しつつあるものなしに運動が存するということである。しかし、だからといって知覚された円は、あい等しい直径をもつわけではない。なぜならそれはそもそも直径なるものをもってはいないからである。それが私に向っておのれを告知し、おのれを認知せしめ、あらゆる他の図形から区別せしめるのは、丸いというその相貌によるのであって、措定的な思惟がその後にそこに発見することができるいかなる「特性」(propriétés) によってでもない。これと同様に、運動は必ずしも運動体を、すなわち、一定の諸特性の集合によって定義された一個の対象を予想するものではない。運動が「動きつつあるあるもの」を含んでいればそれで十分である。あるいはせいぜいのところ「色のあるあるもの」もしくは「光るあるもの」を、それも実際の色彩も光も伴わずとも、含んでいればよいのである。論理学者は、この三番目の可能性を排斥する。つまり、円の半径は、等しいか等しからざるか、いずれかでなければならない。運動も運動体をもつかもたぬかいずれかでなければならぬ。しかし、論理学者がこう主張しうるのは、彼が円を物となしあるいは運動を即自的に捉えるからにすぎない。ところで、われわれは、このような前提こそ、結局、運動を不可能たらしめるものだということをすでに理解したのである。仮に、運動に関するわれわれのあらゆる主張の源泉をなす、客観的世界以前の運動が存在しないとしたら、また、まだ主題化されていないとはいえ、認知され、同定され、それについて語られうるところの、要するに意味をもつところの、存在以前の現象がないとしたら、論理学者の思惟すべき何ものも存在しないだろうし、運動の外観すら存在しないであろう。[119] 心理学者はこの現象的な層へとわれわれを連れ戻すのである。われわれはこの層を非合理的だとか反論理的だとかとは、いうまい。ただ運動体なしに運動を措定するということだけが、非合理的、反論理的なのである。運動体をはっきりと否定することのみが、排中律に反する。ただ単に、現象の層は文字通り前論理的 (prélogique) であり、永遠に前論理的のままにとどまるであろうとのみ、いわねばならない。世界についてのわれわれのイメージは、ただ部分的にしか、存在でもって構成されてはおらず、あらゆる側面から存在を取り囲む現象の領域をそこに認めなくてはならないのである。われわれは、論理学者に向って、理性にとって無意味ないし不条理と見えるもろもろの経験を考慮することを、要求しているのではない。ただ、われわれにとって意味をもつものの範囲を広げ、主題的意味の狭い地帯を、それを包む非主題的意味の地帯のなかに戻し置こうとしているのである。運動を主題化することは、結局、同一の運動体と運動の相対性という概念に行きつく、つまり運動を破壊する結果になる。もし、運動の現象をまじめにとろうと欲するならば、ただ単に物から成り立っているだけではなくて、純粋の推移から成り立つところの世界を考えねばならない。変化を構成するのに是非とも必要と認められた通過しつつあるものは、その特殊な「移行」の仕方によってのみ定義されるのである。例えば、私の庭を飛び去る鳥は、運動の瞬間そのものにおいては、単に灰色がかった飛翔能力にすぎない。そして一般に、事物が定義されるのはまず第一にその「行動」(comportement)によるのであって、静的な諸「特性」によるのではないことが、やがてわかるであろう。はっきりした諸特徴によって定義された同一の鳥を、それが通過した各点、各瞬間において、私が再認するのではない。飛びつつある鳥が、その運動の統一をつくるのである。移動するのは鳥なのである。ちょうど尾をもった彗星のように、一種の遍在性によって、いまだここにあるこの羽毛のはばたきが、すでにかしこにあるのである。先‐客観的な存在とか、主題化されざる運動するものといったものは、われわれがすでに述べた含蓄的な時間・空間とは別の問題を提起しているのではない。幅、高さ、あるいは奥行といった次元における空間の諸部分はあい並んで存するものではないということ、それらが共存するのも、われわれの身体の、世界に対する唯一の把握(prise)のなかに、それらがすべて包み込まれているからであるということ、これはすでにわれわれが述べたことである。そして、この関係は、それが空間的である以前に時間的であることを明らかにしたときに、すでに解明されていたのである。諸事物は、同じ知覚主体に現前し、同じ時間の波のなかに包み込まれているからこそ、空間において共存するのである。しかしながら、それぞれの時間の波の統一性と個体性は、それに先だつ波と続く波との間にそれが圧搾され、まさにそれを噴出せしめる時間の脈動そのものが、先だつ波をなおも把持しつつ後続の波を先取している場合に、初めて可能なのである。継起する諸瞬間から成り立っているのは客観的な時間である。生きられた現在は、その厚みのなかに、過去と未来を包みこんでいる。運動の現象は、いっそう著しい仕方でこの空間的・時間的含蓄を顕わならしめているにすぎない。われわれは、遠くの対象とその真の大きさを、いささかの解釈を加えずとも知っており、また各瞬間に、われわれの過去の厚みにおけるある出来事の位置を、わざわざ想起せずとも心得ているように、運動と運動しつつあるものとを、客観的な位置を意識せずにも知っているのである。運動とは、すでに親しくなった一つの環境《ミリュー》の転調であり、それは、いっさいの意識作用の基盤となるこの環境がいかにして構成されるかという、われわれの中心問題に、今いちど、われわれを連れ戻すのである。(120)

〔運動と運動体、運動の相対性〕

同一の運動体を措定することは、運動を相対化するという結果になった。今や運動を再び運動体のなかに引き入れた結果、運動は、ただ一つの方向に向ってのみ、理解されるようになる。つまり運動が始まるのは運動体においてであり、運動はそこからして領野のなかに展開されるのである。私は石を不動のものと見て、庭と私自身を動いていると見るなどと、勝手にすることはできない。運動とは、物理学理論の蓋然性が、それによって秩序づけられる事実の数によって測られるように、その蓄然性が測られるような、一つの仮説ではないのだ。もしそうだとしたら、可能的な運動しか与えられないであろう。運動は一個の事実である。石は運動していると思惟されるのではなくて、そう見られているのである。なぜなら、もしも真実の、そして反省にとっての運動が、単なる関係の変化に還元されるとするならば、「動くのは石である」という仮説は、何らそれ固有の意義をもたず、「動くのは庭である」という仮説と全く区別されなくなるからである。したがって運動は石に住まうのである。しかしながら、われわれは、心理学者の実在論を正しいとするのであろうか。われわれは一つの性質(qualité)として、石のなかに運動を置こうというのか。運動は、明白に知覚された何らかの対象へのいかなる関係も、前提してはいない。そして、全く等質的な野においても、やはり可能である。しかし、それでも、すべての運動体が野のなかに与えられることに、変りはない。運動においては運動しつつあるものが必要であるのと同様に、運動の背景も必要なのである。かつては、視野の縁がいつでも客観的な目印を提供しているのだ、といわれたものだが[121]、これは間違いである。繰り返していうが、視野の縁は実在の直線ではない。われわれの視野は、われわれの客観的世界のなかから切り抜かれたものではない。それは窓枠によって限られた景観のように、明確な縁をもった客観的世界の一断片ではない。われわれには、物に対するわれわれのまなざしの支配が及ぶ限りの範囲が見える——つまり明瞭な視覚活動の領域を遙かに越えて、われわれの背後すらも見えるのである。われわれは視野の限界に到達しても、見える領域から見えざる領域へと移行するのではない。例えば隣室で鳴る蓄音器は、私ははっきりそれを見るわけではないが、やはり私の視野のなかに入ってくる。逆に私が見るものは、つねにある点では見られざるものである。物には「前面」があるべきであり、「われわれの前に」物があるべきであり、結局知覚が存在すべきであるならば、物のかくれた側面や、「われわれの背後の」物もなければならぬ。視野の限界は、世界の組織化の必然的契機であって、客観的な輪郭ではない。とはいえ、対象がわれわれの視野を横ぎり、そこで移動することに変りはなく、このような関係を離れては運動に何の意味もないということも、結局真実である。われわれが視野のこれこれの部分を図たらしめるか地たらしめるかに応じて、この部分はわれわれにとって動くものと見えたり、停止するものに見えたりする。われわれが、岸に沿って走る舟にのっているときには、なるほどライプニッツのいうように、われわれは岸がわれわれの前に去来すると見ることもできれば、岸を固定点ととって、舟が動いていると感ずることもできる。しからば論理学者を正しいとするのか。決してそうではない。なぜなら運動が構造的な現象であるということは、それが「相対的」であることを意味してはいないからである。運動を構成するところの、甚だ特殊な関係は、対象と対象との間の関係ではないのだ。この関係は心理学者にはよく知られており、彼は論理学者よりも遙かに正しくこれを記述している。われわれが視線を舟べりに固定するならば、岸がわれわれの眼前を去来し、岸を眺めるならば舟が動く。暗やみのなかに光る二点があって、一方は動いており他方は動かずにいる場合には、われわれが眼で見据える方が動いているように見える[122]。われわれが雲や川を眺めるときには、雲は時計台の上を飛び去り、川は橋の下を流れる。われわれが眺めるのが時計台であり橋であるときには、時計台が空を横ぎって落ち、橋が凝固した川の上をすべる。視野の一部を運動体たらしめ他の部分を背景たらしめるものは、まなざしの作用によってそれらに対するわれわれの関係を打ち建てる、われわれの仕方なのである。空中を石が飛ぶ――この言葉は、庭に根づき庭のなかに投錨したわれわれのまなざしが、石にそそのかされて、いわば錨綱を引っぱることではなくして、何を意味しようか。運動体とその背景との関係は、われわれの身体を通過しているのである。ところで、身体のこの媒介作用を、どう理解すべきであろうか。諸対象と身体との関係が、諸対象をあるいは運動するものとして、あるいは静止せるものとして規定することができるのは、どうしてか。われわれの身体も一個の対象ではないか。そして、それ自身、静止と運動との関係のもとに規定される必要がありはしないか。眼が運動しても対象がわれわれにとって動かずにいるのは、われわれが眼の運動を勘定に入れ、それが外見の変化と正確に比例するのを発見して、対象の不動性を結論するからだと、しばしばいわれる。じじつ、受動的運動におけるように、われわれが眼の動きを自覚しないときには、対象が動くように見える。眼球－運動筋の不全麻痺におけるように、眼の運動の錯覚をもちながら眼に対する対象の関係が変化するとは思われない場合にも、われわれは対象の運動を見るように思う。この場合、対象の眼に対する関係が網膜上に映しだされるがままに意識に与えられ、われわれは眼の移動あるいは静止を勘定に入れながら、対象の静止や運動の程度を引き算によって知るのだと、一見このように思われる。しかし実は、この分析は全くの作りもので、身体と光景との真の関係をかえって隠蔽する役目をしているのである。私が視線をある対象から別の対象へと移しかえるとき、私は対象としての、つまり眼窩のなかにかかっている眼球としての眼についても、客観的空間におけるその移動ないし静止についても、また網膜上に生ずるその結果についても、何ら意識をもっていない。仮定された計算の諸因子は、私に与えられてはいないのだ。物の不動性はまなざしの作用から演繹されるのではない。それは厳密に同時的であり、この二つの現象は相互に包含しあっている。つまり、これらは代数的和の二つの要素ではなく、それらを包括する一つの組織化の二つの契機なのである。私の眼は私にとって、諸事物に接するある能力であって、諸事物が投影されるスクリーンではない。私の眼と対象との関係は、眼のなかへの対象の幾何学的投射という形で私に与えられるのではなくて、対象に対する私の眼のある種の取組みとして与えられる。これは、周縁的な視覚活動においてはぼんやりとしているが、私が対象を見据えるときには、いっそう緊密な正確なものとなる。眼の受動的運動において私に欠けているものは、眼窩におけるその移動の客観的表象ではない。これは決して私に与えられることはない。そうではなくて、私のまなざしと対象との正確な嚙み合いである。これが欠けると、諸対象はもはや固定することができず、また真に運動することもできないのだ。それというのも、私が私の眼球を圧迫するときには、真の運動は知覚されず、移動するのは物そのものではなくて、物の表面上の薄膜にすぎないからである。最後に眼球－運動筋の不全麻痺にあっては、私は、網膜上の像が変らないという事実を対象の運動によって説明しているのではない。私が体験していることは、私のまなざしの対象に対する取組みが弛まないということであり、したがって私のまなざしがそれを運び、移動させているのである。こういう次第で私の眼は、知覚においては、決して一個の対象ではない。いったい、われわれが運動体のない運動について語ることができるとすれば、まさに自己の身体の場合こそそうなのである。これから見つめようとする対象に向っての私の眼の運動は、ある対象の他の対象に対する移動ではない。それは現実に向っての前進である。私の眼は、それが近づきつつある、あるいはそれから逃れようとする一つの物に対して、運動していたり静止していたりするのである。運動の知覚が打ち建てられるために必要とする地盤もしくは背景を身体が供給するのは、知覚する能力としてであり、身体がある領域のなかに根ざし、一つの世界と嚙み合わされている限りにおいてである。静止と運動とは、それ自身からでは静止しているとも運動しているともきめられない対象と、ある対象のなかに投錨するときの私の身体——これも対象としては同様、静止しているとも運動しているともきめられない——との間に現われる。上下と同様、運動も水平基準の現象であり、いかなる運動も可変的なある投錨を前提としている。このことが、漠然と運動の相対性について語られる場合に、意味されている真の事態である。ところで正確にいって、投錨(ancrage 繫留)とは何であろうか。またそれが静止した背景を仕立てるのはどのようにしてか。これはあからさまな知覚ではない。投錨点(points d'ancrage 繫留点)は、われわれがそれに自己を定着させるときには、対象ではない。時計台が運動し始めるのは、私が空を視覚の欄外に打ち棄てておくときに限られる。いわゆる運動の基準が、現勢的《アクテュエル》認識のうちに措定されず、いつでも「すでにそこに」あるということは、これにとって本質的なことである。運動の基準は真正面から知覚に提示されはしない。それは知覚を取り囲むのであり、その結果が全く既成のものとしてわれわれに現われるところのある前意識的な(préconciente)作用によって、知覚にまといつくのである。われわれが任意に投錨の仕方を選ぶことができる両義的な知覚の諸例は、われわれの知覚が人為的にその文脈と過去とから切り離されている場合であり、われわれがわれわれの全存在をもって知覚していない場合であり、われわれの身体と、この身体に歴史的な拘束のすべてを断ち切り独自に機能することを得しめる、あの一般性とを、われわれがもてあそぶ場合である。しかし、人間的世界と縁を断つことができても、われわれは視線を固定することを避けることはできない。――これは、われわれが生きる限り、人間的環境ではなくとも、少くとも自然的環境のなかに拘束《アンガジュ》されていることを意味している、――そして、視線の固定が与えられている場合、これに対しては、知覚は任意ではない。身体の生活がわれわれの具体的実存に統合されているときには、知覚はなおさら任意ではない。私がなにもしていないか、それとも運動の錯覚について自問している場合には、私の列車と隣の列車のどちらをも任意に運動しているものと見ることができる。しかし「私が車室のなかでトランプに興じているときには、たとえ、動きだすのが実は私の列車であっても、隣の列車が動きだすように見える。私が隣の列車を眺め、そこに誰かをさがしているときには、動きだすのは私自身の列車である[123]。」われわれが住居と定めた車室は「静止して」いる。その間仕切りの壁は「垂直」であり、風景はわれわれの前を去来する。勾配では窓越しに見える樅の木は、われわれにとって斜めに見える。われわれは列車の出口に立つと、われわれの小さな世界のかなたの大きな世界に立ち戻り、樅の木は立ち直って、不動のものとなり、これに反して列車は勾配にそって傾き、平野のなかを駆けぬける。運動の相対性なるものは、大きな世界の内部で自分の領分を変える、われわれの能力に還元される。ひとたびある環境のなかに拘束されれば、われわれは、眼前に運動が絶対的なものとして現われるのを見る。もし、われわれが顕在的な認識作用、つまりコギタチオ(cogitationes)のみならず、それによっておのれに一個の世界を与えた、もっとひそやかな、そしてつねに過去に属する作用をも考慮に入れるならば、つまり非措定的な意識を認めるならば、われわれは、実在論のもつ難点に陥らずに、心理学者のいわゆる絶対的運動を認めることができるし、また、論理学によって破壊されることなく、運動の現象を了解することもできるのである。

D　生きられた空間

〔空間性の経験は世界におけるわれわれの定着を表現する〕

今までわれわれは、古典的な哲学や心理学と同様、空間の知覚だけを、つまり無私無欲な主観が諸対象間の空間的諸関係とそれらの幾何学的諸特徴について得ることができるような知識だけを、考察してきた。しかしながら、われわれの空間経験の全体を掩うには遙かに足りないこの抽象的な機能を分析することによってすら、われわれは、空間性の条件として、環境のなかへの主体の定着と、結局は世界への主体の内属とを顕わならしめるように、強いられたのである。換言すれば、われわれは、空間的知覚が構造的な現象であって、知覚野の内部においてのみ了解されるということ、そしてこの知覚野は具体的な主体に可能的な投錨を暗示することによって、全体として空間的知覚を動機づけるのに寄与するものであるということを、認めなくてはならなかった。空間知覚についての古典的問題、いや一般に知覚の問題は、もっと広い問題のなかに再統合されるべきである。空間的諸関係と、もろもろの「特性」をもった諸対象とが、あからさまな作用においていかにして規定されうるか、と問うことは、二次的な問題をたてることであり、すでに親しいものとなっている一つの世界を背景として、その上で初めて出現する一つの作用を、根源的なものと見なすことであり、世界経験をまだ自覚していないことを白状するに等しい。自然的な態度においては、私はもろもろの知覚を所有するのではない。私はこの対象をかの対象の傍に措定したり、両者の客観的関係を措定したりするのではない。私がもつのは、同時性においても継時性においても相互に含蓄しあい説明しあう、もろもろの経験の一つの流れである。パリは私にとっては無数の象面をもった一つの対象、つまり諸知覚の総計ではない。また、これらのすべての知覚の法則でもない。一人のひとの手振り、歩き方、声の音調のなかに、同じ情感的本質が示現されているように、私のパリ旅行中のあらゆる明白な知覚——例えばカフェ、ひとびとの顔つき、河岸のポプラ、セーヌ河の曲りかど——は、パリという全体的存在のなかから切り取られたものであり、パリのもっているある様式、あるいはある意味を確認しているにすぎない。そして初めて私がパリに到着したときには、駅から出て私が見た最初の街路は、未知の人から初めて聞く言葉のように、いまだ曖昧模糊としているがすでに比類のない一つの本質の示現以上のものではなかった。われわれは殆どいかなる対象をも知覚していない。ちょうど、親しいひとの眼を見るのではなくて、そのまなざしと表情を見るようなものである。景観や都市の全体にわたって分散している、一つの潜在的な意味がそこにはある。われわれはそれを、わざわざ定義する要もなく、ある特殊な明証性のうちに再発見するのである。両義的な知覚、すなわち、われわれがとる態度によってわれわれ自身が一つの意味を与えるところの知覚、あるいはわれわれが自分に向ってたてる問いに答えるところの知覚のみが、あからさまな作用として浮びあがるのだ。これは知覚野の分析には役だちえない。なぜなら、それは知覚野から取ってきたものであって、これを前提しているからである。またわれわれがそれを得たのも、世界との交わりにおいて獲得された構《モンタージュ》えを、まさに利用することによってだからである。いかなる背景もない最初の知覚というものは、考えられえない。いっさいの知覚は、知覚主体のある過去を前提しており、対象との出会いとしての知覚の抽象的な機能は、われわれがわれわれの環境を仕上げる、もっと人目につかない作用を含んでいるのである。メスカリンに陶酔すると、近づいてくる対象が小さくなるように見えるということが起る。四肢や身体の一部、例えば手、口、舌が巨大に見え、身体の残余はその付属物にすぎなくなる。(124)部屋の壁の間の距離は一五〇メートルもあり、壁の向う側には空漠とした限りない空間しかない。さしのべた手は壁と同じほど高い。外的空間と身体的空間とが分離し、この結果、患者は「一つの次元から他の次元に向って」(125)食べるという感じを抱くほどである。時として運動が見えなくなり、ある場所から他の場所に移動する人物がまるで魔術的な仕方で場所を変えたかのごとく見える。(126)患者はひとりぼっちで空虚な空間に委ねられている。「彼は、事物の間の空間しかよく見えないといってこぼす。そしてこの空間は空虚である。諸対象はある意味では依然としてそこに存するのだが、しかし然るべき仕方で存するのではない(127)……」。人間が人形のように見え、彼らの運動は夢幻劇のような緩慢さをもっている。樹木の葉はその骨組と組織を失い、その各点はあらゆる他の点と等価になる。(128)ある分裂症患者はこういっている。「小鳥が庭で囀る。私は鳥の鳴き声を聞き、それが囀っていることを知っている。しかし、それが鳥であることと、それが囀っていることと、この二つは、互いに非常に離れたことがらである。

……そこには深淵がある。……あたかも、鳥と囀りとが互いに何の関係もないかのように」[129]と。また別の分裂症患者は時計を「理解する」ことができない、つまり、まず第一にある点から他の点への、針の移動が理解できないし、とりわけこの運動と機械の推進力との関係が、時計の「歩み」が理解できないのである。[130] これらの障害は、世界の認識としての知覚にかかわるものではない。身体の巨大な部分にせよ、あまりに小さな、近くの対象にせよ、かかるものとして措定されてはいない。部屋の両側の壁は、フットボール場の両端が正常人にとってそうであるように、患者にとって互いに隔たっているのではない。患者は、食物と彼自身の身体が同じ空間にあることを承知している。なぜなら、彼は手で食物を捉えるからである。空間は「空虚」であるが、しかもあらゆる知覚の対象はそこに存する。障害は、知覚から引き出されうるもろもろの情報に、関するのではない。この障害は、「知覚」の根底にあるいっそう深い意識の生を、明るみに出すのである。運動に関して起るように、知覚すべきものを知覚しないという場合でも、この知覚の欠落は、現象相互の連接にかかわる、いっそう一般的な障害の極限の場合にすぎないように思われる。小鳥があり、囀りがある。しかし小鳥はもはや囀らない、針の運動があり、ゼンマイがある、しかし時計はもはや「進み」はしない。同様に身体の若干の部分が不釣合に大きくなり、近くの対象があまりに小さくなるのも、全体がもはや一つのシステムをつくっていないからである。ところで世界がこなごなになったり分解したりするのは、自己の身体が認識する身体たることをやめ、いっさいの対象を唯一の把握（prise）のうちに包括することをやめたからである。そして、有機体への身体のこの堕落は、それ自身、時間の衰頽に帰せられなくてはならない。衰頽した時間はもはや未来に向って高まらず、自己自身の上に再び落ちてくるのである。「かつては、私は一人の人間であった。私は生きたからだ（Leib）をもった人間であった。今や私は一個の存在（Wesen）以上のものではない。……今や、有機体（Körper）しかなく、精神は死んでいる。……私は聞いたり見たりするが、もはや何ごとも知りはしない。私にとって生は今や一つの問題である。……今や私は永遠に生きながらえる。……樹木の枝は左右にゆれる、他のひとびとは広間をいったりきたりする、しかし私にとって時間は経過しない。……考えが変ったしまった、もはや様式というものがない。……未来とは何か。未来は到達されえない。……すべては疑問符である。……すべてはかくも単調である。朝、昼、晩、過去、現在、未来。すべてがたえず繰り返し始まる。(131)」空間の知覚は「意識の諸状態」もしくは作用の特殊なクラスではない。そして空間知覚の諸様相は、つねに主体の生活の全体を、つまり主体がその身体と世界とを通じて未来に向うエネルギーを、表現しているのである。(132)

〔夜の空間性、性的空間、神話的空間、生きられた空間〕

したがってわれわれは、研究の間口を広げねばなるまい、と思われる。空間性の経験がひとたび世界におけるわれわれの定着に関係づけられるならば、この定着の様相のそれぞれに対して独特の空間性があることになろう。例えば、明瞭な分節化された対象の世界が抹殺されたときには、おのれの世界から分断されたわれわれの知覚的存在は、物のない空間性を描出する。これは夜起ることである。夜は私の前にある一個の対象ではない。夜は私を包む、それは私のあらゆる感官に浸透する、それは私の追憶を塞ぎ、殆ど私の人格的同一性を抹消する。私はもはや私の知覚の陣地に立てこもって、そこからもろもろの対象の横顔《プロフィル》が距離を隔てて次つぎに去来するのを眺めるのではない。夜には横顔というものがない。夜自身が私に触れるのであり、その統一性は「マナ」(訳註39)のもつ神秘的な統一性である。叫びや遠くの光でさえ、ただ漠然と夜に住まうにすぎず、夜が活気づくのも全体としてである。夜は、前景も背景(訳註40)もなく、表面もなく、そこから私までの距離もない、純然たる奥行である。(133)反省にとってはいかなる空間も、その諸部分を結びつける思惟によって担われている。しかしこの思惟はいずこから始まるのでもない。これに反して私が夜の空間と一体化するのは、その中心から出発してである。神経症患者が夜感ずる不安は、夜がわれわれの偶然性を、つまりわれわれが必ずしも事物を見出せるという何らの保証もなしに、おのれを超えて事物のなかに投錨しようと試みる、いわれなき(訳註41)倦むことを知らぬあの運動を、われわれに如実に感じとらせるところから来るのである。——しかしながら、夜は非現実的なものに関するわれわれの最も印象深い経験ではない。私は手さぐりで私のアパートのなかを歩くときのように、夜にもなお、昼の構えを保存することができる。いずれにせよ、夜は自然の一般的な枠のなかにある。暗黒の空間のなかにすら、何か安心させるような、地上的なものが存するのである。これに反して睡眠においては、私が世界を現前させておくのは、ただ距離をおいてそれを保持せんがためにすぎない。私は私の実存の主体的起源を振り返る。そして夢の幻覚は、明晰な空間と観察されうる諸対象とがそのなかに嵌め込まれている一般的な空間性を、いっそうよく顕わにする。例えば、神話や詩にもよく出てくるが、夢のなかにも非常にしばしば現われる上昇と下降という主題を考察してみよう。これらの主題の夢における出現が、随伴的な呼吸運動や性的興奮と関係づけられうるということは、周知の事実であり、これが上と下との生命的・性的意義を洞察する第一歩なのである。しかしこの説明は、あまり遠くまで及ぶものではない。それというのも、夢のなかで体験される上昇や下降は、肉欲や呼吸運動に関する覚醒時の知覚のように、視覚的空間のなかにあるものではないからである。なぜ、夢みるひとはある一定の瞬間に、呼吸とか肉欲といった肉体的事実に全く身を委ね、夢のなかでは呼吸や肉欲がもはや一個のイメージ――例えば滑空する巨大な鳥、銃弾にあたって落ち、小さな黒い紙くずになってしまう鳥のイメージ――の形態においてしか現われなくなるほどにまで、これらに一般的・象徴的な意義を与えるのか、という点が了解されねばならない。客観的空間のなかに位置している呼吸や性的出来事が、どのようにして夢のなかではそこから離れて他の舞台にのぼるのか、ということが了解されねばならない。覚醒時の身体にすら象徴的意味を認めるのでなければ、われわれはこのような了解に達することはできないであろう。われわれの情動・欲望と身体的態度との間には、ただ単に偶然的な結合が、いやそれどころか類比的関係が存するだけではない。失望に際して、私は高みから落ちるような気がするというのは、ただ単に神経機構の諸法則によって、失望に平伏の身振りが伴うからというだけではなく、あるいは、私の欲望の対象と欲望そのものとの間に、高いところにある対象とそれに向う私の動作との間と同様な関係が見出されるからというだけでもない。物理的空間における方向としての上への運動と、欲求のその目標に向う運動とが、互いに象徴しあうのは、両者がいずれも、環境への関係において状況づけられているという、われわれの存在の同じ本質的構造を、表現しているからである。この本質的構造のみが物理的世界における上下の方向に意味を与えるものであることは、すでに見た通りである。精神状態について高いとか低いとかという場合に、われわれは、物理的世界においてのみ完全な意味をもつようなある関係を、心的世界に拡大しているのではない。「いわば、あい異なる領域を貫きつつ、それぞれの領域において特殊な（空間的、聴覚的、精神的、心的などの）意義を受けとるところの一つの意義方向」[134]を利用しているのである。夢の幻覚、神話の幻覚、各人の好みの比喩、また最後に詩的形像が、それぞれその意味に結びつけられているのは、電話の番号と加入者との間に存するような、記号と意義との関係によってではない。それらは意味をほんとうに含んでいるのである。そして、この意味なるものも、概念的な意味ではなくて、われわれの実存の一つの方向である。私が空を飛んだり、地上に落ちたりする夢をみた場合、もしも私が飛翔や落下を、覚醒時の世界における、その物理的な現われに還元したりせずに、その実存的含蓄のすべてとともに捉えるならば、この夢の意味はことごとくこの飛翔あるいは落下のなかに含まれている。空に舞い、やがて落ちて、ひと握りの灰になる鳥は、物理的空間のなかで舞うのでも、落ちるのでもない。それは、それを貫く実存の潮汐とともに高まり降るのである。あるいはまた、それは私の実存の搏動であり、その収縮と膨張である。各瞬間におけるこの潮汐の水準が幻覚の現われる空間を規定するのであるが、それは、覚醒時の生において、眼の前に現われる世界とのわれわれの交渉が、現実的な事物の空間を規定するのと同様である。「知覚」に先だつところの、上と下との、いや一般に場所の規定がある。生と性とが、それら自身の世界と空間とのなかを幽霊の如く徘徊するのである。原始人は、神話の世界に生きている限り、この実存的空間を超え出ない。それゆえ、彼らにとっては夢が知覚と同じように意味をもつのである。方向も位置も大いなる情感的存在の居住によって規定されている、神話的な空間がある。原始人にとって、部族の宿営地の所在を知っているということは、何か目印となる対象に対してこれを位置づけることではない。部族の宿営地は目印中の目印である。――つまり、私にとって私の手の所在を知っているということが、今は眠っているが私が引き受け私のものとして再発見しうるところの、あの敏捷な能力とつながっていることであるのと同様に、原始人は、ある平和な歓ばしい自然の場所に赴くがごとく、部族の宿営地をめざすのである。私にとって私の右手と左手が、それぞれ私の器用さと不器用さの体現であるのと同様に、鳥占師にとっては右と左は、吉と凶との生ずる源泉である。夢においても神話におけると等しく、現象の存する場所を知るのは、われわれの欲望が何に向っているか、私の心が何を恐れているか、私の生が何に依存しているかを、実感することによってである。めざめた生活においてすら、事情は違わない。私は仕事と日常の環境を離れることを喜びながら、休暇をすごすために田舎に到着する。私は村のなかに居を定める。村は私の生活の中心となる。川に水が涸れることや、とうもろこしやくるみの収穫が私にとって重大な出来事となる。しかし、友人が訪ねてきてパリのニュースをもたらしたり、ラジオや新聞が戦争の切迫を告げたりすると、私は自分が村のなかに追いやられ、真の生活から疎外され、いっさいから遠く隔離されているのを感ずる。われわれの身体とわれわれの知覚は、それらがわれわれに差し出す景観を世界の中心と見なすように、たえず促している。しかしこの景観は必ずしもわれわれの生活のそれではない。私はここにとどまりつつも「よそにいる」ことができる。そして私は、私の愛するものから遠く隔ておかれる場合には、私の真実の生活からはずれていると感ずるのである。ボヴァリー夫人気質や田舎生活の居心地の悪さの若干の形態は、中心をはずれた生活の例である。躁病患者はこれに反して、どこでも手あたり次第に中心とする。「彼の精神的空間は、広くて明るい。彼の思惟は、差し出されるすべての対象に対して感じやすく、一つの対象から他の対象へと次つぎに飛び移り、それらの運動のなかに引き入れられる。[135]」私とすべての物との間に存する物理的もしくは幾何学的な距離のほかに、生きられた距離なるものがあって、私にとって重要な、私にとって存在するもろもろの事物に私を結びつけ、またそれらを相互に結びつけるのである。この距離はたえず私の生の「幅」(ampleur)と釣り合っている。[136]もろもろの出来事と私との間に、私に自由をかなえてくれるある遊隙(Spielraum)が存在し、しかも依然として出来事が私にかかわることをやめないという場合もあれば、逆に、生きられた距離があまりに小さいと同時にあまりに大きいという場合もある。後者の場合、大部分の出来事は、私にとって問題ではなくなるのに、最も近い出来事は、私につきまとって離れない。それらは夜の如く私を包み、私から個人性と自由を剝奪する。私は文字通り息することができない。私はとりつかれている。[137]同時にもろもろの出来事が互いにより集まってひと塊りになる。ある患者は、氷のように冷たい一陣の風と、栗の匂いと雨の冷たさとを感ずる。恐らく、と彼はいう、「まさにこの瞬間に、私と同じように暗示にかかっている一人のひとが、雨のなかを焼栗屋の前を通過していたのだろう。[138]」ミンコフスキーと村の司祭とがそれぞれ世話をしているある分裂症患者は、彼らが自分のことを話すために互いに出会ったのだと信じている。[139]分裂症のある老婦人は、あるひとに似ている別のあるひとが彼女を知っていたはずだと信じている。[140]患者に余裕というものをもはや全く許さない生きられた空間の縮小が、偶然からすべての役割を取り上げるのである。空間と同様、因果性も、対象間の関係である以前に、物に対する私の関係に基づいている。精神錯乱状態における因果性の「短絡的性格[141]」も、方法的思惟の長い因果の連鎖も、ともに実存する仕方を表わしているのである。[142]「空間の体験は、あらゆる他の体験様式ならびにあらゆる他の心的与件と……絡みあっている。[143]」明晰な空間、つまりすべての対象に等しい重要さと等しい存在権を与えるところの、かの公正な空間も、病的変異に際してははっきり現われるような、もう一つ別の空間性によって、単に取り巻かれているばかりか、すみずみまで浸透されているのである。ある精神分裂症患者は山のなかで、一つの風景の前に立ちとどまる。一瞬の後に、彼は自分がおびやかされているかのような感じを抱く。あたかも、彼の答えることのできない一つの問いが、外部から彼に向ってたてられているかのように、彼をとりまくすべてのものに対する特別の関心が、彼の心に生れる。突然、風景が何か外的な力によって彼から奪い去られる。あたかも、第二の黒い果てしない空が、夕暮の青い空を貫くかのように見える。この新しい空は、空虚で「微妙で眼に見えず、ぞっとするほど恐ろしい。」あるときにはこの空が秋の風景のなかで動き、またあるときには風景そのものも動く。そして患者のいうにはこの間「たえず一つの問いが、私に向ってたてられている。それは、いわば、休むか死ぬか、あるいはもっと遠くまで進め、という命令のようだ。[144]」可視的空間を貫くこの第二の空間は、世界を企投するわれわれ独自の仕方が、刹那ごとに構成する空間なのである。そして精神分裂症患者の障害は、ひたすら、このたえまない企投が、知覚によってなおも提示されるがままの客観的世界から遊離し、いわばそれ自身のうちに引きこもるという事実に存する。分裂症患者は、もはや万人共通の世界のなかに生きるのではなくて、私的世界のなかに生きる。彼はもはや、地理的空間にまで到達しない。つまり彼は、「景観の空間[145]」のなかにとどまり、そしてこの景観そのものも、いったん共通の世界から分離された以上は、著しく貧しいものとなっている。そこから分裂症特有の疑問が生ずる。――いっさいは驚嘆すべきもので、不条理か非現実的である。なぜなら諸物に向っての実存の運動はすでにそのエネルギーを失い、自分自身に対しても、その偶然性において現われ、そして世界はもはや自明のものではなくなっているからである。これに反して古典的心理学の語る自然的空間が信頼のおける明らかなものであるのは、実存がそれに向って身を投じ、そのなかで我を忘れるからである。

〔**これらの諸空間は幾何学的空間を予想するか。それらは根源的なものと認められねばならぬ**〕

人類学的空間の記述を続けようと思えば際限なくできる(146)。この記述に対して客観的思惟がつねにどのような反論を加えるかは、周知のことである。これらの記述には哲学的価値が果してあるのか、いいかえれば、それらはわれわれに、意識の構造そのものに関して何ほどかのことを教えるのか、それとも単に人間的経験の諸内容を提供するにとどまるのか。夢の空間、神話的空間、分裂症的空間は、正真正銘の空間であろうか。それらは、それ自身で存在し、思惟されうるものだろうか。それとも、それらの可能性の条件として幾何学的空間と、したがってこれを展開する純粋な構成的意識とが、予想されはしまいか。左は原始人にとっては、不幸の領域であり不吉な予感を意味し、――また私の身体においては私の不器用な側面であるが、――この左にしても、それが方向として規定されるのは、まず第一に私が右に対するその関係を思惟することができる限りにおいてであり、そして究極的に関係項に空間的意味を与えるものは、この関係なのである。原始人がある空間部分に狙いを定める場合、彼はいわば彼の不安や歓喜を手掛りとするわけではない。これは、私が私の傷ついた足の所在を知るのに苦痛によって知るのではないのと、同様である。不安、歓喜、苦痛は、それらの経験的条件が存する客観的空間のある場所に関係づけられる。あらゆる内容に対して自由で、これらを空間のなかに繰り広げる、この機敏な意識がなければ、これらの内容は決してどこかにあるということはなかろう。神話的な空間体験を反省し、それが意味するものは何かと自問するならば、われわれは、必然的に、それが客観的にして唯一の空間の意識に依拠することを見出すであろう。なぜなら客観的でないような、そして唯一でないような空間とは、およそ空間ではなかろうからである。主観性に相関的な、しかしまたそれを否定する絶対的な「外部」であるということこそ、空間にとって本質的ではないか。われわれが空間の外に措定しようと欲するどんなものも、まさにそのこと自身によって、空間との関係にあり、したがって空間のなかにあるということになろうから、表象されうるいっさいの存在を包括するということは、空間にとって本質的なことではないか。夢みるものは、まさに夢をみているのである。だからこそ、彼の呼吸運動や性的衝動は、それらが実際にある姿において受け取られるのではなく、それらを世界に結びつけているともづなが断たれ、彼のまえに夢の形でただようのである。しかし、要するに、彼はほんとうに何を見ているのであろうか。彼の言葉をそのまま信ずべきであろうか。彼が何を見たかをみずから知り、自分の夢をみずから理解しようと欲するならば、彼はめざめなくてはならぬ。そうするとたちまち、性欲は生殖器官という本来の場所に帰り、不安と不安に伴う幻覚は、前まえからじじつそれであったところの姿に、つまり胸郭の一点におけるある呼吸障害に、立ち戻るであろう。分裂症患者の世界に侵入する暗い空間が正当な空間として認められ、空間性の特徴を提示することができるのも、明晰な空間と結びつけばこそである。患者が、自分のまわりに第二の空間があると主張するならば、しからばそれはどこにあるかと、彼に問おう。この幻影を位置づけようと試みることによって、彼はそれを幻影として消滅させるであろう。そして、彼みずから告白しているように、もろもろの事物はいつもそこにあるのだから、彼は、明晰な空間において、幻影を追い払い万人共通の世界に戻ってくる術を、たえず保持しているのである。幻影は明晰な世界の残りかすであり、幻影がもちうるあらゆる力はこの世界からの借りものである。そして、最後に、われわれが幾何学的空間をその世界内部的諸関係ともども、実存の根源的空間性に基礎づけようと試みるならば、その際もまた同じようにひとびとはわれわれにこう反論するだろう——つまり思惟は思惟自身もしくは諸事物しか知らない、主体の空間性なるものは考えられえない、したがって貴方がたの言表は厳密には無意味である、と。これに対して、われわれはなるほど、それは主題的な、もしくは明白な（explicite）意味をもってはいない。したがって客観的思惟のまえでは消えうせる、と答えよう。しかしそれは非主題的な、暗黙の（implicite）意味をもっている。そしてこれは決してより僅かな意味（moindre sens）というわけではない。なぜなら客観的思惟そのものが、非反省的なものによっておのれを養い、非反省的意識の生の解明としておのれを提示するからである。したがって根本的反省は、世界ないし空間とそれらを思惟する非時間的主観とを、平行的に主題化することに存するのではなく、この主題化そのものを、それに意味を付与する含蓄の諸地平といっしょに、捉え直すのでなくてはならない。反省するということが、根源的なもの、つまりそれによっていっさいの残余が存在することができ、また思惟されうるようになる当のもの、を探求することであるならば、反省は客観的思惟に閉じこもることは許されない。まさに、客観的思惟の主題化の諸作用を思惟すべきであり、その文脈を復元すべきである。換言すれば、客観的思惟は、夢、神話、そして一般に実存のいわゆる諸現象を、それらが客観的思惟にとって思惟不能と思われ、客観的思惟が主題化することができるようなものを何も意味していないという理由で、拒絶するのである。それは、事実と現実的なものを、可能的なものと明証性の名において拒否する。しかし明証性そのものが、一個の事実に基づいていることに、それは気がつかない。反省的分析は、夢みる者や分裂症患者が体験するものを、これらのひとびと自身よりもよく知っていると、信じている。それればかりではない。哲学者は、知覚において知っている以上に、自分が何を知覚しているかを反省において知ると信じている。そしてこれを条件として初めて彼は、人間学的空間を真の唯一の客観的な空間の混乱した現われとして、退けることができるのである。しかしながら他人の他人自身に関する証言や、彼みずからの知覚のそれ自身についての証言を疑うことによって、彼はたとえ夢みるひとや狂人や知覚をすぐれて理解していると明証的に意識していても、彼が明証的に把握していることを真なりとして絶対的に主張する権利を、自分からも奪ってしまったのである。次の二つの場合のいずれかでなければならぬ――つまり、あるものごとを体験するものは、自分が何を体験しているかを同時に知っているか――その場合は、狂人、夢みるひとあるいは知覚の主体の告白は、言葉通り信じられなくてはならない、そして、われわれは彼らの言葉が、彼らの体験内容を正直に表現しているかどうかを確かめさえすればよい、――あるいは体験主体は体験内容について判断することができないか――この場合には、明証性という試金石も錯覚でありうることになる。神話的経験、夢の経験、知覚経験から、いっさいの積極的価値を奪い、これらの経験に現われる諸空間を、幾何学的空間に再統合するためには、結局、ひとが夢みたり、気が狂ったり、ほんとうに知覚したりすることを、否定しなくてはならない。夢、狂気、あるいは知覚を、せめて反省の欠如としてでも承認する以上――そして、あらゆる真理の可能性の制約たる意識の証言に何らかの価値を認めようとするならば、どうしてこれらを承認せずにおれようか――われわれは、すべての種類の経験を唯一の世界におしなべ、実存のあらゆる様相を唯一の意識形態におしなべる権利はもっていない。あえてこうするためには、知覚意識と幻想意識との審判を求むべき高級審がなければならないであろう。つまり、私がひたすら夢みたり知覚したりしている間にも、私の夢や知覚を思惟し、私が夢や知覚の外観だけしか所有していないのに、それらの真の実質を所有しているところの私以上に私自身に近しい、今一つの私が、必要となるであろう。しかしながら、外観と真実とのこの区別そのものは、神話の世界でも、患者や幼児の世界でも、なされていない。神話は現われのなかに本質をもっている。神話的現象は表象ではなくて、正真正銘の現前なのである。雨の霊《デモン》は、まじないの後に降る雨滴のそれぞれのなかに、精神が身体の各部分に現前するように、現前しているのである。霊の「出現」(Erscheinung)はここではつねに受肉である[147]。そして諸存在は、もろもろの「特性」によってではなく、むしろ表情的な諸特徴によって定義される。幼児的な原始的なアニミズムについて次のように語られるとき、その主張の有効な内容はこのことにほかならない。つまり幼児や原始人は、諸対象を知覚した上で、コントのいうようにさまざまな意向や意識によって、これを説明しようと努めているのではない。意識も対象も措定的思惟に属する。――そうでなくて、諸事物は、それらが表現するものの化身と受けとられ、それらの人間的意義はそれらのなかに沈みこみ、まさに文字通り、それらが意味するものとして、現われるのである。通り過ぎる影、樹木の枝葉の音も一つの意味をもっている。至るところに予告があり、しかも予告するひとはいないのである。(148) 神話的意識はまだ物の概念も客観的真理の概念ももってはいないのだから、自分が体験していると思うものを批判することがどうしてできよう。立ちとどまり、自己自身を純粋意識として認知し、幻覚のかなたに真の世界を認めるための一点を、いずこに見出せよう。ある分裂症患者は、窓のそばに置かれたブラシが自分に近づき、自分の頭のなかに入るのを感ずる。しかも依然としてつねに、ブラシがかしこにあることを知っているのである。(149) 窓の方を見れば、彼はなおそれを認知する。明瞭な知覚の認知されうべき対象としてのブラシは、物質の塊りとして患者の頭のなかにあるのではない。しかし患者の頭部は彼にとっては、誰でも見ることができ、彼自身も鏡のなかで見ることができる、あの対象ではない。それは、彼が身体の頂点に感じつつある、あの聴音哨・監視哨であり、視覚と聴覚とによってあらゆる対象と結びつくことができるという、あの能力なのである。これと同様に、五感で知覚されるブラシは、被覆ないし幻像にすぎない。ほんとうのブラシ、つまりこれらの外観のもとに受肉しているところの、硬直した刺すような存在は、まなざしに凝集し、すでに窓を離れ、そこには生気のないその脱け殻だけしか残さなかったのである。明瞭な知覚にいくら訴えてみても、患者の夢幻をさますことはできない。それというのも、患者は明瞭な知覚に異議を唱えているのではなく、ただ単に、それが彼の体験することに対する何の反証にもならないと信じこんでいるにすぎないからである。「先生は私の声が聞こえませんか」とある女性の患者は医師にいう。そして彼女は平然と「だからそれが聞えるのは私だけだ」と結論する。(150) 健全な人間を妄想や幻覚に対して守っているものは、批判ではなくて、その空間の構造なのである。つまり、もろもろの対象は彼の前に立ちとどまって距離を保ち、マールブランシュがアダムについていったように、ただうやうやしげに彼に触れているにすぎない。幻覚ならびに神話を作りあげているものは、生きられた空間の収縮であり、われわれの身体のなかに諸事物が根づくことであり、対象の眼のまわるような近さ、人間と世界との連帯性である。これは日常的な知覚ないし客観的思惟によって抹殺されないにしても、抑圧され、そして、哲学的意識によって再発見されるものなのである。なるほど、私が神話や夢や知覚における位置と方向の意識を反省し、これらを措定し、客観的思惟の方法に従って固定するならば、それらのなかに幾何学的空間の諸関係が再発見されよう。しかしだからといって、これらの諸関係がすでにそこにあったと結論すべきではなく、むしろ逆に、真の反省はこのような反省ではない、といわなくてはならないのだ。神話的もしくは分裂症的空間が何を意味するかを知るためには、われわれの現実の知覚において、反省的分析が見失わしめた主体とその世界との関係を、われわれみずからよみがえらせるより他の方法はない。われわれは、理論的・措定的思惟の「意義付与作用」(Bedeutungsgebende Akten) に先だって「表現的体験」(Ausdruckserlebnisse) を、記号によって示される意味 (Zeichen-Sinn) に先だって表情的意味 (Ausdrucks-Sinn) を、そして形式のもとへの内容の包摂に先だって内容における形式の象徴的「受胎」(151) を、認めねばならないのである。

〔しかし以上に記述された諸空間も自然的空間の上に築かれている〕

これは、心理主義の正当性の承認を意味するだろうか。互いに区別されうる空間の経験の仕方の数だけ空間もあり、幼児の経験や病的もしくは原始的経験のなかに、成人の、正常な、文明人らしい経験の構図を先取りする権利をわれわれがもっていないということになると、われわれは、主体性のそれぞれの型を、そしてしまいには、それぞれの意識を、その私的な生活のなかに閉じこめることにはならないか。私のなかに普遍的な構成的意識を再発見した合理主義的コギトに、われわれは、他人に伝達できない自分だけの生の体験のうちにとどまる心理学者のコギトを、置き換えたのではないか。われわれは主体性を、各人がこの体験と合致することとして、定義してはいないだろうか。空間の究明、一般的にいうと、客観化される以前の、生れいでんとする状態における経験の究明、経験そのものに向って経験独自の意味を尋ねようとする決心、つまり現象学は、ついに存在の否定と意味の否定に至るのではなかろうか。現象学が、現象の名のもとに復活させるものは、外見と臆見ではないか。現象学は正確な知識の起源に、狂人を狂気に閉じこめる決断と同様に正当化されえぬ一つの決断を置いてはいないだろうか。そしてこの知恵の結論は、われわれを無為にして孤立した主観性の不安に連れ戻すことではないのか。これらの疑問が、これから解明されねばならぬ曖昧な点である。神話的もしくは夢幻的意識、狂気、知覚は、それぞれの差異性においても、自己閉塞的な、互いに通じあう路も出口もないような、経験の孤島なのではない。われわれは、幾何学的空間を神話的空間に内在せしめること、そして一般的にすべての経験を、真理の全体のなかにこれを位置づけるところの、この経験の絶対的意識に従属させること、を拒んだ。それというのも、このように理解された経験の統一は、その多様性を不可解なものにしてしまうからである。しかし、神話的意識は、可能的なもろもろの客観化の地平に向って開かれているのである。原始人は、日常生活の諸行為や、漁獲、狩猟、文明人との諸関係が可能となるのに足りるほど、明晰に組織された知覚を地として、その上でその神話を生きるのである。神話そのものも、たとえそれがどれほど茫漠たるものであっても、原始人にとっては、それとして認知しうべき一つの意味をもっている。なぜならそれはまさしく一つの世界を、すなわち、それぞれの要素が他の諸要素に対して意味連関をもった一つの全体を、形づくっているからである。なるほど、神話的意識は物についての意識ではない。すなわち、主観的側面から見れば、それは流れであって、おのれを固定し、おのれをみずから知ることはない。客観的側面からいうと、それは、互いに孤立ししかも互いに連接した若干の特性によって、定義された諸項を自己の面前に措定しはしない。とはいえ、それは、その脈動の各々によって持ち去られるというのではない。そんなことであったら、それはおよそ何ものをも意識していないことになろう。神話的意識はそのノエマに対して距離を隔てはしないけれども、仮にノエマのそれぞれといっしょに過ぎ去るだけで、客観化の運動をすでに準備していないとしたら、神話に結晶することもあるまい。われわれは、神話的意識を性急な合理化から救い出そうと努めた。このような合理化は、例えばコントにおけるように、神話を了解できないものとしてしまう。それというのも、実は神話が実存の投射であり人間のあり方の表現であるのに、世界の説明と科学の先ぶれとをそのなかに求めるからである。しかし、神話を了解することは、それを信ずることではない。あらゆる神話が真実であるとすれば、それは、精神の自覚化における神話の機能を示し(訳註42)、ついには神話固有の意味を哲学者にとっての神話の意味の上に基づかせるところの、精神の現象学のなかに、それらが位置づけられうる限りにおいてである。これと同様に、私が夢についての報告を求めるのは、昨晩まさに私が当人であったところの夢みるひとに向ってではあるが、しかし結局、夢みるひと自身は何ごとも語りはしない。語るひとは目覚めている。目覚めがなければ、夢はまたたく間の転調にすぎず、われわれにとって存在しさえしていないであろう。夢みている間もわれわれは世界から離れない。それというのも、夢の空間は明るい空間からおのれを分離するが、しかしそのあらゆる組立てを利用しており、世界は眠りのなかまでもわれわれにつきまとうからである。われわれが夢みるのは、世界についてである。同様に、狂気は世界を中心としてそのまわりを巡る。マクロ世界の断片でもって私的領域をつくろうとする病的夢想や妄想はいわずもがな、患者が死のなかに身を落ち着け、そこにいわばおのが家を建てようとしている最も昂進した憂鬱《うつ》症状でも、なおこうするために「世界における（への）存在」の諸構造を利用し、「世界における（への）存在」を否定するために必要とする存在要素を、かえってこれから借用しているのである。すでに神話的意識もしくは幼児的意識のなかに存する主体性と客観性との間のこの絆は、睡眠や狂気においてもつねに存続している。まして正常な経験においては当然見出されるはずである。私は決して余すところなく、人類学的諸空間のなかに生きることはない。私はつねに私の根によって自然的・非人間的空間に結びつけられている。私がコンコルド広場をよぎり、すっかりパリに心うばわれていると信じている間も、私は眼をテュイルリーの壁の石にとどめることができるのである。コンコルドは消えうせる。そしてもはや歴史のないこの石以上のものはない。私はさらに、私のまなざしをこのざらざらした、黄色っぽい表面のなかに没入させることもできる。そうするともはや石さえもない。際限のない物質の上の光の戯れしか残っていない。私の全体的な知覚は、これらの分析的な諸知覚から成り立つものではないが、それにしても、それはいつでもこれらに分解されうるのである。そして、私の身体は、もろもろの習性（habitus）によって人間的世界への私の参加を保証しているのであるが、それもひたすらまず第一に自然的世界のなかに私を投ずることによってである。カンヴァスが絵の下からすけて見えるように、自然的世界はたえず人間的世界の下に垣間見られ、これに脆弱な趣きを与えている。欲求されるものの欲情による知覚、愛せられるものの愛情による知覚、憎まれるものの憎悪による知覚が存在するにしても、それはつねに、たとえいかに小さな核とはいえある一つの感覚的な核のまわりに形成されるのであり、それがおのれの証左を見出し充実を得るのも、感覚的なものにおいてなのである。空間は実存的であるとわれわれはいった。われわれはまた、実存は空間的である、すなわち、内的必然性によって実存は「外部」に向って開いており、そのため、心的空間とか、「諸意義ならびに諸意義のうちに構成される思惟対象の世界」(152)について語ることができるほどであると、このようにいうこともできたであろう。人類学的諸空間はそれ自体、自然的空間を土台として築かれたものとしてたち現われ、フッサールのいい方でいうと、「非客観化諸作用」は「客観化諸作用」(152)を土台として、その上に現われる。現象学の新しさは、経験の統一性を否定することにあるのではなくて、それを古典的合理主義とは違った仕方で基礎づけることにある。なぜなら、客観化諸作用とは表現作用(訳註43)（représentations）ではないからである。自然的な原初的空間は幾何学的空間ではない。そしてこれに応じて経験の統一も、経験の諸内容を私のまえに繰り広げ、経験に対する全知全能を私に確保してくれるような、普遍的思惟者によって保証されているのではない。経験の統一は、可能的な客観化の諸地平によって、ほのめかされるにすぎない。それが私をそれぞれの特殊な環境から解き放つのも、それが、客観化の諸地平のすべてを包む自然もしくは即自の世界に、私を結びつけるからにほかならない。われわれは、いかにして実存が、一挙におのれの周囲に、私から客観性を隠蔽する諸世界を投射すると同時に、これらの諸世界を唯一の自然的世界という地の上に浮き出させることによって、客観性を意識の目的論に対する目標としてたてるか、ということの次第を、理解しなくてはならないであろう。

〔意識の両義性〕

神話、夢、錯覚が可能であるべきならば、見かけと現実は、客観においてと同様、主観においても両義性をとどめていなくてはならないことになる。意識は、その定義からして、現われと現実との分離を許さない、としばしばいわれてきた。そして、これは次のような意味に理解されている。つまり、われわれ自身に関する認識においては、現われが現実である。例えば、もし私がみずから見たり、感じたりしていると思う場合には、外的対象がどうであろうと、私は疑いようもなく見たり感じたりしているのである。ここでは、現実が余すところなく現われる。現実的であることと現われることとは、一つである。現われること以外に現実は存在しない。もし、これがほんとうならば、錯覚と知覚とが同じ外観をもつという可能性はない。私の錯覚が対象なき知覚であり、あるいは私の知覚が真なる幻覚であるなど(訳註44)という可能性も、排除される。知覚の真理性と錯覚の虚偽性とは、何らかの内在的な特徴によって、それら自身のうちで示されていなくてはならない。なぜなら、もしそうでなければ、他の感官や後続の経験、あるいは他人による証言が、唯一可能な基準となろうが、これはこれで不確かなものとなり、われわれは、知覚そのもの、錯覚そのものを意識することが決してなかろうからである。私の知覚の全存在、私の錯覚の全存在が、それらの現われ方のうちにあるならば、前者の定義となる真理性、後者の定義となる虚偽性もまた、私に現われるはずである。それゆえ、両者の間には、構造上の差異があることになろう。真なる知覚（la perception vraie）とは、単に、ほんとうの知覚（une vraie perception）(訳註45)にすぎなくなるはずである。錯覚は知覚の一つではなくなる。そして確実性は、思惟されたものとしての視覚や感覚から、一個の対象を構成するものとしての知覚に及ばなくてはなるまい。意識の透明性は対象の内在性と絶対的確実性を結果する。しかしながら、錯覚として現われないということこそ、錯覚の本領なのである。そしてここにおいては私は、非現実的対象を知覚するのでないにせよ、少くともその非現実性を見失うことができねばならない。つまり、少くとも、知覚していないことに気づかないという可能性がなければならぬ。そして錯覚はそれが意識に現われる通りのものではなく、この場合に限って、意識作用の現実性は、その現われの彼方にあるのでなければならない。しからば主観においても、現われを現実から分離しなくてはならないだろうか。しかし、ひとたび分離がおこなわれれば、もとには戻らない。つまり、最も明瞭な現われであっても、今後は信頼がおけぬものとなりうるのであり、真理の現象ということが今度は不可能となる。――しかし実は、われわれは、知覚と真理を説明する内在の哲学ないし合理主義と、錯覚もしくは誤謬しか説明しない超越性ないし不条理の哲学との、いずれかを選ぶことを要求されているのではない。誤謬の存在をわれわれが知っているのは、真理を所有していればこそであり、真理の名においてわれわれは誤謬をただし、誤謬を誤謬として知るのである。逆に、真理の明白な承認とは、疑われざる観念がわれわれのうちに単に存在するということ、つまり眼の前に差し出されるものを直ちに信ずるということより、遙かに以上のことなのである。それは問いや疑いを、つまり直接的なものとの断絶を予想するものであり、可能な誤謬をたたすことなのである。どんな合理主義でも、それが一つの命題《テーゼ》としていい表わされねばならないという不条理を、少くとも認めるだろうし、いかなる不条理の哲学といえども、不条理の主張に、少くとも一つの意味を認めるであろう。私が不条理のうちにとどまることができるのは、いっさいの主張を保留し、モンテーニュのように、もしくは精神分裂症患者のように、いい表わすことさえしてはならない一つの問いのなかに、自分を閉じこめる場合に限られる。それというのも、いい表わすならば、まさにこのことによって私はそれを一つの問題たらしめるだろうし、この問題は、すべての規定された問題の例にもれず、すでに一つの解答を含んでいることになろうから。——要するに真理に真理の否定を対立させるのではなく、単なる非真理ないし多義的な状態を、つまり私の実存の現実的な不透明性を対立させる場合にのみ、私は不条理のうちにとどまることができるのである。これと同様に、私が絶対的な明証性のうちにとどまることができるのは、私がいっさいの主張を差し控え、何ものも私にとっては自明ではなくなる場合、つまりフッサールが望んだように、世界のなかに私を連れこむもろもろの動機づけの流れを顕わならしめ、私の生を完全に目覚めさせ、すみずみまで明るみに出すために、私が世界を前にして驚き怪しみ[154]、世界との馴れ合いを断つ場合に、限られる。私がこの問いの状態から一つの主張へ移るやいなや、ましてこれを表現しようとするやいなや、もろもろの動機の無限定な集まりを私は一個の意識作用のうちに結晶させ、暗黙の深みに、つまり多義性と世界の戯れとのうちに、舞い戻るのである。[155] 私の私自身との絶対的な触れ合い、存在と現われとの同一性は措定されうるものではなく、単にいっさいの主張の手前で体験されうるにすぎない。したがって、以上いずれの立場にたっても、同じ沈黙と同じ空虚が結果するのである。不条理の体験と絶対的明証性の体験とは、互いに含みあい、互いに区別できない関係にさえある。世界が不条理なものと見えるのは、そこにむらがるもろもろの意義を、絶対的意識の要求がたえず互いに分離する場合に限られるのだし、逆にこの要求はこれらの諸意義の抗争によって動機づけられているのである。絶対的明証性と不条理とは、ただ単に哲学的主張としてばかりでなく、経験としても、等値である。合理主義と懐疑論とはともに意識の事実的な生に養われており、両者はいずれも偽善的な仕方でこれを暗黙裡に認めている。そしてそれらは、この意識の事実的生なしにはおよそ考えられもしなければ、体験されさえしないのであるが、この生においては、「すべてに意味がある」とも「いっさいは無意味である」ともいわれえないのであって、ただ「意味がある」としか、いうことができないのである。パスカルがいったように、いずれの学説もちょっと圧力を加えると矛盾だらけになるが、それにもかかわらず、それらは明晰らしく見え、最初は意味をもっているように見える。不条理性を背景とした真理、意識の目的論が真理に転化することができると思っている不条理性、これが根源的な現象なのである。意識においては現われと現実とが一つであると主張することも、両者は別々であると主張することも、およそあるものについての意識を、現われとしてすら、不可能にすることとなのである。ところで——これこそ真のコギトなのであるが——あるものについての意識があり、あるものが姿を見せ、現象があるのである。意識は自己措定でも自己についての無知でもない。意識は自己自身にかくされてはいない。すなわち、わざわざはっきりした仕方で知る必要はないのだが、何らかの仕方で意識に告知されていないようなものは、何ひとつ意識のなかには存在しないのだ。意識においては、現われることは存在することではなくて、現象なのである。(訳註46)この新しいコギトは、顕わにされた真理と誤謬との手前にあるのだから、両者を可能ならしめるものである。体験されるものは、確かに私によって体験されているのである。私は、私が抑圧する感情を、あずかり知らぬわけではない。こういう意味では、無意識なるものは存在しない。しかし私が表象するより多くのものごとを、私は体験することができる。私の存在は、私自身についてはっきりと私に現われているものごとに、尽きるものではない。ただ単に体験されるだけのものごとは、両面価値的である。例えば私のなかには、私が名指さないようなもろもろの感情があるし、そして私がひとえに幸福であるとはいえないような、いつわりの幸福があるのである。錯覚と知覚との間の差別は内在的で、知覚の真理性は知覚自身からしか読みとることができない。くぼんだ道路上の遠くの方に大きな平たい石が見えると思っていると、実は地上に照りはえる陽光の斑紋であったなどという場合、私が近づいた際に陽光の斑紋が見えるというのと同じ意味においては、平たい石が見える、と私はいうことはできないのだ。平たい石は、あらゆる遠方の事物と同様、もろもろの連関がまだはっきりと組み立てられていない漠然とした構造の視野のなかにしか、現われていない。こういう意味において、錯覚は心像《イマージュ》と同様、観察されうるものではない、つまり私の身体はそれに対する手掛り(prise)がなく、探索の運動によって私の眼前にそれを繰り広げることができないのである。しかも私はこうした区別をおろそかにし、錯覚に陥ることができる。私が真に私に見えるものだけにとどまるならば決して誤ることはないし、少くとも感覚は疑いえないものだ、などということは真実ではない。いかなる感覚も意味をはらみ、漠然とした構図であれ明瞭な構図であれ、ともかく一つの構図のなかに嵌め込まれている。そして私が錯覚上の石から真実の陽光の斑紋に移っていっても、依然として同一のままでいるような、感覚与件は決して存在しないのだ。感覚の明証性を認めるならば知覚の明証性をも認めざるをえず、錯覚は不可能となるであろう。私が錯覚上の石を見るのは、私の知覚と運動の野の全体が光の斑紋に「路上の石」という意味を与える、という意味においてである。そしてすでに私には、私の足下にあのすべすべとした堅い表面を感知する、心の用意ができている。それというのも、正しい視覚と錯覚的視覚とは、十全な思惟と不十全な思惟として、つまり絶対的に充実した思惟と空隙だらけの思惟として区別されてはいないからである。私は、私の身体が光景に対して確かな手掛りをもっている場合には、正しく知覚していることになると述べた。しかしこれは、私の手掛りが完全であることを意味するものではない。それが完全となるのは、対象の内部地平と外部地平のすべてを、明瞭な知覚の状態にもたらすことができた場合に限られるが、これは原理的に不可能である。知覚的真理の経験においては、私は、今まで体験された符合が、いっそう詳細な観察に際しても保たれるであろうと期待している。私は、世界を信頼している。知覚するということは、一挙にあらゆる将来の経験を、厳密にいうと決してそれを保証してはいない現在に、賭けることである。それは、世界を信ずることである。知覚的真理、つまりWahr-Nehmung（訳註47）の事実的実現を、可能にし、かつ、われわれをして、先だつ錯覚を「抹殺」し、それを無効と見なすことを得しめるのは、ほかならぬ世界へのこのような開いた関係である。私は視野の縁に、若干の距離を隔てて一つの大きな影の動くのを見た。私はその方向に視線を向ける。たちまち幻影は縮み、その本来の場所に納まる。それは私の眼の近くにまう蠅にすぎなかったのだ。私は一つの影を見ると意識していた。そして今や、私は、ただ単に一匹の蠅を見たにすぎないと意識している。私がコギトの振動を釣り合わせ、一つのコギトを他のコギトに置きかえ、私の思惟の外観を超えてその真実に達することができるのも、私が世界に属しているという事実によるのである。錯覚と同時にこの修正の可能性も私に与えられていたのである。それというのも、錯覚もまた知覚と同じ世界への信仰を利用しており、それによって初めて堅固な外観に固まることができるからであり、またこのようにして錯覚は、予想されうる検証の地平に向ってつねに開かれているので、私を真理から分離するものではないからである。しかしながら、同じ理由からして、私は誤謬から保護されているわけでもない。なぜなら、私があらゆる現われを通じてめざすところの世界、そして当不当の如何にかかわらず、ともかく現われに対して真理の重みを与える世界は、必ずしもこの特定の現われを要求するものではないからである。世界一般に関しては、絶対的確実性が存在する。しかし、特定のものについてはこれは存在しない。意識は存在と、それ自身の存在から、世界の厚みによって隔てられていると同時にそれらに結びつけられてもいる。真のコギトは、思惟とこの思惟に関する思惟との対面ではない。それらは世界を経由した上で初めて出会うのである。世界についての意識は、自己意識の上に基礎づけられているのではない。両者は厳密に同時的である。私が私自身について無知ではないから世界があるのであり、私が世界をもつから、私は私自身にかくされていないのである。前反省的コギトにおける世界のこの前意識的所有を分析することが、今後の課題として残されている。

III　物と自然的世界

A　知覚的恒常性

〔形態と大きさの恒常性〕

たとえそれによって定義はされえないにせよ、一個の物は、不変の「諸特徴」ないし「諸特性」をもっている。そして、われわれは知覚における恒常的な諸要素を研究することによって、実在性の現象に近づくはずである。一個の物はまず第一に、単なる見かけにすぎない遠近法的変容のもとで、その物独自の大きさと形態とをもっている。われわれは、これらの見かけを対象には帰属させない。それらは、われわれと対象との関係に属する偶然的な事情であって、物そのものに関するものではない。このことは何を意味しているのか。そして、何に基づいて、われわれは、ある形態と大きさとが、対象の形態であり大きさであると、判断するのか。

それぞれの対象についてわれわれに与えられているものは、パースペクティヴに応じてたえず変る大きさであり形である。そして手の届く距離において看取される大きさや、顔面に平行の平面上にあるときの対象の見かけの形を、そのほんとうの大きさ、形と見なすように、われわれは取り決めているのだと、こう、心理学者はいうであろう。これらも他の見かけの大きさや形と同様、真実の大きさ、形ではない。しかしこの典型的な距離と方向とは、つねに与えられている標準たる身体によって定義されているので、われわれはいつでもこれらの特定の大きさと形とを再認する手段を持ち合わせている。そしてこれらはまたこれらで、うつろいやすい見かけを固定し、相互に区別し、要するに一つの客観性を打ち建てることを可能ならしめる尺度を提供するのである。例えば、斜めに見られた正方形は、殆ど菱形にも等しく見えるが、これが真の菱形から区別されるのは、われわれが方向を考慮にいれ、例えば、正面から提供されたときの見かけを唯一の決定的な形として選び、あらゆる所与の見かけを、かかる条件においてそれがとるであろう形に関係づける場合に、限られる。しかし、客観的な大きさもしくは形の、以上のような心理学的な再構成は、説明さるべきものを、かえって前提しているのである。つまりもろもろの一定の大きさと形からなる一つの段階系列が与えられていれば、そのなかから真の大きさ、ないし形となるべきものを一つ選べばすむであろうが、そもそも説明さるべきものは、一定の大きさと、形なのである。すでに述べたように、私から遠ざかる同一の対象、あるいは、回転する同一の対象について、私はそのなかから便宜的な選択がおこなえるような、ますます小さくなる、もしくはますます変形するもろもろの「心像」の一系列をもっているのではない。私の知覚をこのような言葉で説明する限り、すでに客観的な大きさと形とをもった世界を私はそこに導入しているのである。問題は、ただ単に、いかにしてあらゆる見かけの大きさ、形のうちで一つの大きさ、形が、恒常的なものと見なされるか、ということではなくて遙かに根本的な問い、そもそも――真実のものであろうと見かけにすぎなかろうと――一定の形ないし大きさが私の前に現われ、私の経験の流れのなかで結晶し、結局私に与えられることはいかにして可能か、つまりいかにして客観的なものが存するのか、ということを理解することなのである。

もっとも、少くとも一見したところでは、問題を回避する次のような一手段があるように思われる。つまり、大きさと形は、結局個々の対象の属性として知覚されるのではなく、現象野の諸部分の間の諸関係を示す名称にすぎないということを認めることである。パースペクティヴの変化を通じて、真の大きさないし形が変らないということは、現象とその提示の条件との間の関係が変らないということにすぎない。例えば、私のペン軸のほんとうの大きさは、ペン軸に関する私の特定の知覚に内属する性質といったものではない。それは赤、熱さ、甘さのように、一個の知覚において与えられ、確認されるのではない。それが変らずにいるのも、私がそれを確認した以前の経験の追憶を保存しているからではない。それは、視覚的な現われと見かけの距離との、相関的な変化の不変式ないし法則なのである。物の真実の姿は、他のもろもろの外観の根底をなして存続するところの、特権的な一つの外観ではない。それは、すべての外観がその実現であるところの、諸関係の骨組なのだ。私がペン軸を眼の近くにかかげるならば、ほとんど視野の全体がそれによってかくされるが、しかしその際にもペン軸の大きさは依然としてとるにたらぬものである。それというのも、いっさいを掩うこのペン軸は、また同時に近くより見られたペン軸でもあり、私の知覚のなかにつねに書きこまれているこの条件が、外観をとるにたらぬ大きさへと還元するからである。斜めに提示される正方形が正方形のままでいるのも、この見かけの菱形に関して正面から見た正方形の周知の形態を私が想起するからではなくて、斜めに提示された菱形の外観は直ちに正面から提示された正方形の外観に等しいからであり、これらの形態のそれぞれといっしょにそれらを可能ならしめる対象の方向が私に与えられており、さまざまな遠近法的提示をアプリオリに等しからしめる諸関係の文脈のなかにそれらの諸形態が現われるからである。立方体のいくつかの面は遠近法的に歪められている。それでもやはり立方体が立方体のままでいるのは、私がそれを手のなかで回転させた場合に六つの面が次つぎにとるであろう姿を、想像するからではない。そうではなくて、真正面から私に対する面の完全な形もなまのままで私に与えられているのではないが、それと同様に、遠近法的変形もなまのままの与件ではないからである。立方体のそれぞれの要素は、その知覚されたすべての意味を展開するならば、それに対する観察者の現在の観点をわれわれに知らせるであろう。単なる見かけの上での形や大きさは、現象と私の身体とがいっしょになって形づくる厳密なシステムのなかに、まだ位置づけられてはいない、形や大きさなのである。そこに位置づけられるやいなや、それらはおのれの真理を再発見し、知覚における変形はもはや受動的に受け取られるのではなくて理解されるようになる。現われはそれが無規定であるときにのみ、欺瞞的で、本来の意味での apparence（仮象）となるのである。われわれにとって、真実の、客観的もしくは実在的な、形や大きさがあるのはどうしてか、という問題は、いかにしてわれわれにとって、一定の形態が存在するか、という問題に帰着する。そして、一定の形、「正方形」とか「菱形」といったもの、つまり現実の空間的形態があるのは、物に対する観点たるわれわれの身体と、単一の世界の抽象的要素としての諸物とが、一つのシステムを形成し、そこにおいては各契機が直接あらゆる他の契機を意味するという関係にあるからである。対象に対する私の視線のある一定の方向づけは、この対象の一定の現われと近くの諸対象の一定の現われとを、意味する。あらゆる現われ方において、対象は不変の特徴を保持し、それ自身は変らずにいる。そして、それが対象であるのも、それがとりうるあらゆる可能的な大きさと形とが、あらかじめ文脈へのその関係をいい表わす定式のなかに含まれているからである。われわれが一定の存在としての対象によって主張しているものは、実は変ることなき宇宙全体の一つの相（une facies totius universi）なのである。そして、対象のあらゆる現われの等価性とその存在の同一性との基礎も、ここに存するのである。客観的な大きさと形の論理を追求してゆくと、われわれはカントとともに、それが厳密に連関づけられたシステムとしての一つの世界の措定に導くことを認め、われわれが決して現われに閉じこめられているのではないこと、結局ただ対象だけが完全に現われることができるということを、納得することになろう。

こうしてわれわれは一息に対象のなかに身を置き、心理学的諸問題を不問に付す。しかしわれわれは、ほんとうにこれらの問題を超克したのであろうか。真の大きさと形とは、見かけ、距離、方向の変化を規定する恒常的な法則にすぎないといわれるとき、これらの要因が測定可能な変項ないし大きさとして扱われうるということ、したがってそれらはすでに規定されたものであるということが、暗黙裡に認められている。しかるに、実は問題はまさに、いかにしてそれらが規定されたものとなるかを知ることなのだ。知覚はおのずから対象に向っている、とカントがいうのは正しい。しかしカント説においては、逆に現われとしての現われが不可解なものとなるのである。対象に対する遠近法的な眺めが直ちに世界の客観的なシステムのなかに戻されてしまうので、主観は知覚するのではなく、むしろおのれの知覚と知覚の真理を思惟していることになる。しかし、知覚的意識はわれわれに知覚を科学として、対象の大きさと形とを法則として、与えるのではない。そして科学の数的諸規定は、それに先だってすでになされた世界の構成の下図をたどり直しているのである。科学者と同様カントは、この先科学的な経験の成果を当然のことと見なしている。そして、彼がこれを不問に付することができたのも、これを利用していればこそなのである。私が部屋のなかにある眼前の家具を眺める場合、固有の大きさと形をもったこのテーブルは、私にとっては諸現象の展開の法則ないし規則、つまり不変の関係ではない。私が、いっさいの距離と方向との変化に対して、それに対応する大きさと形の変化を推定するのは、一定の大きさと形をもったテーブルを私が知覚するからであって、決してその逆ではない。物の明証性にこそ、関係の恒常性が基づいているのであって、物が恒常的な諸関係に還元されるどころではないのである。科学と客観的思惟にとっては、百歩はなれたところにある見かけの小さな対象は、十歩はなれたところにあってより大きな角度において見られたこの同じ対象から、区別されることができない。そして対象とは、まさしく距離と見かけの大きさとの、この不変の積にほかならないのだ。しかし知覚する私にとっては、百歩はなれた対象は、十歩の距離にある場合と同じ意味において現在的・現実的ではない。そして私が対象を、そのあらゆる位置、距離、現われにおいて同一視するのも、あらゆるパースペクティヴが、典型的なある距離と典型的なある方向において得られる知覚に、収斂する限りにおいてなのである。この特別の知覚が知覚過程の統一を保証し、おのれのうちにあらゆる他の現われを集めるのである。画廊の絵画にとってと同様、それぞれの対象にも、これを見るにあたって要求される最適の距離があり、またいっそうよくそれが見取られる方向がある。つまり、この適当な距離の手前でも向う側でも、われわれはあるいは大きすぎる、あるいは小さすぎる、像の混乱した知覚しか得られないのであって、この場合には、われわれは可視性の極大をめざして、顕微鏡をのぞくときのように、よりよき焦点あわせを探し求めるのである。(156) これは、外部地平と内部地平のある均衡によって得られる。例えば皮膚の一部分をルーペで見ればわかるように、生ける身体も、あまりに近くから、それを浮きたたせる背景なしに見られたときには、もはや生ける身体ではなく、月の風景にも似た異様な物質の塊りとなる。——あまりに遠くから見られたときには、それはまた生体たる意味を失い、一個の人形ないし自動人形に等しくなる。生ける身体自身は、その微細構造があまりに見えすぎもせず見え足りなくもないときに、現われる。この瞬間がまたその真の形と大きさとを決定するのである。私と対象との距離は、増大したり減少したりする量ではなくて、基準を中心として振動する緊張なのである。対象が私に対して斜めの向きにあるということは、私の顔面に対する対象の角度によって測られるのではなくて、不釣合として、つまり私に対するその影響の不平等な分布として、体験されるのだ。外観の変化というものは、大きさの増大減少や現実の形態変化ではない。むしろ単に、その諸部分が互いに混淆して見分けがつかなくなったり、あるいは相互に明確に区別されて浮びあがり、その豊かな内容を顕わにする、というだけのことである。以上の三つの基準を同時に満足させるところの、そして知覚過程の全体がめざしているところの、私の知覚の成熟点がある。「よりよく見る」ために私が対象を私に近づけたり、手のなかで廻してみたりするのは、私の身体のそれぞれの態度が、直ちに私にとってはある光景を捉える能力であるからであり、またそれぞれの光景が私にとってはある一定の運動感覚的状況においてあるところのものだからである。換言すれば、私の身体は物を知覚すべくたえず物の前に配備されており、逆にもろもろの現われが、つねに私にとっては、ある身体的態度のなかに包み込まれているからである。私が、もろもろの現われの、運動感覚的状況に対する、関係を知るのは、それゆえ一つの法則によってでも一つの公式においてでもなく、私が身体をもち、この身体を通じて世界に手掛りをもっている限りにおいてなのである。そして、知覚的態度の一つ一つが個別的に私に知られるのではなくて、最適の態度に導く動作の諸段階としてそれとなく与えられるのと同様に、相関的にまたこれに応ずるパースペクティヴも、私の前に一つずつ次つぎと提示されるのではなくて、独自の大きさと形をもった物への移行過程としてのみ現われるにすぎない。カントがいみじくも看取したように、いかにして私の経験のなかに一定の形と大きさとが現われるかを知ることは、問題ではないのである。なぜなら、然らざれば、私の経験は何ものについての経験でもなくなるだろうし、またいっさいの内的経験は外的経験を背景としてのみ可能なのだから。しかしそこから、私は世界を包括し構成する意識であるという結論を、カントは引き出した。そして、この反省的運動において、彼は身体の現象と物の現象とを看過したのである。これに反して、もしわれわれがこれらの現象を記述しようと思うなら、私の経験は諸事物のなかに流入し、諸事物において自己を超越する、といわねばならない。それというのも、私の経験は、まさに身体の定義ともいうべき世界に対するある一定の構えの枠のなかで、いつでもおこなわれるからである。大きさと形とは、世界に対するこの全般的な取組みを様相化しているだけのことである。物は、私のまなざしがそれを包みこむことができないときには大きく、逆にたやすく包みこめる場合には小さい。そして中間のさまざまな大きさは、それらが私から等距離にあるときには私の視線を膨張させる程度の多少によって、あるいはそれらが視線を同程度に膨張させせる場合には距離の相違によって、相互に区別される。対象が丸いのは、対象のどの側面も私にとって同じ近さにあるとき、その輪郭をたどる私の眼の運動が曲り方の変化を要求されない場合である。もしくは要求されても、私の身体といっしょに私に与えられている世界についての知識に基づいて、それが対象の斜めの姿勢によるものとされる場合である[157]。それゆえ、実在するものとしての一つの物や形や大きさのすべての知覚が、つまりすべての知覚的恒常性が、一つの世界の措定と、私の身体と諸現象とが互いに厳密に関係づけられている経験のシステムの措定とに導くことは、確かに真実である。しかしながら、経験のシステムは、私がまるで神ででもあるかのように、私の前に繰り広げられてはいない。それはある観点から、私によって体験される。私はその傍観者ではなく、その部分である。そして私の知覚の有限性と、いっさいの知覚の地平としての世界全体への知覚の開口とを、同時に可能ならしめるものは、一つの観点に私が属しているという事実なのである。地平線上の立木が依然として、近くで見たときのそれと同じものであり、その実際の形と大きさとを保持しているということを、私が知っているのは、ただ単に、この地平が私を直接とりまく環境の地平であり、それが包含している諸事物を一歩一歩知覚的に所有する可能性が私に保証されているからなのである。換言すれば、もろもろの知覚経験が互いに連結しあい、動機づけあい、含みあい、世界の知覚は私の現前の領野の膨張にすぎず、その本質的構造を超越するものではないということ、そして身体はそこでもつねに作動者であって決して客体とはならないということ、こうしたことによるのである。世界とは、カントが超越論的弁証論において示したように、私がそのなかに位置づけられている開かれた無限定の統一であるが、彼は分析論ではこれを忘却しているように見える。

〔色彩の恒常性、色彩の「現出様態」と照明〕

物の諸性質、例えばその色、堅さ、重さは、その幾何学的特性よりも、遙かに多くのことを物についてわれわれに教える。テーブルは光のあらゆる戯れ、あらゆる種類の照明を通じて褐色であり、褐色のままにとどまる。しからば、まず第一に、このほんとうの色とは何であり、われわれはいかにしてそれに近づくのであろうか。それは私がテーブルを見るにあたって最もしばしば経験する色である、つまり昼間の光のもとで、近距離で「正常」な、すなわち最もありふれた諸条件においてテーブルが呈する色である、とこうわれわれは答えたくなるだろう。距離があまりに遠かったり、夕日や電燈の光のように、照明がそれ固有の色彩をもっていたりするときには、私は実際の色のかわりに記憶の色を置き換える。[158] 後者は、たび重なる経験によって私の心に刻みこまれているので、実際の色より優勢である。それゆえ、色彩の恒常性は、実在的な恒常性である。しかしながら、実はこのような説明は、現象の人工的な再構築にすぎないのである。なぜなら、知覚そのものに注目するならば、テーブルの褐色は、あらゆる照明のもとで、同じ褐色として、つまり記憶によって実際に与えられる同一の性質として、現われる、とはいわれえないからである。影のなかにある白紙をわれわれは、まさにそのようなものとして認知するのであるが、それは、純粋かつ単純に白いのではない。それは「黒‐白系列のなかに満足のいくような仕方で位置づけられえない」[159]ものなのである。影のなかに白壁があり、灰色の紙が光に照らされているとしよう。われわれは、壁が白いままであり、紙が灰色のままであると、いうことはできない。紙は眼にいっそう強い印象を与える。[160]それはより明るく、よりはっきりとしており、これに対して壁はいっそう暗く、どんよりとしている。照明の変化を通じて存続するものは、いわば「色の実質（substance）」だけである。[161]いわゆる色彩の恒常性は必ずしも「色彩の疑いようもない変化」を妨げるものではない、ただし「この変化の間にも、われわれは、基本的な性質といわばそれにおける実質的なものを見つづけている」[162]のである。まさにこの同じ理由のために、色彩の恒常性を観念的な恒常性と見なし、それを判断に関係づけることは許されぬはずである。なぜなら、与えられた現われにおける照明の持分を区別するはずの判断は、結局は対象固有の色彩を同一化せざるをえないのだが、しかしこの色が同一のままにとどまりはしないことを、われわれは今しがた知ったばかりだからである。経験主義の弱みも主知主義のそれと同様に、実は生ける知覚における色彩が物への導きであるにもかかわらず、反省的態度において現われる凝固した性質以外の色を認めないところにある。知覚された世界がもろもろの色彩‐性質から成り立っているという、物理学によって養われた錯覚を捨てなくてはならないのである。画家たちが観察したように、自然のなかには色彩というものはごく少数しか存在しない。色彩の知覚は、幼児においても遅ればせに発達するもので、いずれにせよ、一つの世界の構成の後に続くものなのである。マオリ人は色の名称を三千ももっているが、これは彼らがそんなに多数の色を知覚しているからではなくて、かえって、互いに違う構造をもった対象に属するときには、色を同一視しえないからである。(163) シェーラーがいったように、知覚は色彩を経由せずに、まっすぐ物に向う、ちょうど眼の色を措定することなく、ひとのまなざしの表情を捉えることができるのと同様である。われわれは、質的な現われが変っても同一のままでいることができる色彩‐機能を考慮することによって、初めて知覚を理解することができるであろう。私は万年筆が黒いという、そして私は陽の光のもとで、それを黒いと見る。しかし、この黒さは黒という感覚的性質であるよりも、むしろ対象が反射で掩われているときですら対象から放たれる暗みの力なのであり、この黒さが可視的であるのは、道徳的な黒さ（腹黒さ―訳者）がそうであるのと同じ意味においてでしかない。実在の色は、もろもろの現われの背後に、地が図の下に広がっているように、残っている。つまり、見られたり思惟されたりする性質としてではなく、非感覚的な現前においてである。物理学のみならず心理学もまた、色彩の勝手な定義を与えるが、このような定義は、実はその出現の一つの様態にしか適合しないものであり、あらゆるほかの様態を長い間われわれからかくしてきたのである。ヘリングは、色彩の研究ならびに比較においては純粋な色彩のみを用い、あらゆる外的事情を遠ざけることを要求している。「一定の対象に属する色彩ではなくて、平面的にせよ空間を充たすにせよ、ともかく一定の担い手なしにそれだけで存立するような、一個の性質 (quale)(164)」を取り扱わなくてはならない。スペクトルの色はほぼこうした条件を満足させる。しかしながら、この色のある広がり (Flächenfarben 平坦色) は実は、色彩の可能的な構造の一つにすぎず、紙の色や表面の色

（Oberflächenfarbe 表面色）は、すでに同じ法則に従いはしない。弁別閾[訳註48]は、平坦色におけるよりも表面色の場合の方がより低い[165]。平坦色はある距離に位置づけられるが、不明確な仕方においてである。それはスポンジのようにふわふわしているが、これに反して表面色は稠密で、その表面に視線をひきつける。——平坦色はつねに顔面に平行しているが、表面色はあらゆる方向を呈することができる。——最後に、それはいつでもぼんやりとした仕方で平坦なのであって、その平坦色という性質を失うことなしには、特殊な形態をとり、あるいは彎曲したり、あるいは一つの表面の上に広がったりしたものとして、現われることはできない[166]。それでも、以上の二つの色彩の現われ方は、いずれも心理学者たちの実験に登場するものではある。もっとも相互に混同される場合がしばしばあるが。しかしながらこのほかにも長い間、心理学者たちが言及しなかった多くの色の現われ方がある。空間の三つの次元を占める透明な物体の色（Raumfarbe 空間色）——反射（Glanz 輝き）——燃える色（Glühen）——光る色（Leuchten）そして一般に照明の色がある。これは光源の色と同一視されるものではない。画家は、後者を描かずとも、対象の上の光と影の配分によって前者を表わすことができるほどである[167]。ところで、この際、色彩知覚そのものは不変であって、ただ単にその提示の手筈の違いが問題なのだ、とか、感覚的質料は同一だが、それに付与される形態の違いが問題なのだ、などと考える先入見がわれわれにはある。しかし実は、形態付与は感覚的特性そのものの変化によって得られるのだから、いわゆる質料が完全に消失してしまうような、色彩のあい異なる機能があるのである。とりわけ、照明と対象固有の色との区別は、知的分析から結果するのではない。それは概念的意義を感覚的質料に付与することではない。それは色彩そのもののある組織化であり、照明－照明される物という一個の構造を確立することである。われわれは、固有の色の恒常性を理解しようとすれば、この事態をもっと綿密に記述しなくてはならない(168)。

ガス燈の光に照らされた青い紙は青く見える。しかしながらわれわれは測光器でしらべてみて、それが日中の光のもとでの褐色の紙と同じ光の混合を眼に送っているという事実に驚くのである(169)。弱い光に照明された白壁は何の妨げもなく自由に見られるときには（上述の諸事項を保留の上で）(訳註49) 白く見える。しかし光源をかくす遮光幕の窓をとおして見たときには青みがかった灰色に見える。画家は遮光幕を使わずにも同じ効果を得、反射した光の量と質とが定める通りの色彩を見ることができるのであるが、これには、例えば眼をすぼめるなどして、色彩を周囲から孤立させることが条件となる。この様子の変化は、色彩における構造上の変化から分離されえないものである。つまり、われわれの眼と光景の間に遮光幕を置くやいなや、またわれわれが眼を細めるやいなや、色彩は物体の表面の客観性から解き放たれ、単なる光の広がりの状態に連れ戻されるのである。われわれはもはや現実の物体、つまり、一定の色をもち、世界のなかに場所を占める壁や紙を見てはいない。われわれはいずれもぼんやりと同じ「仮構の」平面の上に位置づけられた、いくつかの色斑を見るのである(170)。遮光幕はいったいどのような働きをしているのか。この同じ現象を他のさまざまな条件のもとで観察することによって、この点がよりよく理解されるであろう。例えば一つは白、もう一つは黒に塗られた二つの大きな箱の内部を、のぞき窓からかわりばんこにのぞき見るとしよう。この際、眼に入る光の量がいずれの場合にも等しくなるように、白の方の照明は弱く黒の方の照明は強く、また箱の内部には少しの影もなく、塗りも全く一様だとしよう、そうすると二つの箱の内部は見分けがつかなくなる。どちらも見えるものといえば、一面に灰色の広がった空虚な空間でしかない。ところが、黒い箱のなかに白い紙片を、あるいは白い箱のなかに黒い紙片を入れるやいなや、すべては一変する。とたんに前者は黒く、そして強い光を受けたものとして現われ、後者は白く、弱い光を受けたものとして現われる。それゆえ照明－照明を受けた対象という構造が与えられるためには、反射力の異なる二つの表面が少くとも、必要なのである。[171] 黒い円盤の上にアーク燈の光束が正確に落ちるように工夫し、つねに円盤の表面にある凹凸の影響を取り除くためにこれを回転させるならば——この円盤は部屋の他の部分と同様に、弱く照らしだされたものとみえ、光束は、円盤を基底とする白っぽい立体となる。もし一片の白い紙片を円盤の前に置くと、「ただちにわれわれには円盤は〈黒く〉紙は〈白く〉、両者ともに強く照らしだされて見える」[172] のである。新しい円盤が現われたのではないかと思われるほど、この変容は完全である。遮光幕を利用しないこれらの実験は、それを利用する実験を理解させる。遮光幕に妨げられずに自由に見る場合には効果を発揮するが、遮光幕があれば効果のなくなる、恒常性の現象における決定的な要因は、視野の全体の結構であり、それが含むもろもろの構造の豊かさとこまやかさである。遮光幕の窓から見るときには、被験者はもはや照明の諸関係を「見わたす」(Ueberschauen) ことができない。すなわち、独自の明るさをもち、互いにきわだって浮びあがるもろもろの従属的全体を、視覚的空間のなかに知覚することがもはやできないのである。[173] 画家が眼を細めるのは、視野の奥行に向っての組織化といっしょに、照明の明確なコントラストを破壊することである。したがってもはや、それ自身の色彩をもった一定の事物はなくなってしまう。影のなかの白紙と光に照らされた灰色の紙の実験を繰り返し、スクリーンの上にこの二つの知覚の負の残像を投射するならば、恒常性の現象がここでは維持されないのがわかる。あたかも恒常性と、照明‐照明を受けた対象という構造が生じうるのは物においてのみであって、残像の存する散漫な空間においてではないかのように思われる。[174] これらの諸構造が野の組織化に依存していることを認めるならば、恒常性の現象に関する次のような経験的諸法則のすべてが一挙に了解される。[175]——恒常性の現象は光景を映しだす網膜の面積の大きさに比例すること、そして、この網膜部分の上に投影される世界の断片が広ければ広いほど、またその分節結構が豊かであればあるほど、それだけ恒常性の現象も明確となるということ、——視野の中心におけるよりも周辺における方が、両眼視におけるより単眼視における方が、また見る時間が長い場合より短い場合の方が、恒常性の現象がより不完全であること、遠距離においてはそれが弱まること、個人個人によって違い、個人のもつ知覚世界の豊かさに応じて違うということ、最後に対象の表面構造を抹消し、あい異なる表面の反射力を平準化する有色の照明を受ける場合の方が、これらの構造上の差異を大事にする無色の照明を受ける場合より、不完全であること。[176] それゆえ恒常性の現象、野の分節結構、ならびに照明の現象、この三者の結合は、確立された事実と考えることができる。

しかしながら、この関数関係は、それが結びつける諸項も、したがってまたそれらの具体的連関も、まだわれわれに理解させるものではない。そしてもしわれわれが、普通の意味に解された三つの項の相関的な変化の単なる確認にとどまるならば、この発見のもたらす最も大きな利益が失われることであろう。対象の色彩が不変のままである、といわねばならないのは、いかなる意味においてであるか、光景の組織化とは何であり、そこにおいて光景が組織される野とは何か。最後に、照明とは何か。もし、心理学が提示する三つの変項を、唯一の現象にまとめあげることに、われわれが成功しないならば、そして、恒常性の現象の、いわゆる「原因」ないし「条件」が、この現象自身の契機として、それとの本質関係のうちに現われるような一つの直観に、心理学的帰納がいわば手ずからわれわれを導かないならば、この心理学的帰納も依然として盲目にとどまるだろう[177]。したがって、われわれに顕わになったばかりの諸現象を反省し、それらが全体的知覚のなかでどのように相互に動機づけあっているかを見ることにしよう。まず第一に、照明と呼ばれる光ないし色の独特な現われ方を考察しよう。そこにおける独特のものとは何か。光のある斑点が、まさにそれ自体としてではなく、照明として受けとられる際に、いったい何が起るのか。ひとびとが、あの眼の上の反射に気づくまでには、何世紀にもわたる絵画の歴史が必要であった。この反射がないと原始人の絵におけるように、眼はどんよりとして盲目のままである[178]。反射はかくも長いあいだ気づかれずにいたのだから、それ自体としては見られているのではない。しかしそれは知覚において独自の機能を果しているのである。なぜならこの反射がないというだけで、対象からも顔からも、生命と表情が消えうせてしまうのだから。反射はただ盗み見られているだけなのである。それはわれわれの知覚に対して、目標として提示されるのではなく、知覚を助けるもの、ないし媒介するものである。それ自体が見られているのではなく、ほかのものを見させるのである。写真は反射と照明を物に変容してしまうので、しばしば誤った表現をそれらに与えることがある。例えば、映画のなかで、ある人物がランプを手にして穴倉のなかに入ってゆくのを見るとき、われわれには光の束が、暗がりを探索し諸対象を出現させる非物質的存在とは、見えない。光の束は凝固してしまい、対象をその末端において表わすことがもはやできなくなる。壁の上を通過する光も、壁の上にではなくてスクリーンの表面にあるように見える、目も眩むばかりの明るさの塊りしか生みださない。照明と反射とがその役割を演ずるのは、それらが慎みぶかい仲介者として背後に退き、われわれの視線をひきとめるのではなくて導く場合に限られる(179)。しかしこのことはどう理解すべきであろうか。私が私の知らないアパートのなかを通って家主の方に案内されるときには、誰か私のかわりに知っているひとが、いるのである。つまり、そのひとにとっては眼の前の光景の展開は一つの意味をもち、ある目標に向っている。そして私は、私の持ち合わせていないこの知識を頼り、それに身をまかせる。ある景観において、私だけでは識別することができなかった細部が私に向って指摘されるときには、すでにそれを見ていて、それを見るためにどこに立ち、どちらを見つめなくてはならないかを、すでに知っている誰かがそこにいるのである。照明は私の視線を導き、私に対象を見させる。それゆえ、ある意味においては、照明は対象を知り、かつ見ているのである。観客はいないが、照明に照りはえる舞台の幕開けをする劇場を想像してみよう。舞台そのものが可視的である。もしくは見られる準備ができているように、私には思われる。そして舞台の前面や背景を探照し、影を描きながら舞台のすみずみまで貫き通る光は、いわばわれわれに先だって一種の視覚を実現しているように見える。逆にわれわれ自身の視覚は、照明があらかじめつけてくれた道をたどり、この道による景観の包囲をおのれのものとして引き受け、さらに継続するだけのことである。それはちょうど、われわれが一つの文章を聞く際に、思いがけなくもそこに他人の思想の跡を発見するようなものである。われわれは、他人の言葉を聞くときに他人にならって思惟するように、光にならって知覚する。言語による意思の伝達が、それを通じて意味が語に住まうある言語的な構え《モンタージュ》を予想している（もっとも、新しい本来的な言語表現の場合には、それを超出し(訳註51)、それを富ますのであるが）のと同様に、知覚は、光の促しにその意味(訳註52)（sens）に応じて（すなわち分ちがたく一体をなしているその方向と意義とに同時に応じて）答え、散在する可視性を集中し、景観のなかに粗描されているものを完成する能力をもった、一つの装置を、われわれのうちに予想している。この装置とは注視にほかならない。換言すれば、現われとわれわれの運動感覚上の展開との間の、自然な相関関係である。しかも法則として知られているのではなくて、世界の類型的な諸構造のなかにわれわれの身体が参加《アンガージュマン》していることとして体験された相関関係なのである。照明と、その相関者としての照明された物の恒常性は、直接われわれの身体的状況に依存している。強く照明された部屋のなかで、影になった一隅に置かれた白い円盤を眺めるときには、白の恒常性は不完全である。われわれが円盤のある影の地域に近づくと、それはいくらかよくなる。われわれが影の地域に入るときには、それは完全となる(180)。影が真に影となる（そしてそれに応じて円盤が白くなる）のは、それが見らるべきものとしてわれわれの前にあることをやめ、それがわれわれを包み、われわれの環境となり、われわれがそこに立場をとる場合だけである。光景が、諸対象の総和、つまり無世界的な主観のまえに繰り広げられた諸性質のモザイクなどではなくて、主体を取り囲み、彼に向って一つの協定を提起するものである場合に、初めてこの現象は理解されうるのである。照明は対象の側に属するものではない。照明を受けた対象がわれわれの前に浮びあがり、われわれに面を向けるのに対して、照明はわれわれが引き受け、基準となすものである。照明は色彩でもなければ、それ自身においては、光ですらない。それは色彩と光輝の区別の手前にある。それゆえ、照明はつねにわれわれにとって「中性的」となろうとする傾向をもっている。われわれがそのなかにとどまっている薄暗がりは、もはや薄暗がりとして知覚さえされないほど、われわれにとって自然のものとなる。われわれが昼の光から離れた刹那には黄色く見える電燈の光も、やがてわれわれにとって特定の色をもたなくなる。そして昼の光の名残りが部屋のなかに入ってくると、こんどは、この「客観的には中性的な」光が、かえって青みがかって見える。(181) 電燈の黄色い照明がまさに黄色として知覚されているので、見かけを評価するにあたってわれわれはそれを勘定に入れ、その結果対象の固有の色を観念的に再発見するのだ、などといってはならない。また、黄色い光が広がり、すべてを包むようになるにつれて、それが昼の光の相のもとに見られ、その結果、他の諸対象の色は実際に変らずにいることになる、というべきでもない。むしろ、黄色い光は、照明という役割を引き受けることによって、やがてあらゆる色彩の手前に位置するようになり、無色の状態に向う、そしてそれと相関的に、諸対象もこの新たな雰囲気に対するその抵抗の度合と仕方に応じて、スペクトルのもろもろの色を互いに配分しあうのだと、こういわねばならない。それゆえ、いっさいの色彩－性質（*couleur-quale*）は色彩－機能（couleur-fonction）によって媒介され、可変的な一つの基準に関して規定されるのである。われわれが優勢な雰囲気のなかで生活しはじめ、この基本的な協約に基づいてスペクトルの諸色を諸対象に分配し直すやいなや、かの基準は確立され、それと同時にこれに依存するすべての色価も定められる。色をもったある場《ミリュー》のなかにわれわれが居を定めること、そしてその結果、あらゆる色彩関係が移調されるということは、身体的な作業なのである。私は新しい雰囲気のなかに入ることによってのみ、これを果すことができる。それというのも、私の身体は、世界のすべての場《ミリュー》に住まう私の一般的な能力であり、世界を不変のままに維持するあらゆる移調と等価関係の鍵だからである。こういうわけで照明とは、ある複合的な構造における一つの契機でしかない。そして、われわれの身体が実現するところの野の組織化と、恒常的なものとして照明されたものとは、この同じ構造の別の契機をなしているのである。これら三つの現象間に見出されうる関数的な相関関係は、それらの「本質的共存」[182]の表明にすぎない。

後の二つの契機をくわしく述べることによって、この点をいっそう明らかにしよう。野の組織化とはどう理解さるべきものであろうか。アーク燈から投射された光の束のなかに一枚の白紙を入れると、それまで光束と円盤とが融けあって、円錐体として知覚されていたのが——たちまち互いに分離し、照明がまさに照明として現われるという事実を、われわれはすでに見た。紙を光束のなかに入れるということが、光の円錐の「非‐固体性」をいや応なく明らかにし、底面である円盤に対するその意味を変化させ、照明たる資格をそれに与える。あたかも、照らしだされた紙を見ることと、円錐体を見ることとの間に、如実に体験された不調和があり、光景の一部分の意味が全体の意味の改変を誘発するかのように、事柄が進行する。また同様に、視野のあい異なった部分を一つ一つ取り上げるなら、対象の固有の色と照明の色とを見分けることはできないが、視野の全体においては、それぞれの部分が他の諸部分の構図から利益を受ける一種の相互作用によって、全般的な照明が浮びあがり、それぞれの局部的な色にその「真の」値を与えるということをも、われわれはすでに見た。ここでもまた、あたかも、光景の諸部分がそれぞれ別々に取り上げられるなら、照明を浮びあがらすことはできないが、それらがいっしょになればこれが可能になり、そして野のなかに散在するさまざまな色価を貫いて、何ぴとかが組織的な変容の可能性を読みとったかのように、事柄は進行するのである。光り輝く対象を表わそうとする画家がこれに成功するのは、その対象にきらきらした色を与えることによってではなく、むしろ周囲の諸対象の上に、反映やら影やらを適当に配分することによってである。[183]例えば印章のようにえぐり彫られたモティーフを、一瞬浮彫りと見ることができるときには、われわれは突如として、対象の内部からくる魔術的な照明の印象を経験するものである。それというのもその際の印章の上の光と影の関係が、その場の照明から見て、まさに然るべきと思われる関係の正反対になっているからである。一定の距離を保ちつつ、胸像をめぐってランプを一回転させるならば、ランプそのものは見えないときでも、われわれは、唯一の与件たる照明と色彩との変化の複合のうちに、光源の回転を知覚するのである。[184]したがって「照明の論理」[185]あるいはまた「照明の総合」[186]、視野の諸部分の共可能性といったものがあるわけである。これは、例えば画家が芸術批評家に対して自分の絵を弁護しようとするときには、なるほどいくつかの選言命題に展開されうるものではあるが、まず最初には絵の堅実さあるいは光景の現実性として体験されるものなのである。そのうえ絵画ないし光景の全体的論理がある。つまり、もろもろの色彩、もろもろの空間的形態、それと対象の意味の間の、体験されたまとまりがある。画廊の絵は、適当な距離から眺めるならば、その内部の照明をもっていて、これが、色斑のそれぞれに、その色価のみならず、またある表現的 (représentative) な値をも与えているのである。あまりに近くから眺めるならば、絵は画廊の照明に従属し、色は「もはや表現的には作用せず、われわれに対象の像を与えはしない。それはカンヴァス上の塗料として作用する」[187]。山岳の風景画を前にして、視野の一部を孤立させる批判的な態度をわれわれがとるならば、色彩そのものが変化し、草原－の－緑であったあの緑は、文脈から孤立せしめられて、その表現的な意味を失うと同時にその厚みと色とを喪失する[188]。色は決してただ単に色であるだけではなく、ある対象の色なのであり、絨毯の青はもしそれがけば立った青でなかったとしたら、同じ青ではないであろう。視野のもろもろの色彩は、先ほど見られたように、基準として採用された照明の支配的な色を中心として秩序づけられた、一つのシステムを形づくる。われわれは今や、野の組織化のいっそう深い意味を垣間見るのである。つまり、色彩のみならず、幾何学的な諸特徴も、感覚的なすべての与件も、それに諸対象の意義も、いっしょに一つのシステムを形成しており、それぞれの対象に、あらゆる他の対象の諸規定に対応してそのすべての規定を指定し、これからはずれたいっさいの与件を非現実的なものとして「抹消する」ところの、一つの論理によって、われわれの知覚はすみずみまで活気づけられており、またそれはどこまでも世界の確実性によって支えられている、ということである。こういう観点からして、われわれは知覚的恒常性の真の意義をついに捉えることができるのである。色彩の恒常性は物の恒常性の抽象的な契機でしかなく、物の恒常性はまたこれで、われわれのあらゆる経験の地平としての世界についての原初的意識を基礎としている。それゆえ私が物を信ずるのは、さまざまな照明のもとで不変の色を知覚するからではなく、また物は不変の諸特徴の総和でもなく、むしろ逆に、私の知覚がおのずから世界と諸物に向って開かれている限りにおいて、私は不変の色彩を再発見するのである。

〔音、温感、重さの恒常性、触覚的経験の恒常性と運動〕

恒常性の現象は一般的である。ひとびとは音、[189] 温感、重さ、[190] さらに厳密な意味での触覚の与件についても、恒常性を語ることができた。ここでもまた恒常性は、これらの感覚野のそれぞれにおける、ある構造によって、つまり諸現象の「現われる仕方」によって、媒介されているのである。重さの知覚は、これにあずかる筋肉がどの筋肉であろうと、これらの筋肉の最初の状態がどうであろうと、同じである。眼を閉じて一つの対象を持ち上げるときには、手に追加の重みが加えられていようといなかろうと、(そしてこの追加の重みそのものが手の甲の上に圧力となって作用しようと、あるいは手の平に引っぱる力として作用しようと)――手が自由に働こうと逆に指だけが働くことができるように手が拘束されていようと――一本の指によるにせよ多数の指によるにせよ――対象を持ち上げるのが手であれ頭であれ足であれ歯であれ――そして最後に、空気中であろうと水中であろうと、その重さに違いはない。こうして、触覚の印象は、関与する器官の本性と数、さらにまたそれが現われる物理的状況をも考慮に入れて「解釈」される。額の皮膚に対する圧力と手に対する圧力のように、それ自身において非常に異なった印象が同じ重さの知覚を伝達するのも、同様にしてである。この場合、解釈があからさまな帰納によるもので、被験者は以前の経験において、これらさまざまな変項の、対象の実際の重さに及ぼす影響を、測ることができたのだ、と仮定することはできない。なぜなら、恐らく被験者は、額の圧力を重さの言葉で解釈したり、重さの通常の尺度を取り戻すために、指の局部的な印象に、水に浸ったために部分的に軽減された腕の重みを加えるなどという機会を、いまだもったことはないからである。たとえ、被験者が身体の使用を通じて少しずつ重さの等価表を作りあげ、指の筋肉が感ずるこれこれの印象が手全体の感ずるこれこれの印象と等価であることを学び知ったのだということを認めても、彼はこの帰納を、荷重を持ち上げることにはいまだかつて役だったことのない身体部分にも適用するのだから、この帰納は何としても、あらゆる身体部分を組織的に包括する、身体に関する全体知の枠内でおこなわれるのでなくてはならない。重さの恒常性は、実在的な恒常性ではない。つまり物を持ち上げる際、われわれが最も頻繁に使用する諸器官によって提供される「重さの印象」、そして観念連合によって他の場合にも立ち戻ってくる「重さの印象」が、われわれのうちにいつまでも残存する、ということではない。しからば、対象の重さは観念的な不変項であって、重さの知覚とは、それぞれの場合に、印象をその身体的・物理的諸条件と関係づけながら、われわれが持ちまえの天然の物理学(訳註53)によってこの二つの変項の間の恒常的な関係を見きわめるところの、判断だということになるだろうか。しかし、これはただ一つの言い回しでしかない。それというのも、われわれはわれわれ自身の身体や、諸器官の能力、重さ、有効範囲を、技師が自分でこつこつと組み立てた機械を知るようには、知ってはいないからである。そして、われわれがわれわれの手の仕事を指の仕事と比較する場合、それらが互いに区別されたり同一視されたりするのは、われわれの前肢の全体的能力を背景としてであり、あい異なる器官の働きが等価として現われるのも「私は……できる」という統一においてである。またこれに対応することだが、それぞれの器官によって提供される「印象」もほんとうに別々のものであって、ただ単にはっきりした解釈によってのみ結びつけられる、というのではない。それらは、最初から「真実の」

重さのあい異なる表明として現われるのだ。物の先‐客観的統一は身体の先‐客観的統一の相関者である。こうして重さは、互いに等価なもろもろの動作のシステムとしてのわれわれの身体を背景として、一個の物の同一視されうべき、特性として現われる。重さの知覚のこの分析は、触覚的知覚の全体に光をあてる。おのれの身体の運動の触覚に対する関係は、照明の視覚に対する関係に等しい[191]。いかなる触覚的知覚も、客観的な「特性」に向って開いていると同時に、身体的な成分を含んでいる。例えば対象の触覚による位置づけは、それを身体像の方位基点に対して位置づけることである。一見、触覚を視覚から完全に区別するかの如く思われるこの特性は、実はかえって両者を互いに接近せしめるのである。なるほど、視覚の対象はわれわれわれの前にあるのであって、われわれの眼の上にあるのではない。しかし、われわれは、眼に見える位置、大きさ、ないし形が規定されるのは、結局われわれのまなざしの方向、幅ならびにまなざしがそれらに対してもっている手掛り、によることを、すでに知っている。確かに受動的な触感（例えば耳や鼻の内部による、そして一般に、ふつうは掩われているあらゆる身体部分による、触感）は、われわれ自身の身体の状態しかわれわれに知らせず、対象に関するものは殆ど何も提供しない。われわれの触覚的な表面の最も鋭敏な諸部分においてすら、いかなる運動も伴わない単なる圧迫は、殆ど同一視されえない現象しか与えない[192]。しかしながらまた、眼もくらむような光を見るときのように、注視の伴わない受動的な視覚もあるのである。それはもはや、われわれの前に、客観的な空間を展開しはしない。そして光は光であることをやめて、苦痛を与えるものとなり、われわれの眼を侵す。他方、真の視覚の探索するまなざしと同様、「認識する触覚[193]」は運動によって、われわれをわれわれの身体の外に投げ出すのである。

私の一方の手が他方の手に触れるとき、動く手が主観の役目を果し、他方が客観となる。[194] ざらざらとか滑らかとかといったような、仮に探索する運動をそこから除去するならば絶対的に消滅するであろうような、触覚的現象、いわゆる触覚的性質がある。運動と時間は、単に、認識する触覚の客観的な条件たるのみならず、触覚的与件の現象的成分でもある。それらは、光が可視的な表面の形状を浮き出させるように、触覚的現象の形態化を実現する。[195] 滑らかさとは、互いに類似した圧迫の総和ではなくて、一つの表面が、われわれの触覚による探索の時間をいわば利用し、われわれの手の運動に抑揚を与えるところの、ある仕方なのである。この抑揚を与える様式がそのまま、触覚的現象のさまざまの現われ方を規定しているのであるが、これらの現われ方は相互に還元不可能であり、また要素的な触感覚から演繹されえぬものである。そこにおいて二次元の触覚対象が触覚に提示され、多少ともかたくなに浸透に対抗するところの、さまざまな「表面的触覚現象」(Oberflächentastungen) がある――また、例えばわれわれの手をそのなかにただよわせることもできる空気や水の流れのように、色の広がりにも比較さるべき三次元のさまざまな触覚的環境もあれば、――触覚的透明性 (Durchtastete Flächen) もある。しめっぽさ、油っぽさ、ねばっこさはより複雑な構造の層に属する。[196] 彫刻された木に触れるならば、われわれは、耳が騒音のなかで一つの音調を区別するように、木の自然の構造たる繊維と彫刻家によって与えられた人為的な構造とを、直ちに識別する。[197] ここにあるのは探索運動のあい異なる構造である。そして、それに対応する諸現象を、要素的な触覚印象の集合として、扱うことはできない。なぜなら、いわゆる成分印象なるものは主体に与えられてさえいないからである。私が亜麻布《リンネル》あるいは刷毛《ブラシ》に触れる場合に、刷毛の毛と毛の間、亜麻布の繊維と繊維の間にあるのは触覚上の無ではなくて、質料のない触覚的空間、触覚的な地である。[193] 複合的触覚現象は現実に分解可能でないならば、同じ理由に基づいて、観念的にも分解できないであろう。そしてわれわれが固いものや軟らかいもの、ざらざらしたものもしくは滑らかなもの、砂もしくは蜜を、それぞれ独自な触覚的経験の展開の法則ないし規則として定義しようとしたところで、それでもなお法則が秩序づけるところの諸要素に関する知は触覚的経験に帰せられなくてはならないだろう。ざらざらしたものや滑らかなものに触れ、それらを認知する者は、それらの要素も要素間の関係も、措定しはしないし、そうしたものを徹底的に思惟することはしない。さわり、さぐるのは、意識ではなくて手であり、手はカントのいうように「人間の外的頭脳[199]」である。触覚的経験よりも遠くまで客観化をおし進める視覚的経験においては、われわれは少くともひと目みたところでは、世界を構成しているかのようにうぬぼれることができる。それというのも、視覚的経験は、距離を隔ててわれわれの前に繰り広げられた光景を提示するし、われわれが直接いたるところにおり、またいかなる一定の場所にもいないかのような錯覚を、われわれに与えるからである。これに反して触覚的経験はわれわれの身体の表面に付着していて、われわれの前にそれを繰り広げることはできない。それは完全に客観となることはない。したがって触覚の主体としては、私はいたるところに遍在し、かつどこにもいないと、うぬぼれることはできない。私が世界に赴くのは私の身体を通じてであり、触覚的経験は私の「前で」おこなわれるのであって、私のなかに集中されているのではないということを、ここでは私は忘れることができない。触知するのは私ではなくて私の身体である。触知するとき、私は多様なるものを思惟するのではない。私の手の運動可能性に属するある様式を、私の手が再発見するのであり、知覚野について語られる際に意味されているのも、このことなのである。つまり、私は、触知される現象が私のうちで反響するものに出会い、私の意識のある本性と合致し、それを出迎える器官がそれと同調して（synchronise）いる場合に限って、有効に触知することができるのである。触覚的現象の統一性と同一性は、概念における再認の総合によって実現される（訳註54）のではなくて、共働的全体としての身体の統一と同一性を基礎としている。「幼児が自分の手を統一的な把握の道具として使うときから、手はまた触知の統一的な道具となるのである。（200）」ただ単に、私は私のもろもろの指や私の身体の全体を、単一の器官として使うというだけではない。また身体のこの統一性のおかげで、ある器官によって得られた触覚的知覚は、直ちに他の諸器官の言葉に翻訳される。例えば、亜麻布や毛織物とわれわれの背部もしくは胸部との接触は、手による接触の形で追憶のなかに残り（201）、またもっと一般的にいうと、われわれはある対象に、実際にはそれに触れたこともない身体部分でもって、追憶のなかでは触れることができるのである。（202）われわれの客観的な身体の一部分と対象とのあらゆる接触は、それゆえ、実は、現実的もしくは可能的な現象的身体の全体性との接触なのである。触覚的対象の恒常性がそのさまざまな現われを貫いて実現されうるという、事の次第は、以上の通りである。それは、私の身体－にとっての－恒常性であり、身体の全体的行動の不変項である。身体は同時にその表面の全体とすべての器官をもって触覚的経験を迎えにゆくのであり、また身体は、触覚的「世界」のある類型的構造（訳註55）をたずさえているのである。

B　物もしくは実在的なもの

〔知覚の規範としての物、物の実存的統一性、物は必ずしも対象ではない。すべての与件相互の間の同一性としての、また与件とその意味との同一性としての実在的なもの〕

われわれは今や、相互感官的な物の分析にとりかかることができる。一連の経験を通じて、われわれにとって同一のものとして保たれる可視的な物（月の青白い円盤）や触覚に現われる物（さわってみて私に触知されるような私の頭蓋）は、実際に存続する一つの quale（性質）でも、しかじかの客観的特性についての概念ないし意識でもなくて、われわれのまなざしや運動によって繰り返し発見され、捉えられるものであり、まなざしや運動が正確に答えるところの問いなのである。注目や触知の対象はある一定の運動志向を呼び起すが、この志向は自己の身体の運動に向うのではなくて、運動がいわば繋留されている物そのものをめざすものである。そして、私の手が堅いものや軟らかいものを知り、私のまなざしが月の光を知るのは、私が現象と結びつき、それと交わるある仕方としてである。堅いものと軟らかいもの、ざらざらしたものと滑らかなもの、月と太陽の光は、われわれの追憶においては、なかんずく感覚的内容としてではなく、共生（symbiose）のある型として、つまり、外界がわれわれのなかに侵入するある仕方、われわれが外界を迎え入れるある仕方として、現われる。しかも追憶は、この際、それが由来した知覚の骨組を顕わならしめているにすぎないのである。それぞれの感官領域における不変項がかように了解されるならば、もろもろの不変項が統合されている相互感官的な物を、安定した諸属性の集まりもしくはこの集まりの概念によって定義することは、問題となりえないであろう。私の視覚、触覚、ならびにその他のすべての感官がともども、唯一の行動に統合された同じ身体の諸能力であるように、一個の物の感覚的諸「特性」はいっしょになって同一の物を構成する。私がぼんやり眺めながらテーブルの表面と認知しかけているこの表面は、眼の焦点をあわせるようにと私を誘《いざ》ない、その「真の」姿をあかすべき凝視の運動を要求している。同様に、一つの感官に与えられたいかなる対象も、あらゆる他の感官の一致した働きをおのれに向って呼び求めるのである。私がある表面色を見るのは、私が視野をもち、視野の配合が私の視線をそれへと導くからである、——私が一つの物を知覚するのは、私が実存の野をもち、出現する現象の各々が、知覚諸能力の組織体としての私の身体の全体をその方向にひきつけるからである。私はさまざまな現われを通過して、私の経験がその最高度の明瞭さに達したとき、真の色もしくは形に到達する。そして、蠅はこの同じ対象を別様に見るだろうとか、倍率の高い顕微鏡はそれをいっそうひどく変形させるだろうなどと、バークリーは私に反論することができようが、しかし、これらさまざまな現われ方は、私にとっては、ある真実の眺めの、つまり知覚された形態が十分な明瞭さにおいてその豊かさの極大に達する際の眺めの、現われ方なのである(203)。私が可視的対象をもつのは、豊かさと明瞭さが互いに反比例しているような視野をもつからであり、また、これら二つの要求はそれぞれ別々には無限に増大するが、ひとたび統合されると、知覚の過程において、ある成熟点と極大とを決定するからなのである。これと同じように、私が物ないし現実の――ただ単に視覚-にとっての-現実もしくは触覚-にとっての-現実ではなくて絶対的現実の――経験と呼ぶものは、あらゆる関係において現象が分節化の頂点に達した瞬間における、この現象と私との完全な共存である。そして、「さまざまな感官の与件」は、ちょうど顕微鏡をのぞく際の私の狙いが特定の狙いの周辺に振動するように、この唯一の極に向って方向づけられているのである。私は、色の広がりのように、私がどれほどそれについてさまざまな経験を重ねようと可視性の極大を全く提示しないような現象や、大空のように、地平線上では遠く稀薄で天頂では位置づけも困難なほど分散しており、おのれに最も近い諸構造に容易に感染し、それらに何ら独自の形態を対抗させることなき現象を、視覚的な物と呼びはしないであろう。例えば――光の反映とか一吹の微風などのように――現象が私の感官の一つにだけ感知されるにすぎない場合には、それは幻影であって、例えば風がはげしくなって、たまたま私のほかの諸感官にも訴えることができるようになり、景観の激動のなかで眼にも見えるようになると初めて、現実の存在に近づくのである。一幅の絵画はそれ自身のうちに景観の香まで含んでいる、とセザンヌはいっている。(204) セザンヌのいわんとするところは物の上の(また、芸術作品が完全に物を捉えている場合には芸術作品における)色彩の配合がそれだけで、他の諸感官の問いかけに対する物のあらゆる答えを意味しており、一個の物は、またしかじかの形や触覚的特性、しかじかの音や香をもたねば、この色を呈することもないであろうということ、物とは、私の分割されない実存がおのれ自身の前に投射する絶対的充実である、ということである。あらゆる凝固した諸特性のかなたの物の統一性とは、一つの基体とか空虚な**X**とか諸特性の内属する実体などではなくて、それぞれの特性のなかに繰り返し見出されるしかじかの独特なアクセントであり、かの独自な実存の仕方であって、諸特性はその二次的な表現なのである。例えばグラスの脆さ、堅さ、透明性、すみわたった響は、唯一の存在の仕方をいい表わしている。ある患者が悪魔を見るというとき、彼はその匂いや炎やその煙もまた見ているのである。それというのも、悪魔という意義統一は、あの苦々しい硫黄質の燃えるような本質にほかならないからである。物には、それぞれの感覚的性質を他の諸性質に結びつける象徴作用がある。熱は物の一種の振動として経験に提示される。色は色で、いわば物がそれ自身の外に出ることであり、非常に熱い物が赤くなるのは、アプリオリに必然的である。それというのも、物を赤々と輝きださせているのは、物の振動の過剰だからである。[205] われわれの視線のもとでの、ないしはわれわれの手のもとでの、感覚的与件の展示は、いわばおのずとその意を教え伝えるところの言語のようなものである。つまり記号の構造そのものによって意義が分泌されるような言語なのである。それゆえ、われわれは文字通り、われわれの感官が物に問いかけ物はそれに答える、といってよい。「感覚的な現われは告知する (Kundgibt) ものである。かかるものとして、それは、それ自身とは違うものを、いい表わす。[206]」われわれは、新しい行動を了解するように、物を了解する。すなわち、包摂という知的作業によってではなく、観察されうる記号がわれわれの前に粗描する実存の様態を、われわれのものとなすことによって理解するのである。一つの行動は、世界に接するある一定の仕方を描きだしている。これと同様に、もろもろの事物の間の相互作用において、それぞれの物は、外部とのあらゆる出会いの際にそれが遵守する一種のアプリオリによって、特徴づけられる。一個の物の意味は、霊魂が身体に住まうように、この物に住まう、それはもろもろの現われの背後にあるのではない。灰皿の意味

（少くとも知覚において与えられるがままの、その全体的・個体的意味）は、その感覚的な諸相を秩序づけるところのある観念、悟性にしか近づけないような灰皿のある観念ではない。灰皿の意味は灰皿に活気を与え、明証的に灰皿のうちに具体化（s'incarne）している。それゆえ知覚においてわれわれは、物が「親しく」（en personne）与えられる、あるいは、物が「そっくりそのまま」（en chair et en os）与えられる、というのである。他人というものに先だって、まず物が表現のあの奇蹟を実現する。つまり外部に向っておのれを明かすところの内部、世界のなかに降り立ち、そこに実存し始めるところの意義、視線をその実存する場所に向け、そこにこれを求めることによって初めて完全に理解することができるような意義、このような表現の奇蹟を、他人なるものに先だって物が実現しているのである。こうして物は、私の身体の相関者である。もっと一般的にいえば、私の身体がその固定化された構造にすぎないところの、私の実存の相関者である。物は、私の身体の物に対する取組みにおいて構成され、最初から悟性にとっての一つの意義なのではなく、むしろ身体の洞察[訳註56]に対して開かれた一つの構造なのである。そして、知覚的経験に現われるがままに、現実を記述するならば、われわれは、それが人類学的諸述語を担っていることに、気づくのである。物と物との間の、もしくは物の諸相の間の関係が、つねにわれわれの身体によって媒介されているので、自然の全体はわれわれ自身の生の上演であり、ないしは一種の対話におけるわれわれの相手方なのである。知覚されない、もしくは知覚されうべきでないような物が、結局は考えられえないのは、まさにこのためである。バークリーがいったように、いまだひとのおとずれたことのない砂漠ですら少くとも、一人の観察者をもっている。それに思いを馳せているときの、つまりそれを知覚するという想像上の経験をおこなっているときの、われわれ自身である。物はそれを知覚するところの何ぴとかから、決して分離されえない。物の分節結構はまさにわれわれの実存のそれであり、物に人間性をまとわせるまなざし、ないしは感覚的探査の、末端に位置するのだから、物は決して現実にはそれ自体においてあることはできないのだ。その限りにおいて、いかなる知覚も交信《コミュニカシオン》あるいは合体《コミュニオン》である。つまり外部の志向のわれわれによる継承もしくは成熟であり、あるいは逆にわれわれの知覚の諸能力の外界における実現であり、いわばわれわれの身体と物との交合である。ひとびとがこの点にもっと早くから気づかなかったのは、知覚世界の自覚が客観的思惟の先入主によって困難にされていたからである。客観的思惟は、主体と世界との統合を証拠だてるあらゆる現象を減殺し、即自としての客体と純粋意識としての主観という明晰な観念をそれに置き換えることを、いつも任務としている。したがって客観的思惟は、物と受肉した主体とを結びつける絆を断ち切り、われわれの世界の構成要素としては、感覚的諸性質しか残さないのである。この際、われわれがすでに描いたようなさまざまな現われ方は度外視される。そして視覚的諸性質が特に選ばれる。それというのも、視覚的諸性質が自律的であるかのように見え、直接身体に結びつくことが比較的少く、ある雰囲気のなかにわれわれを誘い入れるよりも、むしろわれわれに客体を提示するからである。しかし実は、すべての物はある環境の凝結であり、物の明白な知覚はいずれも、ある雰囲気とのあらかじめの交流《コミュニカシオン》に支えられて生きているのである。われわれは「脳髄に向っての突起部をもった眼、耳、触覚器官の集まり」ではない。「……文学作品が……言語を構成する音声とその文字記号の可能的順列の特殊な場合にすぎないのと同様、もろもろの性質もしくは感覚は、われわれの世界(Umwelt)という大いなる詩の構成要素を表わしている。しかし音と文字しか知らないような者には決して文学は知られえないし、その窮極の存在だけではなく、それについてはおよそ何ごとも理解されない、ということが確かであるのと同様、《感覚》が与えられている者には世界は与えられてはおらず、世界に関する何ごとも彼には知られえないであろう(207)。」知覚されるものは必ずしも、認識さるべきものとして私の前に現前する対象とは限らない。それは、実践的にのみ私に現前するところの「価値の統一」であることもあろう。仮に誰かが、われわれの住んでいる部屋のなかから一幅の絵を取り除いたとした場合に、われわれがある変化を知覚し、しかもそれがどのような変化か知らずにいることもありうる。私の環境の一部をなすものはすべて知覚されている。そして私の環境は「存在するかしないか、本来の性質を保つか変質するかが、私にとって実践的に問題になるようなすべてのもの(208)」を含んでいるのである。例えば、まだやってこぬ嵐。私はその徴候を数えあげることさえできず、予見もしてはいないのだが、しかも私はそれに対して「備え」と覚悟ができている。——視野の周辺。ヒステリー患者ははっきりとこれを把握しているわけではないが、しかもこれは彼女の運動と方向の決定に参加している。他のひとびとの敬意、もしくはまごころからの友情。私はもはやそれらに気づいてさえいなかったが、私にとって確かにそれらは存在していたのだ。なぜなら、それらがなくなると、私は支えを奪われ宙に浮いたような気持になるのだから(209)。愛はマダム・ド・モルソーのためにフェリックス・ド・ヴァンドネス(訳註58)が用意する花束のなかにも、愛撫のなかにと同様はっきりと存在するのである。「私は色彩と葉ぶりが調和と詩をもっていると思った。音楽の調べが恋するものと恋せられるものの心の底に、無数の追憶を呼びさますように、この調和と詩は、眼を奪いながら悟性のなかに現われる。

色彩が組織された光であるなら、それは調べの組合せがその意味をもつように、一つの意味をもってはならないだろうか。……愛はその紋章をもつ、そして伯爵夫人はこの暗号を心ひそかに解いた。彼女は、傷に触れられた傷病者の叫びにも似た鋭いまなざしを、私に投げかけた。彼女は恥じらうと同時に有頂天になった。」花束が愛の花束であることは自明である。しかも、そのどこが愛を意味するのか、いうことはできない。それだからこそマダム・ド・モルソーは、彼女の誓いを破らずにそれを受納することができるのである。花束を見つめる以外に、それを理解する方法はない。しかし、それを見つめると、それは、それが何を意味しているかを、語るのである。その意義なるものは一人の実存の足跡であり、もう一人の実存によって読みとられ理解されることができる実存の足跡なのである。自然のままの知覚は科学ではない。それはおのれの向う事物を措定しはしない。それはそれらを観察するために遠ざけはしない。それはそれらと共に生きる。それは、われわれを故郷に結びつけるように一つの世界に結びつけるところの、「臆見」ないし「原初的な信念」であり、知覚されるものの存在は、われわれの実存の全体がそれに向って方向づけられているところの、先述定的な存在なのである。

〔人間「以前」の物、私は世界に臨んでいるのだから人類学的諸述語の彼方にある物〕

しかしながら、物をわれわれの身体ならびにわれわれの生の相関者として定義することによって、われわれは物の意味を汲み尽くしたことにはならない。結局、われわれがわれわれの身体の統一を把握しうるのは、物の統一においてのみであり、われわれの両手、両眼、あらゆる感覚器官が相互に置換可能な器具としてわれわれに現われるのも、まさに物から出発してである。自分だけで存する身体、静止している身体は、不分明な塊りでしかない。われわれが身体を、明確な同一視されうべき一個の存在として知覚するのは、それが物に向って動くときであり、志向的に外部におのれを投げかける限りにおいてである。そしてそれも視野の片隅、意識の欄外においてでしかなく、視野と意識の中心は物と世界によって占められている。われわれは、知覚された物を知覚する者なしに考えることはできない、といった。しかし、物がそれを知覚する者に対してもなお物自体(chose en soi)として提示され、正真正銘の「われわれ－にとっての－自体」(en-soi-pour-nous)という問題を提起するという事実は、依然として残っている。われわれの知覚は、われわれの関心事の文脈においては、物のなじみ深い現存を再発見するのにちょうど十分なほど物に立ちとどまるだけであって、そこにかくれた非人間的なものをあばき出すのに足りるほどそこにとどまるわけではないので、われわれは通常これに気づかない。しかし物はわれわれを顧みることなく、それ自身のうちに休らう。われわれが関心事から離れ、形而上学的な、無私無欲の注意を物に向けるならば、われわれにも以上の点が気づかれよう。そのときは、物は敵意を含みよそよそしく、もはやわれわれの対話の相手ではなく、断乎としておし黙った一個の他者であり、他人の意識の内面性と同様われわれから逃れる一個の自己となる。物と世界は、その表情が直ちに理解される見馴れた顔と同じような仕方で、知覚的な交信の対象となる、とわれわれはいった。しかし顔貌が何ごとかを表現するのは、まさにそれを構成する色彩と光の排列によってでしかなく、このまなざしの意味は、眼の背後にあるのではなくて眼の上にあるのである。そして画家にとって、肖像画のまなざしを変えるためには、色を一刷毛付加するか減らすかすればこと足りる。若いときのセザンヌは、まず表情を描きだそうと努めたものである。そして彼が失敗したのもこのためである。やがて次第に彼は、表情とは、物そのものの語る働きであって、物の形状からおのずと生ずることを学び知った。彼の絵は、物や顔の感覚的形態の全体的復元によって、それらの相貌を捉えようとする試みである。これは、自然が苦もなくたえずおこなっていることである。そしてだからこそ、セザンヌの風景画は「まだ人間の存在しなかった前‐世界(pré-monde)の風景[210]」なのである。つい先ほどまで物は、身体的目的論の目標として、われわれの精神‐生理的な構えの規範として、われわれに現われていた。しかしながら、これは心理学的な定義にすぎず、定義さるべきものの全き意味を解明するものではなくて、物を、それが出会われるもろもろの経験に還元するものであった。今やわれわれは実在性の核心を発見する。つまり、物が物であるのは、それがわれわれに向って何を語るにせよ、その感覚的諸相の組織そのものによって、これを語るからなのである。「実在的なもの」とは、そこにおいてはそれぞれの契機がただ単に他の諸契機から分たれえないばかりでなく、いわば他の諸契機の同義語となっているようなあの場《ミリュー》のことであり、またそこにおいて諸「相」が互いに絶対的な等価値において意味しあっているようなあの場《ミリュー》である。それは凌駕できない充実である。絨毯の色は、それが絨毯であり、毛織の絨毯であるということをいわずには、そしてこの色のなかに、ある触覚的な値、ある重み、音に対するある抵抗を含ませずには、完全に記述することはできないのである。物とは、一つの属性を完全に定義しようとすればその主辞の全体を定義することが必要となるような類の存在であり、したがって、そこにおいては、意味は、全体的な現われから区別されないのだ。セザンヌは再び次のようにいっている。「輪郭と色彩とはもはや別のものではない。描き、彩るにつれて、ますます色彩は調和し、輪郭は明確になる……色彩がその豊かさの極みに達するとき、形も完全性に達する。[211]」照明－照明されるものという構造によって、さまざまな面が存在しうるようになる。物の出現によって、一義的な形態と位置がついに存在しうるようになる。もろもろの現われのシステム、もろもろの先空間的な野（champs préspatiaux）が、しっかりと錨をおろし、ついに一つの空間となる。しかし色彩と一つになるのは、ただ幾何学的な諸特徴だけではない。物の意味そのものがわれわれの眼前で構成される。これは言語によるいかなる分析も汲み尽くすことのできない、そして物のその明証性における展示と分つことのできない意味なのである。セザンヌが描く一刷毛の色はどれもこれも、E・ベルナールがいうように、「空気、光、物、面、表情、輪郭、様式を含んで[212]」いなくてはならない。視覚的光景の断片のそれぞれは無数の条件を満足させており、そしてその契機のいずれにおいても無限の諸関係を集約しているということが、実在的なものの特性なのである。物と同様に絵画も見らるべきものであって、定義さるべきものではない。しかし絵画は別の世界のなかで開く一個の小世界ともいうべきものではあるが、前者と同じ堅固さを主張することはできない。われわれは、それが意図的に作られていること、それにおいては意味が実存に先行し、意思伝達のために必要な最少限の質料をしか意味がまとっていないということを、十分に感知している。これに反して、現実の世界においては、意味が実存と全く一つになり、われわれはそれが真実にこのなかに住みついているのを見るのであるが、まさにここにこそ現実世界の驚異が存する。想像的なものにおいては、私が見ようという意向を抱くやいなや、すでに私は見ていると信ずるのである。想像的なものには奥行がない。それは、観点を変えようとするわれわれの努力に答えず、われわれの観察になじまない。(213) われわれはそれと取り組むことが決してできない。これに反していかなる知覚においても、意味をもち、形をとるのは、質料そのものである。私が照明のわるい街路に立って、ある家の門の前であるひとを待つとしよう。門を出てくるそれぞれのひとは、一瞬おぼろげな形となって現われる。出てくるのは何がしかのひとであって、私の待ちびとを彼のうちに認知できるかどうかは私にはまだわからない。しかしやがて私のよく知っているシルエットが、地球が星雲から生れたように、このもやのなかから生れるであろう。現実的なものがわれわれのつくる仮構から区別されるのも、現実的なものにおいては意味が質料を取り囲み、深々とこれを貫くからである。絵画はひとたび引き裂かれたら、われわれの手中に、絵具の塗られたカンヴァスの断片しか残さない。しかしわれわれが石を砕き、さらにこの石の断片を砕いたときに、われわれに残る断片はなおも石の断片である。現実的なものは無限の探査に応じる。それは汲めども尽きぬものである。それゆえ、人間的な対象、つまり道具は、世界の上に置かれたものとしてわれわれに現われるが、これに反して物は非人間的な自然という地のなかに根づいているのである。物は、われわれの実存にとっては、牽引の極であるよりもむしろ遙かに反発の極である。物のなかにわれわれは、われわれ自身を認知することはできない。そしてそれを物たらしめているのは、まさしくこのことなのである。われわれは遠近法的な諸相を知ることから始めるのではない。物はわれわれの諸感官、諸感覚、諸展望《パースペクティヴ》によって媒介されているのではない、われわれはまっすぐ物に赴くのであって、われわれの認識の限界と認識するものとしてのわれわれ自身に気づくのは二次的なことがらである。ここに一個の骰子がある。これを、知覚についてみずから問いただしたこともなく、ひたすら諸物のあいだに生きるところの一人の主体に対して、自然的な立場において現われるがままに、考察してみよう。骰子はそこにある。それは静かに世界のなかにとどまっている。主体がそのまわりを巡る際に出現するものは、記号ではなくて、骰子の諸側面である。主体が知覚するのは骰子の射影図でもなければ横顔《プロフィル》でさえもない。彼は骰子そのものを、あるいはここから、あるいはかしこから見ているのである。そして、いまだ凝固していないもろもろの現われは相互に通じあい相互に移行しあい、それを結びつける神秘的な紐帯たる中心的な「立方体性」(Würfelhaftigkeit)[214]から、すべて放散するのである。われわれが知覚主体を考慮に入れるやいなや、一連の還元が始まる。まず第一に私はこの骰子が私にとってしか存在しないことに気がつく。おそらく結局、私の隣人たちは、それを見ていないだろう。そしてこの点に注目しただけでも、骰子はその実在性の幾分かを喪失する。それはそれ自体として存することをやめて、個人的歴史の極となる。ついで私は、骰子が厳密にいうと視覚によってしか私に与えられていない、ということに気づく。そして同時に私はもはや、骰子全体のうちで表面しか所有していないことになる。骰子はその質料性を喪失して空虚なものとなり、一個の視覚的な構造に、つまり形と色、影と光に還元される。とはいえ少くとも、形、色、影、光は、空虚のなかにあるのではない。それらはなおも支点をもっている。すなわち視覚的な物である。とりわけ視覚的な物は、その質的諸特性に特殊な値を与えるところの、一個の空間的構造を依然としてもっている。例えばもし私が、この骰子は単なる幻影にすぎないということを告げ知らされたとしたら、たちまちその色彩は変化し、空間に抑揚を与える色彩の仕方ももはや同じではなくなるだろう。解明することによって骰子のなかに発見されうるすべての空間的諸関係、例えば、その前面と背面との間の距離だとか、もろもろの角の「実」値だとか、諸側面の「真」の方向とかは、可視的な骰子という存在のなかでは、分ちがたく結びついているのである。視覚的な物から遠近法的な眺めに移行するのは、三番目の還元によるのである。私は、骰子のあらゆる面が一度に私の眼に現われることはできないこと、それらのうちのあるものは変形をこうむる、ということに注意する。最後の還元によって、ついに私は、もはや物の特性でも、いや遠近法的な眺めの特性でさえもなくて、私の身体の変容にすぎないところの感覚に到達する。(215) 物の経験は、これらの媒介のすべてを通過するのではない。したがって、物は、各々の構成的な層をより高度の層を表わすものとして把握し、物を初めからしまいまで構築するような精神に対して提示されるのではない。物は最初からその明証性において存在するのである。そしてそれを、私の身体的生の極としてであれ、あるいは感覚の永続的な可能性としてであれ、はたまたもろもろの現われの総合としてであれ、定義しようとするあらゆる試みは、根源的な存在における物そのものに、主観的な諸断片による物の不完全な再構成を置き換えているのである。物が認識する私の身体の相関者であることと、物が私の身体を拒否するということとを、同時に理解するには、どうしたらよかろうか。

与えられているものは、単独な物そのものではなくて、物の経験である。つまり主観性のわだちにおける一個の超越であり、一つの歴史をとおして現われるある自然である。もし実在論に同意して知覚を物との合致となそうとするなら、知覚という出来事は何かということさえもはや理解できなくなろう。主観はいかにして物をおのれに同化することができるのか、物と合致した上でこれをおのれの歴史のなかに運びこむことがいかにして可能なのか、もはや理解されえないであろう。なぜなら仮定によって、主観は何ら物に属するものをおのれの所有とはなしえないのだから。物を知覚するためには、われわれがそれを生きるのでなくてはならない。しかしながら、われわれは総合の観念論をも退ける。それというのも、観念論もまたわれわれと物との間の、体験された関係を歪めるからである。知覚主体が知覚対象の総合をおこなうとするならば、主体は知覚の質料を見わたし思惟し、みずから物のあらゆる相を内部から組織し、結びつけるのでなければならないであろう。つまり、知覚は個人的な主体と一個の観点への内属性を失い、物はその超越性と不透明性を失わなくてはならない。物を生きるということは、それと合致することでもなければ、それをすみからすみまで思惟し尽くすことでもない。したがってわれわれの問題は明らかである。知覚主体は、その場所と観点を離れることなく感覚作用の不透明性のままに、あらかじめ彼がその鍵を所持しているわけではないがその見取り図(projet)を自己自身のうちにたずさえているところの、諸物に向っておのれを差し伸べ、彼が自己自身の最奥の深みにおいて用意している絶対的「他者」に向って、おのれを開くのでなければならない。物はひと塊りのものではない。遠近法的諸相、さまざまな現われの流れ、それらはあからさまに措定されてはいないが、私がそれらを逃れて物に向うのにまさに必要な限りにおいては、少くともそれらは知覚される準備ができているのであり、非措定的意識に与えられているのである。私が一個の小石を知覚するとき、私はそれを両眼によってしか認識していないこと、若干の遠近法的眺めしか所有していないということを、私ははっきりと意識してはいない。しかも私がこのように分析したとて、それは私を驚かすものではない。私は、全体的な知覚が私のまなざしを貫き利用していること、私の身体諸器官のいっぱい詰まった暗闇を背景としてその前の明るみのなかに小石が出現していることを、すでに暗々裡に知っていた。私が気まぐれに片目を閉じたり、遠近法的な眺めを思い浮べさえするなら、物の堅固な塊りのなかに、さまざまな裂目が生じうることを、私はすでに予感していた物はさまざまな主観的な現われの流れのなかで構成される、という主張が真実なのは、以上の意味においてである。しかも私は、現勢的(actuellement)には物を構成してはいなかったのだ。すなわち、私は、物のあらゆる感覚的な諸相の相互間の諸関係、ならびにそれらと私の感覚諸器官との間の諸関係を、能動的に、精神の洞察によって、措定してはいなかったのだ。この事実こそ、私は私の身体でもって知覚するという言葉で、われわれが意味していたことなのである。視覚的な物が現われるのは、私のまなざしが、光景の指示に従いつつそこに散在する光と影とを集めながら、光が顕わにするものとしての照明された表面に、到達するときである。私のまなざしは、しかじかの文脈においてしかじかの光斑が何を意味するかを、「知って」いる。まなざしは照明の論理を理解している。もっと一般的にいうと、私の身体全体が応じ従うところの世界の論理なるものがあるのであって、相互感官的な物がわれわれにとって可能となるのもこれによってなのである。私の身体は、諸器官の共働作用の能力である以上、しかじかの色を付加すること、あるいは取り去ることが、私の経験の全体にとって何を意味するかを知っており、対象の提示と意味とに対するその影響を把握している。諸感官をもつということ、例えば視覚をもつということは、いかなる所与の視覚的布置をも引き受けることをわれわれに可能ならしめる、あの一般的な構え《モンタージュ》を、つまり可能的な視覚的諸関係のあの類型的構造《ティピック》を所有することなのである。身体をもつということは、包括的な一つの構えを、つまり、われわれが実際に知覚する世界の部分のかなたのあらゆる知覚的展開とあらゆる相互感官的対応関係との範型《ティピック》を、所有することである。したがって物は知覚において実際に与えられているのではない。われわれは世界の基本的な諸構造を身につけているのであるが、物がこのような世界に結びつけられており、その可能的な具体化の一つでしかない以上、それはわれわれによって内的に引き受けられ、再構成され、生きられているのである。物はわれわれによって生きられていながら、それでもやはりわれわれの生に対して超越的である。それというのも、人間の身体は、おのれのまわりに人間的な環境を描きだす習性《ハビトゥース》をまといつつ、世界そのものに向う運動によって貫かれているからである。動物の行動は動物的環境《ミリユー》(Umwelt) ともろもろの抵抗 (Widerstand) の中心をめざしている。動物を具体的意味を奪いとられた自然的な刺激にさらすならば、ノイローゼになる[216]。人間の行動は、彼が自分のために造った道具を超えて、世界 (Welt) と対象 (Gegenstend) に向って開かれている。彼は自分の身体さえも対象として扱うことができる。人間の生は、客観的思惟において自己を否定するその能力によって定義される。そして人間的生は、この能力を、世界そのものへの、その根源的な執着から得ているのである。人間の生は単にしかじかの一定の環境のみならず、無限の可能的環境をも「理解する」。それはおのれ自身をも理解する、なぜなら、それは自然的世界へと投げ入れられているからである。

C　自然的世界

〔範型としての、様式としての、個体としての、世界。世界は射映として現われる。しかし悟性の総合によって措定されるのではない。移行の総合〕

それゆえ、明らかにしなくてはならないものは、世界のこの根源的な了解なのである。自然的世界は相互感官的諸関係の範型《ティピック》であると、われわれはいった。しかしわれわれの意味するところは、カント流に、それが、いかなる存在者も知られうべきであるなら従わねばならない不変の諸関係のシステムである、ということではない。例えば水晶の立方体の場合には、それがわれわれの眼の前に提示されるあらゆる可能な仕方は、その構成法則からして理解されるし、それがじじつ透明であるために、そのかくれた面でさえすけて見えるのであるが、世界とは、こうした水晶の立方体のようなものではない。精神が世界の諸様相を相互に結びつけ、一つの実測図の概念のなかにそれらを統合するに至らなくても、世界はその統一性をもっているのである。世界の統一は個人の統一になぞらえらるべきものである。個人は、たとえ環境が変り思想が変っても、その話しぶりや振舞のすべてにおいて同一の様式を保っているので、彼の性格を明確にいい表わすことができる以前でも、私は打ち消しがたい明証性において、彼の統一性を認知するのである。様式とは、状況に対処するある仕方である。そして私は、ある個人や作家におけるそのような仕方を、たとえ私がこれを定義することができなくても、一種の模倣によってわがものとなすことによって認知し、了解するのである。そのうえその定義は、いかに正しいものであっても、それに正確に等しいものを与えることは決してできはしないし、すでにそれを経験しているものにとってしか、興味のないものなのである。私は一つの様式を再認するような仕方で、世界の統一を体験するのだ。とはいえ、一人の人間、一つの町の様式は、私にとっていつまでも変らずにいるわけではない。十年もあるひとと交友を続けた後では、たとえ年齢による変化は別としても、私は別人に接しているような気がする。十年も同じ街に住んでいると、まるで別の街にいるような気がする。これに反して、物に関しては、変化するのは物の知識だけである。ちょっと見ただけでは殆ど気づかれぬほどではあるが、それは知覚の発展とともに変化してゆく。世界そのものは、私の生涯を通じて同じ世界のままでいる。なぜならそれは、まさしくその内部において私があらゆる知識の修正をおこなう当の永続的存在なのであり、したがってこれらの修正によってもその統一性には影響がなく、そしてその明証性が、外観と誤謬を貫いて真理に向うところの私の運動を方向づけているような、まさにそのような永続的な存在であるからである。世界は、いまだ知られてはいないが否みがたい現存として、知識がやがて規定し充たすべき現存として、幼児の最初の知覚の果てにもすでに存する。私は誤る。私は私の確信を修正し、私の錯覚を存在から排除しなくてはならない。しかし一瞬たりとも、諸物がそれ自身においては互いに矛盾しないものであり、共に可能なものであることを、疑いはしない。それというのも、私は大都市のざわめきが、そこでなされるわれわれのすべての行為の背景をなしているように、私の生の地平に存し、私の諸経験の源をなしているところの、唯一の存在、はかり知れない巨大な個体と、最初から交わっているからである。音や色彩はそれぞれ一つの感官の領野に属しているとわれわれはいった。なぜなら、ひとたび知覚された音に続くことができるのは、他の音もしくは沈黙だけであるが、沈黙にしても聴覚的な無であるわけではなくて音の不在であり、したがって音響的存在とわれわれとの交わりを維持するものだからである。もし私が思いに耽り、その間聴くのを中止したとしても、私が音との接触を回復した刹那には、音はすでにそこにあるものとして私に現われ、私はひとたび手離しはしたが、決してとぎれてはいない一本の糸を再び手にするのである。領野とは、ある型の経験に対して私がもっているところの構造《モンタージュ》であり、いったん打ち建てられると、これは再び取り消すわけにはいかぬものなのである。われわれが世界をもっているということも、同じ類のことがらであって、ただ聴野をもたぬひとを考えることはできても、世界をもたぬひとを想像することができぬという一点が違うだけである。[217] 耳を傾けるひとにとって、音の不在が音響世界との交わりを断つことではないように、生れながら耳と目の不自由なひとにあっても、視覚世界ならびに聴覚世界の不在は、世界一般との交流を断つものではない。つねに彼の面前にはあるものがある。つまり解読さるべき存在が、ある実在の全体 (omnitudo realitatis) がある。そしてこの可能性は、いかに狭隘で不完全な経験であろうと最初の感覚的経験によって、とこしえに基礎づけられているのである。たえずわれわれのなかでおこなわれているこの主張を引き受ける以外に、世界とは何かということを知る術はない。そして世界に関するいかなる定義も抽象的な特徴表示にすぎず、定義さるべきものにすでにわれわれが近づいているのでないならば、またわれわれが存在するというまさにそのことによって、われわれが世界を知っているのでないならば、何ごとも教えはしないであろう。世界の経験こそ、意義に関するわれわれの論理的作用のすべての基礎なのであって、したがって世界そのものは、われわれのすべての経験を通じて読みとられるところの、これらの経験に共通のある意義ではない、つまり認識の質料に活気を与えにくる一つの理念といったものではない。われわれは世界に関して、われわれのうちなる意識が互いに結びつけるところの、一連の射映(profils)をもっているのではない。確かに世界はその一側面しか見せない。まず第一に空間的な意味で。私には大通りの南側しか見えない。車道を横ぎるならば、その北側が見えるであろう。私にはパリしか見えない。今しがた離れてきたばかりの田舎は、いわば潜在的な生活状態に再び沈んでしまっている。もっと深く考えるなら、空間的な射影はまた時間的でもある。他の場所とはいつでも、かつて見たあるもの、見ようとすれば見れるであろうあるものなのである。たとえ現在と同時的なものとして私がそれを知覚するにしても、これもそれが持続の同じ波の一部をなしているからである。私が近づきつつある町は、たえずその相を変える。これは一瞬私の視線をそこから離し、また改めてそれを見つめるならばわかることなのであるが。しかしもろもろの射影は継起するのでもなければ、私の前にあい並んでいるのでもない。これらの異なった諸瞬間を通ずる私の経験の結合は、一つの不変項の概念によってさまざまな遠近法的な眺めを結びつけるのとは全く違った仕方で、おこなわれるのである。立脚地のない思惟する意識のまなざしのもとで、知覚する身体が次から次へとさまざまな観点を占めるのではない。これらの観点もしくはパースペクティヴを客観化するのは、実は反省なのである。私は知覚するとき、私の観点を通じて世界全体に臨んでいるのであり、そのうえ私は、私の視野の限界さえ知ってはいない。観点の多様性は、現われの感知しがたい推移、現われのある「ぶれ」(bougé)によって初めて暗示されるにすぎない。私が車に乗ってある町に近づきながら、間をおいてたまにしかこの町を眺めない場合のように、あい継起する射映が現実に互いに区別されるときには、もはや町の知覚があるのではなくして、私は先だつ対象と共通の尺度をもたぬ別の対象に、突然直面しているのである。「これはまさしくシャルトルだ」と私は結局判断する。私は二つの現われを溶接して一つにする。しかし私がそうするのは、それらがいずれも世界に関する唯一の知覚から抜き取られたものだからである。したがって世界に関する知覚は、これらの現われの間にあるのと同じ不連続性を許容するものではない。われわれは、一つの対象の両眼視を二つの単眼視像から構成することができないのと同様、物と世界の知覚を、別々の射映からして構成することはできない。そして、私の指が私の眼球を押すのをやめると、二重の像が単一の物のなかに消えうせるように、世界に関する私の諸経験も唯一の世界に統合される。私はまず一つの遠近法的な眺めを与えられ、ついで別の眺めを与えられ、それらの間を悟性が結合する、というではなくて、それぞれのパースペクティヴが他のパースペクティヴのなかに移行するのである。そして、なおも総合について語りうるとすれば、ここでおこなわれているのは「移行の総合」である。とりわけ、現実の視覚は、私の視野が実際に私に提示しているものに局限されているわけではない。隣りの部屋、この丘の背後の風景、この対象の内部と背面は、思い起されたり、表象されたりするのではない。私の観点は、私の経験を制限するものではなくて、むしろ私が世界全体のなかに忍びこむ一つの仕方なのである。私が地平線を眺める場合、それは私がそこまでいったら見えるであろうあの別の風景を私に想到させ、この風景はこの風景で第三の風景を、というふうに次から次へと新たな風景を私に想到させるというわけではない。私は実は何ものも表象してはいないのだ。そうではなくて、あらゆる風景が、それらのパースペクティヴの互いに符合しあう脈絡と開いた無限性とのうちに、すでに存するのである。私がセザンヌの描いた花瓶の鮮やかな緑を眺めるとき、この緑は私に陶器を思わせるのではなくて、まさにこれを私に提示するのだ。陶器は、この緑独特な色調変化の仕方のなかに、その薄く滑らかな表面と多孔質の内部を伴いつつ現存している。物もしくは風景の内部地平と外部地平のなかには、空間時間をとおして結実するところの、もろもろの射映の共 - 現存 (co-présence)、もしくは共 - 存 (co-existence) があるのである。自然的世界はあらゆる地平の地平であり、あらゆる様式の様式である。それは、私の人格的・歴史的生のあらゆる分裂崩壊の下にあって、私の諸経験に、意志されたのではなく単に与えられた統一を、保証している。われわれはすでに身体の定義を、私の感覚的諸機能の一般的・前人称的な与えられた実存のなかに見出したが、自然的世界の私における相関者は、まさにこれなのである。

〔世界の実在性と未完成、世界は開いている。時間の核心としての世界〕

しかしながら、現勢態において (en acte) 存在する個体としての世界の経験を、私はどのようにしてもつことができようか。それというのも、世界について私がもついかなる遠近法的な眺めも、これを汲み尽くすことはできないし、地平はつねに開かれており、他方いかなる知識も、たとえ科学的な知識であっても、宇宙全体の相 (facies totius unversi) の不変の定式をわれわれに与えるものではないからである。

何物にせよ、ある物がわれわれに対して決定的最終的にその姿を現わすことは、どうして可能であろうか、それというのも、その総合は決して完成されることはないし、私はこの総合がくだけ、単なる錯覚の状態に陥るのを、いつでも予想することができるからである。しかしながらある物が存在するのであって、無があるのではない。少くともある程度の相対性においては規定されたものが存するのである。たとえ私は結局、絶対的な意味ではこの石を知らないにしても、またそれに関する認識は一歩一歩無限のかなたに向い決して成就することはないにしても、それでもやはり知覚された石はそこにあり、私はそれを認知し、それを名づけたのだし、われわれはそれに関する若干の陳述について了解しあっているのである。こうしてわれわれは一つの矛盾に導かれるように思われる。つまり、一方では物と世界への信仰の意味するものは、ただ成就された総合の仮定でしかないのに、他方ではこの成就が、互いに結びつけらるべきパースペクティヴの本性そのものによって、不可能にされているということである。それというのもパースペクティヴの各々は、その地平によって他のパースペクティヴへ限りなくわれわれを差し向けるからである。ところで、われわれが存在のなかで操作する以上は、じじつ矛盾は避けられない。しかし、もしわれわれが時間のなかで操作し、時間を存在の尺度として理解することに成功するならば、矛盾は消えうせ、あるいはむしろ一般化される。つまり、それはわれわれの経験の究極的条件と結びつき、生きる可能性、思惟する可能性と一つになる。地平の総合は本質的に時間的なのである。つまりそれは時間に従属しているのではない。それは時間を堪え忍ぶのではない。したがって時間を克服する必要もない。そうではなくて、それは時間の経過する運動そのものと一つなのである。空間的諸地平を伴った私の知覚野によって、私は私の周囲に臨んでおり、そのかなたに広がっているあらゆる他の景観と共存している。そしてこれらのパースペクティヴのすべてがいっしょになって、単一の時間波を、つまり世界の一瞬をつくっている。時間的諸地平を伴った私の知覚野によって、私は私の現在に、また現在に先だつ全過去と、未来とに臨んでいる。そして同時にこの遍在性は現実のものではなく、明らかに志向的なものでしかない。私の眼前に横たわる景観が丘の背後にかくれているものの形を告げ知らせることはありうるが、ある程度の不確実性においてでしかない。つまり、ここには牧場がある、かしこには、森があるであろうといった具合に。だがいずれにせよ最も近くの地平線のかなたには陸地もしくは海があるであろう、もっと向うには外海もしくは凍った海が、さらに向うには陸地か空気が、そして地上の大気圏の極限には、何か知覚されるべき物一般がある、ということを私は知っているにすぎない。そしてこうした遠方については、私は抽象的な様式以上のものはもっていないのだ。同様に、それぞれの過去は志向性の嵌り込みのおかげで、それにすぐ続くより近い過去のなかに全体的に次つぎと含まれてゆくけれども、それでもやはり過去は衰退し、私の最も幼少の時代は、私の身体の一般的実存のなかに見失われる。これについては、当時私の身体がすでに色や音、それにいま私が見ているのに似た自然に直面していたということしか、私は知らないのである。したがって私が遠方と過去を所有するといっても、それは未来の所有と同じように、原理上のことにすぎない。私の生はあらゆる側面で私を逃れる。それは非人称的な諸地帯によって取り囲まれているのである。世界の実在性とその未完成との間にわれわれが見出す矛盾は、意識の遍在性と一個の現前の領野に意識が拘束されているという事実との間の矛盾である。しかしもっとよく注意して見よう。それはほんとうに矛盾であり、二者択一であろうか。たとえ私が私の現在のなかに閉じ込められているというにしても、結局、われわれは現在から過去へと、近傍から遠方へと、しらずしらずのうちに移行してゆくのだし、現在的なものを、単に共現在化（訳註59）(apprésenté) されているにすぎないものから厳密に分離することは不可能だから、遠いものの超越性が私の現在をも蚕食し、非現実性の嫌疑を、私がみずからそれと合致していると信ずる経験のなかにまで、導入することになる。私はここに今いるのだが、しかもまた私はここにもいなければ、今いるのでもない。これに反して、もし私が過去ならびに他所への志向的諸間係を、過去と他所の構成者と見なし、意識をいっさいの場所性と時間性から離脱せしめ、したがって私の知覚と私の記憶が私を導くところにはどこにでも私がいるということにすると、私はいかなる時間にも住みつくことができず、私の現実の現在を規定する特別の現実性といっしょに、私のかつての現在も、私の可能的な現在も、その現実性を喪失することであろう。仮に総合が現実的になしとげられえて、私の経験が完結したシステムをつくり、物も世界も決定的最終的に規定されえたとしたら、そして、空間‐時間的な諸地平が、観念的にではあっても、明るみに出し尽くされ、世界が観点なしに思惟されうるとしたら、そのときにはかえって現実に存在する何ものもなく、私は世界の上を飛翔することになろう。いっさいの場所、いっさいの時間が同時に現実的になるどころか、それらはすべて現実的でなくなってしまう、それというのも、それらのいずれにも私は住みつくことはないし、いずこにも拘束されはしないのだから。もし私がつねに、いたるところにいるとすれば、私はいかなる時にも、どこにも、存在しないことになる。かようにして、世界の未完成とその存在との間、意識の拘束性と遍在性との間、超越性と内在性との間を選択せねばならないということではない。なぜなら、これらの項のいずれも、それ一つだけで主張されるときには、かえってその矛盾対立者を出現せしめるからである。理解しなくてはならないことは、まさに同じ理由が私をしてここと今とに現前せしめるとともに、他所とあらゆる時とにわたって現前せしめ、また、ここと今とに不在たらしめるとともに、あらゆる場所、あらゆる時に対して不在たらしめているということである。この両義性は、意識もしくは実存の不完全性ではなくて、むしろ、その定義なのである。広い意味での時間、すなわち、継起の秩序であるばかりでなく共存の秩序でもある時間とは、われわれがそこに一つの位置を占め、この位置の諸地平を通じて全体として捉えることによって、初めて近づくことも理解することもできるようになる、一つの場《ミリュー》である。時間の核をなす世界は、共現在化されたものを現在的なものから分離すると同時に両者を組み合わせるところの、あの独特の運動によって初めて存立するのである。そして明晰さの場所と見なされている意識は、かえって多義性の場所なのである。こうした事情においては、もしひとが欲するならば、何ものも絶対的には存在しない、ということもできよう。そしてじじつ、何ものも存在せず、すべてのものが自己を時間化するという方がいっそう正確であろう。しかし時間性は減衰した実存ではない。むしろ客観的存在こそ充実した実存ではないのである。客観的存在のモデルは、一見すると絶対的に規定されているように思われる眼前の諸物によって、提供されている。この石は白く、固く、生温いものであり、世界はそのなかに結晶するように見える。それは存在するために時間を必要としないように思われる。すなわち、一瞬間のうちに自己のすべてを繰り広げ、それ以上の存在はすべて、それにとっては新たな誕生であるかのように思われる。われわれは、世界がある物であるならば、この石に似たような諸物の総和でしかなく、時間とは完全な瞬間の総和であると、一瞬思いたくなるであろう。デカルト的な世界と時間とはこのようなものである。そして、私は、一定の区域に限られた諸対象をもった視野と、感性的な現在をもち、いかなる「他所」ももう一つの「ここ」として与えられ、いかなる過去も未来もかつての現在もしくは未来の現在として与えられるのだから、以上のような存在把握が殆ど不可避的であるのは、確かに真実である。たった一個の対象の知覚も、古典的論理学が展開するところの、客観的なもしくは明瞭な認識の理想を、永久的に基礎づける。しかしこれらの確信に深く想いをめぐらし、それらを生み出す志向的生を呼び起すやいなや、客観的存在が時間の両義性にその根基をもっていることに、われわれは気づくのである。それぞれの物がその完全な規定を伴って提示されるのは、他の諸対象が漠とした遠方に退く場合にのみ可能であり、それぞれの現在がその現実性において現われるのも、先行の諸現在、後続の諸現在の同時的現前を排除することによってのみ可能であって、したがって、諸物の総和、諸現在の総和なるものは無意味なのだから、私は世界を諸物の総和として、時間を点的な「今」の総和として理解することはできない。もろもろの事物ならびにもろもろの瞬間は、主体性と呼ばれるあの両義的な存在を通じてのみ、相互に接合しあって一つの世界をつくることができるのであり、またそれらはただある観点からして志向的にのみ共‐現在的となることができるのである。一部分ずつ流れ、一部分ずつ存在する客観的時間なるものは、もしそれが、生ける現在から過去と未来とに向っておのれを投げかける歴史的時間のなかにかくし含まれていなかったなら、思いつきさえされないであろう。対象と瞬間とのいわゆる充実性は、志向的存在の不完全性の前でのみ現われるのである。未来のない現在もしくは永遠なる現在とはまさしく死の定義であり、生ける現在は、それが引き受ける過去とそれが企投する未来との間に引き裂かれている。それゆえ、物や世界が「開いたもの」としておのれを提示すること、われわれをそれらの一定の示現のかなたに差し向けること、「見らるべき他の物」をつねにわれわれに約束すること、これは物と世界とにとって本質的なことである。物と世界は神秘的であるという言葉によってしばしばいい表わされていることは、まさにこのことである。物と世界の客観的な面に関心を限定せずに、それらを主体性の場のなかに戻すやいなや、それらはじじつ神秘的である。それらはいかなる解明をも受けつけぬ絶対的な神秘でさえある。ところで、いかなる解明も受けつけぬのは、われわれの知識の一時的欠陥のためではない。なぜなら、もしそうだとすると、この神秘は単なる問題(訳註60)の水準に舞い戻ってしまうだろうから。そうではなくて、そもそも解決の存する客観的思惟の次元にそれが存在するのではないからである。われわれの地平のかなたには、やはり他の景観と他の地平以外に見らるべきものはないし、物の内部には、もっと小さい他の物以外に見らるべきものはない。客観的思惟の理想は、時間性によって基礎づけられると同時にこぼたれる。言葉の全き意味における世界は、一個の対象ではない。それは客観的規定の外被をもってはいるが、また、そこから主体性が世界のなかに入ってきて住まうところの、いや主体性そのものでさえあるところの、割れ目や隙間をもっている。今や世界からその意味を受け取っている諸物が、なにゆえに知性の前に差し出された意義でなくて、不透明な構造であるのか、なにゆえにその究極の意味がいつまでも不分明のままでいるのか、理解される。物と世界は、私もしくは私に類似した諸主体によって生きられたものとしてのみ、実存する。なぜならそれらは、われわれのさまざまなパースペクティヴの連鎖だからである。しかもそれらはすべてのパースペクティヴを超越する。それというのも、この連鎖が時間的で未完成だからである。ちょうど不在の景観が私の視野のかなたでおのれを生き続け、私の過去が私の現在の手前でかつておのれを生きたように、世界は私の外でみずからおのれを生きているかのように、私には見える。

D 幻覚の分析による反証

〔客観的思惟にとっては理解されえぬ幻覚。幻覚的現象への還帰〕

幻覚はわれわれの眼前で、現実をうちこぼち、それに準‐現実性を置き換える。二つの仕方で幻覚的現象は、われわれの認識の前論理的基礎へとわれわれを連れ戻し、物と世界とについて今しがたいわれたことを確証するのである。最も重要な点は、患者たちが大抵の場合は彼らの幻覚と彼らの知覚とを区別しているということである。刺傷あるいは「電流」の触覚的幻覚をもつ分裂症患者たちは、実際に塩化エチルの注射をされたり、ほんとうの電流を通じられたりすると、飛びあがって、医師に向い「こんどは先生がやったんですね。私に手術をするために……」という。また別の分裂症患者は庭のなかで自分の窓の下に一人の男が立ちどまっているのが見えると主張し、その場所、この男の衣服、姿勢まで指示する。しかし指示された場所に、彼がいうのと同じ服装、同じ姿勢をしたある男を実際に立たせると、彼はびっくり仰天して、注意深く見つめ、「確かに誰かがいる、しかしこれは別人だ」というのである。しかも彼は庭園のなかに二人の男がいることを認めようとはしないのだ。自分が幻覚的に聞く声を疑ったことのない一人の女性患者は、彼女が聞くという声に似た声を蓄音器で聞かされると、彼女は仕事を中断し、振り返らずに頭をあげ、いつも声を聞くたびに起るように、白い天使の現われるのを見るのであるが、ただし、彼女はこの経験をその日に聞いた「声」の数には入れない。このたびの声は同じものではない。それは「直接の」声であり、恐らく医師の声であろうと彼女はいう。ある女性の老人性痴呆症患者は彼女の寝床に粉末があるといってこぼすのであるが、実際に米の粉の薄い層をそこに発見すると、飛びあがって「これはなあに、この粉はしめっている、あの粉は乾いているのに」と叫ぶのである。アルコール譫妄のある患者は、医師の手をモルモットだと見ていたが、ほんとうのモルモットが医師の別の手に置かれると、直ちにこれに気づいた。[218] 患者たちが電話かラジオを通じて話しかけられていると非常にしばしば主張するのは、まさしく患者たちの病的世界が人工的で「現実」となるためにはあるものが欠けていることを、いい表わさんがためなのである。声は奇態なひと、もしくは、「奇態者を装うひと」の声である。あるいはそれは老人の声をまねる若い人であり、あるいは「東部ヨーロッパのユダヤ人方言を話そうとするドイツ人さながら[219]」である。「それは、一人のひとが誰かに向ってあることを話してはいるが、音声にまでならないといった風にである。[220]」これらの告白は幻覚をめぐるあらゆる論争を終らせはしないだろうか。幻覚は感覚的内容ではないのだから、判断、解釈もしくは信念と考えるほかはない。しかし患者たちは知覚された対象を信ずるのと同じ意味においては幻覚を信じてはいないのだから、幻覚の主知主義的理論もまた成立することはできない。アランは、「実際は見てもいないものを見ていると信ずる」狂人についてのモンテーニュの言葉を、引用している。[221] しかし実は狂人は、見ているとは信じていない。あるいは、彼らに尋ねさえすれば、彼らはこの点について、彼ら自身の言葉を修正する。幻覚は、それが感覚的内容たることを妨げるのと同じ理由によって、判断もしくは向う見ずの信念ではないのである。それというのも、判断もしくは信念は、ひたすら幻覚を真実のものとして措定することにのみ存するのであるが、患者たちがおこなわないのは、まさにこのことだからである。判断の水準においては、彼らは幻覚と知覚とを区別する。いずれにせよ彼らはおのれの幻覚に対して反証をあげる。――例えば鼠が口から出たり胃に戻ったりすることはありえない、と。[222] 幻覚の声を聞く一人の医師は、小舟に乗って沖に向って漕ぎ出すのであるが、これも、誰もほんとうは自分に語りかけているのではないということを、よく自分に納得させるためなのである。[223] しかし、幻覚の発作が襲う際には、鼠と声は依然としてそこにあるのである。

なぜ経験主義と主知主義は、幻覚を理解するのに失敗するのだろうか。そしてほかのどのような方法によれば、われわれはその成功を恵まれることができるだろうか。経験主義は、幻覚を知覚と同様な仕方で、説明しようとする。これによれば、ある生理的原因の作用の結果、例えば神経中枢の興奮の結果、幻覚における感覚与件が出現することになるが、それは知覚において、同じ神経中枢に対する物理的刺激の作用によって感覚与件が現われるのと同様である。一見したところではこの生理学的仮説と主知主義的な考え方との間には、何も共通のものはないように見える。しかし実は、やがて明らかになるように、両学説のいずれも客観的思惟の優位を予想し、たった一種の存在様式、つまり客観的存在しか知らないという点、そして、そこに幻覚的現象を力ずくで引き入れようとしている点で、共通なものをもっているのである。このため、両学説はともに幻覚的現象を歪曲し、その確信の独特な様態と内在的意味を取り逃がす。それというのも、患者自身の言葉によっても、幻覚は客観的存在のなかに場所をもってはいないからである。経験主義にとって幻覚は、刺激から意識の状態に向うもろもろの出来事の連鎖のなかの、一つの出来事である。主知主義は幻覚を厄介払いしようとしている、つまり、それは意識についてのある観念から出発して、幻覚を再構築し、何であれその可能なありようを演繹しようと努めているのである。コギトは、意識の実存が実存することについての意識と一つであること、それゆえ意識自身が知らずに意識のなかに何かがあるということは決してありえないこと、逆に意識が確信をもって知ることは何であれ、意識自身のなかに見出されるということ、したがって一個の経験の真偽は外的実在に対するその関係に存するのではなくして、経験の内的特徴として経験そのものにおいて読みとらるべきこと、そして、これ以外の方法では経験の真偽は決して認知されえないであろうことを、われわれに教えるのである。こういう次第で虚偽の知覚（perceptions fausses）は、ほんものの知覚（vraies perceptions）ではない。（訳註61）幻覚に囚われたひとは、厳格な意味においては、聞いても見てもいない。彼は自分が見もしくは聞いていると判断し、信じている。しかし実は彼は見ても聞いてもいないのだ。ところで以上の結論は、コギトをさえ救うものではないのである。なぜなら実際には聞いていないのに聞いていると信ずることはどうして可能なのか、という疑問がじじつ残るからである。もしひとが、この信念は単に断言的（訳註62）（assertive）である、それは第一類の認識である、すなわち、語の完全な意味においては信じられてはいないのだが、ただ批判が欠如しているために残存しているにすぎないところの、あの浮遊する現われの一つである、ひと言でいうとわれわれの認識の単なる事実的なある状態である、とこう答えるならば、そのときは、意識がそれと知らずにこの不備な状態にありうることがどうして可能なのか、もしくは、意識がそれを知っているとすれば、意識がかかる状態に固執することがどうして可能なのか[224]、という疑問が生ずるであろう。主知主義のコギトは、それが隅から隅まで所有し構成するところの全く純粋なコギタートゥム（cogitatum 思惟されたもの）しか、おのれの面前に残しておかない。コギトが自分自身で構成するところの対象について誤ることがどうしてできるのか、ということを理解するのは、絶望的な難題である。それゆえ、ここでもまた幻覚的現象を見失わしめるものは、われわれの経験を対象に還元すること、つまり客観的思惟の優位ということである。経験主義的説明と主知主義的反省との間には、両者ともに現象をないがしろにするという深い親近性がある。いずれも、幻覚的現象を体験するかわりに、構築する。主知主義がもたらした新味で有効なもの——知覚と幻覚との間に確立された本性の相違ということ——さえも、客観的思惟の優先によって危うくされている。幻覚に囚われた主体が彼の幻覚を客観的に認識したり、あるいはまさに幻覚として思惟したりするとすれば、どうして幻覚にだまされるなどということが可能であろうか。いっさいの困難は、客観的思惟、つまり体験された事物の対象への還元、主観性のコギタチオへの還元が、先‐客観的現象への主体の多義的な執着に何らの余地も残さないところから生ずるのである。それゆえ結論は明らかである。もはや幻覚を構築することなどしてはならないのだ。また一般に、意識を絶対的十全性によって定義することを余儀なくさせ、意識の展開の停止を考えられえないものにしてしまうような、意識のある本質もしくは理念に従って、これを構築してはならないのである。われわれは意識をも、あらゆるほかのものと同じように、知ることを学ぶのだ。幻覚に囚われた者が見えるとか聞えるとかといっても、彼はまた反対のこともいうのだから彼の言をそのまま信じてはならない。(225) むしろ彼を了解しなくてはならないのだ。われわれは、健全な意識が幻覚に囚われた意識について抱く意見に満足したり、われわれ自身を幻覚の本来の意味の唯一の判定者と考えるべきではない。以上の言葉に対して恐らく次のような反論がなされるであろう、──つまり、それ自身にとってあるがままの幻覚には私は到達することができない。幻覚にせよ、他人にせよ、あるいはまた自分自身の過去にせよ、これを思惟するものは、決して、幻覚、他人、あるいはかつてあった通りのおのれの過去に、合致することはできない。認識は、事実性のこの限界を超えることは、決してできない、と。なるほどその通りである。しかしこのことは、勝手な構築を正当化するのに役だつべきではない。仮にわれわれが合致している経験についてしか語ってはならぬとすれば、言葉がすでに分離なのだから、われわれは何ごとについても語れぬことになるということも真実である。そのうえ、言葉の伴わぬ経験はなく、純粋に体験されたものなど、人間の言語生活においてすら存在しない。しかし言葉の第一の意味は、それがいおうとしている経験という原文のなかにある。求められているものは、私と他人との、現在の私とその過去との、医師と患者との、空想的な合致ではない。われわれは他人の状況をわがものとすることも、過去をその現実性において再体験することも、患者によって体験されるがままに疾病を追体験することもできない。他人の意識、過去、疾病はその現実存在においては、私がそれらについて知っていることがらに、決して尽くされはしない。しかし私自身の意識だって、それが実存し、状況のなかにおのれを投じて（s'engage）いる限りでは、やはり私がそれについて知っていることがらに、決して尽きるものではない。たとえ哲学者がメスカリンの注射によって自分で幻覚を呼び起してみても、無駄である。彼は幻覚の圧力に屈してしまうか、あるいは反省する力の幾分かを保存しているか、いずれかであろう。前者の場合には彼は幻覚を体験してはいるが、認識してはいないし、後者の場合には、彼の証言は幻覚に「巻き込まれた」（engagé）幻覚患者のそれではないのだから、われわれはつねにこれに異議を唱えることができるであろう。それゆえ、自己認識の特権は存在しない。そして他人は、私自身よりもいっそう透徹しがたい存在である、というわけではない。与えられているものは、一方における私と他方における他人、また私の現在と他方において私の過去、あるいはコギトを伴った健全な意識と他方において幻覚にとりつかれた意識、といったものではない。またこの際、前者が後者の唯一の判定者で、後者に関してもおのれの内的推測に頼らざるをえない、ということではない。——与えられているのは、患者と共にある医師であり、他人と共にある私であり、私の現在の地平にある私の過去である。私は現在に呼び戻す際に私の過去を変形する。しかしこの変形そのものを、私は斟酌することができる。それは、私がめざすところの消失した過去と私の恣意的な解釈との間に存続する緊張によって、私に告示される。私は私の観点から見るのだから、他人について誤解することがある。しかし私は彼の抗議を聞き、結局は、さまざまなパースペクティヴの中心としての他人の観念をもつのである。私が問いかける患者の状況は、私自身の状況の内部において私に現われる。そして二つの極をもったこの現象において、他人を知ることを学ぶと同様、私を知ることを学ぶのである。幻覚と「現実」とがそこにおいてわれわれに差し出される事実的な状況に、われわれを戻さなくてはならない。そして、幻覚と現実との具体的な分化を、患者とのコミュニケーションのさなかでそれがおこなわれる刹那に、捉えなくてはならない。私は私の患者の前にすわっている。私は彼と語りあう。彼は私に向って、彼が何を「見」何を「聞く」かを話そうとする。彼のいうことを言葉通りに信ずることも、彼の経験を私の経験に還元することも、また彼と合致することも、はたまた私の観点に固執することも、問題にはならない。むしろ私の経験と私の経験のなかで示されるがままの彼の経験とを明らかにし、彼の幻覚的な信念と私の現実的な信念とを解明し、両者をそれぞれ互いに他者を通じて理解することが、肝心なのである。

〔幻覚的な物と知覚された物〕

私が私の対話者の聞く声や見る影像を幻覚の類と見なすのは、私が同じようなものを私の視覚的ないし聴覚的世界のなかに見出さないからである。それゆえ、私は、単に私個人が見る光景を構成するだけではなくて、私にとっていや他人にとってすら唯一可能な光景であるところの諸現象の一個のシステムを、聴覚と、なかんずく視覚によって把握していると自覚しているわけである。そして、これこそ現実と呼ばれるものなのである。知覚された世界は、ただ単に私の世界であるばかりではない。他人の諸行動が現われるのを見るのも、この世界においてであり、他人の行動もまたこれをめざしているのである。世界は単に私の意識の相関者であるばかりでなく、私が出会いうるすべての意識の相関者でもある。私が眼で見るものは、私にとっては視覚の可能性を汲み尽くしている。確かに、私はある角度からしかそれを見てはいない。私が推測するだけのものを、他の位置にいる観察者は、はっきりと知覚することができるということも、私は認めよう。しかしながら、これらの他の光景は、ちょうど、対象の背面や下面が、現に見えている面と同時に知覚され、また隣の部屋が、私が実際にそこに入ったときにもつであろう知覚に先だって存在するのと同じように、私の眺めのなかに現実に含まれているのである。他人の経験や、私が移動したときもつであろう経験は、私の現在の経験の地平によって暗示されているものを、展開するだけであって、何ものをもそれに付け加えはしない。私の知覚は、あらゆる点でこれを強化し、これと合致するであろう無数の知覚の鎖を、共存させる。私の視線と私の手は、実際におこなわれるいかなる位置の移動も、私の期待に正確に一致する感性的応答を惹起するであろう、ということを承知している。そして私は、あらかじめ私が保持しており、すでにその手掛りをもっている、いっそうこまごました無数の知覚の集団が、私の眼前に群がるのを感じている。したがって、私は、私の知覚のなかに書き込まれ、指示されているもの以上の何ものをも「許容」(tolère) しない一つの場を知覚していると意識している。私は、凌駕することのできない充溢と現在交わっているのである。[226] 幻覚にとりつかれたひとは、そのように信じてはいない。幻覚的現象は、世界の一部をなしてはいない。すなわち、それは近づきうるものではない。そこからは、幻覚主体のあらゆる他の経験や健全な主体の経験に導くところの、一定の道がない。「あなたには私に聞える声[訳註63]が聞えないのですね」と患者はいう、「それじゃあ聞いているのは私だけなのです。[227]」幻覚は知覚世界とは別の舞台で演ぜられる。幻覚はいわば二重焼きにされている。「まあ聞いて下さい」とある患者はいう、「われわれが話している最中にも、誰かが私にあれこれいうのです。いったいどうしてこんなことになるのでしょう。[223]」幻覚が安定した相互主観的世界のなかに場所をもたないのは、真の物をして「それ自体のうちに」休らわしめ、それ自身によって作用し実存するようにさせるところの、充実性、内的分節が、幻覚には欠如しているからである。幻覚的な物は、真実の物のように、これを実存のうちに保つ微小知覚[訳註64](petites perceptions)に充たされてはいない。それは暗黙の、分節化されていない一つの意義なのである。真実の物に直面した際のわれわれの行動は、その志向を充たし理由づける「刺激」によっておのれが動機づけられているのを感知する。幻覚の場合には、われわれの側から発議がなされるのであって、外部においてそれに答えるものは何もない。[229]幻覚的な物は、真の物のように、それ自身のなかに持続のある厚みを収縮している深みをもった存在ではない。そして幻覚は知覚のように、生ける現在における私の、時間に対する具体的な取組みではない。幻覚は世界の上をすべるように、時間の表面をすべる。夢のなかで私に語りかける人物は、口を開くことさえしなかった。彼の思念は魔術的な仕方で、私に伝達され、私は彼が何もいわないうちにもう、彼が私に何をいわんとするかを、知っているのである。幻覚は世界のなかにあるのではなくて、世界の「手前」にある。それというのも、幻覚にとりつかれたひとの身体は、現われのシステムへの接合を失っているからである。いかなる幻覚も、まず第一に、自己の身体の幻覚である。「あたかも私は口で聞いているかのようだ」、「私に話しかけるひとが私の唇にとまっている」、こう患者たちは語るのである。[230]「現存の感情」(leibhaften Bewußtheiten 身体的意識性)において、患者たちは、おのれの近くに、背後あるいは上に、彼らが実際は見ていないあるひとの現存を直接体験する。彼らは、そのひとが近より、もしくは離れてゆくのを感知する。ある分裂症の女性は、自分の裸姿が背後から見られているという印象を、たえずもっている。ジョルジュ・サンドは、彼女は決して見たことはないが、たえず彼女を眺め、彼女自身の声で彼女の名を呼ぶ、二重身をもっていた。[231] 人格感喪失と身体像の障害とは、直ちに外的幻覚となって現われる。それというのも、われわれの身体を知覚することと、ある自然的・人間的環境におけるわれわれの状況を知覚することとは、われわれにとって一つだからであり、また、われわれの身体は、現実化され事実的である限りにおけるこの状況にほかならないからである。視野外幻覚においては患者は、自分の背後のひとを見、自分のまわり中を見、背後の窓から外を眺めることができると、信じている。[222] それゆえ見えるという錯覚は、錯覚上の対象の提示であるどころか、もはや感覚的な相手方のない視覚能力の展開であり、いわばその暴走である。幻覚が存するのは、われわれが現象的な身体を通じて、この身体がそこにおのれを投射する環境と、恒常的な関係を維持しているからであり、そして、事実的な環境から遊離したうえでも、なおも身体が、その固有の構え《モンタージュ》によって、この環境の擬似‐現前を喚起することができるからである。この限りにおいては、幻覚的な物は、決して見られているわけでも、可視的でもない。メスカリンの作用を受けているある患者は、ある装置の螺旋をまるでガラス製の球かゴム製の気球の瘤ででもあるかのように知覚するのである。しかし、彼がほんとうに見ているものは、何であろうか。「私は腫れものの世界を知覚している。……あたかも突然、私の知覚の鍵が変えられ、一つの音曲がハ調あるいは変ロ調で演奏されるように、すべてのものをふくれあがった姿で知覚することを私は強いられているかのようである。……この刹那、私の知覚の全体が変化し、一瞬私はゴムの球を知覚したのだ。これは、私がこれ以外何も見なかったことを意味しているのであろうか。いや、そうではない。しかし、私はほかの仕方では知覚することができないという風に、私がいわば〈仕立てられている〉と感じたのである。世界はかようなものであるという信念が私を襲ったのだ。……さらに後に、もう一つの変化が起った。……いっさいのものが私には、捏粉状に、また同時に鱗状に見えた。ちょうどベルリンの動物園でとぐろを解くのを見たことがある何匹かの大蛇のように。この刹那、私はある島の上でたくさんの蛇にかこまれているかのような恐怖に襲われた。[233]」幻覚は、少しずつその意味を明かす重々しい実在として、腫れものや鱗や言葉を私に提示するのではない。幻覚が再現させるものは、これらの実在が私の感性的存在と言語的存在において私を襲う仕方だけである。患者が器にもられた食物を「毒が入っている」として退けるとき、「毒入り」という語が彼にとっては化学者にとってと同じ意味をもつものではないということを、われわれは理解しなくてはならない。[234] 患者は、客観的身体においてこの食物が有毒な性質を実際にもっていると信じているのではない。毒なるものは、ここでは、情感的な存在であり、疾病や不幸の現前と同様な魔術的現前である。大部分の幻覚の内容はさまざまな面をもった物ではなくて、刺傷、振動、爆発、空気の流れ、冷たさもしくは熱さの波、火花、かがやく点、微光、シルエットといった、一時的な現象である。[225] 例えば鼠といったような真実の物が問題となるときには、それは、その様式もしくは表情によってしか表わされない。これらの支離滅裂な現象相互の間には、明確な因果関係が入る余地はない。それらの唯一の関係は共存の関係——患者にとってはつねに一つの意味をもっている共存である。それというのも、偶然性を意識することは明確にして判明な因果の諸系列を前提することだし、われわれはここでは崩壊した世界の残骸の間にいるからである。「鼻水が何か特別な分泌物となり、地下鉄内での居眠りが特殊な意義をもつようになる。[236]」幻覚がある一定の感覚領域に結びつくのは、それぞれの感覚野が実存の変質に対して、特別の表現可能性を提示する限りにおいてのみである。分裂症患者がとりわけ聴覚的幻覚と触覚的幻覚とに襲われるのは、聴覚と触覚の世界がその自然の構造のために、とり憑かれた、遺棄された、平準化された実存を表わすのに他の感覚世界よりも、適しているからである。アルコール中毒患者がとりわけ視覚的幻覚をもつのは、譫妄活動が視覚のうちに、立ち向わなくてはならない敵手もしくは課題を呼び起す可能性を、見出すからである。[237] 幻覚にとりつかれたものは、正常人と同じ意味では、見ても聞いてもいない。彼は世界の残骸でもって、おのれの存在の全体的志向に適した虚構の環境を作りだすために、彼の感覚野と、世界への彼の自然的な接合とを、利用しているのである。

〔幻覚的な物と知覚された物のいずれも認識より深い機能から生れる。「原初的臆見」〕

しかし幻覚は感覚的でないにしても、だからといって判断であるようなことでは更さらない。それは一つの構築物として主体に与えられるのではない。それは「地理的世界」のなかに、つまりわれわれが認識し判断する存在のなかに、諸法則に従った諸事実の織地のなかに場所をもつのではなくて、世界がわれわれに触れ、われわれが世界と生き生きと交わりあう媒体をなすところの、個人的な「景観」[238] (paysage) のなかに場所をもつのである。ある女性の患者は、誰かが市場で彼女を見つめた、彼女は自分の上にそそがれたこの視線を打撃のように感知したのだが、どこからそれがやってきたのかはいえない、という。彼女は、誰にでも見える空間のなかに、骨肉をそなえた一人の人間がいて彼女に視線を向けた、といおうとしていないのではない。――そしてそれだからこそ、われわれが彼女に対抗させる論拠も、彼女には効果がないのである。彼女にとって肝心なのは、客観的世界のなかで起ることではなくて、彼女が出会い、彼女に触れ、彼女を襲うものなのである。幻覚にとりつかれたひとが退ける食物は、彼にとってしか毒入りではないのだが、しかし否みがたく毒入りなのである。幻覚は知覚ではない。しかしそれは現実として通用する。幻覚にとりつかれたものにとってはこれのみが重要なのである。知覚された世界はその表現力をすでに失い、(229)幻覚のシステムがこれを簒奪してしまった。幻覚は知覚ではないけれども、幻覚によるまやかしは確かに存在するのであって、これはわれわれが幻覚を知的な作用と見なすならば、決して理解できないものなのである。幻覚は、それがいかに知覚から異なっていようとも、知覚に取って替ることができ、患者にとっては彼自身の知覚よりもいっそう現実的に存在することができなくてはならない。これが可能であるのは、幻覚と知覚とのいずれもが、われわれが自己の周囲に一定の構造をもった環境を配し、あるいは世界のまっただなかに、あるいは世界の埒外に、われわれ自身を位置づけることを可能ならしめるところの、唯一の根源的機能の諸様相であればこそである。患者の実存は中心が狂っている。それは、きびしい反抗的で強情な、われわれを顧みない世界との交渉のなかでもはや遂行されるのではなく、仮構の環境を自分ひとりで構成することのうちに尽きてしまうのである。しかしながら、この仮構が現実として通用しうるのは、まさに現実それ自身が正常な主体にあっては類似した作用において到達されるからこそなのである。もろもろの感覚野と身体とをもっている以上、正常人もまた幻覚が入りこむ通路となるあの開いた傷口をもっており、彼の世界表象も不死身ではない。われわれがおのれの見るものを信ずるのは、いっさいの検証に先だってのことである。そして知覚の古典的諸理論の誤謬は、直接的知覚が両義性に陥って挫折したときにのみわれわれが訴えるところの、知的な作業と感覚の証言の批判とを、知覚そのもののなかに導入してしまっていることである。正常人にあっては、いかなる明白な検証も経ることなくして、個人的な経験がそれ自身とも他人の経験とも結びつき、景観は地理的世界に向って開き、絶対的充実をめざすのである。正常人は主観性を楽しんではいない。彼はそれを逃れる。彼は本気で世界に臨んでいる。彼は率直に素朴に時間と取り組んでいる。これに反して幻覚にとりつかれたひとは、万人共通の世界のなかから自分のために私的環境を裁ち抜くために「世界における（への）存在」を利用し、たえず時間の超越性と衝突しているのである。したがって、私が自分の前に一個の対象を、私から隔たったその場所において、他の諸対象との一定の関係において、また観察されうる一定の諸特徴をそなえたものとして、措定するところのはっきりした作用の下に、つまり本来の意味での知覚の下に、それを支えるものとして、いっそう深いある機能が存することになる。この機能は、それがなければ分裂症患者におけるように現実性の指標が知覚対象から奪われ、またそれによって初めて知覚対象がわれわれにとって問題となり重要となるといった機能なのである。これは、一種の「信念」(foi) もしくは「原初的臆見」[240] (opinion primordia`e) によって、われわれを主観性のかなたへと連れ出し、いっさいの科学といっさいの検証に先だってわれわれを世界のなかに住まわせる運動であるが、——また場合によってはこれとは反対に、われわれの個人的な現われのうちに埋没してしまう運動でもある。幻覚は決して知覚ではなく、真実の世界は、患者がそれから顔をそむけているときですら、患者によってつねに予感されているのではあるが、この原初的臆見の領域においてこそ幻覚的錯覚も可能なのである。それというのも、われわれはここではなお先述定的存在のうちにあるからであり、現われと全体的経験との結びつきは、真実の知覚の場合ですら、暗黙裡の推定上のものでしかないからである。幼児は、夢のなかで見たものを知覚したものと同様、世界に属するものと見なす。夢の情景は彼の部屋のなかで寝台の足もとで起っているのだが、ただし眠るひとにしか見えないのだ、と彼はこう信じている。[241] 世界は依然として、ありとしあらゆる経験の漠然たる場所なのである。世界は真実の対象も、個人的で刹那的な幻影も、ごちゃまぜに迎え入れる。——なぜなら、世界はいっさいを抱擁する個体であって、因果の諸関係によって結びつけられた諸対象の全体ではないからである。幻覚をもつこと、そして一般に想像することは、先述定的世界のこの寛容さと、融合的経験 (expérience syncrétique) におけるわれわれと全存在との眼もくらむばかりの接近を、利用することなのである。

　したがって、知覚から疑う余地なき確実性を、知覚的意識から完全な自己所有を取り上げることによってしか、幻覚のまやかしを説明することはできないのだ。知覚されたものの現実存在は決して必然的ではない。なぜなら、無限に追求されるであろうような、そのうえ一方で得るところがあれば必ず他方で失うものがあり、時間の危険にさらされざるをえないような一つの明白化を、知覚は見越しているからである。しかしながら、ここからして、知覚されるものは単に可能的ないし蓋然的なものにすぎない、例えば、知覚の永続的な可能性に還元される、などと結論してはならない。可能性と蓋然性とは、先だつ誤謬の経験を前提しており、疑いの状況に対応するものなのである。どのような批判的な教育を経たものにとっても、知覚されたものは、懐疑と論証の手前にあり、またいつまでもそこにある。科学者にとっても、無学なものにとってと同じように、太陽は「昇る」。そして太陽系に関するわれわれの科学的表象は、月の風景と同様、今なお人づての話(on-dit)にとどまるものである。つまり、われわれは太陽の昇天を信ずるのと同じ意味においては、決してそれを信じてはいないのだ。太陽の昇天、ならびに一般に知覚されたものは「現実的」であり、われわれは直ちにそれを世界の一部と見なす。それぞれの知覚は、いつでも「打ち消され」て錯覚とされうるけれども、それをただすもう一つの知覚に場所をゆずるためにのみ消え去るにすぎない。それぞれの物はなるほど後からは、不確かと見えることもあろうが、少くとももろもろの物があること、つまり世界があることとは、われわれにとって確実である。世界は現実的であるかと問うことは、自分のいっていることを理解していないことに等しい。それというのも、世界とは、いつでも疑おうとすれば疑うことのできるもろもろの事物の総和ではなくて、まさにそこから事物が取り出される汲めども尽きぬ貯蔵所だからである。知覚されたものは、それが分離されうるものであり、また事情によっては別の知覚によって置き換えられうるものであるということを同時に告知するところの、世界という地平といっしょに、全体として見られるならば、われわれを欺くことは絶対にない。いまだ真理は存在せずして現実があり、必然性はなくて事実性があるというところでは、誤謬はありえないであろう。これに対応して、われわれは知覚的意識に対して完全な自己所有と、いかなる錯覚をも排除するような内在性とを、拒まねばならない。もし幻覚が可能となることができるはずなら、何らかの瞬間に意識はおのれが何をなしているかを知らぬという状態になるのでなければならぬ。そうでないと、意識はおのれが錯覚を構成していることを自覚していることになり、そしてこれには執着しないだろうから、錯覚はなくなってしまう。――そして、まさに、錯覚的な物と真の物とが、すでに述べたように同じ構造をもたないとすれば、患者が錯覚を受け入れるためには、彼は真実の世界を忘却もしくは抑圧し、真実の世界に準拠することをやめねばならぬ、そして少くとも真偽の原始的無区別の状態に復帰する能力を、もたねばならない。しかしわれわれは意識をそれ自身から分断するようなことはしない。こんなことをすれば、原初的臆見を超えるいかなる知の進展も、いやなかんずく原初的臆見を知全体の基礎として哲学的に再認識することも、禁ぜられてしまうであろう。ただし、コギトにおいて遂行されるがままの、私と私との合致は、決して現実の合致ではなくて、単に志向的な推定上の合致にすぎない、ということでなくてはならない。じじつ、今これを思惟したばかりの私自身と、私がこれを思惟したと思惟する私との間には、すでに持続のある厚みが介在し、私は、すでに過去となったこの思惟が今私が見るがままのものであったかどうか、いつでも疑うことができるのである。他方また、私は私の過去について、この現在の証言以外の証言をもってはいないし、しかも私は過去の観念をもっているのだから、私は非反省的なものを認識されえざるものとして、その上にそそぐ反省のまなざしに対立させる理由はない。しかし反省への私の信頼は、結局、時間性の事実と世界の事実とを、いっさいの錯覚と錯覚からの目覚めとの不変の枠として引き受けることに帰着する。私は、時間と世界への内属においてしか、つまり両義性においてしか、私を知らないのである。

IV　他人と人間的世界

〔自然的時間と歴史的時間との絡みあい〕

私は自然のなかに投げ入れられている。そして自然というものは、単に私の外部に、歴史なき諸対象のなかに現われるばかりではなく、主体性の中心においても見られるのである。なるほど人格的生の理論的ならびに実践的な諸決定は、遠くから私の過去ならびに未来を捉え、あらゆる偶然性を伴った私の過去にも、後から見ればそれが準備であったといわれるようなある未来をこれに続かせることによって、一定の意味を与えることができる、つまり私の生に歴史性を導入することができる。しかし、こうしてできた秩序には、つねにある人為的なものがある。私の生涯の初めの二十五年間が、ようやく自立に達するためのきびしい離乳期に先だつ幼児期の延長であったことを、私が理解するのは、今になってからのことである。私が実際に生きてきたままの、そして今なお私のうちにたずさえているような、この二十五年間にもし私が立ち戻るならば、この時期の幸福は、父母の保護のもとにあるという雰囲気などによって説明されることを拒むであろう。世界はもっと美しく、もろもろの事物はもっと魅惑的だったのだ。そして今の私は、かつて私が体験していた当座おのずと理解されていた以上に、私の過去をよく理解しているとは決して確信できないし、また私の過去がはなつ抗議の声を沈黙させることもできない。私がいま私の過去に与えている解釈は、精神分析学に対する私の信頼と結びついている。明日はいっそう豊かな経験と洞察力をもって、私はこれを恐らく他様に理解するだろうし、したがって別様の私の過去を再構成するであろう。いずれにせよこんどは、私は私の現在の解釈を解釈し、そのかくれた内容をあばき出すことになろう。そしてその真理価値を最後的に評価するためには、私はこれらの発見を斟酌しなくてはならないだろう。私の過去と未来とに対する把握は不安定なものであり、私による私の時間の所有は、完全に私が私を理解する瞬間まで、たえず延期される。そしてこの瞬間がやってくることはありえないのだ。なぜなら、これもまた瞬間であって未来の地平によって縁どられ、それはまたそれで理解されるために進展を必要とするからである。したがって、私の意志的な理性的な生は、おのれの完成の邪魔をし、それにいつまでも単なる手始めといった外観を与えているところの、別の力とおのれが絡み合っていることを知っているのである。そこにはつねに自然的な時間がある。時間の諸瞬間の超越性は、私の歴史の合理性を基礎づけると同時にそれを危うくするものでもある。基礎づけるというのは、それが、私の現在における不透明な要素について反省することを可能ならしめる全く新たな未来を私に開くからであり、危うくするというのは、この未来からして私が、私の生きる現在を、疑う余地のない確実さをもって捉えることは、決してできないし、したがって生きられたものは決して完全に理解されうるものではなく、私が理解するものは決して正確には私の生と合致はせず、結局、私は私自身と決して一つにはならぬからである。こうしたことが、この世に生れでた存在の、つまり理解さるべきあるものとして決定的最終的にすでにおのれ自身に与えられてしまった存在の、宿命なのである。自然的時間は私の歴史の中心にいつまでも残存するので、私は自分が自然的時間によってまた取り巻かれているのを見る。私の最初の何年かが未知の国として私の背後に存するのは、たまたま記憶を失っているためとか完全な探索がおこなわれないためではなくて、むしろこの探索されざる地域には、知らるべきものが何もないからである。例えば子宮内の生活においては、知覚されるものは何もなかった。それゆえ、想起さるべきものもないのである。そこには自然的な自我と自然的な時間の萌芽しか存在しなかったのだ。ところでこの匿名の生は、たえず歴史的現在を脅かしている時間的分散の極限でしかないのである。私の歴史に先だち、やがてこれを終えさせる、あの形なき実存を洞察するためには、私は、ひとりでに働くところのあの時間、私の人格的な生が利用しはするが完全に掩い尽くすことはできぬあの時間を、私自身において注視しさえすればよい。私は人格的実存においても私が構成するのではない時間によって担われているからこそ、私のすべての知覚は自然を背景として浮びあがるのである。私は、私が知覚している間にも、また知覚の器質的諸条件について私が何も知らない場合ですら、夢想的な散漫な「もろもろの意識」(consciences)を統合していること、つまり私の人格的生に先だち、これにとってはどこまでも外的にとどまるところの、知覚の諸領野を伴った視覚、聴覚、触覚を統合していることを、自覚している。自然的対象とは、この一般化された実存の足跡である。そして、いかなる対象も最初は何らかの点で自然的対象なのであり、それが、私の生のなかに入りうべきであるならば、それはもろもろの色彩や、触覚的・聴覚的諸性質から出来あがっているはずである。

〔人格的行為はいかにして沈澱するか、他人はいかにして可能であるか〕

自然が私の人格的生の中心にまで浸透し、それと絡み合っているのと同様、もろもろの行動は自然のなかに降りたち、文化的世界という形でそこに沈澱する。私はただ単に自然的世界をもち、土、空気、水からなる環境に生きているだけではない。私は私のまわりに道路や植込地、村落や街や教会、それにもろもろの道具、例えばベル、スプーン、パイプなどをもっている。これらの対象のそれぞれは、それが役だつところの人間的活動のしるしを刻みこまれている。それぞれは人間的な雰囲気を放っている。もっとも、これは砂の上の幾つかの足あとの場合のように非常に漠然としていることもあれば、逆に、最近空家になったばかりの家をつぶさに点検するときのように、きわめて確定的に現われていることもある。ところで感覚的もしくは知覚的諸機構がおのれの前に自然的世界を繰り広げることは、これらの諸機構が前人称的であるが故に、驚くべきことではないけれども、人間がおのれの生に形態を付与する自発的な行為が、外部に沈澱し、そこで物としての匿名の存在を受け取るということには、ひとは驚くかもしれない。私が参加している文明は、私にとっては、この文明がおのれに供するもろもろの道具のなかに、明証的に存在している。未知の、もしくは異郷の文明の場合には、廃墟や、私が再発見するこわれた器具の上に、あるいは私が遍歴する景観の上に、多くの存在の仕方もしくは生き方のしるしを見ることができる。文化的世界はこの際は曖昧ではあるが、すでに現前している。そこには知らるべき社会がある。「客観的精神」〔訳註65〕が遺跡や景観に住まっている。こうしたことはいかにして可能なのだろうか。文化的対象のなかに、私は匿名性というヴェールをとおして、他人の身近な現前を体験するのである。ひと（on）は煙草をすうためにパイプを使い、食べるためにスプーンを、呼ぶためにベルを使用する。そして文化的世界の知覚が立証されうるとすれば、それは人間的行為ならびに他の人間の知覚によってなのである。人間的行動や思惟はいかにして「ひと」という様態において捉えられうるのか、それというのも原理的には、それらは一個の「私」から分たれえぬ、第一人称の作用なのだから。「ひと」という不定代名詞はここでは「私」の多数性、あるいはまた「私」一般を示す漠然たるいいまわしにすぎない、と答えることは容易である。私はある一定の文化的環境ならびにそれに対応するもろもろの振舞の経験をもっている、そして消え去った文明の遺跡を前にして、私はそこに生きた人間の種属を類推的に理解するのだ、とひとびとはいうであろう。しかしそうだとしても、私はいかにして私自身の文化的世界の、私の文明の、経験をもつことができるのか、この点をまず明らかにせねばなるまい。以上の問いに対して、私は私の周囲の他のひとびとが、私をとりまく諸道具のある一定の使い方を実行するのを見ており、彼らの振舞を、私の振舞の類推によって、また知覚された動作の意味と意図とを私に教える私の内的経験によって、解釈するのだと、さらにひとびとは答えるだろう。そうなれば結局、他人の行動はつねに私の行動によって理解され、「ひと」もしくは「われわれ」は「私」によって、理解されることになろう。しかし問題はまさにここにあるのである。つまり、いかにして「私」という語は複数となりうるのか、いかにして「私」という一般的な観念がつくられうるのか、私のとは別の「私」について語ることがどうして可能なのか、他のもろもろの「私」が存在することを私はどうして知りうるのか、原理的にそしてまた自己認識として「私」という様態においてある意識が、「君」という様態において、またそれを通じて「ひと」の世界において捉えられることがどうしてできるのか。文化的対象の第一のもの、文化的対象のすべてがそのおかげで実存するところの当のものは、行動の担い手としての他人の身体である。遺跡にせよ他人の身体にせよ、問題は、空間における一個の対象が実存の雄弁な足跡となることがいかにして可能なのか、また逆に一個の志向、思想、企投が人格的主体から遊離して、その外部のおのれの身体のなかで、またそれがおのれのために作りあげる環境のなかで、可視的となることが、どうして可能なのか、を知ることである。他人の構成は社会の構成を完全に説明するものではない。社会は二人の実存ではない、いや三人の実存ですらない、それは不特定数の意識を含む共存なのである。しかしながら、他人の知覚の分析は、文化的世界がひき起す原理的困難に触れるものである。それというのも、この分析は外から見られた意識、外界に住まう思惟というパラドクスを解決するはずだからであり、これは私の意識、私の思惟と較べれば、すでに主体がなく、匿名のものだからである。

〔知覚意識の発見によって可能とされる共存〕

われわれが身体についてすでに述べたことが、この問題に解決のいとぐちを与えるのである。他人の実存は客観的思想にとっては難問であり躓きである。仮に世界の出来事が、ラシュリエのいわゆる一般的な諸特性の交錯であり、原理的にその分析の成就を可能ならしめる諸関数関係の交叉点に起るとするなら、そしてまた身体が実は世界の一区域であって、生物学者が私に語るあの対象、生理学の著作のなかで分析されている諸過程のあの連結、解剖図に描かれている諸器官のあの集まりであるとすれば、私の経験は、裸の意識とそれが思惟する客観的な諸相関関係のシステムとの対面以外のなにものでもありえないであろう、他人の身体も、私自身の身体と同様、住むもののない空家となる。それは、それを思惟し、もしくは構成するところの、意識の前に置かれた対象である。ひとびと、ならびに経験的存在としての私自身、つまりわれわれは、ゼンマイで動く機械仕掛けでしかなく、真の主体には仲間がいないことになる。一片の血肉のなかにかくれているというような意識は、かくれた性質[訳註66](qualités occultes)のなかでも最も不条理な性質である。そして私の意識は、経験の全体系の相関者であって、私にとってありうるものと外延を等しくするのだから、もう一つ別の意識に経験の体系のなかで出会うことはありえない。もし別の意識が現われたら、それは直ちに世界のなかに、この意識独自の諸現象の私に知られざる背景を、出現せしめることになろう。二つの存在様式が、いやたった二つだけの存在様式が、あるのである。つまり空間のなかに繰り広げられた諸対象の存在の仕方である即自存在と、意識のそれである対自存在とである。ところで、他人は私の前では一つの即自であるが、しかも対自的に実存している。彼が知覚されるためには、矛盾した作用が私に要求される。なぜなら、私は私自身から彼を区別し、したがって客体の世界のなかに位置づけると同時に、彼を意識として、すなわち、それ自身私であり思惟するものと思惟されるものとがそれにおいて一体となっているが故にのみ、私が近づくことができるような、外部も部分もない例の存在の仕方として、思惟しなくてはならないからである。それゆえ、客観的思惟のなかには他人のための、意識の多数性のための、場所がないのである。世界を構成するのがほかならぬ私であるとすれば、私は別の意識を思惟することはできない。なんとなれば、この別の意識はこの意識でまた世界を構成することになるだろうし、また少くとも世界に対するこの別の見方からすれば、私は構成者でなくなるだろうから。たとえ私が別の意識を世界の構成者と思惟することができたとしても、それをこのようなものとして構成するのは、依然として私であり、改めて私だけが構成者だということになろう。しかしまさしく、われわれは客観的思惟を疑うことを学んだのである。そしてわれわれは、世界と身体とに関する科学的表象に至る手前で、それが吸収することができない身体と世界との経験に触れたのである。私の身体と世界とはもはや、物理学がうち建てるような類の関数関係によって互いに秩序づけられた客体ではない。両者がそこにおいて交わりあう経験の体系は、もはや余すことなく私の前に繰り広げられてもいないし、構成的意識によってすみずみまで支配されてもいない。私は世界の能力としての私の身体を通じて、未完成な個体としての世界をもっているのである。そして私は私の身体の位置によって諸対象を位置づけ、逆に諸対象の位置によって私の身体の位置を知る。しかもこれは、論理学的含意によってではない。例えば与えられている大きさへの客観的諸関係によって、未知の大きさを定めるような仕方によってではない。そうではなくて現実的な含意においてであり、それというのも、私の身体が世界に向っての運動であり、世界が私の身体の支点だからである。客観的思惟の理想——物理‐数学的相関関係の束としての経験の体系——は、それ自身と一致した個体としての世界に関する私の知覚を基礎としている。そして科学が私の身体を客観的世界の諸関係に統合しようと企てるとき、科学は科学流に、私の現象的身体の原初的世界への接合を、いい表わそうとしているのである。身体が客観的世界からひきさがり、純粋主観と客体との間に、第三の種類の存在を形づくると同時に、主観はその純粋性と透明性を喪失する。なるほど諸対象は私の前にあり、対象は私の網膜上にそれ自身のある射像を投げかけ、そして私は対象を知覚するのである。しかし、現象に関する私の生理学的表象においても、網膜上の映像と脳髄中のその対応者とを、それらがそこに現われる現実的な、また潜在的な場の全体から、孤立させることは、もはや問題とはなりえないだろう。生理学的出来事は知覚的な出来事の抽象的な素描にすぎない。[242] また継起する網膜像に対応するとされる不連続な遠近法的な眺めを、心的影像の名のもとに現実に存在するものとなすことも、そして最後に、真実の形を歪める遠近法的な眺めのかなたに、対象を復原する「精神の洞察」を導入することも、もはや許されないであろう。もろもろのパースペクティヴと観点とを、個体としての世界のなかにわれわれが挿入されているという事実として、また知覚をもはや真なる対象の構成としてではなく、もともと諸物の間にわれわれがあるという事情として、[訳註67] 理解しなくてはならないのだ。意識は自己自身のうちに、感覚野とあらゆる野の野としての世界とともに、根源的な過去の不透明性を発見する。私が私の意識の、その身体とその世界への、この内属性を体験するならば、他人の知覚と意識の多数性ということも、もはや何らの困難をも呈しないだろう。知覚について反省する私にとって、知覚主体が、世界に関する原初的な構え《モンタージュ》を備えたものとして現われ、またそれなしには知覚主体にとって他の諸物が存在しないであろうような、かの身体という物を背後にひきずりながら現われるとすれば、なにゆえに、私の知覚する他の身体にも、また意識が宿っていないことがあろうか。私の意識が私の身体をもつとするなら、なぜ他の身体も、意識を「もた」ないことがあろうか。明らかにこのことは、身体の概念と意識の概念との深い変容を予想することである。身体、いや他人の身体に対してすら、われわれは、それを、生理学の書物に描かれている客観的身体から区別することを学ばねばならないのだ。意識によって住まわれうるのは、この身体ではない。眼に見える身体の上に素描され現われてはいるが、現実にそこに含まれてはいないもろもろの行動を、われわれは眼に見える身体において取り戻さねばならない。[243] 意義とか志向性とかが分子の組織や細胞の堆積にどのようにして宿ることができるかを、理解せしめることは、永遠に不可能であろう。デカルト主義が正しいのは、この点においてである。しかしまた、このように不条理な企てが問題になっているのではない。ただ、化学的構築物ないし組織の集まりとしての身体は、われわれにとっての身体、人間的に経験された身体もしくは知覚された身体という原初的な現象から出発して、それをやせ細らせることによって、形づくられたものであること、そして、客観的思想はこの現象をまわり中から攻めたてはするが、だからといってその完全な分析を要請する必要はないということを、認めねばならないのである。意識に関しては、われわれはそれを、もはや構成的意識、純粋な対自存在としてではなく、知覚的な意識として、行動の主体として、「世界における（への）存在」ないし実存として、理解しなくてはならない。なぜなら、こうして初めて、他人はその現象的身体の頂点に出現し、一種の「場所」(localité) を与えられることができるからである。このような条件においては、客観的思惟の二律背反は消滅する。現象学的反省によれば、私は、視覚を、デカルトのいうような「見ることについての思惟」(pensée de voir) として見出すのではなくて、可視的世界と取り組んでいるまなざしとして見出すのである。そしてそれゆえにこそ、私にとって他人のまなざしがあり得るのであり、私の身体という認識装置によって私の実存が担われるのと同様、顔と呼ばれるあの表現の道具が、一つの実存を担うことができるのである。私が私の知覚を振り返り、直接的知覚からこの知覚の思惟へと移行する場合、私はこの知覚を追‐遂行する[訳註68]（ré-effectue）のであって、私の知覚器官のうちですでに働きつつあり器官がその足跡にすぎないところの、私自身よりもいっそう古い一つの思惟を、再発見するのである。私が他人を了解するのも同様な仕方による。ここでもまた、現実性においては私を逃れる一つの意識の足跡しか、私には与えられていない。そして、私のまなざしが他のまなざしと交わるとき、私は一種の反省において他なる実存を追‐遂行しているのである。ここには「類推」に類したことは何もない。シェーラーがいみじくもいっているが、類推はそれが説明すべき当のものを、前提しているのである。他の意識が演繹されうるのは、他人の情緒的表現と私のそれとが比較され、同一化され、そのうえ私の身振りと私の「心的諸事実」との間に、明確な相関関係が認知される場合でしかない。ところが、他人の知覚がこれらの確認に先だち、これらを可能ならしめるのであって、これらの確認が他人の知覚を構成しているのではない。十五ヵ月の嬰児でも、もし私がふざけてその指の一本を私の歯の間にはさみ、それを咬むふりをすると、口を開く。しかも、彼は鏡にうつる自分の顔を眺めたことは殆どないし、彼の歯は私のに似てもいない。実は彼が内的に体験するがままの、彼自身の口と歯は、彼にとって直ちに咬むための装置であり、彼が外部から見るがままの私の顎も彼にとって直ちに、同じ志向を担うものなのである。「咬む」ことは、彼にとっては直接、相互主観的な意義をもっている。彼はおのれの志向をおのれの身体において知覚し、私の身体をおのれの身体とともに知覚し、かくして私の志向を、おのれの身体において知覚するのである。私の身振りと他人の身振りとの間に、また私の志向と私の身振りとの間に、観察される相関関係は、他人を方法的に認識するときとか、直接的知覚が失敗したときには、導きの糸を提供することができようが、他人の実存を私に教えるものではない。私の意識と私が生きるがままの私の身体との間に、そしてまたこの現象的な身体と外部から私が見るような他人の身体との間に、ある内的な関係が存在していて、このシステムの完成として他人を出現させるのである。私が私自身にとって透明ではなく、私の主体性が背後にその身体をひきずっているからこそ、他人の明証性が可能なのである。われわれは先ほど次のように述べた。つまり、他人が世界のなかにあり、そこにおいて可視的であり、私の野の一部をなしている限りでは、他人は、私が私自身にとって「自我《エゴ》」であるのと同じ意味において、決して一個の「自我《エゴ》」ではない、と。他人を真実なる「我」として思惟するためには、私は私自身を彼にとっての単なる客体として、思惟しなくてはならないであろうが、これは私が私自身についてもっている知によって、私には禁ぜられていることである。しかし、もし他人の身体が私にとって客体ではなく、私の身体も彼にとって客体ではなくて、いずれも行動であるとするならば、他人を措定することは、他人の野における対象の状態に私を押し下げることにはならず、また私が他人を知覚することも、彼を、私の野における客体の状態に追い込むことではなかろう。私自身が絶対的に一個の人格的存在であり、私がおのれを疑いをいれぬ明証性において把握する場合には、他人は決して完全には人格的存在とはならない。しかしながら私が反省によって私自身のなかに知覚する主体といっしょに、自己自身に与えられた前人称的な主体を見出し、私の知覚が、創意と判断の中心としての我に対してつねに偏心した位置にあるならば、そして、知覚された世界も、検証された対象でも、夢と認められた夢でもなくて、中性的状態にとどまるならば、そのときは世界のなかに出現するいっさいが直ちに私の前に繰り広げられるということはなく、他人の行動もそこに現われることができるのである。この世界は私の知覚と他人の知覚との間の共有物であり続けることができる。そして知覚する我は知覚される我を不可能にするような特権をもつものではなく、いずれも、おのれの内在性のなかに閉じこめられた思惟《コギタチオ》ではなくて、その世界によって超出され、したがって相互に超出されうる存在なのである。私の意識に立ち臨む他の意識を主張するならば、それは直ちに私の経験を一個の私的な景観たらしめる結果になろう。なぜなら私の経験はもはや存在と外延を等しくするものではなくなるからである。他人のコギトは私自身のコギトからあらゆる価値を奪い、私にとって考えられうる唯一の存在、つまり私によってめざされ構成されるが如き存在に近づくことができるという、私が孤独のうちに抱いていた確信を、失わしめる。しかし、われわれは、個人的知覚において、われわれの遠近法的な眺めを相互に独立して別々に現実化しないことを学んだ。それらが互いに移行しあい、物のうちに集めまとめられることを、われわれは知っている。これと同様に、われわれは、同じ世界におけるもろもろの意識の交わりを、再発見することを学ばねばならぬ。実をいうと、他人は世界に対する私のパースペクティヴのなかに閉じ込められているのではない。それというのも、このパースペクティヴ自身が一定の限界をもってはおらず、おのずから他人のパースペクティヴのなかにすべりこみ、両者はいっしょになって、われわれすべてが知覚の匿名の主体として分与する唯一の世界のうちに、集めまとめられるからである。

〔自然的世界における精神物理的諸主体の共存と文化的世界における人間の共存〕

私が感覚的諸機能をもち、視野、聴野、触野をもつ限り、私はすでに、私と同様に精神物理的主体と見られる、もろもろの他者と交わっているのである。私のまなざしが行動しつつあるある生ける身体に出会うと、それをとりまく諸対象がたちまち新たな意義の層を受けとる。それらはもはや、単に、私自身が役だてるところのものではなくて、この身体の行動が役だてんとするところのものである。知覚された身体のまわりに渦ができ、この渦のなかに私の世界は引き入れられいわば吸い込まれる。その限りにおいて、私の世界はもはや単に私のものではなく、単に私に現前しているだけではなくて、Xにも、つまり世界のなかに出現せんとするこの他の振舞に対しても、現前しているのである。すでに他の身体はもはや世界の単なる断片ではなくて、世界のある仕上げの、世界のある「展望」の場所なのである。今まで私のものであったもろもろの事物のある取扱いが、かしこでおこなわれている。誰かが、私のなじみの諸対象を使用している。しかし誰だろうか。これは他者である、第二の私自身である、と私はいう。そして私がこれを知っているのは、まず第一に、この生ける身体が私のと同じ構造をもっているからである。私は私の身体を、若干の振る舞い方の能力として、ある世界をもつ能力として、体験している。私は、世界に対するある手掛りとしてしか、私自身に与えられてはいない。ところで他人の身体を知覚するのは、まさに私の身体であり、これはそこに、いわば自分自身の諸志向の奇蹟的な延長を、つまり世界を取り扱うなじみ深い仕方を見出すのである。今後は、ちょうど私の身体の諸部分がいっしょになって一つのシステムを形づくっているように、他人の身体と私の身体とは、唯一の全体となり、ただ一つの現象の裏表となる。そして、たえず私の身体がその足跡となっているところの、あの匿名の実存は、今後は同時にこの二つの身体に住まうのである。[244] とはいえ、これだけでは、ただ単に他の生きものが出来あがっただけで、まだ他の人間は出来あがってはいない。しかし、この他の生は、それが交わりあう私の生と同様、開いた生である。この生は一定数の生物学的ないしは感覚的諸機能に尽きるものではない。それは自然的対象を、その直接的意味からそれさせて、自己に統合し、おのれのために道具や器具を造り、環境のなかに文化的対象という形で、おのれを投射する。生れたばかりの幼児は、自分のまわりにそれらを、他の惑星からきた隕石でもあるかのように見出すであろう。だがやがて彼はそれを所有し、他のひとびとがそれを使用しているように、それを使うことを学ぶ。それというのも、彼が見る他者の行為と彼のなすこととの直接的対応を、身体像が保証しているからであり、かくして道具は一定の操作さるべきもの (manipulandum) として、他人は人間的行動の中心として、確定されるからである。他人の知覚において本質的役割を演ずるはずの文化的対象が、特に存在する。それは言語である。対話の経験においては、他人と私との間に共通の場が構成され、私の思惟と彼の思惟とはただ一つの織地をなす。私の言葉と相手方の言葉は、議論の状態によって喚起され、われわれのいずれ一人が創造したわけでもないある共通の作用のなかにさしはさまれる。そこには二人一組の存在がある、そして他人はもはやここでは、私にとって私の超越論的視野における単なる行動ではないし、また私も彼のそれにおける単なる行動ではない。われわれは、互いに完全な相互性における協力者であり、われわれのパースペクティヴは相互に移行しあい、われわれは同じ一つの世界を通じて共存するのである。現に進行中の対話においては、私は私自身から解き放たれている。他人の思想は確かに彼の思想であって、それをつくるのは私ではない。もっとも、私はそれが生れるやいなやそれを捕捉するし、いやそれどころかそれに先行しさえするのであるが。それにしても相手が私に向ける反論でさえ、私がもっているとはみずから知らなかった思想を、私からむりやり奪い取り、したがって、私が彼に思想を貸し与えるならば、その返礼に彼が私をして思惟せしめる、という具合になるのである。私が対話を私の生に再統合し、私個人の歴史の一挿話たらしめ、他人が再び不在者に舞い戻り、あるいはなお私に現前しているにしても私にとって一つの脅威と感ぜられるようになるのは、ただ後になって私が対話から身を引き、それを想起するときになってのことである。他人の知覚と相互主観的世界とが問題となるのは、成人にとってでしかない。幼児は、彼をとり巻くすべてのひとびとにとって近づきうるものと、無造作に彼が信じている世界のなかに、生きている。彼は、私的な主体性としては、自己自身も、また他人をも、少しも意識していない。彼はわれわれすべても、彼自身も、世界に対するある観点に局限されていることには、気づいていない。彼は想念を、それらが心に浮ぶがままに信じて相互に結びつけようとはしないのであるが、彼が彼の想念も、われわれの言葉も、少しも吟味批判しないのは、以上のような理由に基づくのである。彼は観点というものについての知識をもっていない。ひとびとは彼にとって、すべてのものが――部屋のなかにあると彼が信ずる夢でさえ、また言葉から区別されないが故に思惟でさえ――そこで生起すると思われている唯一の明証的な世界に向けられた、空虚な頭なのである。他人は彼にとって事物を吟味する視線であり、どうしてもろもろの視線は互いに交わりながらも折れないのかと不思議がるほど、殆ど物質的な存在性をもっているのである。(245) 十二歳ごろになって、幼児はコギトを遂行し、合理主義の諸真理に到達する、とピアジェはいっている。幼児は、同時に感性的意識ならびに知的意識として、また世界に対する観点ならびにこの観点を超えて判断の水準において客観性を構成すべく求められているものとして、おのれを発見することになる。ピアジェは、あたかも成人の思想が自己充足していて、いっさいの矛盾を取り除くものであるかの如く、幼児を理性の年頃へと導いている。しかし実は、もし成人にとって唯一の相互主観的世界が存在すべきであるならば、ある意味においては、成人もしくはピアジェに対してかえって幼児の方に歩があるのであり、幼児期の洗練されない思想が、不可欠の既得物として、成人期の思想の下にいつまでも残存するのでなくてはならない。客観的世界を構築するという私の意識は、私にとっての客観的真理以上のものを、私に決して与えはしないであろう。私心をまじえまいといかに私が努力してみても、仮に私の判断の根底に、存在そのものに触れるという原初的確信がなかったとしたら、そして、意志的に何らかの立場をとることに先だって、すでに相互主観的世界のなかに状況づけられたものとして私が私自身を見出さないとしたら、また科学がこの根源的な臆見《ドクサ》(δόξα)に依拠しないとしたら、デカルトが意地わるい悪魔(訳註69)の仮説によっていみじくもいい表わしているように私は主観性を克服することができないであろう。コギトとともに、それぞれの意識がヘーゲルのいうように他の意識の死を求める意識同士の闘いが始まる。しかし、そもそも闘いが始まりうるためには、つまり、各々の意識がおのれの否認すべき他の意識の現存に気づくことができるためには、それらの意識が共通の場をもち、幼児の世界における平和な共存を想起せねばならないのである。

〔しかしもろもろの自由と自我の共存なるものは存在するか。独我論の永続的真理性、それは「神において」も克服されえぬ〕

しかしこうして獲得されるのは、ほんとうに他人であろうか。われわれは要するに我と汝とを、多数者によって分有される一個の経験のうちに、ならしているのである。われわれは非人称的なものを主体性の中心に導入し、パースペクティヴの個別性を抹消する。しかし、この全般的な混淆においてわれわれは自我とともに他我をも消失せしめてはいないだろうか。自我と他我とは互いに排斥しあう、とわれわれはすでにいった。しかし、それらが排斥しあうのは、まさにそれらが同じ要求をもち、他我が自我のあらゆる変化の後を追うからこそである。知覚する我がほんとうに一個の我であるなら、それは他の我を知覚することはできない。知覚する主体が匿名であれば、彼が知覚する他者自身もまた匿名である。そして、われわれがこの集合的意識のうちに、意識の多数性を出現させようと欲するならば、われわれがすでに免れたと考えていた諸困難に再び出会うであろう。私は他人を行動として知覚する、例えば、私は他人の悲歎や怒りを、彼の振舞において、彼の顔付きと手の上に知覚するのであるが、この際、苦悩や怒りの「内的」経験に訴えるわけではない。このように知覚できるのは、悲歎と怒りとが「世界における（への）存在」の変容であって、身体と意識との共有物であり、したがって私に提示されるがままの私自身の振舞の上に存するると同様、他人の振舞の上にも、その現象的身体において可視的に存するからである。しかし他人の行動、いや他人の言葉でさえ、ひっきょう他人ではない。他人の悲歎と怒りは、彼にとっても私にとっても正確に同じ意味をもつものでは決してない。彼にとっては、それらは生きられた状況であり、私にとっては提示された状況である。私が友情によって、この悲歎と怒りを分有することができる場合でも、それは、依然として私の友人ポールの悲歎であり怒りである。例えばポールは妻を亡くしたので、苦悩している。あるいは、時計を盗まれたので怒っている。私が苦しむのはポールが悩みをもっているからであり、私が怒るのは、彼が怒っているからである。両者の状況は、重なりあうものではない。最後に、われわれが共通にある企てをたくらむ場合でも、この共通の企ては、単一の企てではない、それは私とポールとにとって同じ相貌のもとに現われはしない。われわれは同じ熱心さで、またともかく同じ仕方でそれに固執してはいない。そしてこの違いも、ただポールがポールであり私が私であるというだけの理由に基づくのである。われわれの意識がいくらわれわれ各自の状況をとおして、意識同士が交わりあう共通の状況を構成するとしても無駄である。各人がこの「唯一無二の」世界を投射するのは、彼の主観性を基礎としてである。他人の知覚にまつわる困難はみながみな、客観的思惟によるものではない。行動を発見したからとて、すべての困難が解消するわけではない。あるいはむしろ、客観的思惟とそれから帰結するコギトの唯一性は作りものではなくて、十分な根拠をもった現象なのであり、われわれはその基礎を探求しなくてはならないであろう。私と他人との間の争いは、他人を思惟しようとするときに初めて始まり思惟を非措定的意識と非反省的生に再統合すれば消失する、といったものではないのだ。それは私が例えば、我を犠牲にして盲目的に他人を生きようとする場合にも、すでにそこに存するのである。私は他人と一つの協定を結ぶ。私は、私自身と同じだけの場所を他人にも与える相互世界(intermonde)のなかで、生きようと決心した。しかしこの相互世界なるものもやはり私の企投であり、他人の福祉をまるで私の福祉ででもあるかのように私が欲していると信ずることは偽善というものであろう。なぜなら他人の福祉に対する愛着でさえ、なお私から由来するものだからである。相互性なしには他我は存在しない。相互性がなければ一方の世界が他方の世界を包みこんでしまうだろうし、また一方は他方のために他有化(aliéné)されていると感ずるからである。これは双方の愛が等しくないような恋人同士の間で起ることである。一方はこの愛のうちにおのれを投じ、おのれの生を賭ける。他方は依然として自由のままであり、この恋愛は彼にとっては偶然的な一つの生き方にすぎない。前者は自分の存在と実体が、自分に対面しながら手つかずのままにある、かの自由のなかに逃げ去るのを感ずる。そしてたとえ後者が、約束に対する忠実さか雅量からして、自分の方でも相手の世界のなかの単なる現象の位置におのれをおとしめ、他人の眼でおのれを見ようとしても、彼がそれに成功するのはやはり彼自身の生の膨張によるのであり、したがって、彼は結論として主張しようと欲している他人と自己との等価性を、仮定において否認しているのである。共存は、どのような場合でも、双方によって体験されなくてはならない。われわれがまさに意思伝達しようとし共通の世界を見出そうとするときに、われわれのいずれもが構成的意識でないとすれば、意思伝達するのは誰であり、誰にとってこの世界は存在するのかという疑問が生ずる。そしてもし、誰かが誰かと意思伝達をするのであり、相互世界が不可解な即自でなくて、われわれ両者にとって存在すべきものであるならば、そのときは改めて意思伝達そのものが砕かれて、われわれの各々は、互いに一〇〇キロメートル離れた別々の将棋盤で二人の将棋指しが将棋をやるように、それぞれの私的世界のなかで作業することになる。それでも将棋指しは電話や通信によって、彼らの指し手を互いに伝えあうことができるが、これは彼らが同じ世界に属しているということにほかならない。これに反して厳密にいうと、私は他人と何ら共通の場をもってはいない。他人独自の世界をもった他人の措定と、私の世界をもった私自身の措定とは二者択一を構成している。ひとたび他人が措定され、私に向けられた他人のまなざしが、彼の視野のなかに私を引き入れることによって私から私の存在の持分を奪いとったならば、私がそれを取り戻すことができるのは他人とさまざまな関係を結び、彼が自由に私を認めてくれるようにさせることによってでしかないということ、そしてまた私の自由が諸他者のためにも同じ自由を要求するということは、容易に理解される。しかし、そもそもいかにして私は他人を措定することができたのかが、まず知られねばならない。私がこの世に生れ、一個の身体と自然的世界をもっている以上、すでに説明したように、私はこの世界のなかに、私の行動と絡み合っている他のもろもろの行動を見出すことができる。しかしまた、私がこの世に生れ、私の実存がすでに営為しつつあるものとしておのれを見出し、自己自身に与えられたものとしておのれを知る以上、私の実存はそれがおのれを投ぜんとする諸行為の手前にいつまでも止まっているのであり、諸行為は、永遠にその様相でしかなく、その超えがたき普遍性の特殊な場合にすぎない。コギトが確認するのは、与えられた実存のこの基底である。つまり、いかなる肯定もいかなる自己拘束も、いや、いかなる否定いかなる懐疑ですら、あらかじめ開かれたある領野において生起するのであり、おのれに触れる一個の自己を、自己自身との触れ合いが見失われる特殊な諸行為に先だって証拠だてるのである。実際のあらゆるコミュニケーションの証人であるところのこの自己、そして、それなしにはコミュニケーションがおのれについて無知となり、したがってそもそもコミュニケーションではなくなってしまうといった、この自己は、他人の問題のいっさいの解決を禁じているように思われる。ここには乗り越えがたき生きられた独我論がある。確かに、私は自分が自然的世界の構成者とも、文化的世界の構成者とも感じてはいない。なぜなら、それぞれの知覚それぞれの判断において私は、現勢的には私のものではない感覚的諸機能もしくは文化的諸構造《モンタージュ》を、介入させているからである。私は、あらゆる側面で私自身の作用によって超えられ、一般性のなかに沈められてはいる。しかしそれでもやはり私は、これらの作用を体験する当のものなのである。そして私の最初の知覚とともに、おのれの出会うことのできるものは何でも自分のものにする飽くことを知らぬ一個の存在が、登場したのである。彼は世界を分け前としてすでに受け取っており、したがってあらゆる可能的存在の下図《プロジェ》を自己自身のうちに含んでおり、それにあらゆる可能的存在の下図は一挙に決定的に彼の経験の領野に封じこまれてしまったのだから、彼には純然たる所与として与えられうるものは何もない。拒絶されえない「我」が、どうして他人のためにおのれを他有化することができるのか、身体の一般性を持ち出しても、説明することはできないであろう。なぜなら、身体の一般性は他有化されえざる私の主観性という、もう一つの一般性によって補われているからである。このような自己の自己への臨在を、私の知覚野のなかで私以外のほかの場所に見出すことが、どうして私にできるのだろうか。他人の実存は私にとって単なる事実であると、いわねばならないだろうか。しかし、いずれにせよ、それは私にとっての事実であり、したがって私自身の諸可能性の一つであって、それが事実として意味をもつためには、私によって何らかの仕方で了解され、もしくは体験されなくてはならない。

外部から独我論を制限することができないとすれば、内部からそれを超出することを試みるべきであろうか。私は確かに一個の自我しか認めることはできない。しかし普遍的主観としては、私は有限な我であることをやめて公平無私な観察者となり、その前では他人も経験的存在としての私自身も対等であって、私の方に何らの特権もあるわけではない。私が反省によって発見する意識、そして、その前では何もかも対象となる意識について、それは私である、とはいわれえない。私の自己は、一般の事物と同じように、この意識の前に展示され、意識はその構成者であって、そのなかに閉じ込められているのではないから、意識は他の我をも、たやすく構成することができるのである。神においては私は、他人について私自身についてと同じように意識し、他人を私自身同様に愛することができる。——しかし、われわれがつきあった主観性は、神とは呼ぶことはできない。反省が私自身に対して私を無限な主観として顕わにするにしても、私よりもいっそう私自身であるところのこの我について、少くとも外観上は私が今まで無知であったことを認めねばならない。私はこの我を知っていたのだ、なぜなら、私は他人と私自身を知覚していたのだし、そしてこの知覚はまさにこの我によって初めて可能となるのだから、と反論されるかもしれない。しかしもし私がこの我をすでに知っていたとしたら、いっさいの哲学書は無用の長物となる。ところで真理は明るみに出されることを必要とする。それゆえ、ほかならぬこの有限の無知なる我が、おのれ自身のなかに神を認めたのであり、その間、神は現象の裏面で初めからずうっと自己を思惟しつづけていたのである。空しい光がある物を照らすようになるのは、この影のおかげであり、したがって影を光のなかに吸収することは、決定的に不可能となる。私がまさに主張しようと欲していることを仮定において否定せずには、私は私自身を神と認めることはできない。私は他人を神において私自身と同様に愛することはできようが、それにしても私の神に対する愛は私から由来するのであってはならない。スピノザがいうように、実は、それは神が私を通じておのれ自身を愛する愛でなければならないであろう。したがって、結局、他人への愛も他人もどこにも存在せず、われわれの生を超えて自己自身と結びつく唯一の自己愛、われわれには全く関わることのない、われわれには近づくことのできない唯一の自己愛が、存するばかりとなろう。神へと導く反省と愛の運動は、それが導かんとする神そのものを、不可能にするのである。

〔しかし孤独と意思疎通は同一の現象の二つの面である。絶対的主体と拘束された主体——出生、中断されるが消滅せざる意思疎通〕

それゆえ、われわれは確かに独我論に連れ戻される。そして今や問題はそのすべての困難を露呈する。私は神ではない。私は神たらんという自負をもっているだけである。いかなる状況もいかなる他者も私の眼にとって存在するためには私によって体験さるべきである、という限りでは、私はあらゆる拘束《アンガージュマン》を免れ、他人を超出しているのである。とはいえ他人は、少くとも一見したところでは、私にとって一つの意味をもっている。多神教の神々のように私は他の神々を考慮に入れなくてはならないし、あるいはまたアリストテレスの神のように、私がみずから創ったのではない世界に、私は極性を与えているにすぎないのだ。もろもろの意識は多数の独我論を伴った一個の独我論という笑うべき姿を呈しているのであるが、理解しなくてはならないのは、まさにかかる状況なのである。われわれはかかる状況を生きているのだから、それを解き明かす手段があるはずである。孤独と意思疎通《コミュニカシオン》とは、二者択一をなす二つの項ではなくて、唯一の現象の二つの契機でなければならない。それというのも、他人はじじつ私にとって実存しているからである。他人の経験についても、われわれが他の場所で反省について述べたと同じように、それによってのみわれわれはその対象の概念を得るのだから対象はそれから完全に逃れることはできない、といわねばならない。反省は確かに何らかの仕方で、非反省的なものを与えなくてはならない。なぜなら、もしそうでないと、われわれは反省に何ものをも対立させることができないだろうし、反省はわれわれにとって、問題とはならないからである。同様に私の経験は、私に何らかの仕方で他人を与えなくてはならない。なぜなら、もし与えないとすると、私は孤独についてすら語れないし、他人を近づきがたいものといいきることさえできないからである。最初に与えられている真実なものは、非反省的なものに向って開かれた反省であり、非反省的なものの反省的な捉え直しである、――そしてまた同様に、たとえ他人について私がもつ認識が不完全であっても、その存在が私の生の地平に疑うべからざるものとして現われているところの他者に向っての、私の経験の緊張である。以上の二つの問題の間には、漠然たる類似以上のものがある。ここでもかしこでも、どのようにして、私がこっそりと私自身から抜け出し、非反省的なものをまさにかかるものとして体験することができるかを、知ることが肝要なのである。したがって、知覚するところの私が、そしてまさにそのことによって普遍的主観としておのれを主張するところの私が、ほかならぬ私からこの普遍性を直ちに奪ってしまう他者を知覚することが、どうしてできるのだろうか。私の主体性と他人への私の超越性とを同時に基礎づける中心的現象は、私が私自身に与えられているという事態に存する。私は与えられている。すなわち、私は、自然的・社会的世界のなかにすでに状況づけられ、拘束されたものとして自己を見出すのである。――私は私自身に与えられている。すなわち、この状況は決して私にかくされてはいない。それは決して外的な必然性として私を取り巻いているのではない。私は決して函のなかの一つの客体のように、そのなかに実際に閉じ込められているのではない。私の自由、つまり私のあらゆる経験の主体であるという私の基本的能力は、世界のなかに私が挿入されているということと別のことではない。自由であること、私が体験する何ものにも私を還元することができないということ、事実的などんな状況に対してもそれから後退する能力を保持していること、これは私にとって一つの宿命であり、そしてこの宿命は、私の超越論的な領野が開かれた刹那に、つまり見る作用、知る作用として私が生れ、世界に投げだされた刹那に定められたものなのである。社会的世界に対しては、私はいつでも私の感覚的本性を利用して、両眼を閉じ、耳をふさぎ、社会にあって異邦人として生き、他人や儀式や記念碑を、色彩と光の単なる配列と見なし、人間的意義をそれらから剝奪することができる。自然的世界に対しては、私はいつでも思惟的本性に訴えて、別々にされたそれぞれの知覚を疑うことができる。独我論の真理性がここにある。どんな経験も私にとってつねに、私の存在の普遍性を汲み尽くしえぬ一個の特殊性として、現われるであろう。そしてマールブランシュのいうように、その先にゆく運動が私にはいつも残されているのである。しかしながら私が存在を逃れることができるのは、存在においてでしかない。例えば、私は自然に向って社会を逃れるのであり、現実世界を逃れるのも、現実の残骸からできている想像的なものにおいてである。自然的・社会的世界は、積極的な反応にせよ消極的な反応にせよ、ともかく私の反応の刺激として、つねに働いている。私がしかじかの知覚に疑いをさしはさむのは、これを修正するはずのより真実な知覚の名においてでしかない。私が各々の物を否定しうるのも、つねに、ある物一般があることを肯定することによってである。そしてそれ故にこそ、思惟とは思惟する自然[訳註70]（une nature pensante）である、つまり諸存在の否定を通じての存在の肯定である、とわれわれはいうのである。私は一つの独我論的哲学を作ることもできる。しかしまさにそうすることによって、私は語りあうひとびとの協同体を前提し、これに向って語りかけているのである。「何であれおよそ何かであることを無制限に拒否すること」[246]でさえ、拒まれるあるもの、それに対して主体が距離をおくあるものを予想している。他人か私か、選ばねばならぬ、とひとはいう[訳註71]。しかし、他方を拒んで一方を選ぶのであり、したがって両方とも肯定されているのである。他人は私を客体と化し私を否定し、私は他人を客体と化してこれを否定する、といわれる。ところが実は他人のまなざしが私を客体化し、私のまなざしが他人を客体化するということは、われわれ両者がいずれも、われわれの思惟的本性の根底に後退し、みずからおのれを非人間的なまなざしと化し、それぞれがおのれの行動を他者によって引き受けられ了解されるのではなくて、昆虫のそれのように観察されるものと感ずる場合に、初めて起ることなのである。これは、例えば、私がある見知らぬひとの視線を受けるときに起ることである。しかし、そのときでさえ、他者のまなざしによる各人の客体化が耐えがたく感ぜられるのは、これが可能的な意思疎通《コミュニカシオン》に取って替るからにほかならない。私にそそがれた犬のまなざしは、大して私を傷つけない。意思疎通の拒否もまた意思疎通の一つの仕方なのである。変形自在の自由、思惟的本性、譲渡されえざる基底、性質づけられざる実存、これは、私と他人においていっさいの共感の限界を示すものであり、たしかに意思疎通を一時中断するものではあるが、しかしこれを無効にするものではない。まだひと言もしゃべらない未知の人物に私がかかわる場合には、私の行動や思想が何らかの役割を演ずることがふさわしからぬような別の世界に彼が生きていると、私は信ずることもできる。しかし、彼がひと言いったならば、いや単に焦燥の身振りをしさえしたならば、たちまち彼は私を超越することをやめてしまう。――それは彼の声であり、それは彼の想念である。私が近づきがたいものと信じていた領域がそこにある。それぞれの実存が他者を決定的に超越するのは、それが無為のうちにとどまり、おのれの生れながらの差異に休らうときに限られる。哲学者をその国民から、交友関係から、彼の立場から、彼の経験的存在から、ひとくちにいうと世界から、断絶し、彼を完全に孤独ならしめるように見える普遍的省察でさえ、実は行為であり、語ることであり、したがって、対話なのである。何ものであることもなく、また何ごともすることなく、おのれの実存を無言のうちに確認することに成功するような者についてのみ、独我論は厳格な意味で真実となるであろうが、そもそも、実存するとは世界においてあることなのだから、こういうことは不可能である。哲学者は否応なしにもろもろの他者をおのれの反省的退却の道連れにせざるをえない。それというのも、世界の暗みにおいて、彼は彼らを仲間(consortes)と見なすことをすでに永久的に学んでいるからであり、また彼のいっさいの知識がこの臆見の所与性のうえに建てられているからである。超越論的主観性は、顕わにされた、つまり自己自身と他人とに顕わにされた主観性であって、それゆえ一つの相互主観性である。実存がおのれを集約し一つの振舞のなかにおのれを拘束するやいなや、それは知覚のもとに入る。ほかのすべての知覚と同様、この知覚も、それが捉えているものより以上の物ごとを主張している。灰皿が見える、灰皿はそこにある、と私がいうとき、私は無限に進展するであろう経験の発展をすでに成就されたものと仮定して、知覚的未来の全体を約束しているのである。これと同様、私があるひとを知っている、もしくは、愛するという場合には、私が彼について抱いていたイメージをいつか爆砕するかもしれないような、汲み尽くされえぬ真実を、私は彼の諸特徴のかなたにめざしているのだ。このような代価を支払った上で初めて、錯覚によってではなく、まさに知覚という強烈な作用に基づいて、われわれにとってもろもろの事物や「他者」が存在するといわれるのである。

〔対象としてではなく私の存在の次元としての社会的なるもの、外部ならびに内部の社会的出来事〕

したがって、われわれは自然的世界につづいて社会的世界を再発見しなくてはならないのであるが、それも対象もしくは対象の総体としてではなく、永続的な領野もしくは実存の次元としてである。それというのも、私はそれから顔をそむけることはできるが、それでもやはりそれに対して状況づけられていることに変りはないからである。社会的なものへのわれわれの関係は、世界へのわれわれの関係と同じく、明瞭などんな知覚よりも、またいかなる判断よりも、深いものなのである。一個の対象を他のもろもろの対象のさなかに置くような仕方で、社会のなかにわれわれを置くことは、思惟の対象として社会をわれわれのなかに置くことと同様、間違いである。いずれの場合にも、社会を対象として扱うところに、誤りがある。われわれが実存するという単なる事実によってわれわれが接している社会的なもの、いかなる客観化にも先だって、われわれに付着したものとしてわれわれがたずさえている社会的なものに、立ち帰らなくてはならないのだ。過去ならびに諸文明についての客観的・科学的意識は、仮に私が私の社会、私の文化的世界ならびにこれらの地平を媒介として、それらと、少くとも潜在的な交わり《コミュニカシオン》をもっておらず、例えばアテネ共和国もしくはローマ帝国の位置が私自身の歴史の涯のどこかに印しづけられていないとしたならば、そして、それらが知らるべき個体として、無規定ではあるが先在する個体として、そこに置かれていないとしたならば、つまり私が歴史の基本的諸構造を私の生のなかに見出さないとしたならば、不可能であろう。社会的なものは、われわれがそれを知りあるいはそれについて判断を下すときには、すでにそこに存在しているのである。個人主義もしくは社会学主義の哲学は、体系化され顕在化された、共存のある知覚である。意識される前に社会的なものは暗々裡に促しとして存在している。ペギーは『われわれの祖国』(Notre Patrie) の終りで、例えばわれわれが目覚めたとき、もろもろの対象が夜中にも存在することを止めなかったこと、あるいは誰かがしばらく前から扉をたたいていることを、知っているのと同じように、語ることを決してやめたことのない包みかくされたある声を、再発見している。教養、道徳、職業、イデオロギーの相違にもかかわらず、一九一七年のロシアの農民は、ペトログラードとモスクワの労働者の闘いに参加した。それというのも、彼らは彼らの運命が同じであると感じたからである。つまり階級というものが、熟慮を経た意志の対象となる前に、具体的に生きられているのである。もともと、社会的なものは対象として、第三人称的に存在しているのではない。(訳註72) それを対象として取り扱おうとするのは、弥次馬、「偉人」、歴史家の共通の誤りである。ファブリスはワーテルローの戦いを、風景でも見るように見ようと欲して、そこにごちゃごちゃしたたくさんのエピソードのほかには何も見出さない。皇帝はその地図の上に戦闘の真相を見ていたのであろうか。だが戦いは彼にとっては、空所のなくはない一つの図式に還元されるのだ。つまり、なぜこの部隊は前進しないのだろう、なぜ予備軍は到着しないのだろうといった具合に。戦いに参加せずにあらゆる方面からそれを見ている歴史家、たくさんの証言を総合し、どのように戦いが終ったのかをすでに知っている歴史家は、ついに戦いの真相を把握したと信じている。しかしこれは、彼が戦いについてわれわれに与える一つの表象にすぎないのだ。彼は戦いそのものに触れてはいない。なぜなら戦いが起ったときにはその結果は偶然的だったのであり、歴史家が物語るときにはもはや偶然的ではないのだから。また敗北の深い諸原因とこれらの原因を有効ならしめた偶然の出来事とは、ワーテルローという単独の事件においては同じ資格で決定力をもっているのだが、他方、歴史家は、この単独の事件を帝国の衰微という一般的なラインに戻して見るからである。真のワーテルローはファブリスが見るものにも皇帝が見るものにも、また歴史家が見るものにも存してはいない。それは規定されうべき一個の対象ではない。それはあらゆるパースペクティヴの涯に起るものなのであり、そこからいっさいのパースペクティヴが汲み取られるもとのものである[247]。歴史家と哲学者は階級や国民の客観的定義を求める。しかし国民とは共通の言語とか、あるいは生に関するもろもろの理解の仕方に基づくものなのか。階級とは、所得の数字もしくは生産過程におけるその位置に基づくものなのか。周知の如く、実際はこうした基準のいずれも、一個の個人がある国民ないし階級に属しているかどうかを認知せしめるものではない。どんな革命においても、革命的階級に加担する特権階級のひとびとがいるし、また特権階級に奉仕する被圧迫階級のひとびともいる。そしてどんな国民にも裏切者がいる。それというのも、国民とか階級とかは、個人を外部から従わしめる宿命ではないし、さらにまた個人が内部から措定する価値でもないからである。それらは個人をそそのかし促すところの共存の仕方である。平穏な時期にも、国民と階級はいわば刺激としてそこにあるのであって、これに対して私は、うわの空のあるいは漠然とした応答をするにすぎない。国民も階級も潜在性にとどまっている。革命的状況や国民的危機の状況は、それまでただ生きられていただけの、階級と国民に対する先意識的諸関係を、意識的な態度の決定へと転化せしめ、その結果暗黙の自己拘束《アンガージュマン》があからさまなものとなるのである。しかしこの自己拘束は、それ自身にとっては、決意に先だつものとして現われる。

〔超越の諸問題〕

社会的なものの実存的様相の問題は、ここにおいて、超越性のあらゆる問題と合体する。私の身体、自然界、過去、出生、死、これらのいずれが問題となろうと、肝心なのはつねに次のことである。すなわち私を超え、しかも私が引き受け体験する限りにおいてしか、存在しない諸現象に、私が開かれていることが、どのようにして可能なのか、私自身を規定し他のすべての現前を条件づけているところの私自身への臨在（Ur-präsenz 原-臨在）が、いかにして同時に脱-現前化（Entgegenwärtigung）[248]であり、私を私の外に投げだすことになるのか、この次第を知ることである。観念論は外界を私に内在化することによって、実在論は私を因果作用に従わせることによって、ともに外部と内部との間に存する動機づけ《モティヴァシオン》の諸関係を変造し、この関係を了解不可能なものにしてしまう。例えば、われわれの個人的過去がわれわれに与えられるのは、意識の諸状態もしくは脳髄における痕跡の事実的な存続によるのでもなければ、過去を構成し直接これを捉えるところの過去についての意識によるのでもない。いずれの場合にも、過去という意味がわれわれから失われることになる。なぜなら、過去がわれわれにとって、厳密にいうと現在となってしまうだろうから。もし過去がわれわれにとって存在すべきであるなら、いっさいの明白な喚起に先だって、ただ両義的な現前においてのみ、そしてわれわれがそれに向って窓をもつ一つの領野としてのみ、存しうるのである。過去は、われわれがそれに想い至っていないときでさえ、われわれにとって存在していなくてはならないし、われわれのいっさいの想起はこの不透明な塊りから取ってこられるのでなければならない。これと同様に、仮に私のもつ世界が諸物の総和でしかなく、私のもつ物も諸性質の総和だとしたら、私は、確実性ではなくて、単に蓋然性だけを、つまり拒否できない現実性ではなくて、ただ単に条件つきの諸真理だけをもっていることになるであろう。過去と世界が存在するとすれば、それらは原理上の内在性をもたなくてはならない、——つまりそれらは、私が私の背後と私の周囲に見るところのものでしかありえない、——そしてまた事実上の超越性をもたなくてはならない、——つまりそれらは、私の明白な作用の対象として現われるに先だって、私の生のなかに存在しているのである。同様に、また私の出生と私の死とは、私にとって思惟の対象ではありえない。私は生のなかに置かれているが、私の思惟的本性に支えられており、そして私の最初の知覚以来開かれているところのあの超越論的領野、そこにおいてはいかなる不在も現存の裏面であり、いっさいの沈黙が音響の存在の一つの様相にすぎないような、あの超越論的領野に結びつけられているので、私は一種の遍在性と原理上の永遠性を所有し、私としては端緒も終末も思惟することができないような、汲めども尽きぬ生の流れに身をまかせているのを感ずる。それというのも端緒と終末とを考えるのは、やはり生けるこの私であり、したがって、私の生はつねにおのれに先だち、おのれの後にも存続するからである。しかしながら、私を存在で充たすこの同じ思惟的本性が、私に一つのパースペクティヴを通じて世界を開くのであり、私はこのパースペクティヴとともに私の偶然性の感情に襲われ、超出されるという不安を感ずるのである。その結果私は私の死を思惟しない場合でも、死一般の雰囲気のなかで生きることになり、いつも私の思想の地平に、いわば死の本質といったものがただようことになる。要するに、私の死の瞬間が私にとって近づくことのできない未来であるのと同様、私が他人の自己自身への臨在を決して体験できぬのは確かである。しかし、それでも他者はそれぞれ、私にとって拒むことのできない共存の様式もしくは場《ミリュー》として現存しているのであって、私の生は、可死性の趣きをもっているのと同じように、また社会的雰囲気をもっているのである。

〔真の超越論的なものは諸超越性の Ur-Sprung である〕

自然的世界ならびに社会的世界といっしょに、われわれは真の超越論的なものを発見したのである。真の超越論的なものとは、公平無私な傍観者の前に、透明な、いささかの翳りも曇りもない世界を繰り広げる構成的諸能作の全体ではなく、もろもろの超越性の源-泉(Ur-sprung)(訳註73)の存する両義的な生のことである。そしてこれが基本的な矛盾によって私をしてこれらの諸超越性と交わらしめ、それを基礎として認識を可能ならしめるのである。(249) しかし、われわれの所論に対して、哲学の中心に矛盾を置くことは許されない、以上のすべての記述は結局思惟できないことなのだから、したがって何ごとをも意味してはいない、と恐らく反論されるであろう。もしもわれわれが、現象ないし現象的領野の名のもとに、先論理的ないし魔術的諸経験の一つの層を再発見することにとどまっているとしたら、この反論も正当ではあろう。なぜなら、その場合は、記述を信じて思惟することを断念するか、それともひとびとのいうことを理解して記述を放棄するか、いずれか一つを選ばなくてはならないからである。これらの記述は、われわれにとって、客観的思惟よりもいっそう根本的な了解と反省を、定義する機会とならなくてはならない。直接的記述と解される現象学に、現象学の現象学が付け加わらなくてはならない。客観的思惟のロゴスよりもっと基本的なロゴス、客観的思惟にその相対的な権利を与え、同時にその本来の場所にそれを位置づけるロゴスを求めて、われわれはコギトに立ち帰るべきである。存在の平面においては、主体が同時に能産的にして所産的であり、無限にして有限であるゆえんが、決して了解されないであろう。しかし、われわれが主体の根底に時間を再発見し、時間の逆説に、身体、世界、物体、他人の逆説を結びつけるならば、われわれはこれらを超えては理解さるべきものは何もないことを、了解するであろう。

第三部　対自存在と世界における（への）存在

I　コギト

〔コギトの永遠主義的解釈〕

私はデカルトのコギトに想いを馳せている。私はこの著作を終えたいと思う。私は手の下の紙の新鮮さを感ずる。私は窓から大通りの並木を見る。私の生はたえず超越的な事物に向って突進し、全くおのれの外部で経過している。コギトとは、三世紀以前にデカルトの精神のなかで形成されたあの思想であるか、それとも彼がわれわれに残したさまざまなテキストの意味であるか、あるいはまた、それらを貫いて現われる永遠の真理であるか、いずれにせよ、私の思惟が捉えるというよりも、むしろ、なじみ深い環境において私の身体がもろもろの事物のさなかにあって、これらの事物をはっきりと表象するまでもなく、おのずと方向をとって進んでゆくのと同じように、私の思惟が向ってゆくところの、一個の文化的存在なのである。書きかけのこの書物はもろもろの観念のある集まりではない。それは私にとって、一つの開かれた状況を構成しており、私はこの状況をいい表わす複雑な定式を提供することはできないであろう。それは、もろもろの思想と語とがあたかも奇蹟によるかのようにおのずと組織されるに至るまで、私がそこで盲目的にもがき続けるところの状況なのである。ましてや私をとりまく感性的存在、私の手の下の紙、眼前の樹木は、私におのれの秘密を手渡すはずはない。私の意識が自己を脱し、それらにおいて自己を忘れるのである。実在論が世界と諸観念の事実的な超越性とそれ自体における存在とを主張することによって、説明しようとした発端の状況は、以上の通りである。

しかしながら、実在論を正当化することが問題なのではない。事物や観念から自我に立ち帰るというデカルトのゆき方には、ある決定的な真理がある。超越的な事物の経験でさえ、私がその下図《プロジェ》をたずさえ、これを私自身のうちに見出す場合にのみ、可能なのである。事物が超越的であるということは、私がそれを所有していないこと、すみずみまで調べ尽くしていないことを意味している。つまり事物が何であるかを私が知らないで、そのなまのままの存在を盲目的に主張している限りにおいて、それは超越的なのである。ところで、正体のわからぬものの存在を主張することには、どういう意味があるのであろうか。この主張に何らかの真理がありうるとすれば、それがかかわる本性ないし本質を私が垣間見ているからである。例えば私が樹木を眺めることは、一個の個物に向っての無言の脱自（extase muette）であるが、かかるものとしてそれはすでに、見ることについてのある思想と、樹木についてのある思想とを包含している。要するに、私は樹木に出会うのではない、ただ単にそれと対面しているのではなくて、私の眼前のこの存在者のなかに、私が能動的にその概念を構成するところのある本性を、再発見するのである。私が身のまわりにもろもろの事物を見出すのは、それらが実際にそこにあるからではない。なぜなら、この事実上の存在については、仮定によって、私は何も知らないことになっているのだから。私が事物の事実上の存在を認知することができるのは、事物との実際の触れ合いが、私のうちに、いっさいの事物についてのある原初的な知を呼び起すからであり、また私の有限の特定の諸知覚が、世界と同延ですみずみまで世界を繰り広げてみせる一つの認識能力の、部分的現われだからである。ここに一つの空間自体を想定し、主体はこれと一体となることによってそれを知覚するものとしよう。例えば、与えられた二点に私の手の二本の指を渡しかけることによって、その距離を測るとしよう。この場合、私の二本の指が構成する角はこの距離の指標となるのであるが、もし、いずれの対象にも居を定めないところの、そしてまさにいずれの対象にも居を定めないということによって両対象の関係を認識しあるいはむしろこの関係を実現しうるようになるところの、ある能力によって、この角が内的にいわばたどり直されないとしたら、いったいどのようにして、それは測られうるだろうか。ひとは、「私の親指の感覚」と私の人差し指の感覚とが少くとも距離の「指標」をなしている、といいはるかもしれない。しかし、仮にこれらの感覚が二つの点を結ぶ道程の上にすでに位置づけられていないとしたら、そしてまたこの道程がこの道程で、ただ単に開くときの私の二本の指によって過《よぎ》られるだけではなく、そのうえ私の思惟によって知的な構図においてめざされているのでないとしたら[訳註1]、これらの感覚はどうして、それらだけで空間における二点の関係を意味することができようか。「精神は、それがみずから指標として構成したのではない指標の意味を、どうして知ることができようか。[1]」主体をその世界のなかに状況づけられたものとなすことによって獲得された認識のイメージに、主体がこの世界そのものを構築もしくは構成すると考えるもう一つの認識のイメージを、置き換えねばならないようにも思われる。そして、主体とそのまわりの諸事物との交渉は、主体がこれらをおのれにとって存在せしめ、おのれの周囲に配置し、自己自身の基底からそれらを引きだす場合にのみ、初めて可能となるのだから、この二番目のイメージの方が前のものよりいっそう本来的であるように見える。自発的思惟の諸作用の場合には、同じことが以上にもましていえるわけである。私の反省の主題であるデカルトのコギトは、なるほど、私が現に表象しているものをつねに超出している。それは、私がデカルトを読んだときに心に浮びはしたが、現在あらわれてはいない幾多の思想や、私が現在予感しつつあり、やがてはもつこともできようが、まだ一度も展開したことのない他のもろもろの思想からなる意味の地平をもっている。しかし結局、ひとが私の前でこれらの三つの音節を発音しさえすれば、それだけで私の心はたちまちある種類の諸観念の方向に向うのであるが、これはこれらの思想のあらゆる可能的な展開が、何らかの仕方で一度に私に現前しているからなのである。「精神の光を現に表象されているものに局限しようとする者は、つねに次のようなソクラテス的問題にぶつかるであろう、《君がその本性を全く知っていないものを探すために、君はいったいどうしようというのだ。君が探そうともくろんでいるものは、君の知らない物のうちのどれなのだ。そしてたとえ君がたまたま、ちょうどよくこれに出会ったとしても、君はそれを知らないのだから、それがまさしく探しているものだと、どうして知ることができるのか》(Ménon, 80, D)[2]」。もし思惟がほんとうにその諸対象によって超出されているならば、そのような思惟は、一歩一歩進むにつれて諸対象の数がますますふえるのを見るであろうし、決して、それらの関係を把握したり、その真理を洞察したりはできないであろう。歴史的なコギトを再構成するのは私であり、デカルトの原文を読むのも私であり、そこに不朽の真理を認めるのも私である。結局デカルトのコギトは私自身のコギトによってのみ意味をもつのであり、それを創始するにあたって必要なすべてのものを私自身のうちにもっていないとしたら、私はそれについて何ごとも考えはしないであろう。コギトの運動を継承することを、目標として私の思惟に指し示すのは、私であり、私の思惟がこの目標に向っていることをたえず確認するのも、私である。それゆえ、私の思惟はこの点で自己自身に先行し、おのれの求めるものをすでに見出しているのでなければならない。そうでなければ、私の思惟はこれを求めはしないであろう。思惟がもっている不思議な能力、つまりおのれに先行し、おのれ自身をさし向け、いたるところで自己のもとにあるという、あの不思議な能力、ひとくちにいうとその自律性によって、思惟を定義しなくてはならないのだ。思惟が後から物のなかに見出すものを思惟自身あらかじめそこに置いたのでなければ、思惟はそれらの物に対する手掛りもなく、それらを考えることもないだろうし、「思惟の錯覚」となってしまうであろう(3)。感性的知覚や推理は私のうちで生ずるところの、そして私が確認するところの諸事実ではありえない。私が後からそれらを考察するときには、それらはそれぞれの場所に配分され、分散する。しかし、これらは推理や知覚の航跡でしかないのだ。現に遂行されつつある推理や知覚は、それらの実現に必要なすべてのものを一挙に包括しているはずであり、したがって不可分の一個の志向において、隔てなくおのれ自身に臨んでいるのでなければならない。しからざれば知覚も推理も解体してしまうであろう。あるものについてのいかなる思惟も、同時に自己意識であり、これがなければ、思惟は対象をもつことができないであろう。それゆえ、われわれのあらゆる経験と反省の根底には、自己ならびにあらゆる物についての知なるが故に直接おのれ自身を認知するところの、一つの存在が見出される。そしてこの存在が自己自身の実存を知るのは、一個の与えられた事実としてこれを確認することによってでもなければ、また自己自身についてのある観念からする推論によるのでもない。おのれの実存との直接の触れ合いによるのである。自己意識は働きつつある精神の存在そのものである。私があるものを意識する作用は、それが遂行されると同時に、それ自身覚知される。そうでなければ、この作用は成り立たないであろう。したがってこの作用が、何かあるものによって始動されたり惹起されたりすることがあるとは考えられない。それは自己原因（causa sui）でなければならない。(4) デカルトに従って事物から事物についての思惟に立ち戻るということは、次のいずれか一つの途を選ぶことにほかならない。すなわち、経験を心理学的な出来事の総計に還元するか、——この場合には「私」は、これらの心理学的出来事の共通の名称もしくは仮想的原因にすぎなくなろう。しかしその結果、どうして私の実存がほかのいかなる物の存在にもまして確かなのか、わからなくなる。それというのも、捉え難いある刹那をのぞいては、私の実存の方がいっそう直接的ということはないからである。——それとも、もろもろの出来事の手前に、時間にもいかなる限定にも従属しない思想の一つの領野とシステムを認めるか、つまりこの出来事に何ものも負わぬ、意識としての実存という存在の仕方、めざすものを距離を隔てて捉えた上で自己自身のなかに圧縮する精神的作用、そのまま何も付加せずにそれ自身によって同時に「我あり」であるような「我思う」を、認めるか、ということである。(5) 「デカルトのコギトの説は、したがって論理的に、精神の非時間性の主張と永遠なるものについての意識の承認へと、導くはずのものであった。つまり experimur nos aeternos esse（われわれが永遠であることをわれわれは経験する)」[6] したがって、もろもろの時間的発展を唯一の志向において包括し先取する能力として理解された永遠性が、まさに主観性を定義することとなろう。[7]

〔その結果として有限性と他人が不可能になる〕

コギトを永遠性において見る以上の解釈を問題にするに先だって、これを修正しなくはならない必要性を明らかにする、そのもろもろの結果をしらべてみよう。もしコギトが、時間に何ものも負うていない新たな実存の仕方を私に顕わにするものであり、また私が私にとって近づきうるいっさいの存在の普遍的構成者として、襞も外部もない超越論的領野として、私自身を発見するというのであるならば、われわれはただ単に、「感官のあらゆる対象の形式的なものに関しては……」私の精神は「スピノザの神である」[8]というにとどまることはできない。――なぜなら、以上のような場合には形式と質料との区別はもはや究極的な効力をもちえないし、また精神が自己自身を反省した際に、受容性の概念に結局何らかの意味を見出し、自己自身を触発されたものとして有効に思惟することが、どうしてできるのか、わからないからである。もし、自己を触発されたものとして思惟するものがほかならぬ精神であるならば、精神はおのれの活動性を制限するように見えるその同じ瞬間に、新たにおのれの活動性を主張することになるのだから、彼は触発されたものとして自己を思惟することができないはずである。世界のなかに自己を置くものがほかならぬ精神であるならば、彼は世界にいるのではない。自己措定とは一つの錯覚である。それゆえ、私の精神は神であると何の制限もなしにいわねばならない。例えばラシエズ-レイ氏がどうしてこの帰結を避けることができるのか、われわれにはわからない。「私がいったん思惟することを中断し、また始めるという場合には、私は、私が継続する思惟の運動を、その不可分性において改めて体験し直し、再構成しているのであるが、これは、私がこの運動が発する源泉に再び立ち帰ることによってなのである……。こういうわけで思惟する度ごとに、主観は自己自身を支点となし、その多様な表象のかなたの、あるいはその背後の、統一のなかに位置するのである。この統一はあらゆる認知の原理であるから、それ自体認知される必要はない。そして主観は再び絶対者となるのであるが、それも主観が永遠に絶対者だからである。」[9]しかしいかにして多数の絶対者が存在するのだろうか。まず第一に、私は他のもろもろの「我」を認めることが、どうしてできるだろうか。私が主体と合体することによって得られる経験が主体に関する唯一の経験であり、したがって、精神はその定義からして「外部の観察者」を拒み、ただ内的にしか認知されえないものだとすれば、私のコギトは原理上唯一無二のものであり、他者によって「分有されうる」ものではない。それは他者に「移譲されうる」ものだとひとびとはいうかもしれない。しかしかような移譲は、いったいいかにして動機づけられうるだろうか。その意味が内的に把握されることを要求するといった、こうした実存の仕方を、私自身の外部に措定するように、いったいどんな光景が、効果的に私を誘《いざ》なうことができよう。もし私が私自身のうちに、対自と即自との結合を認めることを学ばないとしたら、他人の身体という機械仕掛けのいずれも決して私にとって生気を帯びることはできないし、また私自身が外部をもたないならば、他者も内部をもたないであろう。私が私自身の絶対的意識をもつならば、意識の多数性は不可能である。私の思惟の絶対性の背後に、神的絶対者を推測することさえ不可能である。私の思惟がそれ自身と完全に接合しているならば、それは私をして自己完結せしめ、私自身が超出されたと感ずることを、私に禁ずるはずである。つまり私は、存在の全体性と世界におけるおのれ自身の現存を構成し、「自己の所有」(11)によっておのれを定義し、おのれが置いたものしか外部に見出さないといった「我」となるであろうが、かかる「我」にとっては、「他者」への出口も「憧れ」(12)もない。このように完全に閉じた我はもはや有限の我ではない。「宇宙についての意識が存するのは、言葉の能動的な意味における組織化の先行的意識のおかげでしかなく、したがって要するに、神性の働きそのものとの内的合体《コミュニオン》によってでしかない(13)。」コギトは究極的には、私をほかならぬ神と一致せしめるのである。私の経験の知的な、そしてつねに同一なものと見なされうる構造を、私がコギトのうちに再び見出す場合に、もしそれが私をこのコギトという出来事から脱出せしめ永遠性のうちに確立するということになるのであるならば、それはまた同時にあらゆる限定と私の個人的実存という基本的な出来事からも私を自由にするはずである。そして、出来事から作用へ、思想から「我」へ、と移りゆくことを余儀なくさせるその同じ理由が、「我」の多数性から単独の構成的意識へと移行することを強い、土壇場になって主体の有限性を救い出そうとしてそれを「モナド」(14)として規定することさえ、禁ずるのである。構成的意識は原理的に唯一で普遍的である。もしこの意識が各人において一個の小宇宙しか構成しないのだと主張されるならば、つまりコギトに「実存的体験」(15)という意味をとっておき、コギトが私に、おのれを完全に所有する思惟の絶対的透明性を顕わにするのではなくて、もともと思惟する存在者であるという私の宿命を、私が引き受け継承するという、盲目的な行為を顕わにするというのであれば、これはもはや別の哲学であり、われわれを時間から脱出させることもないであろう。われわれはここで、永遠性と、経験主義の細分化された時間との間の、中間の道を発見し、コギトと時間とを解釈し直す必要を、確認する。われわれと物との関係は外的関係ではありえないし、われわれ自身についてのわれわれの意識も、心的出来事を単に記録することではありえないということを、われわれは、最終的決定的に認めたのである。われわれが一つの世界を知覚するのは、この世界とこの知覚とが、確認された事実であるに先だって、すでにわれわれの思想であるという場合に限られる。しかし、世界の主体へのこの帰属と主体の自己自身へのこの帰属を正確に理解すること、いいかえれば経験、つまり物とわれわれの「意識の諸状態」とに対するわれわれの取組みを、可能ならしめるあのコギタチオを正確に理解することが、今後の課題として残っている。われわれは、このコギタチオが出来事と時間に無頓着なものではないということ、それはむしろ、もろもろの客観的な非人称的な出来事が派生的な諸形態をなすような、出来事と歴史(Geschichte)の基本的様態であり、そして最後に、われわれが永遠性に訴えるのも、時間の客観的な概念によって強いられる結果にすぎない、ということを了解するであろう。

〔コギトへの復帰、コギトと知覚〕

したがって私が思惟することは、疑いえない。灰皿やパイプがあることは確かではないが、私が灰皿やパイプを見ていると思惟していることは、確かである。これら二つの主張を切り離し、私が「見ていると思惟する」ことの明証性を見られた物に関するいっさいの判断の外に維持することは、ひとびとの思うほど容易であろうか。いやこれはかえって不可能なのである。知覚とは、作用そのものと作用の向う的《まと》とを分離することが問題となりえないような類の作用にほかならない。知覚と知覚されたものとは、必然的に同じ存在様相をもっている。それというのも、物そのものに触れているという、知覚のもっている、いやむしろ知覚そのものであるところの、意識を、知覚から分離することはできないからである。知覚された物の確実性を拒みながら知覚の確実性を維持することは、問題となりえない。もし私が見るという語の全き意味において灰皿を見ているならば、そこに灰皿が存在しなくてはならない。そして私はこの主張を抑えることはできない。見るとはあるものを見ることである。赤を見るとは、現に存在している赤を見ることである。視覚活動を見ているという単なる推定に還元しうるのは、われわれがそれを、錨をおろさずにあてどもなくさまよう一個の quale（性質）の凝視と、思い直す場合に限られる。しかし、すでにわれわれが見てきたように、性質そのものが、その特有の構造（texture）において、ある実存の仕方をわれわれに対して暗示するものであり、われわれも感官の諸領野をもつ限りこれに答えるというのであれば、そしてまた、ある構造をもった色彩——表面色もしくは色の広がり——の、一定のあるいは漠然とした場所ないし距離における知覚が、一個の実在あるいは世界に向ってわれわれが開かれているという事実を、予想するものとすれば、どうして、われわれの知覚的実存の確かさと外部におけるその相手方の確かさとを分離することができようか。ただ単に、可視的と称せられるものに関係するだけではなく、現実に見られている存在に関係することが、私の視覚活動にとって本質的なことなのである。逆に、私が物の現存について疑いをさしはさむならば、この疑いは視覚活動そのものにも向う。もし赤や青が存在しないならば、私はほんとうにはそれを見ていなかったのだということになるのであり、私の視覚的志向と見られるものとのあの相応関係——これこそ現実的な視覚活動であるが——がいかなる瞬間にも実現されなかったことを、私は認めているのである。それゆえ、次の二つの場合のいずれか一方を選ばなくてはならない。つまり、物そのものに関しては私には何の確実性もないか、——しかしこの場合には単なる思惟としての私自身の知覚をも私はそれ以上に確信することはできない、それというのも、単なる思惟とされるにせよ、知覚は一つの物の主張を包含しているからである。——あるいは私は確信をもって私の思惟を捉えるか、——しかしこれは、思惟がめざしているもろもろの現実存在をも私が同時に引き受けることを予想することなのである。デカルトによれば見られる事物の存在は疑わしいが、見ることの単なる思惟と考えられる限り私の視覚活動は疑わしくはないことになる。ところでデカルトのこの主張は維持されえない。なぜなら見ていると思惟することは、二つの意味をもっているからである。まず第一にわれわれはこれを推定上の視覚活動、もしくは「見ているという感じ」(impression de voir) という限定された意味に理解することができる。この場合には、単に可能的なもの、ないし蓋然的なものについての確信しかわれわれにはないわけである。そして「見ていると思惟すること」(pensée de voir) は、われわれがある場合には正真正銘の現実の視覚活動を経験したことがある、ということを含意している。見ることの思惟はこの経験に似ているのであるが、ところでこの経験のうちには、物についての確実性が包含されているのである。ある可能性についての確実性は、ある確実性の可能性でしかない。見ることの思惟は、想像上の視覚活動でしかなく、われわれが、ほかの機会に実際の視覚活動をしていなければ、これさえも存在しないであろう。次に、「見ることの思惟」は、われわれの構成能力についてわれわれがもつところの意識と解されることもできる。真実でも虚偽でもありうるところの、われわれの経験的諸知覚がどうであれ、それらの志向的対象を、再認し、同一視し、われわれの前に維持する能力をもったある精神が住まう場合にのみ、それらの知覚は可能となるのであろう。しかしもしこの構成能力が一個の神話でないならば、つまりほんとうに知覚が、私がそれと一つとなりうるところのある内的ダイナミズムの単なる延長であるならば、私が世界の超越論的諸前提についてもつ確信が世界そのものにまで及ぶはずだし、また私の視覚活動は徹頭徹尾、見ることとの思惟であるから、見られた物そのものが、私がそれについて思惟する内容にほかならないこととなり、超越論的観念論は一種の絶対的実在論となるのである。世界が私によって構成されるといいながら、また同時に、この構成的作用に関して私が捉えうるのは単なる素描、つまり本質的諸構造のみであると主張するならば[16]、自己矛盾をおかすことになろう。私は構成作業の結果として、現実に存在する世界の出現を見るのであって、単に観念上の世界の出現を見るのであってはならない。もしそうでないと、私は世界についての具体的意識ではなく、単に抽象的構成しかもたないことになろう。こういう次第で、いずれの意味にとろうと、「見ることとの思惟」が確実なのは、また現実に視覚活動がおこなわれていることも確かであるという場合に限られるのである。デカルトが感覚そのものはつねに真実であり、誤謬が入りこむのは、判断がそれについて与える超越的解釈によるのだとした際に、彼は事実にそぐわぬ区別をしている。なぜなら私があるものを感覚したかどうかを知ることの方が、あるものがそこにあるかどうか知ることよりいっそう容易であるというわけではないからである。ヒステリー患者は、外的対象を知覚していながら、この知覚を了解していないのと同様、感覚していながら、何を感覚しているのか知らない。これに反して私が感覚したことを確信するときには、感覚が分節化され私の前に展開される仕方そのもののなかに、外的事物に関する確かさが包含されているのである。つまり、これは脚の痛みであるとか、これは赤であり、そして例えば、一つの平面上の不透明な赤だとか、あるいは反対に三次元の赤味がかった雰囲気だとか、という風に。私のおこなう私の感覚の「解釈」は必ず動機づけられていなくてはならない。そしてこの動機づけはこれらの感覚の構造そのものによってのみ可能なのだから、したがって現象の布置自身から由来するのでないような超越的解釈も判断もないともいえるし——また内在性の範囲、つまり私の意識がおのれ自身のうちにとどまり、いっさいの誤謬の危険から守られているような領域は、全くないとも、同様にいえるのである。「我」の諸作用は、その本性からして自己自身を超出するものであり、したがって意識の内部は存在しない。意識はすみずみまで超越である。それも受動的に蒙る超越ではなくて、——すでに述べたように、このような超越は意識の終焉を意味するであろう、——能動的な超越である。見ることについて、あるいは感覚することについて私がもつ意識は、自己完結的な心的出来事を受動的に注意し記録することではない。つまり見られ、感覚された物の現実性に関しては、私を不確かのままに残しておくような、受動的な注意ではない。またそれは、優越的な、永遠的な仕方で、可能的なあらゆる視覚活動ないし感覚活動を自己自身のうちに包含し、自己自身から離れることを必要とせずに対象と結びつくことができるような、ある構成能力の展開でもない。それはまさに視覚活動の実行なのである。私が見ていることを確信するのは、あれこれのものを見ること、あるいは少くとも視覚的な周囲ないし世界を私のまわりに呼び起すことによってである。そしてこの周囲この世界は、それはそれで、個別的な物を見ることによって、初めて究極的に確証されるのだ。視覚活動は一つの行為である。つまり、一つの永遠的な作用――この表現は矛盾している――ではなくて、おのれが約束するより以上のものをもち、つねにおのれの前提を超出する一個の作用であり、もろもろの超越の存する領野に向って私が開いているという原初的事態によって、すなわち、ここでもまた一つの脱自《エクスターズ》によって、初めて内的に用意されるところの、一個の作用なのである。視覚は見られた物において自己自身に到達し自己に追いつく。自己を把握することは、確かに視覚にとって本質的なことである。もし自己把握がなければ、それは何ものを見ることでもないであろう。しかし一種の両義性と不分明性において自己を把握することが、それにとっては本質的なのである。それというのも、視覚は自己を所有しているのではなく、かえって自己を逃れて見られた物のなかに消えうせるからである。私がコギトによって発見し認知することは、心理学的内在性、つまりあらゆる現象の「個人的意識の諸状態」への内属、感覚のそれ自身との盲目的な触れ合いではない。――いや超越論的内在性、つまり構成的意識への、あらゆる現象の内属、明晰な思惟の自己自身による所有でさえない。――それは、私の存在そのものをなす超越性の深い運動であり、私の存在と世界の存在とに対する同時的接触である。

〔コギトと情感的志向性〕

しかしながら、知覚の場合は特殊な場合ではなかろうか。知覚は一つの世界に向って私を開くのであるが、そうすることができるのは、私を超え、おのれを超えることによってのみである。したがって知覚的

「総合」は未完成でなければならない。それは誤謬の危険におのれをさらすことによってしか、私に一つの「現実的なもの」を提示することができないのだ。物が一個の物であるべきであるなら、それが私に対してかくれた諸側面をもつことは全く必然的である。したがって、現われと現実との区別が知覚的「総合」においてその場をもつのは、至極当りまえである。これに反して、「心的諸事実」についての私の意識を考察するなら、意識はその権利と自己自身の完全な所有とを取り戻すように思われる。例えば、愛と意志とは内的な作用である。それらはおのれの対象を捏造し、かくすることによって、現実から遠ざかり、この意味においてそれらがわれわれを欺くことは容易に理解できる。しかし、それら自身に関してわれわれを欺くことは不可能と思われる。私が愛、歓喜、もしくは悲哀を体験している以上、たとえその対象が、実際は、つまり他人にとっては、あるいは他の時点における私自身にとっては、私が現在それに与えている価値をもっていないとしても、私が愛し、喜び、あるいは悲しんでいることに変りはない。現われは私においては現実である。意識の存在は、自己に向って現われることである。意志するとは、意志するに価するものとして（倒錯した意志の場合には、まさに意志するに価しない限りにおいて意志するに価するものとして）ある対象を意識することでなくして何であろうか。愛するとは、愛すべきものとしてある対象を意識することでなくして、何であろうか。そして対象の意識は必然的に意識自身についての知を包含しており、しからざれば意識が自己自身から逃れてしまい、その対象さえ捉えられないだろうから、意志することと意志していると知ること、愛することと愛していると知ることとは、ただ一つの作用である。愛とは愛することの意識であり、意志とは意志することの意識である。自己を意識していない愛もしくは意志とは、ちょうど無意識的な思惟が、思惟しない思惟であるように、愛していない愛であり、意志していない意志となるであろう。その対象がまがいものであろうと現実のものであろうと、意志もしくは愛には変りがなかろう。そして実際にそれらが向う対象への関わりから切り離して考察するならば、それらは、われわれから真理が逃れるはずのない、絶対的確実性の領域を構成するであろう。意識においては、いっさいが真理であり、錯覚は外的対象に関してしか決して存在しないということになろう。一個の感情は、それが感ぜられているからには、それ自身において考察されるなら、つねに真実であるであろう。しかし、もっと詳細にしらべてみよう。

〔虚偽のもしくは錯覚的感情、自己拘束としての感情〕

まず第一に、われわれ自身の内部においても、われわれが「真実の」感情と「虚偽の」感情とを区別することができるということ、われわれの内部に感ぜられるすべてのものが、われわれの内部に感ぜられるからといって、同一の存在面にあり、同じ資格で真実であるとはいえないこと、われわれの外部に「反映」「幻影」「実物」という差別があるように、われわれの内部にも現実性の諸段階があるということは、明らかである。真実の愛とならんで、虚偽の、もしくは錯覚上の愛がある。この最後の場合は、解釈上の誤謬やほんらい愛の名に価しない情緒に不誠実にもこの名を与えた場合からは、区別さるべきである。なぜなら、こうした場合には、愛の見かけさえも決して存在しなかったからである。つまり、私は一瞬たりとも、私の生がこの感情のなかに拘束《アンガジェ》されていると信じたことはなく、腹黒くも、すでに承知している答えを避けるために、かかる問いをたてることを控えていたのである。私の「愛」はただ迎合あるいは不誠実からつくられた見せかけにすぎない。これに反して、虚偽の愛、もしくは錯覚上の愛においては、私は進んで愛人におのれを結びつけたのであり、彼女は一時はほんとうに世界への私の関係の媒介者であった。私が彼女を愛するというとき、私は私の感情を「解釈」していたのではない。私の生は、メロディーのごとくその続きを要求するある形態のなかに、真実おのれを拘束していたのである。確かに、幻滅のあげく（つまり私自身についての私の錯覚が暴露された後に）いったい今まで私に何が起っていたのかを理解しようと試みるときには、私はこのいわゆる愛の下に、愛とは別のもの、例えば「愛せられた」女ともう一人の女との類似、倦怠、習慣、関心もしくは信条の共通性を、再発見するであろう。そしてほかならぬこれこそが、私をして錯覚について語ることを得しめるゆえんのものではある。私はもろもろの資質（別の微笑に似ているこの微笑、事実としてせまってくるこの美しさ、立居振舞のこの若々しさ）しか愛していなかったのであり、愛人の人格そのものである唯一無二の実存の仕方を愛していたのではない。そしてこれに対応して、私もすみずみまで感情に捉えられていたのではない。私の過去の生、未来の生のもろもろの領域がこの感情の侵入を免れていたのであって、私のなかには、他のことがらのために取って置かれた若干の余地が保存されていた。これに対して、ひとびとは次のように反論するかもしれない。つまり、私は以上のことを承知していなかったか――この場合には錯覚上の愛が問題なのではなく、終らんとする真実の愛が問題なのである、――あるいは私がこのことを承知していたか――この場合にはおよそ愛など、たとえ「虚偽の」愛であろうと、決して存在しなかったのだ――以上のいずれかである、と。

しかし実はこのいずれでもないのだ。この愛が現実に存在する間はそれは真の愛から見分けられえぬものであり、私がそれを否認するとき初めてそれは「虚偽の愛」となったのだ、などとわれわれはいうことはできない。十五歳のときの神秘的危機はそれ自身においては意味のないものであり、私の生涯のその後の過程において私が自由にこれを意味づけるのに応じて、思春期の偶発事にもなれば、宗教的召命の最初のきざしにもなるのだ、などとわれわれはいうことはできない。(訳註2) たとえ、私が生涯の全体を思春期の偶発事の上に築こうとも、この偶発事はその偶然的性格を失いはしない。そしてかえって私の生涯の全体が「虚偽」となるのである。私が体験したがままの神秘的危機そのもののうちに、召命を偶発事から区別する何らかの特徴が見出されねばならない。つまり、召命の場合には神秘的態度は、世界ならびに他人に対する基本的関係のなかに入ってくる。偶発事の場合は、この態度は主体の内部にとどまる非人称的な内的必然性のない行動、つまり「思春期」にほかならない。これと同様に真実の愛は、主体のすべての能力を呼び求め、その存在の全体を引き入れる。これに反して、虚偽の愛は、主体の演ずるいくつかの役割のうちの一つにしかかかわらない。例えば、遅ればせの恋の場合には彼の演ずる「四十歳の男」に、異国情緒の恋の場合には「旅行者」に、虚偽の愛が追憶によって担われている場合には「男やもめ」に、母の追憶に担われているときには「幼児」にかかわるのである。真の愛は、私が変化するか、愛人が変化したときに終る。虚偽の愛は、私が私に戻ったとき、虚偽であったことが暴露される。この違いは内在的本質的である。しかしながらこの相違は、私の「世界における（への）存在」の全体における感情の位置にかかわるものであり、虚偽の愛は、私がこれを体験しているときにはみずからそれであると信じている役割にかかわるのだから、したがってまたその虚偽性を見分けるためには、まさに幻滅によってしか得られないところの、私自身の認識を必要とするのだから、両義性は依然として残存することになる。そしてこれこそ、錯覚が可能となる理由なのである。ヒステリー患者の例をもう一度しらべてみよう。彼を仮病者として取り扱うことはあまりにたやすい。しかし彼が欺いているのはまず第一に彼自身である。そしてこの自己欺瞞の容易さは、(訳註3)ひとびとが遠ざけようとしていた問題を改めて提起する。すなわち、ヒステリー患者は彼が実際に感じていることを感じないでいることがどうしてでき、また実際には感じていないものを感ずることがどうしてできるのか、という問題である。彼は苦痛、悲しみ、怒りを装っているのではない。しかも、彼の「苦痛」彼の「悲しみ」彼の「怒り」は、「ほんとうの」苦痛、悲しみ、怒りから区別される。それというのも、彼はこれに没入しているのではなく、彼自身の中心には平静な地帯が残存しているからである。錯覚的な、もしくは想像上の感情は確かに体験されてはいるのだが、しかしいわばわれわれ自身の周辺においてである。(17)幼児や多くの成人は、彼らから彼らの実際の感情をかくすところの「状況価値」によって支配されている。――彼らは贈物をもらったが故に満足し、葬式に参列しているが故に悲しむ。景観に応じて陽気になったり、悲しくなったり、しかもこれらの感情の手前では無関心で空虚である。「われわれは確かに感情そのものを感じているのだが、真正でない仕方によってである。これはいわば、真正な感情の影のようなものである。」われわれの自然的な態度は、われわれ自身の感情を体験したり、われわれ自身の喜びに執着することではなくて、環境の感情的な諸カテゴリーに従って生きることである。「恋愛中の少女は自分の感情をイゾルデやジュリエットに投影するのではなくて、むしろこれらの詩的影像の感情を体験して自分の生にすべり込ませるのだ。彼女の個人的な真正な感情が情緒的幻影の織物をうちやぶるのは、恐らくもっと後になってからであろう。[18]」しかしこの感情が生れるまでは、少女は彼女の愛のなかの錯覚的・文学的要素を見分けるいかなる手段をももってはいない。現在の感情の虚偽性を顕わならしめるのは彼女の未来の感情の真理性である。したがって現在の感情は確かに体験されているのである。少女は、役者が役のうちにおのれを「非現実化」(irréalise) するように、現在の感情のうちにおのれを「非現実化する。[19]」ここにあるのは、真実の情緒を呼び起すであろうもろもろの表象や観念ではなくて、作りものの情緒、想像上の感情である。こういう次第でわれわれはつねにわれわれの現実性の全体において、われわれ自身を所有しているわけではない。そして、われわれの生とわれわれの存在の認識において、そのつどさまざまな程度で若干の遠方にまで及ぶところの、内的知覚、内官について、つまりわれわれとわれわれ自身との間にたつ「分光器《アナリズール》」について、語るのは正当なことである。内的知覚の手前にあって内官に印象を与えないものでも、無意識的なものではない。「私の生」私の「全体的存在」(être total) とは、ベルクソンの「深い我」(moi profond) のように、疑わしい構成物ではなくて、明証的に反省に対して現われる現象なのである。われわれが為していることと別のものが問題になっているのではない。私は私が恋していることを発見する。私に現在このことを証拠だてている諸事実のうち、私に気づかれずに過ぎたものは、恐らく何ひとつあるまい。例えば、私の現在が私の将来に向っていっそう活発に運動するという事実も、私から言葉を奪うこのような情動も、あいびきの日の待ち遠しさも、私に気づかれなかったわけではない。しかし要するに、私はこれらの事実を総計していなかったのであり、たとえ総計していたにせよ、これほど重要な感情が問題になっているとは考えていなかったのである。そして今や、この愛がなければ、自分の人生を考えることがもはやできないことを、発見するのである。過ぎ去りし日々や年月を振り返るときには、私は、私のもろもろの行動や思想が一つの極をめざしていたことを確認するし、その当時遂行されつつあった一つの組織化、一つの総合過程の足跡を、そこに再発見することができよう。しかし私が現在知っていることのすべてを私が前からずっと知っていたのだと主張したり、たった今手に入れた自分自身についての認識を、過去の日々にさかのぼって存在せしめることは、不可能である。一般的にいって、私には私自身についてこれから知り学ぶべき多くのものがあることを、否定はできないし、またさまざまな本を読んだり、今は全然思いもかけないような出来事に出会ったあげく、やがて私自身について私が知るであろういっさいのことがらを、あらかじめ含んでいるような自己認識を、前もって私自身の中心に置くなどということも不可能である。自己自身にとって透明であり、その実存が実存することについての意識に等しいとされるような、意識の観念は、無意識の概念からそれほど異なったものではない。いずれの側にも回顧的錯覚がある。つまり、私が私自身についてこれから学び知ることができるいっさいのことがらが、明瞭な対象という資格で、私のなかに導入されているのである。私を貫いてそれ自身の弁証法的過程をたどってきたこの愛、そして今しがた私が発見したばかりのこの愛は、最初から、無意識のなかにかくされていたものでもなく、また私の意識の前にある一つの対象だったのでもない。それは私があるひとの方に向っておのれを向けた運動なのであり、私の思想と振舞の転回である。——彼女と会う前の数時間を退屈と感じながらすごすのもほかならぬ私であり、彼女がやってきたとき歓びを感ずるのも私なのだから、私がこの愛を知らなかったというわけはない。しかし、それは徹頭徹尾、生きられていたのであって、——認識されていたのではない。愛するひとは夢みるひとになぞらえられうる。夢の「潜在的内容」と「性的意味」は、夢みる者に確かに現前している。なぜなら、その夢を夢みるのは、まさに彼だからである。しかし、まさしく性が夢の一般的雰囲気であればこそ、それらがその上に浮びあがる非性的背景が欠けているため、それらは性的なものとして主題化されないのだ。夢みる者は夢の性的内容を意識しているか否かとわれわれが自問するとき、われわれは問題のまちがった立て方をしているのである。すでに説明したように、性というものが、われわれが世界に関係する仕方の一つであるならば、夢において起るように、われわれの超-性的（méta-sexuel）存在が姿を消すときは、性はいたるところにあり、かつ、どこにもないことになる。それはおのずから曖昧なものとなり、性としてはっきり現われることができない。夢のなかに現われる火事は、当の夢みるひとにとっては、性的衝動を、恰好いい象徴のもとに変装させる一つの仕方ではない。これが象徴となるのは、目覚めたひとにとってである。夢の言語において火事が性的衝動を表わすのは、夢のなかではひとは物理的世界と覚醒した生活の厳格な文脈から解き放たれているので、イメージ一般を、ただその情感的価値に応じてしか用いないからである。夢の性的意義は無意識的でもなければ「意識的」でもない。それというのも夢は、目覚めた生のように、一種類の諸事実を他種類の事実と関係づけることによって「意味する」ことはしないからである。そして性を「無意識的表象」のなかに結晶させるのも、また、性をその本来の名で呼ぶ意識を、夢みる者の心の底にひそませるのも、ともに等しく誤りである。これと同様に愛を生きる恋する者にとって、愛は名をもっていない。これは、われわれがそのまわりを取り囲んで指し示すことのできるような一つの物ではない。またこれは、書物や新聞で語られているのと同じ愛ではない。それというのも、これは彼が世界に対するおのれの関係を打ち建てる仕方であり、一つの実存的な意義だからである。罪人にはおのれの罪が見えないし、裏切者にはおのれの裏切り行為が見えない。それは、罪や裏切りが、無意識的な表象や傾向として、彼らの心の底に現存しているからではなくて、それらがそれぞれ比較的閉じた世界であり、それぞれ状況であるからである。われわれは状況のうちにある以上、出し抜かれており、われわれ自身にとっても透明でありえず、われわれ自身との接触も、必然的に曖昧さのうちにおいてしか、おこなわれえないことになる。

〔私が思惟していることをみずから知るのはまず私が思惟しているからである〕

しかしわれわれは目標を通り越してはいないだろうか。意識において錯覚が時として可能だとするなら、実はつねにそれは可能だということになるのではなかろうか。われわれは次のような想像上の感情が存在することをすでに明らかにした。つまり想像上の感情であっても、これが体験されるに足りるほどわれわれがこれに拘束《アンガジェ》され、しかも、真正の感情となるほどには拘束されていないといった場合である。しかしそもそも絶対的な自己拘束《アンガージュマン》なるものは存在するだろうか。自己拘束するものの自律性を残しておくこと、この意味において決して完全とはならないことが、自己拘束にとって本質的ではないか。したがって、ある感情を真正なものと称するあらゆる手段がわれわれから奪われているのではないか。主体を実存によって、つまり彼がおのれを超出する運動によって定義することは、同時に彼を錯覚に捧げることにはならないか。それというのも、彼は決して何かであることはできないのだから。意識において実在性を現われによって規定することをやめてしまったため、われわれは、われわれとわれわれ自身との間の絆を断ち切り、意識を、捉えがたいある実在性の単なる現われの条件にすぎないものと、してしまいはしなかったか。そしてわれわれわれは、絶対的意識か終りなき疑いかという、二者択一に直面しているのではないか。——以上の反論はわれわれは、前者による解決を拒んだため、コギトを不可能にしてしまいはしなかったか。われわれを本質的な点に導いてゆくのである。私の実存が自己を所有しているということは真実ではないが、それがそれ自身にとって外的であるということも、同様に真実ではない。なぜなら私の実存は、行為、つまり、為すことであり、そして行為は定義からして、私が現在もっているものからめざしているものへの、また私が現在それであるところのものから私がありたいと志向するものへの、力ずくの移行であるからである。まず実際に私が意志し愛しもしくは信じ、私自身の実存を成しとげることによって、初めて私はコギトを遂行し、本気に意志し愛しもしくは信じていると確信することが、できるのである。私が仮にそうできないとしたら、打ち消しがたい疑いが世界の上に、しかしまた私自身の想念の上にも、広がることであろう。私の「好み」私の「意志」私の「願い」私の「情事」がほんとうに私のものかどうかと、限りなく私は自問するであろうし、それらはいつまでも、作りもののように見え、非現実的で、やり損ないのように、私には思えるであろう。しかしこの疑いそのものも、実際の疑いでない以上は、疑っているという確信にもはや達することができないであろう[20]。そこから脱出して「真摯さ」に到達する道はただ一つ、これらの気づかいをやめ、眼をつぶって「為すこと」のなかに身を投ずることである。こういう次第で、私が実存することを確信するのは、存在すると私が思惟するからではない。むしろ反対に、私の思惟について私がもつ確信は、思惟の実際の存在から派生するのである。私の愛、私の憎しみ、私の意志は、愛することの、憎むことの、もしくは意志することの単なる思惟として確かなのではなく、逆に、これらの思惟の確かさのすべてが、私がまさに遂行するが故に確信しているところの、愛、憎、あるいは意志の行為の確かさから由来するのである。いかなる内的知覚も不十全である。それというのも、私は知覚されうる一個の対象ではないし、また私は私の現実性をつくり、かつ私が私自身と再び一つとなるのは行為においてでしかないからである。「われ疑う」――この命題に対するいっさいの懐疑を終らせるには、実際に疑うこと、疑いという経験に自己を投ずること、こうしてこの疑いを、疑うことの確かさとして存在せしめること、よりほかの方法はない。疑うことはつねにあるものについて疑うことである。「いっさいを疑う」場合でも然りである。私が疑っていることを確信するのは、しかじかの物もしくはいっさいの物や私自身の存在をさえ、まさに疑わしきものとして私が引き受けるからである。私が私を知るのは、私の「諸物」に対する関係においてである。内的知覚は後からくる。そして私が疑いの対象に至るまでこの疑いを生きぬくことによって、私が私の疑いとすでに触れあっているのでなかったとしたら、内的知覚は可能ではなかろう。われわれが外的知覚について述べたことが内的知覚についてもいわれうる。つまりそれは無限なるものを包含している。それは決して完成されえぬ総合であるが、しかもつねに未完成でありながらおのれを主張する総合である、と。もしも私が灰皿に関する私の知覚を検証しようとするならば、この検証の仕事は決して終りに達しないであろう。この知覚は、私が明瞭な知識として知っているものより以上のものを予測している。これと同様に、私が私の疑いの現実性を検証しようと欲する場合にも、この検証の仕事は決して完成しないであろう。疑うことについての私の思惟を問題にしなくてはならないだろうし、さらにこの思惟の思惟というふうに次から次へと続くであろう。確実性は行為としての疑いそのものから由来するのであって、これらの思惟からではない。それはちょうど、物と世界に関する確実性が、それらの諸特性の措定的認識に先だつのと同様である。なるほどよくいわれるように、知ることは、知っていると知ることではあろうが、これもこの第二次の知が、知そのものを根拠づけるからではなくて、かえって知が第二次の知を根拠づけるからである。私は物を完全に再構成することはできない。しかしながら知覚される諸物は存在する。これと同様に、私は、自己から逃れゆく私の生と決して合致することはできないが、しかも内的諸知覚は存在するのである。同一の理由が、私自身に関する錯覚と真理とを、可能ならしめるのだ。すなわち、私を超出するために、私が私自身をそこへと集中するところの、もろもろの行為がある、ということである。コギトはこの基本的事実の認知である。「われ思う、われあり」という命題において、二つの主張は、確かに等価である、そうでなければ、コギトは存在しないであろう。しかしそれでも、この等価性の意味を明らかにしておかなくてはならない。つまり、「われ思う」が「われあり」を優越的に含んでいるのではないということ、私の存在について私がもつ意識に私の存在が還元されるのではないということ、むしろ逆に「われ思う」こそ「われあり」の超越性の運動に再統合され、意識が実存に再統合されるのだということである。

〔コギトと理念、幾何学的理念と知覚的意識〕

意志や感情の場合ではなくとも、少くとも「純粋思惟」の諸作用においては、確かに私の私との完全な合致を認めることが必要であるように見える。仮にそうだとすると、われわれが今しがたいったことは、再び問題にされ、思惟は実存の一つの仕方として現われるどころか、逆にわれわれは真実、思惟にのみ依存するものとなろう。それゆえ、われわれはこれから悟性を考察しなくてはならない。私は三角形とそれが所属すると思われる三つの次元をもった空間を、思惟する。またその一辺の延長と、その頂点の一つを通って、それに対する辺に平行に引かれうる線分を、私は思惟する。そして、この頂点とこれらの線分とが、三角形の内角の和に等しい角の和を形づくり、しかもこれが二直角に等しいことに私は気づく。私は、論証されたものと考えられるこの成果を、確信する。そしてこれは、私の作図する図形が、幼児が書きかけのデッサンに勝手気儘に線をつけ加え、そのつど、デッサンの意味を一変させる（「これは家だ、いや、これは船だ、いやこれは人だ」）場合のように、私の手から偶然的に生れた線分の集まりではない、ということを意味している。作業の始めから終りまで、三角形が問題にされている。作図された図形の生成はただ単に事実的な生成なのではなく、知的な生成である。私は、規則に従って作図する。私は三角形という図形の上に、もろもろの特性を、すなわち三角形の本質に基づく諸関係を出現させるのであって、幼児のように、紙の上に事実的に存在する定義されていない図形が暗示するところの、すべての諸関係を出現させるのではない。私が論証を自覚するのは、仮定を構成する与件の全体と、私がそこから引き出す結論との間の、必然的な連関に気がついているからである。この操作を任意の数の経験的図形に対して繰り返すことができると私に保証するものは、まさにこの必然的な連関なのである。そしてこの必然性はこの必然性で、私の論証の一歩ごとに、また私が新しい諸関係を導入する度ごとに、これらの諸関係によって抹殺されるのではなくて規定されるところの確固たる構造としての三角形を、私がたえず意識することから生ずる。したがって、お望みなら次のようにいってもよかろう。すなわち、この論証の要諦は、作図された角の和を二つの互いに異なった布置のなかに入れ、これを最初は三角形の内角の和に等しいものと見なし、次に二直角に等しいものと見なすことにある、と。[21] しかしこの際われわれはただ単に（夢想する幼児のデッサンにおけるように）継起して現われ、互いに排除しあう二つの形態をもつのではない。第二の形態が確立される間も第一の形態は存続している。私が二直角に等しいと見なす角の和は他面、三角形の内角の和に等しいと見なす同じ角の和である。そしてこのことが可能なのは、私が現象ないし現われの次元を超えて、エイドスもしくは存在の次元に近づく限りにおいてである、――こうわれわれは付言しなくてはならない。[22] 能動的思惟における完全な自己所有なしには、真理は不可能のように思われる。これがなければ思惟は、あい継ぐ一連の作用に自己展開して永遠に妥当する成果を構築することが、できないであろう。

思惟の諸局面の時間的分散と、私のもろもろの心的出来事の単なる事実的存在とを克服するある作用なしには、およそ思惟も真理もありはしないであろう。しかし問題は、この作用を正しく理解することである。論証の必然性は分析的必然性ではない。推論を可能にする作図は、三角形の本質のなかに現実的に含まれているのではない。それはこの本質を出発点として可能となるというだけのことである。やがて論証されるであろう諸特性とこの論証に到達するために通過する中間項とをあらかじめ含んでいるような、三角形の定義は存在しない。一辺を延長し、一つの頂点を通って対辺に平行な線分をひくこと、そして平行線と割線に関する定理を用いることは、私が、紙上もしくは黒板上にあるいは想像のなかに描きだされた三角形そのものを考察し、その表情、その線分の具体的な配置、そのゲシタルトを見つめるとき、初めて可能となるのである。これこそ、まさに、三角形の本質もしくは理念ではないか。――まず第一に三角形の形式的な本質の理念を遠ざけよう。形式化の試みは、たとえそれがどう考えらるべきであろうとも、発明の論理学を提供すると自負しえないことは、ともかく確かである。つまり豊かさにおいて図形の直視に匹敵し、一連の形式的な操作によって、直観の助けによってあらかじめ明らかにされていなかったような結論に到達することを得しめる、三角形の論理的定義を構築することができないことは、確かである。これに対してあるいは次のように反論されるかもしれない。つまり、以上のことは、ただ発見の心理学的諸事情に関することにすぎない。もし仮定と結論との間に、直観には何ものも負うてはいない連関を、あとから打ち建てることが可能であるとすれば、それは直観が思惟の是非とも必要な媒介者ではないからであり、論理のなかには場をもっていないからである、と。しかしながら、形式化がつねに回顧的に後からなされるということは、それが完全なのは見かけの上だけであって、形式的思惟は直観的思惟から養分を受けていることを、証拠だてている。形式的思惟は、推論がそれに基づいているといわれる、定式化されていない諸公理をあばき出し、推論にいっそうの厳密さをもたらし、われわれの確信の根拠を露呈せしめるように見える。しかし、たとえ直観的思惟においては諸原理が暗黙裡に認められているにもせよ、いや、まさしくそれ故にこそ、確信が形成され真理が現われる場所は、実はつねにこの直観的思惟なのである。仮にわれわれが形式の力によって (vi formae) 思惟するだけであって、形式的諸関係があらかじめ特殊なあるものに結晶してわれわれに提示されないとするなら、およそ真理を経験するということはないであろうし、「われわれの精神の饒舌」をくいとめるものは何もないであろう。まず最初に真実なりとしないならば、われわれは、結論を引き出すべく一つの仮定を設定することとさえできないであろう。仮定とは、真実なりと想定されることがらである。そして仮定的思惟は、事実的真理の経験を予想している。したがって作図 (construction) は三角形の形態に、それが空間を占める仕方に、「の上に」「を通って」「頂点」「延長する」という諸語によって表現される諸関係に準拠している。ところでこれらの諸関係は、三角形の、いわば内容的本質をなすものであろうか。「の上に」「を通って」などという語が意味を保つのは、私が感覚的ないし想像上の三角形に、いいかえれば、少くとも可能的には私の知覚野のなかに置かれ、「上」と「下」、「右」と「左」に関して定位されている三角形に、さらにいいかえれば、すでに明らかにしたように、世界に対する私の一般的な取組み (prise) のなかに含まれた三角形に向って、作業しているからである。作図は、定義に応じて理念として考察された三角形ではなく、形態に即して見られた三角形、私の運動の向う極としての三角形の、諸可能性を顕わにするのである。帰結が仮定から必然的に派生するのも、作図の作用において、幾何学者がすでに仮定から帰結への移行の可能性を経験しているからである。この作用をいっそう正確に記述することに努めよう。われわれは、これがただ単に手の作業、つまり紙の上での私の手と筆の事実的移動ではないことを、すでに承知している。なぜなら、もしそうだとすると、作図と任意の描線との間に何の違いもなくなってしまい、作図からはいかなる論証も結果しないからである。作図は一つの身振り運動である。すなわち、実際に描かれた線は、一つの志向を外に向って表明している。しかしこの志向とは何であるか。私は三角形を「熟視」する。それは私にとって、方向づけられた諸線分のシステムである。そして「角」とか「方向」とかいう語が私にとって意味をもつのは、私が一点に位置し、そこからもう一つの点に向う限りにおいてであり、空間的な位置のシステムが私にとって可能的運動の場である限りにおいてである。こうして私は三角形の具体的本質を捉えるのであるが、それはもはや客観的な「諸特徴」からなる一つの全体ではなくて、一つの態度の定式であり、世界に対する私の取組みのある様相、一つの構造である。作図しながら、私はそれを別の構造のなかに入れる。つまり「平行線と割線」という構造のなかにである。これはどうして可能なのか。それは私の三角形の知覚がいわば、凝固した死んだものではなかったからである。紙上の三角形のデッサンは、この知覚の外被でしかなかったのだ。それはさまざまな力線によって貫通されており、その至るところで、まだたどられてはいないが可能的なさまざまな方向が芽ばえつつあったのである。三角形は私の世界に対する取組みのなかに引き入れられている以上、限りなくさまざまな可能性をはらんでいたのであって、実際におこなわれた作図はその一つの特殊な場合にすぎない。この作図が論証的価値をもつのも、三角形の運動方式から私が生ぜしめたものだからである。作図とは、諸事物に対するある捉え方（prise）の感覚的象徴を現われさせる私の能力の表現であるが、ここでいう諸事物に対するある捉え方とは、まさに三角形という構造の私による知覚のことなのである。これは生産的想像力の一つの作用であって、三角形の永遠の理念に立ち帰ることではない。カント自身の説に従っても、空間における諸対象の位置づけは、単に精神的作用によるのではなく、身体の運動機能を利用するのである。(23) つまり運動は諸感覚を、これらが生ずるとき身体が存する道程の一点に、配置するのだ。これと同様、結局は位置づけの客観的諸法則を研究する幾何学者も、少くとも可能的にはおのれの身体をもって彼の関心のまとたる諸関係を描くことによって、初めてこれらを認識するのである。幾何学の主体は運動する主体である。このことはまず第一に、われわれの身体が一つの客体ではないこと、またその運動も客観的空間における単なる位置の移動ではないことを意味している。それというのも、もしそうでなければ幾何学の主体は運動する主体であるといったところで、問題の位置がずらされるだけで、おのれの身体の運動も、身体自身一つの物であるから、諸物の位置づけの問題に何の光ももたらさないからである。カントも認めているように、「空間を産出する運動」(24) があるのでなければならない。これはわれわれの志向的運動であって、物体の運動やわれわれの受動的身体の運動である「空間における運動」とは区別される。しかしさらに次のように付言しなくてはならない。つまり、運動が空間の産出者だとすると、身体の運動機能が構成的意識(conscience constituante)にとっての単なる「道具」(25) にすぎない、などということは認められない、と。もしも構成的意識なるものが存在するとすれば、身体運動が運動であるのも、この意識がそれをかかるものとして思惟するからにすぎないことになる。(26) 構築能力は、そのなかにみずから置いたものしか見出さない。身体はこの点からすると一つの道具ですらない。つまりそれは、もろもろの客体のなかの一つの客体である。構成的意識の哲学のなかには心理学の発言の場はない。あるいは少くとも、発言さるべき重要事項は何もそれに残されてはいない。心理学は、反省的分析の成果を、それぞれの特殊な内容に適用することしか許されていないのだ。それも、成果からその超越論的意義を剝奪するのだから、これを歪曲した上で、ということになる。身体の運動が世界の知覚において一つの役割を演ずることができるのは、身体がそれ自身、独自な志向性であり、認識とは別の、対象へのかかわり方であるという場合に限られる。世界は、われわれが総合すべき諸対象のシステムとしてではなく、われわれがそれに向って自己を投げかける諸事物の開いた全体として、われわれのまわりに存するのでなければならない。「空間を産出する運動」がその道程を展開する場合、世界のなかに場所をもたない何らかの形而上学的点からおこなわれるのではなくて、ある一定のここからある一定のかしこへとおこなわれる。もっともここととかしことは、原理的には相互に交換可能であるが。運動の企投は一つの行為である。つまり空間・時間的な隔たりを踏破することによって、これを描出するのである。したがって幾何学者の思惟は、必然的にこの行為を支えとする以上、決して自己自身と一致してはいない。それは超越そのものである。私が作図によって三角形の諸特性を現出させることができるのも、またこうして変形された図形が依然として出発点の図形と同じものであるということも、そして最後に必然性という性格をそなえた総合を私がおこなうことができるのも、私の作図が、三角形のいっさいの諸特性を包含する三角形の概念によって支えられているからでもなければ、私が知覚的意識から離脱してエイドスに到達したからでもない。むしろ私が新しい特性の総合を身体をとおして遂行するからである。この身体は私をひといきに空間のなかに引き入れ、そして身体の自律的運動は一連の明確な手続きによって、私が空間のかの全体的な展望に到達することを、可能ならしめるのである。幾何学的思惟は知覚的意識を超越するどころではない。私が本質の概念を借りてくるのも、かえって知覚的世界からなのである。私は三角形がつねに二直角に等しい内角の和をもっていたこと、また未来永劫にもつであろうこと、幾何学が三角形に付与するそれほど明瞭ではない他の諸特性をもかつてつねにもち、また未来永劫にもつであろうことを、信じて疑わないが、それも、私が現実の三角形の経験をもっているからであり、またこの三角形において、かつて明らかになったもの、もしくは将来明らかになるであろうもののすべてを、それが物理的な物として、必然的にそれ自身のうちにもっているからなのである。もし仮に、知覚された物が、それがあるところのものであるという存在の理想を、われわれの心に永遠にわたって打ち建てなかったとしたら、存在の現象などということはなかったであろうし、数学的思惟は一つの創造としてわれわれに現われたであろう。私が三角形の本質と呼ぶものは、われわれが物の定義と見なした完成された総合のあの推定以外の何ものでもないのである。

〔理念と言葉、表現において表現せられたもの〕

みずから運動するものとしてのわれわれの身体、つまり世界の展望から分たれえぬものであり、実現されたこの展望そのものである限りでの、われわれの身体は、ただ単に幾何学的総合のみならず、またいっさいの表現作用の、そして文化的世界を構成するいっさいの既得物の、可能性の制約である。思惟は自発的であるといわれるとき、これは思惟がそれ自身と合致していることを意味するのではない。むしろ逆に、思惟は自己自身を乗り越えるということを意味している。そして言葉《パロール》こそ、思惟が真理として自己自身を永遠化する作用なのである。言葉が思惟の単なる衣裳とは見なされえないこと、また表現も、それ自身にとってすでに明瞭なある意義を、任意の記号のシステムへ翻訳することと考えられてはならないということは、じじつ明らかである。音声や音韻はそれ自体では何ものを意味するものでもなく、われわれの意識は、みずから言語のなかに置いたものしか、そこに発見することができないと、繰り返しいわれている。しかし、そうなると言語はわれわれに何ごとを教えることもできなくなり、せいぜいのところ、われわれがすでにもっている諸意義の新しい組合せを、われわれの心に喚起することができるだけだ、ということになろう。言語経験こそ、まさにこれを否定する証人なのである。意思の疎通が、辞書にあるような語と意義との対応関係のシステムを予想していることは真実である。しかし、それはこれを乗り越える。それぞれの語にその意味を与えるのは文章なのである。絶対的に固定することはできないような意味を、語が次第に担うに至ったのは、さまざまな文脈のなかで使われたためである。重要な言説やすぐれた書物は、それら独特の意味をわれわれに押しつける。したがってある仕方で、それらはこの意味をおのれのうちにたずさえているのである。そして発言主体においてもまた表現行為は、彼があらかじめ思惟してきた内容を踏み越えることを可能ならしめ、したがって彼はみずからそこに置こうと考えていたこと以上のものを、おのれの言葉のなかに見出すのでなければならない。もしそうでないとすると、たとえ孤独のうちになされる思惟ですら何故にかくも執拗に表現を求めるのか、わからなくなる。それゆえ言語表現《パロール》は所与の意味を担った語と手持ちの諸意義とによってある志向に追いつきこれを表現しようとする作業なのであるが、この志向が表現手段としての語の意味を原理的に超出し、これを変容し、結局はみずからこれを定めるといった事情にあるので、言語表現はまさに逆説的な作業なのである。既成の言語は表現活動において、絵画における色彩の役割しか演じていない。もしわれわれが眼、あるいは一般に感官をもっていなかったとしたら、われわれにとって絵画は存在しなかったであろう。しかも絵は、われわれの感官の単なる行使がそれについて教えることができる以上のものごとを、「語って」いるのである。したがって感官の与件を超えた絵画や既成の言語の与件を超えた言説は、観照者や聴取者の精神のなかにそれだけで存在するところのある意義を指示するのではなくて、それぞれそれ独自の意味能力をもっているのでなければならない。「画家が色彩によって、音楽家が音調によってするように、われわれは言語によって、ある光景や情緒や、いや抽象的観念さえもの一種の等価物、もしくは精神のなかで融解しうる一種の形質（espèce）(訳註4)を構成しようと欲しているのである。ここでは表現が主要なことがらとなるのだ。われわれは読者に生気を与え、(訳註5)われわれの創造的ないし詩的活動にあずからしめる、つまり彼の精神の秘められた口のなかに、しかじかの対象や感情の陳述をさし入れるのである。(27)」画家や発言主体において、絵や言葉は、既成の思想をいわば図示するものではなくて、まさにこの思想そのものを我がものとすることなのだ。それだからこそ、われわれは、既得の思想を表現する二次的な言葉と、この思想を初めて他人に対してと同様にわれわれ自身に対しても現実に存在せしめるところの根源的な言葉とを、区別する気になったのである。ところで今では一義的な思想の単なる指標となってしまったあらゆる語も、こうなることができたのは、ひたすら、それらが最初は根源的な言《パロール》として機能したからこそであり、それらが「獲得」されつつある際の、そしてそれらがまだ表現の原初的な機能を働かせていた折の、未知の景観にも似た、それらの貴重な相貌を、われわれが今なお想起することができるからにほかならない。こういうわけで、自己所有、あるいは自己自身との合致は思惟を定義するものではない。むしろそれはかえって表現の成果であり、獲得されたものの明晰さが、逃れゆく生の一瞬をわれわれがわれわれのうちで永遠化したところの根本的に陰暗たる働きに、依存している限りにおいては、それはつねに一つの錯覚なのである。おのれの既得物を享受しつつある思惟、表現の終りなき過程における一つの停留所にしかすぎない思惟の下に、われわれは、もう一つの思惟を再発見するように誘《いざ》なわれる。つまり、自己を打ち建てようと努力するところの思惟、既成の言語のもつ諸手段を、今までおこなわれたこともないような全く新たな使用法へと撓め用いることによって、初めてこれをなしとげるところのもう一つの思惟を、である。この働きは、究極的な一つの事実と見なされなくてはならない。それというのも、これについて与えられるどの説明も——新しい意義を既存の意義に還元する経験主義的説明にせよ、知の基本的諸形式に内在する絶対知をたてる観念論的説明にせよ——要するにこの働きを否定することになるからである。言語活動《ランガージュ》はわれわれを超出する。ただ単に、言葉《パロール》の行使が、顕在的《アクチュエル》ではないが個々の語のなかに要約されている多数の思想を、つねに予想しているからだけではなく、いっそう深いもう一つの理由のためでもある。すなわち、これらの思想もまた、それらが顕在的であった状態においては、「純粋な」思想では決してなかった、ということだ。つまりそれらにおいても、すでに所記（signifié）の能記(訳註6)（signifiant）に対する超過分が存在していたし、思惟しつつある思惟（la pensée pensante）に等しからんとする思惟された思惟（la pensée pensée）の努力も、そしてまた表現の神秘のすべてをなすところの両者の一時的な結合ということも、やはり同じように存在していた、ということである。世人のいわゆる理念は必然的に表現の行為に結びついており、それが自律性の外観をもつのも、これのおかげである。理念は、教会、道路、鉛筆あるいは第九シンフォニーと同様に、文化的対象である。これに対して、次のように反論されるかもしれない。つまり、教会は燃えるかもしれない。街路も鉛筆も破壊されうる。そして仮に第九シンフォニーのあらゆる楽譜、あらゆる楽器が灰燼に帰したとしたら、それはそれを聞いたことのあるひとびとの記憶に、ほんのわずかな年月の間とどまるにすぎないであろう。これに反して、三角形の理念とその諸特性は、決して滅びることはない、と。しかし実は諸特性を伴った三角形の理念も、二次方程式の理念も、歴史的・地理的な領分をもっているのである。そして、仮にわれわれにこれらの理念を伝えた伝承や、それらを担い運ぶ文化的諸手段が破壊されたとしたら、それらを世界にもう一度出現させるためには、改めて創造的表現の行為を必要とすることになろう。ただ一つ真実なことは、最初の出現がいったん与えられてしまった上では、その後の度たびの「出現」はたとえ成功しても二次方程式に何も付け加えはしないし、また失敗しても何も奪いはしない、二次方程式は汲めども尽きぬ財宝としてわれわれの間にある、ということである。しかしわれわれは第九シンフォニーについても同じことをいうことができる。プルーストがいうように、それは、上手に演奏されようと下手に演奏されようと、それ独自の知的な場所に存続するのであり、あるいはむしろ自然的な時間よりいっそう秘められた時間のなかでその存在を続けているのである。諸理念の時間は、書物が現われたり消えたり、音曲が印刷されたり失われたりする時間と、同じではない。それまでずっと版を重ねてきた書物がある日より読まれなくなり、楽譜がわずか数部しか残っていないような音楽が突如として探し求められることがある。理念の現実存在は表現手段の経験的存在と混同されてはならない。むしろ諸理念自身が生き続けたり死滅したりするのであり、いわば知性の天空がその色を変ずるのである。われわれはすでに、経験的な言語、つまり音声現象としての語、しかじかの語がしかじかの人によってしかじかの時にいわれたという事実、――これは思想が伴わずとも起りうることだが、――このような経験的言語と、超越論的もしくは本来的な言語、それによって観念が現実に存在するようになる言語とを、区別した。しかしそれにしても、発声もしくは調音器官ならびに呼吸器官をそなえている人間――あるいは少くとも身体と自分で運動する能力とをそなえた人間が仮にいなかったとしたら、およそ言葉も観念も存在しなかったであろう。もっとも言葉の場合の方が音楽や絵画におけるよりも、思想がいっそうその物質的道具から分離して永遠に妥当しうるように見えることは、やはり真実である。もろもろの物理的因果性の偶然的交錯によってたまたま存在することになるすべての三角形は、たとえ人間が幾何学を忘れはて、この学問を知るものが一人もいなくなったとしても、やはりある仕方でつねに二直角に等しい内角の和をもつであろう。しかしそれは、音楽と絵画が、詩と同様に、おのれのためにそれ自身の対象を創造し、自己自身を十分に意識するが早いか、決然と文化的世界に閉じこもってしまうのに反して、ここでは言葉が、一個の自然に対して適用されているからなのである。散文的な言葉、とりわけ科学的な言葉は、自然それ自体の真理をいい表わすと主張する文化的存在なのである。実はそうではないことは周知のことで、諸科学の現代的批判は、それらがもっている構築的な要素をはっきりと暴露した。「現実の」三角形、つまり知覚された三角形は、もしも体験された空間が、ユークリッド的測定法以上に非ユークリッド的測定法になじまぬものではないということが真実だとするならば、必ずしも永劫に二直角に等しい内角の和をもつわけではない。したがって、さまざまな表現様式の間には根本的な差異はなく、あたかもそのなかの一つが真理自体をいい表わすかのように、これに特権を与えることはできない。言葉は音楽と同じほど物いわぬものであり、音楽は言葉と同じほど雄弁である。表現はいずこでも創造的であり、表現されたものはつねに表現から分たれえぬものである。言語表現を明晰ならしめ、われわれの眼前に一個の対象ででもあるかのように、広げて見せることができる分析なるものは、存在しない。発言《パロール》の作用は、実際に語りあるいは聴取する者にとってのみ明らかなのであって、われわれをしてまさにしかじかと理解せしめて他様には理解させなかった理由を、明らかならしめようと欲するやいなや、発言作用は不分明になる。われわれが知覚についてすでに述べたこと、そしてパスカルが臆見について述べたことを、発言作用についてもいうことができる。——すなわち、以上の三つの場合のいずれにおいても同様に、一見してわかるという明晰さの驚異があり、しかもこの明晰さは、その構成要素と思われるものに還元しようとするやいなや、見失われてしまう、ということである。私は語り、少しの曖昧さもなく自分のいっていることを理解し、またひとにも理解される。私は私の生活体験を改めて捉え直し、他のひとびともこれを捉え直す。「私はもう長いあいだ待っている」とか、誰それは「死んで今はいない」とかと、私はいう。そして自分が何をいっているのか承知していると、私は信じている。しかし私の言葉のなかに含まれている時間とか死の経験について自問してみると、もはや私の精神には不分明さしか残らない。それというのも、私は言葉《パロール》について語ろうとしたからである。つまり

「死」とか「時間」とかという語に意味を与えていた表現作用を繰り返しておこない、これらの語が私に保証する私自身の経験に対する簡潔な把握を、広げようとしたからである。そして、これらの二次、三次の表現作用は、ほかの表現作用と同様、そのつど説得力のある明晰さをもっているのだが、だからといって私は、いい表わされたことの基本的な不明瞭さを解消させることも、私の思惟の思惟自身に対する隔たりを無に帰せしめることも、できないからである。以上のことから、われわれは次のように結論しなくてはならないだろうか。(28) つまり、暗さのなかに生れ、暗さのなかで発育し、しかも明晰さを持ちうるところの言語活動なるものは、無限なる「思惟」の裏面にすぎず、われわれに寄せられた思惟のことづてにすぎない、と。だが、これでは、今しがたわれわれがおこなった分析をないがしろにし、その過程で明らかになったことを、結論においてひっくり返すこととなる。言語はわれわれを超越している。しかもわれわれが語るのである。もしもここから、超越的な思惟なるものがあって、われわれの言葉はこれを一字一句拾い読みにしているのだと、結論するとしたら、われわれは、決して完成することはないといったばかりの表現の試みをすでに完成したものとして前提することになり、また絶対的思惟とはわれわれにとって考えられえないことだということを明らかにした矢先に、この絶対的思惟に訴えることになる。これはパスカルの弁証論《アポロジエテイク》の原理である。しかし人間に絶対的能力がないことが明らかとなればなるほど、絶対的なものの主張もますます蓋然性をますのではなくて、逆に疑わしくなる。じじつ分析は、言語表現の背後に超越的思惟が存在するということではなくて、言葉においてこそ思惟がおのれを超越するということ、また超越的思惟がその上に基づいているとされるところの、私の私自身との一致、私と他人との一致も、言葉が初めて成立させる（fait）ものだということを、明らかにしている。言語という現象は、根本的事実であるとともに奇蹟であるという二重の意味において、もしわれわれがこれを超越的思惟でもって裏打ちするなら、それによって説明されるどころか、かえって抹殺されてしまうのだ。それというのも、思惟の働きは、ひとたびいい表わされると、まさにその結果として、実際の思惟作用が終った後にも命脈を保つ力をもつようになるが、まさにこの事実にこそ言語現象の本質が存するからである。これはよくいわれるように、言語的定式がわれわれにとって記憶術的手段として役だつ、ということではない。紙上に記されようと記憶に委ねられようと、言語的定式は、もしわれわれがこれを解釈する内的能力を決定的に獲得していないとしたら、何の役にもたたないだろう。いい表わすということは、新しい思想に、すでに一定の諸思想と結びついている安定した記号のシステムを、置き換えることではない。そうではなくて、新しい志向が過去の遺産を継承することを、すでに使用されているもろもろの語を用いることによって、確認することであり、同じ一つの身振り動作によって、過去を現在に合体させるとともに、この現在を未来に接合することと、つまり「獲得された」思想が、今後はこれをわざわざ喚起したり再生したりするまでもなく、次元としていつまでも現存しつづけるような、時間領域の一全体を切り開くことである。思想におけるいわゆる非時間的なものとは、こうして過去を継承し未来を拘束した結果、推定上時間の全体にわたって存在するとされるもののことであって、したがって決して時間に対して超越的なのではない。非時間的なものとは、実は獲得されたものなのである。

〔非時間的なものとは獲得されたものである〕

この永遠にわたる獲得の基本的なモデルを、時間そのものが、われわれに提示している。時間は、もろもろの出来事が押しあいへしあいして現われる次元であるが、またそれは、それぞれの出来事がもはや奪われることのない場所を受けとる次元でもある。一つの出来事が起る（a lieu 場所をもつ）ということは、それが起った（a eu lieu 場所をもった）ということがやがて永遠にわたって真実となるであろうということである。時間に属する各瞬間は、その本質そのものからして、他の瞬間がどう抗うこともできないような一つの現実存在を打ち建てる。いったん作図がおこなわれれば、幾何学的関係は、すでに獲得されたものとなる。たとえ私が論証のこまごました内容を忘れたとしても、数学的な身振りは一つの伝統を確立しているのである。ヴァン・ゴッホの絵は、永遠に私の心のなかで場を占めている。私がもはや引き返すことのできない一歩が踏み出されたのだ。そしてたとえ、私の見た絵の正確な記憶が保存されていない場合でも、その後の私の美的経験は、ヴァン・ゴッホの絵を見たことのある者のそれとなるであろう。ちょうど、労働者となったブルジョアが、その労働者であるあり方に至るまで、いつまでも、労働者－となった－ブルジョアであるのと全く同様であるし、また、われわれのおこなった行為が、たとえ後からわれわれがこれを非難し、信条を変えたとしても、いつまでもわれわれを性格づけるのと同じである。実存は、おのれの過去を是認するにせよ拒むにせよ、ともかくつねにこれを引き受ける。プルーストのいうように、われわれは過去というピラミッドの頂点に棲みついているのである。われわれがこの事実に眼をふさぐのは、客観的思惟の呪縛に捉えられているからである。われわれ自身にとってわれわれの過去は、明瞭に思い浮べることができる追憶に限られると、われわれは信じている。われわれはわれわれの実存を過去そのものから切断し、この過去の現に現われている痕跡を取り戻すことしか実存に許さない。しかし、もしわれわれがほかの仕方で過去に対して直接窓を開いていないとしたら、どうしてこれらの痕跡が過去の痕跡として認知されるだろうか。獲得ということを、もうそれ以上還元不可能な現象として認めなくてはならない。われわれが体験したことは、たえずわれわれにとって存在し存続する。老人になっても、ひとはなお、おのれの幼時に接している。生起するいずれの現在も楔のごとく時間のなかに打ち込まれ、永遠性を要求する。永遠とは時のかなたの別の秩序ではない。それはまさに時の雰囲気なのだ。誤った思想といえども真の思想と同様に、恐らくこのような類の永遠性ならばもっていよう。それというのも私が現在誤ったならば、私が誤ったということは、永劫にわたって真となるからである。したがって、真なる思想のなかには、以上のとは別の多産性が存在するのでなければならない。つまりただ単に実際に生きられた過去としてばかりではなく、ひきつづく時間過程のなかでたえず新たに継承され引き受けられる不滅の現在としても、どこまでも真実であるのでなければならない。しかし、これは、事実の真理と理性の真理との間に、本質的な差別をたてるものではない。なぜなら、私が私の行動や、たとえ誤った思想であっても私の思想を、固執した以上、何らかの価値や真理をめざさなかったような、したがって、ただ単に打ち消しがたい事実としてばかりではなく、また、やがて後になってから私が認知するはずのより完全な諸真理ないし諸価値に向っての必然的な段階としても、私のその後の生活のなかで現実性を保持していないような、行動や思想は一つだにないからである。私の認知する真理は、これらの誤謬を材料として構築されたものであり、したがって誤謬を真理の永遠性のなかに引きずり込むのである。逆にまた事実性の契機を保存していない理性的真理は一つとしてない。例えばユークリッド幾何学のもついわゆる透明性なるものは、人間精神の歴史的一時期にとっての透明性にすぎないことが、いつの日か明らかとなる。それは、単に、ひとびとが一時期の間、三次元の等質的空間をおのれの思想の「地盤」ととり、より一般化された数学が空間の偶然的な特殊化と見なすものを、何の疑問もなしに引き受けることができた、という事実を意味するにすぎない。こういう次第で、いかなる事実の真理も合理的真理であり、いかなる合理的真理も事実の真理である。理性と事実との、永遠性と時間との間の関係は、反省と非反省的なものとの、思惟と言語との間の、もしくは思惟と知覚との間の関係と同様、現象学が基礎づけ(Fundierung)と呼んだ、あの二重の意味をもった関係なのである。つまり、基礎づける項——時間、非反省的なもの、事実、言語、知覚——は、基礎づけられるものが基礎づけるものの一つの規定ないし一つの解明として与えられるという意味においては、まさに基本的なものである。そして、これこそ、基礎づけられるものが基礎づけるものを決して吸収し尽くすことができないゆえんでもある。だが、基礎づけるものは、経験主義的な意味で基本的なものなのではない。基礎づけられるものは基礎づけるものから単に派生するのではない。それというのも、基礎づけるものが明らかになるのは、基礎づけられたものを通じてなのだから。こういうわけで現在は永遠性の萌芽であるとも、真なるものの永遠性は現在の昇華にすぎないとも、いずれともいわれうるのである。われわれはこの両義性を超克することはできまい。しかしいっさいの支えとなる真の時間の直観、表現と等しく論証の核心にも存するところの真の時間の直観を再発見することによって、われわれはこの両義性を究極的なものとして了解することができよう。「精神の創造力に対する反省は」とブランシュヴィックはいっている、(29)「あらゆる経験的な確かさにおいて、次のような感情を含んでいる。――われわれが論証するに至った一定の真理のなかには、これを超出し、これには囚われぬ真理の魂が存在するという感情、つまりこの真理の特殊な表現から自由となって、いっそう包括的なより深い表現へと向うことができ、しかもこのような進展が真理の永遠性を傷つけることがないといったような、真理の魂が存在するという感情を、である。」誰も所有していないこの永遠なる真理とは何であるか。いかなる表現も超えた彼方で表現されている、このものとは何か。そして、もしわれわれがこれをたてる権利をもつとしたら、なぜより正確な表現を獲得することに、われわれはたえず心掛けているのだろうか。われわれが、諸精神や諸真理はあらかじめ定められた目標に向うのではないと主張しながら、しかもあたかもそれに向うかのごとく、諸精神や諸真理をそのまわりに配置している、かの「一者」とは何であるか。一個の超越的「存在」という観念は、そのつど骨の折れる反復において、それぞれの意識と相互主観性とが、それを通じて自分たち自身で自分たちの統一を形成するところの諸行動を、無用ならしめないという利点を少くとももってはいた。これらの行動がわれわれ自身にとって最も内奥のものとして捉えられうるものであるならば、神をたてることがわれわれの生の解明に少しも寄与するものではないことは、真実である。われわれは、永遠なる真理と一者への分与とを経験するのではなくて、時間の偶然性のなかで、われわれがそれを通じてわれわれ自身ならびに他人と諸関係を結ぶところの具体的な引き受けの諸作用を、つまり世界への分与を経験するのである。そして「真理における（への）存在」(être-à-la-vérité) は、「世界における（への）存在」と別のことではない。

〔知覚と同様、明証性も一つの事実である。必証的明証性と歴史的明証性、心理主義と懐疑論に対して〕

われわれは今や、明証性の問題について態度をきめ、真理の経験を記述することができる。もろもろの知覚があるのと同様に、もろもろの真理が存在するのである。とはいえ、これは、われわれが何らかの主張について、その理由を余すところなくわれわれ自身の前に展示することができるということではない。——もろもろの動機しかないのであり、またわれわれは、時間に対して手掛りをもつだけで時間を所有しているわけではない——そうではなくて、時間にとっては、自己から立ち去りつつもそれにつれて自己自身を取り戻すということ、そして可視的な事物、つまり、一見して明らかな明証的なもののなかに自己を収約するということが、本質的なことだからである。いかなる意識も、何らかの程度において知覚的意識である。私がそのつど私の理性とか、私の観念とかと呼ぶもののなかには、仮にそのあらゆる前提を展開することができたとしたら、今まで明るみに出されたことのないさまざまな経験、過去と現在からの多量の出資分、単に思想の生成にかかわるだけではなく、またその意味をも規定する「沈澱した歴史」[30]の全体が、いつでも見出されるであろう。いかなる前提もない絶対的な明証性が可能であるためには、換言すれば私の思惟が自己を貫き、自己と再び一つとなり純然たる「自己の自己への同意」に到達することができるためには、カント学派の言葉でいえば、思惟が一つの出来事たることをやめてすみずみまで作用とならねばならず、――学院《スコラ》の流儀でいうと、その形相的実在性が客観的実在性のなかに含まれていなくてはならず、――マールブランシュの用語でいえば、思惟が「知覚」「感情」ないし真理との「接触」であることをやめて、真理の純粋な「観念」ないし「諦視」(vision) とならねばならないだろう。いいかえれば、私は私自身であるかわりに、私自身の純然たる認識者となっていなくてはならず、世界も私のまわりに現実に存することをやめて、私の前の純然たる対象とならねばならないであろう。われわれ自身の既得物と既存のこの世界とのためにわれわれがそれであるところのものに関しては、われわれは確かに廃棄の能力をもっており、われわれが規定されたものでないためには、これだけで十分である。私はまぶたを閉じることができる。耳をふさぐこともできる。しかし、たとえまぶたの裏の暗黒にすぎなくとも、また沈黙にすぎなくとも、これを見、これを聞くことをやめるわけにはいかない。これと同様に、私は私の既得の意見、信念を括弧に入れることはできるが、何を考えるにせよ、何を決意するにせよ、つねに、私が今までに信じ、もしくはおこなったことが地となっている。Habemus ideam veram (われわれは真なる観念を所有す)、われわれは真理を保持している。真理のこの体験が絶対知となるのは、仮にわれわれがそのあらゆる動機を主題化したとした場合、つまりわれわれが状況づけられていることをやめたとした場合に限られる。真なる観念を事実的に所有していることは、それゆえ知性のなかに十全なる思惟と絶対的能産性が存するということを主張するいかなる権利をも、われわれに与えるものではない。それは単に意識の一種の「目的論」(31)の根拠となるにすぎない。つまり意識はこの最初の道具でもってより完全な道具をつくり、またこれでもっていっそう完全な道具をつくり、次つぎとこうして終るところがない、ということである。「形相的直観の本質が明らかにされうるのは、ただ形相的直観によってのみである」とフッサールはいっている[32]。ある特定の本質の直観が、われわれの経験においては、直観の本質に先だつのである。思惟を思惟する唯一の仕方は、まず第一にあるものを思惟することである。したがってかの思惟にとって本質的なことは、おのれ自身を対象として取り上げないことである。思惟を思惟することは、思惟に対して、われわれがまず「物」に対して習得した態度を採用することである。そしてこれは思惟のそれ自身にとっての不透明性を抹消することでは決してなくて、むしろ単に、これをより高い段階に押し上げることにすぎない。意識の運動におけるいかなる停止も、対象のいかなる固定も、また「あるもの」もしくは一つの観念のいかなる出現も、少くともそのつどのこの関係においては自己を問うことを中止する、一つの主観を予想している。それゆえデカルトもいったように、ある観念が事実上の抗いがたい明証性をもって私に現前することと、この事実が決して権利としての効力をもつものではなく、われわれが観念に臨まなくなるやいなや疑う可能性が出てくるのを防ぐことはできない、ということとは、二つながら同時に真実なのである。明証性が疑われうるのは偶然ではない。それは、確信ということが、実は疑いだからである。というのも確信とは思惟の一つの伝統を引き受けることであり、思惟のこの伝統は、私がそれを解明することを放棄せずには、明証的な「真理」に凝結することができないからである。明証性が事実として抗いがたいということと、これがつねに疑問視されうるものだということとは、同じ理由に基づいている。これらは同じ一つの事柄の二つのいいまわしにほかならないのだ。つまり明証性が抗いがたいのは、私が、ある経験的に得られた知識や思惟のある領野を、自明のこととして引き受けるからであり、まさにこの理由のために、それは、私が享受しているところの、そして私が継承しているところのある思惟する本性《ナチユール》にとっての明証性として現われるのである。しかしながら、この思惟する本性は他方どこまでも偶然的であり、それ自身に与えられたものにすぎない。知覚された物にせよ、幾何学的関係にせよ、一つの観念にせよ、それらの堅実さは、私がすみずみまで解明しようなどとはせずに、それらのうちに身を落ち着ける場合にのみ、得られるのである。いったん采を投げ、例えばユークリッド空間とか、しかじかの社会の生存条件とか、ある一定の思想秩序にみずから嵌り込んでしまえば、私はもろもろの明証性に出会うことになる。しかし恐らくこの空間にせよ、この社会にせよ、唯一可能なものではないのだから、以上の明証性は絶対的なそれではない。それゆえ保留条件つきで確立されるということが、確実性の本質に属することなのである。そして、やがて絶対的な認識によって取って替られる運命にある知の一時しのぎの形式ではなくて、かえって、最も古くないしは最も初歩的であると同時に、最も意識的なないしは最も成熟した知の形式であるところの、一つの臆見が――「原初的」(originelle)と「基本的」(fondamantale)という二つの意味において根源的(originaire)な一つの臆見が――存在するのである。われわれの前にあるもの一般を出現させるのは、まさに、この臆見なのである。措定的思惟――懐疑もしくは論証――は、肯定したり否定したりするために、後からこれに関係するのだ。意味ないしあるものが存在するのであって、無があるのではない。つまり永続的なものとしてここにある灰皿や、私が昨日それと知り今日またそこに立ち帰ることができると思っている真理が証拠だてているような、相互に符合しあう諸経験の限りない連鎖があるのである。現象もしくは「世界」の、この明証性は、われわれが現象を経由しないで存在に到達しようとするときには、つまり存在を必然的なものにするときには、現象を存在から分離してそれを単なる現われあるいは単なる可能的なものの水準に押し下げる場合と同様、見失われる。前者の考え方はスピノザのそれである。根源的臆見は、ここでは、絶対的明証性に従属せしめられる。存在と無の混りあった「あるものがある」は「存在がある」に従属せしめられる。存在に関するいっさいの問いは、意味のないものとして拒絶される。つまり、無ではなくてむしろあるものがあるのはなぜか、他の世界ではなくてまさにこの世界があるのはなぜか、と自問することは不可能なのである。それというのも、この世界の形状もある一つの世界の現実存在そのものも、必然的存在の帰結でしかないからである。後者の考え方は、明証性を現われに還元しようとするものである。いっさいの私の真理は、結局、私にとっての、つまり私の思惟としてなされた一つの思惟にとっての、明証性にすぎない。これらの明証性は、私の精神生理学的な構造やこの世界の現実存在と、分ちがたく結びついている。他の諸規則に従って働く他の諸思惟や、この世界と同じ資格で可能な他の諸世界だって考えられうる。ここでは無ではなくてあるものが存するのはなぜか、何ゆえにまさにこの世界が実現されたのか、という問いは確かにたてられはする。しかし答えは原理的にわれわれの力の範囲内にはない。なぜなら、われわれはわれわれの精神生理学的な構造のなかに閉じ込められており、この構造は、われわれの顔の形や歯の数と同様、単なる事実にすぎないからである。この二番目の考え方は、一見そう見えるほど最初の考え方と異なるものではない。なぜならそれは、われわれの事実上の明証性がそれに較べれば不十全なものと考えられる、絶対的な知と存在への暗黙裡の関係を、前提しているからである。現象学的な考え方においては、以上の独断論と懐疑論とは同時に超えられる。われわれの思惟諸法則ともろもろの明証性とは確かに事実である。しかしわれわれから分たれえぬ事実であり、われわれが存在ならびに可能的なものについて形づくることができるどんな考え方のうちにも含まれている事実なのである。肝心なことは諸現象にわれわれ自身を局限したり、現象する存在の彼岸にもう一つの別の存在の可能性を保留しつつ意識をそれ自身の諸状態に閉じ込めることではなく、また、われわれの思惟を諸事実のなかの一つの事実と見なすことでもない。そうではなくて、存在をわれわれに現われているものとして、意識を普遍的な事実として、定義することなのである。私は思惟する。そしてしかじかの思想は私に真実と見える。私はこの思想が無条件には真実でないこと、また完全な解明は際限のない課題となることを、知っている。しかしだからといって、私が思惟している瞬間には私があることを思惟しているということ、またその名において私が私の思想の価値を切り下げようと思うかもしれないどんな他の真理が現われても、もしそれが私にとって真理と呼ばれうるとするならば、私が現在経験しつつある「真なる」思想と調和しなくてはならないということに、少しも変りはない。仮に私が私のとは違った論理をもった火星人とか天使とか、あるいは神的思惟などを想像しようと試みたにしても、この火星人の思惟、天使の思惟、もしくは神の思惟はやはり私の宇宙のなかに現われるはずであって、これを爆発させるようなことがあってはならないのだ。(33) 私の思惟、私の明証性は、ほかの事実と同格の一事実ではなくて、他のあらゆる可能な事実を包括し条件づける事実‐価値なのである。私の世界が可能的であるという意味において可能的な他の世界は存在しない。そのわけは、スピノザの信ずるように、私の世界が必然的だからではなくて、私が想像しようとするいかなる「他の世界」も、私の世界を制限し、その限界に見出されるはずのもので、したがって、結局これと別のものではなくなってしまうからである。意識は絶対的な真理もしくはアーレテイア(訳註8)(a-létheia) でないにしても、少くとも、どんな絶対的な虚偽性をも排除する。もっとも、われわれの誤謬、われわれの錯覚、われわれの問いは、確かに誤謬であり、錯覚であり、問いである。誤謬は誤謬の意識ではない。いやそれを排除しさえする。問いは必ずしもつねに答えを包含しているわけではない。そして、マルクスのように、人間は自分の解きうる問題しか提起しないなどということは、神学的楽天観を再興し、世界の完成を要請するに等しいことである。われわれの誤謬は、ひとたび誤謬として認知されたとき、初めて真理となるのである。そして、誤謬のあからさまな内容と、かくれた真理内容との間には、つまりそれらの表向きの意義と実際の意義との間には、どこまでも一つの差異が残るのである。しかし事柄の真相は、誤謬も懐疑もわれわれをいつまでも真理から分離しておきはしない、ということなのだ。それというのも、誤謬と懐疑は世界という地平によって取り巻かれており、ここでは意識の目的論がわれわれを駆りたててそれらの解消を求めるように促すからである。最後に、世界の偶然性というものは、より劣った存在だとか、必然的存在の織地のなかの空隙だとか、合理性に対する脅威だとかと理解されてはならない。また、いっそう深い何らかの必然性の発見によって、できるだけ早く解決さるべき問題だと考えられてもならない。そうしたものは、世界の内部の存在的 (ontique) 偶然性である。これに反して存在論的 (ontologique) 偶然性、すなわち世界そのものの偶然性は、根本的な偶然性であって、われわれの真理性の観念を、最終決定的に基礎づけるものなのである。世界とは、必然的なものと可能的なものとが、単にその区域でしかないような、現実である。

要するにわれわれはコギトに時間的な厚みを返そうというのだ。いかなる懐疑も限りなく続くものではなくて、やがて「われ思う」ということになるのだが、それも私が一時しのぎの諸思想のなかに自己を投げ入れ、実際の行為によって時間の非連続性を克服するからである。このようにして見るという働きは、それに先だちかつその後も存続するところの見られたもののなかに砕け散るのである。われわれは難関を抜け出したのであろうか。われわれは、見ることの確かさと、見られた物のそれとが分ちがたく結びついていることを認めた。しからばそこから、錯覚からもわかるように見られたものは決して完全には確実とはならないのだから、視覚活動もこの不確実性をともにすると、結論しなくてはならないだろうか。――それとも逆に、視覚活動はおのずから絶対に確かなものだから、見られた物もまた同様に確実である、私は決して本気で誤ることはない、とこう結論しなくてはならないだろうか。第二の解決を採用すれば、われわれが排した内在性を回復させる結果となろう。しかし第一の解決を採用するならば、思惟が思惟自身から切り離され、名目的な定義に従って内的と呼ばれはするが、私にとって物と同様に不透明な「意識の諸事実」しか存在しないことになろう。そして、もはや内面性も意識もなく、コギトの経験は、またまた忘れられることになる。われわれは意識を、身体によって空間のなかに拘束《アンガジエ》されたものとして、また言語によって歴史のなかに、その先入主によって思惟の具体的形式のなかに拘束《アンガジエ》されたものとして、記述するのであるが、だからといって、たとえ「心的」出来事が問題となる場合でも、意識を客観的な出来事の系列のなかに、また世界の因果性のなかに、移し入れることを企てているのではない。疑うものは、疑いながら、自分が疑っていることを疑うことはできない。疑いは、たとえ一般化された場合でも、私の思惟の絶滅ではない。それは擬制上の無にすぎない。私は存在から離れ去ることはできない。私の疑うという行為それ自身が、一つの確実性の可能性を打ち建てる。私にとって疑うという行為がここにあるのであり、それは私を占有し、私はそれに拘束されているのだ。私はそれを遂行すると同時に、自分が何ものでもないようなふりをすることはできない。すべての事物を遠ざける反省も、おのれを除去されたものとして考えることはできず、自己自身に対して距離を隔てて立つことができないという意味において、少くとも自己自身に与えられたものとして、おのれを発見するのである。しかしながら、このことは、反省なり思惟なりが単純に確認される原始的事実であるということを意味するものではない。モンテーニュがはっきりと見ぬいたように、われわれは、歴史的沈澱物をたっぷり負わされ自己自身の存在によってふさがれたこの思惟を、なおも問題にし、思惟の一定の様相として、また疑わしい対象の意識として考察された、疑いそのものを、疑うことができる。そして、根本的反省の定式は、「私は何も知らない」ではなくて――それというのも、この定式が自己矛盾している現場を押えることはあまりに容易であるから――「私は何を知っているか」である。デカルトもこれを忘れてはいなかった。デカルトは、疑いを一つの方法、一つの行為たらしめることによって、単に一つの状態でしかない懐疑主義的な疑いを乗り越え、かくして意識のために確固不動の支点を見出し、確実性を回復したという名誉をしばしば与えられている。しかし実をいうとデカルトは、あたかも疑うという行為が疑いを打ち消すのに十分なものであり、確実性をもたらすかのように、疑いそのものの確実さの前で疑いを停止させはしなかった。彼は疑いをさらに遠くまで導いたのだ。彼は「われ疑う、われあり」といいはしない。そうではなくて「われ思う、われあり」という。そしでこれは、疑いそのものが確かなのは事実上の疑いとしてではなく、単に疑っていると思うこととしてであるということを意味している。さらに同じことを、われわれはまたこの思いについてもいえよう。したがって疑いそのものに含まれていて、それゆえ疑いもその前でとまってしまうような絶対確実な唯一の命題は、「われ思う」ないし「あるものが私に現われる」である。きっちりと私の意識を充たし、私の自由を閉じこめるような、いかなる行為も、いかなる経験もない。「ちょうど錠前を決定的に閉ざしてしまう挿錠のある位置のごとく、思惟する能力を根絶し、終結せしめる思想はおよそ存在しない。思惟にとってその発展そのものから生れた解決であり、いわば、この永続的な不協和音を終らせる協和音ともいうべき思想は決して存在しない。[34]」どのような特殊な思想も、われわれの思惟の核心においてわれわれを捉えることはできない。それは、それを見守るもう一つの可能的な思想なしには考えられない。そしてこのような事実は、それから解放された意識を想像することもできるといったような、一つの不完全性を意味するものではない。まさしく意識が存在すべきならば、つまりあるものがあるひとに現われるべきであるならば、われわれのいっさいの特殊な思想の背後に、非存在の隠れ家が、つまり一つの「自己」がうがたれていることが必要なのである。私は一連の「意識状態」(conscieces)にすぎないものとされてはならない。そしてこれらの意識状態のそれぞれは、それを充たす歴史的沈澱物と感覚的含蓄とともに、ある永続的な不在者の前に立ち現われるのでなければならない。それゆえ、われわれの状況は次の如くである。つまり、われわれが思惟していることを知るためには、まずわれわれが実際に思惟するのでなければならない。しかしながら、この自己拘束《アンガージュマン》もいっさいの疑いをはらすものではない。私の思想は私の問いかけの能力を抑えきるものではない。私の歴史に属する出来事と考えられた場合、一つの語、一つの観念が私にとって意味をもつのは、私がこの意味を改めて内部から捉え直しわがものとするときに限られる。私は私がもっているしかじかの特殊な思想によって、私が思惟していることを知る。そして私がこれらの思想をもっていることを知るのは、私がこれらの思想を引き受けるが故にである、すなわち、私が一般に思惟していることを知っているが故にである。超越的な目標をめざすことと、これをめざしている私自身を見ること、結びつけられたものについての意識と結びつける作用の意識、これら両者は互いに円環的関係にたっている。問題は、私が私の思想一般の構成者でありながら、しかも私の特殊な思想のいずれもの構成者ではないということが、いかにして可能なのかを理解することである。それというのも、もし私が私の思想一般の構成者でないとすれば、私の思想は何ぴとによって思惟されることもなく、気づかれずに過ぎゆき、したがっておよそ思想ではなくなってしまうからである。また私が私の特殊な思想の構成者でないのは、私はそれらの生れいづるさまを決して完全な明瞭さにおいて見てはいないし、むしろ逆にそれらを通じて初めて私自身を認識するといった事情だからである。主体性が他に依存するものでありながら、それと同時に拒むことのできないものであるということがいかにして可能なのか、を理解することが肝心なのだ。

〔依存的でありかつ拒みえない主観〕

言語を例にしてこの点の理解を試みよう。言語を使用しつつある私自身、語を発音している。私自身についての意識がある。私は第二省察を読む。そこで問題になっているのは、確かに「私」である。しかし正確にいうと私の「私」でもなおまたデカルトの「私」でもなく、反省するすべてのひとのそれである理念上の「私」である。言葉の意味と諸観念の連関をたどってゆくことによって、私は次のような結論に到達する。すなわち、私は思惟しているのだから、じじつ私は存在する、しかしこれは言葉の上でのコギトであって、私は私の思惟も私の存在も言語という媒体を通じてしか捉えなかった、したがってこのコギトの真のいい表わし方は「ひとが思惟する、ひとあり」(On pense, on est) となるはずである、と。言語の驚異は、言語が言語そのものを忘れさせるということである。私は眼で紙上の線を追う。しかしこれらの線が意味するものに捉えられた刹那から後は、私はもはやこれらの線を見てはいない。紙、紙上の文字、私の眼とからだは、ある眼に見えない作用にとって必要な最少限の演出としてそこに存するのである。表現は表現されたものの前で消え失せる。それゆえ、表現の媒介的役割は気づかれずにすぎてしまう。デカルトがどこでもそれに言及していないのも、このためである。デカルトは、いわんやデカルトの読者は、すでに語りつつある世界のなかで、省察する。表現から区別されることができ、表現がその単なる衣裳、単なる偶然的な表明でしかないところの、一個の真理にわれわれが表現を超えて到達したというあの確信を、われわれの心に植えつけたものは、まさに言語なのである。言語が単なる記号の如く見えてくるのは、それがおのれに一つの意義を与えたあげくのことでしかない。そして自覚が完全となるためには、記号と意義とが最初に現われた際の表情的な統一を、再発見しなくてはならないのだ。幼児がまだしゃべることができないうちは、すなわち大人の言語をまだ語ることができないうちは、彼のまわりでおこなわれている言語上のいわば儀式は、彼を捉える力をもってはいない。幼児はわれわれの傍にいながらまるで劇場の悪い席にすわった観客のような具合なのである。彼はわれわれの笑いや身振りを確かに見るし、鼻にかかった音調を聞きはする。しかし、これらの身振りの先端にも、これらの言葉の背後にも何も存在しない。つまり幼児にとっては、何も起ってはいないのである。言語が意味をもってくるのは、それが幼児にとってある状況をつくるようになったときからである。祖母がいつも話してくれる物語を自分自身で見られるかと思って、祖母の眼鏡と本とを奪ってみた少年の失望を物語る寓話が、ある子供用の本のなかに出ている。この寓話は次のような二つの詩句で終っている。

なんだ、つまんない！　お噺はどこにあるの、

黒と白しか見えないじゃない。

幼児にとって「物語」にせよ、いい表わされたことがらにせよ、「観念」もしくは「意義」ではないし、また言葉も朗読も「知的な作業」ではないのだ。物語は一つの世界なのであり、眼鏡をかけ本の上にかがみこむことによって魔術的にこの世界を出現させる方法があるはずなのである。表明されたことがらをまのあたり出現させ、思惟に対してもろもろの道や新しい次元や新しい景観を開いてみせる言語の能力は、結局は、大人にとっても子供にとってと同様、正体のはっきりしない能力である。成功した著作においてはつねにその読者の精神にもたらされる意味は、既成の言語と思想とを超え出ており、祖母の本から物語が出てくるように、言語による一種のまじないのおこなわれる間におのずと魔術的に立ち現われるのである。われわれが思惟によって直接、真理の世界と通いあい、そこで他のひとびとと一つになると信ずるのも、デカルトの原文がただ単にわれわれの心に、すでに形成された諸想念を呼びさますにすぎず、われわれは

外部から決して何も学んではいないかのように思われるのも、最後にまた、根本的であるべき省察において哲学者が、読まれたコギトの条件としての言語に言及することすらせず、いっそう明確にコギトの観念からその実践に移るようにとわれわれを誘わないのも、われわれにとって、表現のいとなみが自明のものであり、われわれの既得物に算入されているからなのである。デカルトを読むことによってわれわれが獲得するコギトは（そして表現をめざしてデカルト自身が遂行するところのコギト、彼自身の生を振り返りながら、それを固定し、客観化し、疑いを容れないものとしてそれを「特徴づける」際にデカルト自身がおこなうところのコギトでさえ）したがって語られたコギト、言葉にされ、言葉に従って理解されたコギトであり、まさにこの理由のためにその目標に到達しないコギトである。それというのも、われわれの実存の一部分、つまり概念的にわれわれの生を固定し、疑いを容れざるものとしてそれを思惟することに専心している部分は、このような固定化と思惟とを逃れるからである。以上のことがらから、われわれは言語によって包み込まれており、実在論者が外的世界によって規定されていると信じ、神学者が神慮によって導かれていると信ずるように、われわれは言語によって引き立てられていると、こう結論すべきであろうか。だがこれでは真理の半面を忘れることになろう。なぜなら、結局、語、例えば《Cogito》という語《sum》という語は、経験的な統計的な意味をもつことができ、なるほど直接私の経験をめざすものではなく、匿名の一般的な思惟を基礎づけるものであるにせよ、それでも仮に私がいっさいの発言に先だって私自身の生、私自身の思惟と触れあっていないとしたら、そしてまた語られたコギトが私のうちで、物いわぬコギトと出会うことがないとしたら、私は《Cogito》とか《sum》という語にいかなる意味も、それがたとえ派生的な非本来的な意味であっても、見出さないであろうし、そもそもデカルトの文章を読むことすらできないだろうからである。『省察』を書いたとき、デカルトがめざしていたのは、この沈黙のコギトである。彼の表現のいとなみを終始活気づけ、導いていたのも、この沈黙のコギトである。しかし表現の作業は定義からして、つねにその目標を射損ぜざるをえぬ。それというのも、それはデカルトの実存とデカルト自身がそれについてもつ認識との間に、文化的獲得物の厚みの全体をさしはさむからである。しかしこのような表現のいとなみも、仮にデカルトがおのれの実存をまず最初に一瞥していなかったとしたら、試みられさえしなかったであろう。この沈黙のコギトを正しく理解することに問題の全体がかかっているのである。つまり、ほんとうにそこに存するものしかそれに帰属させないこと、そして、意識が言語活動の所産ではないということを口実として言語を意識の所産たらしめないことが、肝要なのである。

〔沈黙のコギトと語られたコギト。意識は言語を構成するのではなく引き受ける〕

語も語の意味も、じじつ意識によって構成されるのではない。この点を明らかにしよう。語がその具象化（incarnations）のいずれか一つに、決して還元されえぬことは確かである。例えば、「霰《あられ》」という語は、私が紙上にたった今書いたばかりのこの文字でもなければ、私がある文章のなかでかつて初めて接したあの別の記号でもない。いやまた、私がこの語を発音する際、空気をよぎるこの音でもない。これらはこの語の再現でしかない。私はこれらすべてのうちにこの語を再認するが、しかしこの語は、これらにおいて汲み尽くされるのではない。しからば「霰」なる語はこれらの現われの理念的統一であり、私の意識にとってのみ、また同一化の総合によってのみ存在するというべきであろうか。しかしこれでは、心理学が言語についてわれわれに教えたことを忘れるに等しい。発言するということは、語心像を喚起し、もろもろの語を想像上のモデルに従って一音一音はっきりと発音することではないということを、すでにわれわれは見てきた。現代心理学は語心像説を批判する、つまり発言主体は発音しようとする語をあらかじめ表象するのではなく、直ちに話すという行為のなかにおのれを投げ入れるのだ、という事実を明らかにする。こうして、現代心理学は、表象としての、すなわち意識にとっての対象としての語を取り除き、語の認識とは違う語の運動的現前を顕わにするのである。「霰」なる語を私が知っているという場合、この語は同一化の総合によって私が再認するところの一つの対象なのではない。それは、私の発声器官のある使用の仕方であり、「世界における（への）存在」としての私の身体の、ある調子づけ（modulation）である。その一般性は観念のそれではない。それは、私の身体が、もろもろの行動とりわけ音韻をつくりだす能力である限りにおいて「了解する」ところの、振舞の様式の一般性なのである。私はちょうど一つの身振りを模倣するように、ある日「霰」なる語を「捕え」たのである。つまりこの語を分解し、聞かれた語の各部分に、調音と発声の運動を対応させることによってではなく、音響世界の単一の転調としてこれを聴取することによってである。また私の知覚上の諸可能性と運動上の諸可能性とはいずれも共通の開かれた私の実存の要素であって、その間には全体的な対応関係が存在するため、かの音響的存在が「発音さるべきあるもの」として現われるからでもある。この語は決して吟味されたり分析されたり認識ないし構成されたりしたのではなくて、発言能力によって、いや結局は、私の身体ならびに知覚野、実践野の最初の経験と同時に私に与えられた運動能力によって、すばやく捕えられ引き受けられたのである。語の意味に関しては、私はそれがある状況の文脈のなかで用いられているのを見ることによって、一個の道具の使用法を学ぶようにこれを学び知る。語の意味は語の示す対象の若干の物理的特徴から成り立っているのではない。それは、とりわけ人間的経験において、例えば空から出来合いの姿で降ってくるあの堅くて脆く溶けやすい粒に対する私の驚きにおいて、霰なる対象がまとう様相なのである。これは人間的なものと非人間的なものとの出会いであり、いわば世界の一つの行動であり、もしくは世界の様式の、ある変化である。そして意味の一般性も、(訳註9)音語のそれと同様、概念の一般性ではなくて類型《ティピック》としての世界のそれである。こういう次第で、言語は言語の意識を確かに予想している。つまり語る世界を包む意識の沈黙、そこで初めて語が形態と意味とを受けとる意識の沈黙を、予想している。意識がしかじかの経験的言語に従属するものでは決してなく、諸国語が互いに翻訳可能で学ばれうるものであり、最後に言語が社会学者のいう意味における外的な寄託物ではないのも、以上の事実の然らしむることなのである。語られたコギトのかなたに、つまり陳述され本質的真理に変えられたコギトのかなたに、確かに沈黙のコギト、私による私の体験がある。しかしこの拒むことのできない主観性は、自己自身と世界とに対して、滑りやすい手掛りしかもっていない。この主観性は世界を構成するのではない。それは、おのれが自己自身に与えたのではない一つの領野として、おのれのまわりに、世界を推し測るのである。またこの主観性は語を構成するのではなく、われわれが楽しいから歌うように、おのずと語るのである。主観性が語の意味を構成するのではない。世界との、また世界に住まう他のひとびととの交わりにおいて、主観性に対して、語の意味がほとばしり出るのである。意味は多数の行動の交点に現われ、いったん「既得のもの」となった後でさえも、身振りの意味と同じほど明確で、しかも同じほど定義しがたいものなのである。沈黙のコギト、自己の自己への臨在は、実存そのものであるので、いかなる哲学にも先だつものであるが、しかしそれは、例えば死の不安だとか、私に向けられた他人のまなざしに対する不安におけるように、それが脅かされる極根状況においてしかそれとして知られることはない。ふつう思惟の思惟と考えられているものは、純粋な自己感情であって、いまだ自己自身を思惟してはおらず、これから明るみに出される必要がある。言語を条件づけている意識は、呼吸をし始めたばかりの幼児や、溺れんとしてなおも生にすがりつく人のそれのように、単なる世界の全体的な大ざっぱな把握でしかない。そして、いかなる特殊な知もこの最初の一瞥に基づいているには違いないが、またこの最初の一瞥が知覚による探査と言語表現によって、捉え直され、固定され、解明されることを待っているということも真実なのである。物いわぬ意識は、「思惟さるべき」不分明な世界に直面する一般的な「われ思う」としてのみ、自己を捉えているにすぎない。いかなる個別的な把握も、いやそれどころか哲学によるこの一般的な企投の捉え直しでさえ、主体が、彼自身その深いかくれた意味を知ってはいない諸能力を展開し、とりわけ主体が発言主体となることを要求するのである。沈黙のコギトは、それがみずから自己をいい表わしたとき、初めてコギトとなるのである。

〔世界企投としての主体。領野、時間性、生の脈絡〕

以上の諸定式は不可解と思われるかもしれない。もし究極の主体性がただ存在するというだけで直ちに自己を思惟することにはならないのだとしたら、いったいどのようにして、それは自己を思惟するに至るのだろうか。思惟せざるものが、いかにして思惟し始めることができるのか。そして、主体性は、みずからそれと知りえずに外部に結果を生みだす一つの物ないし力の状態に、押し下げられてしまわないだろうか。――しかし、原初の我はおのれをあずかり知らないと、われわれは主張しているのではない。仮にそれがおのれをあずかり知らないとしたら、じじつそれは物となってしまい、ついでそれを意識とならせることは、何としても不可能であろう。われわれはただ単に、それに客観的思惟を、つまり世界と自己自身とについての措定的意識を拒んだだけである。ところでこれは、何を意味しているのだろうか。以上の言葉が全く無意味というのでなければ、それは次のような意味なのである。すなわち、われわれは、原始的な主体性のそれ自身に対する、またその世界に対する不分明な取組みを裏打ちし、根拠づけるところの明瞭な意識を前提することを、われわれ自身に禁ずる、ということである。例えば私の視覚作用は同時に「見ることの思惟」であるといわれる場合、もしこのことによって、視覚作用が消化作用や呼吸作用のように単に一つの機能にとどまるものではない、つまり一つの意味をもった全体から切り取られた諸過程の束にとどまるものではないということ、むしろそれ自身この全体でありこの意味であり、未来の現在に対する、全体の部分に対する先在性であるということが、いわれているのであれば、確かにその通りである。

予料と志向を通じてしか視覚作用はありえない。そして、いかなる志向も、もしそれが向う対象が全く出来合いの姿で、動機づけなしに与えられていたとしたら、真に志向であることはできないだろうから、いかなる視覚作用も、結局主体性の核心において世界の全体的な見取り図(projet 企投)ないし世界の論理を予想するものであって、経験的知覚はこれを規定することはできるが、産出することはできないということも、確かに真実である。しかしながら、視覚作用が見ることの思惟であるということによって、視覚作用自身がその対象の結合者であり、自己自身を視覚的世界におけるおのれの現存の創造者として、絶対的透明性において捉えるということが理解されるなら、然らずである。本質的な点は、われわれがそれであるところの、世界企投を正しく把握することである。世界に対するさまざまな展望から世界を分離することができないという事情についてわれわれがすでに述べたことが、この際、世界に属するものとして主体性を理解する助けとなるはずである。質料(hylè)なるもの、つまり他の諸感覚もしくは他人の諸感覚との疎通を欠いた感覚なるものは存在しない。そしてまさにこの理由によって、形式(morphè)なるもの、つまり無意味な素材に意味を付与し、私の経験と相互主観的経験とのアプリオリな統一を保証するという役目をもった、把握ないし統覚なるものも存在しない。私の友人のポールと私とがともに一つの景観を眺めているとしよう。正確なところ、いったい何が起っているのか。われわれはそれぞれ個人的な諸感覚をもち、決して相互に通じあうことなき認識の素材をもっているといわねばならないだろうか。——純粋な体験内容に関してはわれわれは別々のパースペクティヴのなかに閉じ込められており——景観はわれわれ二人にとって数の上で同一のもの(idem numero)ではなく、種的に同一であるにすぎない、といわねば

(訳註10)

ならないのだろうか。客観的反省に先だって私の知覚そのものを考察してみるならば、私は一瞬たりとも私の感覚のなかに閉じ込められているという意識をもちはしない。私の友人のポールと私とが、互いに風景のある部分を指で示しあっているとしよう。私に教会の鐘楼を示すポールの指は、私－にとっての－鐘楼に向けられたものとして私が思惟するところの私－にとっての－指ではない。それはポールが見る鐘楼を彼みずから私に示すところのポールの指である。同様に、逆に、私の見る風景のある点に向ってある身振りをすることによって、私は、単に私の視覚作用に似た内的な視覚作用を、予定調和によってポールのなかに喚起しているのだとは、私には思われない。かえって私の仕種がポールの世界に侵入し、彼の視線を導くように思われる。私がポールのことを考える場合、私は中間に介在する記号によって私の感覚の流れと間接的に関係づけられた個人的な感覚の流れのことを考えているのではない。そうではなくて、私と同じ世界、同じ歴史を生き、この世界、この歴史によって私と交信しあうある者のことを考えているのである。この際、われわれがかかわっているのは理念的統一であって、私の世界がポールのそれと同じなのは、東京で語られる二次方程式がパリで語られるそれと同じであるというのと同様な意味においてであり、結局、世界の理念性がその相互主観的妥当性を保証しているのだ、と、こうわれわれはいっているのであろうか。しかし理念的統一もやはりわれわれを満足させるものではない。それというのも、古代ギリシャ人によって見られたヒュメットス山と私の見たヒュメットス山との間にも、それは存するからである。ところで、あの茶褐色の斜面を眺めながら、いくらギリシャ人がこれを見たのだと自分にいいきかせてみても、私はこれがその同じ斜面であると納得することはできない。それに反して、ポールと私とは「いっしょに」この風景を眺めている。われわれはこの風景にともに臨んでいる。風景は単に知的な意義としてばかりではなく、世界の様式のあるアクセントとして、その個体性（eccéité）に至るまでわれわれ二人にとって同じなのである。空間的ならびに時間的隔たりが増大しようとも、理念的統一は（原理的には）何ひとつ失うものもなく存続するのに反して、世界の統一はそれにつれて低減し崩壊する。私が風景そのものを所有し、しかも私にとってと同様ポールにとっての風景としてこれを所有するのは、まさしく、風景が私に触れ、私を感動させ、最も単独な私の存在において私を襲うからであり、この風景がまさに風景に対する私の眺めにほかならないからである。個人性と主体の核心に普遍性と世界とが見出されるのである。このことはわれわれが世界を対-象（ob-jet）(訳註11)と見なしている間は、決して理解されないだろう。世界がわれわれの経験の野（champ）であり、われわれは世界を見ること以外の何ものでもないとされるなら、直ちにこれは理解される。なぜならこの場合には、われわれの精神物理的存在の最も秘めやかな振動もすでに世界を告示し、性質は物の粗描であり、物は世界の粗描となるからである。マールブランシュの言葉を借りれば永遠に「未完成の作品」（ouvrage inachevé）でしかない世界、あるいはフッサールが身体に対して適用した用語に従えば「決して完全には構成されない」世界は、構成する主観を要求するどころか、むしろこれを排除しさえする。私自身の経験ならびに相互主観的な経験のさまざまな符合をとおしてすけて見える存在の下絵、――私は、私の知覚する諸現象が一つの物に固まるとともに、それらの展開を通じてある不変の様式を守るということとの故に、無限定な諸地平を貫いて、この存在の下絵の可能的な成就を推測するのであるが、――この存在の下絵つまり世界のこの開いた統一には、主体性の開いた無限定の統一が対応しなくてはならない。世界の統一と同じく、我の統一は、私が知覚をおこなう度ごとに、また私が明証性を獲得する度ごとに、体験されるというよりも、むしろ懇請されるのである。そして普遍的な「我」は、これらの輝ける図柄がその上に浮びあがる地であり、私が私のもろもろの思想を統一するのも、現在の一個の思想を通じてなのである。私の個々特殊の思想の手前に、沈黙のコギトと世界の根源的な企投とを構成するためにいったい何が残っているであろうか。私があらゆる特殊な作用の外で私自身を垣間見ることができる限りにおいて、私は結局、何であろうか。私は一つの領野である。私は一つの経験である。ある日、決定的に次のようなあるものが活動を開始することになったのである。――つまり眠りの間も見ること、もしくは見ないことをやめることができず、感ずること、もしくは感じないこと、受苦すること、もしくは幸福であること、思惟すること、もしくは休息すること、ひと言でいうと世界に対して、「釈明する」(s'expliquer) することをやめるわけにはいかないあるものが、である。この場合、新しい一群の諸感覚や意識の諸状態が生じたということではない。いや新しい一個のモナド、もしくは新しい一つのパースペクティヴが生じたのでさえない。それというのも、私はいかなるパースペクティヴにも拘束されているわけではなく、観点を変えることができるからである。ただ私はつねに一つの観点を、一度にたった一つの観点を占むべく強いられているだけである。――したがってこの場合、諸状況の新たな可能性が生じたのだと、われわれはいわねばならない。私の出生という出来事は、完全に過去となってしまったのではない。つまり客観的世界の出来事のような仕方で無に帰したのではない。それは将来を拘束《アンガジェ》する、それも原因がその結果を決定するようにではなく、ひとたび結ばれた状況が、不可避的に何らかの解決に至るような具合にである。これから先、新たな「環境《ミリュー》」が存在することになったのだ。世界は新しい意義の層を受け取ったのだ。嬰児の生れた家では、いっさいの対象が意味を変える。諸対象は、まだきまってはいない処遇を、すでに彼から期待し始めている。何ぴとか別の、もうひとりの人がそこにいる。短かろうと長かろうと、新たな歴史が、たった今始められたのだ。新しい記録帖が開かれたのだ。私のこの世での最初の知覚は、それを取り巻いていた諸地平とともに、つねに現在的な出来事であり、忘れえぬ伝統である。思惟主観としてすら、私は、いまなおこの最初の知覚なのであり、これが始めた同じ生の続きなのである。ある意味においては、世界のなかに互いに分離された事物がないのと同様、一個の生のなかには、互いに別々の意識作用ないし体験（Erlebnisse）は存在しない。既述のように、私が一個の対象のまわりを廻りながらこれを見る場合、私はまず一連の遠近法的眺めを得て次いでただ一つの実測図の観念に従ってこれらを整頓するということではない。物はおのずから時間を通り抜けるのだが、そのような物における僅かな揺らぎ（bougé）があるだけである。これと同様に、私は一連の心的作用であるのでもなければ、それらを総合的統一にまとめあげる中心的自我でもない。そうではなくておのれ自身から分離されえぬ唯一の経験であり、唯一無二の「生の脈絡」（cohésion de vie）[35] つまりその出生以来おのれを明かしつづけ、各現在においてこの出生を確認してきた、唯一の時間性なのである。コギトが再発見するのは、まさにこの出現、いやこの超越論的な出来事なのだ。最初の真理はなるほど「われ思う」である。しかしこの言葉が、世界においてあること（étant au monde）によって、「私が私に臨んでいる」[36]（je suis à moi）ことを、意味する限りにおいてである。われわれが主観性のなかへさらに沈潜しようとしてすべての事物を疑い、われわれのあらゆる信念を保留する場合にも、それを通じて、ランボーの言葉を借りれば「われわれが世界においてあるのではない」(nous ne sommes pas au monde) ようになるゆえんの、非人間的基底をわれわれが垣間見ることができるのは、ひたすらただ、われわれの特殊なアンガージュマンの地平として、また世界の幽霊であるある物一般の可能性として、でしかない。内部と外部とは互いに分つことができない。世界は全く内部にあり、また私は全く私の外にある。私がこのテーブルを知覚するとき、テーブルの上面の知覚が脚部の知覚を全くあずかり知らぬというはずはない。そうでなければこの対象は解体してしまう。メロディーを聞くときには、各瞬間は次の瞬間に結びつけられねばならぬ、しからざればおよそメロディーなるものは存在しないであろう。しかもテーブルは互いに外在しあう諸部分をもったものとしてそこにある。継起はメロディーにとって本質的である。集めまとめる作用が同時に遠ざけ、ある距離に保つのであり、私は、私自身から逃亡することによって、初めて私自身に触れるのである。『パンセ』のなかの有名な一節において、(訳註12) パスカルは、ある関係においては私が世界を包含し、また別の関係においては世界が私を包含するということを、明らかにしている。実はこれは同じ関係においてであるといわねばならない。それというのは、私が世界を包含するのも、私にとって近さと遠さがあり、前景と地平があり、かくして世界が私の眼前に絵のように立ち現われ、一つの意味をもてばこそであり、要するに、私が世界のなかに状況づけられており、世界が私を包含すればこそ、だからである。世界の概念は主体の概念から分たれえないとか、主体は身体の観念と世界の観念とから分たれえないものとして自己を思惟する、などとわれわれはいっているのではない。なぜなら、もし思惟された関係のみが問題なのだとしたら、まさにその結果、この関係は、思惟者としての主体の絶対的独立性を残存させることになり、主体は状況づけられたものではなくなるからである。主体が状況においてあるということ、いや実は主体とはもろもろの状況の可能性以外の何ものでもないということ、これは、主体が実際に身体であり、この身体を通じて世界のなかに入っていくことによってしか、その自己性が現実化されないからなのである。主体性の本質について反省するとき、私はそれが身体の本質と世界の本質とに結びついているのを発見するのであるが、これも、主体性としての私の実存が身体としての私の実存、ならびに世界の現実存在と一つだからであり、結局、私がそれであるところの主体性が、具体的に捉えるならば、まさにこの身体とこの世界とから分離されえないからである。われわれが主体の核心に再発見するところの存在論的な世界と身体とは、観念としての世界ないし身体ではなくて、全体的な取組みのなかに集約された世界そのものであり、知る－身体としての身体そのものである。

しかし、世界の統一が意識の統一に基づくものではなく、世界が構成作業の成果ではないとしたら、もろもろの現われが互いに符合しあい、あい集まって、事物や観念や真理にまとまるということは、何に由来するのであろうか。――われわれの取りとめもない諸想念や、われわれの生活上の諸事件や集団的な歴史の上での出来事が、少くとも若干の時期には、共通の一つの意味と方向とをもち、一つの理念のもとに捉えられるのは、なぜだろうか。――こうひとびとは反問するであろう。なぜ私の生はおのれを捉え直し、言葉や意向や行為のうちにおのれを投げ入れることに、成功するのであろうか。これは合理性の問題である。周知のように古典的な考え方は、要するにこれらの一致を世界自体か絶対的精神によって説明しようとする。このような説明のなかにもっともらしいものがあるとすれば、それはすべて合理性の現象から借用されたものであり、したがってそれは、この現象を説明するものではなく、決してこれ以上に明晰でもない。絶対的思惟は、私にとって私の有限な精神以上に明晰ではない。それというのも、私が絶対的思惟を考えるのはまさに私の有限な精神によってだからである。われわれは世界に臨んでいる、つまり、諸物がその姿を現わし、一個のはかり知れない個体がおのれを主張し、それぞれの実存が自己を了解し、他者を了解する、ということだ。われわれのいっさいの確信を基礎づけるこれらの現象を承認しさえすればよいのだ。絶対的精神とか、われわれから遊離した世界自体とかへの信仰は、この原初的な信念の合理化でしかない。

II　時間性

時間は生のサンスである。（ここにサンスとは、水の流れの方向《サンス》、一つの文章の意味《サンス》、織地の向き《サンス》、嗅覚《サンス》といわれる意味でのサンスである）クローデル『詩学』（Claudel, Art Poétique）

現存在の意味は時間性である。ハイデガー『存在と時間』(Heidegger, Sein und Zeit, p. 331)

〔時間は物にはない〕

われわれは先だつ諸頁において、われわれを主体性に導く途上、すでに時間に出会ったのであるが、それというのもまず第一に、われわれのいっさいの経験が、われわれの経験である以上、先後という順序に従って配列されているからであり、カントの言葉でいうと時間性が内官の形式で「心的諸事実」の最も一般的な特徴だからである。しかし、時間の分析がやがて明らかにするであろうことをあらかじめ臆測せずとも、実はわれわれはすでに時間と主体性との間に、遙かに親密な一つの関係を発見しているのである。主体は一連の心的諸事実ではありえないが、さりとて永遠でもありえぬことを、われわれは今しがた見たばかりである。主体はやはり時間的であり、それも人間のある偶然的な構造によってではなく、内的必然性によってそうなのである。われわれは主体と時間とについて、それらが内的に通いあっているといった考え方をするように促されているのである。われわれが、すでに例えば性と空間性について述べたこと、つまり実存は外的ないし偶然的な属性をもつことはできないということを、今直ちに時間性についても主張することができる。実存は何であるにせよ、——例えば空間的、性的、時間的、いずれであるにせよ——全くそれでありきるのでなければ、いいかえれば実存がその「諸属性」を引き受けておのれのものとなし、それらをおのれの存在の諸次元となすのでなければ、したがって、それぞれの属性をいくらかなりとも的確に分析するなら、実は主体性そのものに触れることになるという風でなければ、実存は何であることもできないのだ。主要な諸問題とか従属的な諸問題とかいう区別があるのではない。すべての問題が同じ中心に向っているのだ。時間を分析することは、あらかじめ定められた主体性の概念の帰結を引き出すことではなくて、時間をとおして主体性の具体的な構造にせまっていくことなのである。われわれが主体性を了解することに成功するとすれば、それは主体性の純粋な形式においてではなく、その諸次元の交点にこれを求めることによってであろう。それゆえ、われわれは時間をそれ自身において考察しなくてはならない。そしてまさに時間の内的弁証法を追求することによって、われわれは、主体の観念の改造を余儀なくされるのである。

時間は過ぎゆく、または流れるといわれている。われわれは時の流れについて語る。ここに流れている水は、数日前、氷河が融けるとき、山々の間でつくられ、今は私のまえにあり、やがて海に向って進み、そこにそそぐ。もし時間が川に似たものなら、それは過去から現在、未来に向って流れるはずである。現在は過去の結果であり、未来は現在の結果である。この周知の比喩は、実ははなはだ不分明である。なんとなれば、諸物そのものを観察するならば、雪の溶解とそこから結果するものごとは、継起する出来事ではない。いやむしろ、出来事なる概念自体、客観的世界のなかには、存在の余地がないのである。今流れ過ぎる水は一昨日氷河が融けてできたものだというとき、世界のある地点に固定された一人の証人の存在が暗々裡に前提されており、私は彼が次つぎに見る眺めを相互に比較しているのである。例えば彼はかしこで雪の溶解に立ちあい、それから水の流れを追ってきたとか、あるいは、水源で投げた木片が二日後のいま流れ去るのを河岸から眺める、といった風に。もろもろの「出来事」とは、有限の観察者によって、客観的世界の空間-時間的全体のなかから切り抜かれたものなのである。しかしながらこの世界そのものを考察するならば、不可分にして不変の唯一の存在しかない。およそ変化というものは、そこに私が立ってそこから諸物の去来を眺めるある立場を、予想している。出来事が存在するのも、彼に対して出来事が起り彼の有限な展望が出来事の個体性を根拠づける、といったあるひとの存在を必須の条件としている。時間は時間に対するある眺めを予想する。それゆえ、時間は小川のようなものではない。つまり流れる実体ではない。この比喩がヘラクレイトス以来今日まで通用してきたのは、われわれが、ひそかに小川のなかにその流れの目撃者を引き入れているからである。小川は流れる（s'ecoule 自己を流れ去らせる）というとき、われわれはすでにそうしていたのである。それというのも、こういういい方は、全く自己に外在する物しかないところに、外に向っておのれをさまざまに発現する小川の個性ないし内部というものを考えることにほかならないからである。ところで私が観察者を引き入れるいなや、彼が小川の流れを追うにせよ、河岸から水の通過を確認するにせよ、たちまち時間関係が逆転する。後者の場合、すでに流れ去った水は未来に向うのではなく過去のなかに沈む。将‐来（à-venir）は水源の方にある。そして時は過去からくるのではない。過去が現在を推し進めるのでもなければ、現在が未来を存在のなかへと推進するのでもない。将来は観察者の背後で準備されるのではなくて、ちょうど地平線上の嵐のようにあらかじめ彼の前方でおもんぱかられる。観察者がボートに乗って水の流れに従うとした場合には、なるほど彼は流れとともに彼の将来に向って下るということもできるが、しかし将来とは河口で彼を待っている新しい風景であり、時の経緯はもはや川そのものではなく、移動しつつある観察者にとっての景観の展開なのである。それゆえ時間は、現実的な一つの過程、つまり私は単にそれを記録するだけという一つの事実的な継起ではない。時間は諸事物に対する私の関係から生ずる。物そのものにおいては、将来と過去とは、一種の永遠なる先在と残存とのうちにある。明日流れ去るであろう水は現在その水源にある、流れ去ったばかりの水は、今は少しばかり下流に、谷間にある。私にとって過去もしくは未来であるものは、世界においては現在である。物そのものにおいては、未来はいまだなく、過去はもはやなく、現在は厳密にいえば単なる限界でしかないので、したがって時間は崩壊すると、しばしばいわれている。それゆえにこそライプニッツは客観的世界を瞬間的精神（mens momentanea）と定義することができたのだし、またアウグスティヌスは、時間を構成するために、現在の現前のほかに、過去の現前と未来の現前とを要求したのである。しかし彼らが何をいわんとしているのかよく理解しよう。客観的世界が時間を担うことができないのは、それがいわばあまりに狭いから、つまり過去の面と未来の面をそれに付け加えてやらねばならないから、というわけではない。過去と未来とは、世界のなかにむしろあまりにもありすぎる。それらは現在ある。そして、存在が時間的であるために存在自身に欠けているものは他所（ailleurs）、かつて（autrefois）、明日という非存在なのである。客観的世界はあまりにも充実しすぎていて、時間の入る余地がないのだ。過去と未来は、おのずと存在から退き、主体性の側に移行する。といっても何らか実在的な支えを求めてではなく逆に、それらの本性に似つかわしい非存在の可能性を求めてである。客観的世界に向って開いている有限なパースペクティヴからこの世界を解き放ち、それ自体においてこれを措定するなら、いたるところ「今」しか見出せないであろう。そのうえ、これらの今は誰に対して現前しているわけでもないので、時間的性格を全くもたず、相互に継起しあうこともできないだろう。常識的なさまざまな比喩のなかにひそんでいる時間の定義——「今の継起」[37]とでもいい表わすことのできそうな時間の定義——は、ただ単に過去と未来とを現在と見なすという誤謬をおかしているだけではなくて、「今」の概念そのものと継起の概念とを破壊しているのだから筋道の通らないものなのである。

〔時間は意識の諸状態のなかにもない〕

したがってたとえ時間を物からわれわれ自身のなかに移し入れても、もし、それを今の継起として規定するという誤りを、「意識のなかで」繰り返すなら、何の得るところもないであろう。ところが、心理学者たちは、過去の意識を追憶によって「説明」し、未来の意識をこの追憶のわれわれの前方への投射によって「説明」しようとするときに、まさに以上の誤謬におちいっているのである。例えばベルクソンは記憶の「生理学的諸理論」を反駁したが、実はベルクソンのこの反駁自体、因果的説明の場にたつものであった。それというのも、これは脳髄内の痕跡やその他の身体的装置が記憶の現象の十全な原因ではないこと、例えば、進行性失語症において、追憶の消失する順序を説明するに足るものが身体のなかに見出せないということを、示すことにほかならなかったからである。このような論議は確かに身体による過去の保存という考え方の信用を失わせるには十分である。身体は、もはやエングラムの集積所ではない。それは、意識のもろもろの「志向」(intentions)[38]の直観的実現を保証すべき身振り（pantomime 黙劇）の器官である。しかしながら、これらの志向は「無意識的な領域のなかに」保存された追憶に結びついており、意識における過去の現存は、単なる事実上の現存でしかない。この際、過去の生理学的保存を退けるわれわれの最も有力な論拠がまた同様に「心理学的保存」を退ける論拠ともなること、そしてこの論拠とは、まさに過去のどのような保存も、どのような生理学的もしくは心理学的「痕跡」も、過去の意識を理解させるものではないということが、洞察されていなかったのだ。この机は私の過去の生活の痕跡を閉じこめている。私はそこに私の頭文字を彫りこんだし、インクのしみをつくった。しかしこれらの痕跡はそれ自身では過去を指し示すものではない。それらは現在に属する。そして、私はそこに何か「以前の」出来事のしるしを見出すとすれば、どこかほかから過去の理解《サンス》を私が得ているからであり、この意義を私のなかにたずさえているからである。もしも、私の脳髄が、私の経験したある知覚に伴うところの身体的過程を保存しており、新たに神経衝動がこのすでに切り開かれた途を通ったとしたら、なるほど私の知覚は再現するであろうし、またお望みなら弱められた非現実的な新しい知覚を私はもつであろう。しかしいずれにせよこの知覚は現在のものであって、私が過去に対するもう一つ別の展望をもっていて、これによってかの知覚を追憶として認知することが可能となるのでなければ、それは過去の出来事を私に示すことはできないであろう。そして最後の条件は、仮定に反することである。ところで生理学的痕跡を「心的痕跡」に置き換え、われわれの知覚が無意識のなかに残存するとしてみても、困難は同じことである。それというのも保存された知覚はやはり知覚であって現存し続け、つねに現在に属しわれわれの背後に、まさに過去がそれであるところのあの逃亡と不在の次元を開きはしないからである。体験された過去の保存された断片は、せいぜいのところ過去を思う機会にすぎず、おのれを再認せしめる過去ではない。何であれ、何らかの内容から再認を引き出そうとするならば、かえってつねに再認が再認自身に先だつことになる。再生産は再認を予想する。再生産が再生産として理解されるのは、私がまず第一に、過去固有の場所において、過去との一種の直接の接触をもっている場合に限られる。まして、われわれは未来を意識の内容によって構成することはできない。いかなる事実的内容も、たとえ曖昧さと引き替えにしても、未来に関する証言となることはできない。なぜなら未来はそもそもあったことさえなく、したがって過去のようにそのしるしをわれわれに残すことはできないのだから。それゆえ、未来の現在に対する関係を説明しようとして思いつかれる唯一の方法といえば、それを現在の過去に対する関係になぞらえることでしかないことになる。私の過去の諸状態の長い連鎖を考察してみるならば、私の現在がたえず過ぎ去りつつあること、そして私はこの経過の先を越して私の直前の過去を遠い過去と見なし、私の現実の現在を過去と見なすことができるということがわかるのである。そうすると、未来とは、私の現実の現在の先方に形成される窪みということになる。先望（prospection）とは実は回顧（rétrospection）であり、未来とは過去の前方への投射（projection）ということになろう。しかしながら、たとえひょっとして、私が過去の意識を、現在的な諸内容をそれに転用することによって構築することができたとしても、このように転用された諸現在が、私に対して未来を開くことなどは決してできないであろう。実際、われわれが、すでに見たものを助けとして未来を思い浮べる場合ですら、それをわれわれの前方に投射する（pro-jeter 前に－投げる）ためには、われわれが最初から未来の理解《サンス》をもっているのでなくてはならない。先望が回顧であるにせよそれはともかく未来を予想する回顧であり、もしわれわれが未来の理解をもっていないとしたら、どうしてそもそも予想することができようか。この比較を絶した現在が、他のあらゆる現在と同様にやがて過ぎ去るであろうということは「類推によって」推察されるのだと、いわれている。しかしすでに経過した現在と只今の現在との間に類推が存するためには、この現在がただ単に現在として与えられるだけではなく、最初から、やがては過去となるべきものとして、おのれを告知するのでなくてはならず、この現在を滅却しようとする未来の圧力を、われわれがこの現在の上に感じているのでなくてはならぬ。要するに、最初から時間の経過というものが、現在から過去への移りゆきであるだけではなく、未来から現在への移行でもある、ということでなければならない。いかなる先望も予想的な回顧であるというならば、同様にあらゆる回顧は、転回された先望であるということもできる。例えば戦争前に私がコルシカに旅したことを私が知っているのも、戦争が私のコルシカ旅行の地平にあったことを私が知っているからである。過去と未来とは、われわれのもろもろの知覚と追憶とからの抽象によって、われわれが構成する単なる概念ではありえない。つまり「心的諸事実」の事実的な連鎖を指示するための、単なる名称ではありえない。時間の諸部分に先だって、時間そのものがわれわれによって思惟され、時間的諸関係が時間内の出来事を可能ならしめるのである。それゆえ、これに対応して、主体が志向的に過去と未来に臨みうるためには、主体自身は、時間のなかに位置づけられていないのでなければならなくなる。もはや時間は、「意識の与件」である、とはいうまい。いっそう正確に、意識は時間を展開する。もしくは構成する、といおう。時間の観念性ということによって、意識はついに現在の中に閉じ込められたものではなくなるのである。

〔時間の観念性? 時間は存在関係である〕

しかし意識はある過去とある未来とに対して通路をもつに至るだろうか。意識はもはや現在というものにも、「内容」というものにも、憑きまとわれているわけではない。意識は自由にある過去とある未来から出発してある現在に向うのである。ある過去とある未来とが、過去というもの、未来というものに構成されるのはまさに意識によるのであり、それらは、意識の内在的な対象なのだから、こうした過去、未来といえども意識から遠く隔たったところに存するのではない。ある現在が現在であるのも、意識によってたてられた、それと過去、未来との間の関係によってでしかないのだから、この現在も特に意識の近くにある、というわけではない、しかし、まさにこのように自由になりきった意識からは、未来や過去とはいったいいかなるものでありうるのか、いやそれのみならず現在とはいかなるものでありうるのか、ということについてのいっさいの理解が失われているのではなかろうか。こうした意識が構成する時間とは、その不可能性をわれわれがすでに明らかにした、かの実在的な時間とあらゆる点で類似していはしまいか。それは再び「今」の連鎖であり、そのうえ誰ひとりとしてそのなかに拘束《アンガジェ》されてはいないのだから、誰に対してもおのれを現在化させることもない「今」の連鎖ではなかろうか。われわれは依然として、未来、過去、現在、ならびにそれらの間の移行の関係がいかなるものでありうるかを理解するに、ほど遠い地点に立っているのではなかろうか。ある意識の内在的対象としての時間は、平準化された時間である、換言すれば、もはや全く時間ではないのである。そもそも時間なるものが存しうるのは、それが完全に展開しきらない限りにおいてであり、過去、現在、未来が同じ意味において存在するのではない限りにおいてである。生成する（se faire）のであって存在するのではないということ、決して完全には構成されないということこそ、時間にとって本質的なことなのである。構成された時間なるもの、可能的な先後関係の系列は、時間そのものではなく、時間の終極的な記録であり、客観的思惟がつねに前提しはするが把握することはできない時間経過（passage）の、結果である。その諸瞬間が思惟の眼前に共存しているのだから、それは空間の一部であり[39]、また、意識があらゆる時間部分に対して同時的なのだから、それは、現在である。それは私から区別された不動の一つの境域であって、そこでは、何一つ過ぎ去るものも、生起するものもないのだ。もう一つの時間、つまり私がそこで移りゆきもしくは経過そのものの何たるかを学び知るところの、真実の時間が存在するはずである。もっとも、先後なしには、私はいかなる時間的位置も知覚しえないし、三つの関係項の関係を把握するためには、私がそのいずれとも一体化してはならないということ、結局、時間というものは総合作用を必要とする、ということは真実である。しかしながら、この総合が、たえず更新されねばならないということ、どこかで総合が完成したと仮定することは時間を否定することに等しい、ということも同様に真実である。永続するものと変化するものとの彼岸に、時間の生産性を優れて包含する「生の永遠性」を構想することは、確かに哲学者達の夢である。しかし時間を支配し包括するところの、時間についての措定的意識は、実は時間の現象を破壊するものである。われわれが一種の永遠性を見出すはずだとするなら、それはわれわれの時間経過の核心においてであって、時間を思惟し措定する役目をもった非時間的主観においてではない。問題は今や、時間の概念がいつでも暗々裡に前提しているところのあの時間、そしてわれわれの知識の対象ではなくて、われわれの存在の一つの次元であるところのあの時間を、それが生れいでんとする状態において、現出しつつあるがままの姿で、明るみに出すということである。

〔「臨在（現前）の領野」、過去と未来の地平、働きつつある志向性〕

私が時間に接触し、時の流れを知ることを学ぶのは、広い意味における私の「臨在（現前）の領野」(champ de présence) においてである。——つまりおのれの背後にすでに過ぎ去った一日という地平を伴い、おのれの前方に夕べと夜という地平を伴うところの、私が仕事をなしつつ過すこの瞬間においてである。いっそう遠い過去もまた、確かに時間的秩序をもち、私の現在に対する時間的位置をもってはいるが、それもこの過去自身がかつては現在であり、「その潮時においては」私の生によって貫かれたからであり、そのうえ私の生が今までずっと続けられてきたからである。遠い過去を喚起する際には、私は時間を再び開き、この過去が、こんにちではすでに閉ざされてしまった未来の地平と、またこんにちでは遠くに隔たってしまった直前の過去の地平とを、いまだなおもっていた時点に、私自身を連れ戻すのである。それゆえ、すべてが私を臨在の領野へと、――つまりその時間と諸次元とが、中間に介在する距離もなく究極的な明証性において、親しく (en personne) 現出するところの、根源的経験としての臨在の領野へと――送り返すのである。未来が現在へと滑り込み、やがて過去へと滑り去るのが見られるのは、まさにここにおいてなのだ。これら三つの次元はわれわれに、それぞれ別々の作用によって与えられるのではない。つまり、私は私の過ぎ去れる一日を想い浮べるわけではないが、この一日はその重みのすべてでもって私にのしかかっている。この一日はまだそこに存続し続けている。私は一日中の出来事のこまごました内容を何ひとつ想起するわけではないが、いつでも想起する能力を持ち合わせている。つまり私は過ぎ去れる一日を「まだ掌中に[40]」(encore en main) たずさえているのである。同様に、私はやがてやってくる夕べとその後のことに思いを馳せるわけではないが、正面から見られている一つの建物の背部や、図柄の下の地のように、夕べは「そこにある」(est là) のである。われわれの未来は、ただ単に推測や夢想からだけで成り立っているのではない。現に私に見えているもの、私が知覚しているものの前方には、確かに、もはや見えるものは何もない。しかし、やがて現われるはずのものの少くとも様式をあらかじめ描きだすところの（もっとも私は恐らく死に至るまで、いつもいつも、ほかのものが現われるのを見る覚悟もできているのであるが）もろもろの志向的な線に沿って、私の世界は続いてゆく。（狭い意味での）現在そのものも措定されてはいない。なるほど紙も私の万年筆もここにある。しかし私はあからさまにそれらを知覚しているわけではない。私は諸対象を知覚するというより、むしろ周囲を勘定に入れているのであり、私の諸道具に身をもたせているのである。私は私の仕事を前にしているというより、仕事に取り掛っているのである。私を周囲世界のなかに繋留する諸志向性のことを、フッサールは未来予持（protension）と過去把持（réten-tions）と呼んでいる。これらの志向性は、中心的な「我」から出発するのではなく、いわば私の知覚野そのものから出発するのであり、この知覚野は知覚野で、おのれの背後にもろもろの過去把持からなるその地平を従え、その未来予持によって、未来に食い込んでいるのである。私はひとつらなりの今を経過するのではない。――その像を私が保存でもしているかのような、そして、つなぎ合わせると一本の線をつくるような、一連の今を経過するのではない。新たな瞬間がやってくるごとに、先だつ瞬間はある変容を受ける。私はまだこの瞬間を掌中に握っている。それは今なおそこにある。しかし、それはすでに諸現在からなる水準の下に沈降しつつある。したがってそれを保持するためには、時間の薄い層を貫いてその下まで私の手を差し伸ばさねばならない。それは今でも依然として先だつ瞬間そのものである。私はそれがたった今あったたままの姿で、今一度それを捉える能力をもっている。私はそれから分離されてはいない。しかし、もしも何の変化もなかったとしたら、結局それは過ぎ去りはしなかったであろう。実は、先ほどは私の現在そのものであったのに、今や、それは、私の現在に対して射映（se profiler）し始め[訳註13]、あるいは私の現在の上におのれの姿を投影し始めているのである。第三の瞬間がやってくると、第二の瞬間は新たな変容を受け、今まで過去把持であったものが過去把持の過去把持となる。こうしてこの瞬間と私との間の時間の層は肥厚してゆく。フッサールがおこなっているように、われわれはこの現象を図式によって表示することができる。ただしこの図式を完全ならしめるためには、対称的に未来予持のパースペクティヴをこれに付加せねばならないだろうが。時間は一本の線ではなく、もろもろの志向性の錯綜なのである。

こうした記述もこのような図式も、われわれを問題解決に向って一歩も前進させるものではないと、恐らく反論するひともいよう。われわれがAからBへ、次にCへと移行するにつれて、Aはまず A′へ、次いで A″へとおのれを投射ないし射映する。A′がAの過去把持もしくは射映（Abschattung）として認知され、

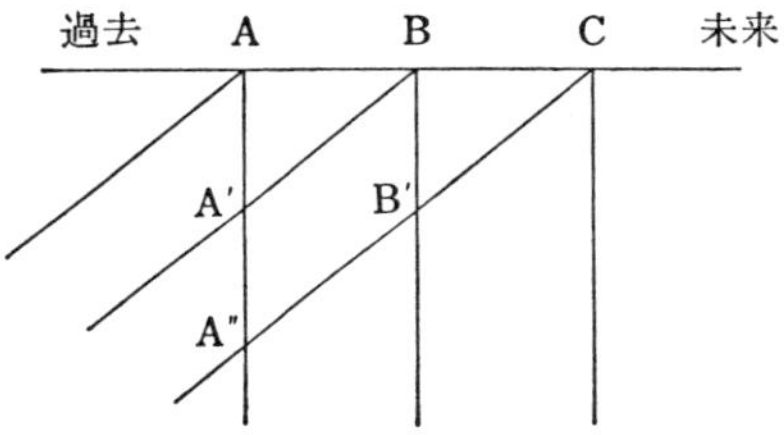

フッサール（*Zeitbewusstsein*『時間講義』P.22）による。
横線：「今」の系列
斜線：後続の「今」から見られた同じ「今」の射映
垂線：同一の「今」の継時的諸射映

同様にA″がA′のそれとして認知されるためには、いや、それどころか、AからA′への変容がまさにかかるものとして体験されるためですら、A、A′、A″ならびにあらゆる他の可能的射映を、再統合する同一化の総合が必要となるのではなかろうか。そして結局これは、カントの主張するように、Aを理念的統一となすことに帰着しないだろうか。しかしながら、こうした知的総合と同時に時間がもはや存在しなくなるということを、われわれはすでに承知している。Aなる瞬間も、それに先だつあらゆる瞬間も、なるほど私にとってそれぞれ同定されうるものとなり、それらを推移せしめて縺れさせる

時間というものから、私はいわば救い出されることにもなろう。だが、それと同時に、この推移によってのみ与えられるところの前後の理解を、私は全く失ってしまうだろう。そして、時間系列を空間的多様性から区別する特徴はもはや何もないということになろう。フッサールが過去把持の概念を導入して、私が過ぎ去ったばかりの過去を今なお掌中にもっている、といったのは、まさに、私は過去を措定するのではないということ、いいかえれば過去から実質的に区別された一つの射映から、明白な作用によってこれを構築するのではないかということ、まだ新鮮なしかもすでに過ぎ去ったその個体性（eccéité）において私は過去に触れるのだということを、表明するためなのである。まず最初に私に与えられるものは、A′、A″とA‴といったものではないのだ。また私はそれらの「影像《プロフィル》」からその原物たるAに、ちょうど記号からその意味に向うようにさかのぼるのではないのだ。私に与えられているものは、実はA′をとおしてすかし見えるAなのであり、次いでA″をとおして見えるAとA′との全体であり、以下同様であるが、そのありさまはあたかも、上を流れる水塊をとおして川底の石そのものが見えるようなものである。なるほど同一化の総合というものもないわけではない。しかしそれが見られるのは、明白な追憶とか、遠い過去をわざわざ想起する場合とか、要するに過去意識の派生的な諸状態においてでしかない。例えば、ある追憶について、それがいつのことだったか、決められない場合がある。ある情景が私の心に浮ぶ。しかしそれをどの時点につなぎとめるべきか、私にはわからないという場合である。つまりこの追憶は、その碇泊地を見失ってしまったのだ。そうした場合、私は例えば、出来事の因果的な順序に基づいて、知的な同一化をおこなうことができる。――私はこの服を終戦以前に作らせたに違いない。なぜなら、終戦以来、イギリス製の織物を手に入れることはできないはずだから、という具合に。しかしこの場合、私は過去そのものに到達しているわけではない。これに反して、私がこの追憶の具体的な起源を再発見するという場合には、これは、ミュンヘン会議から開戦に至る、恐怖と希望のまじりあった時の流れのなかに追憶が再び戻されることを意味するのであり、私は失われた時を取り戻し、くだんの時点から私の現在に至るまで、過去把持の連鎖と継時的な地平の重なり合い (emboitement) が、連続的な移行を保証しているのである。間接的な同一化や一般に知的総合において私が追憶を位置づける際の基準となる客観的な諸標識が、それ自身時間的意味をもつのも、把握 (appréhension) の総合が、一歩一歩私を私の事実的な過去の全体に、結びつければこそである。したがって、後者を前者に還元することなど、問題になりえない。射影 (Abschattungen) A′、A″がAの射映として私に現われるのは、それらがいずれも、それらの共通の根拠たる理念的統一Aにあずかるからではない。むしろ、私がそれらをとおしてAなる時点そのものを、その拒みがたい個体性において、つまり現在をよぎるという事実によって決定的に基礎づけられたその個体性において、所有しているからであり、それから射映A′、A″……が湧出するのを見るからである。フッサールの用語を借りるならば、対象の措定的意識たる「作用の志向性」、例えば、知的記憶においては「これ」(le ceci) を観念にかえる「作用の志向性」の背後に、これを可能ならしめるところの「働きつつある」志向性 (fugierende-Intentionalität)[41] つまりハイデガーが超越 (transcendance) と呼ぶものにほかならぬものを、われわれは認めなくてはならない。私の現在は、おのれを超出して直後の未来と直前の過去とに向い、まさにそれらの存する場所において、すなわち、過去そのもの、未来そのものにおいて、それらに触れるのである。われわれが仮に明白な追憶という形でしか、過去を所有していないとしたら、われわれは、過去の存在を確認するために、たえずそれを想起することを促されるであろう。――われわれは、背後の事物を、否むことのできない既得物としてわれわれの背後につねに感じているのだけれども、シェーラーが言及している例の患者は、事物がほんとうにそこにあることを確かめるために、たえず背後を振り返ってみる、――われわれもちょうど、こうした患者のようなことになるであろう。過去と未来を所有するためには、われわれは知的作用によって一連の射映を結合する必要はない。もろもろの射映それ自身がいわば自然的な、原初的な統一をもっているのであり、それらを通じて現われるのは、まさに過去あるいは未来そのものなのである。これは、フッサール的に時間の「受動的総合」(synthèse passiive)と呼んでもよさそうな現象のパラドックスである。――もっともこの表現は、明らかに問題の解決そのものではなく、問題の所在を示す指標でしかないが。(42)

〔時間経過そのものによる時間の統合〕

上掲の図表が時間の瞬間的な断面を示すものにすぎないことを想起するならば、この問題の解決の端緒が得られよう。現実に存するものは、ある過去でもある現在でもある未来でもない。ばらばらのA、B、Cという瞬間でも、実質的に区別されるA′、A″、B′といった射映でもない。またそれは、一方における、多数の過去把持、他方における多数の未来予持でもない。新しい現在の出現が、過去の沈降と未来の動揺を惹起するのではなくて、新しい現在とは、まさに未来の現在への移行であり、また先だつ現在の過去への移行である。時間は端から端まで一挙に動き始める。A、B、Cという「瞬間」が次つぎと存在する(sont)というのではない。それらは、相互におのれを他から差別する(se différencient)のであって、これに対応して、AはA′に、ついでA′からA″へと、移行するのであり、要するに、過去把持のシステムは、刹那ごとに、一瞬前に未来予持のシステムだったものを、おのれのうちに取り入れるのだ。ここにあるのは、結合された多数の諸現象ではなくて、経過しつつある唯一の現象なのである。時間とは、ちょうど一つの動作がその実現に必要なあらゆる筋肉収縮を内含しているように、あらゆる部分においておのれ自身に適合している単一の運動である。われわれがBからCへと移行するにあたっては、BがB′となりA′がA″となるという、いわば爆発解体がおこなわれるのであるが、まさに来たらんとする際にはもろもろの射映の連続的放射によっておのれを告知していたC自身も、存在に到達するが早いか、すでにその実体を喪失し始めるのである。「時間とは、やがて存在するであろうすべてのものに対して提供された存在手段であり、しかも、もはや存在しなくなるために存在するという手段なのである。[43]」時間とは、これらの遠心的な諸運動を支配する唯一の法則である自己からの逃亡、もしくはハイデガーのいわゆる「脱-自」(ek-stase)以外のものではない。BがCとなる間にまたそれはB′となり、そしてそれと同時に、すでにBとなることによってまたA′となっていたAが、A″へと沈降するのである。一方においてはA、A′、A″が他方においてはBとB′が、互いに結合されるのであるが、それも、それらを時間の一点に凝固せしめる同一化の総合によるのではない。それらが互いに他から発出し、そしてこれらの投射の各々が全体的な炸裂ないし裂開の一つの層にすぎない以上、二つの結合は移行の総合(Uebergangssynthese)によるのである。それだからこそ、われわれのもつ原初的な時間体験における時間とは、われわれにとって、われわれがそれを貫いて往き来するところの客観的な諸位置のシステムはなくて、列車の窓から見える風景のように、われわれから遠ざかりつつある運動する環境なのである。しかしながら、われわれは、風景が動くと本気で信じているわけではない。踏切は疾風のようにすぎてゆくが向うの丘はほとんど動かない。それと同様に、私にとって一日の始まりはすでに遠ざかりつつあるが、私にとって一週の始まりは固定した点である。つまりある客観的な時間が地平に姿を表わしているのであり、したがって私の直接の過去のなかにも、すでにそれが粗描されているはずである。しかし、こういうことはどうして可能なのだろうか。時間的な脱自性《エクスターズ》が、諸瞬間の個体性の消失する絶対的な解体作用ではないということは、どうして可能なのだろうか。そのわけは、未来から現在への移行がつくったものだけを、この解体作用がこわしているにすぎないからということである。つまりCは、それを成就させた長い集中過程の終局にある。Cが形成されるにつれて、それは、次第に少数の射映によって自己を告知するようになる。つまりCそれ自身 (en personme) が近づきつつあったのだ。それが、現在に到達したときに、それは、おのれがその終局をなしているおのれの生成過程と、おのれの後に来るはずのもののさしせまった現前とを、ともに現在のなかに持ち込んだのだ。そのため、後から来るものが実現して、Cを過去に押しやるときにも、それはこれから突然存在を奪うというのではなく、Cの解体が、その成熟の裏側、あるいは、帰結であるという結果になる。ひと言でいうと時間においては、あることと過ぎ去ることとは同義であるから、出来事は、過去となることによって、存在することをやめるわけではない。われわれの眼前の固定したもろもろの位置をもった客観的時間の起源は、永遠なる総合のなかに求められるべきではなく、現在を通じての過去と未来の一致と重なり合いとのなかに、つまり時間経過そのもののなかに求めらるべきである。時間は、おのれがあらしめたものを、存在から駆逐すると同時に、維持する。それというのも、新しい存在は、先だつものによってあるべきものとして告げ知らされていたからであり、後者にとっては、現在となることと、過ぎ去るべく定められていることとは、まさに同じことだからである。「時間化[訳註14]とは、もろもろの脱自性の継起（Nacheinander）ではない。未来は過去の後にあるべきものではなく、また過去は現在に先だつものではない。時間性は、現在－へと－来ること－によって－過去－へと－向う－ところの－未来[訳註15]（avenir-qui-va-au-passé-en-venant-au-présent）として自己を時間化する。[44]」ベルクソンは時間の統一性を、その連続性によって説明するという誤りをおかした。なぜならこれは、知らず知らずのうちにわれわれは一方から他方へと移行するのだという口実のもとに、過去、現在、未来を混同することになるし、結局、時間を否定することに等しいからである。しかし、彼が本質的な現象として時間の連続性に固執したことは、まちがっていなかった。ただしこれを解明しなくてはならないのだ。瞬間Cと瞬間Dとは、たとえ互いにどんなに近接しているにもせよ、決して識別できないものではない。なぜなら、もし識別できないとしたら、そもそも時間なるものが存在しないことになろうから。そうではなくて、それらは相互に移行しあうのであり、CがDとなるのである。それというのも、CとはDを現在として予料すること、自己自身の過去への移りゆきを先取りすること以外の何ものでもなかったからである。ということは、それぞれの現在は、それが駆逐する過去の全体の現存を再び主張し、将－来（à-venir）の全体の現存を先取りするものであるということ、現在はその本質の上からしてもそれ自身のうちに閉じ込められているのではなくして、未来と過去とに向っておのれを超越するものである、ということにほかならない。事実はまず一つの現在があり、ついで存在の上でこれに続くもう一つの現在がある、ということではない。また、過去と未来とに向かっての展望をそなえた一つの現在があって、これに、これらの展望ががらっと変るもう一つの現在が続く、ということですらない。仮にそうだとすれば、あい続いて現われる展望の総合をおこなうために、一個の同じ観察者が必要となろうが、事実はこういうことではないのだ。実際はみずから自己自身を確証する唯一の時間があるのである。つまり、あらかじめ現在として、また同時に将来の過去として、基礎づけることなくしては、何ものをも存在せしめることができない唯一の時間、ひと息におのれを確立する唯一の時間があるのである。

〔主体としての時間と時間としての主体〕

それゆえ、過去は過ぎ去ってしまった(est passé)のではなく、未来も、いまだ来たらざるものではない。主体性が即自存在の充満をやぶり、そこに展望を切り開き、非存在を導入するとき、初めて、それらは現実に存在するようになるのである。過去も未来も、私がそれらに向ってわが身を差し伸べるときに、出現するのである。私自身にとって、私は、今この瞬間に存在するのではない。私は本日の朝にも、あるいは、やがてくる今晩にも、同様に存在するのである。そして私の現在は、われわれが望むならこの瞬間であるともいえる(訳註16)けれども、しかしまた今日であり、今年であり、私の生涯全体でもある。外からテンポーラ(tempora)を結びつけて単一の時間にまとめあげる総合作用は必要ではない。なぜならテンポーラのそれぞれが、すべて自己自身を超えて、他の諸テンポーラの開いた系列を含んでおり、それらとすでに内的に交流していたからであり、したがって「生の脈絡」[45](cohésion d'une vie)[訳註17] はその脱自性と同時に与えられているからである。現在から別の現在への移行を、私は思惟するのではない。私はその傍観者ではない。私がそれを遂行するのである。私の動作がすでにその動作の目標に臨んでいるように、私はすでに、来たらんとする現在に存する。私自身が時間であり、カントが若干の場所でいっているように[46]、「留まり」「経過せず」「変化せぬ」時間なのである。おのれ自身の先を越すという、こうした時間の観念は、常識もそれなりの仕方で捉えている。誰でも時というものについて（*du* temps）語るが、決して、動物学者が犬や馬について語るように、集合名詞の意味においてではなく、固有名詞の意味においてである。しばしば、時は、人格化されさえする。どんな言葉のはしはしにも、それを発するひとの人間というものが存在するように、時間にあっても、そのいずれの現われのなかにも全体として現前する単一の具体的な存在が問題であることを、誰もが考えているのである。一つの時間があるといわれるのは、一つの噴水があるといわれるのと同様である。つまり水は変化交替するが、水の形は同一のままに保たれるから、噴水は留まる、といわれうるのだ。形が保存されるのは、あい続くそれぞれの波が、先だつ波の機能を継承するからである。つまり押される波に対して押すという関係にある波が、今度は、次の波に対しては押される波になるのである。そしてこのことは結局、水源から筒口に至るまでもろもろの波が互いに分たれていないということから生ずるのだ。要するにここにはたった一つの推進があるだけであり、噴水を破壊するには流れのなかにただ一つの空隙があればこと足りるであろう。川の比喩が正しいとされるのは、まさにここにおいてであって、川が流れるからではなくて、川はそれ自身と一体をなしていて分つことができないからである。しかしながら、時間の永続性に関するこの直観も常識によって危険にさらされている。それというのも常識は時間を主題化したり、客観的化したりするが、これこそまさに、時間を見失う最も確かな仕方だからである。即自的な自然の一つの変数として科学的な仕方で考察されたり、あるいはその内容から観念的に分離されうる形式として、カント流に考察されたりした時間概念よりも、時間の神話的な人格化の方に、より多くの真理がある。世界の時間的な様式というものがある。そして、時間が同じ時間のままでいるというのも、過去が昔の未来であり、先ほどの現在であるからであり、現在がやがて過去となるべきものであり、先ほどまで未来だったからであり、最後に未来はまさに来たらんとする現在、いや過去でさえある、からである。すなわち、時間の各次元は、それ自身とは別のものとして取り扱われ、めざされているからである。――要するに結局、時間の核心に一つのまなざし、もしくは、ハイデガー流にいうと、一つの Augen-blick(訳註18) が――つまり「として」(comme) という語に意味をもつことを可能ならしめるある者 (quelqu'un) が存するからである。私は、時間が誰かある者にとって存するのだ、といっているのではない。これでは、改めて時間を展開し不動化することになろう。私は時間はある者であるというのだ。いいかえれば、時間の諸次元がたえず互いにあい覆いあい、互いに確認しあいそれぞれの次元のうちに含蓄されていたものを顕わにするにすぎない以上、それらはいずれも、主体性そのものである唯一の爆発もしくは唯一の推進力を表明している、ということである。時間を主体として、そしてまた主体を時間として、理解しなくてはならない。この根源的な時間性が外的出来事の並列ではないことは、全く明らかである。それというのも、それはもろもろの出来事を相互に隔てながら、しかも全体として保持する能力だからである。究極の主体性は、言葉の経験的な意味において時間的なのではない。それというのも、仮に、時間的意識が継起する意識の諸状態からできているとするならば、この継起を意識するためにまた新しい意識が必要となり、かくて無限に溯行しなくてはならなくなるからである。われわれは、「自己を意識するためのいかなる意識をもおのれの背後にもはやもたない意識[47]」を、したがってそれ自身は時間のなかに展開されず、その「存在が対自存在と一致している[48]」ような意識を容認せざるをえなくなる。究極の意識は内時間的(intratemporelle)ではないという意味において、「無時間的」(zeitlose)であるということができる。[49]私が私の現在を、生けるがままに、それが含蓄するすべてのものを伴った姿で把握するならば、現在の「なかに」は未来と過去への脱自があり、この脱自は、時間の諸次元を、互いに競いあうものとしてではなく、互いに分離されえぬものとして、現出させるはずである。したがって、現在にあることは、過去から未来にわたって、永遠にあることである。主体性は、時間を引き受け、あるいは生き、そして一個の生の統合と一体となるのだからこそ、それ自身は時間のなかには存在しないことになる。

〔構成的時間と永遠性、究極の意識は世界への臨在である〕

こういうわけで、われわれはまた、一種の永遠性に立ち戻るのだろうか。私は過去においてある。(訳註19)そして一つの過去把持のなかにはそのまた過去把持が連続的に嵌り込んでいるという事情のために、私は私のいっそう以前の諸経験をも保存していることになる。それも、これらの経験の何か複製もしくは似姿といったものを所持するのではなく、正確にかつてあったままの姿で過去の諸経験そのものを保持しているのである。しかしながら、過去自身へのこのような接近を私に保証するところの、臨在（現前）の諸領野の連続的な結びつきは、漸次一歩一歩実現されるということを、本質的な特徴としている。それぞれの現在は、その現在たる本質からして、他の諸現在との並存を排除するし、また遠い過去についてさえ、私が私の生活のある期間にわたってこれを思い浮べることができるのは、この期間を、それ独自のテンポに従って改めて展開することによってでしかない。時間におけるパースペクティヴ、遠い過去の不明瞭性、忘却を極限とする過去のこうした「萎縮」（ratatinement）は、記憶に生ずる偶然的な出来事ではない。それらは、原理的には完全であるはずの時間意識が、経験的に存在する際の褪落現象を表わすものではない。時間意識の出発点における両義性を、つまり把持する（retenir）ことは掌握する（tenir）ことであるが、ただし距離を隔てて掌握することであるという事情を、表明しているのである。またもや時間の「総合」は移行の総合である。つまり自己を繰り広げる生の運動であり、この総合を実現するには、この生を生きる以外にやりようはない。時間の場所というものはない。ほかならぬ時間自身がおのれを運びおのれを新たにおし進めるのである。不可分の推進力としての、また移行としての時間のみが、継起する多としての時間を可能ならしめるものなのであり、内時間性の起源にあるのは、実は構成する時間（un temps constituant）なのである。先ほどわれわれが時間のそれ自身による重ね合わせを記述した際、未来を過去と見なすことができたのは、ひたすらこれにやがて来たるべき過去を付加することによってであり、また過去を未来とすることができたのも、すでに到来した未来を付加することによってでしかなかったのである、――すなわち、時間を平準化すると同時に、改めて、それぞれのパースペクティヴの独自性を主張し、あの準‐永遠性を出来事の上に基礎づけねばならなかったのだ。時間のなかで過ぎ去りゆかぬものは、時間の経過そのものである。時間はたえずおのれを更新する。昨日、今日、明日という、この循環的なリズム、この恒常的な形態は、あたかも噴水がわれわれに永遠性の感じを与えるように、一度に時間の全体を所有するかのような錯覚を与えることができるのだ。しかしながら時間の一般性というものは、その二次的な属性でしかなく、その非本来的な姿を提示するにすぎない。それというのも、われわれは時間的に到達点と出発点とを区別せずには、一つのサイクルを考えることさえできないからである。永遠性の感情というものは、偽善的なものである。なぜなら永遠性は時間によっておのれを養っているからである。噴水が同じものであり続けるのも、水がたえず噴出することによってでしかない。永遠性は夢の時間である。そして夢は覚醒からおのれのすべての構造を借りているのであり、したがって覚醒へとさし向ける。しからば、永遠性が根づいているこの目覚めた時間とは、いかなるものか。それは原初的な過去と未来という二重の地平を伴った広い意味での臨在の領野であり、そしてまたすでに経過せる、もしくは、可能的な、臨在の諸領野の開かれた無限性でもある。私にとって時間が存在するのは、私が時間のなかに位置づけられていればこそである。つまり私がすでに時間において拘束されたものとしておのれを見出すからであり、存在の全体が親しく (en personne) 私に与えられてはいないからであり、結局、存在の一区画が私にとってはあまりに近すぎて、私の眼前に絵のように立ち現われることができず、ちょうど、私の顔を見ることができないように、私はそれを見ることができない、という事情であればこそなのである。私にとって時間があるのは、私が一つの現在をもっているからである。時間のある一つの瞬間は、まさにそれが現在にまでやってくることによって、初めて打ち消すことのできない個別性を、つまり「これ限り」(une fois pour toutes)という性格を獲得するのであり、次に、こうした性格が、この瞬間をして、時間を横切ることを可能ならしめ、われわれに永遠性という錯覚を与えることになる。いかなる時間次元も、他の時間次元から演繹されることはできない。しかし(原初的な過去と未来という地平を伴った広い意味の)現在は、そこにおいて存在と意識とが合致する地帯であるから、特権をもっている。私が以前の知覚を想起したり、ブラジルにいる友人ポールを訪問する情景を想像したりする場合、私がめざしているのが本来の場所における過去そのものであり、また世界におけるポール自身であって、中間にあるとされる何か心的な対象ではないことは、なるほどその通りである。しかし結局、私の表象作用は、表象された経験とは違って、じじつ私に現前している。私の表象作用は知覚されており、表象された経験は、まさしく表象されているにすぎない。以前の経験だとかあるいはひょっとしてありうべき経験などが、私に現出するためには、ここでは想起もしくは想像に関する私の内的知覚であるところの、第一次的意識によって存在のなかに運び込まれる必要がある。すでに述べたように、もはやおのれの背後に別の意識をもたぬ意識、したがっておのれ自身の存在を把握しており、結局存在することと意識していることが等しくなるような、ある意識に確かに到達しなくてはならない。この究極の意識は、しかしながら、絶対的透明性において自己を捉える永遠なる主観ではない。なぜなら、このような主観にとって、時間のなかに降りてくることは決定的に不可能であろうし、したがって、それはわれわれの経験と何の共通点ももたないだろうからである。——そうではなくて究極の意識とは現在の意識のことである。現在においては、つまり知覚においては、私の存在と私の意識とは一つである。しかしそれは、私の存在がそれについて私のもつ認識に還元されるからでもなければ、私の眼前に明々白々と繰り広げられているからでもない。——全く反対に知覚は不透明であり、私の感覚的諸領野を、つまり私と世界との原始的な連累を、私の知ることがらの土台として要求するのである。私の存在と私の意識とが一つであるというのは、ここでは「意識する」ということが「……においてある」(être à …)ことにほかならず、私の実存することについての意識が《ex-sistance》(50)(訳註20)という事実的な所作(geste)と一体をなしているからである。われわれが疑いもなくわれわれ自身と交通しているのは、世界と交通することによってなのである。われわれが時間の全体を保持し、われわれ自身に臨んでいるのは、われわれが世界に臨在しているからである。

〔自己による自己の触発としての時間性〕

事情がまさに以上のようなことであって、意識は、一つの状況をおのれのものとしながら、存在と時間のなかに根づいているものだとするならば、われわれがこの意識を記述することができるのは、いかにしてであろうか。意識とは時間と世界とにかかわる総括的な企投あるいは展望でなければならない。そしてこの企投がそれ自身に対して現出せんがためには、換言すれば、すでに暗黙裡にそれであるものに、つまり意識に、顕在的にもならんがためには、多様性におのれを展開する必要がある。われわれは、分割されない力と、その互いに区別されたもろもろの現われとを、別々の実在としてはならない。意識はそのいずれでもなく、同時に両者なのである。意識とは、時間化の、フッサールの言葉に従えば「流れ」(Fluxion)の、運動そのものである。つまり、おのれを先取りする運動であり、おのれから離れない流れである。例を使って、意識をいっそう巧く描きだしてみよう。時間化の源泉までさかのぼるということをしないで、時間化を出来合いのものとして受け取る小説家や心理学者は、意識を多数の心的諸事実と見なし、これらの事実の間に因果関係を打ち建てようとする。例えば、[51] プルーストは、スワンのオデットに対する愛がどのようにして嫉妬心を惹起し、次いで嫉妬心が愛を変容させるか——それというのも、スワンはたえずオデットを他の男に近づけないように気を配っているため、ゆっくり彼女を見つめる余裕もなくなってしまったからであるが——このいきさつを、明らかにしている。しかし実は、スワンの意識は、そこにおいて心的諸事実が互いに外的に惹起しあうといった生気のない場ではない。真に存在するのは愛によって引き起され、ついでこの愛を変質せしめる嫉妬心などではなくて、そこにこの愛の全運命がひと眼で読みとられるような、ある愛し方なのである。スワンは、オデットの人となりに対する、彼女の提示する「光景」に対する、彼女のまなざしの向け方、微笑み方、声の調子の変え方に対する趣向をもっている。しかし、あるひとに対して趣向をもつということは、どういうことだろうか。プルーストは別の愛について、このことを述べている。それによれば、ある人に対して趣向をもつとは、このひとの生から自分が排除されていると感じながら、この生のなかに入り、それを全く自分のものにしてしまいたいと思うこと、なのである。スワンの愛が嫉妬心を惹起するのではない。この愛は、すでに、最初から嫉妬心なのである。嫉妬心が愛の変容を引き起すのではない。オデットを見つめることにスワンが感ずる快さは、まさにそれが、自分ひとりで彼女を見つめることの快さであるが故に、それが自己のうちにおのれの変質を蔵していたのである。一連の心的諸事実と因果諸関係の系列は、スワンのオデットに対するある見方、他人に対するあるあり方を外的に翻訳したものでしかない。そのうえスワンの嫉妬深い愛は、彼のその他の振舞と関係づけられるべきであろう。そのときには恐らく、この愛そのものが、スワンの人となりをなすいっそう普遍的な実存構造の現われとして現出するであろう。逆に包括的な企投としてのいかなる意識も、さまざまな行為や経験や、心的諸事実のうちにその横顔を見せ、自己自身に対してその姿を顕わにし、おのれを再現するのである。時間性が主体性を明らかにするのは、まさにここにおいてである。われわれは、思惟する主体ないし構成する主体がどのようにして自己自身をみずから時間のなかに措定したり、時間のなかにあるものとして捉えたりすることができるのか、決して理解しえない。もし「我」なるものが、カントの超越論的自我であるとすれば、そもそもそれが内官におけるその航跡と、おのれを同一視しうるということも、また経験的な自我が、なおも一個の自我であるということも、われわれは決して理解することができないだろう。しかし、もしも主体が時間性であるとするなら、自己措定は矛盾ではなくなる。それというのも、それは、まさしく生ける時間の本質を表現するものなのだから。時間とは、「自己による自己の触発[52]」である。つまり触発するものは、未来への推進ならびに移行としての時間であり、触発されるものは、もろもろの現在の展開せる系列としての時間である。そして時間の推進とは、一つの現在からもう一つの現在への移りゆき以外の何ものでもないのだから、触発するものと触発されるものとは、一体をなしている。この脱自性、おのれに現前している終末に向っての不可分の力のこの投射、これこそ主体性ということである。根源的な流れは、ただ単に存在するにとどまるものではない、とフッサールはいっている。つまり、それを意識するために、その背後にもう一つ別の流れを仮定するには及ばず、それは必然的に「自己自身の現われ」(Selbsterscheinuig)を、おのれに与えねばならぬ、ということである。この流れは、「自己自身において自己を現象として構成する。」[53] つまりただ単に事実上の時間、もしくは経過する時間であるにとどまらず、また、おのれを知る時間でもあるということが、時間にとって本質的なことなのである。なぜなら、現在の未来に向っての炸裂あるいは裂開こそ、自己の自己に対する関係の原型であり、内面性、もしくは自己性の輪郭を示すものだからである。[54] 光がさし始めるのはまさにここにおいてである。[55] ここにあるのはもはや、おのれの内に休らう存在者ではなく、その全本質が、光の場合と同様、見えさせる(faire voir)ことにあるような、ある存在者である。自己性、意味、理性が矛盾なく存在しうるのは、ほかならぬ時間性によってである。常識的な時間概念においてさえ、このことは明らかである。われわれは、われわれの生涯の諸局面や諸時期を区画する。そして例えば、当面の関心事と意味関係のあるいっさいのものを、われわれの現在に属するものと見なす。したがってわれわれは、暗黙のうちに、時間と意味とが一体をなしていることを認めているのである。主体性とは、動きのない自己同一性ではない。時間にとってと同じように、他者に向っておのれを開き、おのれから出てゆく、ということが、主体性であらんがために、それにとって本質的なことなのである。われわれは、主体を構成者と見なし、その経験ないし体験(Erlebnisse)の多様性を構成されたものと、考えてはならない。超越論的自我を真の主体となし、経験的な自我をその影もしくは、その航跡と見なしてはならない。仮に、両者の関係が以上のようなものであるとしたら、われわれは構成的主観のなかに引きこもることもできよう。そしてこうした反省は時間を破壊してしまうだろうし、反省自身には場所も日付もない、ということにもなろう。事実はどうかというと、われわれの最も純粋な反省でさえ、振り返ってみると、われわれにとって時間のなかに現われるし、流れに対する反省は、この流れそのものに属しているのである[56]。それというのも、われわれにとって可能な限り正確な意識は、つねに自己自身によって触発されたものとして、もしくは、自己自身に与えられたものとしておのれを見出すからであり、このような二重性がなければおよそ意識なる語に何の意味も存しないからである。

〔能動性と受動性〕

主体について一般にいわれてきたことは、何一つまちがってはいない。例えば主体が自己への絶対的な臨在であることは、まさしく拒むことのできない事実であり、主体自身のうちですでに粗描されていないようなものも主体に生ずることはありえない、といわれるが、これはなるほどその通りである。また、主体は継起と多様性において自己自身の象徴をおのれに与え、そしてこの象徴こそ主体にほかならない、——なぜなら、これらの象徴がなければ、主体は、わけのわからない叫びのようなものであって、決して自己意識に到達することができないだろうから——といわれるが、このこともやはり真実である。われわれが暫定的に受動的総合と名づけたものが、ここで解明される。もしも総合ということが組み立てることであり、受動性ということが多様性を組み立てるのではなくて、単に受け入れることであるならば、受動的総合とは、自己矛盾した概念である。しかし受動的総合なる言葉で意味したかったことは、多様はわれわれによって貫かれてはいるが、その総合をおこなうのはわれわれではない、ということなのである。ところで時間化は、その本性そのものからして、以上の二つの条件を満足させる。じじつ、私が時間の創造者ではないことは、私が私自身の心臓の創造者でないのと同様であり、私が時間化の創始者ではないことも明らかであり、私がこの世に生れいづることを選んだわけではない。しかも、ひとたび生れるや、私が何をするにせよ、時間は私を貫いてにじみ出る。この時間の噴流は、私がひたすら耐え忍ばねばならぬ単なる事実といったものではない。私は、時間の噴流そのもののうちに、それに対する補償の手段を見出すことができる。例えば私自身を拘束する決断や、概念的固定の作用において見られるように。時間の噴流は、私がまさにあらんとしていたものから私を遠ざけるけれども、しかしそれと同時に、私が距離を隔てて私自身を捉え、私を私として実現する手段をも、私に与えるのである。ここで受動性と呼ばれているものは、見知らぬ現実のわれわれによる受容、もしくは外部からのわれわれに対する因果作用ではない。それは、いわば権能の付与[訳註21] (investissement) もしくは状況のうちにあることであって、これを俟ってわれわれは初めて実存するに至るのであり、われわれはたえず新たにこれを引き受けわれわれ自身これによって構成されているのである。これ限り一度だけ「獲得された」自発性、「獲得されたものによって自発性であり続ける」[57] 自発性、まさにこれこそ時間であり主体性にほかならない。これは時間である。それというのも、現在のなかに、そして現在を通じて過去のなかに根をもたないような時間はもはや時間ではなく、永遠性だからである。未来から流れ、決断によってあらかじめおのれの未来をもち、決定的に分散を免れているような、ハイデガーのいわゆる歴史的時間なるものは、ハイデガーの思想そのものからしても不可能である。なぜなら、時間が脱自性であり、現在と過去とがこの脱自の二つの成果だとするなら、どうしてわれわれは、時間を現在という観点から見ることを全くやめることができようか。また、どうしてわれわれは、非本来性から決定的に脱却しえようか。われわれの中心があるのは、つねに現在であり、われわれの決断が出発するのも現在からである。それゆえ、決断はつねにわれわれの過去と関係づけられうるのであり、動機を欠如するということはない。そして決断が、全く新しいともいいうるような一時期を、われわれの生のなかに切り開くとしても、この決断はその後改めて、継承されねばならず、したがって、われわれを分散から救い出すにせよ、ほんのいっときの間でしかない。したがって、自発性から時間を派生させることが問題なのではない。われわれが時間的であるのは、われわれが自発的であるからでも、また意識としてわれわれが自己を自己自身から引き離すからでもない。反対に、時間こそ、われわれの自発性の基礎であり尺度なのである。われわれに宿るところの、いやわれわれ自身でさえあるところの、超出し「無化する」(néantiser) 能力も、それ自身、時間と生といっしょに、われわれに与えられているのである。われわれの出生、あるいはフッサールが未刊の文献で使用している用語に従えば、われわれの《générativité》は、われわれの能動性もしくは個人性と、われわれの受動性もしくは一般性——つまりわれわれが絶対的な個体の密度を獲得する障害となっているあの内的な弱み——とを、同時に根拠づけている。われわれは理解しがたい仕方で、受動性に結びつけられた能動性であったり、意志によって超克された自働性《オートマティズム》だったり、判断によって克服された知覚だったりするのではなく、全面的に能動的であるとともに、全面的に受動的なのである。それというのも、われわれは時間の湧出そのものだからである。

〔諸意義の場所としての世界〕

以前われわれにとっての問題は(58)、意識と自然、内と外との間の諸関係を了解することであった。換言すれば、何ものも意識にとっての対象としてしか存在しないと主張する観念論的展望と、意識が客観的世界と即自的な出来事の織目のなかに織り込まれていると見なす実在論的展望とを結びつけることであった。要するに、どうして、世界と人間とが、一方では説明的な諸探求と、他方では反省的な諸探求という、二種類の探求方法によってアプローチされうるのか、という事情を知ることが課題だったのである。私はすでに他の著作において、これらの古典的問題を、それを本質的な点に絞る別の言葉でいい表わした。それによれば、問題は結局、われわれならびに世界において意味と無意味との関係はどのようなものであるかを了解することなのである。世界に存する意味的なものは、相互に独立した諸事実の集まりないし出会いによって担われ産出されたものなのか、それとも反対に、それは絶対的理性の表現にすぎないのか。もろもろの出来事がわれわれに対して、単一の意図の実現もしくは表現として現われるときには、それらの出来事は一つの意味をもつ、といわれる。われわれにとって意味なるものが存在するのは、われわれの意向の一つが充たされるとき、もしくは逆に多数の事実ないし標識が、それらを理解しようとするわれわれの側の取扱いに対して進んで応ずるときである。いずれにせよ、一つないし多くの項が、それら自身とは別のあるものの代表ないし表現……として存するときである。観念論の特徴は、いっさいの意義は遠心的であり、意義作用ないし意味付与（Sinn-gebung）[59] 作用であって、自然的な記号など存在しないとする点にある。観念論によれば理解するということは、結局つねに、構築すること、構成すること、そのつど対象の総合をおこなうことである。ところが自己の身体ならびに知覚の分析は、以上のような意義よりもっと深い対象への関係、もっと深い意義を、われわれに明らかにした。物は一つの意義でしかない、それは「物」という意義である。それはそうだろう。だが、私が一つの物、例えば一個の絵画を了解する場合、私は現にその総合をおこなっているわけではない。私は私の感覚野・知覚野をたずさえて、そして結局はあらゆる可能的存在の型、世界に対する普遍的な構《モンタージュ》えをたずさえて、これを迎えにゆくのである。それゆえ主観そのものの窪みのなかに、われわれはすでに世界の現前を発見することになった。その結果、主観は総合的活動性としてではなく、脱自性として理解されねばならず、いっさいの能動的な意義作用もしくは意味付与作用は、標識がすでに意義をはらんでいるという、世界の定義ともなりうるような事実に比すれば、派生的な、第二次的なものとして現われたのである。われわれは作用の志向性ないし措定的志向性の下に、その可能性の制約として、いっさいの措定もしくは判断に先だってすでに効果を発揮している、働きつつある志向性を、つまり「感性的世界のロゴス」[60]を、あるいは「人間の魂の深みの秘められた工《たく》み」[訳註22]を、そして、あらゆる工みと同様、その成果においてのみ知られうるところのその工みを、再発見したのである。他の機会[61]にすでにわれわれがおこなったところの、構造と意義との間の区別が、以上の発見から光を受けて今後はおのずから明らかとなろう。つまり円という形態《ゲシタルト》と円なる意義との間の差異をなすものは、後者が、それを中心から等距離の諸点の場所として産出する悟性によって認知されるのに対して、前者は、世界と親しみ、これをこの世界の一つの転調として、捉えることのできる主体によって、丸い表情として認知されている、という事実である。一個の絵画、ないし一個の物の何たるかを知るためには、それらを注視する以外に術はない。そしてこれらのもつ意義（signification）が顕わとなるのも、われわれがある観点から、ある距離を隔てて、ある方向（sens 意味）にこれらを眺める場合に限られる。ひと言でいうと、われわれと世界との馴れ合いを、この場面に奉仕せしめる限りにおいてである。水の流れの向き（sens）という言葉も、ある場所から別の場所へと視線を向ける一個の主体を予想しないなら、全く無意味になる。世界自体においては、あらゆる方向（directions）があらゆる運動と同様、相対的となる。これは、およそ方向なるものが存在しないというに等しい。私は大地に住んでいるのだから、大地こそいっさいの静止と運動の「基盤」[62]（sol）として知覚に際して運動静止の手前に置かれねばならないが、仮にこのように知覚において私が大地を運動静止の手前に置かないとするならば、実際の運動は存在しないだろうし、私は運動の概念すらもちえないであろう。これと同様に世界に住み、その視線によって世界に最初の基本的な方向を印しづける一個の存在が仮にないとすれば、およそ方向なるものも存在しないであろう。同じように、布地の向き（sens）とは、この対象に一方もしくは他方から近づくことができる一個の主体にとってのみ理解可能なことであり、布地が向きをもつのも、私の世界のなかへの出現によってなのである。また同様に、一つの命題の意味（sens）とは、その意図もしくは意向であって、これは出発点と到達点とを、つまり狙い、観点を、予想することである。最後に、また同様に、視感官（le sens de la vue）とは、色彩の論理と色彩世界に対するある準備にほかならない。《sens》という語のあらゆる語義のもとに見出されるものは、自分自身がそれではないところのものを極として、それへ向う存在という、同じ基本的な概念である。こうしてわれわれは、いつも、脱自《エクスターズ》としての主体という概念へ、そしてまた主体と世界との間の能動的な超越の関係へと導かれるのである。世界は主体から分離されることはできない。しかしこの主体とは、世界の企投にほかならないのである。そしてまた主体も世界から分離されえないが、この世界も、主体がみずから企投する世界以外のものではない。主体は「世界における（への）存在」であり、世界はどこまでも「主観的[63]」である。それというのも、世界の組織と分節結構は、主体の超越の運動によって描かれるからである。それゆえ、われわれは諸意義の出生の場所、あらゆる意味の意味、あらゆる思想の基盤としての世界を発見すると同時に、そこに、実在論と観念論との、偶然と絶対的理性との、また無意味と意味との、二者択一を超出する手だてを見出したのだ。われわれが示そうと試みたような世界、つまりわれわれの生活の地平にあって、あらゆる経験の原初的統一をなし、われわれのあらゆる企投の目標をなすところの世界は、もはや構成的「思惟」の可視的展開でも、諸部分の偶然的な集まりでもなく、またもちろん無頓着な質料に対する統制的「思惟」の働きでもなくて、いっさいの合理性の故郷なのである。

〔世界への臨在〕

時間の分析はまず第一に、意味と了解とに関する以上の新しい考え方を立証した。時間を何らかの対象として考察するにあたっては、われわれがすでに若干の他の諸対象について述べたことをこれについて繰り返さねばならないだろう。すなわちそれがわれわれにとって意味をもつのは、ひたすらわれわれが「それである」からである、と。われわれが時間という語で何ごとかを意味しうるのは、まさにわれわれが過去、現在、未来においてあるからでしかない。時間は文字通りわれわれの生の意味であり、世界と同様、時間において状況づけられ、時間の方向をおのれの方向とするものにとってのみ近づきうるものなのである。しかしながら、時間の分析は、ただ単に世界についてすでに述べたことを繰り返す機会にとどまるものではない。時間の分析がこれに先だつ諸分析に光をあてるというのも、それが主観と客観とを、臨在(présence)という単一の構造の抽象的な二つの契機として出現せしめるからである。存在が思惟されるのは時間によってである、それというのも、主体と世界との間の諸関係が理解されるのは、時間-主体と時間-客体との間の諸関係によるのだからである。われわれが最初に取り扱った諸問題に、時間性としての主体性という理念を適用してみよう。例えば、心身関係はどのように理解されるべきか、とわれわれは問うたのであるが、対自と、それに因果的作用を及ぼすはずのある即自的客体とを結びつけるということは、見込みのない試みであった。しかしながら対自、つまり自己の自己への開示なるものが、ただ単に、そこにおいて時間が生成する窪みでしかなく、そしてまた「即自的な」世界が私の現在の地平でしかないとすれば、問題は、将来でもあり過去でもあるある存在が、また現在をもつことはいかにして可能なのかを知ることに帰着する。——すなわち未来と過去と現在とは時間化の運動において互いに結びついているのだから、実は問題は解消してしまうのである。身体をもつということは、未来にとって、ある現在の未来であることが本質的であるのと同様、私にとって本質的なことである。したがって科学的に主題化しようと、客観的に思惟しようと、われわれは実存の諸構造(64)から厳格に独立しているような身体機能を一つとして見出すことはできないし、また逆に、身体的な下部構造を基礎としていないような、「精神的」作用を一つとして見出すこともできないだろう。いやそのうえ単に一個の身体をもつことが私にとって本質的であるというにはとどまらず、まさにこの身体をもつということまでも、私にとっては本質的なことなのである。ただ単に身体の概念が、現在の概念を通じて、対自の概念に必然的に結びつけられている、というだけではなくて、私の身体の事実存在が、私の「意識」の事実存在にとって欠くべからざるものなのだ。結局、対自とは身体の仕上げである、ということを私が知るのも、このかけがえのない身体とかけがえのない対自との経験によってのみ、つまり私が世界に居合わせているという体験によってのみ可能なのである。これに対する反論として、私が現にもっているのとは違う種類の爪や耳や肺を私がもっていて、しかし私の実存そのものはこのために変ることはない、という場合も考えられる、といわれるかもしれない。しかし、また、私の爪や耳や肺などにしても、それだけ別に孤立的に捉えられるならば、いかなる現実存在ももってはいない。身体を諸部分の集まりと見る習慣をわれわれにつけたのは、科学であり、また死んだとき身体が分解するという経験である。ところで、分解された身体は、まさしくもはや身体ではない。逆に私の耳、爪、肺を私の生ける身体に復位させる場合には、それらはもはや偶然的な細部として現われはしない。それらは他人が私について抱く観念に対して無関係ではない。それらは私の表情や振る舞い方に何らかの貢献をしている。そしてやがて科学も恐らく、私が他方において器用だったり無器用だったり、落ち着きがあったりいらいら性だったり、利発だったり愚鈍だったりではなくてはならない以上、つまり私がまさに私でなければならない以上、私がまた現在与えられているような耳や爪や肺をもたねばならぬという必然性を、客観的な相関関係という形のもとにいい表わすことであろう。換言すれば他の場所で私が明らかにしたように、客観的身体は、現象的身体の、つまりわれわれが生きるがままの身体の、真理ではない、むしろその貧しい模像にすぎない、そして心身関係の問題は、概念的存在しかもたぬ客観的身体にかかわるのではなく、現象的身体にかかわるのだ、ということである。ただ一つ真実なことは、われわれの開かれた人格的実存が、既得の凝固した存在という基本的な層を土台としているということである。しかし、われわれが時間性であるとすれば、他様ではありえない。それというのも、既得のものと未来との弁証法こそ、時間を構成するものなのだから。

人間の出現以前の世界について提起される問いに対しても、われわれは、以上と同じ仕方で答えることができよう。世界の構造をたずさえている何らかの「実存」(une Existence)がなければ、およそ世界というものはないと、われわれはすでに述べたが、これに対して、そうはいっても、やはり世界は人間に先だって存在しており恐らくは地球のみが人間の住む唯一の天体であろう、したがって、上述の哲学的諸見解は、最も確かと思われる事実と矛盾すると、こう反論することもできたであろう。しかし実は、誤解されたいわゆる「事実」と矛盾するのは、主知主義の抽象的反省のみである。なぜなら、人間的意識の出現以前に世界は存在していたと主張することによって、何が意味されているのか。例えば、まだ生命の諸条件がととのっていない原始的な星雲から、地球が生れたという意味なのか。しかしこれらの言葉のそれぞれが、物理学の方程式のそれぞれと同様に、世界についてのわれわれの先科学的経験を予想しているのであり、生きられた世界へのこの照合こそがこれらの言葉の有効な意義を構成するにあずかって力あるものなのである。誰一人としてそれを見るもののいないような星雲が、一体どんなものでありうるのか。私は金輪際理解できない。ラプラースの星雲は、われわれの起源に存在するのではなく、われわれの背後に、われわれの前に、文化世界のなかに、存するのである。そして他方、「世界における（への）存在」なしに、世界は存在しないといわれるとき、何が意味されているのだろうか。世界が意識によって構成される、ということではない。そうではなく、逆に、意識はいつでもすでに世界のなかで働いているものとして、おのれを見出す、ということなのだ。要するに真実なことは、一個の自然が存在するということ、――それも諸科学のいう自然ではなくて、知覚が私に提示する自然であるが、――そして、意識の光といっても、それですらハイデガーのいうように自然の光（訳註23）(lumen naturale) であり、あらかじめ意識自身に与えられたものなのだ、ということである。

しかし、そうはいってもやはり、世界は私の死後にも存続し、私がもはやいなくなっても他のひとびとがこれを知覚するに違いないと、なおもこう、ひとは反論するであろう。ところでもし、ほんとうに私が世界に居合わせていることが、この世界の可能性の条件であるとしたら、私の死後であれ、いや私の生存中でさえあれ、世界における他のひとびとを考えることは、私にとって不可能ではなかろうか。他人の問題について、われわれがすでに与えたさまざまな暗示も、時間化という展望において、初めて解き明かされるのである。他人の知覚において私は、私の主体性を他人の主体性からいつまでも分っておくところの無限の距離を、志向において飛び越えているはずであり、私にとっての他の対自という概念上の困難を克服しているはずである。それというのも、私は現に私以外の別人の行動、別人の世界への臨在を、確認しているのだから、とこうわれわれはすでに述べた。われわれは、今や臨在の概念をいっそう深く分析し、自己への臨在と世界への臨在とを相互に分ちえないものとして捉え、コギトを世界への自己拘束《アンガージュマン》と同一視するに至ったのであるが、その結果、どのようにしてわれわれが他人の可視的な行動の潜在的起源に、他人そのものを見出すことができるのかということも、いっそうよく理解されるはずである。確かに他人は、われわれにとって、われわれ自身と同じようには、決して実存することはなかろう。彼はいつまでもいわば弟のようなものであろう。われわれは、われわれ自身におけるように、彼において、時間化の推進力を経験することは決してあるまい。しかし二つの時間性は、二つの意識のように互いに排斥しあうものではない。それというのも、それぞれの時間性は、存在のなかにおのれを投射することによってのみ、おのれを知るからであり、現在において二つの時間性が互いに絡みあうことができるからである。私の生ける現在が、もはや私が生きてはいない過去に向って開き、また、私がいまだ生きてはいない未来、いや恐らくは決して生きることのない未来に向っても開いているように、それはまた、私が生きるのではないもろもろの時間性に向っても開くことができ、したがって社会的地平をもつことができるのであり、その結果、私の世界は、私の個人的な実存が継承し自分のものとして引き受けるところの、集合的歴史の規模にまで拡大することになるのである。超越性に関するあらゆる問題の解決は、先客観的な現在の厚みのうちに存する。つまりそこに、われわれは、われわれの身体性、社会性、世界の先在性を、すなわち正しいとされうる限りでのいっさいの「説明」の出発点を、——そして同時にわれわれの自由の基礎をも、見出すのである。

〔完全な自由か、自由の非存在か〕

いま一度いっておくが、主体とその身体、その世界ないしその社会との間に、いかなる因果関係も考えられないことは、明らかである。いっさいの確実性の基礎を失うのでなければ、私は、私自身に対する私の臨在が私に教えることを、疑うことはできない。ところで、私が私自身を記述しようとしておのれを振り返る刹那に、私はある匿名の流れ(65)を、つまり、そこにはいまだ「意識の諸状態」などなく、いわんやいかなる種類の性質規定も存在しないような、ある包括的《グローバル》な企投を垣間見るのである。私は私自身にとっては、「嫉妬深い」のでも「好奇心に充ちている」のでもなければ、また「傴僂」でも「官吏」でもない。われわれはしばしば、身障者や病人が自分自身に耐えてゆくことができるのを見て、驚く。だがそれは、彼らが彼ら自身にとっては、身障者でも瀕死の病人でもないからである。昏睡状態に陥るまでは、死にゆく病人にも意識が宿っている。彼は何であれ彼自身の思うところのものであって、彼には依然としてこうした脱出手段が残されているのである。意識は病人－の－意識や身障者－の－意識に、おのれを客観化してしまうことは決してできない。そして、老人はおのれの老齢についてこぼし、身障者はからだの不自由についてこぼしはするが、彼らがこぼすことができるのも、おのれを他人と比較し、他人の眼で自分を眺めるとき、つまり自己自身を統計的・客観的な見地から見ているときに限られる。そしてこうした歎きは決して完全に本心からのものではない。それというのも、各人は意識の底に帰ると、おのれの性質規定のかなたに自己を感じており、それでこそこうした性質規定にも甘んずるからである。これらの性質規定は、世にある（être au monde）ためにわれわれがそれと意識せずに支払う代金であり、当りまえの一種の儀礼なのである。われわれが自分の顔を悪しざまにいうことができるのも、そしてそのくせ、たとえ可能でもこの顔を別の顔と交換するつもりがないのも、以上の事情によるのだ。意識のこの凌駕しがたい普遍性には、一見いかなる特殊性も帰せられえず、この脱出の法外な能力には、いかなる限界も付されえないように思われる。外部からある事象が私を（語の二つの意味において）〔訳註24〕規定（déterminer）しうるためには、私は一個の物でなければならない。私の自由と私の普遍性とは、いささかの侵害も許さない。私が若干の行為においては自由であり、他の行為においては決定されているということは、考えられえない。さまざまな決定論に活動の余地を残す、このように怠惰な自由とは、そもそも何であろうか。自由というものは働いていないときには全くなくなってしまうのだとするならば、それはいったいどこから再生するのだろうか。仮に万が一にも私が私自身を物と化することができたとするなら、その後いかにして私は再び意識に戻ることができようか。ひとたび私が自由である以上、私は物の仲間に決して属することはなく、またたえず自由でなくてはならない。私の行動がひとたび私のものたることをやめたなら、決して二度と私のものとなることはないし、また、私が世界に対する影響力を失うならば、二度とそれを手にすることもないであろう。私の自由の減退ということも、また考えられえない。したがっていくらか自由である、などということは、ありえない。さまざまな動機が私の心を一つの方向に傾けるとよくいわれるが、この場合、動機が私を行動に駆りたてる力を実際にもっているか、それとも実はもっていないか、いずれかである。もっているとすると、自由の成立の余地はない。もっていないとすると、自由は完全無欠であって、私が最もきびしい責苦のもとにあろうと、平安なる我が家にいようと、自由の大きさに変りはないことになる。したがってわれわれは、ただ単に因果性の観念だけではなく、動機性の観念も放棄せねばなるまい。(66) いわゆる動機なるものが私の決断に力を及ぼすのではなくて、逆に私の決断こそ動機に力を与えるものなのである。自然や歴史の事実によって私がそれであるどんなことがらにせよ、——例えば傴僂であるとか、美人であるとか、ユダヤ人であるとか——私が私自身にとって完全にそれでありきることは、先ほど説明したように、決してない。もっとも他人にとっては、恐らく私は、こうしたものであろう。とはいえ、この他人を、そのまなざしが私の存在にまで達するような意識として措定するか、それとも逆に単なる一個の対象と見なすか、その点に関しては私はあい変らず自由である。もっともこの二者択一そのものが、一つの強制であるということも、また真実である。例えば私の容貌が醜いとした場合、私は、私自身が除けものとなるか、他者を非難するかという選択の余地をもっている。マゾヒズムを選ぶかサディズムを選ぶかは、私の自由である。だが他者を無視する自由はない。しかしながら、この二者択一は、人間たる条件に属する一つの与件には違いないが、純粋意識としての私にとっては、一つの与件ではない。それというのも、他人を私に対してあらしめるのも、また、われわれのいずれをも等しく人間たらしめるのも、依然として私だからである。そのうえ、たとえ人間たることは私に強制されたことであって、ただ人間であるあり方のみが私の選択に委せられているにすぎないとしたところで、この選択そのものを考慮し、選ばるべき可能性の数の少なさなどを過大視しなければ、これはやはり自由な選択であることに変りはない。私がいっそうサディズムに傾いたり、逆にマゾヒズムに傾いたりするのも、私の気質のせいである、といわれるにしても、これは単に一つのいい方にすぎない。それというのも、そもそも私の気質なるものは、私が他人の眼で私自身を見たとき得られるところの二次的な認識にとってのみ、存在するものであり、私がこうした見方を承認し、それを有効化し、この意味においてそれを選択した限りにおいてのみ、存在するものだからである。この点に関する誤謬の源泉は、さまざまな動機を次つぎに吟味し、最も強くて説得力のある動機に従うように見える意志的な思案のなかに、しばしば自由が求められることに存する。ところが実は、決断が先で思案はこれに従っているのである。すなわち、もろもろの動機を出現せしめるのは私のひそかな決断であり、動機が助成したり反対したりする決断がなければ、この動機の力の何たるかということさえ、了解できないであろう。私がある企てを放棄したならば、この企てに執着する動機と信ぜられていたものも、たちまち力を失ってしまう。動機にこの力を返すためには、私は時間を再び開き、企てを放棄するという決断がまだなされなかった時点に、私を戻す努力をせねばならない。私が思案している間でさえ、時間をいわば停止させ、すでになされてはいるがいまだに私が抵抗している決断によって閉ざされたと思われるある状況を、開いたままにしておくことができるのは、すでにある努力によってなのである。したがって、私がある企てを放棄した際しばしばある種の解放感を感じ、「結局私はそれにそんなに執着していなかったのだ」というならば、思案における争いも形の上のことにすぎず、思案そのものも茶番劇《パロディー》でしかなかった、私はすでにこの企てに反対する方向で決断していたのだ、ということになる。自由に反対する論拠として、意志の無力がよく持ち出される。じじつ私は私の意志次第で一つの振舞を選び、即興的に戦士や誘惑者を演ずることはできるが、気軽に「自然に」戦士や誘惑者であること、つまりほんとうにそれらであることは、私の意志次第ではない。しかし、そもそも自由を有意的行為のなかに求めるべきではないのである。有意的行為は、その意味そのものからしても、成就せざる行為だからである。われわれが有意的行為に訴えるのは、単に真の決断に逆らうためにすぎないし、いわばわれわれの無力を証拠だてようと意図してのことにすぎない。仮にわれわれがほんとうに戦士や誘惑者の振舞をわがものとしたとするならば、われわれは戦士ないし誘惑者になってしまうはずである。自由に対する障害物といわれるものでさえ、実は自由によって繰り広げられるのである。乗り越えがたい岩壁、大きいあるいは小さな、垂直もしくは斜めの岩壁、こうしたものは、それを乗り越えようと意図する何者かに対してのみ、――つまり、その企てが即自の一様な塊りのなかからこのような諸規定を刻み出し、方向性をもった一つの世界つまり諸事物の一つの方向（sens 意味）を出現せしめることになる、そうした一個の主体に対してのみ――意味をもつのである。したがって結局、自由がみずから自己の創意によって限界として規定したもの以外に、自由を制限しうる何ものもなく、主体がもつ外部といえば、主体自身が自分に与える外部以外にないことになる。諸事物のなかに意味と価値とを出現させるものは、まさに主体の出現なのであり、いかなるものも主体によっておのれを意味と価値と化することによって初めて主体に触れることができるのだから、事物の主体に対する作用などというものは存在するはずはなく、ただ単に（能動的な意味での）意義作用（signification）つまり遠心的な意味付与（Sinngebung）があるばかりである。われわれが自分自身についてもつ意識と撞着する科学的因果観念をとるか、それとも外部のない絶対的な自由の主張をとるか、選択はこの両者の間でおこなわれなくてはならないように思われる。それを越えれば諸事物が ἐφ' ἡμῖν（われわれのもとに）あるのでなくなるような一点を示すことは、不可能である。いっさいがわれわれの力のうちにあるか、何ものもわれわれの力のうちにないか、いずれかである。

〔その結果、行動も選択も何を「為す」ことも不可能になる〕

しかしながら、自由に対するこの最初の反省は、結果的にはかえって自由を不可能ならしめる。じじつ、われわれのいかなる行動（actions 能動）にも、いやわれわれの情念（passions 受動）のうちにすら、自由が等しく存するとするなら、そしてわれわれの振る舞い方と自由との間に何ら共通の尺度がなく、したがって恐怖のなかに生きる奴隷も、鉄鎖を断つ奴隷も、等しく自由を示しているのだとすれば、もはや何ら自由な行為というようなものがあるとはいいえなくなる。自由はあらゆる行動の手前に存することとなり、いかなる場合にも、「ここにこそ自由が現われる」と宣言することはできないであろう。それというのも、自由な行動がそれと認められうるためには、自由でなかった生活、もしくはより自由でなかった生活を背景として、その上に浮びあがるのでなければならないからである。もしお望みなら、自由はいたるところにあるといってもよいが、しかしまた自由はどこにもないのである。自由の名において、われわれは既得物という観念を拒むのであるが、しかし今度は逆に自由が第一の既得物に、いわばわれわれの自然の状態となるのである。われわれは自由をつくる必要はないのだから、自由はわれわれに対してなされた贈与であり、しかもいかなる天与の施物ももたないという贈与である。つまり、自由とは、本性をもたないということを本質とする意識の本性であり、いかなる場合にも外に向っておのれを表現することも、われわれの生活のなかに姿を現わすことも、できない。したがって行動という観念は消え失せてしまう。それというのも、われわれは特記されうるいかなるものでもないし、われわれを成り立たしめる非存在は、世界の充実した存在のなかに忍びこむことができないので、われわれから世界へ移行しうるものが何もないからである。そうすると、直ちに成果を伴うような志操しかないことになり、われわれは行為にも等しい志操というカント的観念にきわめて近づくはずである。ところが、このような観念に対しては、すでにシェーラーが、溺れる者を救いたいと思っている身障者と、実際にこれを救う水泳のできる者とでは、意志の自律性の経験も同じではない、と反論している。選択の観念でさえ消え失せる。なぜなら選ぶとは、自由が少くとも一瞬の間は自己自身の象徴をそのなかに見るようなあるものを、選ぶことだからである。自由な選択が存在するのは、自由がその決断のうちに自己自身を引き入れ、自分の選んだ状況を自由の状況として認める場合に限られる。自由は既得のものであるから改めておのれを実現する必要はないというなら、このような自由は以上のような仕方で自己を拘束《アンガジエ》することはできなかろう。なぜなら、次の瞬間にも、どのみち同じように自由で、同じように固定されずにいることを、それはよく承知しているからである。われわれの決断が未来におのれを打ち込み、この決断によって何ごとかが為されて（fait）しまうということ、後続の瞬間が先行の瞬間の恩恵を受け、これによって強いられるわけではないが、少くとも促されるということ、これは自由の概念そのものの要求することなのだ。もし自由が何ごとかを為すことであるなら、それが為すことが直ちに新たな自由によって無に帰せられるようなことがあってはならない。それゆえ、各瞬間がそれぞれ一つの閉じた世界であってはならず、一つの瞬間は後続の諸瞬間を引き入れ《アンガジェ》ることができるのでなければならない。ひとたび決断がなされ、行為が始められるや、私はすでにある既得物を所有しているのであり、私自身のエランを利用しながら、私はさらに同じ方向を追求するようにと仕向けられる、つまり精神の一つの傾斜がなくてはならないのだ。同じ状態の保存にも創造と同じだけの力が必要であるといったのは、デカルトであるが、これは瞬間の実在論的概念を予想するものである。瞬間というものが哲学者たちのつくった虚構でないことは、なるほど真実である。それは一つの企てが成就し別の企てが始まる点である。[67]——つまり私のまなざしが一つの目標からもう一つの目標に移る点であり、これがまさに Augen-Blick ということである。とはいえ、まさしく時間におけるこの分割が現われうるのも、少くとも時間の二つの断片のそれぞれが、一つのまとまりをなしていればこそである。これに対して、意識はなるほど無数の瞬間に砕かれてはいないが、それにしても瞬間という幽霊にとりつかれており、意識はたえず自由の行為によってこれを払いのけねばならないのだ、ともいわれている。だがやがて明らかとなるように、じじつわれわれは（訳註25）行動を中断する能力をもってはいるが、この能力はいずれにせよ行動を開始する能力を前提としている、つまり今までの行動からの離脱ということも、自由がすでに何らかの使命をおのれに託しており(訳註26)、今はまた別の課題に取り組む(訳註27)準備をしているというのでなければ、ありえないことなのである。仮に行動のサイクルというものがないとしたら、換言すれば、一定の成就を要求するところの開いた状況があって、そしてこうした状況が、それを肯定する決断であれ、変容する決断であれ、ともかく一つの決断の素地として役だちうるということでないとしたら、自由は実現することはできない。叡知的性格(訳註28)の選択という概念は、ただ単に時間に先だつ時間はないという理由からだけではなく、選択なるものがあらかじめの自己拘束《アンガージュマン》を予想することであり、原初的選択という観念はそもそも自己矛盾であるという理由からも、排斥される。自由が活動の余地（du champ）をもち、おのれを自由として明示することができ得べきであるとするなら、何か自由をその目標から分つものがなければならない。したがって自由はある場（un champ）をもたなくてはならない。すなわち特権をもった諸可能性、もしくはあくまで存在を固執せんとする諸現実性が自由にとって存在しなくてはならない。サルトル自身指摘しているように、夢は自由とあい容れない。それというのも、想像的なものにおいては、われわれはある意義をめざすやいなや、その直観的な実現を所有しているものと信じてしまうからであり、要するに障害物がなく、したがって為すべきことが何もないからである(68)。自由がもろもろの動機や情念と取組み合いを演じている抽象的決断と混同されてはならないこと、あい争う諸動機をひそかにはぐくみつつもそれらを引き受けようとはせず、おのれの無力のいわゆる証拠をみずから作りあげている不誠実な自由に対してのみ、思案に関する古典的図式があてはまるということは、すでに明らかである。このやかましい言い争いと、われわれ自身を「構築する」ためのこれらの空しい努力の下に、われわれのまわりに諸可能性の場を組織したわれわれの無言の諸決断の存在が、感じとられる。そしてこれらの固定化をわれわれが維持する以上は、何ごとも為されないということは真実であり、これらの錨を引き上げるやいなや、すべてが容易となるのである。それゆえ、われわれの自由は、もはやこれ以上われわれが問題にしようと思ってもいないある生活様式と、もう一つ別の同様な生活様式をわれわれに暗示する諸事情とを、対比させる真剣味のない議論のなかに求めらるべきではない。それというのも、真の選択とは、われわれの性格全体の選択、そしてわれわれの世にあるあり方の選択のことだからである。しかしこの際、次の二つの場合のいずれかでなければならない。つまり――この全体的な選択が決しておのれをはっきりといい表わさず、世界におけるわれわれの存在の、無言の湧出にすぎない場合、――この場合には、いかなる意味でこの選択がわれわれの選択といわれうるのか、わからなくなる。このような自由はそれ自身の上をすべるだけで、実は運命にも等しいものなのだ。――あるいは、われわれ自身に関してわれわれのおこなう選択が真に一つの選択であり、われわれの実存の転回(conversion)である場合、――しかしこの場合には選択が変容しようと努める既得のものを、かえって前提することとなり、選択は新しい伝統を打ち建てることとなる。そしてその結果、われわれが最初に自由の定義として用いた不断の離脱とは、実は世界へのわれわれの全般的な参加《アンガージュマン》の単に消極的な相にすぎないのではないか、特定のそれぞれの事物に対するわれわれの無関心は、単にすべての事物に対するわれわれの係わり合い(訳註29)を表明しているにすぎないのではないか、われわれの出発点であった既成の自由とは、世界の側からの何らかの提案を引き受けることなくしては行為(faire)に変容することのできない単なる発意《イニシアティヴ》の能力にすぎないのではないか、そして結局、具体的で有効な自由とは実はこのようなやり取りのうちにあるのではないか、とわれわれは自問しなくてはならなくなろう。なるほど何ものといえども私に対して、また私によってしか、意味と価値をもたないことは真実だが、しかしこの命題はこのままでは無規定であって、われわれが意味と自我とをどう理解するかを明確にしない限り、「事物のなかにおのれが置いたものしか見出さない」意識というカント的観念や、実在論の観念論的論駁と、区別できなくなる。われわれ自身を意味付与の普遍的能力として規定することによって、われわれはまた「それなしには……」(ce sans quoi) の方法と、現実的諸条件を顧みずにひたすら可能性の条件を探求する古典的な型の反省的分析の立場へと、舞い戻ったことになる。したがって、われわれは、今一度、意味付与の分析をやり直し、それが遠心的であると同時に求心的であることが、いかにして可能であるかを、示さなくてはならない。それというのも、すでに、場のない自由というものはありえないことが、明らかにされているからである。

〔諸動因に意味を付与するものは誰か〕

この岩壁は乗り越えがたい、と私はいう。そしてこの属性が、大きい、小さい、垂直、斜めといった属性や、一般にあらゆる属性と同様、これを乗り越えようとする企てと人間の現存《プレザンス》からのみ、この岩壁にやってくることができるのだ、ということは確かである。それゆえ自由に対する障害物を出現せしめるものはまさに自由なのであり、したがって障害物を自由の限界としてこれに対立せしめることはできない、ということになる。しかしながら、同じ一つの企てが存する場合、この岩は障害物として現われるのに、別のもっと扱いやすい岩は、手段として現われるということは、まず明らかなことである。したがって私の自由は、ここに障害物があり、かしこに通路があるという事実を生ぜしめているのではなく、単に一般的に障害物や通路がある、という事態を生ぜしめているにすぎない。つまり私の自由は、この世界の特殊な形態を描出するのではなくて、ただその一般的な諸構造を設定するだけのことである。これに対して次のような答弁がなされるかもしれない――いや、それは同じことだ、「……がある」とか「ここ」「かしこ」といった構造を条件づけるものが、私の自由であるなら、これらの諸構造が実現されているところには、どこにでも私の自由が居合わせているのであり、「障害物」という性質と障害物そのものを区別して、前者を自由に、後者を世界自体に返却することなどは、できるものではない、世界自体は私の自由がなければ、形のない名状しがたい単なる塊りでしかないだろう、と。したがって、私は私の自由に対する限界を、私の外部に見出すことはできないことになる。しかし私は私の内部に、この限界を見出すのではなかろうか。実際、私のはっきりした意向、例えばこの山を踏破しようという、こんにち私が抱いている企てと、私の環境を潜在的に価値づける一般的な諸意向とは、区別されなくてはならない。私が登山を決意しようとしなかろうと、これらの山岳は私には大きなものとして現われる。それというのも、これらの山々は、私の身体の勢力範囲を超え出ているからであり、たとえ私がたった今『ミクロメガス』(訳註30) (Micromégas) を読んだばかりだとしても、これらの山々が私にとって小さくなるようにすることは私にはできないからである。それゆえ、好き勝手に私自身をシリウス星に置くことも地球の表面に置くこともできるような、思惟主観としての私の下に、地上のおのれの位置を離れることなく、たえず絶対的な諸評価を準備している、いわば自然的な自我があることになる。そのうえ、思惟者であろうとする私の企ては、明らかに、こうした絶対的な諸評価を土台として、構築されるのである。私がシリウス星の観点から事物を眺めようと決心しても、そうするためには、やはり私の地上の経験に頼らねばならない。例えばシリウスから見たら、アルプスも一つのもぐら塚のようなものだ、というように。私が手足、身体、世界をもっている以上、私は決断によらないさまざまな意向を身のまわりにたずさえており、これらの意向がさまざまな性格を私の環境に付与しているのであるが、こうした諸性格は私が選んだものではない。これらの意向は二重の意味で一般的なものである。第一にそれらは、あらゆる可能的対象を一挙に包含する一つのシステムを作るという意味で、――例えば山が私にとって大きくきりたって見えるなら、樹木は小さく斜めに見えるといった具合に、――次に、これらの意向は私に固有のものではなく、私の遙かかなたから由来するものであって、したがって、その身体組織が私のと類似しているすべての精神物理的主体のなかに、同様な意向が見出されても、私は驚きはしない。ゲシタルト学説が明らかにしたように、私にとって特権的な諸形態なるものがあって、この諸形態はまたあらゆる他のひとびとにとっても同様に特権的であり、心理学なる一つの科学と厳密な諸法則とを可能ならしめているのであるが、これも以上の事情の結果なのである。次の諸点の集合は、

・・　・・　・・　・・　・・　・・

つねに「二ミリ・メートル隔てた六組の点のカプル」として知覚され、しかじかの図形は立方体として、これに反して別のしかじかの図形は平面上のモザイクとして、知覚される。(69) このありさまはまるで誰かが、

われわれの判断や自由に至る手前で、しかじかの所与の布置にしかじかの意味をまとわせたかのごとくである。もっとも、知覚的な構造がいつでも強制的にわれわれに押しつけられるというわけではなくて、両義的な構造もある。しかし両義的な構造は、いよいよもってわれわれのうちに自然発生的《スポンタネ》な評価の働きの存在することを、暴露するばかりである。それというのも、両義的構造とは、交る交るあい異なる意義を提示する浮動的な図形のことだからである。ところで、純粋意識はおのれの意向をみずから知らずにいることはできないが、そのほかのことは何でもできる。また絶対的自由はおのれを躊躇するものとして選ぶことはできない。なぜなら、これは同時に多くの方面からそそのかしを受けることにほかならないが、仮定により諸可能性はそのもてる力のすべてを自由に負うていることになっているのだから、自由がそれらの一つに与える力は、まさにその事実によって、他の諸可能性から奪われてしまうはずだからである。確かにわれわれは一つの図形をあべこべの方向から眺めることによって、解体させることができる。しかしこれも、自由がまなざしとその自然《スポンタネ》な評価とを利用すればこそである。この自然な評価がなければ、一つの世界、すなわちわれわれの身体に対して「触れらるべきもの」「把握さるべきもの」「越えらるべきもの」としておのれを差し出すことによって、無定形の状態から立ち現われる諸事物の一つの全体は、存在しないであろう。われわれは、物にわれわれ自身を合わせるという意識、物が存在する場所において、つまりわれわれのかなたで、その物に到達するという意識を、決してもつことができず、ただ厳密にわれわれの諸志向の内在的対象を思惟するという意識しかもたないであろう。われわれは、われわれ自身情景のなかに巻き込まれ、いわば諸事物とまざりあいながら世界においてあるというのではなくて、単に宇宙の表象しかもたないことになろう。したがって、なるほど障害物自体というものは存在しないが、障害物に障害物たる性質を付与する自我は、無世界的な主観ではない。それは物に物たる形を付与するために、おのれに先だって物の傍にある私なのである。われわれの受肉した実存と世界との交渉においておのずと構成される、世界のいわば土着の意味があり、これが実は決意に基づくあらゆる意味付与の土壌をなしているのである。

〔感性的世界の暗默の評価、「世界における（への）存在」の沈澱〕

以上の事情は、ただ単に「外的知覚」のような非人称的な、結局は抽象的な機能についてのみ、真実なのではない。あらゆる評価に何らか類似の事情が見出される。すでに意味深くも指摘されているように、(訳註31)苦痛や疲労は私の自由に対して「作用する」原因と考えられることは、決してできない。ある一定の瞬間に私が苦痛なり疲労なりを体験するとするならば、こうした苦痛や疲労は外部からやってくるのではなく、いつでも一つの意味をもっているのであり、世界に対する私の態度を表現しているのである。苦痛は私を屈服させて黙っていなくてはならないことをしゃべらせる。疲労は私に旅を中断させる。われわれは皆この瞬間を、つまり、われわれが苦痛や疲労をもうこれ以上耐え忍ぶまいと決心し、そしてまた同時に、これらがじじつ耐え難きものとなる、あの瞬間を、知っている。疲労は私の仲間の脚を停止させはしないが、それというのも、彼が汗ばむ自分のからだを愛し、道や陽光の焼けつくような熱さを愛しているからであり、そして結局、諸事物のさなかにおのれの存在を感じ、諸事物の輝きをおのれに集中させ、この光に対するまなざし、この地表に対する触感に、みずからなりきることを好んでいるからである。疲労が私の脚をとどめさせるのも、私が以上のようなことを好まず、世にあるあり方 (manière d'être au monde) として別のあり方を選んだからである。例えば、自然のなかにあることを求めず、むしろ他者によって認められることを求めているからである。私が疲労に対して自由である度合は、私の「世界における (への) 存在」に対して私が自由である度合に、すなわち私が自由に私の「世界における (への) 存在」を変容することによって、さらに旅を続けることができるという可能性に、正確に比例している。[70] しかしまさしく、ここでもまた、われわれの生の一種の沈澱作用の存在を、認めなくてはならないのである。それというのも、世界に対する一つの態度は、それが繰り返しわれわれによって追認されることによって、われわれにとって特権的な態度となるからである。自由がおのれの直面するいかなる動機の影響をも蒙ることがないとしたら、私の世界における習慣的なあり方は、いつまでも同じように脆弱であり、私が長年のあいだ自己満足をもってつちかったさまざまなコンプレックスも、自由に対しては依然として力がなく、自由の動作はいともたやすく、こうしたコンプレックスを霧散させることができるはずである。しかしながら二十年ものあいだ、たえず継承されてきた劣等感の上に自己の生を構築したあとでは、われわれが変るということは、あまりありそうな (probable) ことではない。大ざっぱな合理主義がこのような折衷的な考え方に対して何というかは、明らかである、――可能性に度合の差はない、自由な行為はもはや自由でなくなっているのか、それともまだ自由であるか、いずれかであり、後者の場合には自由は完全である、ということであろう。「ありそうな」ということは結局無意味である。この概念は統計的思想に属するが、統計的思想なるものはもはや思想ではない。なぜなら、それは、何ら現実に存在する特殊な物にも、いかなる瞬間にも、いかなる具体的な出来事にも、かかわってはいないからである。「ポールが粗悪な書物を書くことを断念するなんて、あまりありそうもないことだ」——こういう言葉は、実は何の意味ももってはいない。それというのも、ポールは各瞬間ごとに粗悪な本をもはや書かない決心をなしうるからである。ありそうなことは、いたるところにあり、またどこにもない。それは実在化された虚構であり、心理学的存在しかもたず、世界の成分ではない。——しかしながら、われわれは知覚された世界において、先ほどすでにこれに出会っているのである。山岳が大きいとか小さいとかということは、それが知覚されたものとして私の可能的諸行動の領野にあり、ただ単に私の個人的生の水準であるばかりでなく「いかなるひと」の水準でもある一つの水準に対して、存する限りにおいてなのだ。一般性と蓋然性とは、虚構でなくて現象である。それゆえ、われわれは統計的思惟に対する現象学的基礎を、見出さなくてはならない。統計的思惟は、世界のなかに定着せしめられ、状況づけられ、そこに居を与えられている存在者に、必然的に属するものなのである。私が二十年ものあいだ満足して浸ってきた劣等感を、今直ちに棄て去ることなど「あまりありそうなことではない」。要するに、私は劣等感のなかにおのれを拘束し、すでにそこに住居を選んだのであり、したがってこの過去は宿命ではないにせよ、少くとも特殊の重みをもっており、私から遙か離れたかしこの出来事の総体ではなくて、私の現在の雰囲気をなしている、ということなのだ。合理主義的な二者択一——自由な行為は可能か、それとも不可能か、出来事は私から由来するのか、それとも外部から押しつけられるのか——は、われわれの、世界との、またわれわれ自身の過去との、関係にはあてはまらない。われわれの自由はわれわれの状況を破壊するのではなくて、それと嚙み合うのである。それというのも、われわれの状況は、われわれが生きている限り、開いた状況であり、そしてこれは、状況が若干の特別の解決の仕方を要求するということと同時に、状況がそれ自身の力だけではいかなる解決をも獲得することができないということを、含意しているからである。

〔歴史的諸状況の評価、階級意識以前の階級、知的企投と実存的企投〕

歴史に対するわれわれの関係を考察しても、同じ結果に到達するはずである。私が私自身を絶対的具体性において、反省が私自身に私を提示するがままに捉えるならば、私は例えば「労働者」とか「ブルジョア」とかといまだおのれを資格づけてはいない、匿名の先－人間的（pré-humain）な流れである。次いで私が私自身を人間のなかの一人の人間、ブルジョアのなかの一個のブルジョアと考えるにしても、これは私自身に対する二次的な見方でしかないように思われる。私は私の中核においては、決して労働者もしくはブルジョアではなくて、ブルジョア的意識もしくはプロレタリア的意識として自由におのれを価値づける一個の意識なのである。じじつ生産過程における私の客観的位置は、階級的自覚を惹起するのに十分なものではない。革命家が出現するずっと以前から、搾取されたひとびとは存在していたのだ。労働運動が前進するのは、必ずしも経済的危機の時期とは限らない。したがって暴動は客観的諸条件の産物ではない。逆に労働者をしてプロレタリアたらしめるものは、革命を意志する彼の決断なのである。現在の評価は、未来に関する自由な企投によっておこなわれるのである。以上の事情からして、歴史はそれ自身では意味をもたず、歴史のもつ意味は、われわれの意志によってそれに付与された意味にほかならない、という結論が引き出せよう。――しかし、ここでもまた、われわれは「それなしには」(ce sans quoi) の方法に陥っているのである。つまり、決定論の網のなかに主体を巻き込んでしまう客観的思惟に対して、われわれは、決定論を主体の構成的活動に依存せしめる観念論的反省を対立させているのだ。ところでわれわれは、客観的思惟と反省的分析とが、いずれも同一の誤謬の両面であり、現象を看過する二つの仕方にほかならないことを、すでに明らかにした。客観的思惟は階級意識をプロレタリアートの客観的条件から導き出す。観念論的反省はプロレタリアートの条件を、無産階級のひとびとがこれについてもつ意識に還元する。前者は階級意識を、客観的諸特徴によって定義された階級から導出し、後者は反対に、「労働者であること」を労働者たることの意識へと還元するのである。いずれの場合も、即自と対自との二者択一のうちにとどまっているが故に、抽象から一歩も出てはいない。階級的自覚の原因を発見するという配慮からではなく、――というのも、外部から意識に作用しうる原因など存在しないのだから、――また、その可能性の条件を発見しようというのでもなく、――というのも、われわれにとって必要なのは、階級的自覚を現実化する条件なのだから、――このいずれでもなくて、まさに階級意識そのものを見出そうという配慮から、問題を再び取り上げるならば、つまり真に実存論的な方法を行使するならば、いったい何が発見されるだろうか。私が事実として私の労働を売っているからとか、あるいは資本主義機構に結びついているからとか、といった理由のために、労働者たる意識もしくはブルジョアたる意識を私はもっているのではない。とはいえ、また階級闘争という展望のもとに歴史を眺める決意をした日に、私が労働者もしくはブルジョアになるのでもない。そうではなくて、まず第一に、私は「労働者として生存する」(j'existe ouvrier) あるいは、「ブルジョアとして生存する」(j'existe bourgeois) のであり、そして世界ならびに社会との、まさにこうした交わりの仕方こそ、私の革命的な企投もしくは保守的な企投と、「私は労働者である」もしくは「私はブルジョアである」という明白な判断とを同時に動機づけるものなのであって、前者を後者から導出することも、後者を前者から導出することも、許されないのである。私にプロレタリアたる資格を与えるものは、非人格的な諸力のシステムと見なされた限りでの経済や社会ではなく、私が私のうちにたずさえ、生きているがままの、社会もしくは経済なのである。――それはまた動機のない知的作用では決してなく、このような制度的枠組に従って世にある私のあり方なのである。私はある生活様式をもっている。私は失業や好況に全く依存している。私は私自身の生活を自由に処分することができない。私は週ごとに賃金をもらう。私は私の労働の条件もその産物も支配してはいない。したがって私は、私の工場にあっても、国にあっても、生活においても、よそ者《エトランジエ》である。私は尊敬はしていないが、巧みにあしらわねばならぬ運命の力(fatum)というものを重んずる習慣をもっている。あるいは、――私は日傭い労務者として働いている。私は自分の農場を所有していない。私は収穫の季節には、農場から農場へと渡り歩いて傭われにゆく。私が定住しようと思っても、無理やり私を放浪者たらしめる匿名の力を、私は頭上に感じている。――あるいは最後に、私は電気設備のない農場の小作人である、と仮定しよう。電流は農場から二百メートル以内にまで来ているのに、農場主は電気設備を備えてくれないのだ。私の住む家屋にはほかにも部屋があって、それを整備するのは容易なことなのに、私と私の家族のためには、たった一室しか住める部屋がない。工場労働者や収穫期の日傭い労務者といった私の仲間たち、あるいはほかの小作人たちは、あい似た条件のもとで私と同じ労働をしている。われわれは同じ状況のもとに共存しており、われわれ同士、互いに同類と感じている。しかし、こう感ずるのも、まるで各人が最初はそれぞれ自分だけで生活していたかのように、何らかの比較によるのではなくて、われわれの任務と仕種からしてである。これらの状況は、何ら明白な評価を前提するものではない。そして、暗黙のうちにおこなわれる評価があるとすれば、それは未知の障害物に対抗する無計画なある自由の推進力によるのである。この際、選択について語ることは決してできぬ。以上の三つの場合のいずれにおいても、私の生活を困難な強いられたものとして体験するためには、私がこの世に生れ、生存することだけで十分であり、このような体験をすることを選んだわけではない。しかし事態がここで止まってしまい、私が階級意識に移行したり、おのれをプロレタリアとして理解したり、革命家になったりすることがない、ということも可能である。しからば、この移行はいかにしておこなわれるのか。工場労働者は、他の職種の工場労働者たちがストライキの結果、昇給を獲得したことを知り、またその結果として、自分の工場においても給料が上がったことに気づくであろう。彼が取り組んでいた運命の力が何であったかが、明らかになり始める。工場労働者にあまり接したこともなく、彼らに似てもいないし、あまり好意も抱いていない日傭い労務者は、工業製品の値上がりと生活費の上昇を知り、もはや生活できないことをはっきりと認識する。この時点では、恐らく彼は都市労働者に責任を帰して、階級意識は生れないだろう。階級意識が生れる場合にも、それは、日傭い労務者が革命家となることを決意し、その決意に従って自分の現実の状態を評価したからではなくて、自分の生活と都市労働者の生活の共時性《サンクロニスム》、彼らの運命の共同性を具体的に知覚したからである。日傭い労務者とは別ものであると自分を感じ、いわんや都市労働者などと一体感をもちようはずもない小作人、習慣と価値判断に関して彼らから水と油のごとく隔たっている小作人、この小作人にしても、彼が日傭い労務者に十分な給料を支払えないときには、彼らと同じ側にいることを痛感するだろうし、農場の所有者が多くの工場企業の取締役会を主宰しているのを知るときには、都市労働者との連帯感さえもつであろう。社会的空間は分極化しはじめ、被搾取者の層がはっきり現われるのが見られる。社会的地平のどこかから圧力が押しよせる度ごとに、イデオロギーや職業の差異を越えて、社会の色分けがはっきりしてくる。プロレタリアートの諸部分の間に客観的に存する（要するに、絶対的な観察者がいるとすれば、これらの諸部分の間に認知するはずの）連帯が、各人の生存に対する共通の障害物の知覚において、ついに体験されるに至った暁にこそ、階級なるものが現実化するのであり、状況は革命的となった、といわれうるのである。革命の表象がいつか現われるということは、全く必要ではない。例えば一九一七年のロシアの農民たちが、はっきりと革命と所有関係の変革をもくろんだ、ということは疑わしい。革命は、身近の目的とより遠い目的との結合から、日々生れてくるのである。プロレタリアの各人が、マルクシズムの理論家が唱えるような意味において、プロレタリアとしておのれを考えることは、必要なことではない。日傭い労務者や小作人たちが、都市労働者の道のゆきつく先でもある、ある四ツ辻に向って、自分たちも歩みつつあると感ずれば、それで十分である。両者ともども革命に向っているのだが、もし彼らに対して革命の模様があらかじめ描かれ示されたなら、恐らく彼らは肝をつぶしてしまうことだろう。せいぜいのところ、革命は彼らの歩みのゆきつく先にある、それは、各人が自分自身の生活の困窮のなかで、各人独特の偏見の底で、体験しているところの「世の中は変らなくてはならぬ」という形で、彼らの企投のうちにある、ということができるばかりである。運命の力も、それを打破する自由な行為も、表象されているのではなく、両義性のうちで生きられているのである。しかしこれは、労働者や農民たちが、みずからそれと知らぬ間に、革命をなし遂げてしまうとか、ここにあるのは盲目的な「原始的な諸力」であって、若干の意識的な煽動者によって巧妙に利用されているだけだ、などということを意味しているのではない。警視総監は恐らくこうした歴史の見方をするだろう。しかし、このような見方は、真の革命的状況にあっては、彼を途方に暮れさせる。いわゆる煽動者たちのスローガンは、あたかも予定調和によるかのように、すぐさま理解され、いたるところで賛同者を見出す。それというのも、それは、あらゆる生産者たちの生のなかにひそんでいたものを、結晶させるにすぎないからである。革命運動は、芸術家の作業のように、みずからおのれの道具と表現手段を創出する、一つの志向なのである。革命的企投は、熟慮を経た判断の結果、もしくはある目標の明白な提起ではない。もっとも宣伝者や知識人にあってはそうであろう。なぜなら宣伝者は知識人によって教育されたのだし、知識人は自分の生活を思想にあわせるという生き方をするのだから。しかしながら、革命的な企ては、それが人間間の諸関係と、人間とその職業との関連のなかで、仕上げられたとき、初めて思想家の抽象的な決意以上のものとなり、歴史的現実となるのである。したがって、私が起りうべき革命に対しておのれを位置づける日に、初めて私自身を労働者もしくはブルジョアとして認知するのだということ、そしてこのような立場の決定が、私の労働者もしくはブルジョアという身分から機械的因果性に従って結果するのではないということ（それゆえ、すべての階級はそれぞれ裏切者をもっている）は、なるほど真実であるが、しかしだからといって、それはまた、根拠のない、刹那的な、動機なき評価ではなくて、いわば分子的過程を通じて準備されていたのであり、言葉となって開花し、客観的諸目標に関係するに先だって、共存のなかで成熟しつつあったのである。最も自覚的な革命家をつくるのは最も悲惨な状況ではないことを、指摘するのは正しい。しかし、なぜ繁栄の回復がしばしば大衆の急進化を惹起するのか、という問いが忘れられている。それは実は生活の圧力の軽減が、社会的空間の新たな構造を可能ならしめるからなのである。つまり、視野がもはや最も直接的な関心事に限定されることがなく、余裕があり、新しい生活企画のための余地があるからである。したがって如上の事実は、労働者が無からおのれを労働者や革命家にするということではなく、逆にある共存の土壌の上でそうなるのだ、ということを証拠だてているのである。われわれが検討している考え方の誤りは、要するに実存的企投を考慮するかわりに知的企投しか考察していないところにある。この実存的企投とは、生がそれについて何ら表象することなく、達成して初めてそれと知るようなある目標、規定されていると同時に規定されていないようなな（déterminé-indéterminé）ある目標に向っての、生の方向づけにほかならない。しかるに世人は志向性というものを、客観化作用という特殊な場合に縮減し、プロレタリア的状態を思惟の対象たらしめる。そしてそのあげくに、観念論の常套的方法に従って、いっさいの思惟対象と同様に、プロレタリア的状態も、それを対象として構成する意識の眼前でのみ、また意識によってのみ、存立するのだ、ということを示すのであるが、これは造作のないことである。観念論は（客観的思惟と同様）対象を措定するというより、むしろその対象に臨んでいる（est à）ところの真の志向性を、看過している。観念論は、疑問、接続法、祈願、期待といった意識状態や、こうした意識状態の積極的な無規定性を、全く無視している。それは、現在もしくは未来に関して直説法的意識しか知らない。階級というものを説明することができないのも、そのためである。それというのも、階級は確認さるべきものでも、布告さるべきものでもないからである。資本主義機構の運命や革命と同様、それは思惟されるに先だって、強迫観念的な現前として、可能性として、謎として、神話として、生きられているのである。階級意識を決断や選択の結果とすることは、問題はそれが提起されるときにはすでに解決されており、いかなる問いもそれが期待する答えをすでに含んでいる、というに等しく、結局、内在の立場に帰り、歴史の理解を断念することにほかならない。実は知的企投と目標の設定は、実存的企投の完成でしかない。私の生に、ある意味とある未来とを付与するのは、私である。しかしこれは、この意味この未来が、概念的に考え出されたものであることを、意味しているのではない。それらは、私の現在と過去から、とりわけ私の現在ならびに過去における共存の仕方から、湧出するのである。革命家となる知識人の場合ですら、決断は無から生ずるのではない。例えば長期間にわたる孤独の後に決断がなされる場合もあろう。だがこの場合、実はこの知識人は、彼から多くのことを要求し、彼を主観性から救い出してくれるような教義を求めていたのである。またある場合には、歴史のマルクス主義的解釈がもたらす明晰さに惹かれることもあろう。しかしこの場合には、彼はあらかじめ生活の中心に認識を置いていたのであり、またこの事実さえも、彼の過去と幼時に関連づけて初めて理解されうることなのである。動機なしに純然たる自由の作用によって革命家となるという決断ですら、知識人に典型的な、自然的ならびに社会的世界におけるあるあり方を、表現しているのである。彼が「労働者階級に加わる」のも、知識人というおのれの状況からしてのことにすぎない、(それゆえ、彼の場合の信念絶対論《フィディスム》(訳註32)でさえ、あい変らず疑わしいものだとされても当然である)いわんや労働者にあっては、決断は生活において練り上げられる。この場合には、特殊な生活の地平と革命的諸目標とが合致するのは、誤解のおかげではない。それというのも、労働者はその生活において経済機構と取組み合いをしているのだから、革命は彼にとって知識人にとってよりも、いっそう直接的ないっそう身近な可能性だからである。それだからこそ、統計的にいって、革命的政党にはブルジョアよりも労働者の方が多く加わっているのである。もちろん、動機づけは自由を抹殺するものではない。最も厳格な労働者党にあっても、その幹部のなかには多くの知識人が数えられたし、恐らくレーニンのような人はおのれを革命と同一化し、ついに知識人と労働者との区別を超出するに至ったであろう。しかし、これこそまさに、行動と自己拘束《アンガージュマン》の固有の効果なのである。出発点においては、私は階級の差別を越えた個人ではない。私は社会的に位置づけられており、私の自由は、たとえ他の場所に私を拘束する力をもっていたとしても、私がかくあらんと決意するものに即座に私をなす力をもってはいない。こういうわけで、ブルジョアもしくは労働者であることは、単にそれであるという意識をもつことではない。それは、世界を形態化し他者と共存するわれわれの仕方と一つになっている、ある暗黙裡の、あるいは実存的な、企投によって、おのれを労働者もしくはブルジョアとして価値づけることなのである。私の決意は、私の生の自然発生的な意味を捉え直し、あるいは追認したりあるいは破毀したりすることはできるが、これを無きものにすることはできない。観念論と客観的思惟は、ともに等しく、階級的自覚という現象を捉えそこなっている。それというのも、前者は意識から現実的生存を演繹し、後者は事実上の生存から意識を引き出すからであり、両者ともども動機づけという関係を見逃しているからである。

〔対自と対他、相互主観性〕

恐らく以上に対して、観念論の側から次のような答弁がなされるだろう。つまり、私は私自身にとっては、特定な企投ではなくて純粋な意識である、そして、ブルジョアとか労働者とかという属性は、私が自分を他者の間に戻し、彼らの眼で外部から一人の「他者」として眺める限りにおいてのみ、私に属することなのだ、これらは「対他」の範疇であって、「対自」のそれではない、と。しかし、仮に二つの種類の範疇があるとしたら、いかにして私は他人つまり他我（alter ego）の経験をもつことができようか。この経験は、私が私自身を見る際に、すでに可能的「他者」という私の資格が準備されており、逆に私が他人についてもつ眺めのなかに彼の自我たる資格が含まれていることを、前提している。これに対して、他人は一つの事実として私に与えられているのであって、私自身の存在の一つの可能性としてではない、となおも反論されよう(訳註33)。この反論は何を意味しているのか。地上に他人がいなければ、私は他人の経験をもつことができない、という意味か。この主張は当然至極である。しかし、われわれの問題を解決するものではない。なぜなら、カントがすでにいっているように、「すべての認識は経験から始まる」ということから、われわれは直ちに「すべての認識は経験に由来する」という主張に移行することはできないからである。経験的に存在する他者が私にとって他の人間であるべきならば、私は、彼らをこのようなものとして認知するに足る条件を、もたなくてはならない。したがって「対他」の諸構造は、すでに「対自」に属する諸次元でなければならない。そのうえ、われわれが問題にしているあらゆる特殊的規定を、「対他」から派生させることは、不可能である。他人は私にとって必ずしも対象ではない、いや決して完全に対象であるということはない。そして例えば共感において、私は他人を裸の実存ならびに自由として知覚しうるにせよ、しえないにせよ、それは私自身をかかるものとして知覚する場合と全く同じ程度でそうなのである。絶対的な主観性が私自身の抽象的な概念でしかないように、他人‐対象は他人の不誠実な様相でしかない。したがって私は、最も根本的な反省においてもうすでに、私の絶対的な個人性の周囲に、いわば一般性の縁暈もしくは「社会性」の雰囲気を、捉えているのでなければならない。やがて「ブルジョア」とか「一人の人間」といった語が私にとって意味をもつべきならば、以上のことは必然的である。私は私自身を、おのれに対して偏心した (excentrique) ものとして、最初から捉えるのでなければならず、また私の単独の実存は、いわばおのれのまわりに質における実存 (existence ès-qualité) を、発散させていなければならない。「対自」——私自身にとっての私、他人自身にとっての他人——は、「対他」——他人にとっての私、私自身にとっての他人——を地として、その上に浮び出るのである。私の生は、私自身が構成したのではない一つの意味を、もたねばならない。厳密な意味において、相互主観性が存在せねばならず、各人は、絶対的な個人という意味において匿名者であると同時に、絶対的な一般性という意味においても匿名者でなければならない。われわれの「世界における(への)存在」は、この二重の匿名性の具体的担い手なのである。

〔歴史には何がしかの意味がある〕

このような条件において初めて、諸状況、歴史の意味、(訳註34) 歴史的真理が存在しうるのである。この三者は同じことの三つのいい表わしにすぎない。仮にじじつ私が絶対的な自発性によって自己を労働者なりブルジョアなりにするのであって、一般に自由をそそのかす何ものもないとしたら、歴史はいかなる構造ももたず、歴史のなかにいかなる出来事の横顔も見られず、いかなる事象がいかなる事象からでも生じうることにもなろう。一個の名称を与えることができ、若干の蓋然的な特徴を認めることができる、比較的安定した歴史的形態としての大英帝国なるものも、存在しないであろう。社会運動の歴史においても、革命的状況や沈滞期は存在しないであろう。社会革命はあらゆる時期に等しく可能となり、専制君主が無政府主義に改宗することを期待することも、不条理とはいえなくなる。歴史はどこに向って前進するわけでもなく、短期間を限って考察してみても、もろもろの出来事が一つの結果に向って協力する、などとは決していえなくなろう。政治家はいつでもペテン師だということになる。つまり、彼は出来事に、それがもともと持っていなかったある意味を与えることによって、おのれの利益のためにこれを利用する、というわけである。ところで歴史は、それを引き受け、その結果その進路を決定するもろもろの意識的存在者がいなければ、何ごとをも成就することができないということは、なるほど真実であり、したがって歴史は、われわれをおのれの目的のために勝手に利用する外的な力として、われわれから切り離されることは決してできないにしても、まさしくそれがつねに生きられた歴史であればこそ、われわれはそれに少くとも断片的な意味を拒むわけにはいかないのだ。恐らくは流産に終るであろうが、さしあたり現在の示唆するものを実現するかと思われる何ごとかが、準備されているのである。一七九九年のフランスには、「諸階級を超えた」一つの軍事力が革命の退潮に沿って出現し、軍事的独裁者の役割がまさにここにおいて「演ぜられるべき役割」となることを、妨げうるようなものは何もなかった。このようにわれわれをして判断せしめるものは、その実現によってわれわれに知られることになった、ボナパルトの企てである。とはいえ、ボナパルト以前にも、デュムリエ(訳註35)やキュスティーヌ(訳註36)、その他若干のひとびとが、同様なことを企てていたのだ。そして説明せらるべきことは、まさにこうした収斂の事実なのである。もろもろの出来事の意味と呼ばれるものは、それらを生み出す観念でもなければ、それらの集まりの偶然的な結果でもない。それは人格的なあらゆる決断に先だって、社会的共存のなかで、「ひとびと」(On)のなかで、形成されるところのある未来の具体的な企投である。革命をこれ以上続けることもできず、かといって革命をなかったことにすることもできないという事情のもとで、諸階級の力関係が一七九九年に到達した革命史の状態にあっては、個人の自由についてはあらゆる留保がなされつつも、各個人は、彼を歴史の主体たらしめるところの、あの機能的な一般化された実存を通じて、既得の成果の上に休らおうとする傾向を示していたのである。この時期に彼らに、革命政府のやり方を再び採用したり、あるいは逆に一七八九年の社会状態に戻ったりすることを、提案するならば、歴史的誤謬をおかすことになろう。とはいえ、それは、つねに自由であるわれわれの企投や評価から独立な歴史の真理があるからではなくて、これらの企投の平均的・統計的な意義というものが存在するからである。要するに、歴史に意味を付与するのはわれわれなのだが、これにはまず歴史がわれわれに意味を提示することが欠かせない、ということなのだ。意味付与（Sinn-gebung）はただ単に遠心的であるばかりではない。それゆえ歴史の主体は個人ではない。一般化された実存と個人的な実存との間に交換がおこなわれ、両者それぞれが受けかつ与えるのである。すでに「ひとびと」のなかで準備されてはいたが、歴史の偶然性によって脅かされている、不安定な可能性でしかなかったある意味が、一人の個人によって引き受けられる瞬間がある。この際、彼が歴史を捉えたあげく、歴史の意味であるように思われていたものの遙かかなたに、少くとも一時期の間、歴史を導き、これを新たな弁証法に巻き込むというようなことも、起りうる。ボナパルトが執政官から皇帝となり征服者となったときのように。われわれは、——個人の生でも同様であるが——歴史が端緒から終末まで、ただ一つの意味しかもたない、などと主張しているのではない。われわれのいわんとするところは、いずれにせよ、自由は、歴史が問題の瞬間に差し出す意味を引き受けることによってのみ、そして一種の漸次的移行によってのみ、これを変容することができる、ということである。現在の差し出すこの提議をかんがみることによって、われわれは政治家とペテン師とを、歴史的詐欺行為と時代の真理とを、区別することができるのであり、したがって、われわれの過去に対する展望も、たとえ絶対的客観性はもちえないにせよ、恣意的なものであってもよい、ということは絶対にないのである。

〔自我とその一般性の暈、絶対的流れはそれ自身にとっては一個の意識である〕

それゆえ、われわれの創意《イニシアティヴ》と、まさにわれわれ以外の何ものでもない厳密に個人的な企投との周囲に、一般的な実存と既成の諸企投の地帯が、つまりわれわれと事物との間にたゆたいながら、われわれを人間としてブルジョアとして労働者として資格づける意義地帯が、認められる。諸事物の自然的ないし社会的な布置が何ともいい表わされていない単なる「これ」ではなくなって、一つの状況に結晶し一つの意味をもつようになるやいなや、要するにわれわれが実存するやいなや、すでに一般性が介入してきて、われわれの自己自身への臨在も、これによってすでに媒介され、われわれは純粋意識ではなくなるのである。どんな事物も、それがおのれの基本的な性質によって色づけているある媒質を通じて、われわれに現われる。例えばこの木片は、色彩や触覚の与件の単なる集まりでもなければ、いやそれどころか、それらの与件の全体的な形態《ゲシタルト》でさえない。そうではなくて、いわば木の本質がそこから発散しており、これらの「感覚与件」はある主題《テーマ》を転調しつつ奏で、この木片と私がそれについてもつ知覚の周囲に一つの意味地平を構成するところの、木そのものというべきある様式を、例示しているのである。自然的世界はすでに明らかにされたように、可能的なあらゆる主題《テーマ》とあらゆる様式の場所以外のものではない。それは比類のない個体であるとともに、これと分ちがたく、一つの意味でもある。これと相関的に、主体の一般性と個人性、性質づけられた主体性と純粋な主体性、「ひと」の匿名性と意識の匿名性、これらも哲学がそのいずれかを選ばねばならないといった主体に関する二つの概念ではなくて、具体的な主体という単一の構造の二つの契機なのである。例えば感覚作用を考察してみよう。私の眼前に広がるこの赤を一定の性質として規定せずに、そのなかに私自身を埋没させるとしよう。確かにこの経験は、私をして先-人間的主体と接触せしめるように思われる。この赤を知覚しているのは誰か。これは、その名を名ざしうるような人ではなく、また他の知覚主体と同格の人でもない。それというのも、私がもつこの赤の経験と他のひとびとが私に語る経験との間には、いかなる直接の比較も可能ではないからである。私はこの場合、私特有の観点のなかにおり、そしていかなる経験も、印象的である限り、同じようにして厳格に私のものであるから、唯一無二の類《たぐい》ない一個の主体が、それらの経験のすべてを包括しているように思われる。私が一つの思想を形成するとしよう。例えば私はスピノザの神のことを考える。ところで私が体験するがままのこの思想は、誰も決して近づくことの許されないある景観であって、たとえ、ほかの点で私が友人とスピノザの神の問題について議論することができたにせよ、この点に変りはない。しかしながら、こうした経験の個体性でさえ、純粋なものではないのである。なぜなら、この赤の濃厚さ、その「これ」という特殊性(訳註37)、私を充たし私を冒すその力——こうしたものは、それが私の視線からある種の振動を請求し獲得することによるのであり、この色を特定の一つの変容として含む色彩一般の世界と私がすでに親しんでいることを、予想することなのだから。したがって、具体的な赤は一般性を地としてその上に浮びあがるのであり、それゆえ他人の観点を経由せずとも、私は知覚のなかですでに一個の知覚主体として私自身を捉えているわけであって、類のない意識としてではない。赤の知覚の周囲に、私は、この知覚が達することのできない私の存在の諸領域のすべてと、またそれを通じてこの知覚が私に達するところの、色彩一般にあてられた領域、つまり、

「視覚」を、感じている。これと同様、スピノザの神についての私の思惟が厳格に唯一無二の経験であるというのも、外観上のことでしかない。それというのも、この思惟は、ある文化的世界つまりスピノザ哲学の凝結物であり、もしくは、「スピノザ的」観念が直ちにそれと知れるある特徴的な哲学的様式の凝結物だからである。それゆえ、われわれは、なぜ思惟主観もしくは意識が、おのれを人間もしくは受肉した主体もしくは歴史的主体として、捉えるのか、といぶかしがる必要はない。われわれはこの把握を、思惟主観がその絶対的存在から出発しておこなうところの、二次的な作用と見なしてはならない。絶対的な流れそのものが、自己自身の視線のもとに、あるいは一個の意識として、あるいは人間として、あるいは受肉した主体として、姿を現わすのである。それというのも、この流れは臨在の——つまり自己への、他人への、世界への臨在の——領野（champ de présence）であって、この臨在が、この流れの自己理解の出発点たる自然的・文化的世界へと、それを投げ出すからである。この流れを、自己との完全な接触とか、内部に亀裂のない完全な稠密さとか、と考えてはならない。むしろ逆に、外部に自己を追い求める存在と考えるべきである。仮に、主体が自己自身とそのあり方について、不断の、そしてつねに独特の選択をおこなうのだとすれば、なぜ、その経験がそれ自身と結びつき、主体に諸対象や一定の歴史的諸局面を提示するのか、またなぜ、すべての時間に通ずる時間の一般的概念をわれわれがもっているのか、そして最後になぜ、各人の経験が他人の経験と吻合するのか、いぶかしく思うこともできよう。しかし問題にすべきは、実はこの問いそのものなのである。それというのも、実際に与えられているものは、時間の一断片、ついで別の一断片、とか、ある個別的流れ、そしてそれとは別のもう一つの流れ、といった形のものではなくて、それぞれの主体性がそれ自身によって引き継がれるという事態であり、一個の自然の普遍性のなかで多数の主体性が相互に引き受けあうといった事態、つまり相互主観的な一つの生と一つの世界の統合性であるからである。現在は、対自と対他、個別性と一般性の、媒介を実現する。真実の反省は私を、無為な近づきがたい主観性としてではなく、私がいま実現しているがままの、世界と他人への私の臨在とまさに同じものとして、私自身に示すのである。すなわち、私は私の見るすべてであり、相互主観的な一つの領野である。それも、私が身体であり、私特有の歴史的状況にあるにもかかわらず、というのではなくて、むしろ逆に、この身体ならびにこの状況であり、これらを通じて他のすべてであることによって、そうなのである。

〔私は無から出発して私自身を選ぶのではない〕

しからば、この観点からすれば、われわれが初めに語った自由は、いったいどうなるのだろうか。私はもはや、おのれが無であるとか、無にも等しいものから出発してたえず自己自身を選んでいるなどと、偽ることはできない。一方において、無が世界のなかに出現するのは主体性によるのだといいうるならば、他方ではまた、無が存在するに至るのは世界によってである、ともいうことができる。私は、何であれ何かであることに対する、一般的な拒絶であるが、実はこの拒絶には、しかじかという性質をもった存在形態の不断の受容が、ひそかに伴っているのである。なぜなら、この一般的な拒絶ですら、なお一つのあり方なのであり、世界のなかに現われるものだからである。なるほど私は、瞬間ごとに私の企てを中断することができはする。しかし、この能力とは何か。それは実は、他のことを始める能力なのだ。それというのもわれわれは決して無のなかに宙ぶらりんの状態で止まっているわけではないのだから。われわれはつねに充溢のうちに、存在のなかにあるのであって、これはちょうど、顔というものが、たとえ全く平静な状態にあっても、いや死者の顔であっても、いつも何かを表現すべく運命づけられており（驚いたような死に顔、平和な死に顔、慎み深い死に顔）、沈黙もまた音響世界の一つの様相であることと、同様である。私はどんな形態をも打ち砕くことができ、何ごとも一笑に付することができ、私が完全にその虜《とりこ》となってしまようなことがらはない。だがこれは、その際私が私の自由のなかに引きこもっているからではなくて、ほかのことがらにおのれを拘束《アンガジエ》するからである。私は近親者の喪に想いを馳せるかわりに、私の爪を眺めたり、昼食をとったり、あるいは政治に没頭したりしているのである。私の自由はいつもそれだけで孤立しているどころではなくて、逆にそれは共犯者を伴わずにはいないのであって、それがもつ不断の離脱の能力は、世界への普遍的な参加《アンガージュマン》に支えられているのである。私の現実の自由は、私の存在の手前にではなくて私の先方に、諸事物のうちにあるのである。私は、私が現にそれであるところのものを、拒もうと思えばいつでも拒むことができるはずだ、ということを口実にして、私はたえず自己自身を選んでいるのだ、などといってはならない。拒まないことは選ぶことではない。為すがままに放任すること（laisser faire）と為すこと（faire）とを同一視しうるとすれば、ただ、暗黙裡のものからいっさいの現象的価値を奪い、各瞬間ごとに世界を完全な透明性においてわれわれの前に展開することによって、つまり世界の「世界性」を破壊することによって、でしかない。意識は何ごとに対しても自己を責任あるものと見なし、何ごとをも引き受けるが、もともとは何ら固有のものをもってはいないのであって、世界のなかでおのれの生をつくってゆくのである。自然的な、もしくは一般化された時間を導入しない以上は、われわれは自由をたえず繰り返される選択と考えざるをえなくなる。自然的な時間という概念によって、主体性のない物の時間が意味されるなら、このような自然的時間が存在しないことは、すでに明らかにされた通りである。しかし、少くとも一般化された時間というものは存在するのであって、普通の時間概念がめざしているのはまさにこれである。それは過去、現在、未来という連鎖の不断の繰返しである。それは、いわば繰り返される失望であり挫折である。時間は連続しているという言葉によっていい表わされているのは、まさにこの事態である、つまり、それがわれわれにもたらす現在は、それが現われるときにはすでに過ぎ去っているのだから、決してほんとうの現在ではなく、そしてまた未来も、やがてそれは現在となり、そのときにはわれわれはまた別の未来に向き直るのだから、われわれの向う目標という意味をもつのも外見上のことでしかない。この時間は、それと同様に循環的なわれわれの身体諸機能の時間であり、またわれわれと共存する自然の時間でもある。それは、自己拘束《アンガージュマン》の単なる粗描と抽象的な形式を、われわれに提示するにすぎない。それというのも、それはたえず自己自身を蝕み、たった今つくったばかりのものを解体するからである。われわれが対自と即自とを何の媒介もなしに直面させ、われわれと世界との間に主体性のこのような自然による素描、つまり自己自身に依存する先人格的な時間が、存することに気づかない以上は、時間の湧出を支えるための諸作用が必要となり、いかなるものも同じ資格において、例えば呼吸反射も道徳的決断と同様、維持も創造と同様に、選択である、ということになる。われわれの見解によれば、意識がおのれにかの普遍的な構成の能力を帰するのも、意識の下部構造をなし、その出生にほかならぬある出来事を、意識が看過している場合に限られる。それにとって世界が「自明である」ような意識、世界を「すでに構成されたもの」として、おのれ自身のうちにすら現前するものとして、見出すところの意識は、絶対的な意味では、おのれの存在もあり方も、選んではいないのである。

〔条件づけられた自由〕

然らば、自由とはいったい何か。生れるということ、これは同時に、世界から生れることであるとともに、世界へと生れることである。世界はすでに構成されている。しかし、決して完全には構成されてはいない。前者の関連からすれば、われわれは世界によって促されているのであり、後者の関連からすれば、われわれは無数の諸可能性に向って開かれているのである。しかし、このような分析もまだ抽象的である。というのも、われわれは、実は、同時に以上二つの関連のもとに実存しているからである。それゆえ、決定論も完全な選択も、ともに成り立たない。私は決して物ではないし、また決して純然たる意識でもない。とりわけ、われわれ自身の発意《イニシアティヴ》や、われわれの選んだ状況でさえ、いったんわれわれのものとされた以上は、いわば状態の力でわれわれを運んでゆくのである。「役割」や状況の一般性が、決断を助けにやってくる。そして状況とそれを引き受ける者との間のこのやり取りにおいて、「状況の出資分」と、「自由の出資分」との限界を定めることは不可能である。例えば、ここに拷問にかけられている人があり、彼が無理やり問われている同志たちの名や住所をはくことを拒み続けるとしよう。この拒絶は、孤独のうちに何の支援もなしに、おこなわれた決断の結果ではない。彼は今なお同志たちと共にあり、共通の闘いに参加していると感じており、しゃべることがいわば不可能なのである。あるいは、何カ月もいや何年も前から、心のなかでこのような試煉に直面し、それにおのれの生の全体をかけてきた、という場合もあろう。あるいは最後に、この試煉に打ち克つことによって、自分が自由についてずっと考え言ってきたことを、証拠だてようとしている場合もあろう。こうした諸動機の存在によって、何も自由が無効になるのではないが、少くとも、自由は存在における何の支えもなしに存するのではない、という結果にはなる。苦痛に抵抗するのは、結局、裸の意識ではなくて、自分の同志と共にある、もしくは愛するひとびとや、その視線のもとに自分が生きているひとびとと共にある、囚われ人であり、あるいは誇らしくも意志された孤独と共にある意識である、つまり、なお共存（Mit-Sein）の一様態である。もっとも、日々これらの幻影をよみがえらせるのは、牢獄における個人であり、これらの幻影は彼自身がこれらに与えた力を彼に返しているには違いない。しかし逆に、彼がこのような行動に自己拘束し、これらの同志におのれを結びつけ、あるいはこのようなモラルに結びついたのも、歴史的状況や同志たちや彼の周囲の世界が、彼からこうした振舞を期待しているように、彼には思われたからである。こうして分析は限りなく続けられることができよう。われわれはわれわれ自身の世界を選び、世界はわれわれを選ぶ。いずれにせよ、われわれは、存在が入ってこれない奥深い砦をわれわれ自身のなかに取って置くことなど、決してできないということ、たとえできるにせよ、この自由は、それが生きられるというひとことによって、直ちに存在の姿をとり、動機や支えにならずにはいないということ、これは確実である。具体的に考えるなら、自由はつねに内部と外部との出会いである、――われわれの端緒をなす先人間的・先歴史的自由にしても、然りである、――そして自由は、われわれの生の身体的ならびに制度的与件の寛容さ（tolérance 許容範囲）が減少するにつれて、たとえ無となることは決してないにせよ、はやり低減するのである。フッサールのいうように、現実に存在するものは「自由の領野」と「条件づけられた自由」[71]なのである。といっても、それは、この範囲内での自由は絶対的で、その外では自由が全くなくなるからではない――これはちょうど知覚の領野が、一線によってくっきりと示された境界をもっていないのと同様である――そうではなくて、私にとって比較的近い諸可能性と遠い諸可能性とがあるからなのである。われわれの自己拘束《アンガージュマン》がわれわれの潜勢力を支えているのであり、そして何らかの潜勢力なしには自由も存在しない。われわれの自由は全き自由か、然らずんば無か、とひとはいう。このディレンマは、客観的思惟とその共犯者たる反省的分析のディレンマなのである。じじつ、存在のなかにわれわれを置くならば、必然的にわれわれの行動は外部から由来することになり、逆に構成的思惟に立ち帰るならば、それは内部から由来することにならねばならない。しかし、われわれは今や、諸現象の秩序を認知することをまさしく学んだのだ。われわれは、世界ならびに他者ともつれあって、抜け出すことのできない混合状態をつくっている。状況という観念は、われわれの自己拘《アンガージュ》束《マン》の出発点において、絶対的自由なるものを排除するのであるが、それは自己拘束の完了にあたっても、同様にこれを排除する。いかなる自己拘束《アンガージュマン》といえども、たとえヘーゲル的国家への参加《アンガージュマン》であっても、それは私をしてあらゆる差異を超出させることはできないし、またすべてに対して私を自由たらしめることもできない。この普遍性でさえ、それが生きられるということによって、一つの特殊性として世界という背景の上に浮びあがるのであって、実存は、それがめざすすべてのものを一般化すると同時に特殊化し、決して完全な実存とはなりえないのである。

〔臨在における即自と対自の暫定的総合。私の意義は私の外にある〕

しかしながら、ヘーゲル的自由を完成するところの、即自と対自との総合ということには、それなりの真理がある。ある意味では、この総合は実存の定義そのものであって、各瞬間ごとに臨在という現象のうちで、われわれの眼前で遂行されているのであるが、ただし、そのつど更新されるべきものであって、われわれの有限性を除去するものではない。現在を引き受けることによって、私は私の過去を捉え直し、変容する。私はその意味を変え、私自身をそれから自由にし、離脱せしめる。しかし、私がこうするのも、ただほかのことに自己拘束することによってでしかない。精神分析学的治療が効果をあげるのは、過去についての自覚を喚起することによってではなく、まず第一に患者を、新たな実存の諸関係によって、医師に結びつけることによってなのである。精神分析学的解釈に患者が科学的な同意を与えることや、過去の概念的意味を発見することが問題なのではなくて、肝心なことは、しかじかのことを意味するものとして過去を体験し直すことであり、患者がこれに成功するのは、ただ、医師との共存という展望において、おのれの過去を眺めることによってでしかない。コンプレックスは、何の手段ももたない自由によって解消せしめられるのではなくて、むしろ、独自の支えと動機をもった新たな時間の脈動によって、解体されるのである。あらゆる意識化について事情はこれと同じである。つまり、これが有効であるのは、新しい自《アン》己拘束《ガージュマン》によって担われる場合に限る。ところで、この自己拘束にしてからが、これはこれで暗黙裡におこなわれ、したがってある時間周期に対してしか効力をもちえない。われわれが自分の生についてなす選択は、つねにある与件を基底としてその上でおこなわれる。私の自由は私の生を、そのおのずからなる方向(sens 意味)から転ぜしめることはできるが、これも最初はこの方向に従いながら、だんだんと転じてゆく一連の横滑りによるのであって、絶対的な創造によるのではない。したがって、私の過去や気質や環境からする私の行動の説明は、これらを別々の出資分と考えるのではなくて、私の全体的な存在の諸契機と見なす限りにおいては、すべて真実である。そして私の全体的存在の意味を、さまざまな方面において明らかにすることは、私に許されているが、しかしこの際、それらの方面に意味を与えるのが私なのであるか、それともそれらの方面から私が意味を受けとるのか、決して断定することはできないのだ。私は心理学的・歴史的な一つの構造である。私は実存とともに、実存する一つの仕方を、一つの様式を受けとった。あらゆる私の行動と思想とは、この構造に関連している。哲学者の思想ですら、世界への彼の取り組み方、つまり彼がそれであるところのものを、解明する一つの仕方にすぎない。しかも私は自由なのである。それも、これらの動機づけにもかかわらずとか、動機づけの手前でとか、というのではなく、動機づけを介して自由なのだ。それというのも、この意味深い生、私がまさにそれであるところの自然と歴史のこの一定の意義、これは私の世界への接近を制限するものではなくて、逆に世界と交通する私の手段であるからである。無制限に何の留保もなく、私が現在それであるところのものでありきることによってこそ、私はさらに先に進むことを期待できるのであり、私の時間を生きることによってこそ、他の諸時間も理解できるのであり、現在と世界のなかに没入し、私がたまたまそれであるところのものを断乎として引き受け、私が現に意志していることを意志し、私の為しつつあることをまさに為すことによってこそ、私はさらにかなたへと超えてゆくことができるのである。私が私の自然的・社会的状況を通じて自然的・人間的世界に結びつこうとするかわりに、まず最初にそれを引き受けることを拒絶することによって、それを超出しようなどとする場合にのみ、私は自由を取り逃すのだ。私の外部から私を決定するものは何もない。しかしこれは、私を促すものが何もないからではなくて、かえって私が最初から私の外にあって、世界に向って開かれているからなのである。われわれは徹頭徹尾真実である。われわれは世界に居る (nous sommes au monde) のであって、ただ単に物のように世界のなかに (dans le monde) あるのではないという、ひとことによって、われわれは、われわれ自身を超出するのに必要なすべてのものを、身につけているのである。われわれの選択ないし行動がわれわれの自由を制限するなどと、恐れる必要はない。なぜなら選択と行動のみがわれわれをわれわれの錨から解き放つのだから。反省が絶対的な十全性 (adéquation) の願いを、事物を現出させる知覚から借りて来、また同様に観念論が、みずから臆見として破棄しようとしている「原初的臆見」を、実はひそかに利用しているのと同じように、自由は自己拘束《アンガージュマン》の諸矛盾に足を取られて、おのれが世界のなかへ推し進める根基なしには、おのれが自由でなくなることに気がつかないのである。私はこの約束をなすべきか。かくも小さなことのために、私の命を危険にさらすべきであろうか。私は自由を救うために、自由を犠牲にすべきか。このような問いに対する理論的な答えはない。しかしながら、拒むことのできないものとして、おのれを提示するこれらの事物がある。君の眼の前には、君の愛するこの人物がいる。君の周囲には奴隷的な生活を送っている、これらのひとびとがいる。そして君の自由は、その単独性から脱出し、自由そのもの[訳註38]（*la* liberté）を意志することなしには、おのれを意志することができないのだ。事象が問題であろうと歴史的状況が問題であろうと、哲学は、それらを正しく見ることをわれわれに改めて教える、ということ以外の機能をもつものではない。そして哲学は、現実から遊離[訳註39]した哲学としての自己を滅ぼすことによって初めて自己を実現するのだ、といわれているが、これは真実である。しかし、われわれが沈黙しなくてはならないのは、まさにここにおいてである。ひとびとに対する、また世界に対する、おのれの関係を最後まで生き抜くのは、英雄だけであり、他のものが彼の名において語るべきではないからである。「君の息子は火事のなかで身動きできずにいる。君は彼を助けるのだ……もし邪魔な物があれば、君はこれを取り除くために自分の腕を犠牲にすることもいとわないだろう。君は君の行為そのものに宿っている。君の行為こそ君である……。君は代りに君自身を差し出す……。君の意義が眩いばかりに現われ出る。それは君の義務だ、それは君の憎しみだ、それは君の愛だ。それは君の誠実だ、それは君の工夫だ……。人間とは諸関係の結び目にすぎない。諸関係のみが人間にとって重要なのだ[72]。」

原註

序文

（1） *Méditations Cartésiennes*, pp. 120 et suivantes.

（2） オイゲン・フィンク（Eugen Fink）によって編まれた未刊の Ⅵᵉ*Méditation Cartésienne* 参照。私はこれについてG・ベルジェ（Gaston Berger）から教示を受けた。

（3） *Logische Untersuchungen, Prolegomena zur reinen Logik*, p. 93.

（4） In te redi; in interiore homine habitat veritas――Augustinus（汝の内に帰れ，内的人間のなかにこそ真理は宿る――アウグスティヌス）

（5） *Die krisis der europäischen Wissenschaften und die transzendentale Phänomenologie*, Ⅲ (inédit)

（6） *Die phänomenologische Philosophie Edmund Husserls in der gegenwärtigen kritik*, pp. 331 et suivantes.

（7） *Meditations Cartésiennes*, p. 33.

（8） *Realisme, dialectique et mystère*, l'Arbalète, Automne 1942, non paginé.

（9） Das Erlebnis der Wahrheit (*Logische Untersuchungen, Prolegomena zur reinen Logik*, p. 190)

（10） *Formale und transzendentale Logik*, p. 142 によれば，要するに，必当然的明証性なるものは存在しない。

（11） この用語は未刊の手稿のなかでは常用されている。この観念はすでに *Formale und transzendentale Logik*, p. 184 以下に見出される。

（12）（13） Ⅵᵉ *Méditation Cartésienne* (inédite)

（14） 未刊の手稿においては「現象学のそれ自身への還帰的関係」(Rückbeziehung der Phänomenologie auf sich selbst) といわれている。

(15) この最後の表現は、現在ドイツで囚われの身となっているG・ギュスドルフ（G. Gusdorf）から借用されたものである。なお彼はこの表現をおそらく別の意味に使っていた。

緒　論

(1) *La Structure du Comportement*, p. 142 et suiv. 参照。

(2) J.-P. Sartre, *L'Imaginaire*, p. 241.

(3) Koffka, *Psychologie*, p. 530.

(4) 心理学者たちのいわゆる《take notice》あるいは《bemerken》の訳。

(5) 例えばヤスパース（Jaspers, *Zur Analyse der Trugwahrnehmungen*）のように、諸現象を「了解する」記述的心理学を、現象の発生を考察する説明的心理学に対立せしめることによって、このような論議を拒否することは適当でない。心理学者はつねに意識を世界のさなかにある身体のなかに置かれたものと見ている。彼にとっては、刺激－印象－知覚という系列は、その結果として知覚が始まる一連の出来事なのである。各々の意識は世界のなかで生れ、各々の知覚は意識の新たな誕生である。こういう展望のもとでは、知覚の「直接」与件は単なる現われとして、またある発生過程の複雑な所産として、つねに退けられうる。記述的方法は超越論的観点からしか本来の権利を得ることはできない。しかし超越論的観点にたっても、意識が自然のなかに挿入された存在として自己を捉え、またこのようなものとして意識自身に現われるのは、どういういきさつによるのかという問題を避けることはできない。それゆえ哲学にとっても心理学にとっても、つねに発生の問題が存するのであり、唯一可能な方法は、因果的説明をその科学的発展のなかで追跡し、その意味をただし、真理の全体のなかでの正しい位置に置くことである。したがって本書においてはいかなる反駁もおこなわれず、因果的思惟固有の困難を理解する努力がなされるであろう。

(6) *La Structure du Comportement*, chap. I. 参照。

(7) 以上の諸語はJ・シュタイン（J. Stein, *Ueber die Veränderung der Sinnesleistungen und die Entstehung von Trugwahrnehmungen*, p. 351）のいう《Empfänger-Uebermittler-Empfinder》の近似訳。

(8) Kœhler, *Ueber unbemerkte Empfindungen und Urteilstäuschungen.*

(9) シュトゥンプフ（Stumpf）ははっきりそう認めている。Cf. Kœhler, ibid., p. 54.

(10) Id. ibid., pp. 57–58, cf. pp. 58–66.

(11) R. Déjean, *Les Conditions objectives de la Perception visuelle*, pp. 60 et 83.

(12) Stumpf, cité par Kœhler, ibid., p. 58.

(13) Kœhler, ibid., pp. 58–63.

(14) なお、あらゆる理論についてもこれと同じで、どこにも決裁的実験など存在しないと附言しておくことが適切であろう。同じ理由によって、恒常性の仮説を帰納の領域で厳密に反駁することは、不可能である。この仮説は諸現象を無視し、それを理解せしめることができないので信用を失ったのである。諸現象を捉えこの仮説を評価するためにも、われわれはまずこれを「留保」しなければならなかったのだ。

(15) J. Stein, ouvrage cité, pp. 357–359.

(16) 色盲といえども、それぞれある一定の感覚装置が赤あるいは緑の「視覚」に専らあてがわれているということを、証拠だてるものではない。というのも赤の広い平面を見せられたり色の提示がながく続く場合には、色盲患者は赤を認知することができるからである。Id., ibid., p. 365.

(17) Weizsäcker, cité par Stein, ibid., p. 364.

(18) Id., ibid., p. 354.

(19) これらすべての点については、Cf. *La Structure du Comportement* 特に pp. 52 et suivantes, 65 et suivantes.

(20) Gelb, *Die Farbenkonstanz der Sehdinge*, p. 595.

(21) 「感覚はたしかに人為的産物であるが恣意的なものではない。それはもろもろの自然的な構造が〈分析的立場〉からして分解されうる最後の部分的全体である。この観点から考えると、感覚は構造の認識に寄与するものであり、したがって感覚の研究の成果は、正しく解釈されるなら、知覚の心理学の重要な要素である。」Koffka, *Psychologie*, p. 548.

(22) Cf. Guillaume, *L'Objectivité en Psychologie*.

(23) Cf. *La Structure du Comportement*, chap. III.

(24) Koffka, *Psychologie*, pp. 530 et 549.

(25) M. Scheler, *Die Wissensformen und die Gesellschaft*, p. 412.

(26) Id., ibid., p. 397.「人間の方が動物よりも理想的な正確な形像の知覚にいっそう近づくものである。大人の方が幼児よりも、男性の方が女性よりも、個人の方が集団の一員よりも、また歴史的、組織的に思考する人間の方が、伝統によって動かされそれに〈捕えられて〉いる人間よりも、——つまり自分がそのなかに囚われている場を追憶の構成によって対象化し、客観化し、時間のなかに位置づけ、距離をおいて過去として捉える能力のない人間よりも、——理想的な正確な形像の知覚にいっそう近いものである。」

(27) Hering, Jaensch.

(28) Scheler, *Die Wissensformen und die Gesellschaft*, p. 412.

(29) Cf. Wertheimer, *Ueber das Denken der Naturvölker*, in *Drei Abhandlungen zur Gestalttheorie*.

(30) この表現はフッサールから由来したものだが、プラディーヌ (M. Pradines) の *Philosophie de la Sensation*, I 特に p. 152 以下において再びとりあげられ、深められている。

(31) Husserl, *Logische Untersuchungen*, chap. I, *Prolegomena zur reinen Logik*, p. 68.

(32) 例えば Kœhler, *Gestalt Psychology*, pp. 164–165 参照。

(33) 例えばヴェルトハイマー (Wertheimer) (近接の法則、類似の法則、「よい形態」の法則)

(34) K. Lewin, *Vorbemerkungen über die psychischen Kräfte und Energien und über die Struktur der Seele.*

(35) 《Set to reproduce》 Koffka, *Principles of Gestalt Psychology*, p. 581.

(36) Gottschaldt, *Ueber den Einfluss der Erfahrung auf die Wahrnehmung von Figuren.*

(37) Brunschvicg, *L'Expérience humaine et la Causalité physique*, p. 466.

(38) Bergson, *L'Energie spirituelle*, *L'effort intellectuel*, 例えば p. 184.

(39) Cf. 例えば Ebbinghaus, *Abrisz der Psychologie*, pp. 104–105.

(40) Hering, *Grundzüge der Lehre vom Lichtsinn*, p. 8.

(41) Scheler, *Idole der Selbsterkenntnis*, p. 72.

(42) Id., ibid.

(43) Koffka, *The Growth of the Mind*, p. 320.

(44) Scheler, *Idole der Selbsterkenntnis*, p. 85.

(45) *IIe Méditation*, AT IX, p. 25.

(46) Alain, *Système des Beaux-Arts*, p. 343.

(47) Cassirer, *Philosophie der symbolischen Formen*, t. III, *Phänomenologie der Erkenntnis*, p. 200.
(48) J. Stein, *Ueber die Veränderung der Sinnesleistungen und die Entstehung von Trugwahrnehmungen*, pp. 362 et 383.
(49) E. Rubin, *Die Nichtexistenz der Aufmerksamkeit.*
(50) Cf. 例えば Peters, *Zur Entwickelung der Farbenwahrnehmung*, pp. 152–153.
(51) Cf. supra p. 16 (本書三七頁)。
(52) Kœhler, *Ueber unbemerkte Empfindungen*……p. 52.
(53) Koffka, *Perception*, pp. 561 et suivantes.
(54) E. Stein, *Beiträge zur philosophischen Begründung der Psychologie und Geisteswissenschaften*, p. 35 sqq.
(55) Valéry, *Introduction à la poétique*, p. 40.
(56) アランが結論しているように。Alain, *Système des Beaux-Arts*, p. 343.
(57) これから先の幾頁かにおいて、カント哲学がフッサール流にいえば「世俗的」(mondaine) な独断論的な哲学であるゆえんがいっそう明らかになるはずである。Cf. Fink, *Die phänomenologische Philosophie Husserls in der gegenwärtigen Kritik*, pp. 531 et suivantes.
(58) 「ヒュームの自然にせよホッブスの人間にせよ、事実上の自然的経験に再び近づかんがためには、前者は……カントの理性を必要とし、後者はカントの実践理性を必要としたのである」Scheler, *Der Formalismus in der Ethik*, p. 62.
(59) Cf. Husserl, *Erfahrung und Urteil* 例えば p. 172.
(60) Descartes, *IIe Méditation*. 「……私は、蜜蠟を見るというのと全く同じように、ひとびとを見ると、きまっていう。しかしながら私は帽子や外套以外の何を窓から見ているだろうか。そして帽子や外套が、幽霊やゼンマイ仕掛だけで動く人形を、掩っていることだってありうるのだ。しかも私は、これがほんとうの人間であると判断している……」AT IX, p. 25.
(61) 「ここでもまた凹凸が一目瞭然と見えるようだ。しかし実は、凹凸とは似てもつかない見かけから推論されているのだ。つまり、同じ物がわれわれの眼の各々に現われる現われ方の違いから推論されているのである」Alain, *Quatre-vingt-un Chapitres sur l'esprit et les passions*, p. 19. なお、アランは (ibid., p. 17) ヘルムホルツ (Helmholtz) の『生理学的光学』(*Physiologische Optik*) をひき合いに出している。ヘルムホルツの『生理学的光学』はいつも恒常性仮説を暗黙のうちに前提としており、またそこではひたすら生理学的説明の空隙を埋めるためにだけ判断が介入するのである。なお ibid., p. 23 参照――「視覚がわれわれに、地平線上の森を、距離を距てたものとしてではなく、空気の層が間に介在しているために青味がかったものとして、提示するということは、きわめて明証的である」。視覚というものを身体的な刺激によって、もしくは一つの質の所有によって定義するなら、これは自明のことである。それというのも、こういう場合には視覚はわれわれに青を与えることはできるが、一つの関係である距離を与えることはできないからである。しかしこれは本来的な意味で明証的なのではない。つまり意識の証言に基づいてはいない。それどころか意識はまさに距離の知覚のなかに、いっさいの測定、計算、推論に先だつ諸関係を発見して驚くのだ。

(62)「この際私が判断しているのだということの証拠は、画家が遠くの山の見かけの姿をカンヴァス上で模倣することによって私に遠くの山の知覚を与えることができるという事実である。」Alain, ibid., p. 14.

(63)「われわれは二つの眼をもっているのだから、対象を二重に見ているわけだが、この二重の像からこれらを介して知覚される単一の対象の、距離もしくは起伏に関する認識を引き出すためでなければ、われわれはこの二重の像に注意をはらわないのである。」Lagneau, *Célèbres Leçons*, p. 105. そして一般に「人間精神の本性に属する基本的な諸感覚がどのようなものであるかを最初に探求しなくてはならない。人間の身体がこの本性をわれわれに示している」ibid., p. 75. ――「われわれの眼が各々の物について二つの像を提示するということを認めようとしないひとがいるのを、私は知っている。しかし非常に近い対象、例えば一本の鉛筆に両眼を集中するだけで、たちまち遠くの対象の像は二重になる」(Alain, *Quatre-vingt-un Chapitres*, pp. 23–24) だがこれは、遠くの対象の像が前々から二重であったことを証拠だてるものではない。身体的刺激に対応する現象はそれが意識によって認められない場合ですら与えられているはずだと主張する、恒常性仮説の偏見が、ここにも認められる。

(64)「知覚とは原初的直観の解釈である。一見直接的にみえるが実は習慣によって獲得され、推理によって修正された解釈である……」Lagneau, *Célèbres Leçons*, p. 158.

(65) Id., ibid., p. 160.

(66) 例えば Alain, *Quatre-vingt-un Chapitres*, p. 15 参照。浮き彫り（凹凸）は「思考され、推論され、判断される、あるいはほかにどのようにいってもよいが」。

(67) Alain, *Quatre-vingt-un Chapitres*, p. 18.

(68) Lagneau, *Célèbres Leçons*, pp. 132 et 128.

(69) Alain, ibid., p. 32.

(70) Montaigne, cité par Alain, *Système des Beaux-Arts*, p. 15.

(71) Cf. 例えば Lagneau, *Célèbres Leçons*, p. 134.

(72) Koehler, *Ueber unbemerkte Empfindungen und Urteilstäuschungen*, p. 69.

(73) Cf. Koffka, *Psychologie*, p. 533. 「矩形の一辺はそれでもなお線であるといいたくなる。——しかし現象としての、また機能的な要素としての、孤立した線は、矩形の一辺とは別ものである。ここでは一つの性質だけを挙げるにとどめるが、矩形の一辺は内側の面と外側の面とを持っており、これに反して孤立した線は完全に等価な二つの側面を持っている。」

(74) 「ほんとうをいうと、純粋な印象というものは考えられるだけであって感覚されているのではない。」 Lagneau, *Célèbres Leçons*, p. 119.

(75) 「われわれが科学的認識ならびに反省によってこの〔感覚という——訳者〕概念を獲得してしまうと、こんどは認識の最後の成果として知られたことがら——つまりこの概念がある存在者の他の諸存在者に対する関係を表わすということ——が、実は認識の出発点であるかのように思われてくる。しかしこれは錯覚である。われわれが感覚が認識に先だつと考える際の時間の観念は、精神による構成の産物である。」 id., ibid.

(76) Husserl, *Erfahrung und Urteil*, 例えば p. 331.

(77) 「……私がそれらの対象についてふつう下してきた判断は、私にこのような判断を下させるにいたった理由を調べたり考察したりするだけの暇を私がまだ持たないうちに、私のうちに作られたものであることに、私は気がついたのである。」 *VIe Méditation*, **AT IX, p. 60.**

(78) 「……私が感覚の対象について判断したその他のいっさいのことにしても、自然によって教えられたもののように私には思われたのである……」 Ibid.

(79) 「……心身の間の区別と統合とを、甚だ判明にしかも同時に理解することが、人間の精神にとって可能だとは私には思われません。というのも、このためには心身の両者を唯一のものと考えると同時に二つのものと考えなくてはなりませんが、これはあい反することがらだからです。」 A *Elisabeth*, 28 juin 1643, AT III, p. 690 et suiv

(80) Ibid.

(81) （判断力は）「それゆえ一つの概念をみずから提出すべきであるが、この概念は実際にはいかなる物も認識せしめるものではなく、ただ判断力自身にとってのみ規則として役立つにすぎないものであって、しかも判断力がその判断を従わせるための客観的規則として役立つものではない。なぜなら、客観的規則として役立つためには、この規則があてはまる場合であるかどうかを見分けうるために、さらに別の判断力が必要となろうからである。」(*Critique du Jugement*, Préface, p. 11.)〔Kant, *Kritik der Urteilskraft*, Vorrede, S. VII.〕

(82) *IIIe Méditation*, AT IX, p. 28.

(83) 二プラス三は五であるということと全く同じ資格で。Ibid.

(84) 反省的分析はその本来の道においては、われわれをして真実の主体性に還帰させるものではない。それは知覚的意識の生きた核心をわれわれからかくすものである。それというのも、反省的分析は絶対的に規定された存在の可能性の条件を探求し、無はなにものでもないという神学の擬似明証性の誘惑に負けているからである。しかしながら反省的分析を遂行した哲学者たちは、絶対的意識の下をいっそう深く掘り下げねばならないとつねに感じていた。デカルトに関してはわれわれは今しがたこの事実を見たばかりである。ラニョーとアランに関してもまたこれを示すことができよう。

反省的分析を最後まで推し進めると、もはや主観の側には普遍的な能産者(naturant)しか残らないはずである。そして物理学と精神生理学の諸法則によって世界に結びつけられた、私の身体と私の経験的自我とを含めて、経験の体系は、この普遍的な能産者に対して存在することになる。感官の興奮の「心的」延長として考え出された感覚は明らかに普遍的な能産者には属さない。精神の生成に関するどのような観念も、それに対して時間が存在する当のものたる精神を時間のなかに置き戻し、二つの自我を混同することになるのだから、雑種的な観念である。しかしながら、もしわれわれが歴史のないこの絶対的精神であり、何ものも真なる世界からわれわれを距てるものがないとしたら、そして超越論的自我によって経験的自我が構成され、その前に繰り広げられるのだとしたら、われわれは経験的自我の不透明性を貫いてそのすみずみまで照し見ることであろうし、したがってどうして誤謬というものが可能なのかわからなくなる。いわんや錯覚、つまりいかなる知識も追い払うことができない「異常な知覚」がどうして生ずるのか、わかろうはずもない(Lagneau, *Célèbres Leçons*, pp. 161-162)。もっとも錯覚と知覚とは一般に真偽の手前にあるということもできよう(Id., ibid.)。だがこういったところで問題の解決には役立たない。なぜならそのときは、精神は、いかにして真偽の手前にあることができるのか、という問題が生ずるからである。われわれが感覚する際、われわれは精神生理学的諸関係の交錯のなかで構成された対象として感覚を把握するのではない。われわれは感覚の真理を握っているのではない。われわれは真実の世界に直面しているのではない。「われわれは個人である、というのと、これらの個人のなかには一つの感性的な自然があってそこには環境の作用の結果でないようなあるものがある、というのとは、同じことである。もし仮に感性的自然におけるいっさいのものが必然性に従っているのだとしたら、もし真実の感覚の仕方であるようなある感覚の仕方が、われわれにとってあるのだとしたら、また、もし毎瞬毎瞬われわれの感覚の仕方が外的世界から結果するのだとしたら、われわれは、そもそも感覚などしなくなるだろう。」(*Célèbres Leçons*, p. 164.) こういう次第で感覚作用は構成されたものの領域には属さず、自我はおのれの前に繰り広げられたものとしてそれを見出すのではない。それは自我のまなざしを逃れる。それは自我の背後にいわば集められて、誤謬を可能にする厚みもしくは不透明性を形づくる。それは主体性もしくは孤独の一つの地帯の範囲を定めている。つまりそれはわれわれに対して精神に「先だって」あるところのものを表わしているのである。それは精神の誕生を思い出させ、「論理学の系譜」を明らかにするいっそう深い分析を要求するのである。精神はこのような「自然」の上に「基礎を置いた」ものとして自己を意識する。したがって所産者と能産者、知覚と判断との間の弁証法があるのであって、この弁証法的過程においてこれら両者の関係が逆転するのである。

同じような運動がアランの知覚の分析においても見出される。樹木はいつでも人間より大きく見えるということ、たとえ樹木が私から遠く距っていて人間が甚だ近いような場合ですら樹木の方が大きく見えるということは、周知の事実である。「ここでもまた、対象を大きくさせたものは判断である」といいたくなるであろう。「しかしもっと注意ぶかく吟味してみよう。対象はそれ自身においては何ら大きさをもってはいないのだから、対象が変えられたのではない。大きさというものはつねに比較的なものである。したがってこれらの二つの対象の大きさ、いやあらゆる対象の大きさは、一つの不可分な、じじつ部分というものを持たない全体を形づくっていることになる。もろもろの事物の大きさは一緒に判定されるのである。ここからして、つねに互いに分離され、また相互に外的な諸部分からなりたつ物質的な諸事物と、いかなる分割も許されないこれらの事物に関する思惟とを、混同してはならないことが明らかとなる。この区別は今は不明瞭であろうし、またいつまでも考えにくいことではあろうが、この際しっかりと心にとめておいてほしい。ある意味においては、物質的なものと考えられる限りでは、諸事物は諸部分に分割され、また互いに別のものである。しかしまたある意味において、思惟と見なされる限りでは、事物の知覚は不可分で部分を持たない。」(*Quatre-vingt-un Chapitres sur l'Esprit et les Passions*, p. 18.) だがそういうことだとすると、それらを見わたし、一方を他方への関係において規定する精神の洞察なるものは、真の主観性ではなくなるだろうし、それ自体として考察された事物からなおあまりに多くのものを借りていることになろう。知覚は樹木の大きさを人間の大きさから結論するのでも、人間の大きさを樹木の大きさから結論するのでもないし、以上の両方をこれら二つの対象の意味から結論するのでもない。知覚はすべてを、つまり樹木の大きさと人間の大きさ、両者の樹木としての、ならびに人間としての意義を、同時に構成し、その結果それぞれの要素があらゆる他の要素と調和して、いっさいが共存する一つの景観をつくるようになる。こうして、大きさと、そしてもっと一般的にいえば述語的次元の諸関係ないし諸特性を、可能ならしめるものの分析に、しかもアランが認識不可能と断言した (Ibid., p. 29)「いっさいの幾何学に先だつ」あの主観性に、われわれは立ち入るのである。というのも、反省的分析はいっそう厳密に分析としての自己自身を意識するようになるからである。それはおのれがその対象たる知覚を離れてしまったことに今や気がつく。分析は、おのれが明らかにした判断の背後に、それよりもっと深い、そしてそれを可能ならしめる一つの機能を認める、つまり分析は物の手前に現象を再発見するのである。心理学者たちが景観の形態化 (Gestaltung) について語るとき念頭においているのは、まさにこの機能である。かれらは殆んどアランと同じ言葉をつかって、構成された客観的世界から厳密に現象を区別することによって、哲学者を現象の記述に立ち帰らせるのである。

(85) A. Gurwitsch, *Recension du Nachwort zu meiner Ideen, de Husserl*, pp. 401 et suivantes 参照。

(86) Cf. 例えば P. Guillaume, *Traité de Psychologie*, chap. IX, *La Perception de l'Espace*, p. 151.

(87) Cf. *La Structure du Comportement*, p. 178.

(88) 《*Fliessende*》, Husserl, *Erfahrung und Urteil*, p. 428. フッサール自身現象への復帰が何を意味するかを完全に自覚するようになり、そして暗黙のうちに本質の哲学と絶縁したのは、彼の晩年においてである。だがこうしたからとて彼は彼自身ずっと前から使っていた分析の手続きを明るみに出し、主題化したまでのことである。例えば *Ideen* に先だって彼が用いた動機づけの概念がまさしく示しているように。

(89) 本書第三部参照。ゲシタルト心理学は、フッサールの現象学がその理論を提供した一種の反省を、実行したのである。「恒常性仮説」の批判のなかには、一つの哲学の全体が暗黙のうちに含まれている、といったらいいすぎだろうか。われわれは、ここで何も歴史的なことにかかわる必要はないのだが、ゲシタルト学説と現象学との間の親近性が、外的徴表によっても証拠だてられることを示しておこう。ケーラーが心理学の目標を「現象学的記述」となしたこと (*Ueber unbemerkte Empfindungen und Urteilstäuschungen*, p. 70) —— フッサールの昔の弟子であるコフカが、彼の心理学の指導的な諸理念を、フッサールの影響に関係づけ、ゲシタルトは印象といった型の心的出来事ではなく、内的構成の法則にしたがう一つの全体なのだから、心理主義に対する批判はゲシタルト学説にはあたらないという事情を示そうとしたこと (*Principle of Gestalt Psychology*, pp. 614-683) —— 最後にフッサールが、心理主義と同時に以前から批判していた論理主義を、晩年ますます遠ざけながら、「形態」(con-

figuration）の概念、いやゲシタルトの概念さえも、再びとりあげたということ（cf. *Die Krisis der europäischen Wissenschaften und die transcendentale Phänomenologie*, I, pp. 106, 109）——これらの事実は偶然ではない。とはいえ、その素朴実在論的な認識論からわかるように、ゲシタルト学説における自然主義と因果的思考に対する反動が決して首尾一貫したものでも、徹底的なものでもないことは、真実である（cf. *La Structure du Comportement*, p. 180）。ゲシタルト学説は、心理学的アトミズムが、もっと一般的な先入主、つまり、規定された存在もしくは世界に関する先入主の、一つの特殊な場合にすぎないことを、理解していない。それだから、いよいよ自己に理論的な骨組を与える段になると、その最も価値ある記述を忘れてしまうのである。ゲシタルト学説が無傷なのは、反省の中位の領域においてだけである。それは、自分自身のおこなう分析を反省しようとするときには、その本来の原理に反して、意識を「諸形態」（《formes》）の集合として取り扱う。フッサールがなお事実と本質とを対立させ、まだ歴史的構成という理念を獲得していなかった時代、したがって心理学と現象学との間に平行関係ではなくて、むしろ断絶の関係を強調していた時代に、彼が他のすべての心理学に対してと同様、はっきりとゲシタルト学説に対しても向けた諸批判（*Nachwort zu meinen Ideen*, p. 564 et suiv.）を正当化するには、以上の事実だけで十分である。私は、心理学と現象学との間の釣合を回復したE・フィンクのある文章を、他の場所（*La Structure du Comportement*, p. 280）で引用したことがある。——自然的態度に対する超越論的態度の問題——これこそ基本的な問題なのであるが——これに関しては、時間の超越論的意義を吟味する、本書の最終の部分において、初めて解決が与えられるであろう。

（90） Koffka, *Perception, an Introduction to the Gestalt Theory*, p. 558–559

（91） Id., *Mental Development*, p. 138.

（92） Scheler, *Die Wissensformen und die Gesellschaft*, p. 408.

（93） Cassirer, *Philosophie der Symbolischen Formen*, T. III, *Phänomenologie der Erkenntnis*, pp. 77–78.

（94） L・ブランシュヴィックがおこなっているように。

（95） Cf. 例えば *L'Expérience humaine et la Causalité physique*, p. 536.

（96） Cf. 例えば Alain, *Quatre-vingt-un Chapitres sur l'Esprit et les Passions*, p. 19 及び Brunschvicg, *L'Expérience humaine et la Causalité physique*, p. 468.

（97） *La Structure du Comportement* 及び本書第一部参照。

（98） こういう事情だから、後続の諸章において、われわれは知覚の内的経験と知覚主体に関する「外的」経験とのいずれの助けをかりることも許されよう。

(99) Scheler, *Idole der Selbsterkenntnis*, p. 106.

(100) Cf. *La Structure du Comportement*, pp. 106–119 et 261.

(101) 超越論的現象学のプログラムは、フッサールの文章の大多数においても、またその晩年の公表された文章においてさえ、このような言葉でのべられている。

第一部 身体

(1) Husserl, *Umsturz der Kopernikanischen Lehre: die Erde als Ur-Arche bewegt sich nicht* (inédit).

(2) 「私はひたすら精神のなかに存する判断の能力によってのみ、私が眼で見ていると思っているものを、理解する」*IIe Méditation*, AT Ⅸ, p. 25.

(3) Cf. *La Structure du Comportement*, chap. Ⅰ et Ⅱ.

(4) J. Stein, *Pathologie der Wahrnehmung*, p. 365.

(5) Id., ibid., p. 358.

(6) Id., ibid., pp. 360–361.

(7) J. Stein, *Pathologie der Wahrnehmung*, p. 362.

(8) Id., ibid., p. 364.

(9) Die Reizvorgänge treffen ein ungestimmtes Reaktionsorgan. (刺激過程がそれと合っていない反応器官にあたる) Stein. *Pathologie der Wahrnehmung*, p. 361.

(10) 《Die Sinne……die Form eben durch ursprüngliches Formbegreifen zu erkennen geben》(「諸感官が……まさに根源的な形態把握によって形態を認識させる」) Id., ibid., p. 353.

(11) Lhermitte, *L'Image de notre Corps*, p. 47.

(12) Id., ibid., pp. 129 sqq.

(13) Lhermitte, *L'Image de notre Corps*, p. 57.

(14) Id., ibid., p. 73. J・レールミットは切断手術をうけたひとびとの錯覚が、患者の心的資質と関係があることを指摘している。つまり、この錯覚は教養あるひとびとに比較的多くあらわれる。

(15) Id., ibid., p. 129 sqq.

(16) Id., ibid., p. 129 sqq.

(17) 幻像肢は純然たる生理学的説明にも、また純然たる心理学的説明にもなじまない、というのが、レールミット *L'Image de notre Corps*, p. 126 の結論である。

(18) Schilder, *Das Körperschema*; Menninger-Lerchenthal, *Das Truggebilde der eigenen Gestalt*, p. 174; Lhermitte, *L'Image de notre Corps*, p. 143.

(19) Cf. *La Structure du Comportement*, pp. 47 et suivantes.

(20) Ibid., pp. 196 et suivantes.

(21) ベルクソンが知覚と行動との統一を強調し、それを言い表わすために、「感覚‐運動過程」(processus sensori-moteurs) という用語を作るとき、彼は明らかに意識を世界のなかに参加《アンガジェ》せしめようとしている。しかし感覚することが一つの性質を表象することで、運動が客観的な空間における移動であるならば、たとえ芽生えの状態において捉えられた場合でも、感覚と運動との間には、いかなる妥協も不可能である。両者は対自と即自として互いに区別されている。概してベルクソンは、身体と精神とが時間を媒介として通じあうということ、精神であるということは、時間の経過を支配することであり、身体をもつことは現在をもつことであるという点を、いみじくも洞察した。身体とは意識の生成における瞬間的な切断面であると、彼はいっている (*Matière et Mémoire*, p. 150)。しかし身体は彼にとって、われわれのいわゆる客観的身体にとどまっている。意識は認識であり、時間は依然として「今」の系列であって、たとえ時間が「それ自身のうえに雪だるまのように」積み重なろうとも、空間化された時間のなかに自己を繰り広げようとも、この点にかわりはない。それゆえベルクソンは、「今」の系列を緊張させたり弛緩させたりすることができるにすぎない。つまり彼は時間の三次元が自己を構成する統一的な運動にまでは決して思い至らない。したがって、なぜ持続が現在に集結し、意識が身体と世界のなかに自己を拘束するのか、その理由が不明である。

「現実の機能」についていうと、P・ジャネは、これを実存的な概念として使っている。その結果、彼は、情動をわれわれの慣習的な存在の崩壊として、われわれの世界からの逃避として、したがってわれわれの「世界における(への)存在」の変容として取り扱う意味深い理論の下ごしらえをすることができたのである (例えばヒステリー発作の解釈 Cf. *De l'Angoisse à l'Extase*, T. II, p. 450 et suivantes)。しかしこの情動の理論は、とことんまで追求はされなかった。そしてJ‐P・サルトルが指摘しているように、P・ジャネの著作においては、この情動の理論はジェイムズの考え方に非常に近い機械論的な考え方と競いあっているのである。情動におけるわれわれの実存の崩壊は、単に心理的な諸力から派生したものとして取り扱われているし、また情動そのものも、第三人称的なこの過程の意識と見なされている。その結果、さまざまな傾向の力学的関係の結果たる情動的振舞に、意味を求める理由はもはや存在しないことになり、われわれは二元論に舞い戻るのである（Cf. J.-P. Sartre, *Esquisse d'une théorie de l'Emotion*）。なお、P・ジャネは、心理学的緊張——つまり、われわれがおのれの前にわれわれの「世界」を繰り広げる運動——をはっきりと典型的な一つの仮説として取り扱っているのだから、それを一般的にいって人間の具体的本質と考えるまでには到底いたっていないのである。尤も個々の分析においては、ひそかにこのようなものとして取り扱っているのだけれども。

(22) こういうわけで、サン・テグジュペリ（Saint-Exupéry）は、アラスの上空で砲火に包まれたとき、今しがたまで自分から逃れていくように思われていたこの身体を、もはや自分自身から区別されたものとは感じられないようになる。「恰も私の生命が瞬間ごとに私に与えられ、刻一刻と顕著になってゆくように思われる。私は生き、生きつつあり、今なお生きており、まだまだ生きているのである。私は生命の源泉以外のものではない。」*Pilote de Guerre*, p. 174.

(23) 「しかし、もちろん私の生活の過程において、何も急を要することが私をとりこにしていない時とか、私の意味が賭けられていない時など、私は私の身体の問題よりも重大な問題を知らない。」Saint-Exupéry, *Pilote de Guerre*, p. 169

(24) Cf. J.-P. Sartre, *Esquisse d'une Théorie de l'Emotion*

(25) *La Structure du Comportement*, p. 55.

(26) E. Menninger-Lerchenthal, *Das Truggebilde der eigenen Gestalt*, pp. 174-175.

(27) Husserl, *Ideen*, T. II（未刊）私が若干の未刊の書類に接することができたのは、ノエル（Noël）猊下と、遺稿全部の保管者たるルーヴァンの哲学高等研究所とくにヴァン・ブレダ師（R. P. Van Bréda）の好意のおかげである。

(28) Husserl, *Meditations cartésiennes*, p. 81.

(29) R. Guillaume, *L'Objectivité en Psychologie*.

(30) Cf. 例えば Head, *On disturbances of sensation with especial reference to the pain of visceral disease*.

(31) Id., ibid. 私は *La Structure du Comportement*, p. 102 et suivantes において局所標識の概念を吟味した。

(32) Cf. 例えば Head, *Sensory Disturbances from cerebral Lesion*, p. 189; Pick, *Störungen der Orientierung am eigenen*

Körper, さらに Schilder, *Das Körperschema.* もっともシルダーは「このような複合体がその諸部分の総和ではなく、それらに対して全く新たな全体である」ことを認めているのであるが。

(33) 例えば Lhermitte, *L'Image de notre Corps* のように。

(34) Konrad, *Das Körperschema, eine kritische Studie und der Versuch einer Revision*, pp. 365 et 367. ビュルガー－プリンツ (Bürger-Prinz) とカイラ (Kaila) は身体像を定義して「全体的形態としての自己の身体についての知、四肢ならびに身体諸部分間の相互関係についての知」という。

(35) Cf. 例えば Konrad 前掲書。

(36) Grünbaum, *Aphasie und Motorik*, p. 395.

(37) すでに明らかにされたように（本書一四九頁以下参照）身体像の一つの様相である幻像肢は、「世界における（への）存在」(l'être au monde) の一般的運動によって了解される。

(38) Cf. Becker, *Beiträge zur phänomenologischen Begründung der Geometrie und ihrer physikalischen Anwendungen.*

(39) Gelb et Goldstein, *Ueber den Einfluss des vollständigen Verlustes des optischen Vorstellungsvermögens auf das taktile Erkennen.——Psychologische Analysen hirnpathologischer Fälle*, chap. II, pp. 157–250.

(40) Goldstein, *Ueber die Abhängigkeit der Bewegungen von optischen Vorgängen.*
この第二の著作は、今しがた引用された著作のなかに集められている観察の二年後に、同一の患者シュナイダーについてなされた観察を利用している。

(41) Goldstein, *Zeigen und Greifen*, pp. 453–466.

(42) Id., ibid. ある小脳障害患者が扱われている。

(43) Goldstein, *Ueber die Abhängigkeit*……, p. 175.

(44) Diderot, *Paradoxe sur le Comédien.*

(45) J.-P. Sartre, *L'Imaginaire*, p. 243.

(46) Goldstein, *Ueber die Abhängigkeit*……, pp. 175 et 176.

(47) それゆえ問題はいかにして精神が客観的身体に作用するかを知ることではない。なぜなら、精神が作用するのは客観的身体ではなく、現象的身体だからである。この観点からすると、問題の所在が移動する。今やなぜ私ならびに私の身体に関して、二つの見方、つまり私にとっての私の身体と他人にとっての私の身体という二つの見方が存在するのか、また、いかにしてこの二つの見方《システム》が共に可能であるかを、理解することが問題なのである。実際、客観的身体は「対他」に属し、私の現象的身体は「対私」に属するといっただけでは、十分ではない。そしてこの両者の関係の問題をたてることを拒むことは許されない。なぜなら、私は他人を知覚すると同時に、たちまち他人にとっての対象の状態に舞い戻ってしまうが、この私による他人の知覚が証拠だてているように、「対私」と「対他」とは、同じ一つの世界のなかに共存しているからである。

(48) Goldstein, *Ueber den Einfluss*……, pp. 167–206

(49) Id., ibid., pp. 206–213.

(50) 例えば、被験者は何度も繰り返して一つの角の上にその指を走らせる。「指は、と彼はいう、まっすぐにゆく、つぎに止る。つぎに別の方向に向って再出発する。これは一つの角である。これは直角にちがいない。」――「二つ、三つ、四つの角、辺はどれもこれも二センチ・メートル、だから等辺である。角は皆直角、これはさいころだ。」Id., ibid., p. 195, cf. pp. 187–206.

(51) Goldstein, *Ueber den Einfluss*……, pp. 206–213.

(52) ゴールドシュタインが想定するように。Ibid., pp. 167–206.

(53) 本書前出「観念の連合」についての一般的論議、五一頁以下参照。

(54) 私はこの語を患者シュナイダーから借りた。彼は、「私には手掛りとなる点 (Anhaltspunkt) が必要だ」という。

(55) Goldstein, *Ueber den Einfluss*……, pp. 213–222.

(56) Goldstein, *Ueber die Abhängigkeit*, p. 161: Bewegung und Hintergrund bestimmt sich wechselseitig, sind eigentlich nur zwei herausgegriffene Momente eines einheitlichen Ganzes. (運動と背景とは相互に規定しあうものであって、本来、統一的な全体から取り出された二つの契機にすぎない。)

(57) Goldstein, *Ueber die Abhängigkeit*……, p. 161.

(58) Id., ibid.

(59) ゴールドシュタイン (*Ueber die Abhängigkeit*, p. 160 sq.) は、抽象的運動の背景は身体であるというだけで満足している。そして抽象的運動における身体がもはや単に運動の担い手ではなくて、運動の目標になっている限りにおいて、これは真実である。しかし機能を変えることによって、それはまた実存的様相をも変え、現実的なものから可能的なものへ移行している。

(60) Van Woerkom, *Sur la Notion de l'Espace* (*le Sens géometrique*), pp. 113–119.

(61) Cf. 例えば H. Le Savoureux, *Un Philosophe en Face de la Psychanalyse*, *Nouvelle Revue Française*, février 1939.「フロイトにとっては、もっともらしい論理的諸関係によって、さまざまな症候を結びつけることに成功しさえすれば、この事実だけで、ある精神分析学的なつまり心理学的な解釈の、正当性を主張するための、十分な証拠となるのだ。解釈の正確さの基準として提出された、論理的一貫性のこのような性格は、フロイトの論証を科学的説明よりははるかに形而上学的な演繹に近いものとする。……精神医学において、原因を探求する際には、心理学的なもっともらしさなどは、殆んど無にもひとしいのだ。」(p. 318)

(62) 彼がそれ（対象の認知）に成功するのは、対象の不完全な輪郭をあとづける頭や手や指の「模倣運動」(nachfahrende Bewegungen) をすることが許される場合に限られる。Gelb et Goldstein, *Zur Psychologie des optischen Wahrnehmungs und Erkennungsvorganges*, *Psychologische Analysen hirnpathologischer Fälle*, chap. I, pp. 20–24.

(63) 「患者の視覚的与件には、それぞれの与件特有の特徴的な構造が欠けている。その印象は正常人の場合のように、堅固な形態をもっていない。例えば〈四角形〉〈三角形〉〈直線〉〈曲線〉などといった特徴的な相を示さない。彼が見るものは単なるしみにすぎない。そして彼は視覚によっては、高さ、幅、ならびにそれら相互の関係というような、甚だ大ざっぱな特徴しか、そのしみに関して捉えることができないのである」(Ibid., p. 77)。五十歩ばかり距たった所で庭掃きをしている庭師は、「なにかその上の方ではあっちこっち往復するものをもった長い線」と見える(p. 108)。街路で、この患者が人間を車から見わけるのは、「人間がみな同じようで、細くて長く、——車は幅広く、この点では見そこなう余地はないし、またずっと厚みがある」からである (ibid.)。

(64) Ibid., p. 116.

(65) Gelb et Goldstein, *Ueber den Einflusz*……, pp. 213–222.

(66) ゲルプやゴールドシュタインがシュナイダーの症例の研究にささげた初期の著作 (*Zur Psychologie*…… と *Ueber den Einflusz*) においては、この症例が以上のような意味に解釈されていた。その後 (*Ueber die Abhängigkeit* となかんずく *Zeigen und Greifen* ならびに彼らの指導のもとに、ベナリー (Benary) ホッホアイマー (Hocheimer) シュタインフェルト (Steinfeld) によって出版された諸著作において) 彼らがいかにその診断を拡大したかといういきさつを、われわれはやがて知るであろう。彼らの分析の進歩は、心理学の進歩の、とりわけ明らかな一例である。

(67) *Zeigen und Greifen*, p. 456.

(68) Goldstein, *Zeigen und Greifen*, pp. 458–459

(69) Cf. 本書、緒論三五頁。

(70) Cf. L. Brunschvicg, *L'Experience humaine et la Causalité physique*. 1re partie.

(71) Gelb et Goldstein, *Ueber den Einflusz*……, pp. 227–250

(72) Goldstein, *Ueber die Abhängigkeit*……, pp. 163 sqq

(73) Goldstein, *Ueber den Einflusz*……, pp. 244 sqq.

(74) ここで扱われているのはゴールドシュタイン自身がその著作 *Ueber die Abhängigkeit*…… において、シュナイダーの症例と比較対照したS.の症例である。

(75) *Ueber die Abhängigkeit*……, pp. 178–184.

(76) Ibid., p. 150.

(77) *Ueber den Einflusz*, pp. 227 sq.

(78) 感覚的与件が運動機能によって条件づけられていることについては、cf. *la Structure du Comportement*, p. 41, また、鎖でつながれた犬が自由に運動できる犬と同じようには知覚しないことを示す実験を参照されたい。ゲルプとゴールドシュタインにおいては、奇妙なことに、古典的心理学の手続きがゲシタルト心理学の具体的な着想とまじりあっている。彼らはなるほど知覚主体が一つの全体として反応することを認めているが、しかし全体性は混合として理解されている。触覚は視覚との共存からある「質的なニュアンス」しか受けとらないのである。これに反してゲシタルト心理学の精神によれば、二つの感覚領域は、不可分の契機として相互感覚的組織に統合されることによって初めて、互いに通じあうことができるのである。ところで、もし触覚の与件が視覚の与件と一緒になって、一つの全体的な形態をつくるとすれば、これは明らかに、触覚の与件そのものが、それ自身の地盤の上で、空間的組織を実現するということを条件にしている。そうでないと、触覚と視覚の結合は、外的な連合になってしまい、全体的な形態の内部においても、触覚は、それが孤立的に受けとられた場合と同じ状態のままにとどまるだろう。——以上の二つの帰結は、ゲシタルト学説によってひとしく排撃されている。尤も公平さを心がけるならば、われわれは、別の労作において (Bericht über den IX Kongresz für experimentelle Psychologie in München, *Die psychologische Bedeutung pathologischer Störungen der Raumwahrnehmung*) ゲルプ自身、われわれが今しがた分析したばかりの考え方の不十分さを指摘しているという事実を、附言せねばならない。それによると、正常人における触覚と視覚の癒着について語ることさえ許されないし、空間に対する反応においてこれら二つの合成要素を区別することさえしてはならないのである。純然たる触覚的経験も純然たる視覚的経験も、またその並置の空間も表象された空間も、いずれもともに分析の産物である。あらゆる感覚機能が「未分化の統一」において協力しあっている空間の具体的操作というものがある。そして触覚はただ空間の主題的な認識には、不向きであるというにすぎない。

(79) Cf. Gelb et Goldstein, *Ueber Farbennamenamnesie.*

(80) Gelb et Goldstein. *Zeigen und Greiben*, pp. 456–457.

(81) Head.

(82) Bouman et Grünbaum

(83) Van Woerkom.

(84) 世人はしばしばこの区別の功をフッサールに帰している。実はそれはデカルトにもカントにも見出される。私の考えによれば、フッサールの独自性は、志向性の概念の彼方に存する。つまり、この概念を仕上げると共に、表象の志向性の下に、他の人びとが実存と呼んだところの、いっそう深い志向性を発見したことにある。

(85) ゲルプとゴールドシュタインもしばしば諸現象をこの意味に解釈する傾向を示している。彼らは自動的なものと意識との、古典的な二者択一を超克するのに、何ぴとよりも大きな貢献をなした。彼らの分析はいつも彼らを導いて、精神的なものと生理的なものとの間の、対自と即自との間の、第三項に至らしめたのであるが、われわれがやがて実存と呼ぶこの第三項に、しかし、彼らは決してその名を与えようとはしなかった。彼らの最も古い労作がしばしば身体と意識との古典的な二分法におちいっているのは、その結果である。「把握の運動は指示する行為よりもはるかに直接的に、有機体とそれをとりまく領野との関係によって決定されている（……）。意識的に展開される諸関係よりも、直接的な反応の方が問題なのである（……）。われわれは、この際、はるかに生命的な、生物学的にいうと、はるかに原始的な過程にたずさわっているのである。」（*Zeigen und Greifen*, p. 459.）「把握の行為は、この行為遂行の意識的な成分に関する変化、例えば（精神盲における）同時的な理解の欠如、（小脳疾患者における）知覚された空間のずれ、（若干の皮質傷害における）感受性の障害などには、全く影響されることはない。というのも、このような対象的領域においておこなわれることではないからである。末梢の興奮が、依然として確実に把握の行為を導くのに十分なものである限り、この行為は失われずに保存されている。」（*Zeigen und Greifen*, p. 460.）ゲルプとゴールドシュタインは、確かに、反射的な位置決定の運動（Henri）の存在を疑ってはいるが、しかし世人がこれを生得的なものと見なそうとした限りにおいてにすぎない。「睡眠中（睡眠は絶対的な無意識と考えられている）ですら起るのだから、空間の意識を含んでいるはずのない自動的位置決定」という観念を彼らは決して手離そうとしない。なるほどそれは、乳児における触覚的刺激に対する身体全体としての反応から出発して、「学習される」のであるが、——しかしこの学習は、「運動感覚的な名残り」の蓄積と解されている。正常な成人にあっては、この名残りが外部の刺激によって「よびさまされ」適当な出口の方へ彼を導くというのだ(*Ueber den Einfluss*……, pp. 167-206)。シュナイダーが彼の手仕事に必要な運動を正しくおこなえるのも、それらの運動がことごとく習慣的で、空間の意識を全く必要としないからなのである(ibid., pp. 221-222)。

(86) （前註によって明らかなように）ゴールドシュタインはややもすると把握を身体に、指示を範疇的態度に帰せしめがちであったが、この彼自身、このような「説明」の撤回を余儀なくされている。把握の行為は「命令に応じて遂行されることも」可能であって、「患者は把握しようと意志するのだ」と彼はいっている。「把握するためには、手の運動の目標となる空間の一点を意識する必要はないが、それでも患者は、空間において一定の方向に方向づけられているという感じはもっている……」(*Zeigen und Greifen*, p. 461)。正常人において行われるような把握の行為は「また範疇的な、意識的な態度を要求している」(ibid., p. 465)。

(87) Symbolvermögen schlechthin, Cassirer, *Philosophie der symbolischen Formen*, III, p. 320.

(88) Gemeinsamkeit im Sein, Gemeinsamkeit im Sinn, Ibid.

(89) Cf. 例えば Cassirer, *Philosophie der Symbolischen Formen*, III, chap. IV, *Pathologie des Symbolbewusstseins*.

(90) 実際、精神分裂症における時間の分散と未来の喪失を、範疇的態度の崩壊に帰せしめるというような、主知主義的解釈を想像してみることもできよう。

(91) *La Structure de Comportement*, p. 91 et suiv.

(92) フッサールの愛用語 Stiftung の訳。

(93) 本書第三部参照。——E・カッシラーは、カントが大抵の場合「経験の知的昇華」しか分析しなかったと非難しているときとか(*Philosophie der Symbolischen*, T. III, p. 14)、象徴的含蓄という概念によって質料と形相との絶対的同時性をいい表わそうとしたり、精神はその現在の深みのなかに、その過去を担い保存しているというヘーゲルの言葉をわがものにしようとする際に（*Philosophie der Symbolischen Formen*, III. S. 92.——独訳註による）、明らかに同様な目標をみずからかかげていたのである。しかしさまざまな象徴形式の間の関係は、あい変らず曖昧である。Darstellung（表示、叙述）の機能は、永遠なる意識の自己還帰における一契機であり、Bedeutung（知的意義）の機能の影なのか——それとも、逆に、Bedeutung の機能が最初の構成的な「波」の思いがけない増幅なのかと、いつまでも疑問が残る。意識はそれが予め総合しておいたものしか分析することはできないというカントの定式（Cf. **Kritik der reinen Vernunft, B. S.** 130. ——独訳註）を踏襲するとき、カッシラーは明らかに主知主義に舞い戻っているのである。尤も彼の著作のなかには現象学的な、いや実存的でさえある分析が少からず見出され、今後われわれにとってもなお役立つではあろうが。

(94) **Benary,** *Studien zur Untersuchung der Intelligenz bei einen Fall von Seelenblindheit*, **p.** 262.

(95) Id., ibid., p. 263.

(96) 知覚のいっそう正確な研究は、第二部に譲る。ここでは知覚に関して、シュナイダーにおける根本的な障害と運動障害とを明らかにするのに必要なことだけを、いうにとどめる。やがて明らかにするつもりだが、知覚と自己の身体の経験とが互いに含みあっている以上、こうして知覚について本論に先だって述べたり、また本論でこれを繰り返したりすることは、避けられない。

(97) **Hochheimer,** *Analyse eines Seelenblinden von der Sprache*, p. 49.

(98) **Benary, travail cité, p.** 255.

(99) シュナイダーは、自分で書いた手紙をひとが読むのを聞いたり、また自分自身で読んだりしながら、それが自分の手紙だということに気づかないでいることができる。彼は署名がなければ、手紙は誰からきたのかわかろうはずがないとさえ、いいきっている（**Hochheimer, travail cité, p.** 12）。

(100) **Benary, travail cité, p.** 256.

(101) 何時間かの黙想の後にセザンヌが獲得したのは、完全な意味における「モティーフ」の、このような占有であった。「われわれは発酵しつつある」と彼はいうのであった。それから突然こういった。「これでよし」と。J. Gasquet, *Cézanne*, IIe Partie, *Le Motif*, pp. 81–83.

(102) **Benary, travail cité, p.** 279.

(103) 彼にとって重要な会話のなかで彼の記憶に残るものは、一般的な主題と最後の決定だけであって、相手の話ではない。「私は会話のなかで私が何をいったか、それをいった理由をたぐって想い出すことができる。他人が何をいったかを想い出すのはもっと難しい。想い出す手がかり（**Anhaltspunkt**）がないからだ。」（**Benary, travail cité, p.** 214.）なお、患者は、会話の際の自分自身の態度を、再構成したり、演繹したりしているのであって、自分自身の思想でさえ、直接「引き受ける」ことは彼には不可能だということがわかるのである。

(104) Benary, travail cité, p. 224.

(105) Id., ibid., p. 223.

(106) Id., ibid., p. 240.

(107) Id., ibid., p. 284.

(108) Benary, travail cité, p. 213.

(109) Hochheimer, travail cité, p. 37.

(110) Id., ibid., p. 56.

(111) Benary, travail cité, p. 213.

(112) これと同様に，彼にとっては二義的な語やしゃれは存在しない。それというのも語は彼にとっては同時に一つの意味しか持つことができないし，現実的なものがもろもろの可能性の地平なしに存在するからである。Benary, travail cité, p. 283.

(113) Hochheimer, travail cité, p. 32.

(114) Id., ibid., pp. 32, 33.

(115) Unseres Hinsehen in den Zeitvektor. Id., ibid.

(116) Benary, travail cité, p. 213.

(117) Hochheimer, travail cité, p. 33.

(118) Id., ibid., p. 32.

(119) Id., ibid., p. 69.

(120) Cf. Fischer, *Raum-Zeitstruktur und Denkstörung in der Schizophrenie*, p. 250.

(121) Cf. *La Structure der Comportement*, pp. 91 et suivantes.

(122) この用語はフッサールの未刊の文献のなかによく出てくる。

(123) Goldstein, *Ueber die Abhängigkeit*, p. 163.

(124) 純粋な運動的志向性をとりだすことは容易ではない。それというのも，それがみずからその構成に貢献した客観的世界の背後にかくれ去るからである。失行症の歴史をかえりみるならば，行動《プラクシス》の記述が殆んどいつも表象の概念によってどんなに汚染され、ついには不可能にされたかが、明らかとなろう。リープマン（Liepmann, *Ueber Störungen des Handelns bei Gehirnkranken*）は、対象は認知されていないが行動は対象の表象に適合しているという失認症的行動障害と、一般に、「行為の表象上の準備」（《préparation idéatoire de l'action》）に関する障害（目標の忘却、二つの目標の混同、時期の早すぎる実行、中間に介在する知覚のため生ずる目標の移動）（travail cité, pp. 20–31）とから、失行症を厳格に区別している。リープマンが扱った患者（「参事官」）は右手では行なえないことをみな左手では行なえるのだから、表象上の過程は正常である。しかし、また右手が麻痺しているわけでもない。「参事官の症例は、いわゆる高等な心的諸過程と運動に関する神経支配との間に、もう一つの欠陥の存在の余地があること、そしてこの欠陥は行動企投（Entwurf）をしかじかの肢体の運動に適用することを不可能ならしめるものだということを明示している（……）。四肢の一つの感覚‐運動装置の全体が、総体的な生理的過程から、いわばはずされて（exartikuliert）いるのである」（Ibid., pp. 40–41）。それゆえ、正常な場合には、運動の方式はすべてわれわれに対して表象として提示されると同時に、われわれの身体に対して、一定の実践的な可能性として差し出されているわけである。この患者は表象としては運動の方式を保持していたが、彼の右手にとっては、この方式はもはや何の意味ももってはいないのだ。あるいは、彼の右手はもはや行動領域をもってはいないのだ。「行動における伝達可能な要素、客観的な、他人にも知覚されうる要素、彼はこれをすべて保存していた。彼に欠けているもの、つまり右手を予定された計画にあわせて誘導する能力は、いい表わすことのできないあるものであり、他人の意識の対象とはなりえないものである。それは一つの能力ではあるが知識ではない（ein Können, kein Kennen）」。しかしリープマンはその分析を明確化する段になると、古典的な見地に舞い戻って、運動を表象（主要な目標とともに中間的な目標をも示す「運動方式」）と、（中間的な目標のそれぞれに適切な神経支配を対応させるところの）自動的機制のシステムとに、分解するのである（ibid., p. 59）。さきほどいわれた「能力」は「神経物質の特性」となる（ibid., p. 47）。これでは、運動企投（Bewegungsentwurf）の概念によって超えたつもりになっていた意識と身体との二者択一に、再び戻ることになる。単純な運動の場合には、目標ならびに中間目標の表象は、すでに決定的に身についている自動機制を発動させるのだから、おのずから運動に転化することになるし（p. 55）、複合的な運動においては、この表象が、「もろもろの部分的運動の運動感覚的な記憶」をよび起す、というのだ。「なぜなら運動が部分的な行為から合成されているように、運動の企投もその部分の表象、もしくは中間的目標の表象からなりたっているからで、われわれが運動方式とよんだのもこの表象のことである。」（p. 57）運動の実行《プラクシス》は表象と自動機制とに分解され、その結果、参事官の症例は不可解なものとなる。なぜなら、最初にリープマンが排斥したこと、つまりその障害を運動の表象上の準備か自動機制の何らかの欠陥かのいずれかに帰せしめることを余儀なくされるし、したがって運動失行症（apraxie motrice）は失認症の一形態たる意図失行症（apraxie idéatoire）か麻痺かのいずれかに、還元されることになるからである。なさるべき運動が表象によって先取りされることなくして先取りされうるという場合にのみ、失行症は合点のいくように説明され、リープマンの観察した諸事実も正当に取り扱われることになる。そしてこれは、意識がその対象の明示的な措定としてではなく、もっと一般的に、理論的であるとともに実践的な対象への関係として、つまり、「世界における（への）存在」（être au monde）として定義され、身体は身体で、諸対象のなかの一つの対象としてではなく、「世界における（への）存在」の媒体として定義される場合に、初めて可能となるのである。意識が表象によって定義される限り、意識にとって唯一の可能な働きは、表象を形づくることだけでしかなく、意識が運動的となるのも、「運動の表象」を形成する限りにおいてだけだ、ということになろう。そうすると身体は、意識が描きだす表象に従い、意識から受け取る運動の方式を手本としてこれを模写することによって、運動を遂行することになる（Cf. O. Sittig, *Ueber Apraxie*, p. 98）。これでは、運動の表象がどういう魔術的手続きによって、身体のなかにまさにこの運動を惹起するのか、依然としてわからない。この問題は、身体を即自的な機械制として、意識を対自的存在として区別することをやめた暁に、初めて解かれるのである。

(125) Lhermitte, G. Lévy et Kyriako, *Les Perturbations de la Représentation spatiale chez les Apraxiques*, p. 597.

(126) Lhermitte et Trelles, *Sur l'Apraxie constructive, les Troubles de la Pensée spatiale et de la Somatognosie dans l'Apraxie*, p. 428. Cf. Lhermitte, de Massary et Kyriako, *Le Rôle de la Pensée spatiale dans l'Apraxie.*

(127) Head and Holms, *Sensory Disturbances from cerebral Lesions*, p. 187.

(128) Grünbaum, *Aphasie und Motorik.*

(129) ゴールドシュタイン、ファン・ヴェルコム（Van Woerkom）、ボウマン（Boumann）、ならびにグリュンバウム。

(130) Grünbaum, travail cité, pp. 386–392.

(131) Grünbaum, travail cité, pp. 397–398.

(132) Id., ibid., p. 394.

(133) Id., ibid., p. 396.

(134) この点については *La Structure du Comportement*, pp. 125 et suivantes.

(135) 例えばベルクソンが、習慣を「精神的活動の化石的な名残り」と定義するとき考えているように。

(136) Head, *Sensory Disturbance from cerebral Lesion*, p. 188.

(137) Grünbaum, *Aphasie und Motorik*, p. 395.

(138) 習慣は、こうして身体像の本性に光をあてる。身体像はわれわれの身体の状態を直接われわれに知らしめるとはいっても、それが「外延的感覚」の寄木細工からなりたっていると、経験主義者の流儀にしたがって主張するつもりはない。それは世界に向って開かれた一つのシステムであり、世界の相関者なのである。

(139) Cf. Chevalier, *L'Habitude*, pp. 202 et suivantes.

(140) Voir Proust, *Du Côté de chez Swann*, II.「あたかも、奏者たちは短い楽句を演奏するのではなく、むしろ楽句が出現するために必要な儀式をおこなっているかのように……」(p. 187)。「その叫びはきわめて唐突だったので、ヴァイオリニストはそれを受けとめるために、彼の弓に飛びかからねばならなかった」(p. 193)。

(141) Valéry, *Introduction à la Méthode de Léonard de Vinci, Variété*, p. 177.

(142) Cassirer, *Philosophie der symbolischen Formen*, III, 2e Partie, Chap. II.

(143) Lhermitte, *L'Image de notre Corps*, p. 130.

(144) Van Bogaert, *Sur la Pathologie de l'Image de Soi*, p. 541.

(145) Lhermitte, *L'Image de notre Corps*, p. 238.

(146) Wolff, *Selbstbeurteilung und Fremdbeurteilung in wissenschaftlichen Versuch.*

(147) Menninger-Lerchenthal, *Das Truggebilde der eigenen Gestalt*, p. 4

(148) Lhermitte, *L'Image de notre Corps*, p. 238.

(149) 骨骼の力学は、科学の水準においてすら、私の身体の優先的な姿勢と運動とを説明することができない。Cf. *La Structure du Comportement*, p. 196.

(150) 例えば、フッサールは長い間、意識もしくは意味付与を、「把握－内容」(Auffassung-Inhalt) という図式にしたがって、「生気づける把握」(beseelende Auffassung) と定義していた。彼は『時間に関する講義』以来、このような作用がもう一つのいっそう深い作用、つまり内容そのものがこの把握に対して準備される作用を、前提するという事実を認めることによって、決定的な一歩をふみだすのである。「すべての構成が、〈把握内容－把握〉(Auffassungsinhalt-Auffassung) という図式にしたがって、おこなわれるわけではない」(*Vorlesungen zur Phänomenologie des inneren Zeitbewusztseins*, p. 5, note 1)

(151) Koffka, *Growth of the Mind*, pp. 174 et suivantes

(152) シュナイダーのこと。その運動上の欠陥ならびに知的欠陥をすでにわれわれが研究した例の患者。彼の情動的、性的行動はシュタインフェルトによって分析された。Steinfeld, *Ein Beitrag zur Analyse der Sexualfunktion*, pp. 175–180.

(153) 本書一二九頁参照。

(154) W. Steckel, *La Femme frigide*.

(155) Freud, *Introduction à la Psychanalyse*, p. 45.〔*Einführung in die Psychoanalyse*, S. 29〕フロイト自身、具体的な分析においては因果的思惟を離れている。例えば症候はつねに多様な意味をもっている、あるいはフロイト流にいうと「多元的に決定されて」(《surdéterminés, überdeterminiert》) いるということを明らかにした際に、そうであった。なぜならこれは、症候が固まる瞬間には、それはつねに患者自身のなかに「存在理由」を見出すということ、したがって生におけるいかなる事件も、正確にいうと外部から決定されてはいないということを、認めることにほかならないからである。フロイトは外部の出来事を、アコヤ貝にとっては真珠を造る機会にすぎない異物に、なぞらえている。例えば、*Cinq Psychanalyses*, chap. I, p. 91, note 1 (*Bruckstück einer Hysterie-Analyse*, S. 245) 参照。

(156) *La Structure du Comportement*, pp. 80 et suivantes.

(157) Binswanger, *Ueber Psychotherapie*, pp. 113 et suivantes.

(158) 外傷性の追憶を思い出し、それを医師に伝える瞬間に括約筋の弛緩を体験するという患者の例が、ビンスヴァンガーによって報告されている(*Ueber Psychotherapie*, p. 188)。

(159) J.-P. Sartre, *L'Imaginaire*, p. 38.

(160) Freud, *Introduction à la Psychanalyse*, p. 66.〔*Einführung*…, S. 49〕

(161) Binswanger, *Ueber Psychotherapie*, pp. 113, sqq.

(162) Binswanger, *Ueber Psychotherapie*, p. 188.

(163) Binswanger, *Ueber Psychotherapie*, p. 182.

(164) Binswanger, *Ueber Psychotherapie* 《eine verdeckte Form unseres Selbstseins》, p. 188.

(165) ポリツェル (Politzer) がすでにおこなっているように (*Critique des fondements de la Psychologie*, p. 23) この言葉をロマンチックな響きを少しもまじえずに、その語源的な意味において用いることにする。

(166) Laforgue, *L'Echec de Baudelaire*, p. 126

(167) Pascal, *Pensée et Opuscules* (Ed. Brunschvicg), Section VI, no 339, p. 486.

(168) Cf. *La Structure du Comportement*, pp. 160–161.

(169) 〔弁証法的唯物論の実存的解釈について〕記述的・現象学的方法の名において、「還元的」な考え方や因果的思惟を非難することによって、史的唯物論をしりぞけることが許されないのは、精神分析学の場合と同様である。なぜなら史的唯物論に関してひとびとが与えた「因果的」な定式化にそれは拘束されているわけではなく、他の言葉でも述べられうるという点でも、それは精神分析学の場合と同様だからである。史的唯物論の本質は、歴史を経済的たらしめることにあるとともに、これに劣らず、経済を歴史的たらしめることにある。それが歴史をその上に据える経済なるものは、古典科学におけるように客観的諸現象の完結した環ではなくて、生産諸力と生産諸形式との間の対決であり、前者がその匿名性から脱出して自己自身を意識し、こうして未来を形成することが可能となった暁に、この対決は初めて終局に達するのである。さて、自覚ということは明らかに文化的現象であり、これをとおして歴史のよこ糸のなかにすべての心理的動機づけが入ってくることができる。一九一七年の革命の「唯物論的」歴史記述のかなめは、革命の推進力のそれぞれを当時の小売物価指数によって説明することにではなく、諸階級の力動的な関係のなかに、そしてまたプロレタリアの新しい勢力と古い保守的な勢力との間の、二月から十月にかけてたえず変動する意識諸関係のなかに、かの推進力のそれぞれを復位せしめることにある。歴史が経済に還元されるのではなく、むしろ経済が歴史に再統合されるのである。「史的唯物論」に鼓吹されて書かれた諸著作においても、「史的唯物論」とは、歴史の具体的な概念にほかならないという場合がしばしばある。つまり、それは歴史の表だっての内容――例えばある民主制における「市民たち」の公的な関係――のほかに、そのかくれた内容、すなわち実際に具体的生活のなかでおこなわれているがままの人間同士の間の関係をも、考慮に入れる歴史概念のことなのである。「唯物論的」歴史が民主制を「形式的」統治体制として特徴づけ、この体制を苦しめている諸矛盾を記述する際に、市民という法的抽象の下にそれが求める歴史の現実の主体なるものは、単に経済的主体、つまり生産の要因としての人間であるだけではなく、もっと一般的に生ける主体、生産性としての人間、つまり自己の生に形態を与えようと欲し、愛したり憎んだり、芸術作品を創造したりしなかったり、子女を持ったり持たなかったりする限りでの、人間なのである。史的唯物論は経済の排他的な原因性を主張するものではない。それは歴史と思惟の仕方とを、生産と労働の仕方に依存させるのではなく、もっと一般的に実存と共存の仕方に、つまり人間間の諸関係に依拠せしめるものだと、われわれはいいたくなるであろう。史的唯物論は理念の歴史を経済史に還元するのではなく、この両者がともに表現している唯一無二の歴史たる社会的実存の歴史のなかに、それらを復位せしめるのである。哲学的学説としての独我論は、私的所有の結果ではない。こういう経済制度と世界観の両方に、孤立と不信という同じ実存的な態度が、投影されているのである。

　しかしながら、このような史的唯物論の解釈は曖昧に思われるかもしれない。フロイトが性欲の概念をふくらませたように、われわれは経済の概念を「ふくらませて」いる。生産過程と、経済諸形式に対する経済的諸力の争い、のほかに、この闘争の決定に参加する心理的・道徳的諸動機の布置をも、この概念のなかに入れている。だがこうなると、経済という語は、それにあてらるべき、すべての意味を喪失することにならないだろうか。経済的諸関係が人間の共存（Mitsein）の仕方のなかで自己を表現するのだというのでないとしたら、共存の仕方こそ経済的諸関係において自己を表現するのだ、ということにはならないか。われわれが、私的所有も独我論もともども共存のある構造に関係づけるとき、またまたわれわれは歴史をさかだちさせてはいないだろうか。そして、次の二つのテーゼのいずれか一つを選ばなくてはならないのではないか。つまり共存のドラマは純然たる経済的意義をもっていると主張するか、それとも、経済的ドラマはもっと一般的なドラマのなかに解消し、実存的意義しかもってはいないと主張するか。後者の場合には、唯心論の復活につながることになろう。

　正しく理解されるなら、実存の概念こそまさにこの二者択一の止揚を可能にするものなのである。「表現」と「意義」とに関する実存的概念についてわれわれがすでに述べたことが、またここにも適用されなくてはならない。歴史の実存的理論は両義的である。しかしこの両義性をこの理論に対して責めることはできない。この両義性は事態そのもののうちにあるからである。歴史がひたすら経済の後を追うのは、革命が近づいたときだけである。個人的生においても病気が人間をその身体の生命のリズムに服せしめるように、革命的状況、例えばゼネ・ストの運動においては、生産関係がすきとおって見え、はっきりと決定的なものとして知覚される。こういう場合でもなお、闘争の結果は互いに向いあう諸勢力が相手方をどう考えるか、その仕方に依存していることを、われわれは今しがた見たばかりである。いわんや衰退期においてはなおさらのこと、経済的諸関係が有効に作用するのは、それらが人間的主体によって生きられ、引き受けられる限りにおいてだけである。すなわち、ある欺瞞《ミスティフィカシオン》の過程か、あるいはむしろ、歴史そのものに属するところの、そしてそれはそれで独自の重みをもっている永続的な両義性か、によって、イデオロギー的な諸断片のなかに包みこまれている限りにおいてのみである。保守派もプロレタリアも単に経済的にすぎないような闘争に従事している、という意識をもってはいない。彼らは彼らの行動に人間的な意義をつねに与えている。こういう意味では、純然たる経済的因果性などというものは、決して存在しない。というのも、経済は完結したシステムではなく、社会の全体的・具体的な実存の一部だからである。とはいえ、歴史の実存的概念は、経済的状況から、その動機づけの能力を奪うものではない。もし、実存というものが、人間が事実としての状況を引き受け、自己の責任のもとにおく持続的な運動であるとするなら、およそ人間の思想は彼の生きる歴史的文脈、とりわけ彼の経済的状況から全く分離されることはありえないだろう。まさしく経済が完結した世界ではなく、またいっさいの動機づけが歴史の核心において互いに結びついておればこそ、内部が外部となるように外部は内部となるのであり、われわれの実存の合成要素は何ひとつとして決定的に超出されることはありえない。ポール・ヴァレリーの詩を経済的疎外の単なるエピソードと考えることは、馬鹿げたことであろう。純粋な詩は永遠の意味をもつことができる。しかし社会的・経済的ドラマのなかに、われわれの共存の仕方のなかに、このような自覚の動機を探求することは、馬鹿げたことではない。われわれの生の全体がある性的雰囲気を呼吸していること、しかも「純粋に性的」な意識内容も、全く性的でない意識内容も、たった一つでも指摘できないことは、すでに述べた通りだが、それと同様に、経済的・社会的ドラマは、それぞれの意識にある背景を、いや、意識が自己流に解読するであろうあるイマゴを提供している。そしてこの意味においては、経済的・社会的ドラマは歴史と同延なのである。芸術家や哲学者の行為は自由である。しかし動機がないわけではない。彼らの自由は、さきほど述べた曖昧なものの力のなかに、いやもっと前に述べた脱出の過程のなかに宿っている。つまり事実としての状況に、その本来の意味を越えた比喩的な意味を与えることによって、それを引き受けることに、自由が存するのである。こうしてマルクスは、弁護士の息子、哲学の研究者であることに甘んじないで、自分自身の状況を「プチ・ブル知識人」の状況として、階級闘争という新たな展望において、考える。こうしてヴァレリーは、他のひとびとならそこから何ものも生みださなかったであろうような、不安と孤独とを純粋な詩に変える。思想とは、おのれをしかじかなものとして了解し、しかじかなものとして解釈する、そうした相互人間的生である。こうした自発的な継承、客観的なものから主体的なものへのこの移行において、歴史の諸力がどこで終結し、われわれの力がどこで始まるかを述べることは不可能である。厳密にいうと、この問いは意味をなしていない。というのは、歴史を生きる主体にとってしか歴史はないし、歴史的に状況づけられた主体しか、主体としてありえないからである。歴史の唯一の意義というものはない。われわれが為すところのものは、何によらず、つねに多くの意味をもっている。ここにこそ歴史の実存的概念が、唯物論と唯心論とからひとしく区別される点があるのである。しかし、いかなる文化的現象といえども、なかんずく経済的意義をもっている。そして歴史は経済に還元されはしないが、それと同様にまた、経済を原理的に超越してしまうことも決してない。身体の諸部分が、動作の統一のなかで互いに含みあっており、あるいはまた「生理的」「心理的」「道徳的」諸動機が、行動の統一のなかで互いに結びあっているように、法の概念、道徳、宗教、経済的構造は、社会的な出来事の統一のなかで、互いに意味しあっているのである。そして個人的生を身体的機能か、それともわれわれがこの生についてもつ認識かに、還元することが不可能なように、相互人間的生を経済的諸関係とか、世人の考える法的・道徳的関係とかに、還元することは不可能である。しかし、それぞれの場合において、これらのさまざまな意味種類のうち、いずれか一つが支配的なものと考えられうる。ある動作は「性的」なものとして、ある動作は「恋愛的」なものとして、またある動作は「戦闘的」なものとして考えることができる。共存においてすら、歴史のしかじかの時期はとりわけ文化的な時期として、あるいは政治的もしくは経済的な時期として、考えられうる。われわれの時代の歴史の主要な意味が経済にあるのかどうか、そしてわれわれのイデオロギーはこの歴史の派生的な二次的な意味しか与えないものかどうか、ということは、もはや哲学にではなく政治学に属する問題である。この問題は経済的筋書とイデオロギー的筋書のうち、いずれがよりよく事実と合致するかを調べることによって、解かれるはずである。哲学は単にそれが人間的条件からして可能であることを、示すことができるだけである。

(170) 「持つ」ことと「ある」こととのこの区別はG・マルセル氏（*Etre et Avoir*）のそれを排斥するものではないが、それと一致するものでもない。マルセル氏は、所有（私は家屋を持つ、私は帽子を持つ）という関係を表わすときに「持つ」という語に与えられる弱い意味に、それをとっている。そして「ある」という語を一挙に、「……においてある」（être à……）あるいは「引き受ける」（assumer）（私は私の身体である。私は私の生である）という実存的な意味において用いている。私はむしろ、物としての存在もしくは述定機能（このテーブルはある、もしくは、大きいものである）という弱い意味を、「ある」という語に与え、「持つ」という語で、主体と主体が自己を企投するものとの関係（私は一つの考えをもつ（j'ai une idée）、私は欲求をもつ（j'ai envie）、私は恐れをもつ（j'ai peur））を表わすことにしたい。そこからすると、私のいう「持つ」はマルセル氏の「ある」にほぼあたり、私の「ある」は氏の「持つ」にほぼあたることになる。

(171) Gelb et Goldstein, *Ueber Farbennamenamnesie.*

(172) 例えば Piaget, *La Représentation du Monde chez l'Enfant*, p. 60 et suivantes.

(173) ことがらを初めていい表わす際の本来の言葉と二次的な表現、つまりすでにいい表わされたことがらについての言葉とは、もちろん区別する必要がある。通常の経験的言語活動を支配しているのは後者であるが、前者のみが思惟とひとしい言葉である。

(174) 繰り返していうが、ここでいわれたことは根源的な言葉――例えば生れて初めて単語を発音する幼児の言葉、おのれの感情をうちあける恋する者の言葉、「語りはじめた最初の人間」のそれ、あるいはさまざまな伝承となる以前の、本源的なみずみずしい体験を、よみがえらせる作家や哲学者の言葉など――にしかあてはまらない。

(175) フッサールの「追思惟」（*nachdenken*）追遂行（*nachvollziehen*）。Husserl, *Ursprung der Géometrie*, p. 212 et suivantes.

(176) Sartre, *L'Imagination*, p. 148.

(177) 「……こうして私が眼をさまし、自分がどこにいるのかを知ろうとして精神が空しく努力していたとき、暗がりのなかで、もろもろの事物や地方や歳月など、すべてが私の周囲をめぐり廻っていた。身動きひとつできないほどしびれた私のからだは、疲労の形によって手足の位置を探りあて、そこから壁の方向、家具のあり場所をおしはかり、おのれのいる家を想い浮べ、名ざししようと努めていた。私のからだの記憶、その肋骨、膝や肩の記憶は、このからだが眠ったことのあるたくさんの部屋をつぎつぎにからだに向って差し出すのであった。その間、からだの周囲には、眼に見えないいくつかの壁が、想い浮べられる部屋の形にしたがって場所を変えながら、暗がりのなかで渦巻いていた。(……)私のからだ、私が下にしている脇腹は、私の精神が決して忘れてはならない過去の忠実な番人であって、正確に想い浮べるわけではないが、いま、まのあたり心に浮ぶ遠い昔のこと、祖父母のもとで暮したときのコンブレイの私の寝室の、小さな鎖で天井から吊した壺型のボヘミアガラス製の燈明の焔や、シエナ大理石の暖炉を、私に想い出させるのであった。」Proust, *Du Côté de chez Swann*, I, pp. 15–16.

(178) Cassirer, *Philosophie der symbolischen Formen*, III, p. 383.

(179) Goldstein, *L'Analyse de l'Aphasie et l'Essence du Langage*, p. 459.

(180) Proust, *Du Côté de chez Swann*, II, p. 192.

(181) Proust, *Le Côté de Guermantes*.

(182) 例えば M. Scheler, *Nature et Formes de la Sympathie*, pp. 347 et suivantes. [*Wesen und Formen der Sympathie* S. 256 ff.]

(183) ここでは J.-P. Sartre, *L'Etre et le Néant*, pp. 453 et suivantes.

(184) 「……アラビア人の服装をして生活し、彼らの考え方に従おうと何年ものあいだ努力した結果、私からイギリス人的人格が剝奪されてしまった。私はこうして西欧とその習俗とを新しい眼で眺め——事実それへの信仰を失うことさえできたのである。しかしアラビア人の肌にどうしてなりきれよう。それは私の方の単なる装いにすぎなかった。一人の人間にその信仰を失わしめることは容易である。しかし次にこれを他の信仰にかえることは困難である。一つの形式をぬぎすてながら新しい形式を獲得していないので、私は伝説にあるモハメッドのひつぎに似たものになってしまった。(……)ながい間の肉体的な努力と、またこれに劣らずながい間の孤独に疲れはてて、一人の人間がこの至上の解脱を知ったのである。その身体が一個の機械のごとく前進する一方、彼の理性的な精神はこれを棄てて、このようなガラクタの目的と存在理由とを尋ねて、その上に批判的なまなざしを向けていた。しばしばこの二人の人物が空虚のうちに対話をかわすことがあった。こうなると狂気に近かった。世界を同時に二つの習慣、二つの教育、二つの環境のヴェールをとおして眺めることが可能なひとの近くには、必ず狂気がせまっている、と私は思う」T. E. Lawrence, *Les Septpiliers de la Sagesse*, p. 43.

(185) 日本の伝統的風俗に接吻する習慣がないことは、周知のとおりである。

(186) トロブリアン諸島の土着民は父子関係というものを知らない。子供たちは母方の伯（叔）父の権威のもとで育てられる。夫はながい旅から帰ってきたとき、自分の家に新しい子供たちがいるのを見出して喜ぶ。彼はこれらのめんどうを見、気を配り、自分自身の子供として愛する。Malinowski, *The Father in Primitive Psychology;* Bertrand Russell, *Le Mariage et la Morale*, Gallimard, 1930, p. 22. [*Marriage and Morals*, Allen and Unwin, pp. 20 and ff.] より。

(187) この種の諸概念は、ヘッド、ファン・ウェルコム、ボウマンとグリュンバウム、並びにゴールドシュタインの諸著作のなかに見出される。

(188) 例えばグリュンバウム（*Aphasie und Motorik*）は失語症の諸障害は一般的障害であると同時に運動性のものであることを明らかにしている。換言すれば彼は運動機能を志向性もしくは意味作用の根源的な一様態となしているのであって（本書二四一頁参照）、結局これは人間をもはや意識としてではなく実存として理解することに帰着する。

(189) Geld et Goldstein, *Ueber Farbennamenamnesie*, p. 151.

(190) Ibid., p. 149.

(191) Ibid., pp. 151–152.

(192) Ibid., p. 150.

(193) Ibid., p. 162.

(194) E. Cassirer, *Philosophie der Symbolischen Formen*, T. III, p. 258.

(195) Gelb et Goldstein, *Ueber Farbennamenamnesie*, p. 158.

(196) Ibid.

(197) Ibid.

(198) Gelb et Goldstein, *Ueber Farbennamenamnesie*, p. 158.

(199) Ibid.

(200) Ibid.

(201) 提示された見本（赤）を前にして、患者たちがこれと同じ色のある対象（苺の実）を想起し、そこからして色の名称（赤苺、赤）をみつけだす、ということが観察されている。

(202) Ibid., p. 158.

(203) Cf. Goldstein, *L'Analyse de l'Aphasie et l'Essence du Langage.*

(204) Goldstein, *L'Analyse de l'Aphasie et l'Essence du Langage*, p. 460. この著作においてゴールドシュタインは、グリュンバウム（*Aphasie und Motorik*）とひとしく古典的な考え方（ブロカ Broca）と現代の諸労作（ヘッド）とのいずれをとるかという二者択一を越えようとしている。グリュンバウムが現代の諸労作に対して非難を浴びせている点は、それらが「運動的な外化と、その基礎をなす精神－物理的諸構造とを、失語症の症状を支配する基本的な領域として重視していない」ということにある（p. 386）。

(205) Benary, *Analyse eines Seelenblindes von der Sprache aus.* ここでもまた、すでにわれわれが運動機能と性という見地から分析したシュナイダーの症例が扱われている。

(206) Goldstein, *L'Analyse de l'Aphasie et l'Essence du Langage*, p. 496. 傍点筆者。

(207) J. Gasquet, *Cézanne*, p. 117.

(208) J. Gasquet, *Cézanne*, pp. 123 et suivantes.

(209) A Elisabeth, 28 juin 1643, AT T. III, p. 690.

(210) 「最後に、神やわれわれの精神に関する認識をわれわれに与えるのも形而上学の諸原理なのですから、一生のうちで一度はこれらの原理を十分理解しておくことが必要だと私は信じますが、また私はこれらの原理を思案するために人間の悟性をあまりにしばしばわずらわせることは非常に有害だろうとも思うのであります。というのは、そんなことをしていたら、想像や感覚の諸機能にそれほどたずさわることができなくなるからです。最もよいことは、ひとたび引き出された結論を自分の記憶と信仰のなかに保存し、ついで研究のために残された残余の時間を、悟性が想像力や感覚といっしょに働くような思想に使うことだと、私は思います。」Ibid.

(1) Tastevin, Czermak, Schilder cité par Lhermitte, *L'Image de notre Corps*, pp. 36 et suivantes.

(2) Lhermitte, *L'Image de notre Corps*, pp. 136–188. Cf. p. 191 :「自己像幻視の続く間，患者は彼の二重身の幻像に侵入するほどにまで広がる深い悲しみの感情に，襲われる。幻像は本人が感ずるのと同じ情動に動かされているように見えるのだ。」「彼の意識が彼自身から出たように思われる。」及び Menninger-Lerchenthal, *das Truggebilde der eigenen Gestalt*, p. 180.「私は突然，私の身体の外にいるのだという印象を持った。」

(3) Jaspers, cité par Menninger-Lerchenthal, même ouvrage, p. 76.

(4) Stratton, *Vision without inversion of the retinal image*, p. 350

(5) Lhermitte, *L'Image de notre Corps*, p. 39.

(6) Goldstein et Rosenthal, *Zum Problem der Wirkung der Farben auf den Organismus*, pp. 3–9.

(7) Ibid.

(8) *La Structure du Comportement*, p. 201.

(9) Goldstein et Rosenthal, art. cité, p. 23.

(10) Ibid.

(11) Goldstein et Rosenthal, art. cité, p. 23.

(12) Kandinsky, *Form und Farbe in der Malerei*; Gœthe, *Farbenlehre*, en particulier Abs. 293; cité par Goldstein et Rosenthal. Ibid.

(13) Goldstein et Rosenthal, pp. 23–25.

(14) Werner, *Untersuchungen über Empfindung und Empfinden*, I, p. 158.

(15) Ibid.

(16) Ibid., p. 159.

(17) Werner, *Ueber die Ausprägung von Tongestalten*.

(18) Werner, *Untersuchungen über Empfindung und Empfinden*, I, p. 160.

(19) Ibid., p. 158.

(20) Kœhler, *Die physischen Gestalten*, p. 180.

(21) われわれは、以前別の場所で、外部から見られた意識は純粋の対自ではありえないことを、明らかにした（*La Structure du Comportement*, pp. 168 et suivantes）。これから先、内部から見られた意識も同様であることが、明らかにされよう。

(22) Husserl, *Méditations cartésiennes*, p. 33.

(23) *Formale und Transzendentale Logik*, par ex., p. 226.

(24) ある患者は、手術の前に自分が持っていると思っていた空間的諸概念は、真の空間表象を与えていたのではなく、「思考作業によって獲得された知識」にすぎなかった、と告白している（Von Senden, *Raum und Gestaltauffassung bei operierten Blindgeborenen vor und nach der Operation*, p. 23）。視覚の獲得は、触覚にもかかわるところの、実存の全般的な再編成を惹起する。世界の中心は移動し、触覚的図式は忘れられ、触覚による認知はより不確実になり、実存の流れは、今後は視覚を通るようになる。そして、患者が語っているのは、この弱くなった触覚についてである。

(25) Ibid., p. 36

(26) Ibid., p. 93.

(27) Ibid., pp. 102–104.

(28) Ibid., p. 124

(29) Ibid., p. 113.

(30) Ibid., p. 123.

(31) Ibid., p 29.

(32) Ibid., p 45

(33) Ibid

(34) Ibid., pp. 50 sqq

(35) Ibid., p. 186

(36) Gelb, *Die Farbenkonstanz der Sehdinge*, p. 600.

(37) Ibid., p. 613

(38) Einstellung auf reine Optik, Katz cité par Gelb, Travail cité, p. 600.

(39) Id., ibid.

(40) Werner, *Untersuchungen über Empfindung und Empfinden*, I, p. 155.

(41) Werner, travail cité, p. 157.

(42) Ibid., p. 162.

(43) Zietz und Werner, *Die dynamische Struktur der Bewegung*.

(44) Werner, travail cité, p. 163.

(45) 本書、緒論I参照。

(46) Werner, travail cité, p. 154.

(47) Stein, *Fathologie der Wahrnehmung*, p. 422.

(48) Mayer-Gross et Stein, *Ueber einige Abänderungen der Sinnestätigkeit im Meskalinrausch*, p 385

(49)(50) Id., ibid.

(51) 例えば、メスカリンの影響の結果、クロナクシーの変化がみられるということもありうる。ところで、やがて示されるように、多数の感覚的性質の並存が、共感覚的経験において与えられるような知覚の両面価値性《アンビヴァランス》を、理解せしめることができないとすれば、以上の事実は決して客観的身体による共感覚の説明を提供するものではなかろう。クロナクシーの変化は共感覚の原因ではありえず、包括的なより深いある出来事の客観的表現もしくは徴候なのである。そしてこの出来事は客観的身体のなかにその座をもつのではなく、「世界における（への）存在」(l'être au monde) の担い手としての現象的身体に係わることなのである。

(52) Werner, travail cité, p. 163.

(53) Schapp, *Beiträge zur Phänomenologie der Wahrnehmung*, pp. 23 sqq.

(54) Id., ibid., p. 11.

(55) Ibid., pp. 21 sqq.

(56) Ibid., pp. 32-33.

(57) Specht, *Zur Phänomenologie und Morphologie der pathologischen Wahrnehmungstäuschungen*, p. 11.

(58) Alain, *81 Chapitres sur l'Esprit et les Passions*, p. 38

(59)「両眼からの刺激を伝達する神経が一箇所に集るという事実は、単純な両眼視における像の無区別を条件づけるものではない。なぜなら二つの単眼視像の抗争も起りうるし、両眼の網膜が互いに分離しているといったところで、それは像の区別が生じた場合に、この区別を説明するものではないからである。というのも、普通は受容器と伝導器がすべてこれと等しい状態にありながら、像の区別が生じないからである。」R. Déjean, *Etude psychologique de la distance dans la vision*, p. 74.

(60) Koffka, *Some problems of space perception*, p. 179.

(61) R. Déjean, travail cité, pp. 110–111. 著者は「精神の先望的活動」という。この点については、やがて明らかになるように、われわれは著者に賛同しない。

(62) 周知のように、ゲシタルト学説は、方向性をもったこの過程を「結合地帯」(《zone de combinaison》)における何らかの物理的現象に依存せしめている。われわれが他の場所で述べたように、心理学者を、諸現象と諸構造の多様性に立ち戻らせながら、それらのすべてを、それらのうちの若干のもの、ここでは物理的な諸形態によって説明するということは、つじつまがあわない。時間的な形態としての凝視は、すべての形態が現象的世界に属するという単純な理由によって、物理学的ないし生理学的事実ではないのである。この点については Cf. *La Structure du Comportement*, pp. 175 et suivantes, 191 et suivantes.

(63) R. Déjean, ibid.

(64)《Umweltintentionalität》を持っている限り、Buytendijk et Plessner, *Die Deutung des mimischen Ausdrucks*, p. 81.

(65) あたかもいずれの感官も等しく客観性をもつことができ、等しく志向性によって貫かれうるかのごとく、諸感官が同一平面上に並べらるべきではないということは、真実である。経験はそれらを等価なものとして、われわれに提示しはしない。つまり、視覚経験は触覚経験よりいっそう真実で、後者の真理をもおのれのなかに納め、これを補充するもののように、私には思われる。なぜなら、そのより豊かな構造は、私に、触覚にとって予知されえない存在の諸様相を、提示するからである。諸感官の統合は、諸感官固有の構造に応じて、横断的に実現される。しかしながら、他方の眼を従わせる「指導的な眼」なるものをわれわれが持っていることが真実だとするなら、両眼視のうちに、諸感官の統合に似たあるものが見出されるはずである。以上の二つの事実——諸感官の経験の視覚経験における継承と、一方の眼による他方の眼の諸機能の継承と——は、経験の統一が形式的統一ではなくて、感官そのものに根ざす組織化であることを、証拠だてている。

(66) Palagyi, Stein.

(67) Cité par Werner, travail cité, p. 152.

(68) Ausdruck, Darstellung, Bedeutung の区別はカッシラーによってなされている。Cassirer. *Philosophie der symbolischen Formen*, III.

(69) Werner, travail cité, p. 160 sqq.

(70) あるいは少なくともドイツ語の *hart* という語は。

(71) Werner, *Untersuchungen über Empfindung und Empfinden, II, Die Rolle der Sprachempfindung im Prozess der Gestaltung ausdrucksmässig erlebter Wörter*, p. 238.

(72) Ibid., p. 239. 語についてたった今いわれたことは、文についてはいっそう真実である。文章をほんとに読んでしまう前からすでに、われわれは、これは「新聞の文体」だとか、これは「挿入節」だとか、ということができる（Ibid., pp. 251-253）。われわれが一つの文章を理解し、あるいは少なくともそれにある意味を与えることができるのは、全体から部分に進むことによってである。といっても、ベルクソンのいうように、われわれが最初の諸語について一つの「仮説」を形成していたからではなく、われわれの感覚諸器官が刺激の方に向かいそれと同調（synchronisent）するように、おのれに提示される言語形態をおのれのものとする言語器官を、われわれが持っているからである。

(73) Ibid., p. 230.

(74) われわれは、これによってP・ラシエズ－レイ（P. Rachièze-Rey, *L'Idealisme kantien*）のようなカント主義者の志向性概念、あるいは第二期（*Ideen* の時期）のフッサールのそれを意味している。

(75) Stratton, *Some preliminary experiments on vision without inversion of the retinal image.*

(76) Stratton, *Vision without inversion of the retinal image.*

(77) ストラトンの少なくとも暗黙の解釈は、このようなものだ。

(78) Stratton, *Vision without inversion*, p. 350.

(79) *Some preliminary experiments*, p. 617.

(80) *Vision without inversion*, p. 346.

(81) Stratton, *The spatial harmony of touch and sight*, pp. 492-505.

(82) Stratton, ibid.

(83) Stratton, *Some preliminary experiments*, p. 614.

(84) Stratton, *Vision without inversion*, p. 350.

(85) Wertheimer, *Experimentelle Studien über das Sehen von Bewegung*, p. 258.

(86) Ibid., p. 253.

(87) Nagel. cité par Wertheimer, ibid., p. 257

(88) *La Structure du Comportement*, p. 199

(89) 音響現象における空間基準の変化を獲得することは甚だ困難である。錯聴器(pseudophone)を使って、左からくる音が左耳に達する以前に右耳に達するようにするならば、ストラトンの実験における視野の逆転に比すべき、聴野の逆転が得られる。ところが、長いあいだこれに慣らしても、聴野を「立て直す」ことには成功しない。耳だけによる音響の位置づけは、実験の終末に至るまで、不正のままの状態を続ける。位置づけが正しくおこなわれ、音が左に位置する対象から来るようにみえるのは、この対象が聞かれると同時に見られる場合に限られる。P.T. Young, *Auditory localization with acoustical transposition of the ears*

(90) 聴覚に関する逆転の実験において、被験者が音響対象を見ることができる場合には、一見正しい位置づけがおこなわれるかの如き錯覚を生ぜしめることがある。しかし正しい位置づけがおこなわれるのは、被験者がおのれの音響現象を禁圧し、視覚的なもののなかで「生きて」いるからである。P.T. Young, ibid.

(91) Stratton, *Vision without inversion*, 実験の第一日目。ヴェルトハイマーは「視覚的なめまい」について語っている(*Experimentelle Studien*, pp. 257–259)。われわれが真直ぐ立っておれるのは、骨格の機構によるのでも、いやトーヌスの神経統御によるのでさえなく、われわれが世界のなかに拘束《アンガジェ》されているからである。この自己拘束《アンガージュマン》が解体すると、身体は崩壊して再び客体となる。

(92) 私に対する諸事物の奥行と二つの対象間の距離との区別は、パリヤール(Paliard, *L'illusion de Sinnsteden et le problème de l'implication perceptive*, p. 400)とシュトラウス(E. Strauss, *Vom Sinn der Sinne*, pp. 267–269)によってなされている。

(93) Malebranche, *Recherche de la vérité*, Livre 1er, chap. IX

(94) Ibid.

(95) Paliard, *L'illusion de Sinnsteden et le problème de l'implication perceptive*, p. 383.

(96) Koffka, *Some problems of space perception.*——Guillaume, *Traité de Psychologie*, Chapitre Ⅸ.
(97) 他の言葉でいえば——意識の作用はいかなる原因も持つことはできないということである。しかし、ゲシタルト心理学が疑問視し、われわれとしても無条件には受け入れられない意識なる概念は、ここでは用いない方がよかろう。そして経験という疑問の余地のない概念で満足しよう。
(98) Quercy. *Etudes sur l'hallucination*, Ⅱ, *La clinique*, pp. 154 et suiv.
(99) J. Gasquet, *Cézanne*, p. 81.
(100) Koffka, *Some problems of space perception*, pp. 164 et suivantes.
(101) Koffka, Ibid
(102) 空間・時間的次元としての奥行なる観念は、シュトラウス (Straus, *Vom Sinn der Sinne*, pp. 302 et 306) によって暗示されている。
(103) Husserl, *Präsenzfeld.* それは *Zeitbewusstsein*, pp. 32–35 において定義されている。
(104) Ibid
(105) Gelb et Goldstein, *Ueber den Wagfall der Wahrnehmung von Oberflächenfarben.*
(106) Wertheimer, *Experimentelle Studien*, Anhang, pp. 259–261.
(107) Ibid., p. 212–214.
(108) Ibid., p. 221–233.
(109) Ibid., p. 254–255.
(110) Ibid., p. 245.
(111) Linke, *Phänomenologie und Experiment in der Frage der Bewegungsauffassung*, p. 653.
(112) Ibid., p. 656–657
(113) Ibid.
(114) Ibid., p. 660.
(115) Ibid., p. 661.
(116) Wertheimer, travail cité, p. 227.

(117) 運動体の同一性は、「ここかしこで、これは同じ対象でなければならない」といった推測によって得られるのではない、とヴェルトハイマーはいう。Ibid., p. 187.

(118) 実は、ヴェルトハイマーは、運動の知覚がこの直接の同一性を含んでいると、積極的にいっているのではない。運動を判断に帰する主知主義的な考え方に対して、それがわれわれに与える同一性は「体験から直接流れ出るものではない」(《flieszt nicht direct aus dem Erlebnis》 p. 187) といって非難する際に、ただ暗黙のうちに、以上のことをいっているにすぎない。

(119) リンケはしまいには (travail cité, pp. 664–665)、運動基体が無規定たりうること (ストロボスコープによる提示において、三角形が円に向って運動し、円に変化してしまうのが見られるように)、運動体は明白な知覚作用によって措定される必要がないこと、それは運動の知覚において「共‐視向」(《co-visé》) もしくは「共‐把握」(《co-saisi》) されているにすぎないこと、それは諸対象の背面や私の後の空間と同様な仕方でしか見られていないこと、最後に、運動体の同一性は知覚された物の統一性と同様、範疇的知覚 (フッサール) によってのみ捉えられるのであり、そこでは範疇はそれとして思惟されることなくして働いているのだということ、これらのことを認めるに至るのである。しかし、範疇的知覚なる概念は、先だつ分析の全体を再び問題化するものなのである。それというのも、これは、運動の知覚のなかに非措定的意識を導入すること、すなわち、われわれが示したように、本質必然性としてのアプリオリのみならず、またカント的な総合の概念をも退けることに等しいからである。リンケの仕事は典型的に、フッサールの現象学の第二期、つまり初期の形相的方法ないし論理主義と後期の実存主義との間の移行の時期に、属するものである。

(120) この問題を提起しうるためには、われわれは、すでに実在論を、例えばベルクソンの有名な記述を、超出していなくてはならない。ベルクソンは、外的な事物の並存の多様性に、意識の「融合ならびに相互侵透の多様性」を対立させる。彼は溶解によってやってゆこうとする。彼は意識について、そこにおいては諸瞬間と諸位置が融けあっているある液体でもあるかのような、語り方をする。彼は意識のなかに、諸瞬間や諸位置の分散が実際に (réellement) 廃棄されているようなある境域を求めている。移動する私の腕の不可分の動作は、外的空間のなかには見出せない運動を私に提示する。それというのも、私の運動は私の内的生のなかに戻されるなら、そこで非延長的な統一性を取り戻すからである。ベルクソンが思惟されたものに対立させるところの体験されたものというのは、彼にとっては確認されたことがらで直接「与件」なのである。——しかし、これでは曖昧さのなかに解決を求めることになる。多様性が実際に (réellement) 抹殺され廃棄されている経験の内的層を発見しても、それによって空間、運動、時間を理解せしめることはできない。なぜなら、もし実際に多様性がなくなってしまったら、もはや空間も運動も時間も残らないからである。私の動作の意識がほんとに不可分の意識の状態であるなら、それはもはや全く運動の意識ではなく、われわれに運動について何ら教えるところのない、名状しがたい一つの質にすぎない。カントがいったように、内的経験にとっては外的経験が必要なのである。内的経験はなるほど名状しがたい。しかしそれは、内的経験がそれ自身では何ごとをも意味しないからである。もしも連続性の原理によって、過去がいまだなお現在に属し、現在がすでに過去に属するならば、過去も現在も存在しないことになる。もしも意識が自己自身を重ねて雪だるまを作るならば、意識はまさに雪だるまのごとく、またあらゆる物のごとく、全く現在のなかにあることになる。もしも、運動の諸局面が一歩一歩たがいに同一化されるならば、何処でも何ものも動いていないことになる。時間の、空間の、また運動の統一は、混合によっては獲得されえない。そして、いかなる実在的な作用によっても、これは理解されるものではない。意識が多様性であるなら、これをまさに多様性として体験すべく、いったい誰がこの多様を集めるのであろうか。逆に意識が融合であるなら、意識が融合せしめる諸瞬間の多様をいかにしてそれは知るのであろうか。ベルクソンの実在論に対しては、カントの総合の観念が有効であり、この総合の作因としての意識は、たとえ流動的な物であっても、いやしくも物とは混同されてはならないのだ。われわれにとって最初のもの、直接的なものは、液体のように分散するのではなくて、能動的な意味で流れ去る（s'écoule おのれを流す）流れ、それゆえ、おのれの流れ去ることを知らずには、またそれが流れ去る同じ作用においておのれを集めまとめることなしには、流れ去ることができない流れ——カントがどこかでいっている「過ぎ去りゆかぬ時間」——なのである。それゆえ、われわれにとっては、運動の統一性は実在的な統一性ではない。しかし、また多様性も実在的な多様性ではない。カントならびに、フッサールの若干のカント的文献における、総合の観念に対してわれわれが非難するのは、まさしくそれが、少くとも観念的には（idéalement）、総合が克服すべき実在的な多様を前提していることである。われわれにとって根源的意識をなすものは、自由におのれの前に多様性自体を措定し、これを悉く構成する超越論的自我ではなくて、時間に助けられて（à la faveur）初めて多様を支配し、それにとっては自由そのものも運命であるような我なのである。その結果、私は決して、時間の絶対的創造者であるとか、私の体験する運動を組み立てる、などという意識をもつことはなくなるし、おのれを移動させ、ある瞬間ないし位置より他のそれへの移行を実現するのは、運動体自身であると私に思われるのである。運動の現象、そして一般に実在的なものの現象を基礎づける、この相対的な、先人称的な我は、もちろん若干の解明を要する。さしあたり、総合の概念よりも、多様の明白な措定をまだ示していない綜観（synopsis）の概念を、われわれは選ぶ、といっておこう。

(21) Wertheimer, travail cité, pp. 255–256.

(122) したがって現象の諸法則は、なおいっそう明確にされねばならないであろう。確実なことは、諸法則があるということ、そして、運動の知覚は、たとえそれが両義的な場合でさえ、任意なものではなく、定着点に依存しているということである。Cf. Duncker, *Ueber induzierte Bewegung*.

(123) Koffka, *Perception*, p. 578.

(124) Mayer-Gros et Stein, *Ueber einige Abänderungen der Sinnestätigkeit im Meskalinrausch*, p. 375.

(125) Ibid., p. 377.

(126) Ibid., p. 381.

(127) Fischer, *Zeitstruktur und Schizophrenie*, p. 572.

(128) Mayer-Gros et Stein, travail cité, p. 380.

(129) Fischer, travail cité, pp. 558–559.

(130) Fischer, *Raum-Zeitstruktur und Denkstörung in der Schizophrenie*, p. 247 sq.

(131) Fischer, *Zeitstruktur und Schizophrenie*, p. 560.

(132) 「精神分裂症的症候は、つねに分裂症患者の人格への道でしかない。」Kronfeld, cité par Fischer, *Zur Klinik und Psychologie des Raumerlebens*, p. 61.

(133) Minkowski, *Le Temps vécu*, p. 394.

(134) L. Binswanger, *Traum und Existenz*, p. 674.

(135) L. Binswanger, *Ueber Ideenflucht*, p. 78 sqq.

(136) Minkowski, *Les notions de distance vécu et d'ampleur de la vie et leur application en psycho-pathologie*. Cf. *Le Temps vécu*, Ch. Ⅶ.

(137) 「街では、ざわめきのようなものが彼をすっかり包んでしまう。同様に彼は、恰も自分の周囲にはいつでもひとが居るかのように、自分が自由を奪われていると感ずる。カフェでは、何か煙ったようなものが自分のまわりにあり、彼は震えを感ずる。声が特に頻繁で数多いときには、彼のまわりの雰囲気は、恰も火で充満しているように感ぜられ、このため心臓と肺の内部に一種の圧迫感が、頭の周囲には一種のもやが生ずる。」Minkowski, *Le problème des hallucinations et le problème de l'espace*, p. 69

(138) Ibid.
(139) *Le Temps vécu*, p. 376.
(140) Ibid., p. 379.
(141) Ibid., p. 381.
(142) それゆえシェーラー（*Idealismus-Realismus*. p. 298）とともに、ニュートン空間は「心の空虚」をいい表わしている、ということができる。
(143) Fischer, *Zur Klinik und Psychologie des Raumerlebens*, p. 70.
(144) Fischer, *Raum-Zeitstruktur und Denkstörung in der Schizophrenie*, p. 253.
(145) E. Straus, *Vom Sinn der Sinne*, p. 290.
(146) 例えば、次のような諸事実を指摘することができよう。——美的知覚はそれなりに新しい空間性を開くということ、芸術作品としての絵画は、物理的事物として、彩色されたカンヴァスとして、それがあるのと同じ空間のなかにあるのでないということ、——ダンスは目標も方向もない空間のなかで展開し、いわばわれわれの歴史の中断だということ、つまりダンスにおいては主体と彼の世界とはもはや互いに対立せず、互いに他の背景の上に浮びあがることもない、したがって身体諸部分も自然的経験におけるように、ここではもはや強調されないということ——胴は諸運動がそこから立ち現われ、終ればまたそこに沈むといった地ではもはやない、ダンスを導くのはまさに胴なのであり、四肢の運動はこれに奉仕する、などということ。
(147) Cassirer, *Philosophie der Symbolischen Formen*, T. III, p. 80.
(148) Ibid., p. 82.
(149) L. Binswanger, *Das Raumproblem in der Psychopathologie*, p. 630.
(150) Minkowski, *Le Problème des hallucinations et le problème de l'espace*, p. 64.
(151) Cassirer, ouvrage cité, p. 80.
(152) L. Binswanger, *Das Raumproblem in der Psychopathologie*, p. 617.
(153) *Logische Untersuchungen*, T. II, Ve *Unters.*, pp. 387 et suivantes.
(154) Fink, *Die phänomenologische Philosophie Husserls in der gegenwärtigen Kritik*, p. 350.
(155) 表現の問題は Fink, travail cité, p. 382 によって示されている。

(156) Schapp, *Beiträge zur Phänomenologie der Wahrnehmung*, pp. 59 et sui vantes.

(157) 知覚における形態と大きさの恒常性は、したがって、知的機能ではなくて、実存的機能である。すなわち、それは、主体がその世界のなかに身を落ち着ける前論理的作用に帰せらるべきである。等しい直径をもった円盤がいくつもその上に固定されている球の中心に、人間の被験者を置くことによって、われわれは、恒常性が垂直の場合よりも水平の場合に遙かに完全であることを、確認する。地平線上では巨大で、天頂では甚だ小さくなる月は、同じ法則の特殊な場合にすぎない。これに反して、猿においては、水平移動が地上のわれわれにとって自然であるのと同じように、垂直移動が樹木にあって自然的であり、したがって、垂直方向の恒常性が優越している。Koffka, *Principles of Gestalt Psychology*, pp. 49 et suivantes.

(158) ヘリング (Hering) の Gedächtnisfarbe.

(159) Gelb, *Die Farbenkonstanz der Sehdinge*, p. 613.

(160) それは eindringlicher である。

(161) Stumpf, cité par Gelb, p. 598.

(162) Gelb, travail cité, p. 671.

(163) Katz, *Der Aufbau der Farbwelt*, pp. 4–5.

(164) Cité par Katz, *Farbwelt*, p. 67.

(165) Ackermann, *Farbschwelle und Feldstruktur*.

(166) Katz, *Farbwelt*, pp. 8–21.

(167) Ibid., pp. 47–48. 照明は表面色と同様直接的な現象的与件である。幼児は照明を、視野をよこぎる力線として知覚する。照明に対応する対象の背後の影がこれと直ちに生きた関係におかれるのは、そのためである。幼児は影が「光から逃げる」という。Piaget, *La Causalité physique chez l'enfant*, Chap. VIII, p. 21.

(168) 実は、色彩の恒常性は、もはや表面色や照明の知覚を持ちえなくなった被験者においても存在しうるということが、指摘されている (Gelb et Goldstein, *Psychologische Analysen Hirnpathologischer Fälle, Ueber den Wegfall der Wahrnehmung von Oberflächenfarben*)。恒常性は、したがって、遙かに原始的な現象だということになろう。眼よりも単純な感覚器官しか持たない動物種においても、それは見出される。それゆえ照明－照明された対象という構造は、特殊な、高度に組織された恒常性の型なのである。しかし客観的な明確な恒常性と事物の知覚のためには、それは依然として必要である(Gelb, *Die Farben-*

konstanz der Sehdinge, p. 677)。
(169) この実験はすでに Hering, *Grundzüge der Lehre von Lichtsinn*, p. 15 によって報告されている。
(170) Gelb, *Farbenkonstanz*, p. 600.
(171) Id., Ibid., p. 673.
(172) Id., Ibid., p. 674.
(173) Id., Ibid., p. 675.
(174) Id., Ibid., p. 677.
(175) これらはカッツ (Katz, *Farbwelt*) の諸法則である。
(176) Gelb, *Farbenkonstanz*, p. 677.
(177) じじつ心理学者は、どれほど実証的態度にとどまろうとしても、帰納的研究のすべての価値が諸現象の洞察にわれわれを導くことにあるということを、彼自身たしかに感じており、少なくともこの新しい自覚を暗示しようという誘惑に決して完全には抵抗できないのである。こうしてP・ギョーム (P. Guillaume, *Traité de Psychologie*, p. 175) は、色彩の恒常性の諸法則を述べながら、眼が「照明を考慮に入れる」と書いている。われわれの研究は、ある意味では、この短い文章を発展させるだけのことである。この文章は、厳密な実証性の平面においては、何ごとをも意味しない。眼は精神ではない。それは物質的器官である。何であれ、それが「考慮に入れる」ということは、いかにして可能であろうか。これが可能となるのは、われわれが客観的身体と並べて現象的身体を導入し、それを知る－身体 (corps-connaissant) となし、結局、知覚の主体として意識に実存を、つまり身体を通じての世界への臨在 (l'être au monde) を置き換える場合でしかない。
(178) Schapp, *Beiträge zur Phänomenologie der Wahrnehmung*, p. 91.
(179) 照明の本質的機能を記述するために、カッツは画家から Lichtführung (*Farbwelt*, pp. 379–381) という語を借りてくる。
(180) Gelb, *Farbenkonstanz*, p. 633.
(181) Koffka. *Principles of Gestalt Psychology*, pp. 255 et suivantes. Voir *La Structure du Comportement*, pp. 108 et suivantes.
(182) 独原語――Wesenskoexistenz, Gelb, *Farbenkonstanz*, p. 671.
(183) Katz, *Farbwelt*, p. 36.

(184) Id., Ibid., pp. 379–381.
(185) Id., Ibid., p. 213.
(186) Id., Ibid., p. 456.
(187) Id., Ibid., p. 382.
(188) Id., Ibid., p. 261.
(189) Von Hornbostel, *Das Raumliche Hören*.
(190) Werner, *Grundfragen der Intensitätspsychologie*, pp. 68 et suivantes.——Fischel, *Transformationserscheinungen bei Gewichtshebungen*, pp. 342 et suivantes.
(191) Voir Katz, *Der Aufbau der Tastwelt*, p. 58.
(192) Id., Ibid., p. 62.
(193) Id., Ibid., p. 20.
(194) Id., Ibid.
(195) Id., Ibid., p. 58.
(196) Id., Ibid., pp. 24–35.
(197) Id., Ibid., pp. 38–39.
(198) Id., Ibid., p. 42.
(199) Cité sans référence（出典不挙示）par Katz, Ibid., p. 4.
(200) Id., Ibid., p. 160.
(201) Id., Ibid., p. 49.
(202) Id., Ibid., p. 51.
(203) Schapp, *Beiträge zur Phänomenologie der Wahrnehmung*, pp. 59 et suivantes.
(204) J. Gasquet, *Cézanne*, p. 81.
(205) 諸感官による経験のこの統一は、それらが唯一の生に統合されていることに基づくのであり、したがって、それらは唯一の生の可視的な証し、象徴となる。知覚された世界は、ただ単に各感官を他の諸感官の言葉でいい表わす象徴体系であるのみならず、情熱の「焔」、精神の「光」とかその他多くの比喩や神話が証拠だてているように、人間生活の象徴体系でもある。H. Conrad-Martius, *Realontologie*, p. 302.

(206) H. Conrad-Martius, Ibid., p. 196. 同著者は（*Zur Ontologie und Erscheinungslehre der realen Aussenwelt*）対象の Selbstkundgabe（自己告知）について語っている。p. 371.

(207) Scheler, *Der Formalismus in der Ethik und die materiale Wertethik*, pp. 149–151.

(208) Id., Ibid., p. 140.

(209) Id., Ibid.

(210) F. Novotny, *Das Problem des Menschen Cézanne im Verhältnis zu seiner Kunst*, p. 275.

(211) Gasquet, *Cézanne*, p. 123.

(212) E. Bernard, *La Méthode de Cézanne*, p. 298.

(213) J.-P. Sartre, *L'Imaginaire*, p. 19.

(214) Scheler, *Der Formalismus in der Ethik*, p. 52.

(215) Id., Ibid., pp. 51–54.

(216) Voir *La Structure du Comportement*, pp. 72 et suivantes.

(217) E. Stein, *Beiträge zur phänomenologischen Begründung der Psychologie und der Geisteswissenschaften*, pp. 10 et suivantes.

(218) Zucker, *Experimentelles über Sinnestäuschungen*, pp. 706–764.

(219) Minkowski, *Le Problème des hallucinations et le problème de l'espace*, p. 66.

(220) Schröder, *Das Halluzinieren*, p. 606.

(221) *Système des Beaux-Arts*, p. 15.

(222) Specht, *Zur Phänomenologie und Morphologie der pathologischen Wahrnehmungstäuschungen*, p. 15.

(223) Jaspers, *Ueber Trugwahrnehmungen*, p. 471.

(224) ここからアランのためらいが生ずる――つまり、意識がつねにおのれを知っているとするなら、意識はただちに知覚されたものを想像的なものから区別するはずである。そして、想像的なものは可視的ではないといわれるのだ（*Système des Beaux-*

Art, pp. 15 et suiv.)。しかし幻覚による欺瞞がある以上、想像的なものも知覚されたものと見なされえなくてはならない。そして今度は判断が視覚をもたらすのだといわれる (*Quatre-vignt-un chapitres sur l'esprit et les passions*, p. 18)。

(225) 心理学者たちが信じているとアランが非難しているように。

(226) Minkowski, *Le Problème des hallucinations et le problème de l'espace*, p. 66.

(227) Ibid., p. 64.

(228) Ibid., p. 66.

(229) それゆえパラギ (Palagyi) は、知覚は《fantasme direct》であり、幻覚は《fantasme inverse》であるということができたのだ。Schorsch, *Zur Theorie der Halluzinationen*, p. 64.

(230) Schröder, *Das Halluzinieren*, p. 606.

(231) Menninger-Lerchenthal, *Das Truggebilde der Eigenen Gestalt*, p. 76 sq.

(232) Id., Ibid., p. 147.

(233) J-P・サルトルの未公刊の自己観察。

(234) Straus, *Vom Sinn der Sinne*, p. 290.

(235) Minkowski, *Le Problème des hallucinations et le problème de l'espace*, p. 67.

(236) Ibid., p. 68.

(237) Straus, ouvrage cité, p. 288.

(238) Id., Ibid. 患者たちは、「彼ら特有の景観の地平のなかで、もはや事物世界の一般的秩序と言語の普遍的な意味連関のなかにはまりこまない、動機も根拠もない一義的な諸印象によって、支配されながら生きているのである。われわれに親しい名称で患者たちが事物を指示しても、しかしこれらの事物は、もはや彼らにとってはわれわれにとってと同じものではない。彼らは、ただわれわれの世界の破片しか、保存してはいないのだ。そして彼らは彼ら自身の景観のなかにこれらを持ち込むのであるが、これらの破片もまた、それらが全体の部分としてあった姿をもはやとどめてはいない。」分裂症患者の見る事物は凝固していて無気力であり、譫妄患者のそれは、逆にわれわれのより雄弁で生き生きとしている。「疾病が進むと、思想相互の分離、言語活動の消滅が、地理学的空間の消失を告知し、感情の鈍麻は、景観の荒廃をあらわにする。」(Straus, ouvrage cité, p. 291)

(239) クラーゲス (Klages) によれば、幻覚は外的現象世界の表現成分 (Ausdrucksgehalt) の減少を予想する。cité par Scho-

rsch, *Zur Theorie der Halluzinationen*, p. 71.

(240) フッサールの Urdoxa あるいは Urglaube.

(241) Piaget, *La représentation du monde chez l'enfant*, pp. 69 et suivantes.

(242) *La Structure du Comportement*, p. 125.

(243) われわれは，この作業を他の場所ですでに試みた。(*La Structure du Comportement*, chap. I et II)

(244) それゆえ患者における身体像の障害を探りだすには，患者自身の身体の触れられている点に対応する点を，医師の身体の上に指摘させてみればよい。

(245) Piaget, *La représentation du monde chez l'enfant*, p. 21.

(246) Valéry, *Introduction à la méthode de Léonard de Vinci*, *Variété*, p. 200.

(247) それゆえ，歴史書は現在形で書かれるべきであるということにもなろう。これは，例えばジュール・ロマン (Jules Romains) が『ヴェルダン』(*Verdun*) で試みたことである。もちろん，客観的思惟が現在の歴史的状況を汲み尽くすことができないからといって，歴史をまるで個人的な冒険《アヴァンチュール》ででもあるかのように，盲目的に生きるべきである，つまり展望をもつことを全く拒み，導きの糸なしに行動に身を投ずべきである，と結論してはならない。ファブリスはワーテルロー会戦を取り逃した。しかし従軍記者《リポーター》となれば，すでに事件のいっそう近くにいるのである。冒険精神は客観的思惟以上にわれわれを事件から遠ざける。事件に接触しながら事件の具体的構造を探求する思惟がある。革命が真に歴史の向うべき方向 (sens 意味) にあるときには，それは生きられると同時に思惟されることも可能である。

(248) Husserl, *Die Krisis der europäischen Wissenschaften und die tranzendentale Phänomenologie*, III (inédit).

(249) フッサールは，彼の最後の哲学においては，いかなる反省も生きられた世界 (Lebenswelt) の記述に立ち帰ることから始まるべきである，ということを認めている。しかし彼はこれに付け加えて，第二の「還元」によって，生きられた世界の諸構造もそれはそれで，世界のすべての暗みが解明されてしまうような，普遍的構成の超越論的流れのなかに，戻し置かれねばならぬ，といっている。しかしながら，次の二つの場合のいずれか一方であることは明らかである――構成が世界を透明ならしめるか――そのときは，なぜ反省が生きられた世界を通過する必要があるのか，わからなくなる――あるいは構成がこの世界のいくらかを取って置き，したがって世界からその不透明性を決して奪わないか，である。フッサールの考えは，論理主義時代の多くの名残りを貫いて，ますます第二の方向に進んでゆくのである――彼が合理性を一つの問題とした時にも，あるいは結局のところ

「流動的」である諸意義を容認した時にも（*Erfahrung und Urtail*, p. 428）、また認識を根源的な臆見（δοξα）に基礎づけた時にも、明らかに見られるように。

第三部　対自存在と世界における（への）存在

（1）P. Lachièze-Rey, *Reflexions sur l'Activité spirituelle constitua nte*, p. 134.
（2）P. Lachièze-Rey, *L'Idealisme kantien*, pp. 17-18
（3）Ibid., p. 25.
（4）Ibid., p. 55.
（5）Ibid., p. 184.
（6）Ibid., pp. 17-18.
（7）P. Lachièze-Rey, *Le Moi, le Monde et Dieu*, p. 68.
（8）Kant, *Uebergang*, Adickes, p. 756, cité par Lachièze-Rey, *L'Idealisme kantien*, p. 464.
（9）P. Lachièze-Rey, *Reflexions sur l'activité spirituelle constituante*, p. 145
（10）Id., *L'Idéalisme kantien*, p. 477
（11）*L'Idéalisme kantien*, p. 472.
（12）Ibid., p. 477, *Le Moi, le Monde et Dieu*, p. 83.
（13）*Le Moi, le Monde et Dieu*, p. 33.
（14）ラシェズ－レイ（*le Moi, le Monde et Dieu*, pp. 69-70）が規定しているように。
（15）Ibid., p. 72.
（16）例えばフッサールが、いかなる超越論的還元も同時に形相的還元であることを容認する際に、おこなっているように。本質を通過せねばならぬという必然性と、諸現実存在の決定的な不透明性とは、自明な事実と受け取られることはできない。それらは、コギトと究極の主観性の意味を規定するのに役だつのである。私が思惟によって世界の具体的な豊かさと等しくなり、事実性を解消することができなければ、私は構成的思惟でもなければ、私の「我思う」は「我あり」ではないのである。

(17) Scheler, *Idole der Selbsterkenntnis*, pp. 63 et suivantes.

(18) Id., Ibid., pp. 89–95.

(19) J.-P. Sartre, *L'Imaginaire*, p. 243.

(20) 「……だがそうすると、それもまた、つまり自分自身の人となりに対するこのすねたような嫌悪もまた、したがって作りものだったのだろうか。彼女が装いつつあったこの嫌悪に対する軽蔑もまた、お芝居ではなかったろうか。そして、この軽蔑に対するこの疑いそのものも……もはや狂気の沙汰だ、いったん真摯になろうとし始めると、それゆえもはや止まることができなくなったということだろうか。」S. de Beauvoir, *l'Invitée*, p. 232.

(21) Wertheimer, *Drei Abhandlungen zur Gestalttheorie: die Schluszprozesse im produktiven Denken.*

(22) A. Gurwitsch, *Quelques aspects et quelques développements de la théorie de la forme*, p. 460.

(23) P. Lachièze-Rey, *Utilisation possible du schématisme kantien pour une théorie de la perception* et *Reflexions sur l'activité spirituelle constituante.*

(24) Lachièze-Rey, *Reflexions sur l'activité spirituelle constituante*, p. 132.

(25) Lachièze-Rey, *Utilisation possible*……, p. 7.

(26) 「それは本質的におのれのうちに、空間的進路の内在を蔵していなくてはならないのであって、これのみが、それを運動と考えることを得しめるのである。」Lachièze-Rey. Ibid., p. 6.

(27) Claudel, *Reflexion sur le vers français*, *Positions et propositions*, pp. 11–12.

(28) パラン (B. Parain, *Recherches sur la nature et les fonctions du langage*, chap. XI) がなしているように。

(29) *Les Progrès de la conscience dans la philosophie occidentale*, p. 794.

(30) Husserl, *Formale und transzendentale Logik*, p. 221.

(31) この概念は、フッサールの晩年の書きもののなかに繰り返し現われる。

(32) *Formale und transzendentale Logik*, p. 220.

(33) Voir *Logische Untersuchungen*, I, p. 117. しばしばフッサールの合理主義と呼ばれるものは、実は、主体性を譲渡できない事実として、また主体性がめざす世界を omnitudo realitatis (実在性の総体) として、認めることにほかならない。

(34) Valéry, *Introduction à la Méthode de Léonard de Vinci*, *Variété*, p. 194.

(35) Zusammenhang des Lebens, Heidegger, *Sein und Zeit*, p. 388.

(36) Heidegger, *Sein und Zeit*, pp. 124–125.

(37) Nacheinander der Jetztpunkte, Heidegger, *Sein und Zeit*, p. ex., p. 422.

(38) Bergson, *Matière et Mémoire*, p. 137, note 1, p. 139.

(39) 本来の時間に立ち帰るためには、ベルクソンがしたように、時間の空間化を棄てることは必要でもなければ十分でもない。時間が空間とあい容れないのは、あらかじめ客観化された空間が考えられていて、われわれが記述しようと試みた、世界へのわれわれの臨在の抽象的形式である、あの本源的な空間性が考えられていない場合のみであるから、時間の空間化を排することは必要ではない。また、ひとたび、時間の空間的用語への組織的な翻訳が棄てられても、なおも時間の本来的直観から甚だ隔っていることもありうるのだから、例の条件は十分ではない。ベルクソンにおいて起ったことは、まさにこれである。持続は、「自己自身を重ねて雪だるま」をつくると彼がいい、無意識のなかに即自的な追憶を蓄積するとき、彼は時間を保存された現在でもって、進化を進化してしまったものでもって、構成しているのである。

(40) Noch im Griff behalte, Husserl, *Vorlesungen zur Phänomenologie des inneren Zeitbewusztseins*, pp. 390 et suiv.

(41) Husserl, *Zeitbewusztsein*, p. 430. *Formale und transzendentale Logik*, p. 208. Voir Fink, *Das Problem der Phänomenologie Edmund Husserls*, p. 266.

(42) Voir, par exemple, *Formale und transzendentale Logik*, pp. 256–257.

(43) Claudel, *Art poétique*, p. 57.

(44) *Sein und Zeit*, p. 350.

(45) *Sein und Zeit*, p. 373.

(46) Cité par Heidegger, *Kant und das Problem der Metaphysik*, pp. 183–184.

(47) Husserl, *Zeitbewusztsein*, p. 442: primäres Bewusztsein……das hinter sich kein Bewusztsein mehr hat in dem es bewuszt wäre……

(48) Id., Ibid., p. 471: fällt ja Sein und Innerlich-bewusztsein zusammen.

(49) Id., Ibid., p. 464.

(50) われわれはこの表現をコルバン (H. Corbin) の *Qu'ést-ce que la Métaphysique?* p. 14 より借用した。

(51) この例はサルトル (J.-P. Sartre, *L'Etre et le Néant*, p. 216) の挙げるところである。

(52) この表現はカントによって心情《ゲミュート》に適用されている。ハイデガーはこれを時間に転用する。Die Zeit ist ihrem Wesen nach reine Affektion ihrer selbst, *Kant und das Problem der Metaphysik*, p. 180–181.

(53) Husserl, *Zeitbewusztsein*, p. 436.

(54) Heidegger, ouvrage cité, p. 181: Als reine Selbstaffektion bildet (die Zeit) ursprünglich die endliche Selbstheit dergestalt dasz das Selbst so etwas wie Selbstbewusztsein sein kann. (純粋な自己触発として〈時間〉は、「自己」が「自己意識」の如きものとなりうるように、有限な自己性を根源的に形づくるのだ)。

(55) ハイデガーはある場所で《Gelichtetheit》du Dasein (現存在の「被照明性」) について語っている。

(56) フッサールが未公刊の文献で Einströmen と呼んでいるもの。

(57) J.-P. Sartre, *L'Etre et le Néant*, p. 195. 著者はその観念を退けるためにのみ、このような並はずれたものに言及しているにすぎない。

(58) Voir *La Structure du Comportement*, Introduction.

(59) この表現はフッサールによって、なおしばしば用いられている。例えば *Ideen*, p. 107.

(60) Husserl, *Formale und transzendentale Logik*, p. 257. 《Esthétique》という語は、もちろん《esthétique transcendantale》(「超越論的感性論」) という広い意味に解されている。

(61) *La Structure du Comportement*, p. 302.

(62) Boden, Husserl, *Umsturz der kopernikanischen Lehre* (inédit).

(63) Heidegger, *Sein und Zeit*, p. 366: Wenn das 《Subjekt》 ontologisch als existierendes Dasein begriffen wird, deren Sein in der Zeitlichkeit gründet, dann musz gesagt werden: Welt ist 《subjektiv》. Diese 《subjektive》 Welt aber ist dann als Zeittranszendente 《objektiver》 als jedes mögliche 《Objekt》. (「主体」が、その存在が時間性に基づいているところの、実存する現存在として把握されるならば、世界は「主観的」であるといわれねばならない。しかしまた、この「主観的」世界は、時間‐超越的なものとしては、いかなる可能的「客観」よりもいっそう「客観的」である)。

(64) これは、われわれが『行動の構造』(*La Structure du Comportement*) において、詳細に明らかにしたところである。

(65) われわれがフッサールとともにこの語に与えた意味において。

(66) Voir J.-P. Sartre, *L'Etre et le Néant*, pp. 508 et suivantes.
(67) Ibid., p. 544.
(68) Ibid., p. 562.
(69) 本書四三一頁以下参照。
(70) J.-P. Sartre, *L'Etre et le Néant*, pp. 531 et suivantes.
(71) Fink, *Vergegenwärtigung und Bild*, p. 285.
(72) A. de Saint-Exupéry, *Pilote de Guerre*, pp. 171 et 174.

訳　註

序　文

(1) アウグスティヌスの次の文章にある。「決して外へ出るな、君自身の内に帰れ、内的人間にこそ真理は住む。そしてもし君の本性が可変的であることを見出すならば、君自身をも越え出でよ。しかし君が君を越え出るときには、理性的に反省する霊魂を君が越え出るということを忘れてはならない。それゆえ理性の光そのものがともされる所へ向ってゆけ」(De vera religione, cap. XXXIX, 73)。なおフッサールの『デカルト的省察』の末尾に以上の言葉の最初の文が引用されている。「実証科学は世界喪失における学である。われわれは世界を普遍的な自覚(Selbstbesinnung)において取り戻すために、まず最初にエポケーによって世界を失わねばならない。Noli foras ire (決して外に出るな) とアウグスティヌスはいう。in te redi, in interiore homine habitat veritas. (君自身の内に帰れ、内的人間にこそ真理は住む)」(Husserliana, Bd. I, S. 183)

(2) 原文は l'homme est au monde. これは一二頁に出現する本書の基本概念「世界における(への)存在」(être au monde) を先取りするものであるが、この基本概念がハイデガーの「世界内存在」(In-der-Welt-Sein) サルトルの être-dans-le-monde に対応するものであることは、いうまでもない。問題は monde の前の前置詞 au の訳し方だが、独訳 (Rudolf Boehm, 1966) では zu 英訳 (Colin Smith, 1962) では in となっている。つまり être-au-monde を独訳者は Zur-Welt-Sein 英訳者は Being in the world と訳す。但し英訳では文脈によっては、belong to the world とも訳している。要するに être-au-monde とは世界に属しつつ世界に臨む人間のあり方を表わす言葉で、本訳書では術語的に使われていると思われるところでは、カギ括弧でくくり、更に「世界における存在」と「世界への存在」とを共に示すため「世界における(への)存在」とした。

(3) 原語は un sujet voué au monde. この sujet はもちろん名詞であり、哲学用語として「主体」であるが、形容詞としての sujet à には「……に隷属している」「……に従うべき」「……を免れがたい」という意味があり、こういう意味のニュアンスがメルロ=ポンティの主体概念にはまといついている。この点を考慮せずに単純にドイツ語の Subjekt の訳語たる「主観」「主体」

と同義に解すると、「世界に委ねられた一つの主体」とは自己矛盾した概念になる。なお独訳 S. 7 Anmerkung 参照。

(4) 独訳者の註によればルーヴァンのフッサール文庫 (Husserl-Archiv zu Löwen) の資料分類の Sektion B を指すとのこと、また **Husserliana, Bd. VIII, Einleitung des Herausgebers** 参照（独訳 S. 8）。

(5) 「世俗的な」(mondaine) は「内世界的」(intra-mondaine) と同義。つまり「超越論的」(transcendantal) に対立する概念。反省の徹底を欠いていること。カントのいわゆる「超越論的統覚」が世界へのわれわれの関係を前提し利用していながら、この事実に眼を向けず、世界を意識に内在せしめたカントの態度を、フッサールは反省の不徹底として「世俗的」と非難した、という意味と思われる。

(6) 『純粋理性批判』(Kant, Kritik der reinen Vernunft) B. s. 274 以下参照。カントはここでデカルトの外的事物の存在への懐疑ならびにその論証を批判して、「我思う、ゆえに我あり」が内的経験の主張であるならば、それがかえって外界の事物の存在を条件とすることを論じているのである。「私は私の存在を時間において規定されたものとして意識する。あらゆる時間規定は知覚における不変なものを前提する」とカントは述べ、この不変なものは私のうちにはなく、「その知覚は私の外の物によってのみ可能である」という。デカルト的観念論にとっては内的経験のみが唯一の直接経験で、外的事物は、ここから推論されるにすぎないのだが、カントは、「外的経験が本来直接的なものであって、それを介してのみわれわれ自身の存在の時間における規定が、つまり内的経験が可能なのである」と批判する。なお本訳書の少し先に出てくる「想像力の秘められた技術」については、緒論（訳註17）参照。

(7) 「作用の志向性」と「働きつつある志向性」の相違ならびに関係は、本文から明らかであろうと思われるが、メルロ＝ポンティの理解がフッサールの正しい解釈かどうかは訳者には判定できないし、また本書の理解にとってはさして重大な問題ではない。フッサールの名が出てこようとも、われわれは「メルロ＝ポンティの現象学」を読み取るべきで、フッサールの厳密な解釈をここに求むべきではない。なお **fungierende Intentionalität** なる言葉は **Die Krisis der europäischen Wissenschaften und die tranzendentale Phänomenologie, Husserliana B. VI**, s. 212–3, S. 265 に見える。なお本書六九一頁参照。また本書一三頁の sich einströmen にあたると思われるいい方（但し sich なし）が同書 S. 214, 215 に見える。しかしフッサールのいわんとするところがメルロのそれと一致しているとは、訳者には必ずしも思われない。

(8) 問題 (problème) とは恐らくマルセルの用語の借用であろう。マルセルは「問題」と「神秘」(mystère) とを対立させた。合理的に解決の求められうる客観的な事象に関する問いが「問題」であり、ここでは問う主体は「意識一般」で問われる事象から分離されている。これに反して「神秘」と呼ばれるものは、「客観」ではなくて、「臨在」「現前」(présence) であって、問うものと問われるものとは、「愛」とか「信」といった実存的紐帯によって結ばれねばならない。神の存在、自由、人生の意味、自己の身体、他者などは、みな「神秘」であって合理的な、普遍妥当的な解答はここにはありえない。しかし「神秘」は全く理解不可能ということではなく、むしろわれわれは直接これらの「神秘」に「参与」しているのであり、暗い「直観」をもっている。この「参与」「直観」を概念の助けによって理解せしめるのが、哲学の役目である。

(9) 前註参照。原註(15)(本書七六四頁)には **révéler le mystère du monde et le mystère de la raison** なる表現をG・ギュスドルフから借用したと述べられているが、**problème** と対照して **mystère** なる語を使うのは、明らかにマルセルの用法であり、文意から見てもマルセルの概念の転用と思われる。

緒　論

(1) 「鮮やかさ」の原語は **saturation.** 正確には飽和度。色彩の飽和度とはその純粋さの度合、つまり混入している無色光覚(白、灰、黒)の少なさの度合、したがって鮮やかさの度合と同じことになる。独訳でも **Intensität** と意訳している。

(2) **bougé** とは一義的に規定されない知覚の揺動的性格を指すものと思われ、「ぶれ」と訳しておいた。文脈によっては別の訳語を使った場合もある。独訳 **Schwankungen** 英訳 **shifting.** 独訳はある場所では **Spielraum** と訳している。

(3) 知覚野が「物」と「物と物との間の空虚」もしくは「背景」とに分離すること。

(4) 「よい形態」とは簡単な、統一的な、規則的な、左右相称的な、同じ幅をもつような形のこと(平凡社『心理学事典』による)。

(5) 原語は **expérience critique.** ここではある機能(連合力)の存在・非存在を見極めるための実験という意味。

(6) 原語は **transfert.** いわゆる感情転移のこと。心理学においてこの語は多くの意味に使われている。感官の転移(ある感官領域に属する知覚の、他の領域への翻訳)、学習や習慣の転移(ある形態の活動の習得における進歩が、異なった活動の発揮に対して進歩を促したり、逆に障害となったりすること)、いわゆる感情転移はリボー(Ribot, Th.)のいい出したものだが、今日では精神分析学の用語となっている。患者が抑圧された過去の感情を、治療の過程で分析医に向ける現象をいう(J. Laplanche et J.-B. Pontalis, Vocabulaire de la Psychanalyse, 1973 による)。

(7) ヘーゲルのいう意味での「客観的精神」のことであろう。

(8) しかしながら……以下主知主義批判。

(9) フッサールの Uebengangssynthese に由来する概念。概念による措定的・統覚的総合ではなくて、時間の総合のように意識の流れに即した非措定的・受動的総合をいう。メルロ＝ポンティはこの総合概念の由来をもっぱらフッサールに求めているが、私見によればすでにベルクソンの『時間と自由』(Essai sur les données immédiates de la conscience) にその原型を見ることができると思われる。ベルクソンにあって運動の知覚は「われわれのあい継起する感覚の相互の漸次的組織化、メロディーのフレーズの統一にも類する統一」によるのである (cf. ibid., p. 82–3)。

(10) デカルト『省察』第二参照。

(11) 同上参照。

(12) 平行線に斜線からなる付加図形が加わるために平行線が傾いて見える現象。

(13) inspection de l'esprit デカルト『省察』第二参照。

(14) スピノザの有名な言葉。スピノザは「実体」に関してこのようにいったのだが、メルロ＝ポンティは主知主義の立場にたつなら、知覚の規定性は本来の知覚の能力たる知性にとっては単に否定的なもの、消極的なものにすぎなくなるという意味に、この言葉を用いているのである。

(15) スピノザによれば、知覚されることがらは知性の立場から見れば、すべて実体からの永遠な帰結であるが、知覚はこの事情を悟らず、その結果だけに接しているという意味か。

(16) 「哲学者」の原語 philosophe は「知を愛する者」の意だから、「無知の自覚」(ソクラテス) が前提されている。

(17) カントが「純粋悟性概念の図式性」について述べた言葉、「諸現象とその単なる形式に関するわれわれの悟性のこの図式性は、人間の魂の深みにある秘められた技術 eine verborgene Kunst である (傍点訳者)。そこでいつの日かその真の工みをわれわれが自然から察知して、赤裸々にその姿を眼前にさらさせることは、困難なことだろう。」(Kant, Kr. d. r. Vernunft, B. S. 180–1) なおカントは感性と悟性を「二つの幹」と呼び、「恐らく共通の、しかしわれわれには未知の根基から発出する」ものとなしている (Vgl. ibid., B. S. 29)。この未知の根基をハイデガーは「想像力」と見なす。

(18) スピノザの言葉。その徹底した合理論、観念生得説を示す。

(19) 独訳の註は、「知覚」Wahrnehmung (perception) は恐らく「他人の知覚」Fremdwahrnehmung の誤りであろう、としている。なるほど次の文章を読むと独訳者の意見も首肯されるが、訳者は必ずしも原文の訂正の必要はないと思う。メルロ＝ポンティは、スピノザ的な知性の明証性がかえって日常的な知覚と記憶の明証性を前提していることを、主張しているにすぎない。但しメルロの立場からすれば、この知覚には他人の知覚との協力も、当然含意されているのである。

(20) デカルト『省察』第一参照。

(21) 独訳は expérience privée なる原語の形容詞を privilégié の誤記と解釈して、これを省いているが、訳者は原文に何の疑問も抱かない。

(22) プラトン『国家《ポリテイア》』第七巻514以下参照。ここではメルロ＝ポンティは、前節で批判されているような反省が世界を前提するものであって、世界が知的な産物——光から派生したもの——であることを理解していないという点で、洞窟の囚人に比せられると、いささか無理な比喩をおこなっている。

(23) 第六省察には感覚を論拠とする心身統合に関する決定的な主張が見える。「精神が身体に宿るのは、船乗りが船を操るような仕方によってではない……」。

(24) schéma corporel を直訳すれば「身体図式」であるが、平凡社『心理学事典』に従って本文のように訳した。要するに暗黙のうちに自己自身の身体の全体および部分についてもつ理解で、空間的位置関係を示すものとされる。なお身体像については本書第一部第三章にメルロ自身の説明がある。

(25) 原語は illusion rétrospective. 後から生じたものを、最初から可能態において存在していたかのように、先行するもののなかに投影すること。その結果、生成変化一般から創造性と予見不可能性が見失われる。この錯覚を初めて指摘した哲学者はベルクソン。『思想と動くもの』(La Pensée et le mouvant) 中の「可能的なものと現実的なもの」(Le Possible et le réel) 参照。

(26) 原語は géométrie naturelle. Cf. Malebranche, Recherche de la vérité Livre I, IX, §III. Œuvres complètes, Tome I, p. 109; Descartes, La Dioptrique—discours VI Œuvres A.T. VI, p. 137. デカルトには「なんとなれば、二本の杖を持ったわれわれの盲人は……彼の両手AとCの間の間隔と角ACE、CAEの大きさのみを知るだけで、これから une Géométrie naturelle によって点Eがどこにあるかを知ることができるのだが、これと同じように……」とあり、マールブランシュの文章も殆んどこれと変りはない。なお naturelle の訳語については、文脈に即してそのつど工夫した。

(27) 原語は単に des énoncés であるが、文意を汲んで「明確な」を補った。独訳も verbindlicher Aussage 英訳も articulate と補訳している。

(28) ラテン語で「……の性質のもの」の意、略して「性質」。生活的・実存的意味をもたぬ単なる性質をいう。

(29) 原語は fonds existentiel. 独訳は existentieller Grund 英訳は existential content となっているがともに正確と思えない。

(30) カントの『判断力批判』における美的現象や有機体の合目的性をいう。

(31) ジェイムズの用語。命令「かくあれかし」というラテン語。決断。

(32) ベルクソンの『時間と自由』の原名『意識の直接与件についての試論』への言及。

(33) 独訳は réaliser を Verdinglichung（物化）と訳している。つまり réaliser を res（物）と化することと解釈する。メルロ＝ポンティが「実在論」(réalisme) というときには、主として科学的実在論つまり客観的存在（物）の絶対化を意味しているので、その意味では実在化はなるほど物化であろう。

(34) 原語 configuration. 諸感覚をまとめ意味づけるゲシタルト的構造のこと。なお、figure と configuration とを区別してマールブランシュは「私は外的な形態を単に figure と呼び、内的な形態を configuration と呼ぶ」(Malebranche, Recherche de la vérité I, I, 1 Œuvres complètes T. I, p. 41-2) と述べている。蜜蠟が丸くてもこの形態は、蜜蠟にとって本質的ではないが、鉄片と区別される蜜蠟らしい形姿は configuration である。天文学用語としては惑星相互の相対的位置関係、対座、布置をいう。要するに configuration とは構成部分と本質的な関係のある全体的形状、まとまりを意味する。

(35) 恐らく例えば水滴が球形をとるのは、これが最大の容積を最小の表面積のうちに包みこむという「極大の問題」を解決しているからだというような、物理的ゲシタルトの説明の仕方を指すのであろう。なお英訳は problem of maximum coherence となっている。知覚においてゲシタルトが特権的地位をもっているのは、それが知覚の脈絡の統一性を極大ならしめるから、というのであろう。

(36) 原文は la phénoménologie est une phénoménologie.

第一部 身体

(1) 原語は translucide. 独訳は gänzlich durchsichtig であり、この方が以下の文章にはふさわしいとは思う。

(2) 原語は saturation. 緒論（訳註1）参照。

(3) 時値。神経を刺激して興奮を起させる実験においては、刺激物に電流が用いられる。興奮を起させるのに弱い電流の場合は比較的長い時間を要し、強い電流なら短い時間でよい。刺激となりうる最も弱い電流を基電流という。この基電流の二倍の強さの電流が興奮を生ぜしめるのに必要な通電時間を時値（chronaxie）という。一般に運動の敏活な器官の時値《クロナキシー》は短く、運動の緩慢な器官の時値は長い。時値は興奮性組織の性質を示す時間定数であると同時に、同じ器官でも病変によって時値が延長し、回復するにつれて短縮する（平凡社『心理学事典』による）。

（4） **membre fantôme** は幻影肢とも訳される。傷害や手術によって手足を切断された患者が失われた手足の存在を感じ、痛さや痒みをそこに感ずる現象。デカルトはこれによって、本文にあるように、いったん認めた心身統合の体験を再び身体に関する主観的な表象と見なした。『省察』第六参照。

（5） モナコウ（**Monakow**, 1885）の報告によると患部を意識しない患者があり、また患部に気づかない限り、身体の全体的部分的状態の変化に気づかないことが、後の研究で知られている（平凡社『心理学事典』による）。

（6） 油が最大の容積を最小の表面積のうちに包みこませようとする現象を指す。

（7） ベルクソンの **attention à la vie** もジャネの **fonction du réel** もともに、精神の健全性、正常性を保証する意識の現実への繋留、関心の集中をいう。ジャネの場合、全人格的な統一のもとに現実の対象に対処せしめる高級な心的機能で、これが欠如すると精神衰弱におちいる。ベルクソンの場合は現実の状況の解釈に必要な追憶に想起を制限し、いたずらに夢想に耽ることを防ぐ機能で、その器官が脳髄。酩酊、睡眠中の意識は、脳髄の機能低下で、現実への適応性が失われた状態。この恒常化が精神病。

（8） 独訳では ebenbürtig（同じ身分の、同等の）、英訳では **cognitive** となっている。**co-naissance** の語形は確かに **connaissance**（知りあい）を暗示し、共に生れたがゆえに、互いに親しい関係にたつことにもなるのだが、**connaître** の語源は **cognoscere** で、**naître** の語源 **nasci, nascere** とは別である。なお『行動の構造』（**La Structure du comportement**, 4e **édition, p. 213**）に **cette 《co-naissance》**, ce contact **aveugle avec un objet singulier, cette participation à son existence**（この《**co-naissance**》つまり個別的対象とのこの盲目的接触、対象の存在へのこの参与）という句が見られる。そして著者みずから註して **P. Claudel, Art poétique, Traité de la co-naissance au monde et de soi-même, Paris, Mercure de France** を参照せしめている。しかし『行動の構造』のこの一節は、デカルトを継承する批判主義による感性的認識の捉え方を説明するものであって、知覚が右のような意味での **co-naissance** に尽きるものではなく、認識に属する以上、構成的思惟を予想するものなることが主張されている。

（9） 同一の対象に対して愛と憎しみ、高揚と卑下といったあい反する感情を同時に表わすことをいう（平凡社『心理学事典』による）。ここでは腕の不在が前意識的に知られつつも、他面あてにもされている両義的なその現前の仕方を比喩的に形容したものと思われる。

(10) 原語は expérience traumatique で、直訳すれば外傷性の経験となる。Trauma は主体が適切に対応できず、心的機構に持続的な病的結果を生ぜしめるような、生活上の出来事をいう。

(11) les stéréotypies organiques は器質性常同症（同一動作反復症）と訳すべきかも知れない。こうだとすると脳器質障害のために同じ動作を反復する症状を指すことになるが、訳者はこのように病的なものととらず、ごく普通の型にはまった有機的行動の意に解釈したが、疑問の余地の存在を否定するものではない。

(12) 原語 son évidence autistique 直訳すれば過去の自閉的明証性。

(13) 引用書の原文をそのまま引用したと思われる独訳によれば、……mit der Kenntnis psychologischer und physiologischer Erscheinungen zu……であり、「心理学的ならびに生理学的諸現象の認識をたずさえて……」となる。

(14) この語は訳者の補い。

(15) 原語は une première ouverture aux choses. 直訳すれば、諸事物に対する最初の開口。

(16) 麻痺などの病的条件のもとでの身体像の故障の結果おこる定位の変容の一つで、麻痺した一方の手足の定位が健全な手足に移行して知覚される症候（平凡社『心理学事典』による）。

(17) 緒論（訳註24）参照。厳密にいうと像（image, Bild）と図式（schéma）はカントのいうように別物であり、図式とは「概念にその像を調達する想像力の一般的仕方の表象」「方法の表象」（『純粋理性批判』B. 179–180）である。しかし心理学用語では body image なる語が同意語として普及しているので、身体像と訳しておいた。

(18) 括弧内訳者の補い。

(19) 有機感覚 organic sensation と同じ。身体の内部に受容器をもっている感覚で、内臓感覚、運動感覚、平衡感覚などを指す。健康な状態では殆んど意識されず、漠然とした「身体の存在の感じ」にすぎない（平凡社『心理学事典』による）。

(20) 視覚器官とその働きに障害がないのに、見たものが何であるか理解できない状態、視覚的失認症（平凡社『心理学事典』による）。

(21) 原文では représentation, Vor-stellung となっている。vor-stellon 前に立てること、したがってこの場合、表象とは対象として客観的に措定することを意味する。

(22) 操作さるべきものという意味のラテン語、但しトールマン（Tolman）のサイン・ゲシタルト説の用語としては、生活体がその操作性能の制約のもとに働きかけ動かしうる事物の総体を指す（平凡社『心理学事典』による）。

(23) une certaine mode de résolution. 独訳は résolution を Entschluß（決意）と訳しているが、誤訳と思う。和声の進行における「解決」のように、具体的状況が自然にある行動を要求するのだから、「決意」では全く意味が逆になってしまう。

(24) ミルの帰納法手続きの一つ。研究さるべき現象の存在する事例と存在しない事例を比較し、前者にある事情が伴い、後者には伴わないことが観察されるなら、この事情とかの現象との間に因果関係があるとする方法。

(25) 原著の目次細目では、本訳本における次の小見出しといっしょになって、Impossible de comprendre ces phénoménes par une explication causale et en les rattachant au déficit visuel, ni par une analyse reflexive et en les rattachant à la 《fonction symbolique》 とあるが、本訳書では節が長くなりすぎるので独訳に従って二つに区分した。

(26) ミルの帰納法は五つの手続きを含んでいる。それらは(1)一致法(2)差異法(3)一致差異併用法(4)剰余法(5)共変法であるが、基本になるのは(1)(2)(5)である。(1)は研究すべき現象の諸事例が唯一の事情のみを共通にもつなら、この事情がかの現象と因果関係にあるとすること。(2)は、研究すべき現象の起る事例と起らぬ事例とを比較し、両者が唯一の事情のほかはすべての事情を共有し、この唯一の事情が前の事例にのみ見出されるなら、これが研究すべき現象と因果関係にあるとするもの。(5)は、ある現象がある特殊な仕方で変化するときにはいつでも、何らかの仕方で変化するもう一つの現象があれば、両者は因果関係にあるとするもの。(3)は(1)と(2)の組合せによって推論を強化するもの、(4)は以前の帰納によってすでに知られている因果関係の事実を研究すべき現象から差し引くことによって、残りの要素的事実間に因果関係を推定するもの。(Cf. J. S. Mill, System of logic, Longmans, 1952, p. 255 et suiv.)

(27) s' 《irréalise》 後の文章からも分るように、厳密に訳せば、おのれを非物化（res でなく）すること。

(28) 一般に随意筋が麻痺していないのに、目的運動ないし行為の遂行が困難な症状をいう（平凡社『心理学事典』による）。なお英訳は註して、(一)筋肉の力、感覚性、各組織間の整合一般に異常がないのに目的運動の遂行が多かれ少なかれ不完全という、有意的運動の障害、(二)名称も知っているし、使用法を述べることもできる対象を、適切に使用できないという精神運動的欠陥、と述べている。

(29) 感覚することができても、対象の認知ができない症状（平凡社『事典』による）。

(30) 原文では le centre des troubles est ici dans la zone du langage, là dans la zone de la perception et ailleurs dans la zone de l'action. とあるが、訳文のように失語症、失行症、失認症の順序に改めた。「ここ」「かしこ」と直訳すると順序が

逆になる。

(31) 訳文は意訳。原文は Les sens et en général le corps propre offrent le mystère d'un ensemble qui…… であって、直訳すれば、「諸感官、そして一般に自己の身体は……というような一個の全体という神秘を提示する」となる。

(32) ruse de la Raison. 明らかにヘーゲルの「理性の狡智」List der Vernunft をほのめかしている。

(33) 原文は être au monde.

(34) 相手の思想を——は訳者の補い。

(35) 原語は croyance massive だが、ベナリの原文をそのまま引用したと思われる独訳では、Jetzt müsse er große Sache glauben……となっている。「今はさしあたり、大いなる物ごとを信じなくてはならない」ということか。

(36) habitus を「型」と訳しておいたが、ラテン語の原意には、態度、行状、外観、装い、様子、状態、習慣、気分、性質などがある。フランス語では博物学や医学の用語として用いられるが、ここではアリストテレスのヘクシス (hexis)——習慣の結果獲得された性格、傾向——から由来する哲学用語の意味と思われる。スコラ哲学においては変動的性質 (dispositio) に対して持続的性質を意味する。なお独訳は Habitualitäten 英訳は habits となっている。習性。フッサールは『デカルト的省察』(Cartesianische Meditationen, § 32; Husserliana Bd. I, S. 100-1) において Habitualitäten の基体としての自我について論じている。つまり自我とは空虚な同一性の極ではなく、「超越論的生成《ゲネシス》」の法則に従って、新たな対象的意味をもった作用をおこなう度ごとに、「新たな持続的持ち前《アイゲンハイト》」を獲得するという。判断、価値ならびに意志の決定、行為などをおこなうことによって、みずからこれを取り消さない限り、自我は Habitus を身につけるのである。

(37) 原語は fonction (générale) de représentation. この場合、「表現」とは感情表出 (expression) 感情喚起 (évocation) と区別される言語の叙述 (Darstellung) の働きを意味する。つまり経験を客観化して表象し直す機能である。これに続く文章にしきりと représenté, représentation という語が出てきて、本訳書では一様に「表象」と訳したが、これも客観的表象という意味である。しかし日本語で「表現」は「表出」も含む広い意味をもっており、メルロ＝ポンティにおいては言語の叙述機能と表出機能とは分離できないものなので、後出の第四章では expression を「表現」と訳した。

(38) apraxie constructive とは行為の企図における空間的契機の障害に基づく失行症。空間形態の構成を含む行動の障害として現われる。空間形態の確実な把握を必要としない行為には重大な支障はないが、形象に関する仕事となると簡単なことでも困難になる。図形を描き、文字を書くこと、自己の身体部分、例えば手や指で命ぜられた形をつくることができない (平凡社『心理学事典』による）。

(39) 原語 je suis à l'espace et au monde という言葉使いから明らかなように、これは「世界における（への）存在」(l'être au monde) の一つの様態である。「臨んでいる」ことは単に表象していることではなくて、「臨席している」こと、「居合わせる」こと、その意味で空間・時間のなかに石ころのようにあるのではないが、やはり空間・時間においてあることでもある。英訳は belong to を使っている。

(40) 原文は comprend son monde だが、独訳はわざわざ註記して、原語 comprend が「了解」と「包含」との二つの意味をもつことを付言している。

(41) 独原文をそのまま転載したと思われる独訳には、Darstellungsfähigkeit（叙述能力）なる語が付加されている。

(42) フランス原文では espace représenté だが、独原文をそのまま引用したと思われる独訳では Darstellungsraum（叙述空間）となっている。

(43) 原語は une consécration motrice で独訳は eine motrische Aneignung 英訳は the stamp of movement set upon it. いずれも意訳である。consécration とはミサ中のパンと葡萄酒の聖変化、聖別をいう。そこから転じて用語の是認といった意味も出てくる。ここでは新しいダンスの方式（formule）が運動機能の働きに変る（同化される）こと。

(44) 原文 épeler le mouvement. 運動を構成要素に分解して、単語の文字を一字一字読むようにこれに注目すること。

(45) 予言者の身振りが聖域（templum）を区画する、という文は一見分りにくいが、「予言者」の原語は augure（鳥占師）。聖域（templum）とは、鳥占の観測区域。つまり鳥占師の魔術的仕種によって一定区域が聖別され、未来を予兆する空間となること。

(46) 自己の姿を向うに見る幻覚、二重身（Doppelgänger）と同じ。

(47) 単に出来事を可能ならしめる法則ではなくて、実際に生ぜしめる法則。「有効」(efficace) の使い方としては、神学用語として grâce efficace があり、grâce suffisante が善をなす可能性のみを与えるのに対して、これは善の実現そのものを与える恩寵をいう。

(48) 原文は s'emporte lui-même. 独訳では von sich solbst mitgerissen（自分自身から引き裂かれて）、要するに超越の作用がおのれの働きに没入して、対象を絶対化し、おのれの作用を顧みないことをいう。

(49) 実はシュナイダーは視覚が減退してはいるが、消失してはいない。独訳が disparition を Minderung と意訳しているのにも、理由がある。しかし représentation という語は単なる知覚表象を意味するのではなく、視覚的な想像表象を指すのではないかと思われる。次にくる触覚的表象についても同様の解釈ができるのではなかろうか。

(50) 原文は ne sont pas à ce qu'ils font. シュタインフェルトの原著からの直接引用と思われる独訳では、(ist) bei dem, was er tut nicht dabei となっている。メルロが本書で多用する être à の使い方に注目したい。

(51) 原語は point d'appui だが、シュタインフェルトの原著からの直接引用と思われる独訳によれば、Eselsbrücken (虎の巻、アンチョコ)。ここでは独訳に従った。

(52) 原語は exprimer. これは前出 (訳註37参照) の表現機能 (fonction de représentation) の「表現」のように感情の表出などから区別される叙述、客観化の働きを特に指しているわけではなく、一般的な意味と思われる。

(53) 暗示によって消滅したり再生したりさせられうるヒステリー症状の類 (英訳註による)。

(54) 原文は単に les comportements であるが、「他人の」を補った。独訳も das Verhalten des Anderen と補訳している。

(55) 偽りの回想、現在の状況が以前にこの通り起ったことがあると思われる幻覚。そうではないことが分っていながら、今と同じ情景にかつて出会ったことがあると思われる錯覚。ベルクソンの『精神的エネルギー』(L'Energie spirituelle) に「現在の追憶と虚偽の再認」なる論文がある。

(56) ヘーゲルの『精神現象学』参照。羞恥と無恥とについては、サルトル『存在と無』参照。

(57) habitude は habeo (=avoir) を語源とする。habeo は所有主と区別された対象としての所有物への関係 (いわゆる所有関係、これは原註にあるように、むしろ être に属する) ではなくて、所有によって対象が所有者の一部、所有者の性状となり、逆に所有者が所有物のなかにおのれを投ずる (se projeter) という関係を意味する。原註では、j'ai une idée, j'ai envie, j'ai peur といった精神的補語をもつ avoir の使い方を、所有を表わす使い方 j'ai une maison, j'ai un chapeau に対比して挙げているが、私は自分の万年筆を使い馴れ、私の家に住み馴れることによって、これらをまさに私の万年筆、私の家たらしめるのであり、それらは私の習性 (habitus) の一部となるのだから、物質的対象を補語としてもよいと訳者は考える。要するに、外的な所有権の関係にとどまらないで、人格的な関係となればよいのである。

(58) articulation には「分節化」という意味もある。「調音」とは音韻を明瞭に発音するために必要な、発声諸器官の構え、運動を意味する。しかし言語 (langue) は、語と音韻とへの二重分節 (articulation double) を特徴としているというのが通説であり、発言ならびに聴取において、一語を他の語から、また一語を構成する諸音韻を他の音韻から区別する作用を、ここで意味するものとして、「分節化」という訳語を使ってもよかろう。

(59)「カントの有名な問い」とは例の「先天的総合判断はいかにして可能なりや」だと思われる。総合判断（主概念のなかに意味的に含まれていない概念を賓概念とする判断）は、一般に経験の媒介を必要とする。そこでカントのいわゆる先天的（非経験的）総合判断（因果律その他の経験の構成原則）は、一見自己矛盾した概念に見え「いかにして可能なりや」という問いが生ずる。メルロの文章は思惟も実は言語による経験だということによって、この問いに答えることができるということなのであろう。

(60) ベルクソン『物質と記憶』(Matière et mémoire) 第三章参照。「記憶心像」(souvenir-image) と区別されて「純粋持続」――体験されるがままの時間経過――とともに把持される過去そのもの。記憶心像は、これが想起されてイマージュとなった形態。メルロのベルクソン批判はやや不正確。なぜなら「純粋記憶」とはまさに過去地平を意味するのだから。メルロは純粋記憶と記憶心像とを混同していることになる。

(61) 精神分析学の用語、主体が他人を捉える仕方を方向づける無意識的な原型的人物像。家族的環境との幼時の実際上の、もしくは幻覚的な関係から生ずる。イマゴの概念はユング（Jung, Wandlungen und Symbole der Libido, 1911）に帰せられる。イマゴとコンプレクスは親近的な概念。両者はともに幼児の家庭的社会的環境との関係に起因する。しかしコンプレクスが人格間の状況の全体の影響であるのに対して、イマゴはこの状況の参加者のうちの誰かの印象の残存を意味している。イマゴはしばしば「無意識的表象」として定義されるが、しかし、心像《イマージュ》よりむしろ主体がそれを通じて他人を見る静《スタティック》的な仕方、後天的な想像図式と見なさるべきである。イマゴは心像《イマージュ》のみならず感情や振舞にも現われる。イマゴは現実の反映と解さるべきではない。恐ろしい父親のイマゴが実は控えめな父親に対応することもある（J. Laplanche et J.-B. Pontalis, Vocabulaire de la Psychanalyse, 1973, Paris による）。

(62) 原語は déclencher. 独訳 auslösen 英訳 put into operation.「働かせる」という方が原義に近いかも知れないが、日本文として適切でないので本文のように訳した。

(63) ベルクソン『物質と記憶』第二章参照。

(64) 原語の vocifération は直訳すれば「怒号」である。しかし独訳 Verlautbarung 英訳 vocal form を参考にして、本文のように訳した。

(65) Phèdre. ラシーヌの悲劇ならびにその女主人公、もとはギリシャ神話ならびにそれに基づくギリシャ悲劇。

(66) La Berma. プルーストの小説中の女優。

(67)「区別して」は訳者の補い。独訳もほぼ同様に補っている。

(68) 原語は échappement.

(69) 独訳は本書の三一三頁終りから二行目に段落を設けて、ここにこの見出しを挿入している。なるほど言語の超越性が三一三頁から次頁にかけてすでに語られているから、独訳の区分けも一理あるが、本書では原著に従って段落を設けなかった。

(70) 客観的言語 langage objectif は客観的叙述という言語活動のこと。

(71) 接着体験 kohärenzerlebnis 適合の体験 Erlebnis des Passens—— いずれもドイツ語原語のままにて仏訳語なし、ゲシタルト心理学の用語。接着とはまとまりの良さを意味する。

(72) ゲルプ－ゴールドシュタインの原文をそのまま引用したと思われる独訳では、Sprache in ihrer signifikativen Bedeutung となっている。感情表出、感情喚起的な言語機能から区別して、客観的意義を表わす言語機能をいうのであろう。

(73) 独訳に従って原著にない節の区分をここでおこなって、小見出しを配した。

(74) 原語は un geste d'initiation. initiation は宗教的密儀への導入、奥義への手ほどきといった意味の言葉だが、ここでは全く比喩的に使われており、独訳も ursprüngliche と意訳している。つまり対象に初めて人間的意味を付与するような、換言すれば対象を人間的意味の世界へと初めて導入するような仕種ということで initiation という語を使ったのであろう。

(75) 原文では concept verbal だけであるが、独訳に従って独原語を補った。

(76) 思うことを言葉で表現することの困難な失語症。

(77) 過去の経験（刺激）が神経細胞の原型質の上に残す痕跡。

(78)「方向」という意味も原語 sens にはあり、これも含意されているのではないかと思われる。

(79) 三二三頁十行目の「ある一つの機能」にあたる。恐らくまた言語を他の表現媒体から区別する特徴（言語の超越性）（三一四—五頁）を可能ならしめる機能でもあろう。

(80) 原文は Tout y demeure だが、どれほど精神的なものといえども、そこ（世界、身体）に根をもち、これらによって表わされるのであって、これらから離れた別物ではないという意味ですべてはここに存するということか。

(81) この句の原文は dans toute la mesure où j'ai un acquis であるが、ここに出てくる「もつ」は、本章の冒頭に見える avoir と être の区別（原注第一部170参照）——マルセルと逆の使用法——を前提している。それゆえ独訳が ich einen Erwerb mein Eigen nenne と意訳したのは、それなりにうなずける。

（1）原文 la présence charnelle du cube. charnelle はやがてメルロ＝ポンティの重要な概念となる「肉」（chair）の形容詞だが、ここでは対象が親しく現前していること、独訳は leibhaftig、英訳は material をあてている。

（2）手の指を交叉させてその間に細い棒を挟むと、棒が二本に感ぜられる現象（平凡社『心理学事典』による）。

（3）二重身（Doppelgänger）、自分の姿を向うに見る幻覚（同上）。

（4）英訳はヴァレリーの詩 Le Cimetière marin を参照させている。

Mes repentirs, mes doutes, mes contraintes
sout le défaut de ton grand diament.

しかしヴァレリーの詩の内容と本書の文章の主旨とが直接関係するとは思われない。

（5）生体の筋肉の持続的な弱い攣縮。

（6）Petit Robert によれば abduction とは、身体の正中面から四肢の一つもしくはその一部を遠ざける運動をいう。

（7）同じく adduction とは逆に近づける運動をいう。

（8）青でないある色が、別のある色と対照させられることによって、青く見える現象。

（9）原語は végétatif でそのまま直訳したが、英訳では soporific（催眠作用のある）と意訳されている。しかし一般的用法では végétatif とは不随意的生理活動や自律神経に関する事象を指す。

（10）英訳はヴァレリーの詩を参照させている。

Midi là-haut, Midi sans mouvement
En soi se pense et convient à soi-même.

（Le Cimetière marin より）

なおこの句の直前の「神秘」（mystère）という語も同じ詩中に出てくる。しかしメルロの文章とこの詩がどうかかわりあうのか、訳者には不明である。

（11）原語は être à l'espace.

（12）独訳では die eigentliche Sinneserfahrung と「固有の」という形容詞を補っている。視覚は触覚に、触覚は視覚にとはみ出していて、狭義の一定の感官に属する経験領域の幅は狭いものでしかない、という意味か。

(13) ヘルダーは恐らくアリストテレスの共通感官（sensus communis）からこの概念をつくったのではないか。共通感官とは、それぞれの感官の機能に総合的統一を与える普遍的感覚能力をいう。異なった感官に与えられる性質（例えばある音とある色）の区別は、それぞれの個別的感官では不可能であるが、何らかの感官によっておこなわれなくてはならぬ。また、運動、静止、形態、大きさ、数などある感官に固有でなく、すべての感官に共通の対象がある。その上われわれは知覚することについての知覚をもつ。アリストテレスはこれらはいずれも共通感官によって知覚されると考えた。

(14) 原文はダッシュに直ちに文章が続いているが、独訳に従いここで改行し、目次の小見出しを入れた。

(15) 以下九行、主知主義の反論。

(16) 「われわれは」以下、主知主義者の反論に対するメルロ＝ポンティの反論。

(17) 永遠の能産者（un naturant éternel）とはいわゆる超越論的主観のこと、身体＝主体はこうしたものへの祈願（invocation）ではあるが、その経験つまりその実現ではないということ。

(18) 原語 actuallement は厳格な哲学用語としては「現勢的に」（en acte）と訳すべきだろうが、「なしとげる」といういい方でその意を表わしたつもりである。

(19) 原語は distendue. 独訳は gesprengt 英訳は exploded と、いずれも総合が時間によって解体され（再建され）るという風に訳している。distendre に弛緩させるという意味がないわけではないが、最も普通の意味にとって素直に訳した。

(20) 現勢的な総合 synthese actuelle とは、措定的な作用による総合のことか。

(21) 原語は une matière de la connaissance possible seulement. 一見すると「単に可能的な認識の質料」と訳したくなるが、知覚の段階では質料と形式が明確に分たれていないのだから、possible を matière にかけて本文のように訳した。英訳も a merely possible stuff of knowledge となっている。但し独訳は nur Materie möglicher Erkenntnis である。この場合は「認識」を「知覚」から区別された学的認識の意味にとらねばならない。

(22) 「すぐれた意味では」（eminemment）はスコラ以来「形相的に」（formellement）に対立する語として用いられる。ここでは構成的精神が実際《アクチュエルマン》には（この実際的関係が formellement）いかなる方向も、したがっていかなる空間ももっていなくても、空間中にあらゆる方向を描く能力をもっているという関係をいう。「私は思惟する実体にすぎないので、場所も運動も……もってはいないが、実体として優越的にこれらのものをもつ」（デカルト『省察』傍点訳者）といういい方を参考にされたい。

(23) この節の実験は原註(85)からも分るように、ヴェルトハイマーによるもの。

(24) 原文 prise de mon corps sur le monde. avoir prise sur なるいい方は avoir un moyen d'agir sur (に働きかける手段をもつ——Petit Robert) ということで、原文の句は「私の身体が世界に働きかける手掛り」という意味にもとれ、独訳は Anhalt (手掛り) と訳している。しかし英訳は gearing to (適合、かみ合い) と訳す。本書ではこの文脈では「取組み」が適当と思ったが、他の場所では文脈によって他の訳語を採用した場合もある。

(25) 原註(87)、四〇八頁を参照。

(26) sens には「意味」と「方向」との二つの語義がある。

(27) 本書に出てきた同じ原語について今までは「生れ持った幾何学」と訳した。naturelle は「天与の」「自然にそなわった」という意味と思われる。しかしここでは精神のまだ主題化されていない幾何学的な働きという意味なので、単に「自然的な」と訳した。次頁の「自然な判断」についても同じ。訳註諸論(26)参照。

(28) 原著は文章が改行せずに続いている。訳本では独訳に従って改行し、小見出しを付した。

(29) 原文 un rapport de signification. 本訳書は独訳 den von Zeichen und Bezeichneten を参考にして signification を signifiant-signifié と解釈した。

(30)『創造的進化』(L'Evolution créatrice, P. U. F., p. 9) に見える有名な例証を指す。これによってベルクソンは、一片の物質も宇宙全体の一部として「持続する」ことを明らかにした。

(31) デカルト『省察』第二参照。

(32) 原語は investissement de l'objet par…… 独訳 Einfassung 英訳 investing. investissement の動詞形は investir でラテン語の investire (装う、被う、取り囲む) からきた。この語は「装う」から「官職、権能を付与する」という意味にもなる。investissement は Petit Robert によれば「取り囲む」の意味の名詞化とされ、また英語の investment の「投資」なる意味ももつようになった。メルロのこの語の使い方にはこれらさまざまな意味が含蓄されているように思われる。

(33) 原文は《tiens encore en main》だが、フッサールの原文は、独訳の通り《noch festhalte》である(Vgl. Husserliana, Bd. X. S. 38)。なお原註の Zeitbewußtsein, pp. 32-35 とあるのを独訳は、S. 398-401. としている。つまり Husserliana, Bd. X. S. 38-41 である。

(34) フッサールの原語は Übergangssynthese.

(35) 水晶体の調節作用ならびに両眼の視線を対象に集中する輻湊作用をつかさどる筋の麻痺の結果、対象が実際より小さく見えたり大きく見えたりする症状（平凡社『心理学事典』による）。

(36) bougé は今まで「ぶれ」と訳してきたが、ここでは「動き」と訳した。なお独訳は Spielraum 英訳は shift となっている。

(37) 原語は mouvement stroboscopique. 平凡社の『事典』には「驚盤運動」とある。要するに映画の画像のように、静止している幾つかの像があい継起して出現消滅する結果、動いている像のように見える現象をいう。

(38) tachistoscopic vision 瞬間視つまり視覚的刺激提示の時間短縮をおこなう装置。

(39) 太平洋諸島の未開民族に見られる超自然的・非人格的な力の観念。人、生物、無生物、器物などに宿り、転移や伝染もすると信ぜられている。

(40) 原文は単に sans plans だが独訳を参考にして補訳した。

(41) 原語は gratuit.

(42) ヘーゲルのそれと指定はされていないが、ヘーゲル流のものを指すと思われる。

(43) ここでは表現（représentation）という語を狭義の意味、つまり表出から区別された意味に理解されたい。この一文は、フッサールが『論理学研究』で用いている「客観化作用」というのは、いわゆる客観化・対象化的表現作用ではないという意味であろう。次の文の「自然的な原初的空間」がここでいう「客観化作用」に、「幾何学的空間」が「表現作用」に対応することを考えれば、その意味が理解されよう。

(44) 真理性をもった幻覚（hallucination）という意味。知覚と錯覚（illusions）もしくは幻覚との間に意識自身が体験する内在的区別がなければ、両者の区別は一方が実際の対象をもち、他方がもたぬという違いだけになるはずで、したがって知覚は真理性をたまたまもった幻覚ということになる。

(45) 「真なる知覚」（perception vraie）は真理性をもった知覚、「ほんとうの知覚」（vraie perception）は錯覚ではなく知覚だと自覚されるような作用のこと。

(46) 原文は、Dans la conscience, l'apparaître n'est pas être, mais phénomène. 独訳は特に註して mais が sondern と aber の二様の意味を併せていることを指摘している。つまり「意識においては現われることは、存在することではなくて、単に現象にすぎない」という意味と「……存在することではないが、それでもなお現象である」という意味の二様に解釈されうるし、両方の意味をともに含んでいる、という。

(47) Wahr-Nehmung は Wahrnehmung（知覚）を二語に分けて，「真と見なすこと」と解義したのだろうが，Wahrig: Deutsches Wörterbuch によれば，Wahrnehmung は ahd. Wara（Aufmerksamkeit）＋nehmen となっている。もっとも wahr（真の）も ahd. war, wari からきており，これはこれで idg. uero（lat. verus）から由来し，もともと achtbar ということなのだから，かの語義解釈も不当ではなかろう。

(48) 弁別閾（seuils différentiels）とは刺激を変化させるとき知覚できる最小の変化量のこと。

(49) 四九九頁一二行目以下参照。

(50) 普通の明るさの対象物を比較的長く（約三〇秒）凝視し，その後に明るい面に眼を移すときに最もよく現われ，もとの刺激に対して明るさ及び色調が反対で，それぞれ補色の関係に見える残像のこと（平凡社『心理学事典』による）。

(51) 「それを超出し」のそれは la であるが，訳者は独訳と同様 le に訂正し，前の句の un certain montage linguistique を受けるものと解釈した。

(52) 「意味」の原語 sens には，前述のように「方向」（direction）と「意義」（signification）の両義がある。

(53) 原語 physique naturelle は前出の géométrie naturelle, jugement naturel と同様ないい方。naturelle には「持ちまえの，天与の」という意味と「無自覚的，非措定的」という意味とがともに含まれていると思われる。

(54) カント『純粋理性批判』A. S. 103 参照。Synthesis der Rekognition in Begriffe. 想像力における感性的表象の再生産の総合に対象的意味を付与する意識の総合的統一，つまり概念（＝規則）に従って表象を秩序づける作用をいう。

(55) 原語は une certaine typique. 英訳は a certain typical structure となっており，ここでは適当な意訳と考え，これに従った。しかし「範型」と訳した場合もある。

(56) inspection du corps. デカルトの「精神の洞察」inspection de l'esprit（『省察』第二）を想起されたい。

(57) 原文は単に la nature ou l'altérité であり，またシェーラーの独原文は Sosein oder Anderssein であるが，意訳した。

(58) Madame de Mortsauf, Félix de Vendenesse ともにバルザック『谷間の百合』中の人物。

(59) フッサールは Appräsentation を Mitgegenwärtig-machen, Als-mitgegenwärtig-bewußt-machen といい換えている。Vgl. Catertesianische Meditationen（Husserliana Bd. I, S. 139）.

(60) 「神秘」（mystère）と「問題」（problème），序文の（訳註8）参照のこと。

(61) 「虚偽の知覚」（perceptions fansses）の「虚偽」は真理価値に関すること，「ほんものの知覚」（vraies perceptions）の

「ほんもの」は知覚意識の特性に関すること。

(62) 原語 assertive を assertorique と同義に解した。「実然的」に同じ。判断の様相（確実性の度合）に関する規定、「蓋然的」「必然的」に対す。

(63) 原文は mes voix だが、三行先から四行目にかけて、「われわれが話している最中にも、誰かが私にあれこれいうのです」という文章があるので、このように訳した。

(64) ライプニッツの用語。意識的な知覚＝統覚（apperception）は、それ自体では意識されない要素的な知覚の集積の結果とライプニッツは考え、後者を微小知覚（petite perception）と称した。遠くに見える樹木の一枚一枚の葉の影像や波の諸部分の音などがこれにあたる。

(65) ヘーゲルの objektiver Geist を指す。つまり、社会的・人倫的精神形態のこと。

(66) スコラ学の用語。事物の性質で既知の性質に較べることも還元することも不可能な性質、説明不可能で神秘的な性質、例えば磁石の牽引力など。近代科学はこれを隠れた実体ないし力とせずに、法則もしくは関係として捉える。

(67) 原文は単に notre inhérence aux choses（諸物へのわれわれの内属）であるが、意訳した。独訳も unser Sein-unter-den-Dingen と意訳している。

(68) 原語 ré-effectue の ré は独訳の nach に従って「追」と訳した。

(69) デカルト『省察』第二参照。

(70) nature pensante を「思惟する自然」とここで訳したのは、ここでは諸存在を生み出す原理という意味が含まれているからである。

(71) 恐らく『存在と無』におけるサルトルを指すと思われる。

(72) Fabrice——スタンダールの『パルムの僧院』の主人公。ワーテルローの戦いに参加する。

(73) 源－泉（Ur-sprung）の Ur は原（もと）、sprung は飛躍を意味する。Ursprung は aus dem Boden springende Quelle（大地より湧出する泉）（Sagara, Großes Deutsch-Japanischer Wörterbuch による）。

第三部　対自存在と世界における（への）存在

(1) 原文は、si ce trajet à son tour n'était pas seulement parcouru par mes doigts quand ils s'ouvrent, mais encore

visé par ma pensée dans son dessin intelligible となっていて、訳文の「ないとしたら」の「ない」がないが、文意を汲んで否定詞を補って訳した。独訳、特に英訳ははっきり、そうしている。

（2） 以上の文章は、サルトルの『存在と無』における同主旨の文章への当てこすりと、思われる。

（3） 原文は単に cette plasticité（この可塑性）だが、文意を汲んで「この自己欺瞞の」を補い、「容易さ」と意訳した。

（4） スコラ学の用語 espèce のラテン原語は species スコラ学者が、アリストテレスの知覚説とデモクリトス・エピクロスの説とを結合して考えた知覚の直接的対象。事物の形姿そのものが事物から抜け出して、精神にこの事物の知覚を生ぜしめると、考えられた。この事物の形姿を「形質」という。なおフッサール（Husserl, Logische Untersuchungen, Bd. II., Teil I）では、以上のような形而上学的意味を離れて「本質」「形相」と同義に用いられている。

（5） 原文 nous informons le lecteur, ……独訳では Wir unterrichten den Leser, 英訳では We mould and animate the reader, となっている。informer にはいろいろな意味があるが、それに続く文章からして英訳の animate に当る語を採用した。

（6） 所記（signifié）能記（signifiant）はともにソシュールの用語の転用。

（7） 「形相的実在性」（réalité formolle）はスコラの用語で事実的に存在すること。これに反し「客観的実在性」（réalité objective）は観念もしくは表象として存在すること。デカルト『省察』第三参照。

（8） ハイデガーの用語 Unverborgenheit（非隠蔽性）ということ、alétheia はギリシャ語で真理を意味するが、この語を a-létheia と分解することで、真理とは隠蔽するものがとり去られて事象の真の姿が顕わになること、と解義する。

（9） 原語 vocable は Petit Robert によれば「言語（langage）の要素、特に意味と表現について考えられた要素」とあるが、文意から見て音声から見た語と解されるので「音語」と訳した。

（10） 原文の manière は matière の誤植と見なす。

（11） ob-jet を「対－象」としたが、この語のもとはスコラのラテン語 objectum で、これは objicere（……の前に投げる）から由来し、「前に置かれたもの」の意である。ob は towards, to, before, in front of の意である。

（12） Cf. Pascal, Œuvres complètes (Edition du Seuil, 1963) p. 513, Pensées, 113–*348* Roseau pensant. Ce n'est point de l'espace que je dois chercher ma dignité, mais c'est du règlement de ma peusée. Je n'aurai point d'avantage en possedant des terres. Par l'espace l'univers me comprend et m'engloutit comme un point: par la pensée je le comprends.（考える葦。私が自己の尊厳を求むべきは、空間からではなくて、私の思惟の規整からである。私はどれほど領土をもっていて

も、これ以上のものはもてないだろう。宇宙は空間によって私を包み、一点のように呑みこむ。しかし思惟によって私は宇宙を包む)。

(13) 第二の瞬間とあるのは、実は第一の瞬間ではなかろうか。独訳はそのように直している。

(14) temporalisation の独原語は Zeitigung. 時が熟すること。「時熟」という訳語もありうる。「時間化」という訳語は、非時間的なものを時間的にするという意味に解せられては、適切でない。ハイデガーのいう「時間性」(Zeitlichkeit) つまり根源的・本来的時間のあり方、いやむしろ生成の仕方を意味する。英訳は time-creation.

(15) ハイデガーの原語は gewesende-gegenwärtigende Zukunft (既往し-現在化しつつある将来)。メルロのフランス訳 avenir-qui-va-au-passé-en-venant-au-présent は、ハイデガーの「時間性」を表わす言葉の正確な翻訳とは、訳者には思えない。

(16) tempora は tempus (時) の複数形。

(17) cohésion d'une vie の原語は Zusammenhang des Lebens. 原註第三部 (35) 参照。

(18) Augen-blick. 本書七三三頁 (原書 p. 500) では、Augen-Blick と b が大文字になって再び現われるが、両者は同一語である。しかしここではハイデガーが参照されているのに対し、かしこではデカルトとサルトルが引き合いに出されている。「瞬間」にハイデガー的な積極的意味を初めて認めたのは、キルケゴールである。Augen-Blick は「眼を向けること」で「瞬視」とも訳される。これはキルケゴールにおいては時間と永遠との接触点であり、ハイデガーにあっては「時間性」による状況の開示としての現在である。

(19) 原文は je suis au passé. être-au-monde の être-à が使われている。独訳は être-au-monde を zur-Welt-sein と訳すが、ここでは ich bin in der Vergangenheit と sein in を使っているし、英訳は I belong to my past としている。いずれにせよ être-à は多義的である。

(20) メルロ＝ポンティは、原註にあるようにハイデガーの仏訳本から、ex-sistance を借りてきたのだが、独原語は Ek-sistenz である。メルロは、ex-sisto (自己から出て立つ、歩み出る) を être-au-monde の être-à と同義と解しているようだ。

(21) investissement を「いわば権能の付与」と補訳・意訳したが、独訳は Belehnung (封土授与) 英訳は being encompassed (囲まれること) で、いずれも苦心の意訳である。investissement のもとの動詞 investir には「権能、位を授ける、使命を託する」といった意味と軍隊が「包囲する」といった意味、最後に英語の invest から入ってきた資本を「企業に投資する」という意味があり、investissement は二番目及び三番目の意味の名詞化であって、最初の意味のそれではない (Petit Robert 参照）。しかし独訳の Belehnung は最初の意味そのものの名詞化ではないが、それに近く、英訳は第二の意味を受動態にして名詞化している。訳者は文意を汲んであえて第一の意味の名詞化を試みたのである。

(22) 緒論訳註（17）参照。

(23) ハイデガー『存在と時間』(Sein und Zeit, 4. Auflage, S. 133) に次の文章がある。Die ontisch bildende Rede vom lumen naturale im Menschen meint nichts anderes als die existenzial-ontologische Struktur dieses Seienden, daß es ist in der Weise, sein Da zu sein. これに関連した文章は § 36 の初め (S. 170.) § 69 の初め (S. 350) にも見える。右にあげた文章を含む一節の主旨を意訳して述べれば次の如くになる。つまり、「自然の光」という比喩的ないい方は、おのれの Da であるという仕方においてあるというこの存在者（人間）の実存論的‐存在論的構造にほかならない。それが「照明されて」いるということは、世界‐内‐存在としてのそれ自身において明るくされていること、それも他の存在者によってではなく、それ自身が明るくすること (Lichtung) であるという風にしてである。実存論的にかように明るくされた存在者にとってのみ、事物 (Vorhandenes) が光のなかに現われたり暗みに隠されたりするのである。現存在はそもそもの初めから、おのれの Da を伴っており、本質的にこれを欠くことはできない。現存在とはその開かれていること (Erschlossenheit) にほかならない。——以上のような lumen naturale の解釈とメルロの本文とが完全に一致するかどうかは、見解の分れるところであろう。メルロは意識の光でさえも、伝統的な意味での超越的な理性といったものではなく、事実的存在に、その意味での自然に根付いたものであるということを lumen naturale でいっているのであろう。

(24) déterminer の二つの意味——Petit Robert によれば語源的語義は《marquer les limites de》（限界を示す）であり、そこから indiquer, délimiter avec précision（明確に規定する、確定する）と entrainer la décision de la volonté（決意させる）、物を対象とする場合には être la cause de（惹起する、原因となる）という語義が由来する。つまり「語の二つの意味」とは外物が外的条件によって私をかくかくしかじかの性格へと限定することと、私の決意を強制することとの二つを指す。

(25) 「行動を」は訳者の補い。原文は単に interrompre（中断する）。以下次の「行動を開始する」「行動からの離脱」についても同様である。

(26) 原文は s'etait investie. investir の語義については（訳註21）参照。

(27) 原文は se fixer ailleurs（他の場所におのれを固定する）だが、意訳した。

(28) 原文 le choix du caractère intelligible. カントの自由の概念によれば、道徳的意志の自由な選択は、現象界でなく叡智的世界、物自体の領域に属する。つまり現象的時間には属さぬ。

(29) 原語 investissement の意訳。この語については、(訳註21) 参照。独訳 Eingeschlossensein 英訳 involvement. 訳者は英訳を参考にして本文のように訳した。

(30) ヴォルテールの著作（一七五二年）、人間悟性の限界を主題とする哲学的物語。

(31) サルトル『存在と無』。

(32) fidéisme——絶対的真理は啓示、信仰に基づいているという説。信仰の真理性を認め、合理主義に対立する学説 (Petit Robert による)。ここでは状況に左右されず、信念が絶対だとする立場。

(33) サルトル『存在と無』を指す。

(34) 原語 un sens de l'histoire. 英訳は sens を direction と訳している。

(35) Dumouriez (1739–1823). フランス革命期の将軍。一七九二年外務大臣、いくつかの戦闘に勝ちベルギーを征服したが、一七九三年ネールウィンデンで敗れ、国民公会 (Convention) により罷免され、その敵となる。

(36) Custine (1740–1793) 伯爵、フランスの将軍。アメリカで戦い、また一七九二年にはドイツのマインツを占領、一七九三年北部軍を指揮、コンデとマインツを失ったため処刑さる。

(37) 原語は son eccéité. eccéité の原語スコラ・ラテン語 Haecceitas はドゥンス・スコトゥスの用語、Quidditas（本質、通性原理）に対して、「このもの」を「このもの」たらしめる原理、個体原理。

(38) 原語 *la* liberté 英訳は freedom for all（すべての人びとの自由）と補訳している。原語の定冠詞がイタリックになっているのをどう解釈するかが問題だが、訳者は本文のように「自由そのもの」とした。

(39) 原文では単に philosophie séparée だが、「現実から」を補った。なおこの一文はマルクスのヘーゲル批判を意味する同様な言葉を思わせる。

訳者あとがき

最近の哲学界のメルロ＝ポンティに対する関心は、フランスでもわが国でも主として彼の後期に向けられているようである。しかし初期の二つの著作、とりわけ『知覚の現象学』の重要性を否定する者はいないだろう。われわれはまだ本書の深い含蓄を汲み尽くしたとは思えないし、後期の思想も本書を素通りしては、理解さるべくも論ぜらるべくもない。また、たとえ『見えるものと見えざるもの』の〈研究ノート〉において、本書の立場が自己批判されているとはいえ、根底からくつがえされたとは到底考えられない。「現象学」から「存在論」へと発展するとしても、伝統的な形の存在論＝形而上学に舞い戻ることではないし、見ようによっては『知覚の現象学』そのものが、「肉の存在論」のすぐ隣まで来ているのである。本書の煩鎖とも思える実証的資料に即した知覚の現象学的解釈をたどり直すことなしには、後期メルロ＝ポンティに近づく術はない。

しかしまた本書は、その後のメルロの思想発展と切り離しても、十分読むに値するまとまった著作である。すぐれた著作は、著者から離れた独立の生命をもつ。『知覚の現象学』を「肉の存在論」の未完成な、未熟な形態と見なすのは、「回顧的錯覚」というべきだろう。われわれは本書を読むにあたって、必ずしもメルロの思想軌跡に捉われる必要はなく、独自の生命をもつ著作として内在的に理解する努力もあっていいのではなかろうか。そして、そこに、われわれ自身の哲学的思索の糧を求めることも許されよう。

本書の紆余曲折した叙述の主旨を要約することも無意味ではなかろうが、この迷路のような著者の思索の跡を、本書をひもとくわれわれ各自がめんどうでもたどり直さずには、本書の「要旨」を理解することにはなるまい。景観のなかに立ち入ってみずから川や森を跋渉することなく、天空からこれを見下す「上空飛行」的態度の抽象性を批判する本書に対して、実際の旅行のかわりに旅行案内ですまさせるような要旨解説を企てることは、それこそ「上空飛行」を読者にすすめることであり、本書の主旨に反しよう。訳者は、大学生のレポートの種本になるような「解説」は書きたくない。しかし本書に取り組んで長い年月を経た訳者が、最初は全く迷路に迷いこんで、いったいメルロ＝ポンティの真意は何なのかと思案にくれ、幾度となく読み返し、訳文を工夫するうちに、次第に霧が晴れるが如く、著者の真意らしきものが分ってきた経緯を物語ることは許されよう。

メルロ＝ポンティが近代哲学の二つの代表的な立場、主知主義＝観念論と経験主義＝実在論との両者を、心理学や精神病理学の提供する資料の解釈を通じてそれぞれ内在的に批判し、このいずれの立場にも偏らない「事象そのもの」に即した視座をたえず模索し続けている姿は、誰の眼にも明らかだろう。しかし模索は所詮模索であって、明確な視座の提示ではない。メルロは模索し続けるだけで目標に到達しなかったのだろうか。決してそんなことはない。後のメルロの思想発展から顧みれば暫定的なものにとどまるかも知れぬが、「序文」の最後の二節や本文の最後の章節などには、長い遍歴の結末が述べられている。しかし、これらの文章自身が単純に理解可能ではない。とりわけ、「序文」の最後の二節は、ずい分ながい間、訳者には謎であった。

本書の理解を困難にしているものは、著者がおのれの正体を直接あらわさず、つねに伝統的な哲学説、心理学説の相互批判を通じて語るというスタイルをとる点にあると思われる。伝統的学説の相互批判を読んでいる間は、ややもすると読者は批判する側の立場が著者自身の立場であるかの如く思いたくなる。さらに先に読み進んでゆくうち、これもまた批判さるべきものだということが分ってくる。こうして、いったい著者自身の主張は何なのか、もっと直截に述べたらよいのにと、歯痒い思いをするであろう。しかし一見不必要なほどの廻り道をたどる著者の叙述形態そのものが、著者の哲学態度の表現なのである。

メルロ゠ポンティが終始排斥してきたのは先ほども述べたように、「上空飛行」的態度である。もちろん人間は、地上に生活しながら「上空飛行」的視点を取りうる唯一の生物である。ただ単に環境に密着して生きるだけでなく、距離をおいて、こうした環境やそこにおけるおのれの姿を見返す能力をもっている。この能力こそ、人間の人間たるゆえんであり、言語や学問の可能性の条件なのである。しかし、地図を見ながら歩くわれわれも、その現実存在はあくまで実際に家並に接し、川を渡り森を眺める地上のこの肉身であって、地図上の記号が意味をもつのも、この肉身が直接経験する世界内の事象を示せばこそである。学問は本質的に普遍的・客観的視点を標榜する。そしてこういう視点から——つまり視点なき視点から——捉えられた事物の姿——実は事物の関係的‐記号的表象——を、その真の客観的な姿と見なし、現実の身体としてのわれわれが知覚する事物の姿を、一面的・主観的なものとなす。前者と後者とは、本質と現象、実体と様態という関係にたつものとされる。メルロ＝ポンティが本書で示したことは、こういう学問的偏見が本末顚倒たるゆえんであり、「上空飛行」を可能ならしめる人間的資質――「知性」「象徴機能」「範疇的態度」など――の実存的基底の存在であった。幾何学的図形ですら、生ける知覚と身体の運動機能とを基礎として生みだされるのである。「知性」とその諸観念、諸範疇は、出来合いの姿で人間に与えられているのではない。それは具体的な実存の一つの転調であり、こうした転調の可能性を蔵する振幅の大きさ、弾力性こそ、人間的生存の特色なのである。

このように「上空飛行」的態度の実存的基底を探るメルロ＝ポンティは、哲学上の自説を提示するにあたっても、「上空飛行」を避けねばならなかった。自説を真正面からかかげて他説をそこから批判するという態度はとらない。むしろ、伝統的な学説につき従い、それを内在的に発展させることによって、おのずと自己批判させる。そして、これと対立する学説、立場へと導いてゆく。後者もまた内在的な自己批判へと誘われる。だから、ヘーゲルの『精神現象学』の歩みにも似た内在的弁証法が見られるのである。諸説の弁証法的相互移行をとおして、メルロ＝ポンティ自身の物の見方がようやく垣間見られる。

以上のように自説の提示においても、「上空飛行」を避けたメルロ＝ポンティは、当然のことながら、歴史的な意味で伝統的諸説を取り上げたわけではない。本書で批判的に叙述される限りでの過去の大哲学者たちの学説は、専門の研究者から見れば正確なものではない。原典に即した綿密な分析は、デカルトの『省察』のほかには殆どなく、カントの如きはラシエズ＝レイの叙述に依存している。ベルクソンの批評も公平を欠く。それは、ベルクソンの用いた心理学的もしくは文学的言葉づかいの哲学的意味を、親切に汲み取ろうとしていない。一般的にいって批判の対象となる哲学説は、メルロ＝ポンティの頭のなかで類型化され、理念化されている。この点にひっかかっていると、本書の理解は進まない。現実に生きた歴史上の大哲学者たちの思想は、こうした類型化、理念化には掬りきらぬ個性をもっている。それは生ける思想だからである。そして研究者たちはこれに魅せられる。だが本書の著者にとっては、カントやベルクソンは、哲学的思惟の陥りがちな轍にすぎない。だがこうした、過去の哲学思想に対する類型化的批判は、カントやベルクソン自身がやっていることで、本書の著者だけをこの点で責めることはできまい。著者は哲学的思惟の主だった轍を、過去の哲学者にこと寄せて類型的に叙述し、その弁証法的・内在的批判と相互移行の必然性を通じて、自己の視座を間接的に暗示しているのである。

ところで類型化されたこれらの諸思想は、そのつど問題となる事象の把握・解釈に関して、対立的関係に置かれ、そのいずれもが事象の一面を捉えるのみで、その結果あるいは行き過ぎだったり行き足らなかったりするという事情が繰返し述べられている。しかし対立する諸説を折衷することが問題なのではない。主知主義＝観念論と経験主義＝実在論とに相撲を取らせたり、引き分けの判決を下したりすることを、本書はめざしているのではない。『行動の構造』においても、生命現象が物理化学的現象に尽きるか、それともこれには尽きず特殊な生命原理を要求するか、つまり機械論対生気論の論争のいずれに軍配をあげるか、あるいは両者をどう折り合わせるかが、問題ではなかった。訳者も正直いって、こうした関心からなかなか離れられなかったし、このような問題にメルロ＝ポンティがどう答えるか——心身問題についても同様の形で問題がたてられる——という疑問をたずさえて、初期の記念碑的な両著作に立ち向ったのだが、決定的な解答は得られず、むしろ問いをはぐらかされるような経験を繰り返したものである。しかし今は違う。もはやこうした疑問を抱かない。少くともメルロ＝ポンティにこうした疑問をぶつけることが無意味であり、この疑問を擬似問題たらしめるような視座の獲得こそ、彼の哲学なのだと考えるようになった。

それというのも、主知主義＝観念論対経験主義＝実在論の対立も、生気論対機械論の対立も、ともにあるがままの事象、生存の現実そのものの本来の存在相にそぐわない表象次元で、問題を論じているからなのである。そしてこれも言葉や記号を通じて現実を表象する――これによって人間は単に環境に癒着して生きるだけでなく、距離を隔ててこれを認識し世界へと開くことができるのだが――という人間独自の意識形態に基づくのである。人間のみが、他の動物と違って「物」の観念をもつ。人間は現実を「物」の集りとして、あるいは性質変化を規制する「法則システム」として捉える。唯一の個性的な現実の流れに、等質的な空間・時間のなかで限りなく反復可能な物的現象が置き換えられる。物的現象といわずとも、記号を媒介として表象される対象一般がすでに、時間・空間に関わりなしに何びとが考えても同一のものとして通用する「意味」なのであり、いやそれのみならず時間・空間ですら、「意味」以外のものではない。知覚においてそのつど比類なき唯一性・一回性において現われる現実は、今や「理念化」されて反復可能な普遍的関係、物、法則となり、他面から見れば時空を超えた「意味のシステム」となる。こういう表象次元が人間の言語生活、社会生活から始まって、科学・哲学までも条件づけているのである。しかし、これは人間の知的協力や技術を可能ならしめるとともに、さまざまな人間疎外的効果も持ち合わせている。プラス効果とマイナス効果の併存は、いっさいの人為的操作の宿命である。

主知主義＝観念論と経験主義＝実在論とは、生存の直接の現実に、記号による対象表示（表象）と理念化の産物を置き換え、後者の人間実存における機能性を忘却してこれを絶対化した結果生じた思想形態なのである。実在論（réalisme）とは「物」（res）をそのまま絶対的存在となす立場である。「物」の代りに「法則」を置き換えようと、この場合は同じである。何でもよい。記号的表象の産物たるいわゆる客観的実在を自体的存在（être en soi）と見なして、そこから生存の現実を説明もしくは構築しようとする企てである。科学とはまさに、そういう企てである。科学者は多くの場合、哲学的立場としては実在論をとり、認識論的には経験論者である。認識する主体が「物」の世界のなかに置かれ、外部から受けとる刺激・印象が認識の起源とされるのだから、経験主義になるのは当然である。これに対して「物」や「法則」といった客観的存在の成立の手続きを反省するという点では、主知主義＝観念論は一段高い次元に立っているように思われる。客観的存在は「物自体」ではなくて、知的構成の所産である。したがって認識主観は構成的意識としては、世界のなかに存在するのではなく、時空を超えて妥当し、諸事物とそれを含む世界そのものを「意味」として構成するのである。「存在」に「意味」が置き換えられる。

確かに実在論と観念論とは、それぞれ真理の一面を含んではいる。そしてわれわれの生存の現実に、動機づけられてもいる。実在論は何といっても、われわれがわれわれから独立な諸事物の間で生存しているという根本経験に基づいているし、客観的存在の絶対化にしても、自体的存在を前提してかかるという態度は、すでに知覚のなかに根づいているのである。物理学者の考えるような物質を究極の実在とは見なさず、それを超えた形而上学的原理をたてる場合でも、それが自体的存在とされる限りは、実在論《レアリスム》なのである。そして自体的存在を認識の理想的目標となすのは、すでに知覚そのものにそなわる傾向である。知覚は本質的に不十全な知であるが、知覚の対象を十全な知覚の理想のもとに措定するのである。まず対象の措定は、知の完成という理想を動機づける。そしてわれわれはさらに一歩進めて、この理想のもとに対象の存在を措定するのである。こうして、「対象自体」「世界自体」「真理自体」の存在が自明のことと見なされ、哲学上の問題は、ただ何をかかるものと認定するか、物理学者のいうような物質か、形相と質料か、エンテレヒーか、生命もしくは精神的原理か、といったことに収斂し、唯物論から唯心論に至る諸形而上学＝存在論の果しない争いが生ずる。生命だろうと精神だろうと、「物」（res）たることに変りはない。知の理想のもとに構想された存在自体である。ところで、不十全な知覚は確かに、知の理想への努力を動機づけはする。しかし知の理想のもとに、つまりその仮想的実現のもとに、あらかじめ対象そのものを措定してかかることは、われわれの記号的知・象徴機能の、生存における役割を忘れて、その所産を絶対化することでなくして何であろうか。

これに対する批判（超越論的観念論）としては、主知主義は真理の一面を担っている。実在論者が実在としてたてるいっさいの事物は、知的構成の産物であり「意味」である。いや知的対象のみならず、知覚の対象ですら、それなりに意味的存在である。意味という形を全く離れては、何物も意識の内部に入りえない。意識としての主体は、直接外部からの作用を受けつけない。外部からの触発と見える印象にしても、意識においてこのように体験されるというにとどまり、結局はかかるものとして意味づけられているのである。意味構成の原理は意識主観のうちにある。カテゴリーがすべてのものを掩い尽くさねばならぬ。意識主体のあずかり知らぬ所与の質料があるにしても、所与性ということ自体は意識の枠組（カテゴリー）でなくてはならぬ。デカルトに始まり新カント学派に至って頂点に達する主知主義＝観念論は、科学者のいわゆる実在を知的構成の産物と見なす点では正しいけれども、知覚も含めてすべての経験を同じ知的水準に置き、生存の現実、世界経験の現象を忘却している点では、実在論と変りはないのである。科学的経験の対象としての世界が、経験の原初的場、地平の地平としての本来の世界に置き換えられている。対象的存在（物‐法則）の表象が、原初的存在経験に取って替る。

それゆえメルロ＝ポンティの弁証法は、以上の両立場を単に折衷的に総合することではなかった。なるほど、それぞれが真理の一面に触れているとはいえ、両者はその触れた真理を解釈し表現する段になると、この接触の表面を離れて直ちに知的表象の言葉で理解し語るのである。しかし問題は、両立場がそれぞれ真理の一面に触れている現場を、正しく捉えることなのである。実在論は、意識に対する存在の還元不可能性、現実の所与性の経験に動機をもつ限り、正当性がある。しかしこの存在経験を知の理想のもとでの存在の措定、存在自体の措定にすりかえた所に、実在論の独断性がある。他方、観念論は、実在論的存在概念、対象概念が、意識の構成作用に従属することを説いた点、つまり意識主体の、知的対象に対するある種の優位を説いた点で真実の一面に触れている。しかし、意識主体の性格、構成作用の意識における位置と意義とを根本的に反省することなく、直ちに、主体を知的主観に、構成作用をいっさいの有意味性の源泉となしたところに、実在論のそれに対応する独断性があるのである。実在論と観念論とのそれぞれの正当性は、それらが共に世界におけるわれわれの生存の現象に動機づけられている点にあり、他方それらの独断性は、この動機を知的表象の水準に移して歪曲して理解している点にある。

メルロ＝ポンティは、志向性に二種類を区別することによって、両立場の対立を根本的に止揚しようとした。つまり、われわれの生存と同時に働くところの志向性、気がついたときには、すでに働いており、たえず働き続ける志向性 (intentionnalité opérante) と、わざわざ何かを考えたり、決意したり、立場を定めたりする場合の志向性、作用の志向性 (〜d'acte) との両者がわれわれの意識を性格づけているのである。「意識は何ものかについての意識である」といっただけでは、従来の主知主義から現象学を区別するのに十分ではない。現象学が意識の根本現象の忠実な反省を意味するなら、「作用の志向性」の根底に「働きつつある志向性」を発見しなくてはならない。前者のみをもって意識を性格づけるならば、意識はわれわれの生存の上層部たる有意的・措定的作用だけとなり、生存が哲学に与える動機を、実在論と観念論の両極に向けて表現せざるをえなくなる。しかし意識をその基底部で構成しているのは、「働きつつある志向性」なのだ。つまり生存そのものであるような、われわれの非措定的存在関心である。この志向性の発見こそ、意識を具体的な姿において、つまり「現象」として捉えることであり、それを根源的体験——「実存」——に根づかせることである。主知主義は意識を専ら機能として理解していた。実在論＝経験主義は意識を取り巻く存在の海原に視線を向けたが、これを存在の「現象」においてではなく、知の理想の仮定のもとに、「存在自体」として理解した。

視座を「現象」に置くことによって、従来の哲学を混乱させていた諸「問題」が、解決いや解消するのである。その多くは事象にそぐわない視点、理解の枠組をこれに押しあてたために生じた擬似問題なのである。「問題」の解消は文字通り自明となること、日常的な理解水準で当りまえとなることを、意味するものではない。「問題」(problème)が実は「神秘」(mystère)だったことが判明するのである。「神秘」であるべきものを「問題」の水準で処理しようとしたためにアポリアとなり、これを解決するために哲学は人為的な構築を積み重ねねばならなかったのである。「神秘」はそれにみずから参与することによって、初めて了解される。その了解は幾何学の問題の解決のように、一義的で明快というわけにはゆかぬ。了解さるべき事象は、実存の現実に根づいたものだ。われわれはみずからこれに加わりこれを生きることによって、主体的に理解せねばならない。いささかでも生の緊張を弛めるやいなや、事象は知のまなざしから逃げてゆく。知が生から離れるやいなや「神秘」はアポリアに転落する。神秘の了解とはこういう知と生の即応、知的生の緊張に対応する内的理解なのであって、いつでもアポリアへの転落の危険をはらんだ綱渡りのような悟得なのである。

心身関係、他者経験、奥行の知覚、運動の知覚、言葉と意味、人間的世界と自然的世界、存在の意味、時間の体験、そして合理性の根拠の謎など、本書で取扱われている問題、いや神秘は、実際にこの世に生きて事物を知覚し他人と語りあい、過去を回想しつつ未来に向けて何ごとかを企てるわれわれの生存の現実を、その本来の姿を歪めることなく反省し構造分析することによって、初めて了解されるのである。「現象」に視座を置くとは、生存の状況を追体験的に理解することである。しかし、このように現象の理解が現象への参与を条件とするといっても、実際は生きることとその理解とはやはり違う。理解のために知が生に参加せねばならぬとしても、知の最低限の条件として対象に対して何がしかの距離を置かねばならぬ。知と対象との合致（coïncidence）が望まれるとしても、それは知の形式と対象のあり方との一致であって、知が実質的（réel）に対象と全く一つになったら、知ではなくなるであろう。かの合致は観念的・志向的でなければならぬ。知が知自身を反省する場合も、距離をとらねばならぬ。距離をとることは、結果的には現実の事象に想像上の事象を置き換えることにほかならない。理解さるべきことは、私の生存、私の知覚、他者経験、世界経験、知的作業等々である。理解する主体も私自身である。私を生きる私は、私の諸現象を理解するために、私自身に対して距離を置かねばならぬ。その結果、私は現実の私をかくれたモデルとして、私の知のまなざしに顕在化する私のイメージを描き出すことになる。想像の過程で私のオリジナルな姿を構造的に歪曲するようなことがあってはならぬことはもちろんだが、しかしここでも全くあるがままに映し出すということは知の条件に合わない。知は選択する。知の関心にとって本質的に重要なものを選びだし、そうでないものを篩い落す。知的関心が現象のオリジナルな構造に向けられているなら、それに即した選択がなされるが、それ以外のところに向けられていれば、現象の姿を何らかの意味で歪めることになろう。現象に対する忠実な反省は、もちろん現象の本質構造に知的関心が向うことを要求する。

さて、このような要求が充たされたにしても、反省が浮び上がらせた私の姿は、原物そのものではない。原物の本質構造が、篩にかけられてあぶり出されている。ところでここにこそ、現象学にとっての陥穽がある。従来のいっさいの哲学的偏見を洗い落して、現象そのものの忠実な記述を志す現象学が、プラトンと心中しかねない危険な偏見に脅かされているのである。本質構造を取り出す形相的還元こそ、現象学的記述の学問性を条件づけているように見える。いや見えるのではない。事実そうなのであろう。たとえ自然科学のように「法則定立的」でなかろうと、学問は一般に対象の普遍的な仕組、構造、本質に向うことに変りはない。歴史のように「個性化的」傾向をもとうと、学的記述たる限り、歴史上の特殊性をむやみやたらに挙げ列ねるのではなく、歴史にとって本質的に重要な出来事を選び出さねばならぬ。ベルクソンのいうように「分別」(discernement) こそ、知の条件である。しかし、選びだされたもの、いわゆる「本質」「形相」「構造」が実体化されて、篩い落された要素が偶然的・付帯的なものとされ、現実の私、私の現実存在がイデアとしての私、私の可能的存在の投影にすぎないかのように理解されたら、せっかく知的意識から実存の現象へと視座を移した現象学が、再び新種の実在論・観念論へと舞い戻ることになる。

私は私の実存状況を理解するために、現実から一歩退き、理念性 (idéalité) の地帯を設けねばならぬ。本質構造を通じてのみ私は私の現実を理解しうるのである。しかし本質構造はあくまで理解の筋道であって、実体ではない。これを実体化するなら、哲学は無為な観想に導くか、現実の紆余曲折を無視した硬直的実践へと誘うか、いずれかであろう。『知覚の現象学』に関する限り、哲学の実現は「現実から遊離した哲学」(philosophie séparée) としてのおのれを滅すことによるのである。観想は哲学の実現ではない。実践こそ然りである。そして「事象が問題であろうと歴史的状況が問題であろうと、それらを正しく見ることを教える」のが哲学だ、といわれている。現実事象や歴史的状況は、実存と歴史の本質構造を通じてのみ正しく見ることができるのだろう。しかしこれは現実の状況が本質構造の投影だということではなく、後者は前者を見る際の正しい視角を提供するということなのだろう。メルロ＝ポンティは、現実が理屈通りに進むなどとはいささかも考えていなかった。自由は現実の状況を否認することではないし、またこれに妨げられているのでもない。状況をおのれのものとして引き受け、その促しに答えることこそ、自由の実現である。真のロゴスは世界そのものであって、世界創造に先だつ神の姿ではない。イデア論的哲学は観想生活か教条主義的実践に導きやすい。『知覚の現象学』は、理論と実践のいずれにおいても現実からの逸脱をおのれに対して戒める、哲学の自覚の表現である。

「哲学者の省察は今や初めて十分に自覚的となり、省察自身の成果を省察に先だって、世界のなかに実在化するようなことはもはやしない」と「序文」の最終節は語っている。一般に知的活動が現実に向う場合、知性の所産たる諸概念によって現実を説明しようとするのは当然である。しかし現実の知的な説明が、現実に対するわれわれの営為の道標となることと、それが現実を構成すると考えることとは別である。メルロ＝ポンティによれば、哲学の自覚はとりわけ合理性の解釈に現われるはずである。合理性はさまざまな現われ方をする。今日の私の経験と昨日のそれ、私の知覚内容と他人のそれとが、齟齬を来たさず接合するという日常的体験から始まって科学的説明の成功に至るまで、不合理と思われる現象が全くなくなることはないにせよ、ちょうど錯覚から知覚に目覚めるように、不合理性のそのつどの解消、真相の露呈という形で、合理性が経験される。合理性の根拠をめぐって昔から哲学的省察が続けられてきた。世界はロゴスに従って創られたとか、理性が世界を支配しているとか、客観的存在の側に合理性を実体化する行き方と、世界は超越論的意識の構成の産物だから合理的なのだと、構成的主観の側に根拠を求める行き方とが、昔から支配的であった。しかしこのいずれも、「省察自身の成果を省察に先だって実在化する」無自覚な態度に基づいている。ロゴスの実在論は、世界の合理的説明の完成を先取して、知の理想のもとに世界自体を考えている。しかし経験の知的合理化はどこまでも過程のなかにあるのであって、その成就を前提して合理性の形而上学を構想することは独断論であろう。また構成的主観なるものは、ある哲学的志向のもとにおこなわれる超越論的反省の産物なのであって、この哲学的志向の遂行以前に存するものとされてはなるまい。超越論的反省そのものが一つの創造的作業なのであって、あらかじめ各人のうちに存する普遍的な構成的主観と再会することではない。このように取った結果、超越論的観念論は、私と他人とが共に知覚する事物を介して対面しあっている相互主観的現実に立ち戻ってくることができず、普遍的意義の世界——ここにはこの我もこの汝もなく、単なる個人の概念があるだけである——から出ることができないか、世界と他者とをまさに構成するが故に現実の世界にも他者にも出会わない独我論に閉じ込もる結果となる。観念論に陥ったり、本質の実在論に逸脱したりする恐れを、現象学にも終始ともなっている。現象学が超越論的「省察の結果を省察に先だって実在化する」危険は、メルロ＝ポンティはたえず警告している。また彼は実存の現象学に対しても、生と実存の次元を強調するあまり、これを絶対化して、自然を忘却するきらいがあることを戒めている。なるほどわれわれは生活世界に住んでいるのであって、科学者の描くような自然的世界に存在するのではない。われわれが直面する事物は文化的意味を担った道具存在 (Zuhandensein) であって、単なる物質・物体 (Vorhandensein) ではない。われわれが生きる時間性は、未来への企投によって生気づけられていて、物理学的意味での今の継起ではない。しかし演技する役者の仕種の背後の疲れた生身の存在を、仕種の意味のために忘れ去ってはならない。人間が現われる以前の地球や太陽系の姿について、天文学者の描く姿は、それ自身文化に属するものであって、逆説的に人間の存在を要請することになるにしても、人間的知覚世界の地平としての自然的世界――人間不在の世界――の存在を否認することはできない。われわれの時間性にしても、自然的時間に根づいていなくてはならない。完全に先駆的決意性によって捉え尽くされそれによって産出される時間性なるものは、かえって時間の唯一性、絶対の現実性を失ってしまう。われわれは決して物理学的時間ではないが、それでもわれわれの実存意識が創始したのではない、与えられた時間のなかに生を受け、この自然的時間が粗描する企投を引き受けて、実存的時間へと転化するのである。私の生存は、想像上でも決して現在化しえぬ根源的過去を担い継承するものなのである。私は私自身に与えられている。私は世界を媒介として私自身に臨むのである。

こう考えてくるといっさいの論議を終らせてしまうような「久遠の哲学」の理念は、言語表現特有の超越性のもたらす夢でしかないことになろう。言語作業は真理自体の把握をめざし、おのれの表現作用をも無化して超言語的思惟へと駆りたてる。しかし超言語的理念の領域があらかじめ存在するのでも、存在せしめられうるのでもない。それは思惟の祈願でしかない。合理性を合理性の経験から分離してはならない。それは理念の天空に永遠的な姿で存在しているのではなく、私と世界との、他人との交わり《コミュニカシオン》を通じてそのつど経験され、意識の目的論に従って私がより高次の世界表象を作る際に、この表象の有効性として現われるのである。こうした経験、現われは、私の生存、つまり「世界における（への）存在」内部の現象であって、これを超えるものではない。哲学もまた合理性への努力と考えることができる。しかし既存の合理性を発見することではなくて、新たな合理性の創建なのである。その正当性は、科学的合理性より深い次元での、その有効性にかかっている。これもまた生存の内部の出来事ではあろうが、科学的合理性のように、既存の生存の無条件的肯定のもとでこれに奉仕するといった有効性ではなく、生存の意味を問い、これに何がしかの答えを示唆するという生存の仕方そのものに関わる次元での有効性なのである。メルロ＝ポンティは、哲学的創意の「正統性はひたすら、われわれの歴史を引き受ける能力を、それが実際われわれに与えてくれることに基づく」といっている。そしてまた、現象学は先行する一つの存在を明るみに出すことではなく、存在そのものを創設することである、ともいう。つまり哲学は先在する真理の反映ではない。著者はついに哲学を芸術に比較しさえする。「芸術と同じように」哲学は「真理の実現である」。この実現は、事物のなかにあらかじめ存する「理性」と再会することではない。「前もって存在する唯一のロゴスは世界そのものである」。しかし世界は未完成である。「未完成の世界を引き受けてそれを全体化し、思惟しようとする行為」こそ哲学なのだ。われわれは「未完成の世界」という語に「未完成の生、実存、歴史」などを置き換えてもよかろう。哲学は芸術と同様、物の見方に関して冒険的な新しい提案をおこなうことなのだろう。それは物そのもののなかに出来合いの形で準備されているわけではなかろうが、しかしどのように創造的な絵画といえども、われわれの視覚的美的経験と全く無縁ではなかろう。無縁だったら、われわれの共感をよび、視覚経験を発展させることもなかろう。創造的な絵画は未完成なわれわれの視覚経験を引き受けて全体化し、日常的な意味連関のなかに埋没している原初的な視覚機能の生命を蘇らせるものでなければならない。哲学とわれわれの生存との関係についても同様なことがいえるであろう。

メルロ＝ポンティは、「序文」の終節においても、本文の最後においても、われわれ人間は「諸関係の結び目」であるといっている。世界の意義がわれわれを通じて実現するのであり、われわれの意義も世界への、他者への関わりを通じて輝き出るのである。人間の存在とはその実践にあり、哲学もその一環なのである。「われわれは反省によってばかりでなく、われわれの生涯を賭ける決断によっても、自分たちの運命を掌握しており、自分たちの歴史を担っている」。つまり「世界を見ることを改めて学ぶ」哲学的反省と、生涯を賭ける決断とは、われわれの運命ならびに歴史への関わりにおいて同格なのであり、哲学は無意味を引き受けて意味と化する実存の弧（志向の弧）の緊張の極限を意味するものでなければならない。

われわれはみずから欲してこの世に生れたのではない。われわれの生は与えられたものである。その意味でわれわれの生存の事実は不条理である。しかしメルロ＝ポンティにとっては、この不条理な所与性は「賜」（don 恵み）でもあった。彼はあからさまに神を立てない。神を先頭に立てる形而上学はやはり一つの「上空飛行」であろう。われわれは、生を受けているこの世界を見渡すことはできない。その営為に参加することができるだけである。人間の目的意識から見れば不条理な事実性を、人間的な賢しらを棄てることによって、改めて「賜」として体験し直し、カントの「目的なき合目的性」になぞらえられるような「神なき神性」をそこに感じとる世界の見方を、訳者は本書の訳出をとおして学び始めたような気がするのである。

私は私であって決して他人にはなりえない。他人の実存は私にとって、私の実存と等しい近さ、密度をもつことはありえない。他者の心性は私にとって想像の対象でしかありえぬ。しかし私と他者とのこの距離は、メルロにおいては他者の存在を疑わしいものにすることでも、独我論の論拠でもなかった。むしろ、他者の私からの距りこそ、他者を他者たらしめる根源的経験の事実なのであり、私にとって想像はできても絶対に直接経験しえぬものであればこそ、他者の世界経験は私のそれと補いあい移行しあうことができるのである。私の他者経験は派生的なものではない。私にとって世界経験がコギトと同時であり、むしろコギトを媒介するように、他者経験も根源的なものなのである。世界経験が不可疑であっても事物の知覚が錯覚、誤謬にさらされているように、他者一般の存在は確実であっても、個々の他者について私はいろいろな思い違いをすることがあろう。しかし私自身の感情についてすら、錯覚的意識の危険にさらされているのである。そしてこのような誤謬の可能性、経験の不十全性こそ、私と私をとりまく諸事物、ならびに他者の存在の厚みを証するものなのである。訳者は他者との「共存」(coexistence) の経験こそ私の存在の根本事情であることを、本書より学んだのである。デカルト的コギトは、世界と他者とに向って越えられねばならない。

最後に著者の略歴と著作を簡単に紹介しておく。

モーリス・メルロ＝ポンティは一九〇八年ロシュフォール・シュール・メールで生れ、エコール・ノルマール卒業後、多くのリセーで教えると共に、エコール・ノルマールでも教壇に立った。戦後リヨン大学、ついでソルボンヌの教授、一九五二年にはコレージュ・ド・フランス教授となる。サルトルと Les Temps modernes の編集に参加するが、やがて袂を分つ。一九六一年不慮の死。主な著作を次に掲げる。

La Structure du comportement, 1942.『行動の構造』(滝浦静雄・木田元訳、みすず書房、一九六四)

Phénoménologie de la perception, 1945.

Humanisme et terreur, 1947. 『ヒューマニズムとテロル』(森本和夫訳、現代思潮社、一九六〇)
Sens et non-sens, 1948. 『意味と無意味』(永戸多喜雄訳、国文社、一九七〇)
L'Eloge de la philosophie, 1953. 『哲学への讃辞』
Les Aventures de la dialectique, 1955. 『弁証法の冒険』(滝浦・木田田島・市川訳、みすず書房、一九七二)
Signes, 1960. 『シーニュ』(竹内芳郎監訳、みすず書房、I・一九六九、II・一九七〇)
L'Œil et l'esprit, 1961. 『眼と精神』(滝浦静雄・木田元訳、みすず書房、一九六六)
Le Visible et l'invisible, 1964. 『見えるものと見えざるもの』
Résumés de cours, 1968 『コレージュ・ド・フランス講義要約』
L'Union de l'ame et du corps chez Malebranche, Biran et Bergson, 1968. 『マールブランシュ、メーヌ・ド・ビランならびにベルクソンにおける心身統合』
La Prose du monde, 1969. 『世界の散文』(滝浦静雄・木田元訳、みすず書房、一九七九)

本書の訳出を桝田啓三郎先生を通じて依頼されたのはいつのことだったか、ちょっと思い出せないほどあれから時がたった。当時すでに、みすず書房で翻訳計画が進んでいることを知っていたが、現代フランス哲学の代表的名著ゆえ、重複するのも無意味ではないということで引き受け、訳出に着手した。最初は桝田先生との共訳のはずであったが、先生の御多忙もあって一人訳となった。原稿が出版社に渡ってから、いろいろな事情で出版が遅延し今日に至った。この間にみすず書房よりすぐれた訳本が完成した。しかし訳者は自分の訳稿を、この訳本と特に照し合わせることはしなかった。初校から再校、三校の間に諸事情のため時が経過し、そのため校正に際して修正する箇所もかなり増加し、印刷所には御迷惑をかけたと思っている。長年月を費してようやく日の目を見ることになるについては、訳者として若干の感慨を抑えることはできない。本文はもちろん、索引も含めていっさい訳者一人の手仕事であった。しかし刊行に協力された出版社、印刷所の方々、ならびに——文責はすべて訳者一人にあるので——いちいちお名前は挙げないが、訳者の不明な点に関し、横浜市立大学、東洋大学の同僚、友人諸氏の御教示をいただいたことを記して、深謝の意を表したい。

一九八二年一月三一日

訳者識

人 名 索 引

ア行

アウグスティヌス (Augustin)　6, 679
アラン (Alain, E.A.)　282, 439;原註767-8, 770-2, 810
アリストテレス (Aristoteles)　335-6, 588
ヴァール (Wahl, J.)　16
ヴァレリー (Valéry, P.)　26
ヴェルトハイマー (Wertheimer,M.)　49, 409-10, 448

カ行

カザノヴァ (Casanova)　268
カッシラー (Cassirer)　105, 216, 782
カンディンスキー (Kandinsky)　345
カント (Kant, I.)　5, 6, 13, 19, 92, 118, 120, 250, 294, 318, 359-62, 398, 400, 406, 493-4, 496, 516, 534, 536, 676, 689, 697-8, 705, 725, 729;原註804
キュスティーヌ (Custine)　748
キルケゴール (Kierkegaard, S.)　2, 134
クローデル (Claudel, P.)　676
ケラー, ヘレン (Keller, H.)　377
ゲーテ (Goethe)　345
ゲルプ (Gelb, A.)　183;原註779-81
ゴッホ (Gog, Van.)　645
ゴールドシュタイン (Goldstein, K.)　183, 205-7, 345;原註778-82, 795
コント (Comte, A.)　475, 479

サ行

サルトル (Sartre, J.-P.)　727
サンド (Sand, George.)　557
シェーラー (Scheler, M.)　500, 575, 692, 725
ジャネ (Janet, P.)　145;原註775-6
シュナイダー (Schneider)　183以下, 197, 199, 203-4, 207, 217-8, 220-1, 224-6, 230-3, 235, 262-5, 287, 324
ストラトン (Stratton)　337, 407, 411
スピノザ (Spinoza)　84, 87-8, 297, 588, 608, 653-4, 751-2
セザンヌ (Cézanne, P.)　26, 254, 326, 427, 431, 520, 527-8, 540;原註783
ゼノン (Zénon)　142
ソクラテス (Socrates)　605

タ行

ダーウィン (Darwin, Ch.)　320
ツェルナー (Zöllner)　79
デカルト (Descarets, R.)　5, 87-8, 91-4, 143, 172, 250, 327-9, 422, 574, 581, 602-3, 605-7, 613-4, 651, 657, 660-3, 726
デュムリエ (Dumouriez)　748

ナ行

ナゲル (Nagel)　410
ニーチェ (Nietzsche, F.W.)　2
ニコラス二世 (Nicolas II)　160

ハ行

バークリー (Berkeley)　418-9, 519, 522
ハイデガー (Heidegger, M.)　2, 3, 14, 676, 693, 698, 709, 717
パスカル (Pascal, B.)　87, 485, 642-3, 673
バルザック (Balzac)　26, 326
ピアジェ (Piaget, J.)　581
ヒューム (Hume, D.)　362
フィンク (Fink, E.)　12
フッサール (Husserl, E.)　1-3, 6, 8, 10-16, 20, 22, 25, 362, 394, 436, 481, 484, 651, 670, 688-92, 704, 706, 758;原註772-3, 781,

787, 804, 813
プラトン (Platon)　210, 423
ブランシュヴィック (Brunschvicg)　648
プルースト (Proust, M.)　26, 148, 156, 640, 645, 704
フロイト (Freud, S.)　2, 266–7, 270, 299; 原註778–9, 788
ブロカ (Broca, P.P.)　321
ヘーゲル (Hegel, G.F.W.)　2–3, 21, 352 393–4, 581, 758–9
ペギー (Péguy)　594
ヘッド (Head, H.)　70
ヘラクレイトス (Herakleitos)　678
ヘリング (Hering)　54, 500
ベルクソン (Bergson, H.)　112–5, 121, 145, 299–300, 433, 622, 681, 695; 原註775, 800, 803–4, 815
ヘルダー (Herder)　103, 390
ベルナール (Bernard, E.)　528
ボナパルト (Bonaparte)　748–9

マ行

マールブランシュ (Malebranche, N.) 66, 93, 101, 158, 396, 477, 590, 650, 670
マリー (Marie, Pierre.)　315, 321
マルクス (Marx, K.)　2, 22, 655
マルセル (Marcel, G.)　原註792
ミュラー－リーエル (Müller-Lyer)　33, 41
ミル (Mill, J.S.)　200
ミンコフスキー (Minkowski, E.)　469
モンテーニュ (Montaigne)　454, 549, 657

ヤ行

ヤスパース (Jaspers, K.)　原註764
ユークリッド (Euclid)　450, 642, 647, 652

ラ行

ライプニッツ (Leibniz, G.W.)　254, 455, 679
ラシエズ-レイ (Lachièze-Rey)　608
ラシュリエ (Lachelier)　108, 363, 570
ラニョー (Lagneau, J.)　439; 原註770–1
ラプラース (Laplace)　717
ランボー (Rimbaud)　673
リープマン (Liepmann)　原註 785–6
ルイ十六世 (Louis XVI)　160

事 項 索 引

カ行

サ行

参照文献

ACKERMANN. — *Farbschwelle und Feldstruktur*, Psychologische Forschung, 1924.
ALAIN. — *Quatre-vingt-un chapitrès sur l'esprit et les passions*, Paris, Bloch, 1917. Réimprimé sous le titre *Eléments de Philosophie*, Paris, Gallimard, 1941.
— *Système des Beaux-Arts*, éd. nouvelle (3ᵉ éd.), Paris, Gallimard, 1926.
BECKER. — *Beiträge zur phänomenologischen Begründung der Geometrie und ihrer physikalischen Anwendungen*, Jahrbuch für philosophie und phänomenologische Forschung, VI, Halle, Niemeyer.
BERGSON. — *Matière et Mémoire*, Paris, Alcan, 1896.
— *L'Energie spirituelle*, Paris, Alcan, 1919.
BERNARD. — *La Méthode de Cézanne*, Mercure de France, 1920.
BINSWANGER. — *Traum und Existenz*, Neue Schweizer. Rundschau, 1930.
— *Ueber Ideenflucht*, Schweizer Archiv. f. Neurologie u. Psychiatrie, 1931 et 1932.
— *Das Raumproblem in der Psychopathologie*, Ztschr. f. d. ges. Neurologie und Psychiatrie, 1933.
— *Ueber Psychotherapie*, Nervenarzt, 1935.
VAN BOGAERT. — *Sur la Pathologie de l'Image de Soi (études anatomocliniques)*. Annales médico-psychologiques, Nov. et Déc. 1934.
BRUNSCHVICG. — *L'Expérience humaine et la Causalité physique*, Paris, Alcan, 1922.
— *Le Progrès de la Conscience dans la Philosophie occidentale*, Paris, Alcan, 1927.
BUYTENDIJK ET PLESSNER. — *Die Deutung des mimischen Ausdrucks*, Philosophischer Anzeiger, 1925.
CASSIRER. — *Philosophie der Symbolischen Formen, III, Phänomenologie der Erkenntnis*, Berlin, Bruno Cassirer, 1929.
CHEVALIER. — *L'Habitude*, Paris, Boivin, 1929.
CONRAD-MARTIUS. — *Zur Ontologie und Erscheinungslehre der realen Auszenwelt*, Jahrbuch für Philosophie und phänomenologische Forschung, III.
— *Realontologie*, ibid. VI.
CORBIN, traducteur de Heidegger. — *Qu'est-ce que la Métaphysique ?* Paris, Gallimard, 1938.
DÉJEAN. — *Etude psychologique de la « distance » dans la vision*, Paris, Presses Universitaires de France, 1926.
— *Les Conditions objectives de la Perception visuelle*, Paris, Presses Universitaires de France, s. d.
DUNCKER. — *Ueber induzierte Bewegung*, Psychologische Forschung, 1929.

EBBINGHAUS. — *Abrisz der Psychologie*, 9 Aufl. Berlin, Leipzig, 1932.
FINK (E.). — *Vergegenwärtigung und Bild, Beiträge zur Phänomenologie der Unwirklichkeit*, Jahrb. f. Philo. u. phän. Forschung, XI.
— *Die phänomenologische Philosophie Husserls in der gegenwärtigen Kritik*, Kantstudien, 1933.
— *Das Problem der Phänomenologie Edmund Husserls*, Revue internationale de Philosophie, n° 2 Janv. 1939.
FISCHEL. — *Transformationserscheinungen bei Gewichtshebungen*, Ztschr. f. Psychologie, 1926.
FISCHER (F.). — *Zeitstruktur und Schizophrenie*, Ztschr. f. d. ges. Neurologie und Psychiatrie, 1929.
— *Raum- Zeitstruktur und Denkstörung in der Schizophrenie*, ibid. 1930.
— *Zur Klinik und Psychologie des Raumerlebens*, Schweizer Archiv für Neurologie und Psychiatrie, 1932-1933.
FREUD. — *Introduction à la Psychanalyse*, Paris, Payot, 1922.
— *Cinq psychanalyses*, Paris, Denoël et Steele, 1935.
GASQUET. — *Cézanne*, Paris, Bernheim Jeune, 1926.
GELB et GOLDSTEIN. — *Psychologische Analysen hirnpathologischer Fälle*, Leipzig, Barth, 1920.
— *Ueber Farbennamenamnesie* Psychologische Forschung 1925.
hgg von GELB und GOLDSTEIN. — Benary, *Studien zur Untersuchung der Intelligenz bei einem Fall von Seelenblindheit*, Psychologische Forschung 1922.
— Hochheimer, *Analyse eines Seelenblinden von der Sprache aus*, ibid. 1932.
— Steinfeld, *Ein Beitrag zur Analyse der Sexualfunktion* Zeitschr. f. d. ges. Neurologie u. Psychiatrie 1927.
GELB. — *Die psychologische Bedeutung pathologischer Störungen der Raumwahrnehmung*, Bericht über den IX Kongresz für experimentelle Psychologie im München, Jena, Fischer, 1926.
— *Die Farbenkonstanz der Sehdinge*, in *Handbuch der normalen und pathologischen Physiologie* hgg von Bethe, XII/1, Berlin, Springer, 1927 sqq.
GOLDSTEIN. — *Ueber die Abhängigkeit der Bewegungen von optischen Vorgängen*, Monatschrift für Psychiatrie und Neurologie Festschrift Liepmann, 1923.
— *Zeigen und Greifen*, Nervenarzt, 1931.
— *L'analyse de l'aphasie et l'essence du langage*, Journal de Psychologie, 1933.
GOLDSTEIN et ROSENTHAL. — *Zur Problem der Wirkung der Farben auf den Organismus*, Schweizer Archiv für Neurologie und Psychiatrie, 1930.
GOTTSCHALDT. — *Ueber den Einflusz der Erfahrung auf die Wahrnehmung von Figuren*, Psychologische Forschung, 1926 et 1929.
GRUNBAUM. — *Aphasie und Motorik*, Ztschr. f. d. ges. Neurologie und Psychiatrie, 1930.
GUILLAUME (P.). — *L'objectivité en Psychologie*, Journal de Psychologie, 1932.
— *Psychologie*, Paris, Presses Universitaires de France, nouvelle édition 1943.

Gurwitsch (A.). — Récension du *Nachwort zu meinen Ideen* de Husserl, Deutsche Litteraturzeitung, 28 Février 1932.
— *Quelques aspects et quelques développements de la psychologie de la Forme*, Journal de Psychologie, 1936.
Head. — *On disturbances of sensation with especial reference to the pain of visceral disease*, Brain, 1893.
— *Sensory disturbances from cerebral lesion*, Brain, 1911-1912.
Heidegger. — *Sein und Zeit*, Jahrb. f. Philo, u. phänomen. Forschung, VIII.
— *Kant und das Problem der Metaphysik*; Frankfurt a. M. Verlag G. Schulte Bulmke, 1934.
Von Hornbostel. — *Das räumliche Hören, Hdbch der normalen und pathologischen Physiologie*, hgg von Bethe, XI, Berlin, 1926.
Husserl. — *Logische Untersuchungen*, I, II/I et II/2, 4e éd. Halle Niemeyer 1928.
— *Ideen zu einer reinen Phänomenologie und phänomenologischen Philosophie*, I, Jahrb. f. Philo. u. Phänomenol. Forschung I, 1913.
— *Vorlesungen zur Phänomenologie des inneren Zeitbewusztseins*, ibid. IX 1928.
— *Nachwort zu meinen « Ideen »*, ibid. XI, 1930.
— *Méditations cartésiennes*, Paris, Colin, 1931.
— *Die Krisis der europäischen Wissenschaften und die transzendentale Phänomenologie*, I, Belgrade, Philosophia, 1936.
— *Erfahrung und Urteil, Untersuchungen zur Genealogie der Logik* hgg von L. Landgrebe, Prag, Academia Verlagsbuchhandlung 1939.
— *Die Frage nach der Ursprung der Geometrie als intentional-historisches Problem*, Revue Internationale de Philosophie, Janvier 1939.
— *Ideen zu einer reinen Phänomenologie und phänomenologischen Philosophie*, II (inédit).
— *Umsturz der kopernikanischen Lehre: die Erde als Ur-Arche bewegt sich nicht* (inédit).
— *Die Krisis der europäischen Wissenschaften und die transzendentale Phänomenologie*, II et III (inédit).
Ces trois derniers textes consultés avec l'aimable autorisation de Mgr Noël et de l'Institut Supérieur de Philosophie de Louvain.
Janet. — *De l'Angoisse à l'Extase*, II, Paris, Alcan, 1928.
Jaspers. — *Zur Analyse der Trugwahrnehmungen*, Zeitschrift f. d. gesamt. Neurologie und Psychiatrie, 1911.
Kant. — *Critique du Jugement*, traduction Gibelin, Paris, Vrin, 1928.
Katz. — *Der Aufbau der Tastwelt*, Zeitschr. f. Psychologie, Ergbd XI, Leipzig, 1925.
— *Der Aufbau der Farbwelt*, Zeitschr. f. Psychologie Ergbd 7, 2e éd. 1930.
Koehler. — *Ueber unbemerkte Empfindungen und Urteilstäuschungen*, Zeitschr. f. Psychologie 1913.
— *Die physischen Gestalten im Ruhe und in stationären Zustand*, Erlangen Braunchweig 1920.
— *Gestalt Psychology*, London, G. Bell, 1930.

KOFFKA. — *The Growth of the Mind,* London, Kegan Paul, Trench, Trubner and C°, New-York, Harcourt, Brace and C°, 1925.
— *Mental Development,* in Murchison, *Psychologies of* 1925, Worcester, Massachusets, Clark University Press, 1928.
— *Some Problems of Space Perception,* in Murchison, *Psychologies of* 1930, Ibid. 1930.
— *Perception, an Introduction to the Gestalt theory,* Psychological Bulletin 1922.
— *Psychologie,* in *Lehrbuch der Philosophie* hgg von M. Dessoir, IIe Partie, *Die Philosophie in ihren Einzelgebieten,* Berlin, Ullstein, 1925.
— *Principles of Gestalt Psychology* London, Kegan Paul, Trench Trubner and C°, New-York, Harcourt Brace and C° 1935.
KONRAD. — *Das Körperschema, eine kritische Studie und der Versuch einer Revision,* Zeitschr. f. d. ges. Neurologie und Psychiatrie, 1933.
LACHIÈZE-REY. — *L'Idéalisme kantien,* Paris, Alcan, 1932.
— *Réflexions sur l'activité spirituelle constituante,* Recherches Philosophiques 1933-1934.
— *Le Moi, le Monde et Dieu,* Paris, Boivin, 1938.
— *Utilisation possible du schématisme kantien pour une théorie de la perception,* Marseille, 1938.
LAFORGUE. — *L'Echec de Baudelaire,* Denoël et Steele, 1931.
LAGNEAU. — *Célèbres Leçons,* Nîmes 1926.
LEWIN. — *Vorbemerkungen über die psychische Kräfte und Energien und über die Struktur der Seele,* Psychologische Forschung 1926.
LHERMITTE, LÉVY et KYRIAKO. — *Les Perturbations de la Pensée spatiale chez les apraxiques, à propos de deux cas cliniques d'apraxie,* Revue Neurologique 1925.
LHERMITTE, DE MASSARY et KYRIAKO. — *Le Rôle de la pensée spatiale dans l'apraxie,* Revue Neurologique, 1928.
LHERMITTE et TRELLES. — *Sur l'apraxie pure constructive, les troubles de la pensée spatiale et de la somatognosie dans l'apraxie,* Encéphale, 1933.
LHERMITTE. — *L'Image de notre corps,* Paris, Nouvelle Revue Critique, 1939.
LIEPMANN. — *Ueber Störungen des Handelns bei Gehirnkranken,* Berlin, 1905.
LINKE. — *Phänomenologie und Experiment in der Frage der Bewegungsauffassung,* Jahrbuch für Philosophie und phänomenologische Forschung, II.
MARCEL. — *Etre et Avoir,* Paris, Aubier, 1935.
MAYER-GROSS et STEIN. — *Ueber einige Abänderungen der Sinnestätigkeit im Meskalinrausch,* Ztschr. f. d. ges. Neurologie und Psychiatrie, 1926.
MENNINGER-LERCHENTHAL. — *Das Truggebilde der eigenen Gestalt,* Berlin, Karger, 1934.
MERLEAU-PONTY. — *La structure du Comportement,* Paris, Presses Universitaires de France, 1942.
MINKOWSKI. — *Les notions de distance vécue et d'ampleur de la vie et leur application en psychopathologie,* Journal de Psychologie, 1930.

— *Le problème des hallucinations et le problème de l'espace,* Evolution psychiatrique, 1932.
— *Le temps vécu,* Paris, d'Artrey, 1933.

NOVOTNY. — *Das Problem des Menschen Cézanne im Verhältnis zu seiner Kunst,* Zeitschr. f. Aesthetik und allgemeine Kunstwissenschaft, n° 26, 1932.

PALIARD. — *L'illusion de Sinnsteden et le problème de l'implication perceptive,* Revue philosophique, 1930.

PARAIN. — *Recherches sur la nature et les fonctions du langage,* Paris, Gallimard, 1942.

PETERS. — *Zur Entwicklung der Farbenwahrnehmung,* Fortschritte der Psychologie, 1915.

PIAGET. — *La représentation du monde chez l'enfant,* Paris, Alcan, 1926.
— *La causalité physique chez l'enfant,* Paris, Alcan, 1927.

PICK. — *Störungen der Orientierung am eigenen Körper,* Psychologische Forschung, 1922.

POLITZER. — *Critique des fondements de la psychologie,* Paris, Rieder, 1929.

PRADINES. — *Philosophie de la sensation,* I, Les Belles-Lettres, 1928.

QUERCY. — *Etudes sur l'hallucination, II, la Clinique,* Paris, Alcan, 1930.

RUBIN. — *Die Nichtexistenz der Aufmerksamkeit,* Psychologische Forschung, 1925.

SARTRE. — *L'Imagination,* Paris, Alcan, 1936.
— *Esquisse d'une théorie de l'émotion,* Paris, Hermann, 1939.
— *L'Imaginaire,* Paris, Gallimard, 1940.
— *L'Etre et le Néant,* Paris, Gallimard, 1943.

SCHAPP. — *Beiträge zur Phänomenologie der Wahrnehmung,* Inaugural Dissertation, Göttingen, Kaestner, 1910, et Erlangen, 1925.

SCHELER. — *Die Wissensformen und die Gesellschaft,* Leipzig, der Neue Geist, 1926.
— *Der Formalismus in der Ethik und die materiale Werthethik,* Jahrbuch, f. Philo. und phän. Forschung, I-II, Halle, Niemeyer, 1927.
— *Die Idole der Selbsterkenntnis,* in *Vom Umsturz der Werte,* II, Leipzig, Der Neue Geist, 1919.
— *Idealismus-Realismus,* Philosophischer Anzeiger, 1927.
— *Nature et formes de la sympathie,* Paris, Payot, 1928.

SCHILDER. — *Das Körperschema,* Berlin, Springer, 1923.

SCHRODER. — *Das Halluzinieren,* Zeitschr. f. d. ges. Neurologie ı Psychiatrie, 1926.

VON SENDEN. — *Raum- und Gestaltauffassung bei operierten Blindgeborenen, vor und nach der Operation,* Leipzig, Barth, 1932.

SITTIG. — *Ueber Apraxie, eine klinische Studie,* Berlin, Karger, 1931.

SPECHT. — *Zur Phänomenologie und Morphologie der pathologischen Wahrnehmungstäuschungen,* Ztschr. für Pathopsychologie 1912-1913.

STECKEL. — *La femme frigide,* Paris, Gallimard, 1937.

STEIN (Edith). — *Beiträge zur philosophischen Begründung der Psychologie und der Geisteswissenschaften, I, Psychische Kausalität,* Jahrb. f. Philo. u. phän. Forschung V.
STEIN (J.). — *Ueber die Veränderung der Sinnesleistungen und die Entstehung von Trugwahrnehmungen,* in *Pathologie der Wahrnehmung, Handbuch der Geisteskrankheiten* hgg von O. Bumke, Bd I, Allgemeiner Teil I, Berlin, Springer, 1928.
STRATTON. — *Some preliminary experiments on vision without inversion of the retinal image* Psychological Review, 1896.
— *Vision without inversion of the retinal image,* ibid., 1897.
— *The spatial harmony of touch and sight,* Mind, 1899.
STRAUS (E.). — *Vom Sinn der Sinne,* Berlin, Springer, 1935.
WERNER. — *Grundfragen der Intensitätspsychologie,* Ztschr. f. Psychologie, Ergzbd, 10, 1922.
— *Ueber die Ausprägung von Tongestalten,* Ztschr. f. Psychologie, 1926.
— *Untersuchungen über Empfindung und Empfinden,* I, et II : *Die Rolle der Sprachempfindung im Prozess der Gestaltung ausdrücksmässig erlebter Wörter,* ibid., 1930.
WERNER et ZIETZ. — *Die dynamische Struktur der Bewegung,* ibid., 1927.
WERTHEIMER. — *Experimentelle Studien über das Sehen von Bewegung,* Ztschr. f. Ps. 1912.
— *Ueber das Denken der Naturvölker* et *die Schluszprozesse im produktiven Denken,* in *Drei Abhandlungen zur Gestalttheorie,* Erlangen, 1925.
VAN WOERKOM. — *Sur la notion de l'espace (le sens géométrique),* Revue Neurologique, 1910.
WOLFF (W.). — *Selbstbeurteilung und Fremdbeurteilung in wissentlichen und unwissentlichen Versuch,* Psychologische Forschung, 1932.
YOUNG (P.-T.). — *Auditory localization with acoustical transposition of the ears,* Journal of experimental Psychology, 1928.
ZUCKER. — *Experimentelles über Sinnestäuschungen,* Archiv. f. Psychiatrie und Nervenkrankheiten, 1928.

《叢書・ウニベルシタス 112》
知覚の現象学

1982年 5 月 1 日　　初版第 1 刷発行
2022年10月14日　改装版第 3 刷発行

モーリス・メルロ＝ポンティ
中島盛夫 訳
発行所　一般財団法人　法政大学出版局
〒102-0071 東京都千代田区富士見 2-17-1
電話03（5214）5540／振替00160-6-95814
製版，印刷：三和印刷／製本：誠製本

Printed in Japan

ISBN978-4-588-14025-9

著　者

モーリス・メルロ＝ポンティ
(Maurice Merleau-Ponty)

1908年生まれ．エコール・ノルマル卒業後，多くのリセで教え，戦後リヨン大学，ソルボンヌ教授を経て，1952年コレージュ・ド・フランス教授となる．1945年サルトルとともに雑誌『現代』を主宰し，実存主義の運動を理論的に指導したが，1952年サルトルと決裂し同誌を去る．1961年不慮の死．著書に『行動の構造』(42)，『知覚の現象学』*(45)，『ヒューマニズムとテロル』(47)，『意味と無意味』(48)，『哲学をたたえて』(53)，『弁証法の冒険』(55)，『シーニュ』(60)，『眼と精神』(64)，『見えるものと見えざるもの』*（64）などがあり，編著，編訳書として『知覚の本性』*，『フッサール『幾何学の起源』講義』*，『メルロ＝ポンティ哲学者事典』などがある．
〔＊の邦訳書は法政大学出版局より刊行〕

訳　者

中島盛夫（なかじま　もりお）

1922年横浜市生まれ．東京大学文学部卒．横浜市立大学名誉教授．1996年３月死去．
著書：『ベルクソンと現代』（塙書房），『経験と現象』（世界書院）．訳書：メルロ＝ポンティ『見えるものと見えざるもの』（法政大学出版局），マルクーゼ『理性と革命』（共訳，岩波書店），シュペヒト『デカルト』（理想社），ドゥルーズ『カントの批判哲学』（法政大学出版局），リオタール『熱狂——カントの歴史批判』（法政大学出版局）ほか．